Fokus Naturwissenschaften

Gymnasium 5|6
Gesamtband

Cornelsen

Autorinnen und Autoren: Dr. Karin Arnold, Prof. Dr. Udo Backhaus, Siegfried Bresler, Ekhard Bruns, Ebba Ehrnsberger, Prof. Dr. Ingo Eilks, Thomas Freiman, Tilmann Haas, Patrick Handschuh, Bernd Heepmann, Simone Jentsch, Dr. Eva Klawitter, Dr. Walter Kleesattel, Carsten Kuck, Gabriele Leerhoff, Sonja Lewand, Dr. Jochim Lichtenberger, Gabriele Menzel, Dr. Sabine Müller, Dr. Martin Otteni, Dr. Ursula Pälchen, Michaela Paul, Dr. Matthias Pollmann, Ute Püschel, Marlies Ramien, Anke Richert, Wolfgang Ruppert, Nicole Schaller-Picard, Philipp Schmiemann, Hans Schopfer, Wilhelm Schröder, Kristina und Dirk Schnelle, Harald Seufert, Prof. Dr. Ulrike Spörhase-Eichmann, Silke Telschow-Malz, Dr. Torsten Wittek

Beraterinnen und Berater: Karl Ludwig Bernhard, Lauterecken; Siegfried Bresler, Bielefeld; Silke Hübner, Kaiserslautern; Martin Pulch, Neuwied; Dr. Peter Sabel, Westerburg; Margrit Scholl, Bad Dürkheim; Franz Walz, Kandel; Diana Weber, Enkenbach-Alsenborn

Redaktion: Ilse König

Illustrationen und Grafik: Ulrike Braun, diGraph, Rainer Götze, Gabriele Heinisch (Cornelsen), Peter Hesse, Katarina Knebel, Yvonne Koglin, Karin Mall, Lutz-Erich Müller, Klaus Vonderwerth

Umschlaggestaltung: Bonnie Siebke

Layoutkonzept: Wolfgang Lorenz, Berlin

Layout: Wladimir Perlin, Berlin

www.cornelsen.de

1. Auflage, 2. Druck 2017

Alle Drucke dieser Auflage sind inhaltlich unverändert
und können im Unterricht nebeneinander verwendet werden.

Druck und Bindung: Livonia Print, Riga

ISBN 978-3-06-010297-6

PEFC
PEFC/12-31-006

PEFC zertifiziert
Dieses Produkt stammt aus nachhaltig bewirtschafteten Wäldern und kontrollierten Quellen.

www.pefc.de

Inhalt

Pflanzen – Tiere – Lebensräume 187

Von den Sinnen zum Messen

Ein Besuch auf der Kirmes ist ein Fest für die Sinne. Unzählige Seh- und Höreindrücke in Form von Lichtern und Geräuschen dringen an unsere Augen und Ohren. In der Achterbahn kann der Gleichgewichtssinn ganz schön durcheinandergeraten. Der Duft von Zuckerwatte verführt uns zum Naschen und wenn wir den Geschmack von gebrannten Mandeln im Mund wahrnehmen, wollen wir gleich noch mehr davon essen.

Aspekte

Die Sinnesorgane Auge und Ohr spielen bei uns Menschen eine besonders große Rolle. Dies können wir im Kino gut nachvollziehen. Aber auch die anderen Sinne sind hier beteiligt:

Kino ist ein sinnliches Erlebnis

Die Bilder auf der Leinwand, den Ton, aber auch den Geruch und Geschmack von Popcorn, das Sitzen im bequemen Kinosessel, das Drehen des Kopfes und die Temperatur im Raum nehmen unsere Sinne wahr. Aber erst unser Gehirn verarbeitet all diese Reize zu einem Gesamteindruck.

Wie kann ich räumlich sehen?

Die Notbeleuchtung ist immer an, zur Sicherheit. Im Dunkeln können wir uns nur schlecht orientieren. Welche Sinne nutzen wir, wenn wir nichts sehen?

Die Chipstüte raschelt so laut – ich kann mich gar nicht mehr auf den Film konzentrieren!

Wieso weiß ich, dass das Mädchen hinter mir Popcorn isst?

Die Lichtstrahlen des Filmprojektors treffen auf die Leinwand, wo die Bilder entstehen. Doch wie gelangen die Bilder in mein Auge?

Ohne Sinnesorgane keine Orientierung

Orientieren ist eine wichtige Fähigkeit, die uns die Sinnesorgane wie Auge und Ohr ermöglichen.

Wie kann sich ein blinder Mensch orientieren?

Ohren auf im Straßenverkehr?

Erfahrungen mit allen Sinnen

Unsere Sinne dienen uns nicht nur bei der Orientierung. Sie helfen uns auch, Gefahren im Straßenverkehr rechtzeitig zu erkennen und zu vermeiden.
Konnten beispielsweise diese Schülerinnen und Schüler das Auto zuerst hören oder zuerst sehen? Was fiel dem Autofahrer in der Morgendämmerung wahrscheinlich zuerst auf? Welche Reize können Menschen außer Licht und Geräuschen mit ihren Sinnen noch wahrnehmen?

1 Sicher auf dem Schulweg – unsere Sinnesorgane helfen dabei.

Beobachten Untersuchen Experimentieren

Sinnesparcours
Um herauszufinden, welche Sinne für welche Erfahrungen sorgen, könnt ihr einen Sinnesparcours aufbauen. An verschiedenen Stationen lassen sich durch Experimente interessante Dinge über unsere Sinne herausfinden. Mit einem Laufzettel ↑2 könnt ihr eure Ergebnisse festhalten und im Anschluss vergleichen.

Station	*Wie heißt das Sinnesorgan?*	*Was machen wir damit?*	*Was nehmen wir wahr?*	*Beispiele*
Fühlbox				
Schüttelbox				
Schnupperbox	*Nase*	*Riechen*	*Geruch*	*fruchtig, nach Wald*

2 Laufzettel

1 Fühlbox
Vorbereitung und Material: Augenbinde, Schuhkarton mit Gegenständen. Überlegt, welche Gegenstände sinnvoll sind.
Durchführung: Verbindet der Versuchsperson die Augen. Sie darf die Gegenstände vorher nicht sehen.
a Die Versuchsperson nimmt einen Gegenstand aus der Schachtel und beschreibt ihn möglichst genau.
b Notiert, welche Gegenstände schnell erkannt werden, welche nicht so schnell. Woran werden sie erkannt?

2 Schüttelbox
Vorbereitung und Material: undurchsichtige Filmdosen oder kleine Pappschachteln mit Deckel. Ihr könnt auch Papprollen von Toilettenpapier oder Küchenrollen zuschneiden. Verschließt sie an den Enden mit dünnem Papier oder Stoffstücken und spannt den Verschluss mit je einem Gummiband. Befüllt die Behälter vor dem Schließen mit verschiedenen Materialien, zum Beispiel Sand, Kies, Nägel, Glaskügelchen oder Reis. Überlegt, ob ihr eine Liste mit Materialien dazulegen wollt.
Durchführung: Schüttelt die Dosen vorsichtig und findet anhand der Geräusche heraus, welches Material enthalten ist.

3 Schnupperbox

Vorbereitung und Material: Filmdosen oder kleine PET-Flaschen, die ihr in undurchsichtige Tüten einpackt, Augenbinde. Überlegt, welche Speisen, Gewürze, Getränke oder weitere Duftstoffe ihr auswählt. Fragt vorher eure Lehrerin oder euren Lehrer, ob diese Dinge unbedenklich sind und ob jemand in eurer Klasse möglicherweise eine Allergie hat.

3 Versuchsdurchführung

Durchführung: Lasst die Versuchsperson mit verbundenen Augen an den Proben schnuppern. ↑3
Welche Materialien werden schnell erkannt, welche nur schwer?

4 Feinschmeckerstation

Vorbereitung und Material: Füllt ausgewählte Lebensmittel in undurchsichtige, verschließbare Dosen. Legt Löffel und Servietten bereit. Achtet auf eine Auswahl an verschiedenen Geschmacksrichtungen. Fragt eure Lehrerin oder euren Lehrer nach Unbedenklichkeit und Lebensmittelallergien. Gebt Auswahlmöglichkeiten vor wie Pudding, saure Bonbons, Salzstangen, Bitterschokolade.
Durchführung: Lasst die Versuchsperson mit verbundenen Augen die Proben schmecken.

a Welche Lebensmittel erkennt die Versuchsperson schneller?
b Ist die Versuchsperson unsicher, fragt sie nach der Geschmacksrichtung: süß, sauer, salzig oder bitter.

5 Immer geradeaus

Vorbereitung und Material: Augenbinde, Kreide. Mit Kreide einen Strich auf dem Boden ziehen.
Durchführung: Versucht unter verschiedenen Bedingungen mit verbundenen Augen möglichst geradeaus auf dem Kreidestrich zu laufen. Achtet darauf, dass ihr die Person jederzeit auffangen könnt.

a Zuerst vorwärts, dann rückwärts auf dem Kreidestrich laufen.
b Wiederholt den Versuch auf einem Bein hüpfend.
c Dreht euch fünfmal um die eigene Achse und versucht dann, geradeaus zu gehen.

GRUNDLAGEN: Mit allen Sinnen erleben

Alle Eindrücke, die von außen auf uns einwirken wie z.B. Geruch, Schall oder Licht, werden als Reize bezeichnet. Für jeden dieser Reize haben sich in der Entwicklung des Lebens auf der Erde spezielle Sinneszellen entwickelt. Sie erzeugen ein elektrisches Signal (Erregung), wenn sie gereizt werden. Dieses Signal gelangt ins Gehirn oder eine andere „Schaltzentrale". Dort wird die passende Reaktion ausgelöst.
Damit bestimmte Reize schnell und genau erfasst und unterschieden werden können und damit dann auch richtig reagiert werden kann, besitzen wir speziell entwickelte *Sinnesorgane*, beispielsweise das Auge, das Gehör und die Nase.

Kurz und knapp **Um uns in unserer Umwelt zurechtzufinden, benötigen wir alle Sinne: Seh-, Hör-, Geschmacks- und Geruchssinn, den Schmerzsinn sowie den Gleichgewichtssinn und den Temperatursinn.**

Sicher im Straßenverkehr – mit allen Sinnen

Im Straßenverkehr kann es überlebenswichtig sein, wenn man sprichwörtlich „alle Sinne beisammen“ hat. Dennoch vergeht zwischen einem Reiz aus der Umgebung und der Reaktion eine gewisse Zeit. Sie verlängert sich durch Ablenkung und Müdigkeit. Auch manche Medikamente und vor allem Alkohol verlängern diese Reaktionszeit erheblich.
Wie lassen sich Reaktionszeit und unterschiedliche Konzentrationsfähigkeit veranschaulichen oder messen?

1 Bei Lebensgefahr muss man blitzschnell reagieren.

Beobachten Untersuchen Experimentieren

1 Sehen und gesehen werden
Material: Taschenlampe, dunkle Kleidung, Sicherheitsweste oder Jacke mit Reflektorstreifen
Durchführung: Wählt einen Raum, den man verdunkeln kann. Stattet verschiedene Versuchspersonen mit dunkler Kleidung aus und gebt einigen Personen Reflektoren oder Warnwesten. Stellt ganz hinten eine Person mit einer Taschenlampe auf und vorne die „verkleideten“ Testpersonen. Verhaltet euch ganz ruhig. Die Person mit der Taschenlampe zählt bis drei, dann schaltet sie die Taschenlampe für eine Sekunde ein und sofort wieder aus. Alle anderen notieren, wie viele Personen sie gesehen haben.
Auswertung: Schildert eure Eindrücke in der Klasse und vergleicht sie mit realen Situationen im Straßenverkehr.

2 Ablenkung durch Geräusche – ein Konzentrationstest
Material: MP3-Player mit Kopfhörer, Bleistift, Stoppuhr, Zahlenreihen ↑2
Durchführung: Die Hälfte der Klasse zählt bei absoluter Ruhe innerhalb von 25 Sekunden die Anzahl der Nullen in der angegebenen Zahlenreihe. Ein Schüler erteilt das Startkommando und stoppt die Zeit. Jeder notiert die von ihm ermittelte Anzahl. Die zweite Hälfte der Klasse setzt Kopfhörer auf und wiederholt den Versuch unter der Einwirkung von lauter Musik.
Auswertung:
a Notiert die Ergebnisse beider Gruppen an der Tafel.
b Vergleicht und diskutiert die Ergebnisse.
c Bewertet die Ergebnisse im Hinblick auf Verhaltensweisen im Straßenverkehr. ↑3

0 0 0 0 0 0 1 0 0 0 2 7 4 9
3 0 4 0 6 0 0 4 1 0 0 7 0 0
2 5 0 0 0 4 0 0 1 5 9 0 0 2
0 5 8 0 1 0 0 9 4 3 0 2 0 0
0 0 1 4 0 0 7 0 2 3 0 0 1 0
0 4 0 7 8 0 3 0 0 2 0 9 0 7

2 Zahlenreihe für den Konzentrationstest

3 Ohren auf im Straßenverkehr?

3 Schneller geht's nicht – die Reaktionszeit

Plötzlich kommt ein Radfahrer angeschossen. Du stehst wie angewurzelt mitten auf dem Radweg, unfähig, dich in Sicherheit zu bringen ... Um ein Haar wärst du angefahren worden! Solche Situationen hast du sicher schon erlebt. Zwischen einem Reiz und unserer Reaktion darauf verstreicht immer eine gewisse Zeit, die Reaktionszeit.

Material: Lineal (30 cm), Protokollblatt

Durchführung: ↑4 Ein Partner hält das Lineal zwischen Daumen und Zeigefinger und lässt es zwischen deinem Daumen und Zeigefinger plötzlich fallen. Du fängst es so schnell wie möglich auf, indem du die Finger schließt. Führt den Versuch wechselseitig durch. Notiert die Fallstrecken, indem ihr die Skala des Lineals an der Oberkante des Zeigefingers ablest. Ermittelt nach der Tabelle die Fallzeit. Sie ist ein einfaches Maß für die Reaktionsgeschwindigkeit. Wiederholt den Versuch zu dritt: Die Versuchsperson wird durch ein Gespräch abgelenkt.

Auswertung:

a Vergleicht eure Ergebnisse in der Klasse.

b Beschreibe mit wenigen Worten mithilfe des abgebildeten Diagramms die Vorgänge, die zwischen der Aufnahme eines Reizes und der „Antwort" (Reaktion) deines Körpers ablaufen. ↑5

4 Ermitteln der Reaktionszeit

Fallweg	*Reaktionszeit*
5 cm	*0,10 s*
10 cm	*0,14 s*
15 cm	*0,17 s*
20 cm	*0,20 s*
25 cm	*0,22 s*
30 cm	*0,24 s*

GRUNDLAGEN: Vom Reiz zur Wahrnehmung

Sinnesorgane nehmen Umweltreize auf, wandeln sie in elektrische Signale (Erregungen) um und leiten diese mithilfe von Nerven zum Gehirn. Jedes Sinnesorgan kann nur seine spezielle Reizart aufnehmen. Aus allen Wahrnehmungen und Erfahrungen entsteht im Gehirn ein Gesamteindruck unserer Umwelt.

Arbeitsaufträge

1 Das Gehirn verarbeitet von den Sinnesorganen eingehende Signale und sendet in der Folge Befehle zum Beispiel an Muskeln: Diese reagieren mit einer Bewegung. Erläutere mithilfe dieser Information und Abbildung 5 die Vorgänge zwischen dem plötzlichen Herannahen eines Autos und deiner Flucht auf den Gehweg.

2 Welche Argumente sprechen für das freiwillige Tragen eines Fahrradhelms?

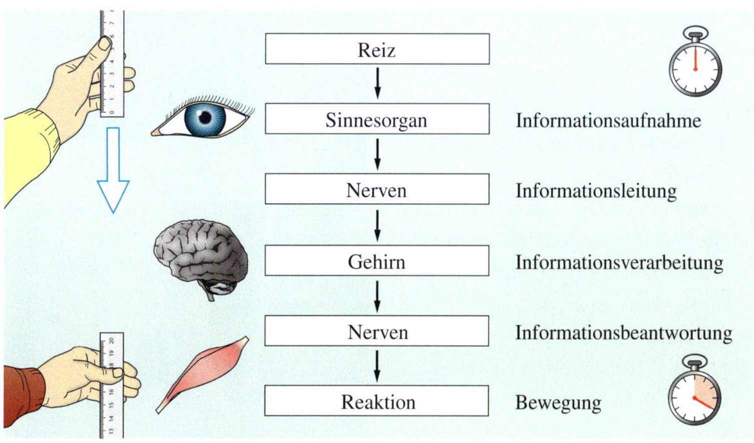

5 Vom Reiz bis zur Reaktion

Blindsein – Leben mit Hindernissen

Blinde und stark sehgeschädigte Menschen meistern ihren Alltag oft sehr selbstständig. Viele stehen genauso wie Nichtbehinderte im Beruf und treiben in ihrer Freizeit Sport. Einige spielen sogar Fußball. Wie können die Fußballspieler beim Blindenfußball wissen, wo der Ball ist? Woher wissen sie, wo sie hinspielen müssen, wo ihre Mitspieler oder Gegner sind?

1 Blindenfußball

Beobachten **Untersuchen** *Experimentieren*

Bei den folgenden Versuchen könnt ihr herausfinden, wie sich Blinde im Alltag zurechtfinden. Bevor ihr anfangt, sorgt dafür, dass genug Bewegungsfreiheit im Klassenraum ist, oder geht auf den Schulhof. Achtet dabei auf die Sicherheit und beseitigt Stolperfallen.

Blindes Vertrauen

1 Arbeitet zu zweit. Verbindet dem Partner die Augen und führt ihn durch die Klasse oder über den Schulhof.

a Führt den Partner an der Hand, ohne mit ihm zu sprechen.

b Berührt den Partner nicht, sondern leitet ihn nur mit gesprochenen Anweisungen.
Wechselt die Rollen und sprecht nachher über eure Erfahrungen. Wann habt ihr euch sicher gefühlt, wann unsicher?

2

Wie orientieren sich Blinde?

2 Beschreibe, mit welchen Sinnen sich die Person in Abbildung 2 orientieren kann.

3 Beim Blindenfußball ↑1 spielen je vier Blinde oder sehgeschädigte Spieler gegeneinander. Unterschiede im Sehvermögen werden durch eine Augenbinde ausgeglichen. Die Torhüter sind nicht blind. Stellt Vermutungen darüber an, wie sich die Spieler beim Blindenfußball orientieren könnten.

4 Informiert euch im Internet über Blindenfußball (z. B. bei www.wikipedia.de).

GRUNDLAGEN: Blinde können Bücher lesen

Geschärfte Sinne Blinde Menschen sind entweder von Geburt an blind oder durch eine Verletzung oder Krankheit erblindet. Sie orientieren sich mit den anderen Sinnen, die bei ihnen durch das Fehlen des Sehsinns geschärft sind, zum Beispiel mithilfe des Tastsinns. Besonders große Bedeutung hat für sie das Gehör. Viele Blinde sind musikalisch begabt und einige, wie RAY CHARLES oder STEVIE WONDER, haben in der Musikgeschichte Berühmtheit erlangt. ↑6

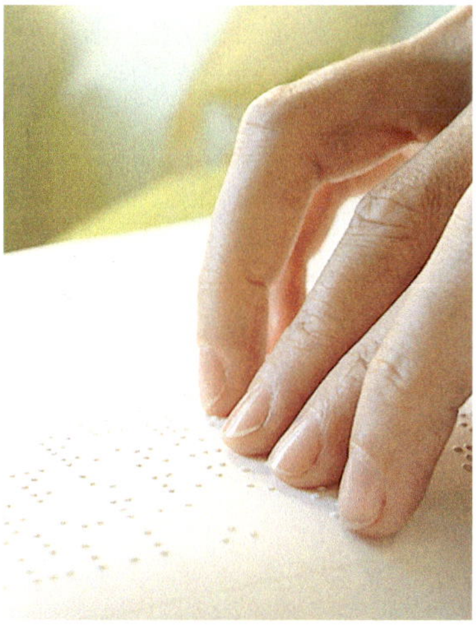
3 Blindenschrift lesen

4 Braillezeile

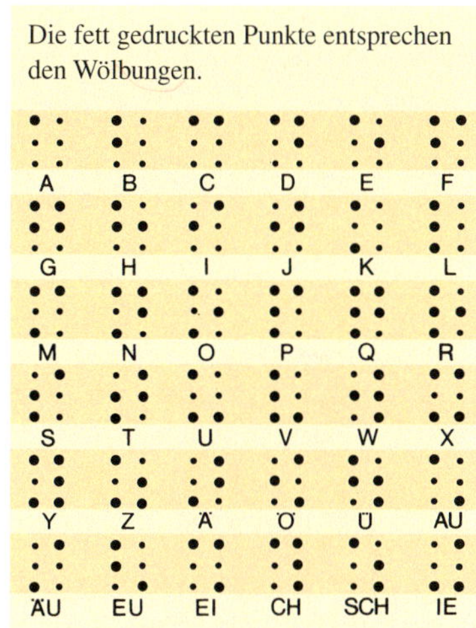

5 Blindenschrift

Hilfsmittel In heutiger Zeit steht Blinden, wie auch hochgradig Sehbehinderten, eine Vielzahl von Hilfsmitteln zur Verfügung. Mithilfe der Blindenschrift, der Brailleschrift ↑5, können sie auch Bücher lesen. Mit dem Computer können sie in normaler Schrift schreiben. Eine besondere Vorrichtung, die Braillezeile, übersetzt den Text auf dem Bildschirm in Blindenschrift. ↑4

6 RAY CHARLES

Kurz und knapp **Blinde und stark sehbehinderte Menschen sind in besonderer Weise auf ihre anderen Sinne angewiesen. Diese Sinne sind bei ihnen geschärft. Heute stehen Sehbehinderten viele technische Hilfsmittel zur Verfügung.**

Arbeitsaufträge

1 Befrage einen blinden oder sehbehinderten Menschen. Wie kommt er im Alltag zurecht? Welche Hilfsmittel nutzt er?

2 Informiere dich über bestehende Hilfsmittel für blinde Menschen. Denke dir eigene Hilfsmittel aus. Notiere jeweils, welche Sinne diese Hilfen ansprechen.

3 Nimm einen Bogen festes Papier und schreibe deinen Namen in Blindenschrift, indem du mit einem Stift von hinten hineindrückst.

4 Informiere dich über Tierarten, die keine Lichtsinnesorgane haben. Wie orientieren sie sich? Welche Sinne oder Sinnesorgane sind besonders ausgebildet? Beschreibe jeweils den Lebensraum und die Lebensweise der Tiere.

5 Manche Filme werden für Blinde mit einer gesprochenen Bildbeschreibung gesendet.
Schau dir einen Ausschnitt an und halte dir die Augen zu. Berichte über deine Erfahrung.

Die Haut als Sinnesorgan

GRUNDLAGEN: Was die Haut alles kann

Die Haut ist mit einer Fläche von 2 m^2 und einem Gewicht von etwa 10 kg das größte Organ unseres Körpers.
Sie besteht aus drei Schichten: der Unterhaut, der Lederhaut und der Oberhaut. Die Unterhaut wirkt durch Einlagerung von Fettgewebe als Energiespeicher und Isolierschicht. In der Lederhaut befinden sich Blutgefäße, Nerven, Haare, Muskelfasern sowie Schweiß- und Talgdrüsen. Die Oberhaut ist dünn wie eine Buchseite. Sie bildet eine schützende Hornschicht. Haare und Fingernägel sind Bildungen der Oberhaut.

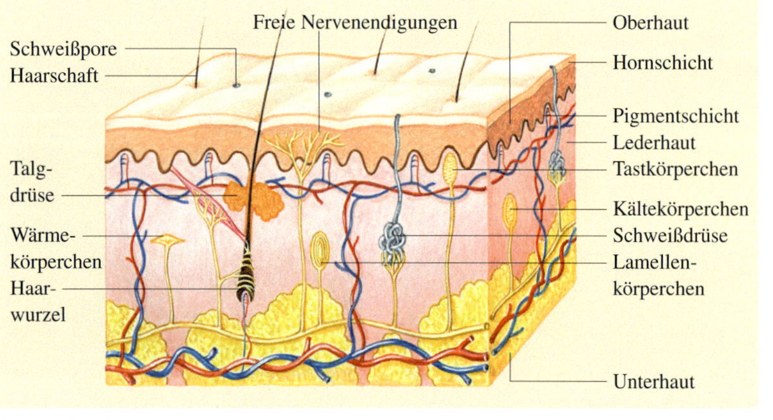

1 Bau der Haut

Sinne der Haut Mithilfe der Haut nehmen wir Reize wie Druck, Wärme, Kälte und Schmerz wahr. Tastkörperchen in der Haut sprechen auf leichteste Berührungen an. Bei stärkerem Druck reagieren tief in der Haut liegende Lamellenkörperchen. Mithilfe besonderer Kälte- und Wärmekörperchen nehmen wir Temperaturunterschiede wahr. Die tatsächliche Temperatur in Grad Celsius können wir mit unserer Haut nicht messen.
Über freie Nervenendigungen nehmen wir Schmerzen wahr, die durch Stiche, Druck, Schläge oder Chemikalien hervorgerufen werden.

Schon gewusst?

Die verschiedenen Sinneskörperchen sind unregelmäßig über die Haut verteilt. Je nach Anzahl sind die einzelnen Körperteile unterschiedlich empfindlich.

2 Wären die druckempfindlichen Sinneskörperchen allein maßgebend, hätte unser Gehirn dieses „Bild“ von unserem Körper.

Gesundheit

Hautpflege
Die Pflege der Haut ist vom Hauttyp abhängig. Bei normaler Haut genügt gründliches und regelmäßiges Waschen mit milder Seife. Trockene Haut benötigt zusätzlich etwas Hautcreme. Fette Haut hat große Talgdrüsenausgänge. Damit es nicht zu Pickeln und Mitessern kommt, sollte man eine Reinigungsemulsion verwenden, die mit Wasser abgewaschen wird.

Akne
Akne ist eine Hauterkrankung. Die Talgdrüsen (Mitesser) vergrößern sich bei dieser Erkrankung sehr stark und können sich entzünden (Pickel). ↑3 Das Auftreten von Akne hängt mit den Veränderungen im Körper während der Pubertät zusammen. Eine starke Akne kann Narben hinterlassen. Wer unter Akne leidet, sollte rechtzeitig zum Hautarzt gehen.

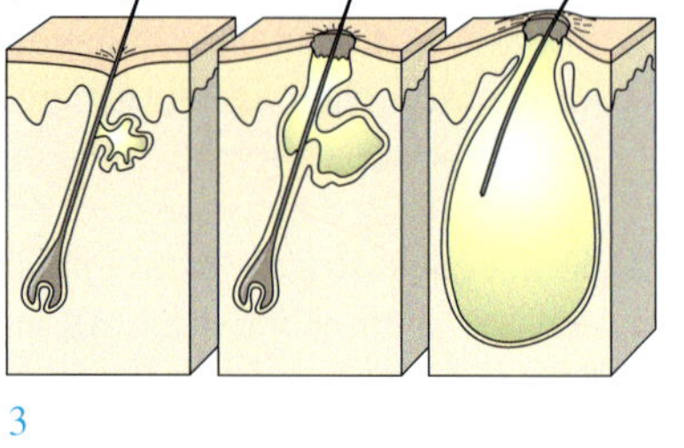

3

Sonnenschutz
Pigmente der Haut bilden im Sonnenlicht dunkle Farbstoffe. Diese schützen tiefer liegende Hautschichten vor der schädigenden Wirkung der ultravioletten Strahlung (UV-Strahlung) der Sonne. Bei längerem Sonnenbad schwillt die Haut an, rötet und entzündet sich; man bekommt einen Sonnenbrand. ↑4
Bei starkem Sonnenbrand bilden sich Blasen.
Es kann zu Hautkrebs mit rasch wachsenden Geschwüren kommen. Leberflecke und Muttermale sind harmlose Pigmentstörungen der Haut. Bei Schmerzen, Blutungen oder Änderungen der Farbe und Größe solcher Hautflecken musst du jedoch zum Hautarzt gehen.

Tipps zum richtigen Sonnenbaden
- Sonnenschutzmittel mit hohem Lichtschutzfaktor verwenden.
- In der Sonne im Gebirge und am Meer eine Sonnenbrille tragen.
- Beim Baden mit wasserfestem Sonnenschutzmittel einreiben.
- Zu Beginn des Sonnenbadens nur wenige Minuten in der prallen Sonne bleiben.

4 Sonnenbrand – eine Folge zu starker UV-Strahlung

Arbeitsaufträge

1 Druckempfindlichkeit der Haut
a Stelle eine Tastborste her. Dazu stichst du mit einer Nadel ein Loch in einen Flaschenkorken. Mit Klebstoff befestigst du eine Borste einer Kleider- oder Spülbürste in dem Loch.
b Zeichne einer Versuchsperson (Augen geschlossen) mit einem Filzstift jeweils ein Quadrat mit 1 cm Seitenlänge auf den Handrücken sowie auf die Innen- und Außenseite des Unterarmes.
c Taste nun mit der Tastborste die Versuchsfelder im Millimeterabstand ab. Markiere mit einem Filzstift die Stellen, an der die Versuchsperson eine Berührung spürt.
d Werte das Versuchsergebnis aus. Ziehe aus dem Ergebnis Schlussfolgerungen über die Verteilung der Tastpunkte an den verschiedenen Stellen des Armes.

2 Wärmesinn und Kältesinn
a Erwärme mehrere Zimmermannsnägel oder Stricknadeln im Trockenschrank oder in 60 °C heißem Wasser. Setze die abgetrocknete Spitze ohne Druck auf die Haut einer Versuchsperson. Markiere mit einem roten Filzstift die Stellen, an der die Versuchsperson statt eines Druckreizes einen Wärmereiz (Wärmepunkt) empfindet.
Die Nägel (Nadeln) müssen für jeden Versuch erneut erwärmt werden.
b Finde nun die Kältepunkte der Haut, indem du die Nadeln zuvor in den Eisschrank legst und wie bei Aufgabe 2a vorgehst. Markiere die Kältepunkte blau.
c Werte die Versuchsergebnisse aus und ziehe daraus Schlussfolgerungen über die Verteilung und Anzahl der Kälte- bzw. Wärmepunkte in der Haut.

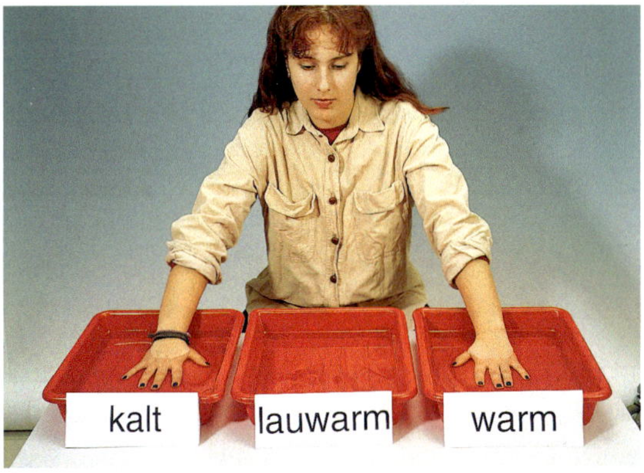

5

3 Temperaturempfinden
Tauche entsprechend der Abbildungen eine Hand 30 Sekunden in kaltes Wasser, die andere in warmes Wasser. Bringe anschließend beide Hände gemeinsam in lauwarmes Wasser. ↑5 Beschreibe deine Empfindungen. Schließe aus dem Versuchsergebnis auf die Arbeitsweise der Temperatursinnesorgane.

Vom Schätzen und Messen

Länge, Gewicht und Volumen können wir aus Erfahrung gut abschätzen.
Wie gut das klappt, kannst du in einigen Versuchen überprüfen.
Die Versuche eignen sich als Lernstationen.
Führe bei allen Versuchen eine Tabelle, in der du Schätz- und Messwerte protokollierst.

1

2

Beobachten Untersuchen Experimentieren

1 Wie groß bist du?
Schätze, wie groß dein Experimentierpartner ist. Trage die Körpergröße in cm in die Tabelle ein. Überprüfe deine Schätzung. ↑3

	Geschätzter Wert	Messwert
Körpergröße	145 cm	142 cm
Fußlänge	22 cm	23 cm
…	…	…

3 Mustertabelle

a Miss mit dem Geodreieck nach.
b Miss mit einem Zollstock.
c Überprüfe mit einem Bandmaß.
d Erfinde eine weitere Überprüfungsmöglichkeit.
e Schätze und überprüfe ebenso die Länge von Bleistiften, Stecknadeln und Schulfluren. Welches Längenmessgerät liefert jeweils den genauesten Wert?

2 Elle ist nicht gleich Elle
Noch vor 200 Jahren wurden Längen in Ellen gemessen. Eine Elle war die Entfernung vom Ellenbogen zur Spitze des Mittelfingers. Der jeweilige Herrscher legte den Maßstab mit seinem Körpermaß fest. So konnte es sein, dass die Elle in Braunschweig und die Elle im Rheinland nicht gleich lang waren. ↑2
a Schätze die Länge der Elle deines Partners und miss nach.
b Auch der Fuß galt lange Zeit als Längenmaß. Schätze die Fußlänge und überprüfe sie.
c In England ist noch heute die Daumenbreite als Maßstab gebräuchlich. Sie wird als 1 Inch oder 1 Zoll bezeichnet und entspricht 25 mm. Wäre dein Daumen zum Messen in Zoll geeignet? Prüfe nach.

3 Kreise haben eine Länge
Wenn der Reifen des Rades eine Umdrehung gemacht hat, bist du ein Stück vorangekommen. Diese Strecke bezeichnet man als Umfang des Rades.
a Schätze den Umfang eines Fahrradreifens und eines Trinkglases am oberen Rand.
b Miss die tatsächliche Länge mit einem Faden, den du um den Fahrradreifen und den oberen Rand des Glases legst.
c Erfinde eine andere Messmethode zur Überprüfung der Schätzwerte.

4 Gewichte vergleichen
Versuche deine beiden Hände als Waage zu benutzen: In eine Hand legst du eine Tafel Schokolade (100 g) oder 1 l Milch (1 kg). Mit der anderen hältst du einen Gegenstand, dessen Gewicht du nicht kennst: Schulranzen, Etui, Schwamm, Schuh, gefülltes Wasserglas …
a Schätze das Gewicht durch Vergleichen. Welchen Vergleichsgegenstand benutzt du?

b Überprüfe deine Schätzung mit einer Personenwaage oder Küchenwaage.

5 Wie viel Saft ist im Glas?
Flüssigkeitsmengen werden in Litern oder Millilitern (ml) angegeben: 1 l = 1000 ml.
In ein Trinkglas passen meist 0,2 l = 200 ml. In eine PET-Flasche 1,0 l oder 1,5 l.

a Fülle in ein Glas oder eine Flasche folgende Flüssigkeitsmengen: 100 ml; 0,5 l; 1,2 l; 50 ml.
b Überprüfe die Mengen mit einem Messzylinder, der mehrfach benutzt wird.

6 Tickt deine innere Uhr richtig?
Ein Vier-Minuten-Ei nach Gefühl kochen, geht das?
Auf ein Zeichen hin startet dein Partner die Stoppuhr. Jetzt müssten die Eier ins siedende Wasser gelegt werden …

a Du schätzt die Zeit von 4 Minuten und gibst wieder ein Zeichen.
b Wiederholt die Zeitschätzungen für 5 Sekunden und 1 Minute.
c Vergleicht jeweils den Schätz- und Messwert. Funktioniert deine innere Uhr besser bei kurzen oder langen Zeiten?

GRUNDLAGEN: Messen mit einem Messgerät

Mit unseren Sinnen können wir Entfernungen, Gewichte und Zeiten abschätzen. Zum Nachmessen bietet unserer Körper einige Hilfen: Mit unserer Arm- oder Fußlänge können wir Längen überprüfen, unser Herzschlag kann als Takt für die Zeitmessung oder unsere Arme als Hilfswaage dienen. Auch Temperaturen können wir gut unterscheiden.
Um unsere Messungen mit anderen zu vergleichen, müssen wir eine festgelegte, allgemeingültige Einheit benutzen. Längen messen wir mit einem Maßband oder Maßstab in Metern, Zeiten mit einer Uhr in Sekunden. Eine Waage gibt uns das Gewicht in Kilogramm oder in Gramm an. (Statt Gewicht sagt man in der Fachsprache Masse.) Das Volumen bestimmen wir mit einem Messzylinder. Seine Skala gibt den Inhalt in Millilitern an.

Wenn du genau abliest, kannst du auch Zwischenwerte abschätzen.

Hinweise zum richtigen Messen Du musst darauf achten, dass du immer gerade auf die Skala schaust, wenn du einen Wert abliest. ↑4 Der abgelesene Wert gibt deinen Messwert an, den du mit der richtigen Einheit aufschreiben musst. Achte darauf, in welcher Einheit dein Messgerät misst. Auf einem Lineal kannst du Werte in Millimetern oder Zentimetern ablesen, auf einer Uhr die Zeit in Sekunden oder Minuten.
Um genaue Messwerte zu erhalten, ist neben dem richtigen Ablesen auch die richtige Wahl des Messgeräts wichtig.

4 In Augenhöhe ablesen!

Was wird gemessen?	Angabe in	Beziehung
Länge	Meter (m), Zentimeter (cm), Millimeter (mm)	1 m = 100 cm 100 cm = 1000 mm
Zeit	Sekunde (s), Stunde (h)	1 h = 60 Minuten 1 h = 3600 s
Gewicht (Masse)	Kilogramm (kg), Gramm (g)	1 kg = 1000 g
Volumen	Liter (l), Milliliter (ml) Kubikzentimeter (cm^3)	1 l = 1000 ml 1 cm^3 = 1 ml
Temperatur	Grad Celsius (°C)	

Wer baut die genaueste Waage?

Beim Wiegen mit beiden Händen kannst du das unbekannte Gewicht eines Gegenstands mit Milchtüten oder Schokoladentafeln vergleichen.
Eure Aufgabe ist es nun, Waagen zu bauen. Ihr sollt direkt ablesen können, wie schwer etwas ist. Hier sind einige Anregungen für einen Erfinderwettbewerb. Bestimmt habt ihr noch weitere Ideen.
Wer baut die beste Waage?

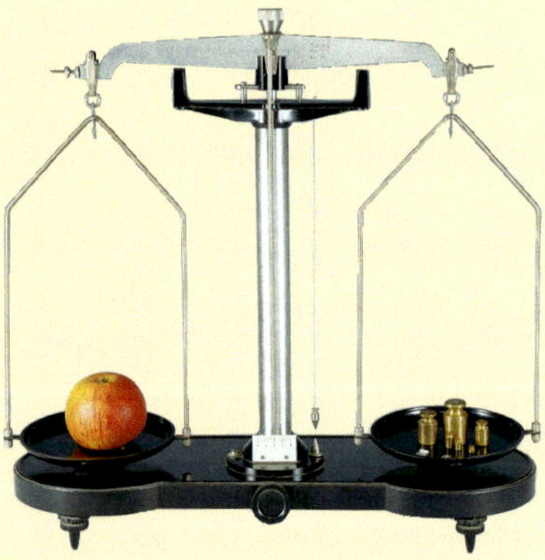
1

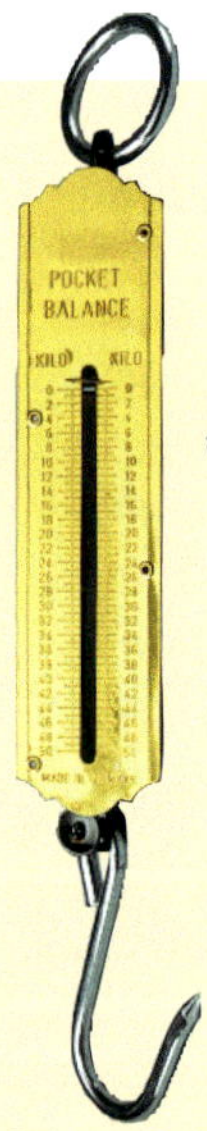

2

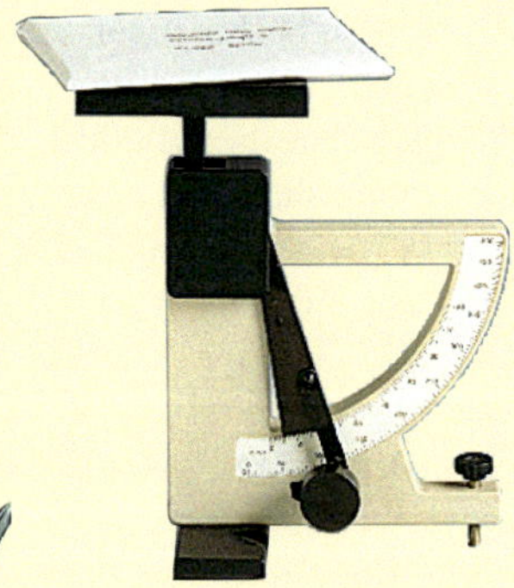
3

Beobachten ***Untersuchen Experimentieren***

1 Besenstiel-Waage
Gelingt es dir, mit einem Besenstiel und einigen bekannten Wägestücken eine funktionierende Waage zu bauen? ↑4

2 Eine Wippe als Waage
Diese Waage ↑5 funktioniert mit Wasser und den zu wiegenden Gegenständen. Ihr müsst wissen, dass 10 ml Wasser 10 g wiegen … Wie kommst du zu genauen Messergebnissen?

3 Die Blechstreifen- und Sackwaage

a Mit einem Blechstreifen und Stativmaterial kannst du eine Waage bauen, an der sich das Messergebnis direkt ablesen lässt. ↑6 Wie kannst du die Skala für das Messgerät anfertigen?

b Wenn du statt des Blechstreifens eine stabile Schraubenfeder benutzt, kannst du eine Sackwaage bauen. ↑2 Wie kommst du hier zu einer Gewichtsskala?

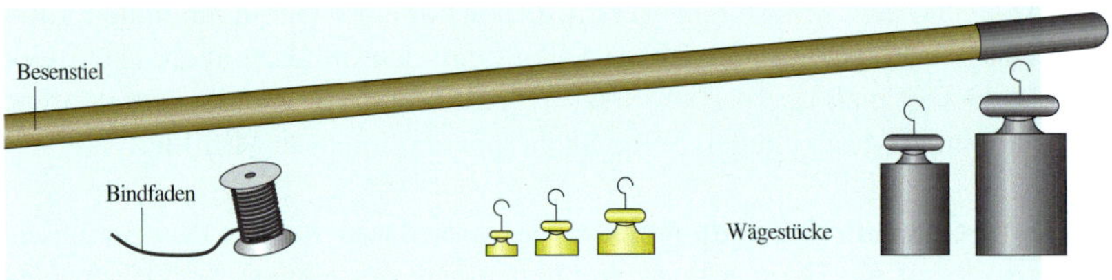

4

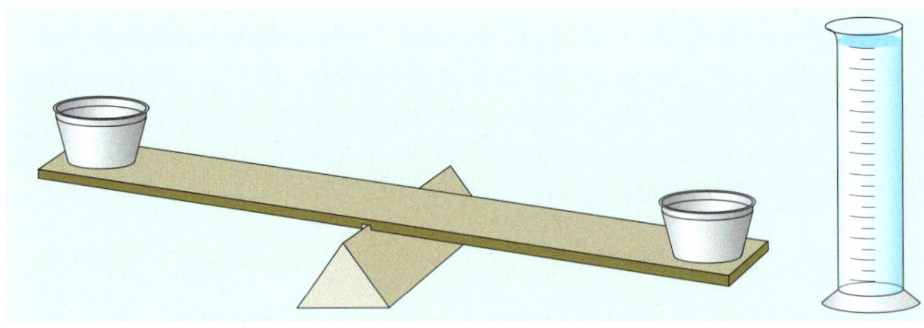
5

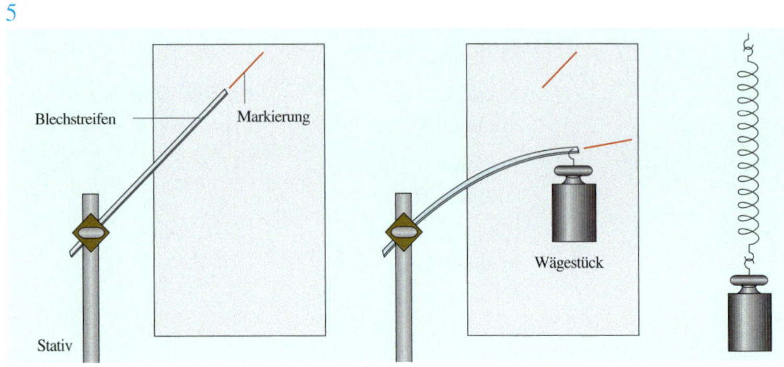

6

Arbeitsaufträge

Genaues Messen

1 Überprüfe die Angaben eines Küchenmessbechers.

a Bestimme mit einer elektronischen Waage, wie schwer der leere Messbecher ist. Du musst das Leergewicht später von den Messwerten abziehen.

b Fülle 100 g Zucker, Reis und Mehl ab und vergleiche die Füllhöhen. ↑7

c Überprüfe die abgefüllten Gewichte mit einer elektronischen Waage. Bewerte die Genauigkeit des Messbechers.

d 100 ml Wasser wiegen 100 g. Überprüfe es. Vergleiche die Füllhöhen bei 100 g Zucker (Reis, Mehl) mit der von 100 ml Wasser. Erkläre die Unterschiede.

2 Zum Abmessen von Flüssigkeiten kannst du den Messbecher aus der Küche, ein Becherglas oder einen Messzylinder benutzen. ↑8 Welche der drei Möglichkeiten liefert die genauesten Ergebnisse?

a Bestimme zunächst die Gewichte der leeren Messgeräte.

b Fülle dann in jeden der drei Behältnisse 100 ml, 70 ml und 20 ml Wasser. Überprüfe mit der elektronischen Waage (10 ml entsprechen 10 g). Gibt es Unterschiede?

c Bewerte die Genauigkeit der drei Messgeräte.

d Kleine Flüssigkeitsmengen kann man sehr genau mit einer Pipette messen. ↑9 Übe das Arbeiten mit einer Messpipette und überprüfe deine Ergebnisse.

3 Die Wahl des richtigen Messgeräts ist wichtig, damit du genaue Werte erhältst. Gib zu dieser Regel zwei Beispiele an.

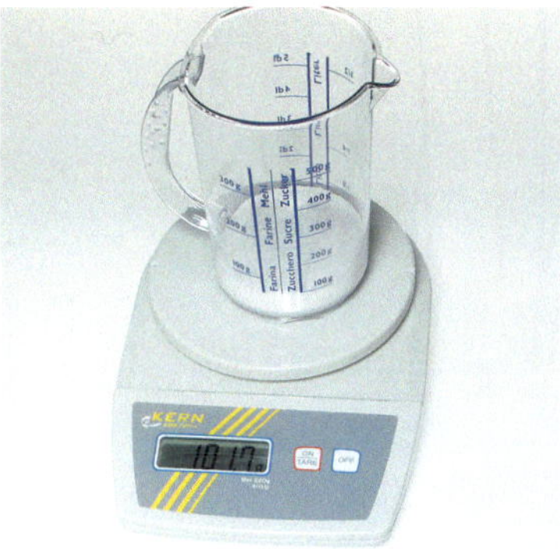

7

8

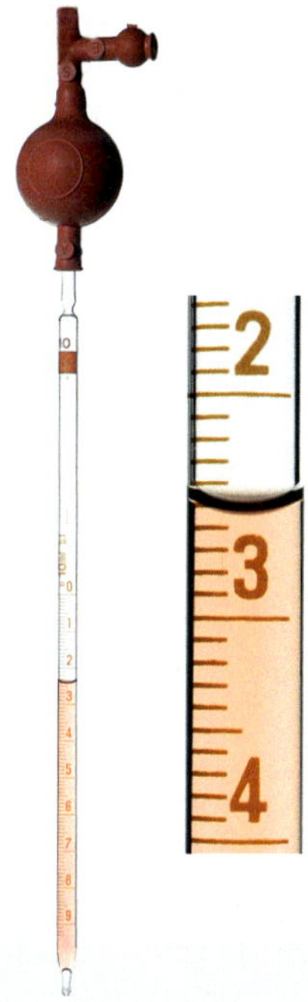

9 Messpipette

GRUNDLAGEN: Messgeräte

Zur Bestimmung von Gewichten (Massen) benutzen wir Waagen. Sie geben das Gewicht in Kilogramm (kg) oder Gramm (g) an. Das Gewicht wird durch Vergleich mit Wägestücken oder durch Ausdehnung von Federblechen oder Federn ermittelt.

Es gibt Brief-, Küchen-, Labor- und Personenwaagen, Lkw-Waagen … Damit du genaue Messwerte erhältst, musst du die richtige Waage auswählen. Dein Körpergewicht kannst du nicht mit der Briefwaage ermitteln und das Gewicht der Büroklammer zeigt die Lkw-Waage nicht an.

Genauso ist es beim Abfüllen von Flüssigkeitsmengen, die wir in Millilitern (ml) oder Litern (l) angeben: Genaue Messwerte kannst du nur mit speziellen Messzylindern oder Pipetten mit genauer Skala erhalten. Für den Hausgebrauch reicht aber auch ein einfacher Messbecher. Das Kuchenrezept wird damit gelingen.

Wir fertigen ein Versuchsprotokoll an

Bei Versuchen und Beobachtungen solltest du immer ein Protokoll anfertigen. Auch Wissenschaftler in Laboren schreiben auf, was sie getan und was sie beobachtet und gemessen haben. Solche Protokolle sind die Grundlage, um mit anderen über die Experimente zu sprechen und Ergebnisse zu vergleichen. So kann man Regeln und Gesetze der Natur erkennen.
Für die Protokolle solltest du immer die gleiche Form wählen und sie in deinem Heft oder deiner Mappe sammeln.

1 Ein Versuch soll Fragen an die Natur beantworten. Oder ihr wollt überprüfen, ob eine Vermutung oder eine Regel immer gilt. Schreibe diese Frage oder das Thema des Versuchs auf.

2 Skizziere den Versuchsaufbau und beschreibe, wie du vorgehst.

3 Bei vielen Versuchen musst du genau hinschauen. Bei anderen Versuchen wird z. B. mit einem Bandmaß gemessen. Die Messwerte trägst du dann in eine Tabelle ein.

4 Formuliere das Ergebnis – z. B. die Antwort auf die Versuchsfrage.

Anne Müller / 25. Mai. 2008 / 8.00 Uhr

Wie gut kann ich Längen schätzen?

Versuchsskizze:

Durchführung:
Wir haben geschätzt, wie groß alle Mitschüler sind. Dann haben wir die Größen mit einem Bandmaß nachgemessen.

Beobachtung:

Messreihe		
	Schätzwert	Messwert
Michael	140 cm	145 cm
Anna	135 cm	138 cm
Magdalena	140 cm	135 cm
Jan	150 cm	148 cm

Auswertung:
Die Abweichungen zwischen Schätz- und Messwerten liegen bis zu 5 cm über oder unter den Messwerten. Zum genauen Angeben der Körpergröße reicht unser Schätzwert nicht aus, besser ist es, mit einem Bandmaß zu messen.

1 Beispielprotokoll 1

Frank Saß / 6. Juli 2008 / 9.45 Uhr

Name (Namen)/Datum/Uhrzeit

Wie viel Saft ist im Glas?

Thema oder Frage des Versuchs

Versuchsskizze:

Versuchsskizze:
Skizziere die Versuchsgeräte und den Versuchsaufbau.

Durchführung:
Wir haben den Inhalt von Getränkeflaschen und Dosengetränken mit einem Standzylinder nachgemessen.

Durchführung:
Beschreibe, was du gemacht hast.

Beobachtung:

Messreihe		
	Angegebener Wert	Messwert
Mineralwasser	750 ml	745 ml
Orangensaft	1000 ml	980 ml
Cola	330 ml	315 ml
Apfelschorle	500 ml	495 ml

Beobachtung:
Beschreibe genau, was du gesehen, gehört, gerochen, gefühlt oder gemessen hast.
Manchmal hilft es, den Versuch mehrmals durchzuführen, um möglichst genau beobachten zu können.

Auswertung:
In den Dosen und Flaschen war weniger Inhalt als angegeben.
Die Messwerte lagen zwischen 5 und 20 ml unter den angegebenen Werten.

Auswertung:
Beantworte die Versuchsfrage.
Zeichne Diagramme oder formuliere eine Regel.

2 Beispielprotokoll 2

3 Allgemeine Form eines Protokolls

Warm oder kalt?

Im Schwimmbad: Einer der beiden hat vorher heiß geduscht und einer kalt. ↑1
Ob sie deshalb so unterschiedlicher Meinung über die Wassertemperatur sind?

Eine Mutter prüft die Körpertemperatur ihres Kindes. ↑2
Sie stellt besorgt fest: Das Kind hat Fieber. Wie kommt sie darauf?

1

2

Beobachten Untersuchen Experimentieren

1 Wie warm ist das Badewasser?
Bereite heißes Wasser und lass es allmählich abkühlen.
Prüfe immer wieder vorsichtig mit dem Finger, ob die Wassertemperatur schon erträglich ist.
Schätze, wie warm das Wasser ist, wenn es dir „gerade richtig" vorkommt.
Miss jetzt die Temperatur mit einem Thermometer. Wie genau stimmte deine Schätzung?

2 Wie warm ist „heiß"?
Miss die Temperatur, bei der dir ein Getränk heiß, lauwarm oder kalt vorkommt. (Mische dazu kaltes und heißes Wasser.)

3 Temperaturmessungen zu Hause
Miss mit einem Zimmerthermometer die Temperatur in allen Räumen eurer Wohnung – auch im Bad und im Keller.
Ab welcher Temperatur wäre es dir für den normalen Aufenthalt zu kühl?
Ab welcher wäre es zu warm?

4 Wir messen die Lufttemperatur (Langzeitversuch)
Miss mit einem Außenthermometer dreimal täglich die Lufttemperatur (im Schatten). Lies die Temperatur möglichst immer zur gleichen Zeit ab. Trage die Messwerte in eine Tabelle ein (siehe das Muster unten). ↑3

Langzeitprotokoll:		Ort:	im Garten, unter dem Apfelbaum				
Messung der Temperatur		Name:			Klasse:		
Tageszeit	Datum	4.12.	5.12.	6.12.	7.12.	8.12.	usw.
Morgens (7.00 Uhr)		2 °C	… °C	… °C	… °C	… °C	… °C
Mittags (13.00 Uhr)		2 °C	… °C	… °C	… °C	… °C	… °C
Abends (19.00 Uhr)		2 °C	… °C	… °C	… °C	… °C	… °C

3 Mustertabelle zum Langzeitversuch

GRUNDLAGEN: Wärmeempfinden und Temperaturmessung

Wir nehmen Temperaturen über die Haut wahr: Unser Wärmeempfinden ermöglicht es uns nämlich, Temperaturen zwischen 15 °C und 45 °C ungefähr zu unterscheiden.
Im Bereich der Körpertemperatur (37 °C) ist dieser Wärmesinn besonders empfindlich. ↑2
Hohe und niedrige Temperaturen nehmen wir nur als „heiß" oder als „kalt" wahr. Eventuell empfinden wir dabei auch einen Schmerz.
Um Temperaturen sicher zu bestimmen, messen wir mit Thermometern. ↑5

4 Experimentierthermometer im Einsatz

Schon gewusst?

Verschiedene Thermometer

Uns stehen unterschiedliche Thermometer zur Verfügung – je nachdem, welche Temperaturen wir messen wollen. ↑5 Im Grundaufbau sind die Thermometer gleich. Den Abstand zwischen der niedrigsten und höchsten Temperatur, die man mit einem Thermometer messen kann, nennt man den Messbereich dieses Thermometers.

Flüssigkeitsthermometer enthalten entweder Alkohol oder Quecksilber. Mit Quecksilberthermometern musst du besonders vorsichtig umgehen: Wenn sie zerbrechen, werden giftige Dämpfe frei.
Immer häufiger nimmt man heute elektronische Thermometer.

Arbeitsaufträge

1 Für welchen Bereich kann unser Temperaturempfinden Temperaturen recht genau angeben?

2 Unser Temperaturempfinden lässt sich manchmal täuschen. Nenne Beispiele dafür.
Versuche zu erklären, wie es zu dieser Täuschung kommt.

3 Bei Wind merkt man einen deutlichen Unterschied zwischen der gemessenen und der „gefühlten Temperatur". Wie erklärst du dir das?

Gemessene Temperatur in °C	So empfinden wir die Temperatur in °C bei Windstärke …			
	2	4	6	8
0	−2	−11	−17	−19
−5	−7	−18	−24	−27
−10	−13	−25	−32	−35
−15	−18	−31	−39	−43

4 Welche Messbereiche haben die abgebildeten Thermometer? ↑5
Warum sind die Messbereiche unterschiedlich?

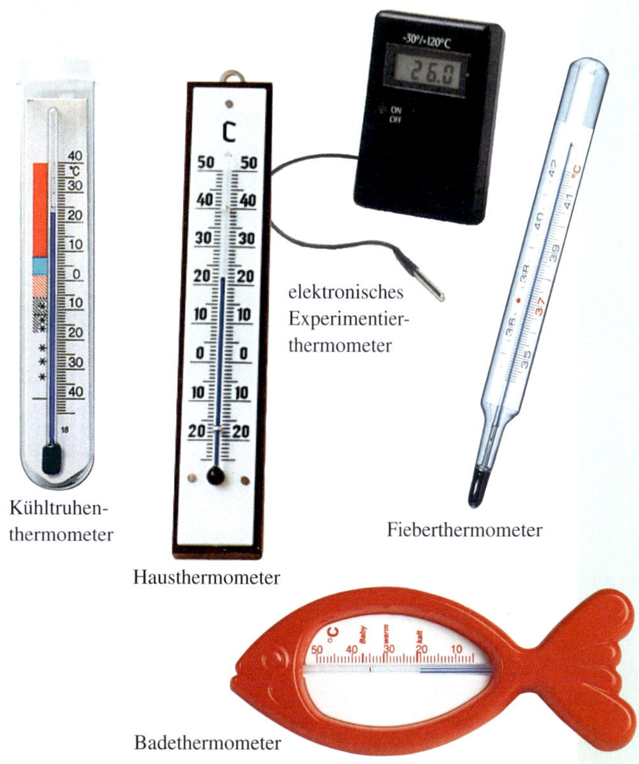

5 Thermometer für viele Zwecke

Wir messen Temperaturen

Kerstin und Frank wollen ihr Baby baden. Sie haben das Badewasser aus heißem und kaltem Wasser gemischt.
Mit dem Ellenbogen prüft Kerstin die Wassertemperatur. ↑1
Ob das gut geht?

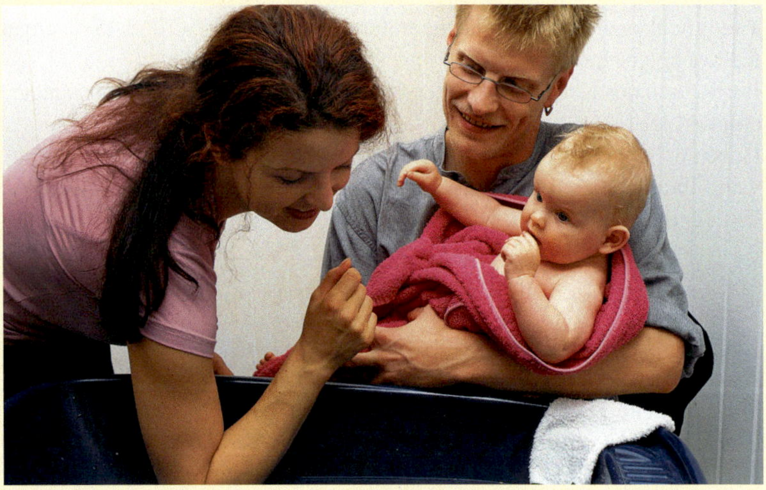

1

Beobachten **Untersuchen** **Experimentieren**

1 Wer „trifft" genau 37 °C?
Hier könnt ihr im Team selbst planen und experimentieren.
Euch stehen zur Verfügung:
1 Becherglas mit heißem Wasser, 1 Becherglas mit kaltem Wasser, 1 leeres Becherglas und 1 Glasstab, 1 Thermometer.
Ihr bekommt kein zusätzliches kaltes oder heißes Wasser! Diskutiert, wie ihr vorgehen wollt. Beschreibt nachher möglichst genau, wie ihr den Versuch durchgeführt habt (Versuchsprotokoll). ↑2

Die ganze Thermometerkugel muss Kontakt mit dem Wasser haben.

Abgelesen wird erst, wenn die Flüssigkeitssäule steht.Dabei muss sich ihr Ende in Augenhöhe befinden.

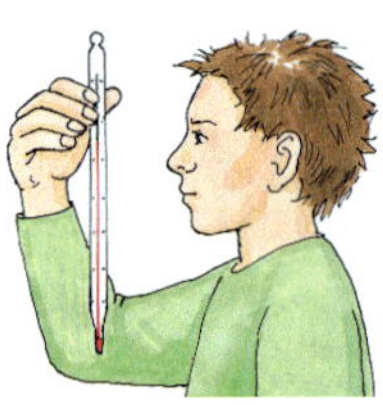

2 Darauf müsst ihr beim Messen achten!

2 Wir beobachten, wie schnell die Wassertemperatur ansteigt
Versuchsdurchführung:
Messt die Temperatur des Wassers zu Beginn des Versuchs. ↑3 Tragt den Wert in eure Tabelle ein (siehe Mustertabelle).
Steckt jetzt den Stecker des Tauchsieders in die Steckdose (mit trockenen Händen!). Lest alle 30 Sekunden die Wassertemperatur ab. ↑4 Das Wasser siedet schließlich. Erhitzt es trotzdem weiter und rührt dabei um. Lest wieder alle 30 Sekunden die Temperatur ab (2–3 Minuten lang).

3

Versuchsauswertung:

a Zeichnet eure Messwerte auf (siehe rechte Seite).

b Was könnt ihr aus eurer Darstellung ablesen? Diese Fragen helfen euch:
Welche Anfangstemperatur hatte das Wasser? Bei welcher Temperatur siedete das Wasser? Welche Endtemperatur habt ihr erreicht? „Je länger man Wasser erwärmt, desto heißer wird es."

Mustertabelle:

Messung Nr.	Zeit nach dem Einschalten	Wassertemperatur
1	0 s	… °C
2	30 s	… °C

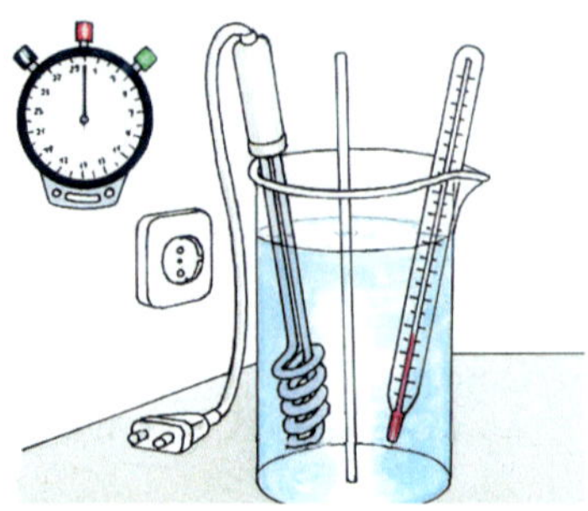

4

Methode

Wie man ein Diagramm anfertigt

Eine Schülergruppe hat in einem Versuch Wasser erhitzt. Dabei erhielt sie folgende Messwerte:

Messung Nr.	Zeit nach dem Einschalten	Wassertemperatur
1	0 s	16 °C
2	30 s	24 °C
3	60 s	37 °C
4	90 s	49 °C
5	120 s	58 °C
6	150 s	68 °C
7	180 s	75 °C
8	210 s	83 °C
9	240 s	91 °C
10	270 s	95 °C

Diese Messwerte kann man auch als Diagramm aufzeichnen. Dazu könnte man einzelne Thermometersäulen zeichnen. ↑5 Wir zeichnen aber nur deren Endpunkte. ↑6

1 Zunächst die senkrechte Achse (Temperaturachse) und die waagerechte Achse (Zeitachse) auf Millimeterpapier zeichnen und beschriften. ↑6

2 Die Messwerte einzeichnen, z. B. das Wertepaar 90 s|49 °C:

a Auf der Zeitachse „90 s" suchen (blauer Pfeil) und von dort aus senkrecht nach oben eine dünne Linie ziehen.

b Auf der Temperaturachse „49 °C" suchen (roter Pfeil!) und von dort aus waagerecht nach rechts eine Linie ziehen.

c Die Stelle, wo sich deine Linien kreuzen, mit einem Kreuzchen markieren. Hier liegt der Messpunkt (90 s | 49 °C).

3 Die Messkurve des Diagramms wird gezeichnet. ↑6

a Wenn man die Messpunkte direkt miteinander verbindet, ergibt sich eine Zickzacklinie (schwarze Linie im Bild).

b Besser ist es, wenn man eine glatte Kurve zeichnet, die nur ungefähr die Messpunkte trifft (rote Kurve).

1. Lies aus der roten Kurve ab: ↑6 Welche Temperatur wurde nach 50 s, 100 s, 110 s, 180 s und 200 s erreicht?
2. Welche Vorteile hat die Darstellung von Messwerten in einem Diagramm?
3. Nicht alle Messpunkte liegen genau auf der gezeichneten roten Kurve. Warum ist die rote Kurve dennoch sinnvoll?

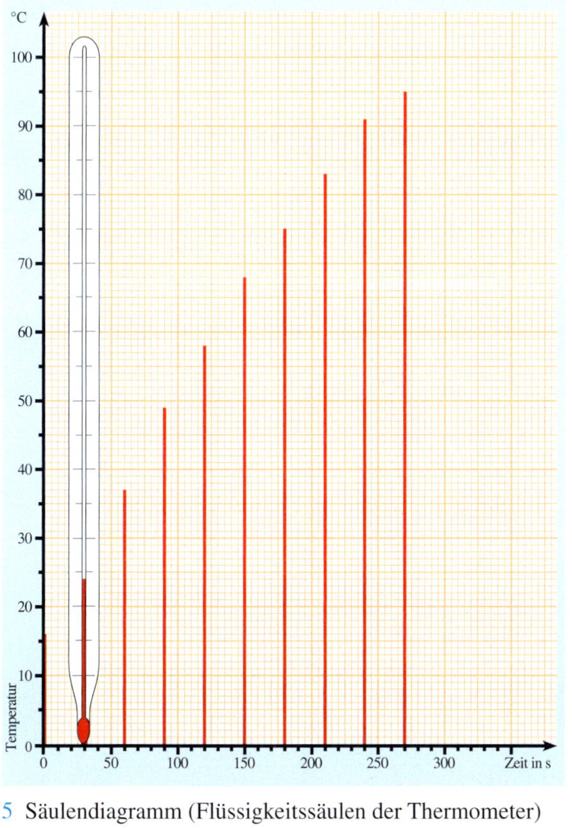

5 Säulendiagramm (Flüssigkeitssäulen der Thermometer)

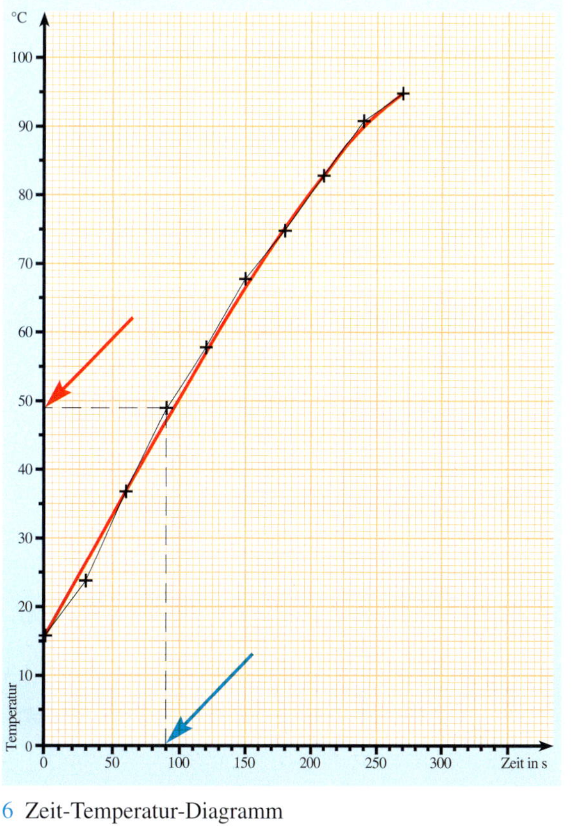

6 Zeit-Temperatur-Diagramm

Wieso „wächst" der Eiffelturm?

Die Sonne lässt nicht nur die Pflanzen wachsen. Auch der Eiffelturm in Paris „wächst", wenn es warm wird. Genaue Messungen der Höhe des Eiffelturms liefern an heißen Sommertagen andere Ergebnisse als an kalten Tagen im Winter: Der 300 m hohe Turm ist im Hochsommer etwa 30 cm höher als im tiefen Winter.
Selbstverständlich wächst der Eiffelturm nicht wie eine Pflanze. Denn im nächsten Winter ist er wieder kleiner.

1

Beobachten Untersuchen Experimentieren

1 Kugel und Ring
Eine kalte Stahlkugel passt gerade durch einen Ring hindurch. Erhöht die Temperatur der Stahlkugel in der Flamme eines Brenners. Probiert, ob sie jetzt noch durch den Ring passt. Nach einer Weile hat sich die Kugel wieder abgekühlt. Was passiert jetzt? Beobachtet und beschreibt.

2 Längenänderung bei Rohren
Rohre aus verschiedenen Materialien werden in ein Experimentiergerät wie im Bild ↑2 eingespannt. Rechts liegt das Rohr auf einer drehbaren Walze. Die Walze ist mit einem Zeiger verbunden. Durch das Rohr wird heißes Wasser oder Wasserdampf geleitet. Dadurch wird die Temperatur des Rohrs erhöht. Was beobachtet ihr am Zeiger? Anschließend wird kaltes Wasser durch das Rohr geleitet. Beobachtet wieder den Zeiger. Versucht eure Beobachtung zu erklären. ↑2

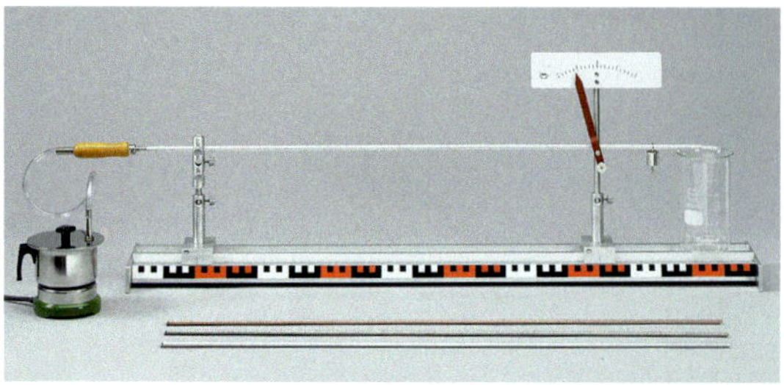

2

3 Erwärmtes Wasser
Fülle eine kleine Plastikflasche randvoll mit kaltem Wasser und verschließe sie. Stelle sie in ein heißes Wasserbad und warte einige Zeit, damit das Wasser in der Flasche heiß wird. Nimm eine Nadel und stich ein Loch hinein. Beobachte und erkläre.

4 Erwärmte Flüssigkeiten
Drei gleich große Erlenmeyerkolben werden mit Wasser, Glycerin und Petroleum (F) gefüllt und mit gleichen Stopfen und Röhrchen verschlossen. In allen Röhrchen steht die Flüssigkeit gleich hoch. Die Kolben werden so lange in ein heißes Wasserbad gestellt, bis alle dieselbe Temperatur haben. Danach werden die Kolben in kaltes Wasser gestellt. Was beobachtest du? ↑3

3

GRUNDLAGEN: Volumen- und Längenänderung

Im Winter ist dein Fahrradreifen oft nicht mehr so prall gefüllt wie im Sommer, obwohl kaum Luft entwichen ist. Im Sommer hingegen können zu prall gefüllte Reifen in der Sonne platzen. ↑4

Fast alle Stoffe ziehen sich bei niedrigen Temperaturen zusammen und dehnen sich bei höheren Temperaturen aus. Bei Luft und anderen Gasen ist diese Volumenänderung besonders groß.

Ein im Winter verlegtes Eisenbahngleis müsste im Sommer einige Zentimeter länger sein und würde dann zu Unfällen führen.

Früher ließ man die Schienen deshalb nicht aneinanderstoßen. Rattap-rattap, Rattap-rattap war damals das typische Fahrgeräusch.

Heute schraubt man die Schienen ganz fest an die Schwellen und verlegt sie in einem Schotterbett. So festgeschraubt können sich die Schienen nicht mehr richtig ausdehnen. Allerdings darf sich die Temperatur zwischen Sommer und Winter nicht zu stark ändern. ↑5

Kurz und knapp **Die meisten Stoffe dehnen sich bei Erwärmung aus, sie vergrößern ihr Volumen. Bei Abkühlung ziehen sie sich zusammen, sie verringern ihr Volumen.**

4

5 Im Sommer 2003 war es in Deutschland so heiß, dass sich die Schienen zu stark ausdehnten und verbogen.

Aus der Technik Wie funktioniert ein Thermometer?

Thermometer Thermometer zeigen die Temperatur des Körpers an, mit dem sie in Berührung gebracht werden.

Bei Flüssigkeitsthermometern wird die Temperatur durch eine Flüssigkeit angezeigt. Sie befindet sich in dem Gefäß unter dem Steigrohr. Bei Erwärmung dehnt sie sich aus und steigt in diesem Steigrohr nach oben. Bei Abkühlung zieht sie sich zusammen.

Bimetall Ein Bimetallstreifen kann ebenfalls als Thermometer genutzt werden. Er besteht aus zwei unterschiedlichen Metallen, z. B. aus Eisen und Kupfer. Haben beide Streifen beispielsweise bei 20 °C exakt dieselbe Länge, dann wird bei 80 °C der Streifen aus Kupfer ein wenig länger sein als der Streifen aus Eisen. Sind beide Streifen fest miteinander verbunden, indem sie z. B. vernietet oder verschweißt sind, dann wird sich dieses Bimetall bei Temperaturänderung verbiegen. Der längere Streifen wird die „Außenkurve“ bilden. Bimetallstreifen werden außer in Thermometern auch in elektrischen Geräten genutzt. ↑7 bis 9

6

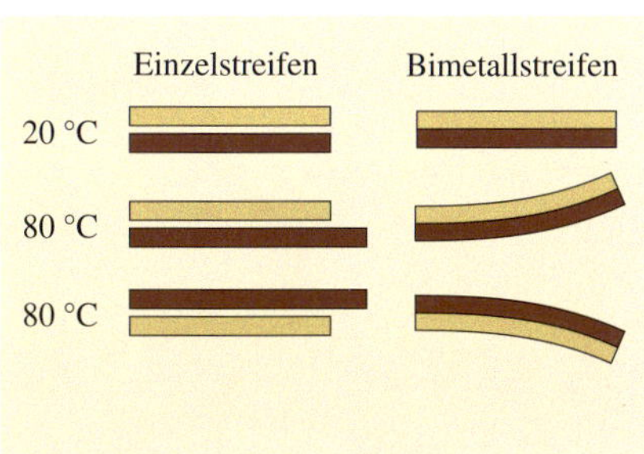

7

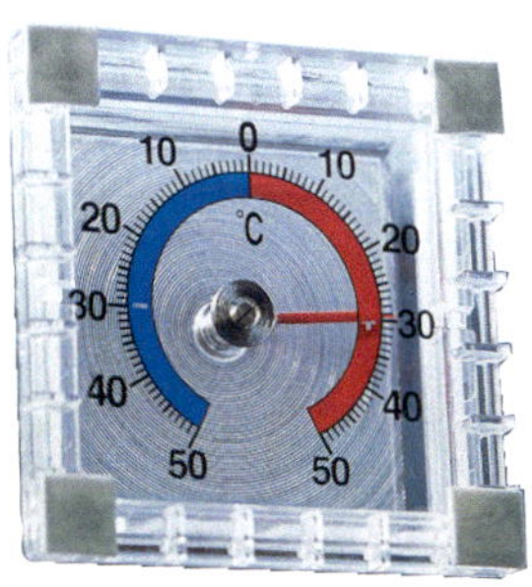

8

9

Thermometerskala und Fixpunkt

Arbeitsaufträge

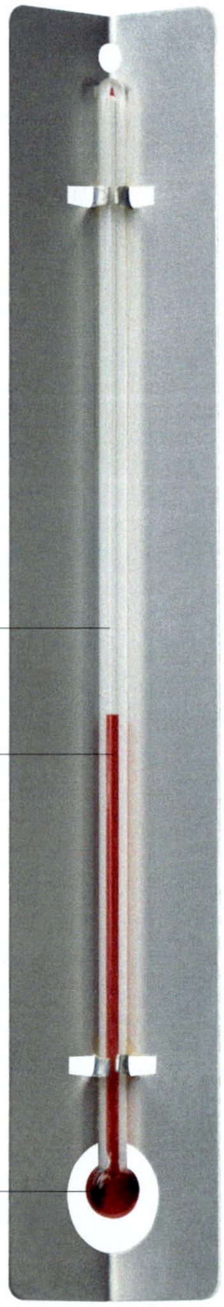

1

1 Wir ermitteln zwei „Fixpunkte" für die Thermometerskala

Wasser siedet bei einer bestimmten Temperatur und Eis schmilzt bei einer bestimmten Temperatur. Diese beiden Temperaturen eignen sich deshalb als Fixpunkte der Skala (lat. *fixus*: fest).

a Bestimme die Siedetemperatur von Wasser. Ein Thermometer ohne Skala steht in Wasser. ↑2
Das Wasser wird bis zum Sieden erhitzt. Beobachte die Thermometerflüssigkeit. Das Wasser im Glas siedet bereits eine Zeit lang. Markiere die Stelle, an der die Thermometerflüssigkeit zum Stehen gekommen ist. ↑3

b Bestimme die Schmelztemperatur von Eis. Das Thermometer ohne Skala steht jetzt in zerkleinertem Eis. ↑4
Das Schmelzwasser wird vorsichtig erwärmt. Beobachte wieder die Thermometerflüssigkeit. Noch ist nicht das ganze Eis geschmolzen. Wo steht die Thermometerflüssigkeit? Markiere die Stelle. ↑5

c Wie entsteht daraus die Skala? Du hast jetzt zwei Temperaturen auf deiner Skala: die Siedetemperatur von Wasser (100 °C) und die Schmelztemperatur von Eis (0 °C). Wie kannst du die Skala weiter unterteilen?
Überlege dir Lösungsmöglichkeiten. (Einige *Tipps*: Probiere die Möglichkeiten auf Papierstreifen aus. Miss am Thermometer den Abstand zwischen Schmelztemperatur und Siedetemperatur; übertrage ihn dann auf den Papierstreifen. Wie geht's weiter?)

2 Auf der Thermometerskala spielen zwei Temperaturen eine besondere Rolle. Welche sind das?

3 In Versuch 1 wird das Wort „Fixpunkt" erwähnt.

a Was versteht man darunter?

b Warum eignen sich die Schmelztemperatur von Eis und die Siedetemperatur von Wasser als Fixpunkte?

4 Warum eignet sich die Körpertemperatur eines Menschen nicht besonders gut als Fixpunkt?

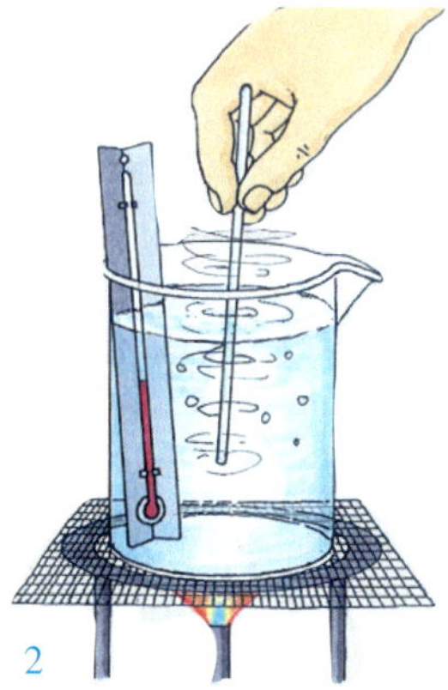
2

3

4

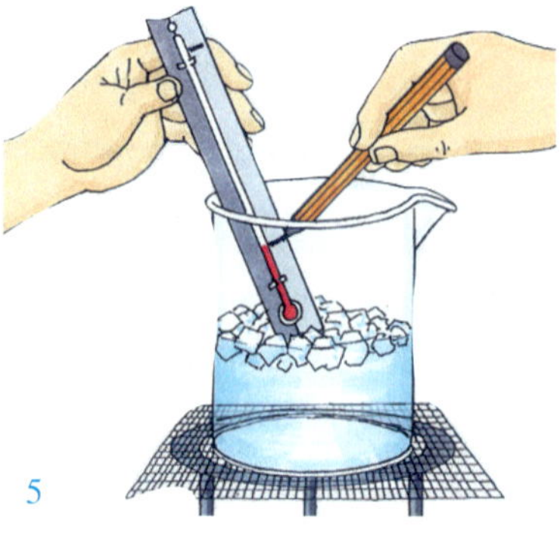
5

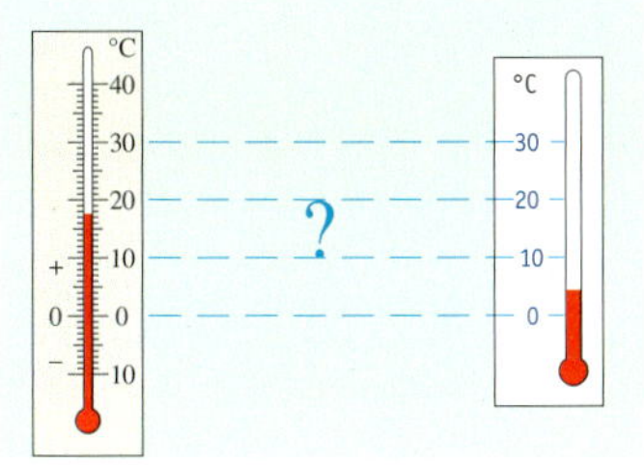

6

5 Den Auftrag, eine Thermometerskala zu entwickeln, erledigt Alex so:
Er nimmt ein Thermometer mit Skala und überträgt dessen Skala einfach auf das Thermometer ohne Skala. ↑6

a Hältst du das für eine gute Methode? Begründe deine Antwort.

b Anja hat eine andere Idee: Sie stellt das Thermometer ohne Skala zunächst in Schmelzwasser. Dann markiert sie den Stand der Flüssigkeitssäule und schreibt „0 °C“ daran. Anschließend trägt sie jeweils 1 cm darüber die Werte „10 °C“, „20 °C“ usw. ein. Was hältst du davon?

6 Es gibt auch Länder, in denen Temperaturen in „Grad Fahrenheit“ angegeben werden. Erkundige dich, welche das sind.

Historisches So entstand die Thermometerskala

Kunstvolle Thermometer – schön, aber unpraktisch
In der Abbildung 7 siehst du ein sehr langes, ungewöhnliches Thermometer. ↑7
Es wurde vor etwa 300 Jahren in Florenz (in Italien) hergestellt. Die Glaskugel an seinem unteren Ende entspricht der Thermometerkugel. Sie enthält Alkohol.

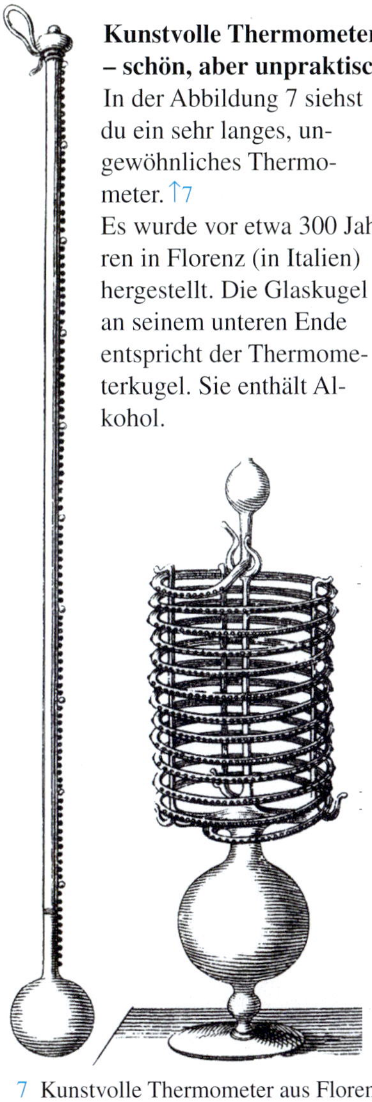
7 Kunstvolle Thermometer aus Florenz

Das dünne Steigrohr ist fast einen Meter lang. Auf das Rohr sind viele kleine Glasperlen aufgeschmolzen; sie stellen die Skala dar. Solche Thermometer waren unhandlich und zerbrechlich. Man wickelte deshalb das Steigrohr zu einer Spirale auf. ↑7
Solche Thermometer hatten einen großen Nachteil:
Nie besaßen zwei Thermometer genau die gleiche „Perlen-Skala“. Die Durchmesser der Steigröhrchen waren nämlich immer unterschiedlich. Man konnte also Temperaturen nur dann vergleichen, wenn man ein und dasselbe Thermometer benutzte.

Das Thermometer von Celsius – der Durchbruch!
Viele Bemühungen gab es, ein „allgemein verwendbares“ Thermometer zu erfinden, z. B. von Daniel Fahrenheit (1686 bis 1736).
Den Durchbruch schaffte schließlich der Schwede Anders Celsius (1701 bis 1744).
Er wählte zwei Fixpunkte für seine Skala:
1. die Schmelztemperatur von Eis (er nannte diesen Punkt „0 Grad“),
2. die Siedetemperatur von Wasser („100 Grad“).
Den Abstand zwischen den beiden Fixpunkten teilte er in 100 gleiche Teile ein. ↑8
Mit gleichen Abständen konnte er die Skala nach unten fortsetzen (z. B. bis –10 Grad). Genauso konnte er sie nach oben verlängern (z. B. 120 Grad).
Seit jener Zeit erinnert auf den meisten Thermometern ein „C“ an Celsius.
Außerdem werden Temperaturen in „Grad Celsius“ (°C) angegeben.

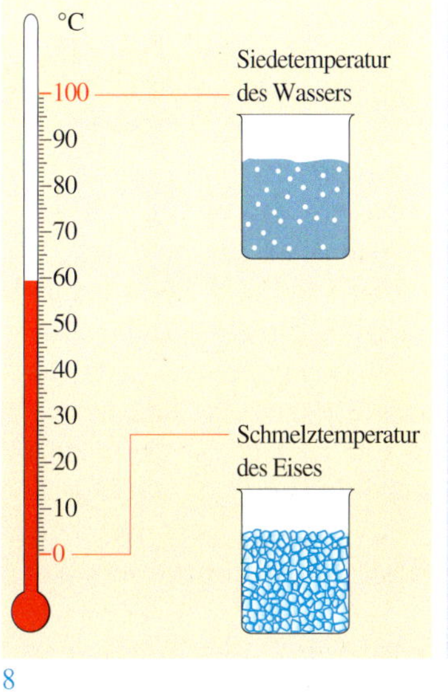

8

Überblick

Mit den Sinnen wahrnehmen
Mit unseren Sinnesorganen erhalten wir Informationen über unsere Umgebung. ↑1
Vom Sinnesorgan wird ein Signal über die Nerven zum Gehirn geschickt. Die Signale werden im Gehirn verarbeitet. So können wir uns z. B. durch Betasten ein Bild von einem Gegenstand machen.

Messen
Um Längen, Temperaturen, Zeiten, Gewichte und Volumen vergleichen zu können, benutzt man festgelegte, allgemeingültige Einheiten. Längen werden in Metern (m) angegeben, Zeiten in Sekunden (s) gemessen, Temperaturen in Grad Celsius (°C), Gewichte in Kilogramm und das Volumen in Millilitern (ml).

Temperaturen und Thermometer
Die Haut ist unser Sinnesorgan für die Temperatur. Wir sind in der Lage, Temperaturen zwischen 15 °C und 45 °C recht gut zu unterscheiden.
Zum Messen von Temperaturen werden Thermometer eingesetzt. Die bei uns üblichen Thermometer geben die Temperatur in der Einheit Grad Celsius (°C) an.
Eine Celsius-Skala entsteht mithilfe zweier Fixpunkte. Dies sind
1. die Siedetemperatur von Wasser (100 °C) und
2. die Schmelztemperatur von Eis (0 °C).

Diese Temperaturen trägt man neben den Enden der Flüssigkeitssäule als Skalenstriche auf.
Dann teilt man den Abstand dazwischen in 100 gleiche Teile auf. Jedes dieser Teile entspricht einem Grad Celsius (1 °C).

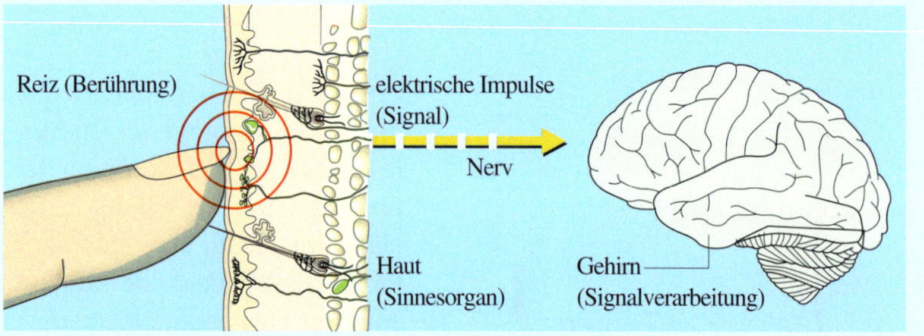

1 Sinnesorgan Haut

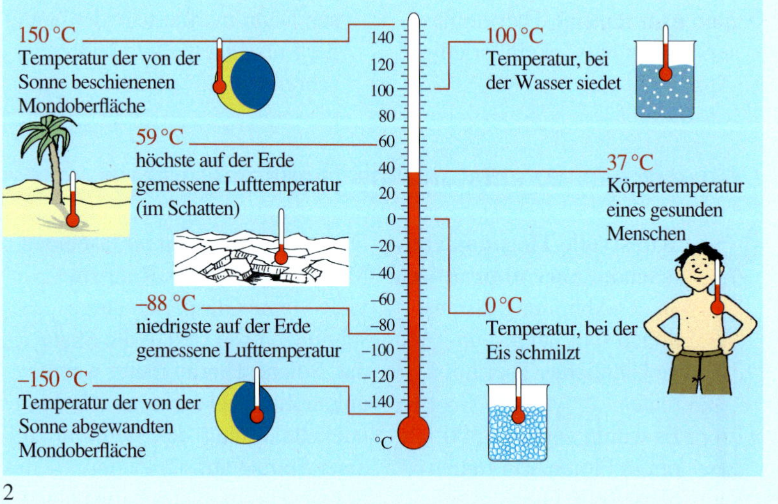

2

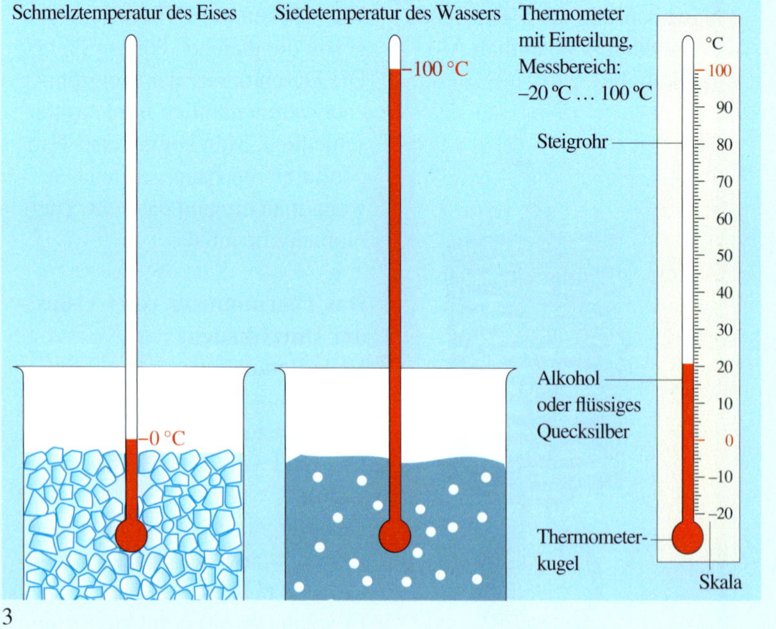

3

Alles klar?

1 Wir sind mit einem Wärmesinn ausgestattet.

a Trotzdem ist es gut, dass wir Thermometer besitzen. Warum?

b Nenne einige Thermometertypen und ihren Verwendungszweck.

c Beim Ablesen der Temperatur an einem Thermometer kann man Fehler machen. Worauf muss man achten?

d Die Skala eines Fieberthermometers geht von 35 °C bis 42 °C. Warum ist der Messbereich des Fieberthermometers kleiner als der eines Zimmerthermometers?

e Auf der Skala eines Fieberthermometers ist eine Temperatur deutlich hervorgehoben. Welche? Warum ist dieser Wert so wichtig?

2 Zwei Zinken eines Kamms kannst du mit den Fingern, der Lippe oder der Zunge unterscheiden, auf dem Rücken jedoch nicht. Erkläre, warum.

3 Nenne fünf Sinnesorgane und beschreibe, was wir mit ihnen von der Welt wahrnehmen.

4 Die Haut ist ein vielfältiges Sinnesorgan. Beschreibe, was du mit der Haut wahrnehmen kannst.

5 Für einen Versuch musst du 35 ml einer Flüssigkeit abmessen. Nenne Messgeräte, die du verwendest, und beschreibe dein Vorgehen.

6 Gewichte kann ich auf verschiedene Weise bestimmen. Beschreibe zwei Möglichkeiten.

7 Michaels Schwester Petra (1 Jahr) scheint Fieber zu haben. Tatsächlich misst ihre Mutter „neununddreißig vier". Petra muss ins Bett und bekommt Wadenwickel mit lauwarmen, feuchten Tüchern. ↑4

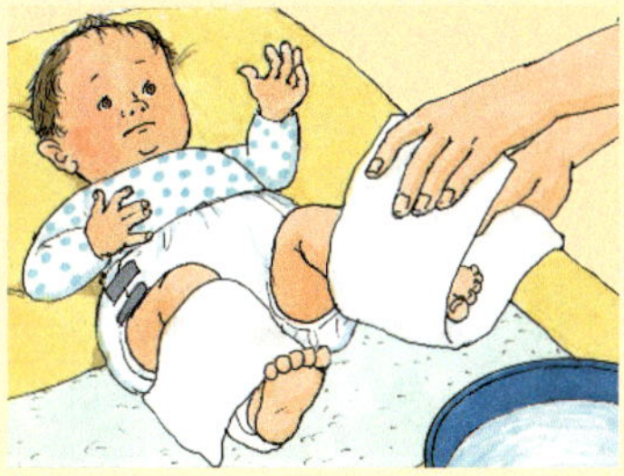

4

Nach einer Stunde misst ihre Mutter erneut: „achtunddreißig acht". Da muss sie aus dem Haus gehen. Sie bittet deshalb Michael, Petras Körpertemperatur um 18 Uhr und um 19 Uhr noch einmal zu messen.
Er misst „achtunddreißig fünf" und „neununddreißig eins".

a Michaels Mutter hatte schon ohne Thermometer gemerkt, dass Petra Fieber hat. Wie ist das möglich?

b Schreibe die genannten Temperaturen richtig auf (also mit Ziffern und Maßeinheit).
Stelle die genannten Temperaturen grafisch dar.

c Lies ab, was die Wadenwickel bewirkten.

d Michael hat in seinem Experimentierkasten ein kleines Thermometer. ↑5 Warum eignet sich das nicht gut zum Fiebermessen?

5

Wie Schall entsteht und sich ausbreitet

Hupen, Motoren, Stimmen, Musik, Blätter im Wind, Vögel, eine Biene … – alle erzeugen Schall.

1

2

Beobachten ***Untersuchen*** *Experimentieren*

1 Wie kann man Schall erzeugen?

Dir stehen verschiedene Gegenstände zur Schallerzeugung zur Verfügung:
- ein dünner Kunststoffstreifen oder ein Grashalm, ↑3
- ein Luftballon,
- ein Blatt Papier,
- eine Wasserflasche (halb gefüllt),
- ein Kunststofflineal,
- ein dünnwandiges Weinglas, ↑4
- eine Glasscheibe und Styropor.

Beschreibe oder skizziere jeweils, wie es dir gelingt, damit Schall zu erzeugen.
Vergleiche, was du hörst: Nenne Gemeinsamkeiten und Unterschiede.

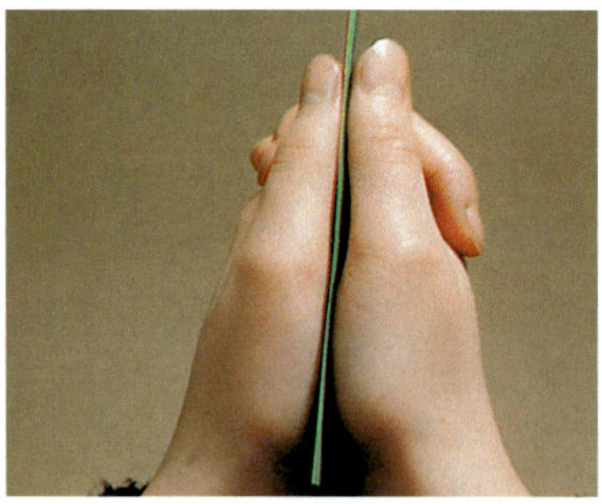

3 Schall – mit einem Grashalm erzeugt

4 Schall – mit einem Weinglas erzeugt

2 Was passiert bei der Schallerzeugung?

Führe die folgenden Experimente zur Schallerzeugung durch. Schildere jeweils, was du hörst und siehst. Welche Gemeinsamkeiten erkennst du?

a Spanne eine Metallstricknadel an der Tischkante fest, sodass ein Ende frei ist. Zupfe am freien Ende.

b Schlage eine Stimmgabel an und halte ihre Enden in ein Glas Wasser.

c Spanne einen dünnen Draht von ca. 50 cm Länge an beiden Enden fest ein und zupfe daran.

d Streue auf ein Trommelfell etwas Sand oder einige Reiskörner. Schlage die Trommel an.

5 Laut …

3 Laut und leise – mit der gleichen Schallquelle?
Töne können sehr unterschiedlich sein. ↑5 und 6 Erzeuge unterschiedlich laute Töne mit …
- einem gespannten Gummiband,
- einer Stimmgabel,
- einem Lineal, das an der Tischkante festgehalten wird. ↑7

a Was musst du bei der Schallerzeugung beachten?
b Wie hängen Lautstärke und Schwingungen der Schallquelle zusammen?

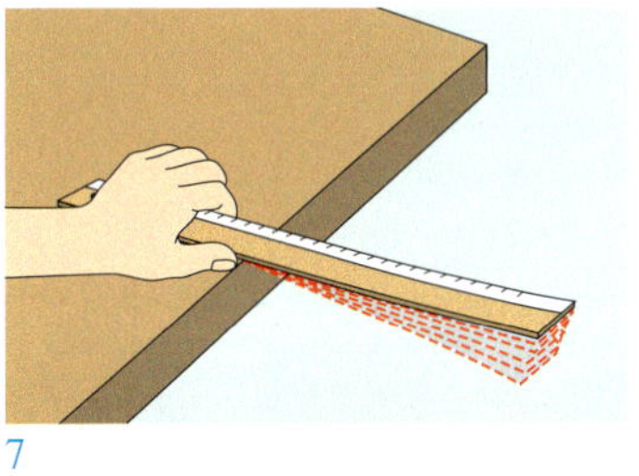

7

4 Hoch und tief – mit der gleichen Schallquelle?
Erzeuge hohe und tiefe Töne mit …
- einem Lineal oder einer Metallstricknadel,
- einem Gummiband,
- einem gespannten Draht (Saite),
- einer teilweise mit Wasser gefüllten Flasche.

Was musst du dazu jeweils an den Schallquellen verändern?

6 … und leise

5 Hohe und tiefe Töne mit allerlei Dingen
Untersuche eine Spieluhr und überlege, wie sie hohe und tiefe Töne erzeugt. Versuche auf ähnliche Weise mit Gegenständen aus dem Haushalt (Blumentöpfe, Gläser, Besteck, Flaschen …) Tonfolgen aus tiefen und hohen Tönen zu erzeugen. ↑8 Vielleicht gelingt dir sogar eine kleine Melodie? Worin unterscheiden sich „Hochtöner" und „Tieftöner"?

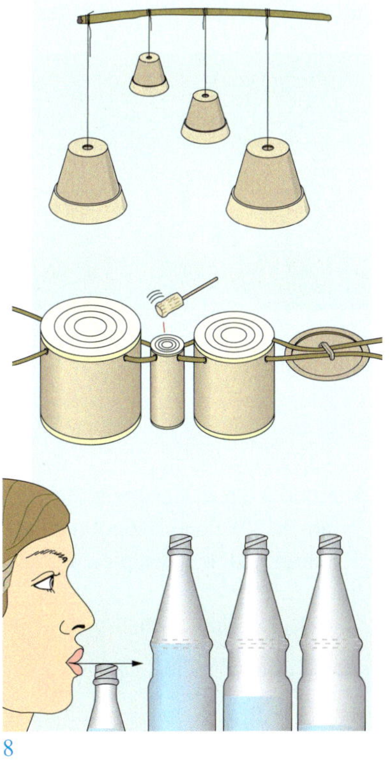

8

6 Wie kann man Schall verstärken?
Spanne ein Gummiband und bringe es zum Schwingen. Mit einer Backform oder einer Kunststoffdose kannst du den Ton verstärken. ↑9
Ähnlich kannst du auch bei einer Drahtsaite vorgehen: Lass sie zunächst allein schwingen und verstärke dann den Ton mit verschiedenen Behältern.

9

7 Zwei gleiche Schallquellen – doppelte Lautstärke?
a Schlage eine Stimmgabel an der Tischkante leicht an. Merke dir, wie laut du den Ton empfindest. Schlage dann zwei gleiche Stimmgabeln leicht an. Ist der Ton jetzt doppelt so laut?
b Statt der Stimmgabeln kannst du auch schwingende Lineale, klingende Wasserflaschen oder brummende Elektromotoren nehmen.
c Wie viele elektrische Summer braucht man, bis man die doppelte Lautstärke wahrnimmt?

1 Sender und Empfänger des Signals

GRUNDLAGEN: Schall und Schwingungen

Schall kann sehr unterschiedlich sein – vergleiche einmal den Schall der Stimmgabel mit einem Motorgeräusch oder einem Hundegebell …
Alle Dinge, mit denen du Schall erzeugen kannst, sind *Schallquellen* oder *Schallsender*. Sie senden Schall aus, der an unser Ohr gelangt. Unser Ohr ist ein Schallempfänger. ↑1
Beim Erzeugen von Schall bewegt sich immer etwas an der Schallquelle hin und her. *Beispiel:* Beim Anzupfen einer Stricknadel wird diese nach unten gebogen. Dabei wird ihr Energie zugeführt. Das Metall vibriert und bewegt sich schnell auf und ab. Ähnliches passiert beim Zupfen an einem gespannten Draht oder einer Saite. Auch die Enden der Stimmgabel bewegen sich rasch hin und her. ↑2 Das Auf und Ab der Membran einer Trommel (des Trommelfells) erkennst du an den hüpfenden Reiskörnern. ↑3
Ein Stab, eine Saite oder eine Membran schwingen und erzeugen dadurch Schall. Auch Luft kann in Schwingungen versetzt werden. Dies geschieht beispielsweise, wenn du mit einer Wasserflasche Schall erzeugst.

Schallsignale und ihre Bedeutung Du musst am Fahrrad eine Klingel haben, damit du anderen Verkehrsteilnehmern Schallsignale geben kannst. Gleiche Schallsignale können aber Unterschiedliches bedeuten: Du kannst mit dem Klingeln einen Freund grüßen oder einen Fußgänger warnen, der auf dem Fahrradweg geht.

Kurz und knapp **Schall ist alles, was wir hören. Schall entsteht durch die schnelle Schwingung eines Gegenstands. Die Klingel ist dein Schallsender. Der Fußgänger oder dein Freund sind Schallempfänger. Das Schallsignal gelangt vom Sender zum Empfänger. Es kann unterschiedliche Bedeutungen haben (Warnung oder Gruß).**

2 Eintauchen der klingenden Stimmgabel

3 Reiskörner auf Trommel

Arbeitsaufträge

1 Das Brummen einer fliegenden Hummel ist Schall. Wie wird er wohl erzeugt? Überlege, was bei der Hummel schwingt.

2 Nenne verschiedene Gegenstände, mit denen Schall erzeugt wird. Beschreibe jeweils, was bei ihnen schwingt.

3 Finde weitere Beispiele für „Schallsender – Schallsignal – Schallempfänger“. Welche Bedeutung hat das Signal jeweils für den Empfänger? Schreibe deine Beispiele in einer Tabelle auf.

Schallsender	Schallsignal	Schallempfänger	Bedeutung
Hund	Bellen	Ohr des Spaziergängers	Warnung
…	…	…	…

GRUNDLAGEN: Amplitude und Frequenz

Laut – leise Je stärker eine Schallquelle schwingt, desto lauter ist der Schall, den wir hören. Um mit einem gespannten Gummiband einen lauten Ton zu erzeugen, musst du es kräftig anzupfen. Es schwingt dann weit hin und her. Das Gummiband hat einen großen „Schwingungsbauch". ↑4 Bei leisen Tönen ist er klein.
Den Abstand zwischen der Ruhelage und dem höchsten Punkt auf dem „Schwingungsbauch" nennt man Amplitude. ↑5

Hoch – tief Verkürzt man eine Drahtsaite und zupft sie dann an, so schwingt sie schneller. Es entstehen höhere Töne.
In einer angepusteten Wasserflasche schwingt die Luft schneller, wenn die Flasche höher gefüllt und der Luftraum kleiner ist.
Die Anzahl der Schwingungen pro Sekunde nennt man Frequenz f. Ihre Einheit ist 1 Hertz (1 Hz). Bei 1 Hertz bewegt sich der schwingende Körper einmal je Sekunde hin und her:

1 Hz = eine Schwingung pro Sekunde

Eine Stimmgabel, deren Zinken in einer Sekunde 400-mal hin- und herschwingen, hat eine Frequenz von 400 Hz. Eine Stimmgabel mit 512 Hz erzeugt einen höheren Ton, eine mit 322 Hz einen tieferen Ton.

Die Einheit der Frequenz ist nach dem deutschen Physiker HEINRICH HERTZ (1857–1894) benannt. Große Frequenzen gibt man in Kilohertz (kHz) an: 1 kHz = 1000 Hz. Das gesunde menschliche Ohr eines jungen Menschen kann Töne zwischen 16 Hz und 20 kHz hören.

Kurz und knapp **Je größer die Amplitude der Schwingung einer Schallquelle ist, desto lauter ist der Schall.**
Je schneller eine Schallquelle schwingt, desto höher ist der Ton.
Je größer die Frequenz ist, desto höher ist der Ton.

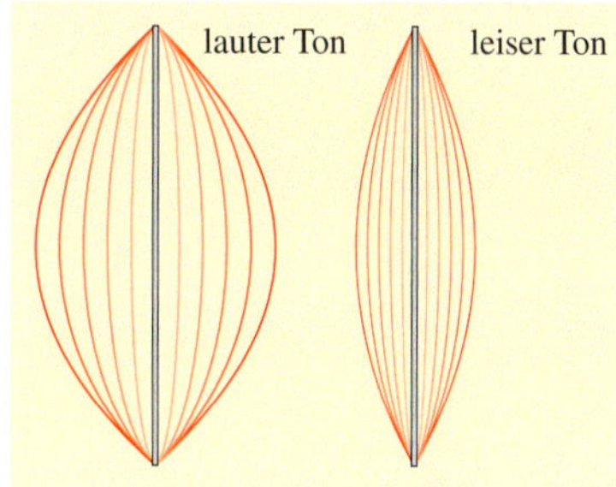

4 Schwingendes Gummiband

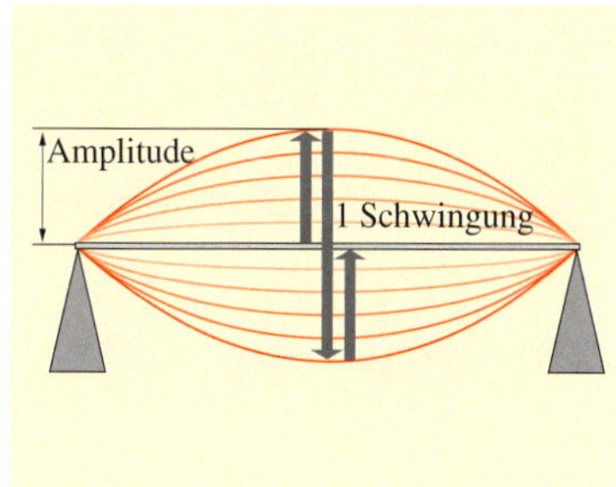

5 Schwingung

Arbeitsauftrag

1 Erzeuge Schwingungsbilder einer Stimmgabel auf einer Glasplatte, einer angestrichenen Metallplatte oder von Musikinstrumenten.

Schon gewusst?

Schallschwingungen – sichtbar gemacht
Die Schwingungen einer Stimmgabel werden sichtbar, wenn du sie über eine berußte Glasplatte führst. ↑6 Zum Berußen verwendest du eine Kerzenflamme.

Auf einer mit feinem Sand bestreuten Metallplatte kann man Schwingungsbilder erzeugen. ↑7 Mit dem Bogen eines Cellos streicht man an der Platte. Der Sand sammelt sich an ruhigen Punkten der Platte an.

Schallsignale kannst du auf dem Computermonitor sichtbar machen, wenn du ein Mikrofon an die Soundkarte anschließt. Die dazugehörigen Programme liefern Schwingungsbilder. ↑8

6 Schwingungsbilder

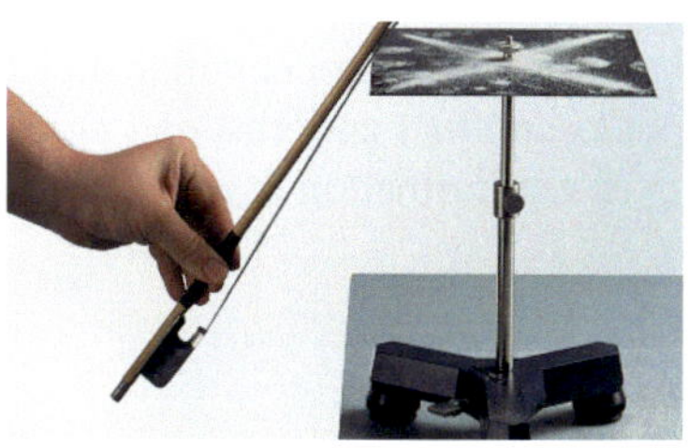

7 Schwingungsbilder

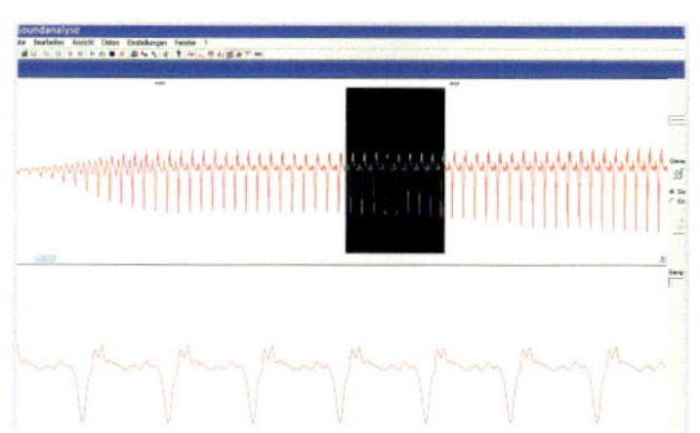

8 Aufgezeichnete Schallsignale

Schall unterwegs

1

Ob man mit einem Gartenschlauch „telefonieren" kann? Wie gelangen die Worte ans Ohr?

Beobachten Untersuchen Experimentieren

1 Wie breitet sich Schall aus?
Schlage das linke Tamburin an. ↑2 Beobachte, was passiert. Versuche zu erklären, wie der Schall vom linken Tamburin zum rechten gelangt.

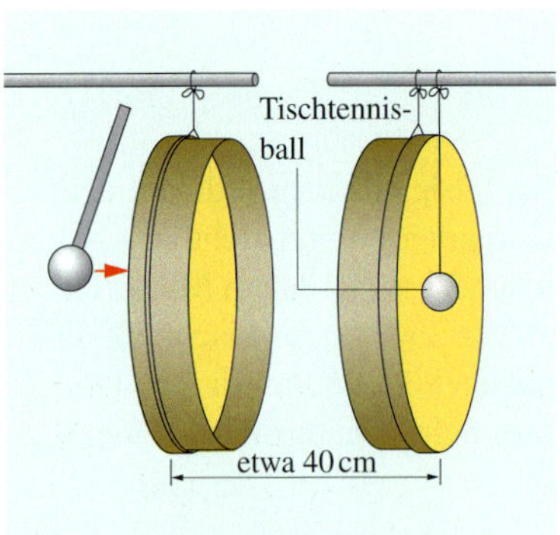

2

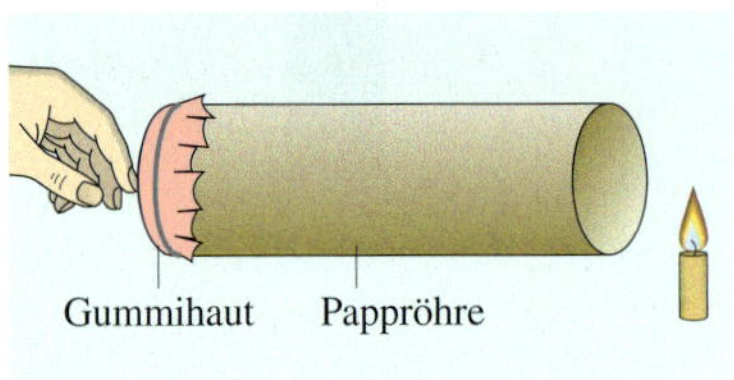

3

2 Was macht der Schall mit der Kerzenflamme? ↑3

a Die Pappröhre wird an einer Seite mit einem aufgeschnittenen Luftballon verschlossen. Schlage die Gummihaut an. Beobachte und erkläre.

b Eine „Schallkanone" kannst du aus einem Kunststoffeimer mit Deckel bauen. In die Mitte des Deckels schneidest du ein 3 cm großes Loch. Wenn du kräftig auf den Eimerboden schlägst, wird eine Kerzenflamme noch in einer Entfernung von 1 m ausgeblasen.
Auch eine 1-l-Blechdose (z. B. für Waschbenzin) eignet sich, wenn du den Boden mit dem Dosenöffner entfernst und mit einem Luftballon überspannst.

3 Schall im luftleeren Raum?
„Im Weltall ist es ganz still. Im luftleeren Raum breitet sich Schall nicht aus."

a Plane einen Versuch, der die Behauptung beweist. ↑4 Statt des Weckers kann auch ein klingelndes Handy benutzt werden.

b Führe den Versuch durch und fertige ein Versuchsprotokoll an.

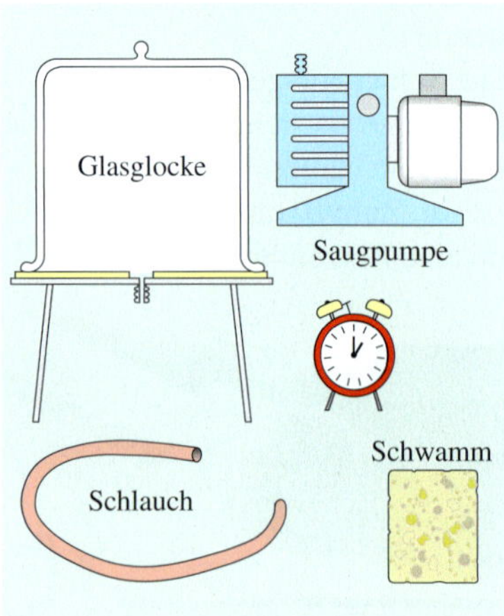

4

4 Flüstern durch verschlossene Türen hindurch
Baue mit deinem Tischnachbarn ein Fadentelefon.

a Verbinde dazu zwei Kunststoffbecher mit einer straff gespannten Angelschnur. ↑5
Flüstere leise in den Becher. Kann man dich auf der anderen Seite hören?

b Ersetze den Faden durch einen dünnen Draht oder Nähgummi. Funktioniert das Telefon jetzt besser?

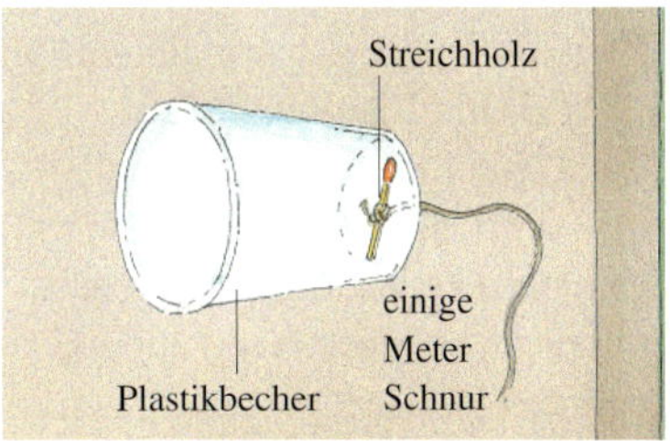

5 Fadentelefon

GRUNDLAGEN: Schallwellen in Luft

Wenn du das Fell des Tamburins anschlägst, wird die Membran zunächst rasch eingedrückt. Die Luft hinter dem Fell kann nicht so schnell ausweichen und wird zusammengedrückt. Es entsteht eine Luftverdichtung.
Gleich nach dem Anschlag schwingt die Membran zurück. Die Luft kann nicht so schnell folgen. Es entsteht eine Luftverdünnung. ↑6
Die Folge von Luftverdichtung und Luftverdünnung überträgt sich von einer Luftschicht auf die nächste. Sie „wandert" auf diese Weise von der Membran weg.

Beim Tamburin hören wir einen kurzen Schlag. Bei einer Gitarrensaite hören wir einen längeren Klang. Solange eine Schallquelle schwingt, sendet sie Schallwellen aus.
Die Schallwellen laufen von der Schallquelle in alle Richtungen auseinander. Dabei werden die Luftschichten mit zunehmender Entfernung immer weniger verdichtet und verdünnt. Die Lautstärke nimmt ab.
Auch in festen Gegenständen wie in einer Tischplatte und in Flüssigkeiten kann sich Schall ausbreiten.

Kurz und knapp **Von der Schallquelle aus laufen Luftverdichtungen und Luftverdünnungen in den Raum. Man sagt: Eine Schallwelle breitet sich durch die Luft aus. Im luftleeren Raum kann sich kein Schall ausbreiten.**

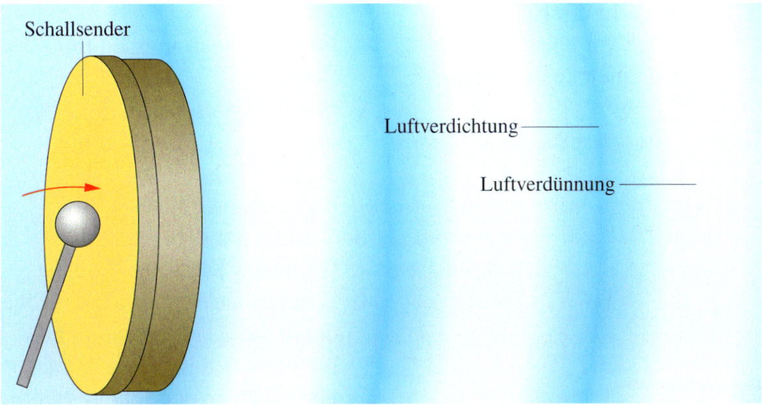

6 Schallausbreitung in Luft

Arbeitsaufträge

1 Beschreibe, wie an einer Drahtsaite eine Schallwelle entsteht.

2 „Im Weltraum ist es still. Morgens kann man nicht durch den Wecker geweckt werden." Erkläre diesen Satz aus einem Science-Fiction-Roman.

3 Eine Schallquelle schwingt mit 400 Hz, eine andere mit 800 Hz. Zeichne, wie sich die beiden Schallwellen unterscheiden.

Schall braucht Zeit und kommt zurück

Schall breitet sich von der Quelle in alle Richtungen aus. Wenn er auf einen Gegenstand trifft, wird er abgelenkt. Ähnliches kennst du von einem Ball, der von einer Wand zurückprallt.

1

Beobachten **Untersuchen** *Experimentieren*

1 Wie schnell ist der Schall in der Luft?
Ihr benötigt einen Hammer, ein altes Kuchenblech und eine Stoppuhr. Messt im Freien mit einem Bandmaß eine Strecke von mindestens 200 m ab, die gut zu überblicken ist. An dem einen Ende der Strecke steht eine Schülerin oder ein Schüler und schlägt kräftig auf das Blech. Am anderen Ende stoppt ein zweiter Schüler die Zeit zwischen „Hammerschlag sehen" und „Hammerschlag hören". *Tipp:* Messt am besten mehrmals und notiert eure Werte in einer Tabelle (Verringert Ungenauigkeit beim Messen). ↑2

2 Wie wird Schall abgelenkt?
Stelle einen tickenden Wecker auf einem Stück Schaumstoff in ein hohes Glas. Du siehst den Wecker, denn das Licht geht durch das Glas hindurch. ↑3
Halte dein Ohr ungefähr 1 m vom Glas entfernt. Mit je einer Platte aus Glas, Holz, Eisen, Pappe und Kork soll der Schall so umgelenkt werden, dass er besser an dein Ohr gelangt.
Wie müssen die Platten gehalten werden?
Welche Materialien reflektieren den Schall besonders gut?

3 Wie entsteht ein Echo?
Stelle dich vor eine Hauswand und rufe einen kurzen Namen (Anna, Otto …). Ändere deinen Abstand zur Wand. Wann kannst du den ganzen Namen als Echo hören? Erkläre, wie das Echo entsteht.

Messung Nr.	Entfernung zur Schallquelle	Zeit zwischen Sehen und Hören
1	200 m	? s
2	200 m	? s
3	200 m	? s
4	200 m	? s
5	200 m	? s

Durchschnittszeit = … s
Schallgeschwindigkeit = Entfernung : Zeit = … m pro s

2 Mustertabelle

3

4 Entfernungen messen mit Schall
Ein elektronischer Entfernungsmesser misst Abstände mit Schall. ↑4 Die Frequenz ist so hoch, dass wir nichts hören.

a Vermiss mit dem Gerät die Größe des Klassenzimmers.

b Spanne eine Schnur in 2 m Höhe durch das Klassenzimmer und befestige den Entfernungsmesser beweglich an der Schnur. Führe

4 Elektronischer Entfernungsmesser

ihn dann langsam durch den Raum, in dem Tische, Stühle und Kisten auf dem Boden stehen. Miss alle 20 cm die Entfernung in Richtung Boden. Protokolliere die Messwerte und zeichne aus den Entfernungsangaben ein Bild des Fußbodens. Wo stehen Tische, wo Stühle, wo Kisten?

c Miss mit dem Entfernungsmesser in Richtung Raumwand. Führe dann einen dicken Bindfaden in den Messbereich des Geräts. Was passiert?

5 Mit den Ohren „sehen"

Gelingt es dir, mit verbundenen Augen möglichst nah an die Tafel heranzugehen – nur mit Schall? Im Klassenraum muss es vollkommen still sein.

a Führt in der Klasse einen Wettbewerb durch. Gewonnen hat, wer der Tafel am nächsten kommt, ohne sie zu berühren.

b Die Orientierung mit Schall gelingt, weil von der Glasflasche Schallwellen ausgesandt werden. ↑5 Sie werden von der Tafel zurückgeworfen. Bei guter Konzentration kannst du sie als Veränderung im Klangbild wahrnehmen und so die Nähe der Tafel „spüren".

Auch bei der Orientierung von Delfinen spielt die Reflexion von Schall eine wichtige Rolle. Lies den Text zum Delfin. Erläutere die Gemeinsamkeiten zwischen dem Versuch und der Orientierung des Delfins.

5

Schon gewusst?

Delfine jagen mit Schall

Delfine sind Meeressäugetiere. ↑6 Sie können zwar unter Wasser sehr gut sehen. Aber je tiefer sie tauchen, desto dunkler wird es. Bei schlechter Sicht orientieren sie sich mit Schall.

In Wasser ist Schall viermal so schnell wie in Luft und hat eine 40-mal größere Reichweite.

Zur Jagd senden die Delfine kurze Klicklaute aus. Der Schall wird auch von kleinen Fischen reflektiert und kehrt als Echo zurück. ↑7 Daraus gewinnt der Delfin ein „Hörbild" seiner Umgebung.

6 Delfine

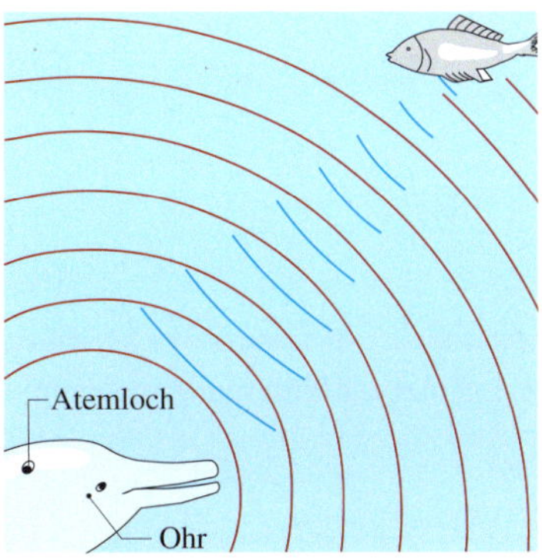

7 „Echopeilung" bei Delfinen

GRUNDLAGEN: Entfernungen messen – mit Schall

Beim Gewitter sieht man erst den Blitz, den Donner hört man etwas später. Schall braucht Zeit, um eine bestimmte Strecke zurückzulegen. In Luft breitet sich der Schall in 3 Sekunden 1 km weit aus.
Wenn Schallwellen an Körpern reflektiert werden, die weit genug von uns entfernt sind, kommt der Schall mit einer hörbaren Verzögerung zurück. Wir hören ihn als *Echo*.
In der Technik nutzt man das Echo, um Entfernungen zu bestimmen. Die Idee ist ganz einfach: In einiger Entfernung vor einer Hauswand lässt du eine aufgeblasene Papiertüte zerplatzen. Wenn du das Echo genau eine Sekunde später hörst, ist die Wand 170 m von dir entfernt. Denn der Schall legt in der Luft 340 m in einer Sekunde zurück: Er läuft 170 m zur Wand, wird dort reflektiert und kommt 170 m wieder zurück.
Diese Idee nutzen elektronische Entfernungsmesser, mit denen Maler Räume vermessen. ↑1 Die Geräte senden eine Folge von Schallsignalen aus, die wir nicht hören können: Ultraschall mit einer Frequenz von mehr als 20 kHz. An der Wand wird der Schall reflektiert und läuft zum Entfernungsmesser zurück, wo er von einem Mikrofon aufgenommen wird. Aus der Zeitdifferenz zwischen Schallsendung und -empfang sowie der Schallgeschwindigkeit in Luft berechnet das Gerät die Entfernung.

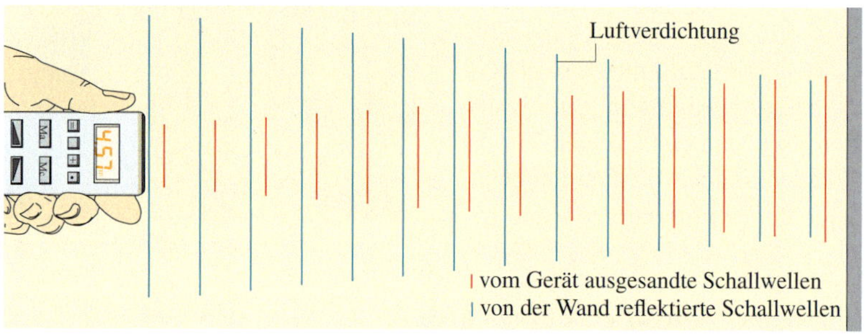

1 Entfernungsmessung: Je länger der Schall braucht, desto weiter ist die Wand entfernt.

Schon gewusst?

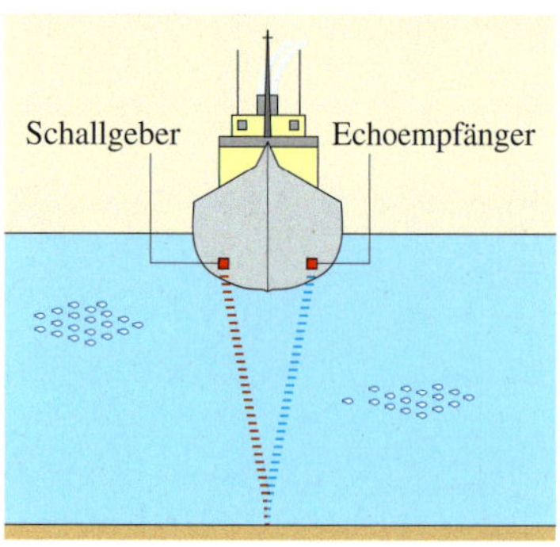

2 Echolot zur Entfernungsmessung

Das Echolot
Nach dem Echoverfahren wird bei Schiffen die Wassertiefe gemessen. Ein Echolot sendet Schallsignale aus. Sie werden vom Meeresboden reflektiert und am Schiff wieder aufgefangen. ↑2 Je weiter der Meeresboden entfernt ist, desto länger braucht der Schall für Hin- und Rückweg. Die Laufzeit des Schalls wird gemessen. Daraus berechnet ein Computer die Wassertiefe – mithilfe der Schallgeschwindigkeit in Wasser (1,5 km pro s).

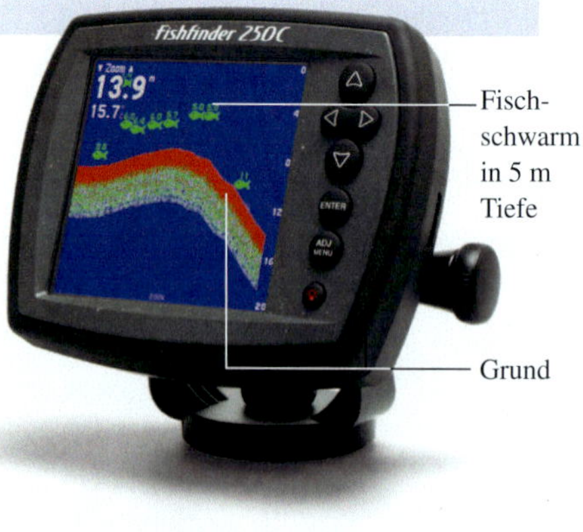

3 Schirm eines Echolots

Mit dem Echolot lassen sich auch Fischschwärme orten. ↑3

Ultraschall im Dienst des Menschen

Blick in den Körper Ultraschall erlaubt Einblicke in den menschlichen Körper – ohne Operation. Das Prinzip ist ähnlich wie beim Echolot. Ultraschall wird unter anderem bei Schwangeren eingesetzt, weil die Methode für Mutter und Kind als gefahrlos gilt.
Ein „Schallkopf" wird auf den Bauch der Mutter gehalten. ↑4 bis 5 Der Schallkopf sendet und empfängt Ultraschallwellen. Die Wellen dringen in den Körper ein und werden von Gewebe und Knochen unterschiedlich reflektiert. Die Schallwellen des Echos „übersetzt" der Computer in ein Bild.
Mit Ultraschall kann man auch die Lage, Größe und Funktion innerer Organe untersuchen.

Operieren mit Ultraschall Wenn z.B. ein Glassplitter ins Auge eingedrungen und „verschwunden" ist, führt der Chirurg ein feines Instrument in den Augapfel ein. ↑6 Es besteht aus einem winzigen Ultraschallkopf und einer kleinen Zange. Sowohl der Fremdkörper als auch die Spitzen der Zange reflektieren den Ultraschall.
Viele Menschen sind „steinreich": In ihrer Niere entstehen Steine durch Kristallbildung aus dem Harn (Urin). Kleine Nierensteine werden meist mit dem Harn ausgeschieden. Setzt sich aber ein größerer Stein im Harnleiter fest, kommt es zu starken Schmerzen und Krämpfen. Mit gezielten „Stößen" von Ultraschallwellen kann der Arzt solche Nierensteine zertrümmern. Die Reste werden mit dem Urin ausgespült.

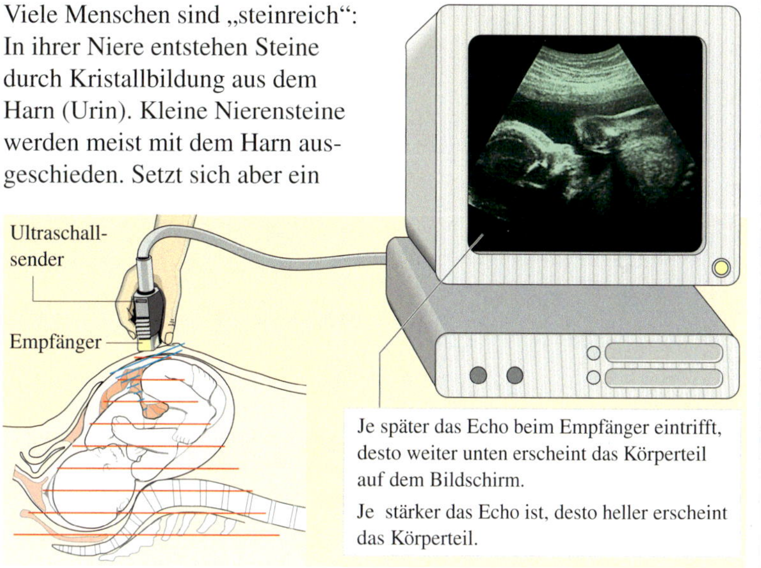

4 Prinzip der Ultraschalluntersuchung des Kindes im Mutterleib

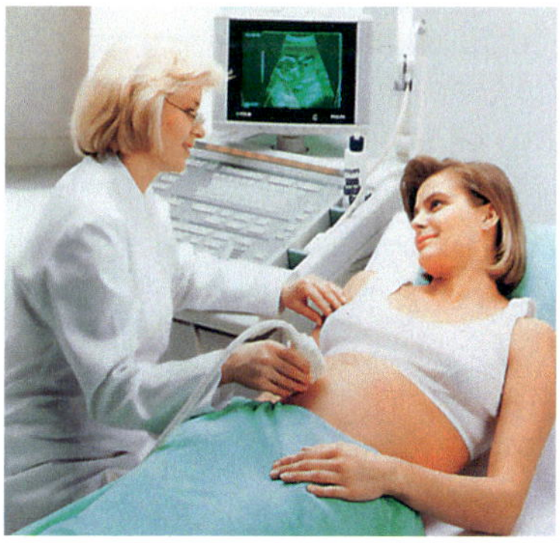

5 Ultraschalluntersuchung

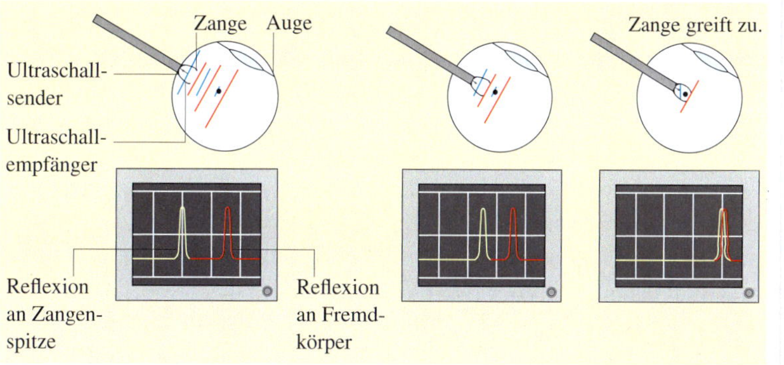

6 Auffinden und Entfernen eines Fremdkörpers im Auge

Arbeitsaufträge

1 Das Echolot eines Schiffs ↑2 registriert eine Zeitdifferenz von zwei Sekunden zwischen Aussenden und Empfangen des Signals. Welche Meerestiefe wird angezeigt?

2 Dein Rufen im Gebirge kommt nach 3 s zurück. Wie weit ist die Bergwand von dir entfernt?

3 Beschreibe das physikalische Prinzip der Ultraschalluntersuchung. Worin liegt der Vorteil der Ultraschallmethode bei einer Schwangerschaftsuntersuchung?

4 Beschreibe, wie der Chirurg den unsichtbaren Fremdkörper im Auge findet. ↑6 Achte dabei auf das aufgezeichnete Echolot.

Wie wir hören

Im Straßenverkehr sind wir einer Fülle von Geräuschen ausgesetzt: Motorengeräusche von Autos und Motorrädern, Sirenen von Polizei- oder Rettungsfahrzeugen, Stimmen von Menschen und vieles mehr. Wie nehmen wir dies wahr? Was hören wir laut, was hören wir leise?

1 Auf einer Straße gibt es vielerlei Geräusche.

Beobachten Untersuchen Experimentieren

Was können unsere Ohren wahrnehmen? Welche Körperteile sind beteiligt, wenn wir etwas hören? Diese Fragen kannst du mithilfe von kleinen Versuchen selbst beantworten.

1 Was Geräusche verraten

Setze dich mit geschlossenen Augen ans Fenster. Konzentriere dich auf Geräusche von draußen.

a Welche Geräusche kannst du erkennen und zuordnen? An welchen Merkmalen erkennst du die Geräusche?

b Aus welcher Richtung kommt das Geräusch? Kannst du sagen, wie weit die Geräuschquelle entfernt ist? Bewegt sie sich?

c Sind dir die Geräusche schon vorher aufgefallen? Hast du eine Erklärung dafür, dass du manche Geräusche erst jetzt bemerkst, obwohl sie die ganze Zeit schon da waren?

2 Eine Geräuschelandkarte erstellen

Zeichne einen Plan eures Unterrichtsraums. Trage alle Geräusche ein, die du hörst. Ergänze wenn nötig die Umgebung des Unterrichtsraums.

a Unterscheide zwischen natürlichen Geräuschen und solchen, die von Maschinen oder Geräten erzeugt werden. Welche überwiegen?

2 Schallleitung durch Knochen

b Vergleiche deine Karte mit der deines Nachbarn. Was fällt euch auf?
c Überlegt euch andere Orte – in der Schule, draußen oder zu Hause –, an denen ihr Geräuschelandkarten erstellen könnt. Vergleicht eure Ergebnisse.

3 Hörfähigkeit
Eine Versuchsperson aus der Klasse sitzt mit verbundenen Augen vorne im Unterrichtsraum. Flüstert der Versuchsperson aus einer Richtung in verschiedenen Entfernungen Worte zu.
a Prüft zunächst, ob beide Ohren gleich gut hören. Dabei muss die Versuchsperson jeweils ein Ohr zuhalten.
b Hört die Versuchsperson mit zwei Ohren besser?

4 Knochen leiten Schall
Halte dir beide Ohren zu, sodass du nichts hörst. Deine Partnerin oder dein Partner hält dir nun eine angeschlagene Stimmgabel direkt ans Ohr. Dann setzt sie oder er dir die Stimmgabel direkt auf den Kopf, erst in die Mitte, dann rechts und links davon. ↑2
a Wann hörst du den Ton? Ändert sich der Höreindruck, wenn die Stimmgabel seitlich aufgesetzt wird?
b Warum kannst du hören, obwohl dein Gehörgang verschlossen ist?
c Für dich klingt deine Stimme anders, wenn du eine Aufnahme von dir hörst. Erkläre diese Wahrnehmung.

5 Tonhöhe
Ermittelt mithilfe eines Tongenerators bei mehreren Schülern die obere und die untere Hörgrenze.
a Bis zu welcher Tonhöhe könnt ihr hören? Lest die Frequenz in Hertz ab und notiert die Ergebnisse in einer Tabelle.
b Vergleicht die Ergebnisse der Schüler untereinander. Ergibt sich ein Unterschied zu denen der Lehrerin oder des Lehrers?

GRUNDLAGEN: Leistungen des Gehörs

Unser Gehör unterscheidet laut und leise, hoch und tief. Außerdem erkennen wir, woher ein Geräusch kommt. Viele Geräusche aus unserer vertrauten Umgebung nehmen wir erst dann bewusst wahr, wenn wir uns auf sie konzentrieren. Das Gehirn erfasst sie aber dennoch.
Die Leistungsfähigkeit unseres Gehörs ist aber auch begrenzt. Eine Hundepfeife beispielsweise können wir nicht hören. Sie erzeugt einen Ton, der oberhalb unserer Hörgrenze liegt. Manche Tiere hören noch viel höhere Töne, die man Ultraschall nennt. ↑Tabelle Unser Hörbereich ist auch abhängig vom Alter und dem Einfluss schädlicher Lautstärken. Mittlere Tonhöhen können wir am deutlichsten hören.

Kurz und knapp **Das Gehör unterscheidet laute und leise, hohe und tiefe Töne. Viele Geräusche nehmen wir nur wahr, wenn wir uns darauf konzentrieren. Nach oben hin gibt es eine Hörgrenze, die vom Alter und dem Einfluss schädlicher Lautstärken beeinflusst wird.**

Hörbereich verschiedener Lebewesen

Lebewesen	Frequenz in Hertz
Mensch	
Kind	16 bis 20000
35-Jähriger	16 bis 15000
55-Jähriger	16 bis 12000
Greis	16 bis 5000
Hund	15 bis 50000
Buchfink	240 bis 30000
Heuschrecke	100 bis 100000
Fledermaus	20000 bis 150000
Delfin	150 bis 280000

Arbeitsaufträge

1 Man kann sagen, unser Gehirn filtert die Geräusche aus der Umgebung.
a Erläutere diese Aussage.
b Nenne mögliche Vorteile.

2 Schwerhörige alte Menschen verstehen besser, wenn man mit etwas tieferer Stimme spricht, ohne dabei lauter zu werden. Erkläre.

3 Warum halten Menschen bei Gesprächen hin und wieder eine Hand hinter ein Ohr?

4 Begründe, weshalb man beim Radfahren im Stadtverkehr auf Musik aus dem Kopfhörer verzichten sollte.

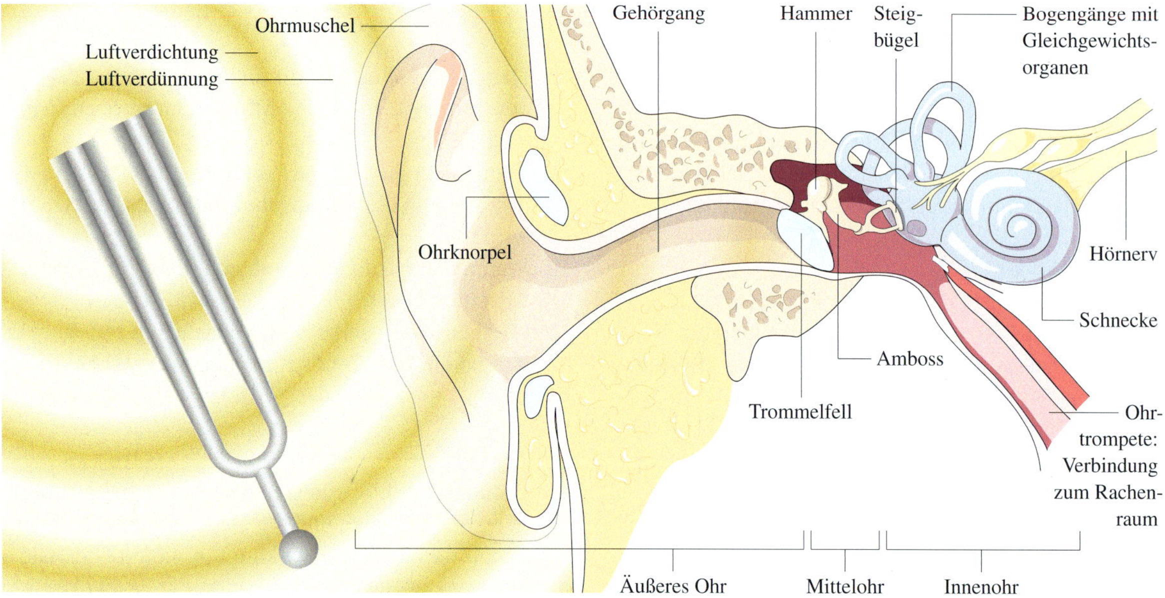

1 Bau des Ohrs: Man unterscheidet äußeres Ohr, Mittelohr und Innenohr.

GRUNDLAGEN: Schallempfang mit dem Ohr

Bau des Ohrs Das Außenohr besteht aus Ohrmuschel, Gehörgang und Trommelfell. Das Mittelohr liegt in einer kleinen luftgefüllten Knochenhöhle. Es enthält die Gehörknöchelchen, die das Trommelfell mit dem Innenohr verbinden. Das Innenohr ist mit Flüssigkeit gefüllt.

Außenohr Die Ohrmuscheln fangen den Schall auf. Der Schall wird durch den Gehörgang zum Trommelfell geleitet und versetzt es in Schwingung. Das Trommelfell ist ein dünnes Häutchen, eine Membran.

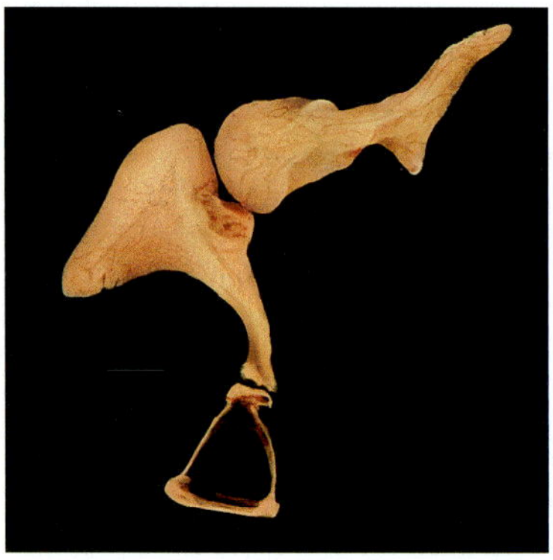

2 Gehörknöchelchen

Mittelohr Die Gehörknöchelchen Hammer, Amboss und Steigbügel sind die kleinsten Knochen des Menschen. Sie werden durch das Trommelfell mitbewegt und übertragen die Schwingungen auf die Membran am Eingang des Innenohrs. Da die Knöchelchen wie Hebel wirken, verstärken sie den Schall. Diese Verstärkung ist nötig, weil im Innenohr eine Flüssigkeit in Schwingungen versetzt werden muss. Flüssigkeiten lassen sich schwerer in Bewegung setzen als Luft. Zum Druckausgleich ist das Mittelohr mit dem Rachenraum verbunden.

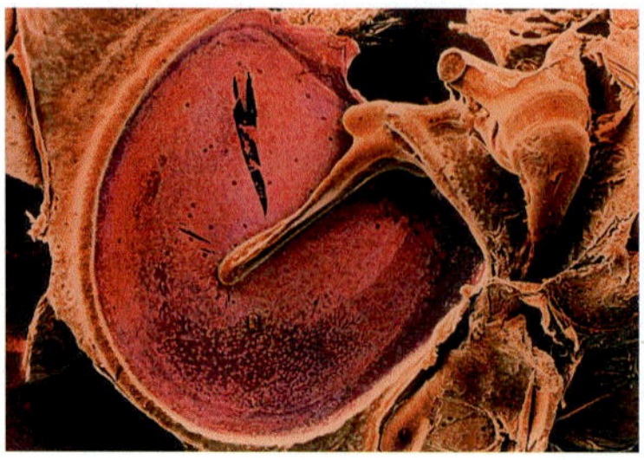

3 Trommelfell und Hammer

4 Hörsinneszellen in der Schnecke

Innenohr Die Schnecke im Innenohr ist das eigentliche Hörorgan. Hier befinden sich die Hörsinneszellen, die durch den Schall gereizt werden. Über den Hörnerv senden die gereizten Sinneszellen Signale an das Gehirn. Das Gehirn wertet diese Informationen aus. Erst dadurch hören wir unser Lieblingslied, erkennen eine bekannte Stimme und wissen, dass ein Geräusch weit weg ist.

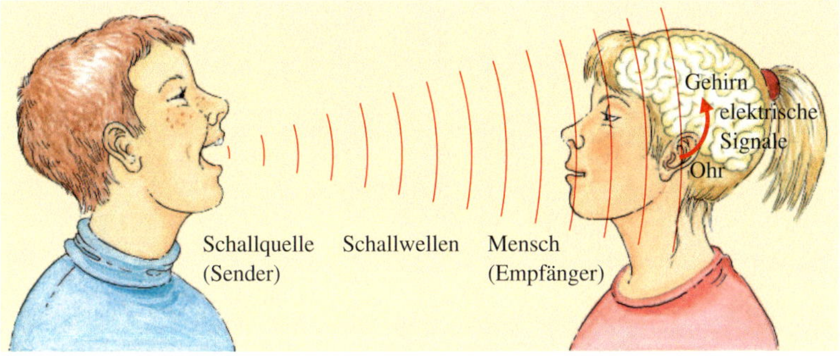

5 Im Ohr werden Schallwellen in elektrische Signale „übersetzt". Diese werden an das Gehirn weitergeleitet.

Kurz und knapp **Die Schallwellen werden von den Ohrmuscheln aufgefangen und zum Trommelfell geleitet (Außenohr). Im Mittelohr übertragen die Gehörknöchelchen die Schwingungen auf die Schnecke im Innenohr. In der Flüssigkeit des Innenohrs entstehen Wellen, die die Hörsinneszellen in der Schnecke reizen. Über den Hörnerv gelangen Signale zum Gehirn, das diese auswertet.**

Gesundheit

Pflege des Ohrs
Drüsen in der Wand des Gehörgangs bilden Ohrenschmalz. Es verklebt Staubteilchen, sodass sie nicht bis zum Trommelfell gelangen und sich dort ablagern können. Wenn wir die Kiefer bewegen, wird das Ohrenschmalz nach außen befördert. Das kannst du spüren, wenn du deine Finger leicht in den Gehörgang steckst und dann Kaubewegungen machst. Du musst deshalb deine Ohren nur äußerlich reinigen. Nimm am besten einen Handtuchzipfel, sei aber sehr vorsichtig. Bohre nie in den Gehörgang hinein, auch nicht mit einem Wattestäbchen. Dabei würdest du das Ohrenschmalz zu einem Pfropf zusammenschieben, der das Trommelfell behindert. Nur ein Arzt kann einen solchen Pfropf entfernen. Stecke niemals spitze Gegenstände ins Ohr!

Arbeitsaufträge

1 Beschreibe den Weg eines Musikstücks vom Instrument bis zur Wahrnehmung im Gehirn.

2 Stelle in einer Tabelle die Bestandteile des Ohrs und ihre jeweiligen Aufgaben zusammen.

3 Führe folgenden Versuch zur Bedeutung der Ohrmuscheln durch: Im Zimmer wird eine Schallquelle aufgestellt, zum Beispiel ein laut tickender Wecker.

a Lausche auf das Geräusch. Drücke deine Ohrmuscheln mit den Fingern ganz zurück an den Kopf.
Dann biegst du sie nach vorne. Halte die Handflächen hinter die Ohrmuscheln. ↑6
Decke die Ohrmuscheln mit den Händen von vorne ab.

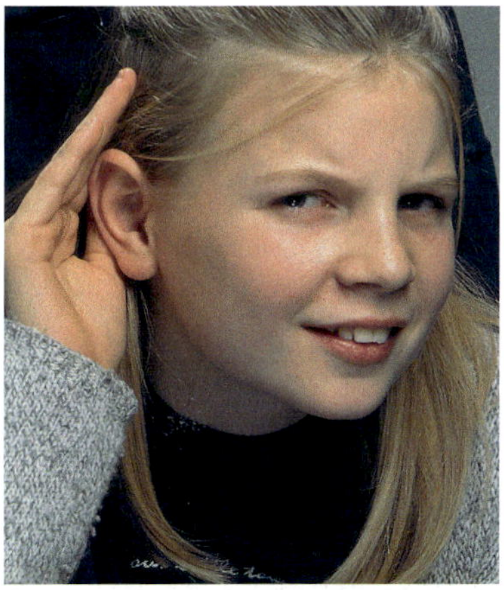

6

b Wie ändert sich jeweils der Höreindruck? Erkläre die Ergebnisse.

4 Weshalb hört man sich auch dann sprechen, wenn beide Ohren fest verschlossen sind?

5 Bei einem Schnupfen kann das Fahren in einem schnellen Lift Ohrenschmerzen hervorrufen. Erkläre.

6 Eine bakterielle Erkrankung des Nasen-Rachen-Raums kann zu einer Mittelohrentzündung führen.

a Erläutere mithilfe von Abbildung 1, auf welchem Weg die Bakterien in das Mittelohr gelangen.

b Die dabei auftretenden starken Schmerzen sind ein Alarmzeichen. Ohne Behandlung kann die Entzündung auf die Gehörknöchelchen, das Trommelfell oder das Innenohr übergreifen. Nenne mithilfe des Textes mögliche Folgen.

1 Hunde orientieren sich maßgeblich mit ihrer sprichwörtlichen Schnüffelnase: Sie erkennen Menschen, deren Geruch sie einmal wahrgenommen haben, zielsicher wieder. Warum kann dem Hund diese Leistung gelingen?

2 Wanderheuschrecken hören mit den Hörorganen an den Seiten des Hinterleibs, die von einem Trommelfell nach außen abgeschlossen werden.

3 Bei schlechter Sicht senden Delfine sehr hohe Klicklaute aus. Der Schall wird von Hindernissen reflektiert und kehrt als Echo zurück. Daraus gewinnen sie ein „Hörbild“ der Umgebung. Fledermäuse orientieren sich ähnlich. Aber wie genau?

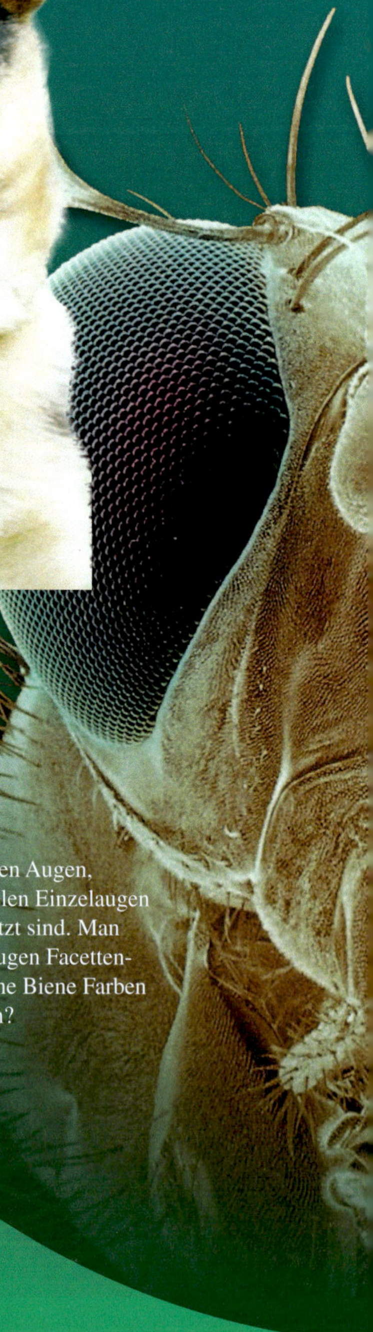

4 Insekten haben Augen, die aus sehr vielen Einzelaugen zusammengesetzt sind. Man nennt solche Augen Facettenaugen. Sieht eine Biene Farben so wie wir auch?

Aspekte

Tiere als Sinnesspezialisten

Bei vielen Tieren ist ein Sinn besonders ausgeprägt: bei Hunden, Aalen und Zecken der Geruchssinn, bei Greifvögeln und vielen Insekten der Sehsinn und bei Fledermäusen, Delfinen und Robben der Hörsinn.

5 Elefanten können sehr tiefe Töne erzeugen und hören. Sie „unterhalten“ sich, ohne dass wir Menschen etwas von diesen Infraschall-Tönen hören können.

6 Eulen und Greifvögel sind Meister im Scharfsehen. Aus 400 Metern Entfernung sehen sie noch Gegenstände von der Größe einer Euromünze scharf.

Tiere als Sinnesspezialisten

Stell dir vor, du stellst gerade einen Teller mit einem frisch gebratenen Hähnchen auf den Esstisch. Neben dem Tisch liegt dein schlafender Hund. Sofort schaut der Hund aufmerksam zum Tisch herüber.
Welche Reize nimmt das Tier auf? Welche Informationen erhält der Hund? Welche Sinnesorgane sind beteiligt?

1 Der Hund und das Brathähnchen

Beobachten **Untersuchen Experimentieren**

Sinnesleistungen erforschen
Eine Möglichkeit, die Leistungen von Sinnesorganen zu erforschen, ist, ein bestimmtes Verhalten zu untersuchen und über die Aufgaben der beteiligten Sinneswahrnehmungen und Sinnesorgane sowie der Verarbeitung der Sinneseindrücke in Gehirn und Nervensystem nachzudenken.

1 Beschreibe das Verhalten des Hundes und ziehe Schlussfolgerungen über die Leistungen seiner Sinnesorgane. ↑1 und 2

a Notiere mit deiner Partnerin oder deinem Partner, welches Verhalten der Hund in jeder Abbildung zeigt. Beschreibe, welche Sinneswahrnehmung jeweils beteiligt ist.

b Finde für jede Abbildung eine Überschrift. Vergleicht die Überschriften untereinander, diskutiert Unterschiede und Gemeinsamkeiten.

c Was wäre geschehen, wenn du anstelle des Brathähnchens einen Möhrensalat auf den Tisch gestellt hättest? Begründe deine Ansicht.

2 Erforsche, wie sich andere Haustiere verhalten, wenn sie Nahrung wahrnehmen. Welche Sinne sind beteiligt?

a Plant in einer Gruppe einen entsprechenden Versuch. Überlegt auch, wie ihr den Versuch dokumentieren wollt: Zeichnungen, Fotos, Video, Plakat, Tabelle. Stellt eure Vorhaben in der Klasse vor und diskutiert darüber.

b Führt den Versuch durch, beschreibt und deutet das Beobachtete.

c Präsentiert die Ergebnisse und bewertet die jeweilige Aussagekraft.

2 Der Hund und das Brathähnchen (Fortsetzung)

GRUNDLAGEN: Aus der Sinneswelt von Tieren

Orientierung mithilfe der Sinnesorgane Meist können Tiere unterschiedliche Reize aus ihrer Umwelt aufnehmen und verarbeiten. Oft sind dabei bestimmte Sinnesorgane besonders spezialisiert und bestimmen maßgeblich das Bild, das das Tier von seiner Umwelt hat, wie das Beispiel des Hundes zeigt. Für ihn spielen der Geruchssinn und der Gehörsinn eine herausragende Rolle bei der Orientierung in der Umwelt.

Sehsinn des Hundes Die Augen eines Hundes sitzen nicht wie bei vielen anderen Tieren seitlich am Kopf, sondern sind nach vorne ausgerichtet. Auf diese Weise kann ein Hund seine Beute bei der Jagd mit beiden Augen gleichzeitig anschauen. Dadurch wird ihm räumliches Sehen und eine gute Tiefenschärfe ermöglicht, weshalb er seine Beute auch bei einer schnellen Jagd nicht aus den Augen verliert. Im Vergleich zu seinem Gehör- und Geruchssinn ist der Sehsinn aber nicht so gut ausgeprägt.

Geruchsspezialist Der Hund hat einen ausgezeichneten Geruchssinn. In seiner Riechschleimhaut sitzen 125 bis 220 Millionen Riechzellen, beim Menschen sind es nur 30 Millionen. Deshalb können Hunde Gerüche wahrnehmen und unterscheiden, die wir überhaupt nicht riechen. Hunde sind in der Lage, verschiedene Gerüche in ihrem Gedächtnis zu speichern. Deshalb reichen schon kleinste Duftstoffmengen für einen Hund aus, um eine Spur wiederzufinden. ↑3

3 Rettungshelfer suchen mit Hunden nach Überlebenden eines Erdbebens.

Gehör des Hundes Die Ohren des Hundes sind nahezu in alle Richtungen drehbar. Mit 17 Ohrmuskeln wird diese Beweglichkeit erreicht. Die Obergrenze der Hörfähigkeit liegt beim Hund fast 7-mal höher als bei einem Menschen. Dies bedeutet, dass ein Hund sehr hohe Töne wahrnehmen kann, die ein Mensch nicht hört. Das sehr gute Gehör funktioniert sogar im Schlaf, sodass ein Hund schon beim geringsten Geräusch wach wird.

Schon gewusst?

Geruchsbotschaften
„Jeder Mensch hat einen Geruch, der eine ganz besondere Zusammensetzung hat. Er unterscheidet uns wie unsere Fingerabdrücke. Der Hund kann uns am Geruch erkennen. Dazu braucht er nicht einmal die Anwesenheit der Person, die den Geruch verströmt hat. Der „Geruchsabdruck“ bleibt für ihn mehr oder weniger in der Luft und erlaubt so zum Beispiel einem Spürhund, eine Fährte genau so zu verfolgen, als ob sie wie eine Fußspur im Boden eingedrückt ist ... Nach einigem Beschnuppern weiß ein Hund, was sein Herr heute getan hat, ob er andere Hunde getroffen hat, eine Katze, einen Fleischer. Manchmal scheint ein Hund mit erhobener Nase und abwesendem Gesichtsausdruck zu träumen. Er versucht jetzt, eine weit entfernte Geruchsbotschaft zu entziffern ...“ (Nach: Paul de Wailly: Hunde – Partner des Menschen)

Arbeitsauftrag

Du gehst spazieren und siehst, wie ein Mann mit einer Hundeleine um den Hals eine Flöte in den Mund nimmt und kräftig hineinpustet. Du hörst nichts. Ist die Flöte kaputt oder hörst du schlecht? Erkläre. Schlage in einem Lexikon nach oder recherchiere im Internet.

1 Blüte, im sichtbaren Licht fotografiert

2 Blüte, im UV-Licht fotografiert

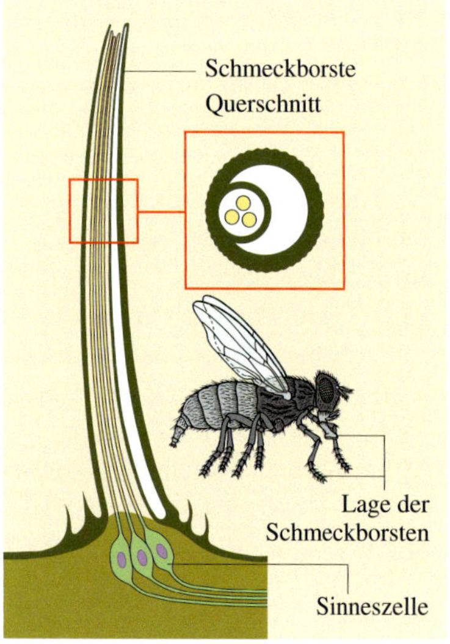

3 Schmeckborsten einer Fliege

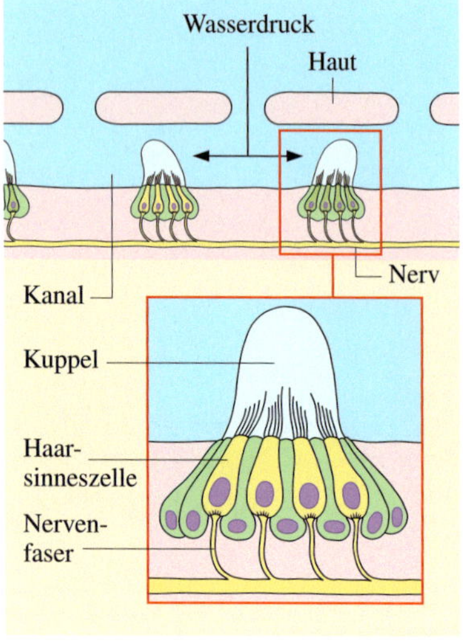

4 Reizaufnahme in der Seitenlinie

Bienen sehen Farben anders Bienen können kein rotes und gelbes, dafür aber ultraviolettes Licht wahrnehmen. Eine Blüte, die uns beispielsweise einfarbig gelb erscheint, kann in der Wahrnehmung einer Biene zweifarbig sein und zusätzliche Muster aufweisen. Einzelne Bereiche von Blüten reflektieren ultraviolettes Licht. ↑2 Dadurch werden für die Biene zum Beispiel Saftmale sichtbar, die für sie den Zugang zum Nektar kennzeichnen.

Fliegen schmecken mit den Beinen Geschmackssinneszellen sind in der Lage, in Flüssigkeit gelöste Stoffe zu „erkennen". Bei den Wirbeltieren liegen sie auf der Zunge und unterscheiden zwischen „süß", „sauer", „salzig" und „bitter". Fliegen schmecken mit Borsten an Mundwerkzeugen, Fühlern und Beinen. Eine Schmeckborste besteht aus einem Rohr, in dem die Ausläufer der Sinneszellen enden. ↑3 Gelangt Flüssigkeit in den Kanal der Schmeckborste, wird eine der drei Sinneszellen erregt. Sie vermitteln die Informationen „salzig", „süß" oder „Wasser".

Fische „fühlen" mit der Seitenlinie Das Seitenlinienorgan der Fische reicht vom Kopf bis zur Schwanzflosse. ↑5 Es ist ein Staudruck-Sinnesorgan zur Wahrnehmung von Strömungsrichtungen, Artgenossen und Feinden. Die Reizaufnahme erfolgt durch Haarsinneszellen, die in Gruppen unter der Haut in einem Kanal stehen. Sie sind von einer Kuppel bedeckt und mit Nervenfasern verbunden. ↑4 Nähert sich etwa ein anderer Fisch, verursacht der entstehende Druckunterschied die Lageänderung einer Kuppel und eine Verbiegung der Sinneshärchen. So werden Erregungen und schließlich Schwimmbewegungen ausgelöst.

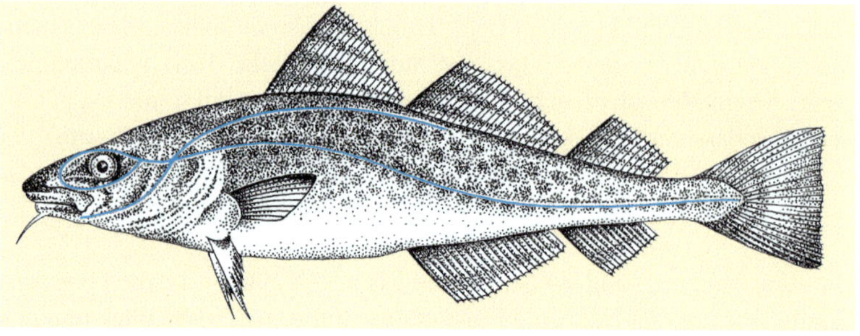

5 Seitenlinienorgan der Fische

Vieraugenfische Bei diesen schlanken, 15 bis 20 cm langen, lebendgebärenden Oberflächenfischen Mittelamerikas ragt die obere Augenhälfte aus dem Wasser heraus. ↑6 Dieser Augenteil ist zum Sehen in der Luft geeignet. Die untere Hälfte dient dem Unterwassersehen. Die Fische schwimmen so, dass sich der Wasserspiegel auf der Höhe der Trennlinie beider Augen befindet. ↑7 Das Auge hat zwei Pupillen, eine stark gekrümmte Linse und zwei getrennte Netzhäute. Beim Unterwassersehen fallen die Strahlen auf die obere, beim Sehen oberhalb des Wassers auf die untere Netzhaut.

6 Vieraugenfisch

7 Kopf mit Augen

Klapperschlangen „sehen" Temperaturen Klapperschlangen sind in der Lage, Vögel und Säugetiere auch bei völliger Dunkelheit zielsicher zu fangen. Unterhalb ihrer Augen befinden sich paarige Gruben, die Grubenorgane. Dabei handelt es sich um dünne Häute (Membranen) mit Sinneszellen, die hochempfindlich auf Temperaturunterschiede reagieren. Sie können noch Abweichungen von drei tausendstel Grad Celsius registrieren. Nähert sich der Schlange ein Beutetier, zum Beispiel eine Maus, erhöht sich die Umgebungstemperatur geringfügig. Die Grubenorgane nehmen diesen Temperaturunterschied sowie seine Richtung wahr. So kann sich die Klapperschlange ihrer Beute zielgerichtet nähern. ↑8

8 Porträt einer Klapperschlange

Kurz und knapp **Die Leistungen ihrer Sinnesorgane ermöglichen den Tieren, sich zu orientieren. Sie sind an die unterschiedlichen Umwelten und die Lebensweise der Tierarten angepasst. Manche Tiere können andere Reize wahrnehmen als Menschen und haben dafür spezielle Sinnesorgane.**

Arbeitsaufträge

1 Polizeihunde verlieren die Spur eines verfolgten Täters, wenn es ihm gelingt, längere Strecken durch ein Gewässer zu flüchten. Erkläre.

2 Findet weitere Tiere mit „Supersinnen" und erstellt „Steckbriefe", die neben den besonderen Sinnesleistungen auch Vorkommen, Lebensweise, Angepasstheiten und Fortpflanzung der Tiere beinhalten.

3 Im Zoo stehst du vor dem Elefantengehege und lehnst dich an die Absperrung. Wiederholt spürst du leichte Vibrationen. Ein Auto oder eine Kehrmaschine ist gerade nicht in der Nähe. Finde eine Erklärung.

Orientierung in der Dunkelheit – Fledermäuse

Fledermäuse haben seit jeher die Fantasie der Menschen angeregt. Ihre überwiegend nächtliche und heimliche Lebensweise sowie ihre Fähigkeit, sich im Dunkeln perfekt orientieren zu können, waren dem Menschen unerklärlich und unheimlich.
Wie schaffen es Fledermäuse, sich bei absoluter Dunkelheit im Luftraum zu orientieren und schnell fliegende Beute zu jagen?

1 Wie findet das Große Mausohr den Nachtfalter?

GRUNDLAGEN: Mit den Ohren sehen

2 Die Zwergfledermaus hat ein Insektenfressergebiss.

Fortbewegung und Ernährung Fledermäuse sind die einzigen Säugetiere, die wirklich fliegen können. Anders als ihr Name vermuten lässt, gehören sie nicht zu den Mäusen oder anderen Nagetieren. Sie haben ein Insektenfressergebiss, das dem des Igels oder des Maulwurfs gleicht. Insekten stellen nämlich die Hauptnahrung unserer Fledermäuse dar. ↑2

Orientierung Fledermäuse sind nachtaktive Tiere. In der Dämmerung fliegen sie auf Jagd nach Insekten. ↑3 Mit ihren sehr kleinen Augen können sie sich nicht gut genug orientieren. Daher besitzen sie ein eigenes Orientierungssystem, das es ihnen ermöglicht, auch in absoluter Dunkelheit zu fliegen und zu jagen: die Echoortung. Dazu stoßen sie Ultraschalllaute aus, die weit höher sind, als dass wir Menschen sie hören könnten. Ähnlich hohe Töne könnt ihr mit einer Hundepfeife produzieren.

3 Fledermaus bei der Jagd auf einen Nachtfalter

Wenn diese Ultraschalllaute auf einen Gegenstand oder ein Beutetier treffen, werden sie wie ein Echo zurückgeworfen und die Fledermaus kann sie mit ihren sehr empfindlichen und großen Ohren auffangen. Aus diesem Echo kann sie erkennen, wo und wie weit entfernt ein Gegenstand ist, welche Größe er hat und wie er sich bewegt. Ihr Flugverhalten passt die Fledermaus dann daran an.

4 Wochenstube in einem alten Dachstuhl

Lebensweise Fledermäuse sind nur vom Frühjahr bis zum Herbst aktiv. Den Winter verbringen sie im Winterschlaf in Baumhöhlen, Felshöhlen, alten Gebäuden oder stillgelegten Bergwerksstollen. Dazu hängen sie sich – wie beim Schlafen und Ruhen auch – mit den Füßen kopfüber an die Decke. In dieser Haltung bringen sie im Frühjahr auch ihre Jungen zur Welt. Dann gibt es teilweise recht große Ansammlungen von Muttertieren mit ihren neugeborenen Jungen, die Wochenstuben genannt werden. ↑4 Die Tiere rücken eng zusammen, um sich gegenseitig zu wärmen.

Flughunde In tropischen Ländern verbreitet sind die Flughunde, die sich meistens nicht über Echoortung orientieren, sondern mit ihren großen Augen, die insbesondere an das Sehen in der Dämmerung angepasst sind. ↑6 Flughunde ernähren sich von Früchten und Blütennektar.

Kurz und knapp **Fledermäuse sind die einzigen Säugetiere, die wirklich fliegen können. Sie sind nachtaktiv. In der Dunkelheit können sie sich mithilfe der Echoortung orientieren.**

Schon gewusst?

Vampire gibt es wirklich!
Die Heimat der Vampirfledermäuse ist Südamerika. Sie ritzen mit ihren rasiermesserscharfen Zähnen die Haut von größeren Säugetieren an und lecken dann deren Blut auf. ↑5

5 Vampirfledermaus

6 Flughunde

Arbeitsaufträge

1 Versucht selbst, euch mithilfe eures Gehörs im Raum zu orientieren.
Wie könntet ihr dabei vorgehen?

2 Das Prinzip der Echoortung findet auch in der Technik Anwendung. Recherchiere im Internet und berichte.

3 Fledermäuse sind wegen der Zerstörung ihrer Lebensräume gefährdet. Informiere dich bei einer Naturschutzgruppe in deiner Umgebung, wie man Fledermäusen helfen kann.

4 Im 18. Jahrhundert führte ein Forscher namens SPALLANZANI Versuche durch, mit denen er dem Orientierungsvermögen der Fledermäuse auf die Spur kam. Informiere dich hierüber und berichte.

5 Wie sind andere Tiere an ein Leben in der Dunkelheit angepasst? Vergleiche die Fledermaus mit der Katze und ihren Möglichkeiten, in der Dämmerung zu jagen.

Überblick

Wie Schall entsteht
Alles, was man hört, bezeichnet man als Schall. Schall entsteht, wenn sich ein Körper schnell hin- und herbewegt. Diese schnellen Bewegungen heißen Schwingungen. Wie stark eine Schallquelle schwingt, kann man am größten Ausschlag einer Schwingung erkennen. Er wird von der Ruhelage gemessen und Amplitude genannt. Je größer die Amplitude einer Schallschwingung ist, desto lauter ist die Schallquelle.

Hoch und tief
Die Frequenz *f* gibt an, wie oft die Schallquelle in einer Sekunde hin- und herschwingt. Die Einheit der Frequenz ist 1 Hertz (1 Hz). Wir können Schwingungen von 16 bis 20 000 Hz hören. Je größer die Frequenz ist, desto höher ist der Ton.

Schallwellen
Schallquellen erzeugen in Luft Verdichtungen und Verdünnungen. Diese breiten sich nach allen Seiten aus. Solche Schallwellen breiten sich in der Luft mit einer Geschwindigkeit von 340 $\frac{m}{s}$ aus. In 3 Sekunden legt der Schall 1 km zurück. Schallwellen werden an Körpern zurückgeworfen, sie werden reflektiert. Wenn Schallwellen von weit entfernten Hindernissen zurückkehren, kann man sie als Echo hören.

Der Hörsinn
Unser Gehör kann laut, leise, hoch und tief unterscheiden. Außerdem erkennen wir, woher ein Geräusch kommt. Das Gehör ist jedoch nur für Schall eines bestimmten Tonhöhebereichs empfindlich. Die obere Hörgrenze sinkt mit dem Alter. Zu laute und dauerhafte Geräusche schädigen die Sinneszellen. Mit zwei Ohren können wir räumlich hören.

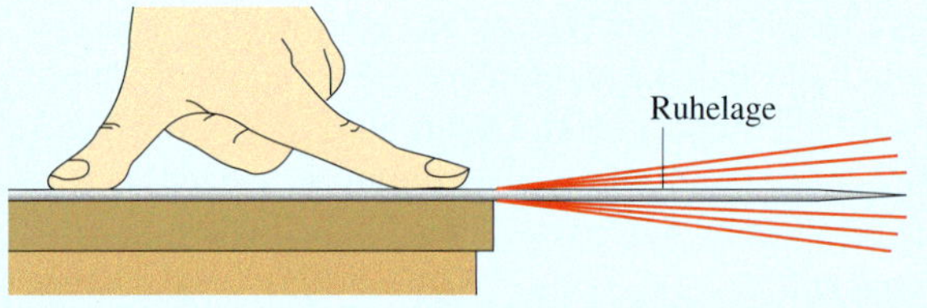

1 Schallquelle

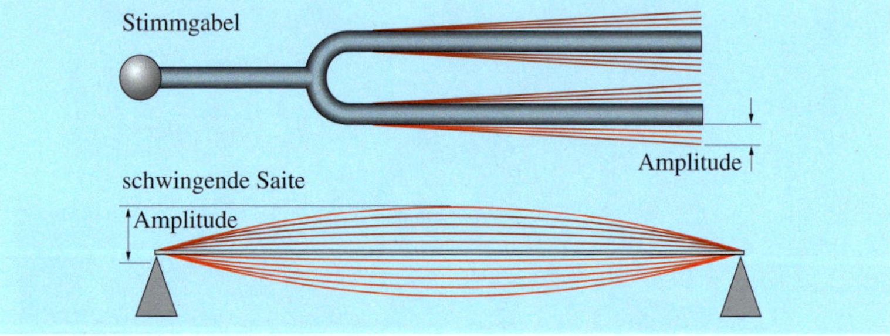

2 Amplitude – laut und leise

3 Tonhöhe – Frequenz

4 Schallgeschwindigkeit

Sinnesleistungen bei Tieren
Bei manchen Tieren sind bestimmte Sinne besonders ausgeprägt, wie zum Beispiel der Geruchs- und Hörsinn beim Hund oder der Sehsinn bei Greifvögeln. Einige Tiere können mit ihren Sinnesorganen Reize wahrnehmen, die für den Menschen nicht wahrnehmbar sind. So kann die Fledermaus Ultraschalllaute hören oder die Biene ultraviolettes Licht sehen. Die Leistungen der Sinnesorgane sind an die Umwelt der Tiere angepasst.

5 Hunde können sehr hohe Töne hören.

Alles klar?

1 Morgens klingelt der Wecker und hört nicht mehr auf. Du drückst mit geschlossenen Augen die Abschalttaste. Weshalb kannst du sie zielsicher finden?

2 Durch einen Unfall verliert ein Mensch die Hörfähigkeit auf einer Seite.

a Beschreibe die Folgen.

b Übertrage das Beispiel auf eine einseitige Erblindung.

3 Ein Gesichtsfeld stellt dar, welchen Raum ein Tier überblicken kann. Abbildung ↑6 zeigt die Gesichtsfelder einer Großkatze und eines Pferdes.

a Vergleiche die beiden Gesichtsfelder und erkläre, warum die jeweilige Lage der Augen am Kopf für beide Lebewesen eine Angepasstheit darstellt.

b Einem Pferd soll man sich nie von hinten nähern. Erläutere diese Regel mithilfe der Abbildung.

c Unerfahrene Pferde springen beim Überqueren von Hindernissen oft zu früh oder zu spät los und verschätzen sich auch in der Höhe. Woran könnte das liegen?

4 Bei den Musikinstrumenten unterscheidet man Schlag-, Blas-, Streich- und Zupfinstrumente. Nenne je ein Beispiel und erkläre, wie der Schall dort erzeugt wird.

5 Wie kann die Lautstärke einer Stimmgabel verändert werden?

6 Eine Hummel hat einen Flügelschlag von 240 Hz und eine Mücke von 600 Hz. Vergleiche die Tonhöhe.

7 Beschreibe eine Methode, mit der man die Entfernung eines Gewitters bestimmen kann.

8 Wieso ist es in einem Autotunnel immer laut?

9 Erläutere, was mit folgender Aussage gemeint ist: „Sinne vermitteln einen Ausschnitt der Umwelt."

10 Du siehst einen Blitz und 6 Sekunden später hörst du den Donner. Wie weit ist das Gewitter von dir entfernt?

11 Der Monteur klopft mit seinem Hammer auf eine Rohrleitung. Wie weit hat sich der Schall nach 5 Sekunden von ihm entfernt?

12 Ein Taucher sieht unter Wasser den Lichtblitz einer Unterwasserexplosion. 2 Sekunden später hört er den Knall. Wie weit ist der Explosionsherd von ihm entfernt?

13 Du klopfst mit dem Zeigefinger oben auf deinen Kopf. Wie gelangt der Schall an dein Ohr?

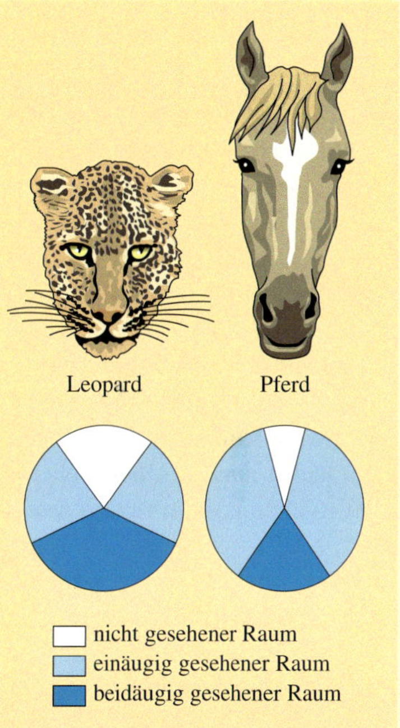

6 Gesichtsfelder von Großkatze und Pferd im Vergleich

„Power" für die Ohren?

Die Klasse 7c schreibt eine Arbeit in Mathematik. Beim Klingeln gibt ihnen die Lehrerin noch etwas Zeit. Draußen ist Schulschluss: Türen werden geschlagen, Kinder schreien, wegfahrende Mofas knattern … „Das ist ja nicht zum Aushalten!"

1 Lärm belastet.

Beobachten Untersuchen Experimentieren

1 Wie wirkt sich laute Musik auf die Konzentration aus?
Löse 20 Rechenaufgaben (z. B. 12 · 15) in ruhiger Umgebung. Stoppe die benötigte Zeit. Setze dann einen Kopfhörer auf, über den laute Musik eingespielt wird. Löse wieder 20 gleich schwere Aufgaben. Wie lange brauchst du jetzt? Wie viele Aufgaben hast du richtig gelöst?

2 Die Lautstärke wird gemessen
Die Lautstärke wird in Dezibel A oder kurz dB(A) angezeigt. ↑2

a Messt die Lautstärke
- an verschiedenen Orten der Schule während der Pause,
- direkt an einem Kopfhörer bei voller Musiklautstärke.

Tipp: Richtet das eingebaute Mikrofon stets in gleicher Weise auf die Schallquelle.

b Stellt die Messergebnisse zusammen. Vergleicht die Werte mit den Vorschriften am Arbeitsplatz. ↑3

3 Wie kann eine Schallquelle gedämpft werden?

a Miss aus 1 m Abstand die Lautstärke eines klingelnden Weckers mit dem Schallpegelmesser. Notiere den Wert.

b Wiederhole die Messung bei gleichem Abstand wie folgt:
- Stelle den Wecker in einen Schuhkarton.
- Kleide den Karton mit Styropor aus.
- Lege ihn mit Watte aus.
- Kleide den Karton mit den Waben von Eierkartons aus.

Notiere deine Messwerte und ermittle den besten Schalldämpfer.

4 Schalldämmung durch Schallumlenkung?
Setze einen Lautsprecher in eine tiefe, mit Schaumstoff ausgekleidete Box. Schließe ihn an einen Tongenerator an und richte den Lautsprecher auf eine Reflektorplatte im Abstand von 0,5 m. Miss im gleichen Abstand hinter der Platte die Lautstärke in dB(A). Notiere die Lautstärkewerte für verschiedene Reflektormaterialien. ↑4

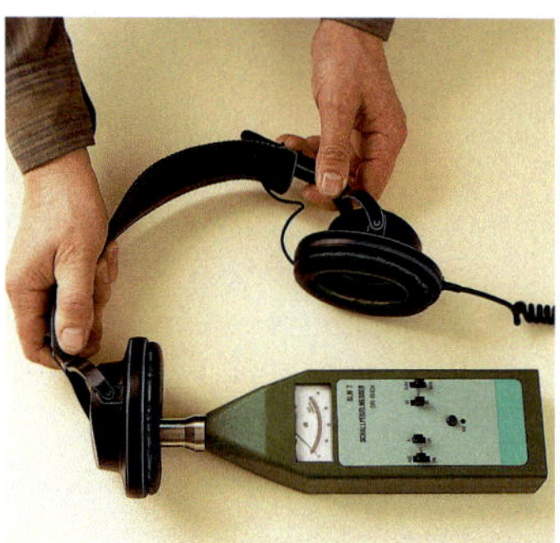

2 Schallpegelmessung

3 Betriebserlaubnis

Reflektor	*Lautstärke in dB(A)*
direkte Messung	?
Glas	?
Schaumstoffmatte, 50 mm dick	?
Styroporplatte, 50 mm dick	?
Spanplatte, 19 mm dick	?
Korkplatte, 5 mm dick	?
Dämmplatte, 15 mm dick	?

4 Lautstärke hinter einer Reflektorplatte

GRUNDLAGEN: **Lautstärke kann man messen**

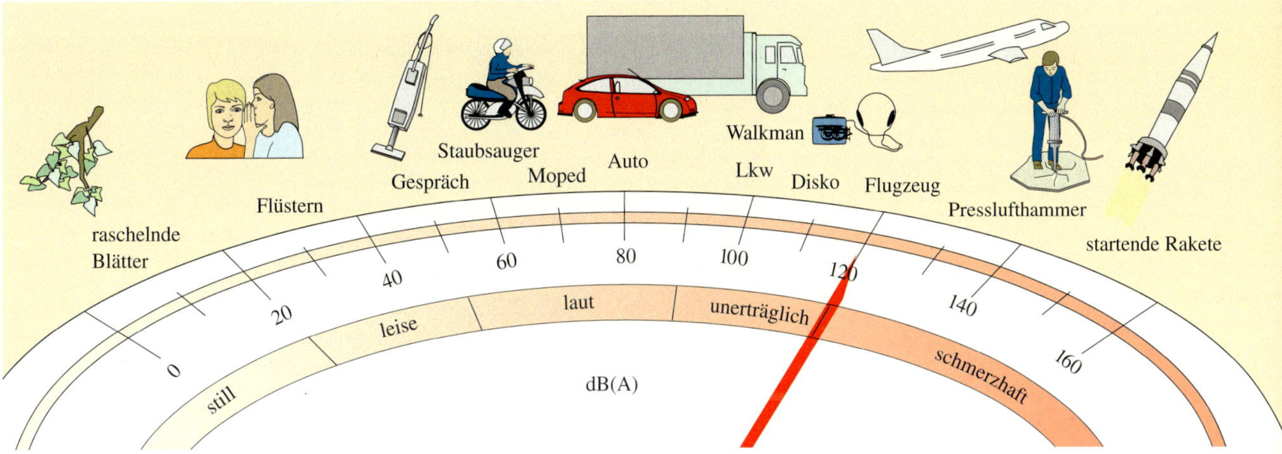

5 Verschiedene Lautstärken

Die Lautstärke Schall empfinden wir als laut oder leise. Wir hören ihn mit einer bestimmten Lautstärke.
Die Lautstärke hängt von der Schallquelle ab und davon, wie weit unser Ohr entfernt ist.
Bei zwei gleichartigen Schallquellen gelangt die doppelte Schallenergie in unser Ohr. Wir nehmen aber nicht die doppelte Lautstärke wahr. Erst die zehnfache Anzahl von Schallquellen und damit die zehnfache Schallenergie empfinden wir als doppelt so laut.
Um Lautstärken vergleichen zu können, misst man sie mit einem Schallpegelmesser. Er besitzt ein Mikrofon und eine Skala, die Werte in Dezibel A angibt.

Die Dezibel-A-Skala Bei 0 dB(A) hören wir nichts. Geräusche bis 30 dB(A) empfinden wir als ruhig. Dauernder Lärm über 85 dB(A) macht schwerhörig. Nervliche Belastungen setzen schon bei Lautstärken von 70 dB(A) ein. ↑5

Gefahren für die Gesundheit Schall kann zerstörerisch wirken. Unser Schallempfänger, das Ohr, kann durch Schall schwer geschädigt werden.
Doppelte Lautstärke entspricht zehn gleichartigen Schallquellen, vierfache Lautstärke hundert Schallquellen, achtfache Lautstärke entspricht tausend Schallquellen. Zwar empfinden wir die laute Diskomusik von 110 dB(A) „nur" achtmal so laut wie den Straßenverkehr von 80 dB(A). Auf unser Gehör trifft jedoch in der Disko die 1000-fache Schallenergie. Unser Ohr wird dabei geschädigt und wir können nicht mehr alle Töne hören.
Darum solltest du dich nie auf Dauer bei zu starken Schallquellen aufhalten.

Kurz und knapp **Die Lautstärke wird in Dezibel A oder dB(A) gemessen. Die Zunahme um 10 dB(A) bedeutet eine Verdopplung der Lautstärke, bei der die zehnfache Schallenergie auf das Ohr trifft.**

Arbeitsaufträge

1 Stelle eine Liste von gesundheitsgefährdenden Schallquellen zusammen.
2 Nenne eine Möglichkeit, wie die Schallenergie einer Schallquelle verringert werden kann.
3 „Doppelt so viele Schallquellen = doppelte Lautstärke." Bewerte diese Aussage.

Projekt: Lärm und seine Folgen

Ines und Irina waren am Vortag in der Disko. Die Musik war so laut, dass sie ihr eigenes Wort nicht verstehen konnten. Am Tag darauf hat Ines in der Schule Kopfschmerzen, Irina klagt über ein unbestimmtes Dröhnen und Sausen im Ohr.
Das Thema „Lärm" eignet sich gut zur Projektarbeit. Folgende Fragen bieten sich zur Bearbeitung an:
- Was wird als Lärm empfunden?
- Wie stark ist eine Gegend von Lärm belastet?
- Wie wirksam sind Lärmschutzmaßnahmen?
- Welche Hörschäden gibt es? Wie kann man vorbeugen?

1 Lärm belastet.

Beobachten Untersuchen Experimentieren

1 Empfindung von Schall – Lärm oder nicht Lärm?

a Mit einem MP3-Player wird Lärm aufgezeichnet: Geräusche einer Bohrmaschine, Verkehrslärm, Blasmusik, Musik von einer CD …
Dazu entwickelt ihr einen Fragebogen mit einer Skala für die Lärmempfindung. Die Skala soll von 0 für „keine Störung" bis 6 für „unerträglich" reichen.

b Mit MP3-Player und Fragebogen werden nun Mitschüler und Erwachsene befragt, wie sie den Lärm beurteilen.

c Wertet die Fragebogen aus:
- Stimmen die Bewertungen der verschiedenen Personen überein oder gibt es große Unterschiede?
- Lassen sich die unterschiedlichen Einschätzungen erklären?

2 Lärmschutz

Untersucht die Wirkung von Lärmschutzmaßnahmen. Messt mit dem Schallpegelmessgerät
- vor und hinter einem Lärmschutzwall,
- an einer Durchgangsstraße und in einer Grünzone innerhalb der Stadt,
- hinter einem Lärmschutzfenster.

Vergleicht die Ergebnisse.

3 Erstellen einer „Lärmkarte"

a Fertigt für die Umgebung eurer Schule eine „Lärmkarte" an. ↑2
Zeichnet dazu Straßen und Kreuzungen als Grundriss auf. Messt an verschiedenen Stellen die Lautstärke. Ist die Lärmbelastung von der Tageszeit abhängig?

b Ihr könnt eine „Lärmkarte" der Schule erstellen. Messt in Klassenräumen, im Pausenhof …

4 Hörschäden und ihre Vermeidung

a Führt ein Interview mit einem Hörgeräte-Akustiker. Erstellt dafür einen Fragenkatalog und bittet telefonisch um einen Termin. Mögliche Fragen:
- Welche Hörstörungen gibt es?
- Sind Hörschäden heilbar?
- Welche Personengruppe ist besonders betroffen?

b Welche gesetzlichen Vorschriften zur Lärmvermeidung gibt es? Wie lässt sich Lärm bekämpfen?

5 Präsentation

Erstellt ein Poster mit der Überschrift „Lärm, seine Folgen und Möglichkeiten zur Lärmbekämpfung". Jede Gruppe liefert dafür einen Beitrag mit ihren Arbeitsergebnissen, die durch Abbildungen ergänzt werden können.

GRUNDLAGEN: Schutz vor Lärm

Dauernder Lärm macht krank. ↑3 Nicht nur der Lärm von Straßen, Baustellen und Fabriken führt zu Hörschäden, sondern auch zu laute Musik aus Boxen und Kopfhörern.

Am Arbeitsplatz in Fabriken oder Büros gilt die „Unfallverhütungsvorschrift Lärm", die Obergrenzen festlegt. In Büros darf es nicht lauter als 70 dB(A) sein. In Fabrikhallen muss bei Lautstärken ab 85 dB(A) den Beschäftigten ein Gehörschutz gestellt werden. An Arbeitsplätzen, an denen Lärm von 90 dB(A) und mehr auftritt, ist jeder verpflichtet, einen Gehörschutz zu tragen. ↑4
Als Schutz kann man mit Stöpseln aus Schaumstoff oder Silikon den Gehörgang verschließen. Man verwendet auch Kapseln, die wie Kopfhörer auf die Ohrmuscheln gesetzt werden. Gehörschutzmittel sind dann geeignet, wenn sie eine CE-Kennzeichnung besitzen.

In der Arbeitswelt gibt es gesetzlich vorgeschriebene Lautstärkegrenzen – nicht aber im Privatbereich. Hier setzen sich Personen freiwillig Lautstärken von mehr als 100 dB(A) ohne Schutz aus. Bei einem „voll aufgedrehten" Walkman muss dein Ohr Lautstärken wie bei einem Kompressorhammer aushalten. Dabei kommt es zu bleibenden Schädigungen des Gehörs. Geschädigte Sinneshärchen in der Schnecke wachsen nicht nach! ↑5
Der ganze Körper leidet unter Lärm: Hoher Blutdruck, Magenschmerzen, Nervosität und Schlaflosigkeit sind die Folgen. Am Ende kann eine hohe Lärmbelastung zu Magen- und Herz-Kreislauf-Erkrankungen führen.

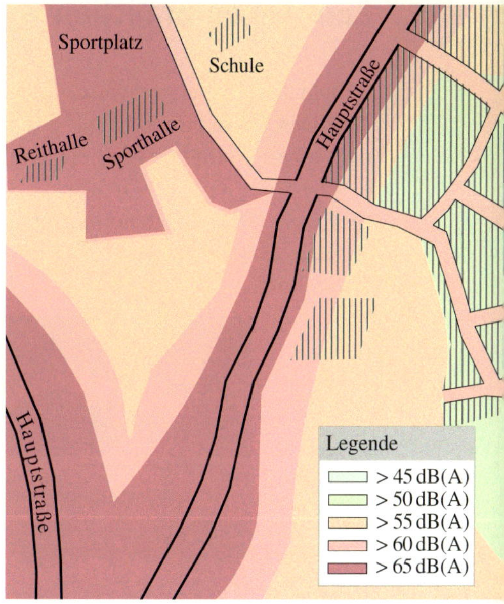

2 „Lärmkarte"

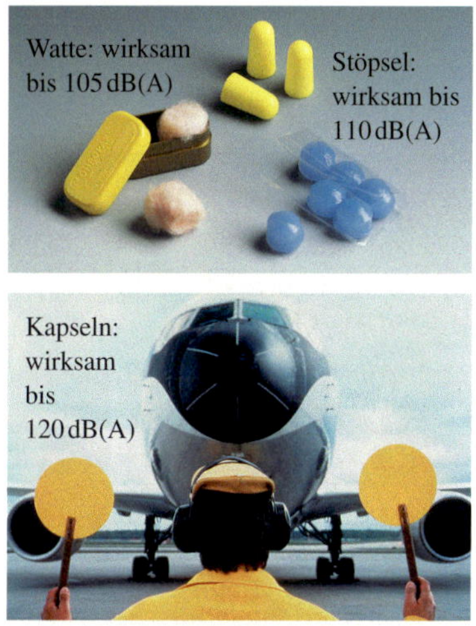

4 „Gehörschutz"

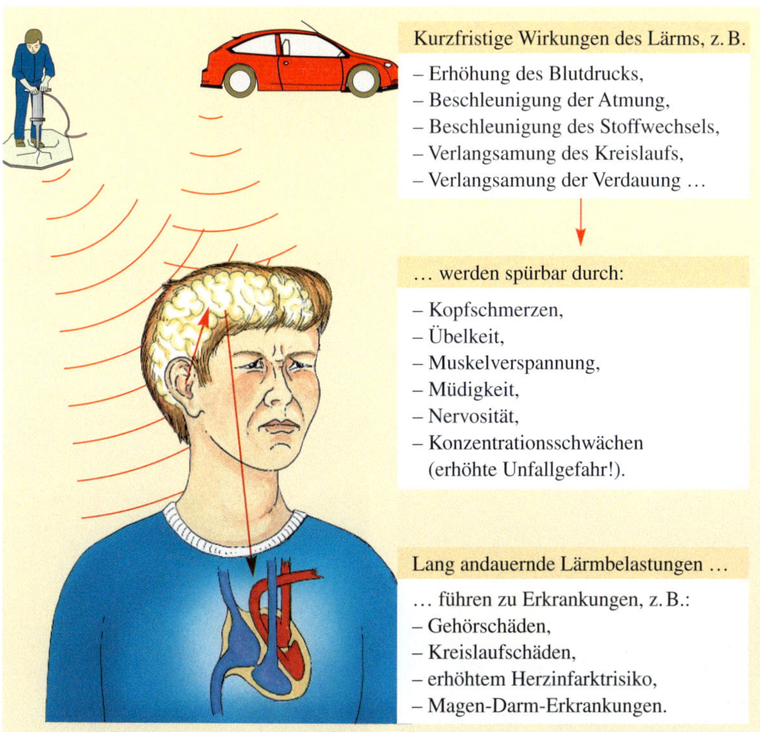

3 Lärm und seine Wirkungen

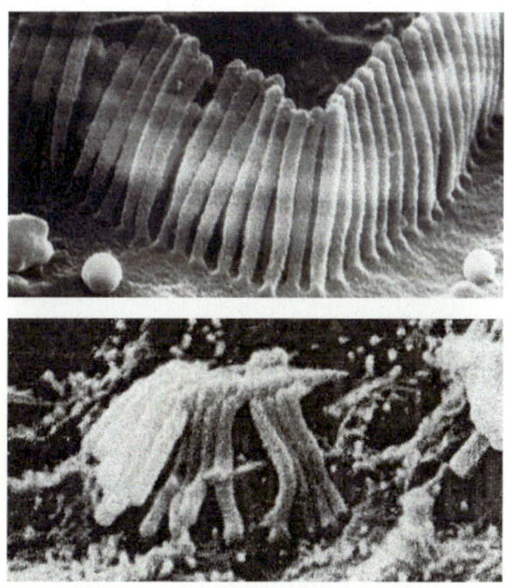

5 Gesunde (oben) und geschädigte Sinneshärchen im Innenohr (unten)

Zum Sehen brauchen wir Licht

Die Natur ist ungerecht! Den Grottenolm lässt sie nach der Geburt erblinden, der Eule aber beschert sie Augen in Luxusausführung. – Dem Grottenolm würden auch die besten Augen nichts nutzen …

1

GRUNDLAGEN: Ohne Licht kein Sehen

2

Der Grottenolm ist ein Höhlentier, das in Gewässern tief im Inneren von dunklen Höhlen lebt. Bei der Geburt hat das Tier noch Augen. Sie bilden sich aber bald darauf vollständig zurück. Nachtjäger wie die Eule sind mit großen Augen ausgestattet. Ihre Pupillen öffnen sich in der Dunkelheit sehr weit. Dadurch können Eulen auch bei Nacht hervorragend sehen. Ihnen reicht das schwache Licht der Sterne und des Mondes, um ihre Beutetiere zu finden. ↑1

Aber ohne jedes Licht könnten auch die Eulen nichts sehen. Da ginge es ihnen wie uns. Im Dunkeln fehlt uns die Orientierung. Wir wissen nicht, was um uns herum geschieht. Aber wenn sich unsere Augen an die Dunkelheit gewöhnt haben, reicht schon das Licht einer einzigen Kerze, um die Umgebung zu erkennen.

Kerzen sind Lichtquellen. Andere Lichtquellen sind Verkehrsampeln, Leuchtreklamen, Deckenlampen und natürlich die Sonne, unsere wichtigste Licht- und Energiequelle. Lichtquellen erzeugen selbst Licht. ↑2–5

3

4

5

Beobachten Untersuchen Experimentieren

1 Totale Dunkelheit

Versuche ein Zimmer völlig abzudunkeln. Siehst du noch etwas? Überprüfe dann, ob wirklich kein Licht mehr ins Zimmer dringt.
Vielleicht siehst du etwas, wenn sich deine Augen an die Dunkelheit gewöhnt haben?

2 Licht fällt auf verschiedene Flächen

Gehe mit einer Taschenlampe in ein dunkles Zimmer. Lege ein weißes und ein schwarzes Blatt Papier sowie ein Stück zerknitterte Aluminiumfolie auf den Fußboden. Beleuchte die drei Flächen nacheinander von oben mit der Lampe. ↑6
Beobachte, wie hell es im Raum wird (z. B. an der Zimmerdecke). Beschreibe deine Beobachtung und überlege dir dafür eine Erklärung.

6

3 Unsichtbares Licht?

Richte einen Laserpointer auf eine Wand. Achtung, mit dem Laser nicht in die Augen leuchten! Nicht hineinblicken!

a Kannst du das Licht von der Seite her sehen?

b Dann schüttelst du den Tafellappen oder Staublappen aus …

c Was ist nötig, damit du das Licht des Laserpointers wahrnimmst? Gilt diese Bedingung auch für das Licht anderer Lichtquellen (Sonne, Taschenlampe)?

Aus der Natur Lebendige Lichtquellen

Auch unter den Tieren und Pflanzen gibt es Lichtquellen – lebendige Lichtquellen! Das Leuchten ist oft für das Überleben der Lebewesen wichtig: Entweder wird damit ein Partner angelockt oder ein Beutetier. Glühwürmchen oder Johanniskäfer sind bei uns heimisch. ↑7
Sie bilden in besonderen Körperzellen einen Stoff, den sie zum Leuchten bringen können. Mit diesem Licht locken sich Männchen und Weibchen gegenseitig an. Tintenfische können sogar in unterschiedlichen Farben leuchten: einige weiß, andere hellblau und andere wiederum rot. ↑8
Bild ↑9 zeigt Pilze, die im tropischen Regenwald wachsen. Ihr Leuchten wird von Bakterien hervorgerufen, die auf der Oberfläche der Pilze leben. Der Anglerfisch lebt in der dunklen Tiefsee. Er kann seine Beute nicht sehen. Mit seinem Leuchtorgan lockt er sie jedoch vor sein aufgerissenes Maul. ↑10

7

8

9

10

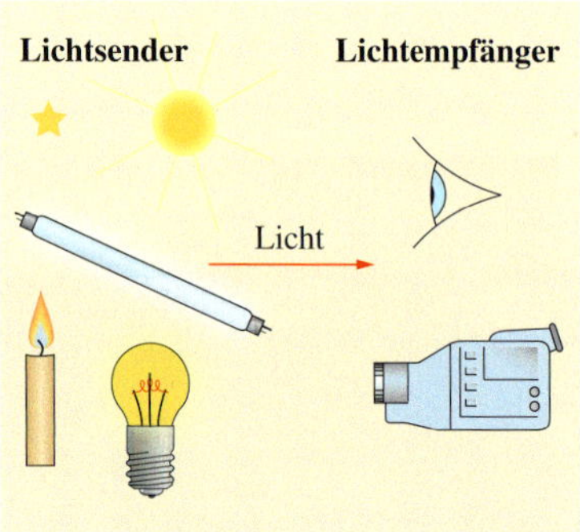

1 Lichtsender – Lichtempfänger

GRUNDLAGEN: Wie wir Lichtquellen sehen – unsere Augen sind Lichtempfänger

Wenn wir die Augen schließen oder wenn es stockdunkel ist, können wir nichts sehen. Damit wir etwas sehen, muss Licht in unsere Augen gelangen. Durch die Pupille kann Licht ins Innere des Auges kommen.
Wenn zum Beispiel das Licht einer Kerze in unsere Augen fällt, dann sehen wir die Kerze. ↑1
Das Auge ist also ein Lichtempfänger.
Die Sterne, eine Kerzenflamme oder der Fahrradscheinwerfer sind Lichtquellen. Lichtquellen erzeugen selbst Licht. Wir sehen sie, wenn ihr Licht ins Auge fällt.

2

Licht breitet sich aus Die „Strahlen" der Sonne sehen wir meistens nicht. Um so beeindruckender ist es, wenn sie doch einmal in Erscheinung treten. Dann bilden sie einen riesigen Fächer aus Licht.
Unter welchen Bedingungen sehen wir solche Lichtstreifen?

Beobachten Untersuchen Experimentieren

1 Lichtausbreitung sichtbar gemacht
Untersuche, unter welchen Bedingungen Lichtstreifen am Himmel zu sehen sind. ↑3

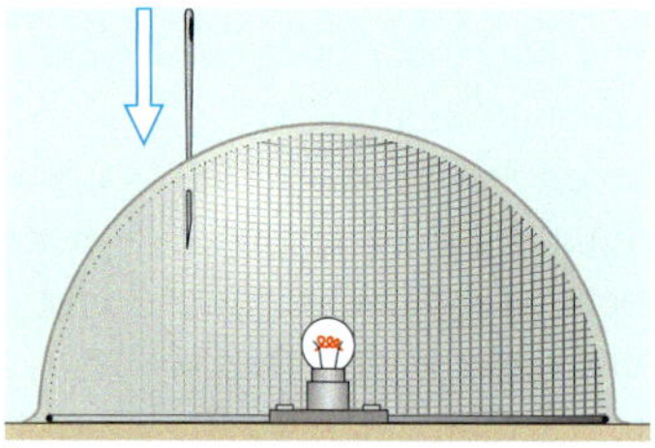
3

Du hast eine Glühlampe mit elektrischer Energiequelle, ein Sieb, Alufolie, einen Nagel und einen Lappen mit Kreidestaub zur Verfügung.

2 Wie viel Licht werfen Gegenstände zurück?
Weißer Karton wird auf eine Experimentierlampe gesteckt. So wird er nicht direkt beleuchtet. Untersuche, wie sich sein Aussehen verändert, wenn Gegenstände vor die Leuchte gehalten werden. ↑4

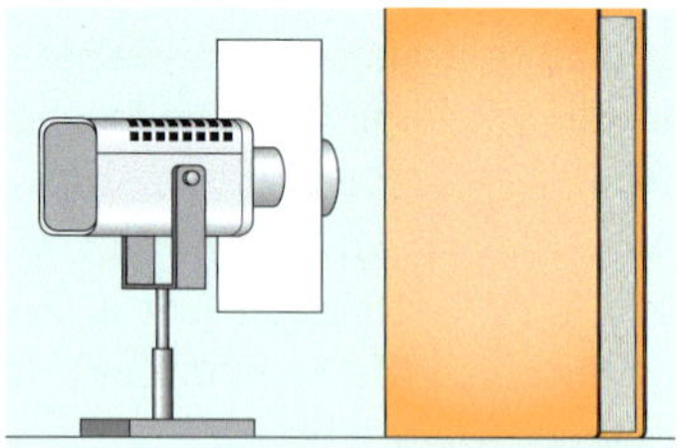
4

a Verwende verschiedene farbige Gegenstände. Welche Veränderungen beobachtest du auf dem weißen Karton?

b Was geschieht, wenn du statt der undurchsichtigen Körper eine Glasplatte und dann eine Milchglasscheibe vor die Lampe hältst?

3 Licht durch den Gartenschlauch
Schaue durch ein Stück Gartenschlauch auf eine Kerzenflamme. Unter welchen Bedingungen kannst du die Kerze sehen? ↑5

5

Kurz und knapp **Lichtquellen sind Lichtsender – Augen sind Lichtempfänger.**
Wir sehen Lichtquellen, wenn ihr Licht in unsere Augen fällt.

GRUNDLAGEN: Streulicht ist wichtig fürs Sehen

Wir sehen nicht nur Lichtquellen. Menschen, Bücher oder der Mond leuchten nicht selbst. Trotzdem können wir sie sehen. Sie müssen dazu von einer Lichtquelle beleuchtet werden. Die beleuchteten Gegenstände werfen das Licht ganz oder teilweise zurück. Sie streuen das Licht.
Von der Seite kann man das Licht einer Lichtquelle nicht sehen. Man sieht es nur, wenn das Licht durch Nebel oder Rauch gestreut wird und in unsere Augen gelangt. ↑6

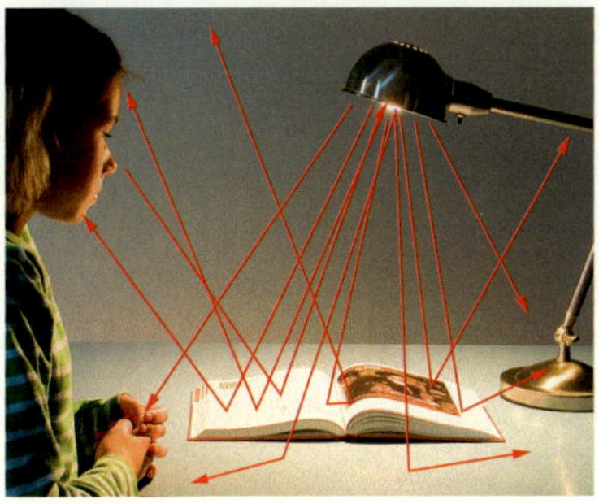

6 Streulicht fällt ins Auge – wir sehen das Buch.

GRUNDLAGEN: Wie sich Licht ausbreitet

Die Ränder von Lichtstreifen sind immer gerade, egal wie die Wolken aussehen. Wie mit einem riesigen Lineal gezogen, zeichnen sie sich am Himmel ab. Verlängern wir die geraden Linien, so finden wir in ihrem Schnittpunkt den Ort der Sonne, auch wenn diese gar nicht zu sehen ist. Licht breitet sich nämlich immer auf geraden Wegen aus. ↑7 und 8
Oft kann sich Licht nicht in alle Richtungen ausbreiten. Bei der Experimentierleuchte kann es nur nach vorn austreten. Es entsteht ein Lichtbündel.

7

8

Kurz und knapp **Wenn Streulicht von einem Gegenstand in unsere Augen fällt, können wir den Gegenstand sehen.**
Licht breitet sich nach allen Seiten hin geradlinig aus.

Arbeitsaufträge

1 Leuchtet die Lampe?
Eine Experimentierleuchte steht so, dass wir sie von der Seite sehen. Der schmale Lichtkegel ist in eine Dose gerichtet. Der Raum ist verdunkelt.
a Kannst du von der Seite sehen, ob die Lampe leuchtet?
b Auf welche Weise kann man sicher erkennen, dass die Lampe leuchtet?

2 Lichtstreuung
Verdunkle dein Zimmer so weit wie möglich (Nacht, Vorhänge zu, alle Lichter aus). Leuchte mit einer Taschenlampe auf eine weiße Wand, ein schwarzes Buch, einen Schrank …
Achte auf die Helligkeit im Raum außerhalb des hellen Lichtflecks. Bei welchen beleuchteten Flächen wird es im Zimmer am hellsten?

3 Wenn die Sonne untergegangen ist, kann man manchmal noch Flugzeuge sehen, die sehr hell beleuchtet erscheinen. Versuche zu erklären, wie das möglich ist.

4 Kai behauptet: „Nebel verschlechtert die Sicht." Ulla entgegnet ihm: „… und manches macht er erst sichtbar." Was meint sie damit?

5 Warum werden in Lasershows oft Nebelmaschinen eingesetzt?

6 Von einem Schiff aus ist das Licht eines Leuchtturms nur zu sehen, wenn er weniger als 40 km entfernt ist. Vom Flugzeug aus kann man ihn noch aus größerer Entfernung sehen. Woran könnte das liegen?

7 Wenn Licht durch ein Glasgefäß mit Wasser fällt, kann man es kaum sehen. Mit etwas Milch im Wasser wird das Licht sichtbar. Erkläre. Ändert sich dabei die Ausbreitungsrichtung des Lichts?

Sehen und gesehen werden im Straßenverkehr

1 Achtung, hier wird gebremst!

Lichtquellen im Straßenverkehr Beim Fahrrad musst du schon in der Dämmerung und auf beleuchteten Straßen die Beleuchtung einschalten. Das Licht ist wichtig, auch wenn du ohne Scheinwerfer noch gut siehst. Lichtquellen von Fahrzeugen sind nämlich nicht nur dazu da, die Straße zu beleuchten. Sie dienen auch der Information anderer Verkehrsteilnehmer. Es geht darum, nicht nur zu sehen, sondern auch gesehen zu werden!

Ein beleuchtetes Fahrzeug ist früher zu erkennen als ein unbeleuchtetes. Seine Lichter geben an, ob es bremsen oder abbiegen wird. ↑1

Auf der Straße dienen viele Lichtquellen der Information anderer Verkehrsteilnehmer. Auch die leuchtenden Signale an Straßenrändern dienen diesem Zweck. ↑2–4

2 Lichtquellen informieren.

4 Baustellen werden durch blinkende Lichtsignale gesichert.

3 Bei einem Fahrzeug mit Blaulicht heißt es, schnell Platz zu machen.

Leuchtstreifen Die Joggerin wird auch im Dunklen gesehen! Ihre Leuchtstreifen werfen das Scheinwerferlicht der Autos bevorzugt in die Richtung zurück, aus der es kommt – also zum Auto und in die Augen des Fahrers. ↑6

Streulicht im Straßenverkehr Im Straßenverkehr müssen Personen und Gegenstände auch dann gut zu sehen sein, wenn sie nicht selbst eine Lichtquelle haben: Dann ist zurückgeworfenes Licht wichtig. Fußgänger sollten nachts helle Kleidung tragen. Helle Kleidung streut nämlich mehr Licht als dunkle. Autofahrer können sie von Weitem erkennen. ↑5

5 Mit heller Kleidung bist du sichtbar.

6 Sichtbar im Scheinwerferlicht

Wie Reflektoren funktionieren Reflektoren (Rückstrahler) sind für alle Fahrzeuge vorgeschrieben. Fahrräder müssen auch mit Seitenreflektoren ausgestattet sein. ↑7

Reflektoren werfen das Licht zurück – und zwar vor allem in die Richtung, aus der sie angestrahlt werden. Autofahrer können deshalb den Reflektor eines Fahrrads gut erkennen. Ein Reflektor, der von einem Autoscheinwerfer beleuchtet wird, ist heller als das Fahrradrücklicht.

Achtung, toter Winkel! Rückspiegel helfen Autofahrern, von hinten kommende Verkehrsteilnehmer zu sehen. Sie können aber nicht alles sehen, was sich hinter oder neben ihnen abspielt: Wenn sich der Radfahrer im „toten Winkel" befindet, ist er im Rückspiegel nicht zu sehen. ↑8

Damit du im toten Winkel nicht übersehen wirst, solltest du rechtzeitig anhalten – und zwar hinter dem Lastwagen und nicht neben ihm.

7 Speichenreflektor

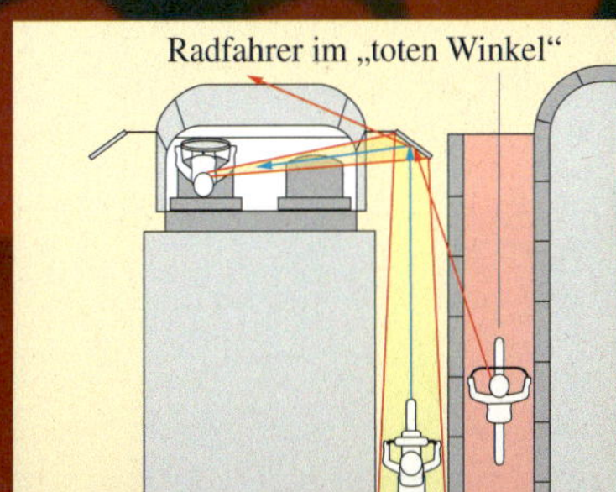

8 Toter Winkel

Augen erzeugen Bilder

Das Auge des Nautilus besteht aus einer wassergefüllten Kammer, die vorne ein Loch hat, aber keine Linse.
Mit dem Modell eines solchen „Lochauges" kann man Bilder erzeugen.

1 Der Nautilus, ein Tintenfisch, lebt in 100 m Tiefe im Pazifik.

2 Modell eines Lochauges

Beobachten Untersuchen Experimentieren

1 Ein einfaches Augenmodell
Du benötigst: 1 Tennisball, Pergamentpapier, Säge, Schere, Stricknadel, Klebstoff.

a Säge den Tennisball an und schneide dann mit der Schere ein Stück ab. Achte auf eine gerade Schnittfläche. ↑3

b Stich mit einer heißen Stricknadel ein Loch gegenüber der abgeschnittenen Seite.

c Klebe auf die Schnittkante des Balls ein Stück Zeichenpergament. Es dient als Mattscheibe.

d Beobachte mit deinem Augenmodell eine von der Sonne beschienene Landschaft oder eine Kerzenflamme im dunklen Raum.

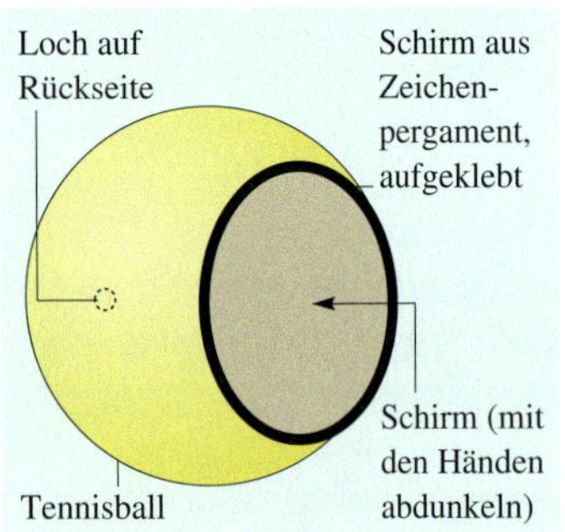

3

4

2 Das Modellauge wird verbessert
An der Bildentstehung im menschlichen Auge ist nicht nur ein Loch beteiligt, sondern zusätzlich eine Sammellinse. Dann kannst du dein Augenmodell mit einer geeigneten Sammellinse verbessern. ↑5

3 Bilderzeugung mit einer Linse
Als Linse ist eine Lupe oder ein entsprechendes Brillenglas geeignet.

a Stelle dich mit der Linse in einigen Metern Abstand vor ein helles Fenster. Halte direkt hinter die Linse ein Blatt weißes Papier als Schirm. ↑4

b Entferne den Schirm langsam immer weiter von der Linse, bis du ein scharfes Bild des Fensters und der Landschaft erhältst. Beschreibe die Eigenschaften des Bildes.

c Die Linse kann noch mehr. Erzeuge das Bild der Sonne auf einem Blatt Papier. Was beobachtest du?

5 Modellauge mit Linse

4 Sehen wie ein Regenwurm
Kannst du auch mit geschlossenen Augenlidern etwas sehen?
a Blicke mit geschlossenen Augen in eine Lampe. Führe nahe vor den Augen deine Handfläche vorbei.
b Schließe in einem dunklen Zimmer zusätzlich die Augen. Schalte dann eine Taschenlampe ein und bewege sie – mehr „sehen" Regenwürmer niemals.

5 Unsere Sehfähigkeit ist begrenzt
Sehr kleine Gegenstände können wir ohne Hilfsmittel nicht unterscheiden. Das gilt auch für die Punkte, aus denen gedruckte Bilder zusammengesetzt sind. Bei welcher Farbfläche kannst du die Punkte noch aus einem Abstand von 30 cm unterscheiden? ↑6

6 Anpassung an die Helligkeit
Blicke in einem abgedunkelten Raum jemand anderem ins Auge – oder im Spiegel dir selbst. Beschreibe deine Beobachtung, wenn in dem Raum Licht eingeschaltet wird.

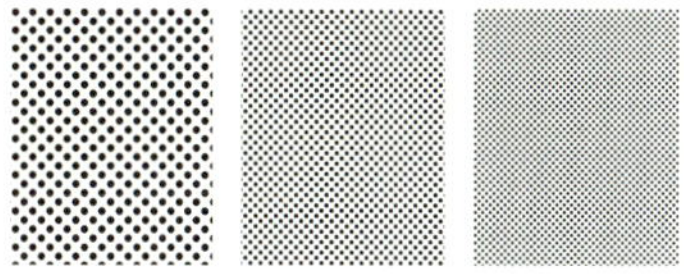
6

Aus der Natur Lauter verschiedene Augen

7 Adler

8 Insekt

9 Chamäleon

10 Schnecke

11 Katze

12 Vieraugenfisch

In der Natur gibt es ganz unterschiedliche Augentypen – jeweils angepasst an die verschiedenen Lebensräume und Fressgewohnheiten der Tiere. Mit ihren Augen können manche Tiere

- gleichzeitig sehen und fühlen (A),
- im Dunkeln besonders gut sehen (B),
- in zwei beliebige Richtungen gleichzeitig gucken (C),
- ferne Dinge besonders scharf sehen (D),
- rundum alles gleichzeitig wahrnehmen (E),
- Dinge gleichzeitig über und unter Wasser scharf sehen (F).

1 Verschiedene Augen – unterschhiedliche Leistungen
Ordne die Eigenschaften A bis F den abgebildeten Tieren zu. ↑7 bis 12

Schau mir in die Augen!

Man sieht seinem Gegenüber selten länger und ganz direkt in die Augen. Wenn du die Augen deines Tischnachbarn aber einmal genau betrachtest, kannst du bereits viele Einzelheiten entdecken. Wie das Auge im Innern gebaut ist und wie es funktioniert, lässt sich von außen allerdings nicht erkennen. Wie sind unsere Augen aufgebaut? Wie werden sie geschützt? Wie entsteht ein Bild?

1 Ein Blick in die Augen

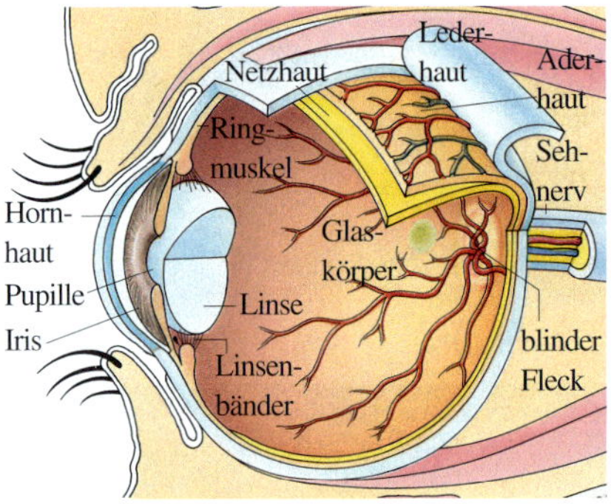

2 Aufbau des Auges

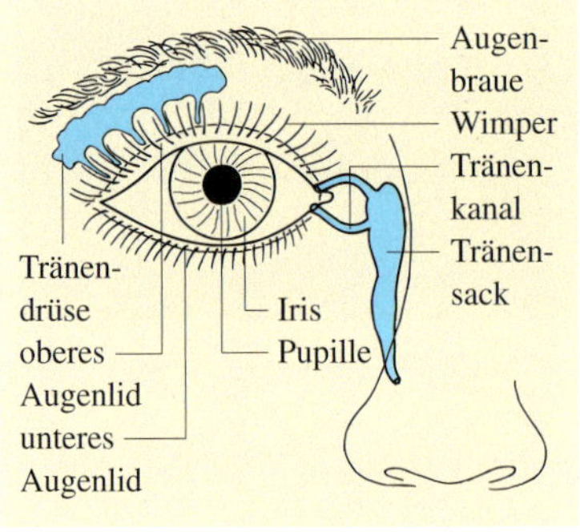

3 Schutzeinrichtungen des Auges
Augenbrauen, Augenlider und Wimpern verhindern, dass Staub und Schweiß eindringen können. Beim Lidschlag wird das Auge mit Tränenflüssigkeit benetzt und Fremdkörper werden weggespült.

GRUNDLAGEN: Bau des Auges

Aufbau des Auges Von außen lassen sich Augenbrauen, -lider und -wimpern sowie Iris und Pupille erkennen. ↑2 Leder-, Ader- und Netzhaut bilden die äußeren Schichten des Augapfels. Im Innern befinden sich Linse und Glaskörper, der eine durchsichtige, gallertartige Flüssigkeit enthält. Durch Pupille, Linse und Glaskörper dringt Licht in das Auge.
Auf der Netzhaut befinden sich Sinneszellen für das Hell-Dunkel-Sehen sowie Sinneszellen für das Farbensehen. Lichtreize werden dort in Erregungen umgewandelt. Diese Informationen werden über den Sehnerv zum Gehirn weitergeleitet. An der Eintrittsstelle des Sehnervs ins Auge, befinden sich keine Sinneszellen. Dieser Bereich wird daher als blinder Fleck bezeichnet. ↑2

Wie ein Bild entsteht Das Licht trifft zunächst auf die lichtdurchlässige Hornhaut. Sie hat eine ähnliche Wirkung wie eine Sammellinse.
Anschließend fällt das Licht durch die Pupille – ein Loch, das von der Iris umgeben ist. Iris und Pupille stellen gemeinsam eine Blende dar. Bei geringem Lichteinfall ist die Pupille weit geöffnet. Bei Helligkeit verkleinert sie sich bis auf einen Durchmesser von 1 bis 2 mm.
Hinter der Pupille trifft das Licht auf die Augenlinse. Sie verstärkt die sammelnde Wirkung der Hornhaut. Dadurch entsteht auf der Netzhaut ein scharfes Bild.

Die Rolle des Gehirns Wichtig beim Sehvorgang ist die Rolle des Gehirns. Es verarbeitet die Signale, die es von der lichtempfindlichen Netzhaut über den Sehnerv erhält.
Das Gehirn sorgt für ein aufrecht stehendes Bild. Außerdem vereint es die beiden Netzhautbilder unserer Augen zu einem einzigen räumlichen Bild. Sogar Mängel beseitigt das Gehirn: Vom blinden Fleck, einem Bereich auf der Netzhaut ohne Sinneszellen, bemerken wir nichts.

Gesundheit Schutz der Augen

Unsere Augen sind durch natürliche Einrichtungen wie Lider und Wimpern geschützt. Diese Schutzeinrichtungen reichen im Alltag und am Arbeitsplatz aber nicht immer aus, um die Augen vor Verletzungen zu bewahren.

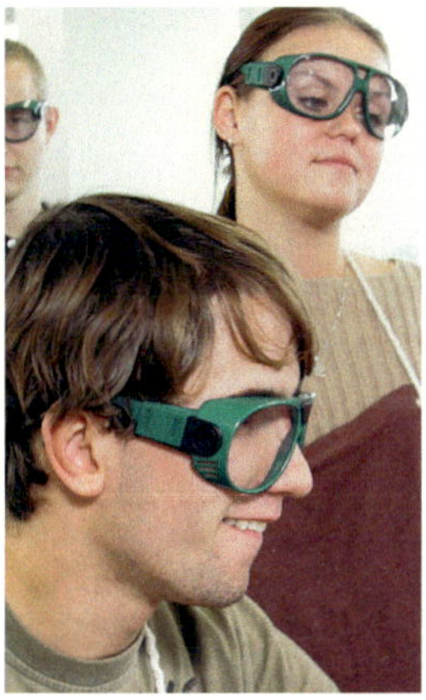

4 Schutzbrille

5 Schwimmbrille

6 Sonnenbrille

7 Schirmmütze

Erste Hilfe für die Augen

Entfernen von Fremdkörpern: Ziehe das obere Augenlid vorsichtig über das Auge nach unten. ↑8 Nun bewegst du die Augen nach allen Seiten, um den Fremdkörper an die Vorderseite des Auges zu befördern. Spürst du etwas am unteren Augenrand, ziehst du das untere Lid nach unten und blickst dabei nach oben. Ein Helfer tupft mit der Spitze eines sauberen Tuchs den Fremdkörper vorsichtig ab.

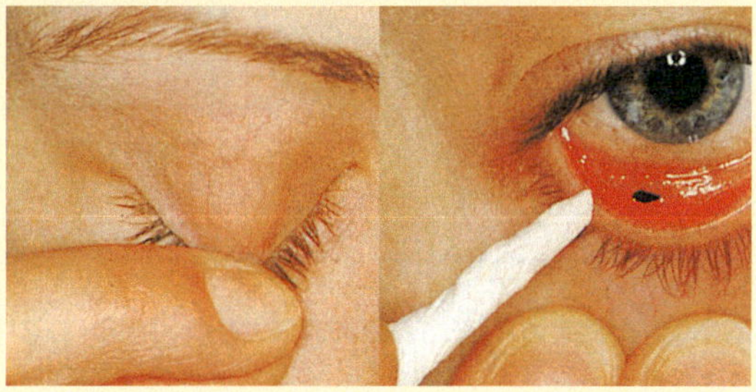

8 Entfernen eines Fremdkörpers

Augenspülung: Bei Verätzungen spülst du sofort und lange mit Leitungswasser beide Augen – auch das scheinbar nicht betroffene. In jedem Labor sollte dafür eine spezielle Augendusche ↑9 zur Verfügung stehen. Dann musst du zum Arzt gehen, möglichst zum Augenarzt.

9 Augendusche

Arbeitsaufträge

1 Erkläre mithilfe von Abbildung ↑3, weshalb man sich beim Weinen die Nase schnäuzen muss.

2 Wann wird die Pupille kleiner, wann wird sie größer? Nenne Vorteile dieser Anpassung. Dieser Pupillenreflex hat auch eine Schutzwirkung. Erkläre.

3 Beschreibe die in den Abbildungen 4 bis 7 dargestellten Schutzvorrichtungen. Wovor müssen die Augen jeweils geschützt werden?

4 Finde weitere Beispiele für Schutzvorrichtungen für die Augen aus Alltag, Sport und Arbeitsleben.

5 Schließe ein Auge und halte es mit den Fingerspitzen zu. Schaue mit dem offenen Auge in alle Richtungen. Was spürst du? Begründe, weshalb man bei Augenverletzungen immer beide Augen verbinden soll.

Sinnesorgane und Gehirn arbeiten zusammen

Jeder weiß aus Erfahrung, dass man die Sonne nicht in die Hand nehmen kann. Trotzdem sieht es auf dem Foto so aus, als ob sie auf die Größe eines Tennisballs geschrumpft wäre. Unser Gehirn bekommt hier über den Sehnerv Informationen von den Augen, die seiner Erfahrung widersprechen. Wie kommen Sinnestäuschungen zustande? Welche Rolle spielt das Gehirn bei Sinneswahrnehmungen?

1 Geschrumpfte Sonne

Beobachten ***Untersuchen Experimentieren***

Getäuschte Sinne
Viele Sinneseindrücke werden durch unsere Erfahrungen bestätigt oder ergänzt.

1 Betrachte die Bilder ↑2 bis 8 und beschreibe deine Eindrücke.
2 Stell dir vor, du hast noch niemals ein Motorrad gesehen. Wirst du es auf Abbildung ↑2 erkennen? Begründe.
3 Kannst du beide Frauen in Abbildung ↑3 gleichzeitig sehen? Versuche eine Erklärung zu finden.
4 Miss in Abbildung ↑4 mit einem Lineal die hintere Wand und die vordere Teppichkante. Finde heraus, wie dieses Bild unsere Wahrnehmung beeinflusst.
5 Warum sind die Treppen so verwirrend? ↑5
6 Können die beiden Männer wirklich so gemütlich sitzen, wie es auf den ersten Blick aussieht? ↑6
7 Siehst du eine Vase – oder zwei Gesichter? ↑7 Kannst du Gesichter und Vase gleichzeitig sehen? Wo fällt die Entscheidung dafür, was du wahrnimmst?
8 Sieh dir das Foto mit den Schachfiguren an. ↑8
a Was stimmt nicht an diesem Bild?
b Was du als Stufe siehst, ist ein ebenes Blatt Papier. Versuche es nachzuzeichnen.

2 Nur schwarze Flecke?

3 Alte oder junge Frau?

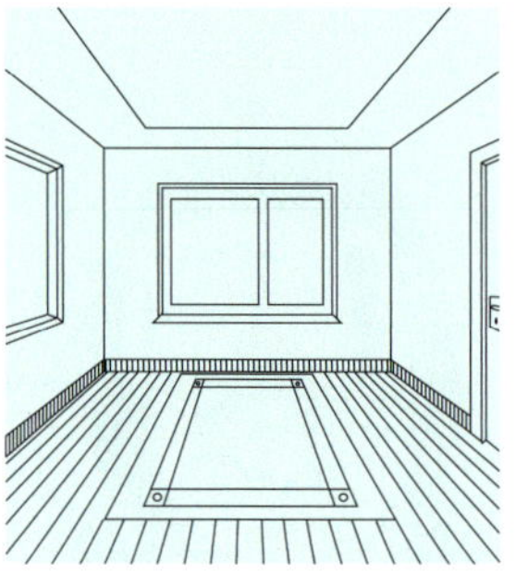

4 Teppich im Raum

5

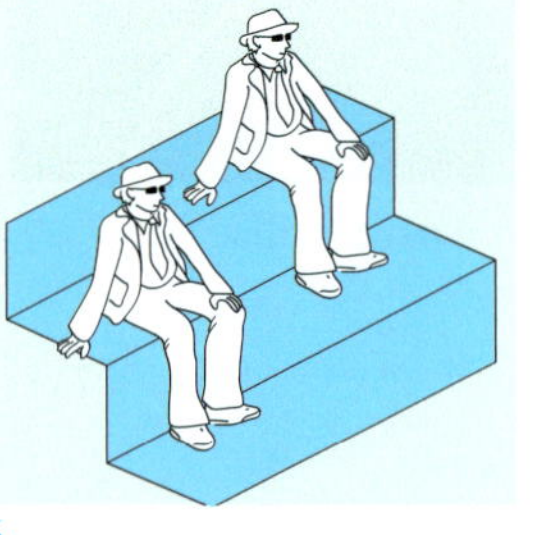

6

7

8

GRUNDLAGEN: Wie Auge und Gehirn zusammenwirken

Das Netzhautbild der Blume steht auf dem Kopf. ↑9 Wir sehen die Welt aber aufrecht. Der „Seheindruck“, den wir von unserer Umgebung wahrnehmen, entsteht im Gehirn. Seine Entstehung darf man sich nicht wie das Betrachten eines Fotos vorstellen. Vielmehr wertet das Gehirn die Signale von Sinneszellen der Netzhaut aus und vergleicht sie mit der bisherigen Erfahrung.
Unsere Erfahrung ist, dass eine Blume aufrecht steht. Das Gehirn macht daher aus dem Netzhautbild, das auf dem Kopf steht, ein aufrechtes Bild.
Wir erkennen am Netzhautbild nur die Dinge, mit denen das Gehirn „etwas anfangen“ kann: Wenn ein Kind z. B. in einem Dorf im Senegal aufwächst, hat es möglicherweise noch nie in seinem Leben ein Motorrad gesehen. Die Flecke, in denen wir ein Motorrad erkennen, bleiben für das Kind nur schwarze Flecke. ↑2
Ähnlich ist es bei der Vase. ↑7 Welche Gesichter das sind, erkennt nur, wer sich an Bilder der englischen Königin Elisabeth II. und des Prinzen Philipp erinnert.
Für das Gehirn haben Erfahrung und Wissen bei der Wahrnehmung eine große Bedeutung.

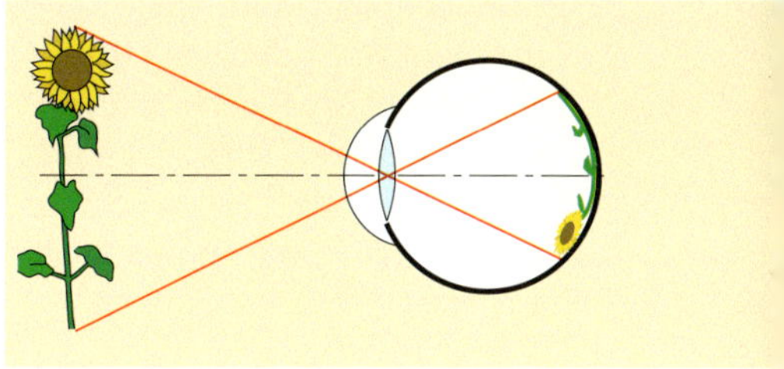

9 Auf dem Kopf stehendes Netzhautbild

Arbeitsaufträge

1 Warum sehen wir Gegenstände aufrecht, obwohl das Netzhautbild in unserem Auge doch auf dem Kopf steht?

2 „Nur ein geschultes Auge vermag erkrankte Bäume von gesunden zu unterscheiden“, sagt ein Förster.
„Man sieht nur, was man weiß“, heißt ein Sprichwort.
Erläutere, was mit diesen Aussagen gemeint ist.

3 Auf dem Meeresgrund liegt eine Flunder. Findest du sie? ↑10
Warum kannst du den Fisch überhaupt erkennen – trotz seiner perfekten Tarnung?

10 Wo steckt der Fisch?

4 Halte bei dem dreieckigen Gegenstand eine beliebige Ecke zu. ↑11
Ob man ihn so nachbauen kann?
Nimm dann den Finger weg …
Beschreibe, was du jeweils siehst.

11

5 Die Liste mit den Farbnamen hat es in sich. ↑12

a Lies nicht die Wörter vor, sondern sage laut und möglichst schnell nur die Farben, in denen sie gedruckt sind. Schaffst du es ohne Fehler?

b Kinder im Kindergartenalter kennen die Farben, können aber noch nicht lesen. Sie hätten keine Schwierigkeiten. Wie erklärst du das? Probiere es möglichst mit einem Vorschulkind aus.

blau
grün
rot
gelb
blau
gelb
grün
rot
blau
weiß
schwarz
weiß

12

Beobachten Untersuchen Experimentieren

Ein Augenpaar kann mehr
Einen Ball zu greifen, ein Glas vom Tisch zum Mund zu führen, das sind Bewegungen, die wir täglich ausführen. Wir haben gelernt, Entfernungen im Raum richtig einzuschätzen. ↑2

1 Strecke einen Arm vor dich aus und halte den Daumen nach oben. Schließe abwechselnd mal das linke, mal das rechte Auge. Beschreibe deine Beobachtung. Die Wirkung erhöht sich, wenn du mit der anderen Hand einen Stift vor den Daumen hältst.

2 Setzt euch paarweise gegenüber an einen Tisch.

a Eine Versuchsperson hält sich beide Augen zu. Der Partner stellt einen Gegenstand auf den Tisch. Die Versuchsperson öffnet ein Auge und soll nun den Gegenstand mit der freien Hand ergreifen. Beschreibe, was du beobachten kannst.

b Wechselt euch ab. Welche Veränderungen könnt ihr feststellen? Findet eine Erklärung.

3 Lege ein Buch hochkant auf die Linie in der Abbildung unten. ↑1 Lege Stirn und Nase auf das Buch, sodass das linke Auge den Würfel links anschaut und das rechte Auge den Würfel rechts. Warte eine Weile. Beschreibe, was mit den Würfeln geschieht. Versuche eine Erklärung zu finden.

1

GRUNDLAGEN: Räumliches Sehen

Unser Augenpaar ist so angeordnet, dass beide Augen nach vorne blicken. Diese Stellung der Augen ermöglicht ein räumliches Sehen, denn die Blickwinkel der beiden Augen unterscheiden sich geringfügig. Das Gehirn verarbeitet beide Eindrücke zu einem dreidimensionalen (räumlichen) Bild. So können wir Entfernungen einschätzen und Gegenstände sicher greifen. Der Nachteil dieser Augenstellung ist, dass unser Gesichtsfeld zu den Seiten hin eingeschränkt ist.

GRUNDLAGEN: Zwei Netzhautbilder – ein Seheindruck

Unser Gehirn nutzt den Unterschied zwischen den Netzhautbildern für die Erzeugung eines räumlichen Eindrucks. Auch die unterschiedliche Richtung der Augachsen wird vom Gehirn ausgenutzt.
Beim *Chamäleon* sitzen die Augen seitlich am Kopf. Sie können unabhängig voneinander bewegt werden und zeigen dem Chamäleon völlig unterschiedliche Teile der Umgebung. Die Unterschiede zwischen den Netzhautbildern ergeben keinen räumlichen Eindruck. Aber wenn das Chamäleon eine Fliege erkennt, richtet es beide Augen darauf. Beide Netzhautbilder zeigen die Fliege in unterschiedlichen Positionen – das Chamäleon kann die Entfernung dann genau einschätzen. ↑3
Bei *Vögeln* sitzen die Augen seitlich am Kopf. Sie sehen mit jedem Auge ein vollkommen anderes Motiv. Die Unterschiede zwischen den Netzhautbildern ergeben keinen räumlichen Eindruck. ↑4

2 Räumliches Sehen ermöglicht das sichere Fangen des Balls.

Bei Katzen, Tigern, Füchsen und anderen *Beutegreifern* werden an die Augen ganz andere Anforderungen gestellt. Diese Jäger müssen den Abstand zur Beute genau erfassen. Nur dann können sie die Beute mit einem Sprung packen. Beutegreifer haben zwei nach vorn gerichtete Augen, deren Blickfeld sich überlappt. Die unterschiedlichen Netzhautbilder lassen eine genaue Entfernungsbestimmung zu. ↑5
Für *Beutetiere* ist es lebenswichtig, Gefahren schon frühzeitig zu bemerken. Ihre Augen stehen links und rechts des Kopfes und können ein Blickfeld von fast 360° überschauen. ↑6

Kurz und knapp **Unser Augenpaar ist nach vorn gerichtet. Diese Anordnung ermöglicht räumliches Sehen. Das Gehirn verrechnet bei seiner Informationsverarbeitung die Eindrücke beider Augen.**

3

4

5

6

Arbeitsaufträge

1 Weshalb schließt man beim Zielen ein Auge?

2 Vergleiche die Augenstellung des Menschen mit der von verschiedenen Tieren. Welcher Zusammenhang lässt sich in den meisten Fällen finden?

3 Räumliche Figur
Stelle eine Postkarte auf die Strichlinie von Bild ↑7. Blicke von der Oberkante der Postkarte auf die Figur. Bei entspannten Augen verschmelzen die Teilbilder zu einer räumlichen Figur.

4 Zwei Netzhautbilder
Rolle ein Blatt Papier zu einer Röhre und halte es vor ein Auge. Mit dem anderen Auge blickst du auf die Hand, die sich direkt neben der Röhre befindet. ↑8

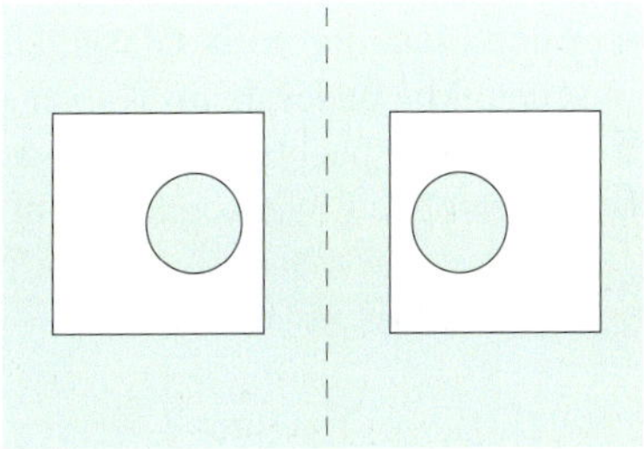
7

a Was siehst du, wenn du versuchst, mit beiden Augen zugleich auf einen fernen Gegenstand zu schauen?
b Was sieht das linke, was das rechte Auge allein?

8

Überblick

Licht und Sehen

Lichtquellen erzeugen Licht und senden es nach allen Seiten hin aus. Lichtquellen sind Lichtsender. Das Auge ist ein Lichtempfänger. Wir sehen Lichtquellen, wenn Licht von ihnen ins Auge fällt.

Damit wir andere Gegenstände sehen, müssen sie beleuchtet sein. Die Gegenstände werfen das Licht zurück. Wenn Licht von einem Gegenstand ins Auge fällt, sehen wir den Gegenstand.

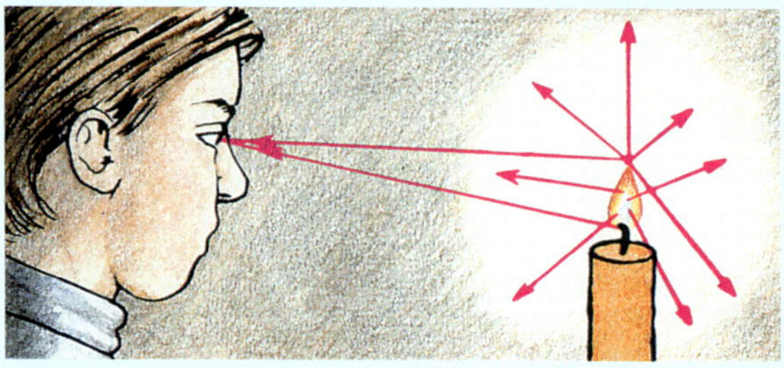

1 Sehen einer Lichtquelle

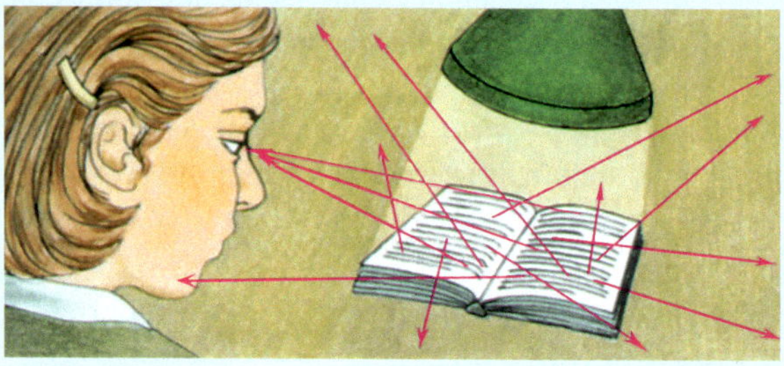

2 Sehen eines beleuchteten Gegenstands

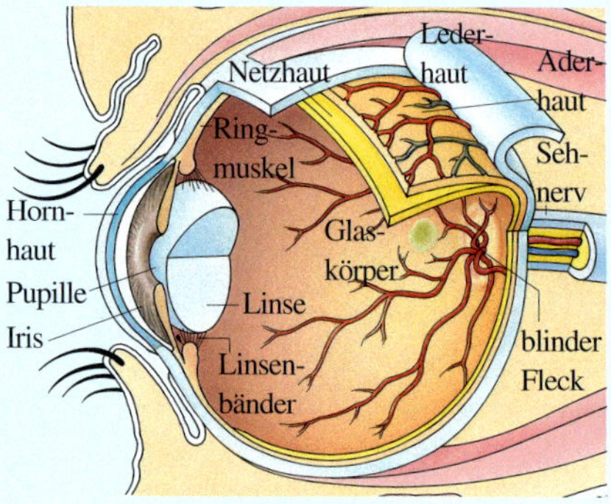

3 Aufbau des Auges

Wie unser Auge aufgebaut ist

Das Licht fällt durch die Hornhaut, die Pupille und die Linse auf die Netzhaut. Dort werden lichtempfindliche Sinneszellen gereizt und senden über den Sehnerv Signale ans Gehirn.

Alles klar?

1 „Der Tag wurde länger, als die Menschen begannen, künstliche Lichtquellen zu nutzen." Erläutere.

2 Der Mond ist kein selbstleuchtender Körper. Wieso können wir ihn dennoch sehen?
Der Mond beleuchtet in der Nacht die Erdoberfläche. Erkläre diese Aussage.

3 Nimm ein 30 cm langes Stück Gartenschlauch. Versuche durch den Schlauch hindurch diese Zeilen zu lesen … Worauf musst du achten?

4 Wenn Licht durch ein Glasgefäß mit Wasser fällt, kann man es kaum sehen. Mit Badesalz im Wasser wird das Licht sichtbar. Erkläre.

5 Wie sollten nachts die Farben deiner Kleidung sein? Begründe.

6 Augen ohne Linse können nicht sehen. Beurteile diese Aussage.

Vom ganz Kleinen und ganz Großen

Die Grundbausteine aller Lebewesen sind die Zellen. Die meisten Zellen sind so klein, dass wir sie nur mithilfe von Mikroskopen sichtbar machen und untersuchen können. Schon eine einzige Zelle kann ein vollständiges Lebewesen sein.

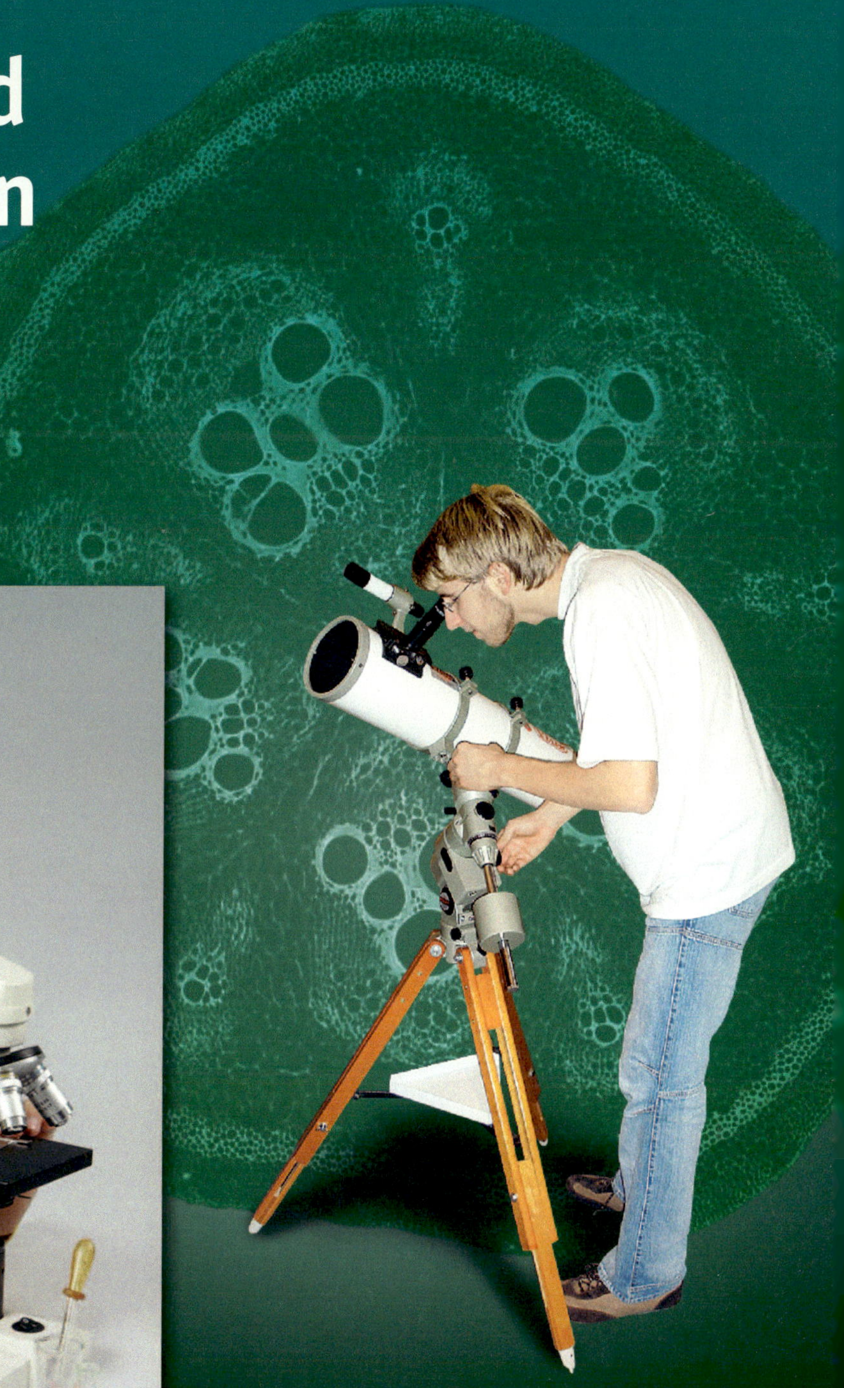

Und manche Dinge, die uns mit bloßem Auge winzig erscheinen, sind in Wirklichkeit riesig groß. Um mehr über sie zu erfahren, reichen selbst Fernrohre nicht immer aus.

Menschen, Tiere und Pflanzen nehmen wir meist nur als Ganzes wahr. Wir stellen fest, dass ihr Äußeres sehr unterschiedlich gestaltet ist. Und trotzdem haben alle Lebewesen etwas gemeinsam: Sie bestehen aus vielen einzelnen **Zellen**, die das bloße Auge nicht wahrnehmen kann.

Mit dem **Mikroskop** können wir die Zellen betrachten und ihre Unterschiedlichkeit in Form und Gestalt sehen.

1 Sind Zellen von Pflanzen, Tieren und Menschen gleich aufgebaut?

2 Wie arbeitet man mit dem Mikroskop?

Aspekte

3 Wie groß sind Zellen? Woraus bestehen sie?

4 Wie funktioniert ein Fernrohr?

5 Wie groß ist der Planet Saturn und wie weit ist er von der Erde entfernt?

6 Wäre eine Reise zu einem anderen Stern möglich?

Die **Sonne**, den **Mond**, die **Planeten** und die **Sterne** können wir am Himmel beobachten. Wir sehen sie als Scheibchen oder winzige Lichtpünktchen. Durch die Entwicklung des **Fernrohrs** war es sogar möglich, Einzelheiten auf den Himmelskörpern zu erkennen. Heute werden riesige Teleskope in das All gerichtet, um zu neuen Erkenntnissen zu gelangen. Sonden werden zur Erkundung zu den Planeten geschickt und der Mond wurde von Menschen besucht.

Das Geheimnis des weißen Goldes

1 Auf den Spuren des Einbrechers …

Schnitzeljagd mit Überraschungen Die Glocke des Schlossturms schlägt vier Mal. Es ist ein nebliger, frischer Julimorgen, als sich die Zwillinge Tom und Tina leise aus dem Haus schleichen. An der alten Eiche treffen sie sich mit ihrem Freund Max, seinem Hund Struppi und Susi. Ihre Rucksäcke sind mit allerlei Nützlichem wie Seilen, Krepppapier, Taschenmessern, Taschenlampen, Pflastern, Papiertaschentüchern und Plastiktüten vollgestopft. Die Kinder beginnen, für die geplante Schnitzeljagd Krepppapier als Wegmarkierungen zu verteilen. In der Nähe des Schlossgartens von Baron Kieselstein fängt Struppi, der den Kindern schon weit vorausgelaufen ist, plötzlich an, laut zu bellen. Sofort ruft Max Struppi zurück. Er nimmt ihn an die Leine und befiehlt ihm still zu sein, damit das Vorhaben der Kinder nicht verraten wird. Plötzlich erblicken sie eine graue Gestalt, die eilig durch ein Loch im Zaun aus dem Garten flieht und im Wald verschwindet. Augenblicklich ist die Schnitzeljagd vergessen. Die Kinder beschließen, der geheimnisvollen Beobachtung nachzugehen. Nur Susi zögert und schlägt vor, lieber die Polizei zu verständigen. Aber sie wird überstimmt: Der Vater von Tom und Tina ist bei der Polizei, und er soll nichts von dem Ausflug erfahren! Außerdem wollen sie sich erst einmal im Garten umsehen. Die Kinder kriechen durch die Öffnung im Zaun und schleichen bis zur Schlossmauer. Dort entdecken sie ein schmales Loch in Bodenhöhe. Mit der Taschenlampe leuchtet Susi hinein. Zu ihrem Erstaunen erkennt sie ein leeres Kellergewölbe. Kurzerhand entscheiden die Kinder, es genauer zu untersuchen. Sie entfernen einige weitere Steine aus der Schlossmauer, damit Tina – die Kleinste von ihnen – durch die enge Öffnung abgeseilt werden kann. Dabei reißt sie sich in dem engen Durchlass unbemerkt die Jacke ein. ↑2 Nachdem sie unten angekommen ist, springt

2 Unbemerkte Spur

Struppi hinterher. Tom legt sich auf den Bauch und reicht seiner Schwester die Taschenlampe hinunter. „Hast du etwas entdeckt?“, ruft er. „Vielleicht eine Schatztruhe? Gold? Edelsteine?“ – „Nein, nichts. Der Keller ist völlig leer. Na ja, bis auf …“ Die anderen halten den Atem an. „… da hinten, da sind merkwürdige kleine weiße Körnchen. Ich kann das nicht gut sehen. Das Licht ist zu schwach. Mir ist kalt. Holt mich bitte wieder hoch!“ Tina reicht zuerst Struppi nach oben. Dann ziehen die anderen aus Leibeskräften am Seil, und schon kommt auch Tina keuchend aus dem Loch geklettert. Die Kinder sind enttäuscht. Kein Gold, keine Edelsteine!
Sie beschließen nun doch, die Polizei wegen des Einbrechers zu verständigen.

Mit der Polizei am Tatort Bald trifft Kommissar Haberstroh mit einigen Beamten am Tatort ein. Darunter ist auch Herr Tanner, der Vater von Tom und Tina. Die Kinder berichten von ihrer Entdeckung. Natürlich verraten sie nichts von Tinas Erkundungstour. „Offenbar habt ihr hier jemanden vorzeitig in die Flucht geschlagen, der sein Vorhaben dann nicht mehr zu Ende bringen konnte“, meint der Kommissar. Er ruft die Beamten der Spurensicherung. Sie sollen die Umgebung und den Keller untersuchen. Kurz darauf erscheint der alte Baron Kieselstein, der benachrichtigt worden war. Nachdem der Kommissar ihn informiert hat, sagt er nachdenklich: „Dann gibt es das Gewölbe also tatsächlich. Es gibt eine alte Familienlegende“, erklärt er weiter. „Ein Vorfahre der Kieselsteins soll vor langer Zeit einen Schatz in diesem Keller versteckt haben.“ Inzwischen haben die Beamten der Spurensicherung den Eingang zum Kellergewölbe erweitert und sind hinuntergestiegen. „Hoppla!“, ruft Herr Tanner, „hier sind Fußabdrücke! Und eine Spur von irgendeinem Tier, nehme ich an. Und hier sind Reste von Pflanzen. In unserem Gartenteich haben wir auch solche. Das ist aber merkwürdig. Und da haben wir doch tatsächlich einen Plastikkamm; der sieht nicht so aus, als läge er schon einige hundert Jahre hier unten. Vielleicht sind noch Haare darin? Und wahrscheinlich befinden sich Fingerabdrücke darauf.“ Herr Tanner ruft einen Kollegen zur Verstärkung, um alle Spuren zu sichern. Dieser findet beim Hinuntersteigen den Stofffetzen von Tinas Jacke. Kommissar Haberstroh ist sehr nachdenklich. „Ich verstehe das alles nicht. Der Täter kann doch gar nicht dort unten gewesen sein. Der hätte gar nicht durch das kleine Loch gepasst. Auf jeden Fall muss alles schnell ins Labor zur genauen Untersuchung.“ Der Schlossbesitzer Baron Kieselstein fragt nachdenklich: „Haben Sie denn kein kleines Kästchen gefunden? Der Legende nach soll es ein sagenhaftes ‚weißes Gold‘ enthalten – was auch immer das sein mag.“ Herr Tanner schüttelt den Kopf. „Nein, leider nicht, aber wir haben eine ganze Menge Spuren gefunden. Wir haben alle einzeln in Plastiktütchen verpackt. Jetzt sind wir noch dabei, Abdrücke von den Fuß- und Fingerspuren zu nehmen. Dann bringen wir alles zur genauen Untersuchung ins Labor. In einigen Tagen werden wir mehr wissen.“
Tina hält sich die ganze Zeit im Hintergrund. Sie denkt fieberhaft nach, was zu tun ist, damit ihr Besuch des Kellergewölbes unentdeckt bleibt. Plötzlich steht Herr Tanner vor den Kindern: „Sagt mal, was macht ihr eigentlich hier – zu dieser frühen Stunde? Ich glaube, ihr habt mir einiges zu berichten! Wie wäre es mit einem Frühstück in meinem Büro?“

3 Wer war hier?

Arbeitsaufträge

1 Lies dir die Geschichte genau durch. Erzähle sie nun jemandem, der sie noch nicht kennt. Hast du etwas wichtiges „Kleines“ vergessen?

2 Die Geschichte berichtet von Spuren am Tatort.

a Welche Spuren werden am Tatort gefunden? Liste sie in deinem Heft auf.

b Welche Spuren könnte man noch an einem Tatort finden?

c Wie können Spuren gesichert werden?

d Welche Spuren kann man mit dem bloßen Auge sehen? Welche Spuren kann man nur mit Hilfsmitteln erkennen? Erläutere.

Wir erstellen und sichern Spuren

Die Suche und das Sichern von Spuren ist eine wichtige Aufgabe der Polizei. ↑1
Bei ihren Ermittlungen am Tatort müssen die Kriminalisten z. B. Fuß- und Fingerabdrücke sichern. Sie können sie dann mit den Fingerabdrücken von Verdächtigen vergleichen. Fuß- und Fingerabdrücke dienen vor Gericht als Beweismittel. Zusammen mit weiteren Beweisen wird so die Überführung eines Täters möglich.

1 Spurensicherung

Beobachten Untersuchen Experimentieren

1 Erstellen und Sichern von Fußabdrücken

a Stellt in Gruppenarbeit Fußabdrücke her. Hinterlasst in Gartenerde oder Sand einen Fußabdruck.
Gießt eine Flasche Leitungswasser (0,7 l) in einen kleinen Eimer. Schüttet zügig und unter ständigem Rühren Gipspulver (1 kg) in das Wasser. Wenn der Gipsbrei nicht gießfähig und klumpenfrei ist, müsst ihr noch Wasser unter Rühren nachgießen.
Füllt den Fußabdruck vorsichtig mit Gipsbrei. ↑2
Nach 1 Stunde ist der Gipsbrei hart und ihr könnt den Fußabdruck abheben. Säubert ihn von Erd- und Sandresten mit einer Bürste. ↑2

b Jede Gruppe untersucht den eigenen Fußabdruck. Notiert seine Merkmale wie Länge, Breite und Profil. ↑3

c Vergleicht die Fußabdrücke der einzelnen Gruppen. Welche Unterschiede und Gemeinsamkeiten stellt ihr fest?
Notiert die Merkmale der verschiedenen Fußabdrücke in einer Tabelle.

2 Wir betrachten unsere Fingerkuppen

Betrachte die Fingerkuppen deiner Hand. Welche typischen Merkmale erkennst du? Vergleiche die Hautleisten von sich entsprechenden Fingern beider Hände. Schreibe deine Beobachtungen auf. Wie könntest du die feineren Einzelheiten deiner Fingerkuppen untersuchen?

2 Ausgießen und Abdruck säubern

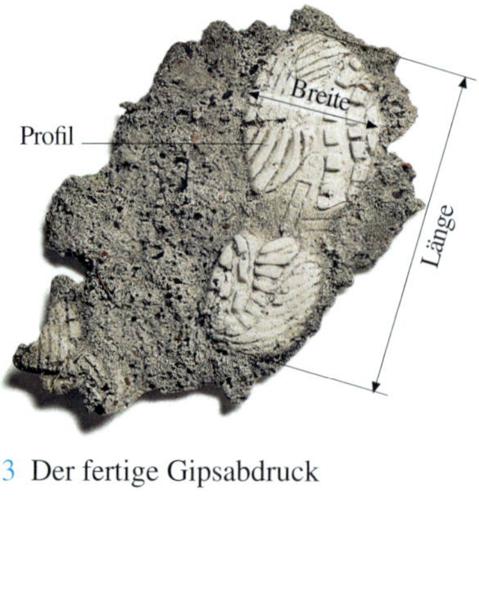

3 Der fertige Gipsabdruck

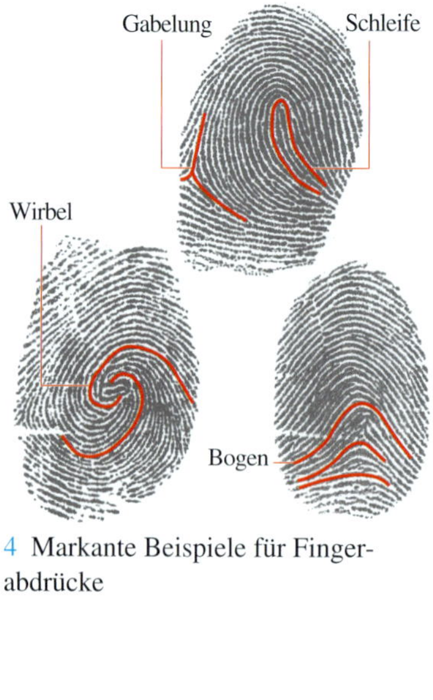

4 Markante Beispiele für Fingerabdrücke

3 Wir erstellen einen Fingerabdruck

a Rolle eine Fingerkuppe behutsam von der einen zur anderen Seite über ein Stempelkissen. Setze deinen Finger vorsichtig auf ein Papier und rolle ihn gleichmäßig ab. ↑5 und 6 Beschrifte den Fingerabdruck.

b Vergleiche deinen Fingerabdruck mit den Beispielen. ↑4 Verwende dazu eine Lupe. ↑7
Kannst du einige typische Merkmale deines Fingerabdrucks erkennen?

b Vergleiche diesen Fingerabdruck mit dem mit Stempelfarbe. Sind beide gleich gut erkennbar?

c Teilt euch in Arbeitsgruppen auf und erstellt von jedem einen Abdruck des rechten Daumens. Schreibt den Namen jeweils darunter. Bestimmt ein Gruppenmitglied, das auf einem Trinkglas einen Daumenabdruck hinterlässt. Tauscht mit einer anderen Gruppe eure Fingerabdrücke und das Trinkglas. Ermittelt, wer den Fingerabdruck auf dem Glas hinterlassen hat. ↑10

4 Wir sichern Fingerabdrücke

a Drücke die Kuppe deines Daumens auf einen Objektträger. ↑8 Verteile sparsam und gleichmäßig mit einem Pinsel Grafitstaub oder braune Kreide auf dem Objektträger. Nun wird dein Fingerabdruck sichtbar. ↑9 Klebe ohne zu verrutschen einen Streifen durchsichtiges Klebeband auf den Objektträger. Wenn du das Klebeband abziehst, erhältst du deinen Fingerabdruck. Klebe das Band in dein Heft.

5 Anfärben

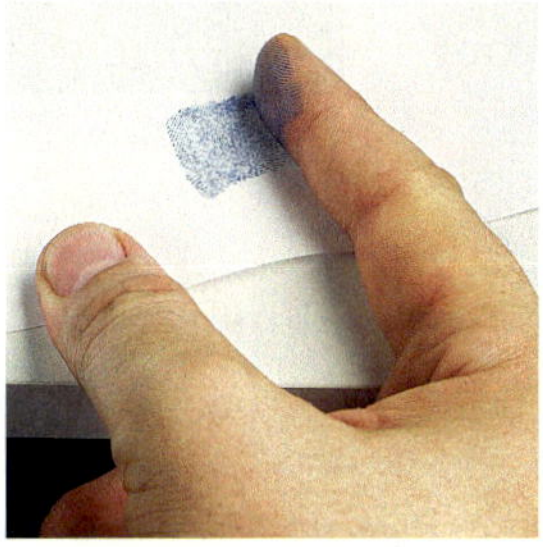
6 Abrollen

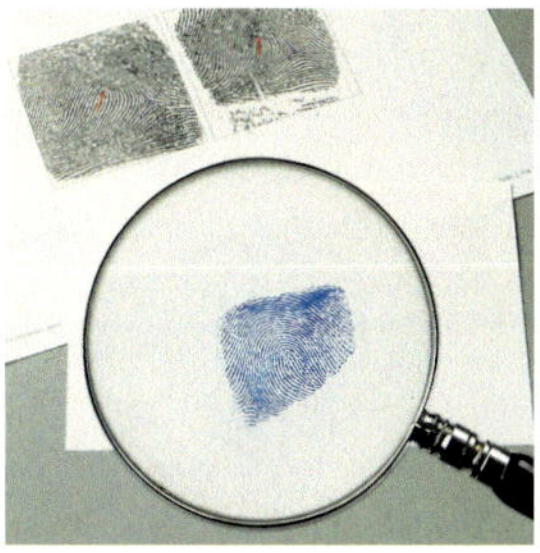
7 Vergleichen

8 Hinterlassen des Abdrucks

9 Sichtbarmachen des Abdrucks

10 Abnehmen des Abdrucks

GRUNDLAGEN: Spuren geben Hinweise

Fußabdrücke Die Abdrücke von Schuhsohlen und auch von Reifen hinterlassen in weicher Erde oder Sand deutliche Spuren. Oft sind sie typisch für einen bestimmten Hersteller und geben dadurch erste Hinweise auf Personen oder Fahrzeuge am Tatort. Ein kräftiger Wind oder Regen kann solche Spuren jedoch schnell zerstören.

Fingerabdrücke Finger hinterlassen auf Glasscheiben, Türen und sogar auf Papier Abdrücke aus Fett und Schweiß. Fingerabdrücke sind mit bloßem Auge kaum zu erkennen, können jedoch mit einfachen Hilfsmitteln sichtbar gemacht werden. Das Muster der Hautleisten an den Fingern und Handflächen unterscheidet sich von Mensch zu Mensch und wird weder durch Altern noch durch Verletzungen bedeutend verändert. Jeder Mensch kann also anhand seiner Fingerabdrücke erkannt werden.

Eine Reise in die Welt des Kleinen

Eine Pflanze von Silvias Mutter hat Blattläuse. Silvia rückt ihnen mit der Lupe zu Leibe: Sie erkennt die Beine der Tiere genau und die raue Oberfläche der Blätter, auf denen sie sitzen. Mit der Lupe sieht sie viel mehr als mit den Augen. Wie viel mehr könnte sie noch mit dem Mikroskop erkennen? Sind die kleinsten Teile der Blattlaus genauso aufgebaut wie die der Pflanze? Wie arbeitet man mit dem Mikroskop?

1 Blattläuse

GRUNDLAGEN: Das Lichtmikroskop

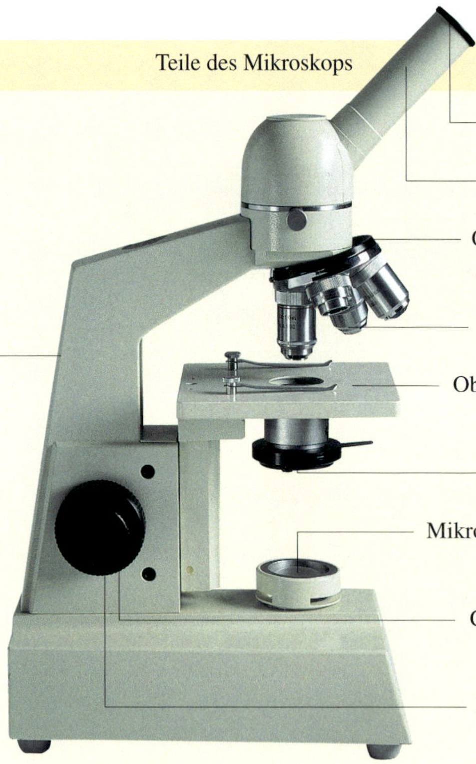

Teile des Mikroskops	Aufgaben
Okular	Vergrößert wie eine Lupe.
Tubus	Verbindet Okular und Objektiv.
Objektivrevolver	Durch Drehen wird ein anderes Objektiv eingestellt.
Objektiv	Vergrößert das Objekt.
Objekttisch	Hier wird der Objektträger mit dem Objekt aufgelegt und befestigt.
Blende	Reguliert Helligkeit und Bildschärfe.
Mikroskopierleuchte	Liefert Licht zur Durchleuchtung des Objekts.
Grobtrieb	Dient der ersten Scharfeinstellung des Bildes.
Feintrieb	Dient der genauen Scharfeinstellung des Bildes.
Stativ	

2 Aufbau eines Lichtmikroskops

Berechnung der Vergrößerung Auf dem Okular und den Objektiven steht, wievielmal sie vergrößern. Die Gesamtvergrößerung ergibt sich, wenn man die Objektivvergrößerung mit der Okularvergrößerung multipliziert.

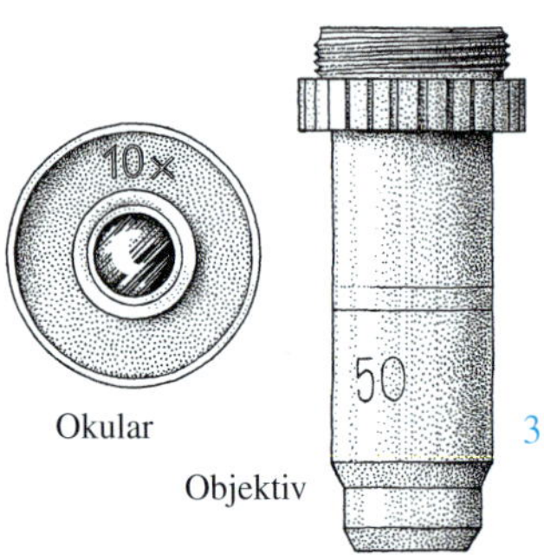

3 Mögliche Vergrößerungen

Methode

Wir üben das Mikroskopieren

Der Umgang mit dem Mikroskop erfordert Sorgfalt und Genauigkeit. Deshalb solltest du folgende Regeln beachten:
Fasse das Mikroskop nur am Stativ an. Trage es immer aufrecht. Berühre die Linsen nie mit den Fingern. Entferne Schmutz mit einem weichen Lappen.

1 Achte vor dem Mikroskopieren auf folgende Grundeinstellung:
Das kleinste Objektiv ist eingeschwenkt. Der Objekttisch ist weit nach unten gedreht. Die Blende ist zu etwa einem Drittel geöffnet. Schalte die Beleuchtung zu Beginn des Mikroskopierens ein. Bei vielen Mikroskopen kann man die Helligkeit der Lampe einstellen.

2 Lege das Präparat auf.
Schneide aus einer Zeitung einen Buchstaben aus. Lege ihn auf den Objektträger. Lege das Deckglas auf. Lege den Objektträger mit dem Deckglas nach oben auf den Objekttisch und schiebe ihn unter die Halteklammern. Das zu beobachtende Objekt muss über der Tischöffnung liegen. ↑4

3 Wähle das Objektiv mit der geringsten Vergrößerung.
Drehe den Tubus mit dem Grobtrieb bis kurz über das Präparat. Das Objektiv darf nicht das Deckglas berühren. Kontrolliere von der Seite. Vergrößere nun wieder durch Drehen am Grobtrieb bei gleichzeitigem Schauen durch das Okular den Abstand zwischen Objekt und Objektiv so weit, dass ein Bild erscheint. Nun kannst du mit dem Feintrieb das Bild scharf einstellen. ↑5 und 6

4 Durchmustere das Präparat.
Verschiebe das Präparat vorsichtig auf dem Objekttisch, bis in der Bildmitte eine günstige Stelle erscheint. Halte beim Mikroskopieren beide Augen offen.

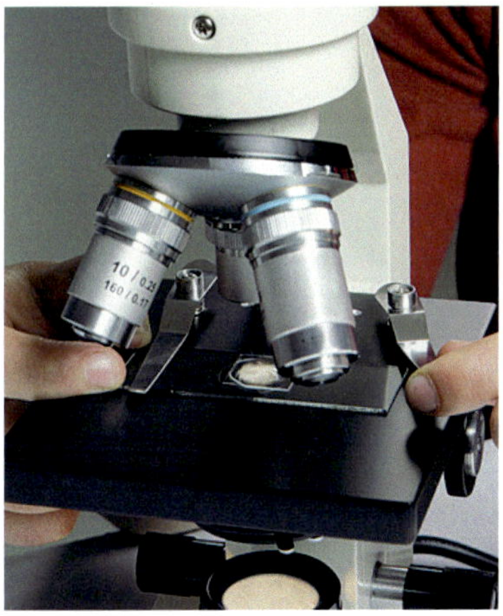

4 Auflegen und Befestigen des Objektträgers

5 Hochdrehen des Objekttischs

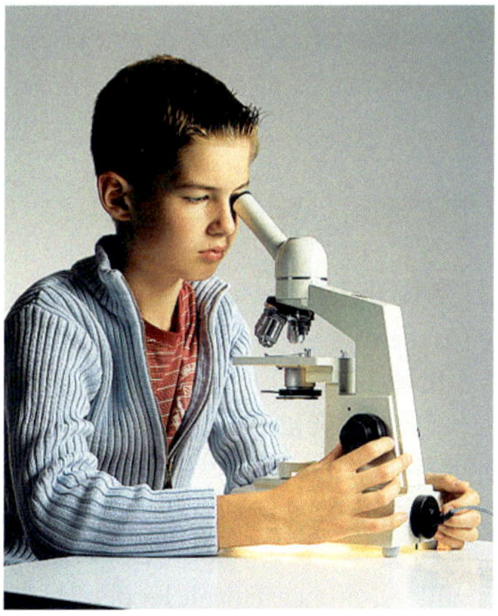

6 Einstellen der Schärfe

Arbeitsaufträge

1 Betrachte die Blüte einer Pflanze aus der Nähe. Führe sie immer näher an dein Auge heran. Was stellst du fest? Wie nahe kannst du die Blüte an dein Auge heranbringen, bis das Bild unscharf wird? Hier liegt der „Nahpunkt“ deiner Augen. Ermittle die Entfernung zur Blüte.

2 Betrachte anschließend die Blüte mit einer Lupe. Welche Veränderungen stellst du fest? Begründe.

3 Probiere verschiedene Linsen aus, die unterschiedlich stark vergrößern. Achte auf die Form und Dicke der Gläser. Erkläre.

Wir üben das Mikroskopieren

Beim Sichern von Spuren an einem Tatort spielen Haare und Textilfasern eine wichtige Rolle, insbesondere, wenn keine Fingerabdrücke zu finden sind. Mit dem Mikroskop kannst du sie unterscheiden: Haare von Mensch haben meist eine geschuppte Oberfläche. ↑1
Die Fasern von Pflanzen sehen längsgestreift aus. Kunststofffasern haben dagegen eine glatte Oberfläche. ↑2

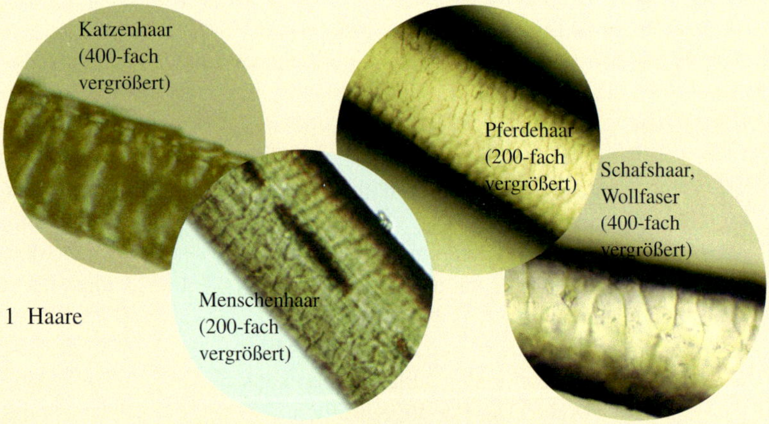

1 Haare

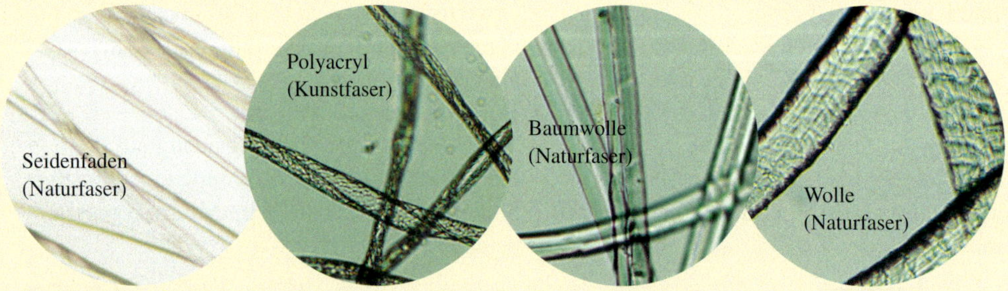

2 Textilfasern (160-fach vergrößert)

Beobachten Untersuchen Experimentieren

1 Wir mikroskopieren Haare
Lege ein Menschenhaar und ein bis zwei verschiedene Tierhaare in Längsrichtung nebeneinander auf einen Objektträger. Klebe sie links und rechts außen auf dem Objektträger mit durchsichtigem Klebeband fest. In dem Bereich, den du betrachten willst, darf sich kein Klebeband befinden. Schneide überstehende Bereiche der Haare ab. Mikroskopiere die Haare. Vergleiche ihre Dicke und Farbe. Wie sieht jeweils ihre Oberfläche aus? Beschreibe!

2 Wir mikroskopieren Textilfasern
a Zupfe mit einer Pinzette aus einem Textilstück eine Faser. Befestige die Faser mit Klebeband auf dem Objektträger und mikroskopiere die Faser. Vergleiche deine Faser mit den abgebildeten Fasern. Kannst du die Art deiner Faser bestimmen?
b Informiere dich über eine Textilfaser. Wie wird sie gewonnen, verarbeitet und verwendet? Bereite einen Kurzvortrag vor und berichte in deiner Klasse.

3 Wir mikroskopieren Salz und Zucker
Mit dem Mikroskop kannst du Zucker und Salz voneinander unterscheiden – ohne zu probieren.
a Lass einen Tropfen Zuckersirup und Salzlösung auf einem Objektträger verdunsten. Mikroskopiere die Salz- und Zuckerkristalle und zeichne sie.
b Streue einige Körnchen Salz und Zucker direkt aus der Packung auf einen Objektträger. Mikroskopiere sie. Welche Unterschiede stellst du fest? Hast du eine Erklärung dafür?

4 Die Welt der Textilfasern
Wähle eine Textilfaser aus und informiere dich genauer über sie. Wie wird sie gewonnen, verarbeitet und verwendet? Informiere dich im Lexikon, in der Bücherei oder im Internet. Bereite einen Kurzvortrag vor und berichte in deiner Klasse.

GRUNDLAGEN: Die Teilchenvorstellung

Kristalle lassen sich durch Zerstoßen oder Zerschlagen in kleinere Bruchstücke zerlegen. Wenn du einen Salz- oder Zuckerkristall in Wasser auflöst, sind auch im Mikroskop keine Bruchstücke mehr zu sehen. Erstaunlich ist aber, dass aus der Lösung wieder ein Kristall wachsen kann und dass die Bruchstücke immer die gleiche Form haben.
Das Wachsen eines Kristalls erinnert an das Zusammenbauen von Legosteinen. Aus Steinen einer bestimmten Form lassen sich regelmäßige Gegenstände zusammenbauen. ↑3
Wie kann man das Wachsen eines Kristalls erklären?
Wir nehmen an, dass ein Kristall beim Lösen in Wasser in kleinste Bausteine oder Teilchen zerlegt wird. Diese Teilchen lassen sich wieder zu einem Kristall zusammenfügen.
Die Teilchen sind so winzig, dass sie auch mit dem besten Mikroskop nicht sichtbar gemacht werden können.
Solche Vorstellungen bezeichnet man als *Modell*. Modelle sind Vorstellungshilfen. Sie dienen dazu, Beobachtungen zu erklären.

3 „Kristalle" aus Legosteinen

Schon gewusst? Kristalle

Viele Materialien, die man in der Natur finden kann, sind aus Kristallen aufgebaut. ↑4 bis 7 Das gilt für Edelsteine, Salze, Eiskristalle, Schneeflocken und Metalle. Viele Kristalle haben ebene, glatte Flächen und gerade Kanten. Sie dienen daher oft als Schmuckstücke.
Für die Kristalle von Kochsalz ist die Form von Quadern oder Würfeln typisch.

1 Informiert euch arbeitsteilig in der Klasse über verschiedene Edelsteine. Erstellt gemeinsam ein Poster.

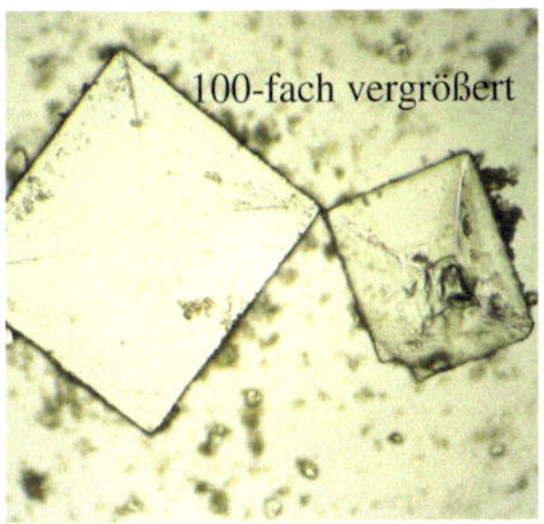

4 Salz unter dem Mikroskop

5 Zuckerkristall

6 Diamant

7 Eiskristall

Arbeitsaufträge

1 Wir untersuchen verschiedene Flüssigkeiten auf Kristallrückstände.
Untersuche z. B. Eiklar, Molke, Obst- und Fruchtsäfte, Honig, flüssigen Blumendünger, Cola und Cola light. Gehe dabei so vor, wie du es mit der Salz- und Zuckerlösung getan hast. Beschreibe deine Beobachtungen.

2 Wir züchten und mikroskopieren Kristalle.
Ihr könnt Kristalle selbst „züchten" und ihre Entstehung beobachten. Die Bildung dauert nur wenige Minuten.

a Gib eine Spatelspitze Gipspulver in ein Reagenzglas. Fülle mit so viel Wasser auf, dass das Gipspulver gut überdeckt ist. Verschließe das Reagenzglas. Beobachte 10 bis 15 Minuten lang, wie sich das Gipspulver verändert. Drehe dabei das Reagenzglas mehrmals um.

b Mikroskopiere die Gipskristalle.

Wir mikroskopieren

Pflanzliche Spuren, die am Tatort gefunden wurden, werden im Labor mikroskopisch untersucht.
Wie musst du vorgehen?

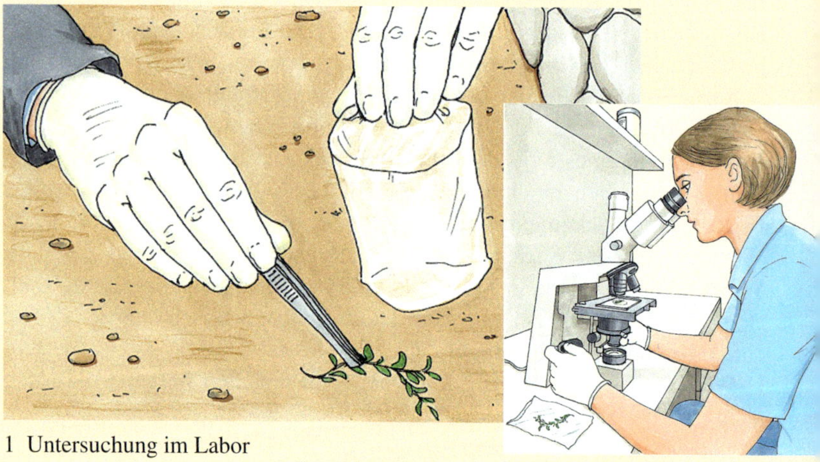

1 Untersuchung im Labor

Beobachten Untersuchen Experimentieren

1 Blattzellen der Wasserpest

Die Wasserpest ist eine Wasserpflanze, die in Nordamerika beheimatet ist. Bei uns kann man sie in Aquariengeschäften kaufen.
Ihre zarten Blättchen eignen sich sehr gut zum Mikroskopieren. ↑2

a Zupfe mit der Pinzette ein Blättchen der Wasserpest ab. Gib es in einen Wassertropfen auf den Objektträger und decke es mit einem Deckgläschen vorsichtig ab. ↑4

b Stelle zunächst bei der kleinsten Vergrößerung scharf. Vergrößere nun stärker.

c Zeichne eine einzelne Zelle bei etwa 400-facher Vergrößerung. Deute die angrenzenden Zellen an. ↑S. 16/1

d In den Zellen der Wasserpest bewegt sich das Zellplasma. Diese Plasmaströmung erkennt man daran, dass sie die Chloroplasten mitführt. Achte bei Zellen der Blattmitte in der Nähe der Blattadern auf die Chloroplasten. Beschreibe deine Beobachtung. ↑3 und 8

2 Wasserpest

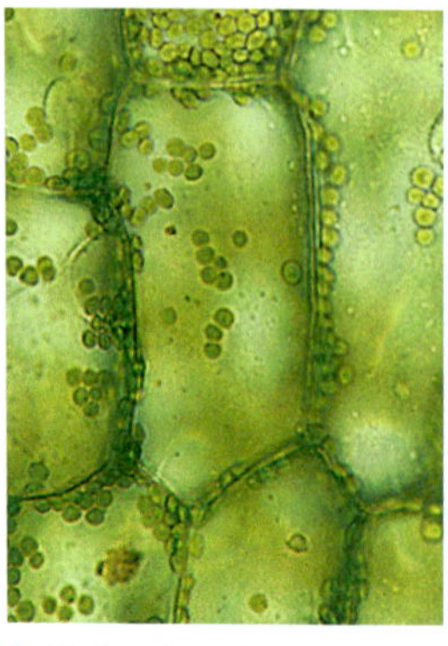

3 Zellen im Blatt der Wasserpest (100-fache Vergrößerung)

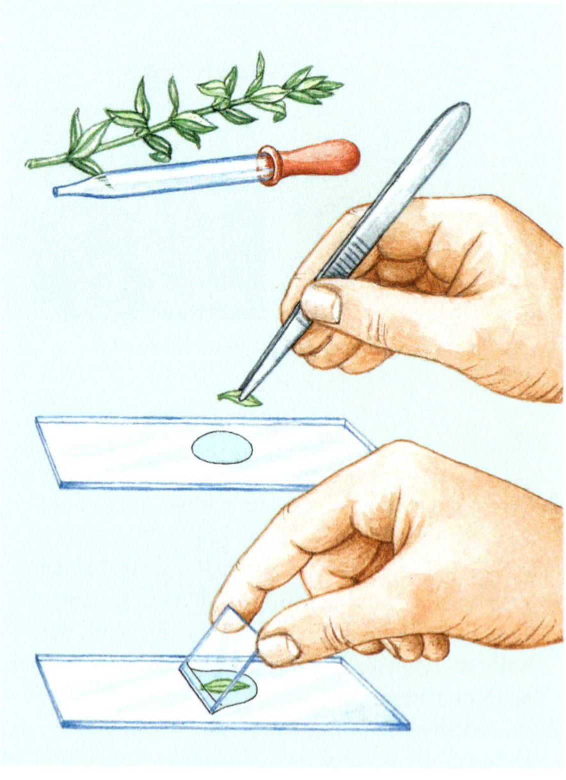

4 Herstellen eines Präparats vom Blättchen der Wasserpest

GRUNDLAGEN: Pflanzliche Zellen

Vielfalt pflanzlicher Zellen Die mikroskopische Untersuchung von Pflanzen zeigt, dass sich die einzelnen Zellen in Form, Größe und Funktion unterscheiden. Die Zellen in einem Laubblatt der Sonnenblume sehen anders aus als die aus ihrer Sprossachse oder ihrer Wurzel. Ebenso unterscheiden sich auch die Zellen verschiedener Pflanzenarten. Dennoch besitzen alle Pflanzenzellen einen typischen Grundaufbau.
Im mikroskopischen Bild erscheinen uns Zellen oft nur als Flächen, obwohl es beispielsweise kugel- oder quaderförmige Körper sind.

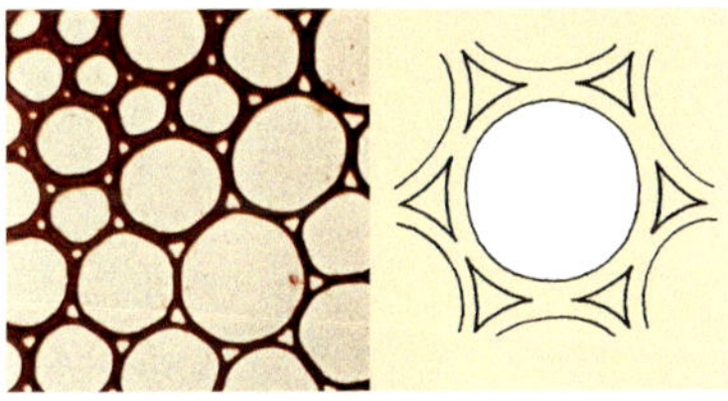

5 Kugelförmige Zellen (100-fach, z. B. Holundermark)

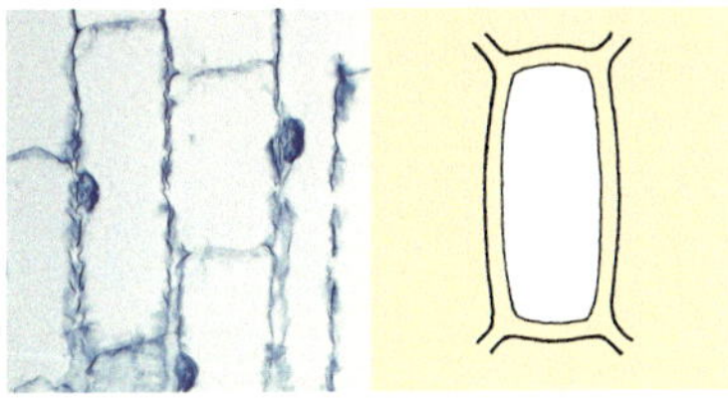

6 Quaderförmige Zellen (100-fach, z. B. Wurzel einer Zwiebel)

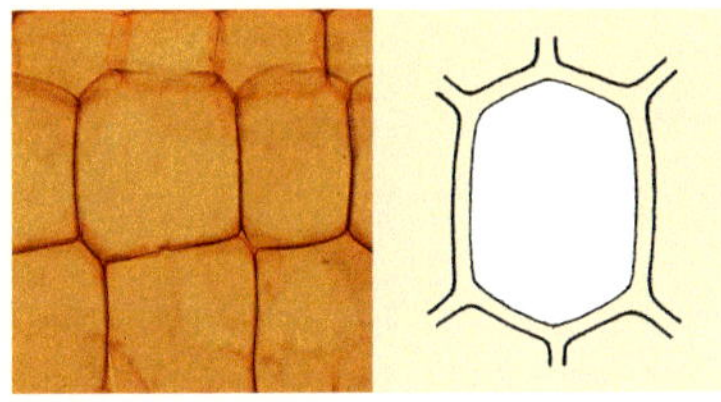

7 Quaderförmige Zellen (100-fach, z. B. Sprossachse eines Kohlrabis)

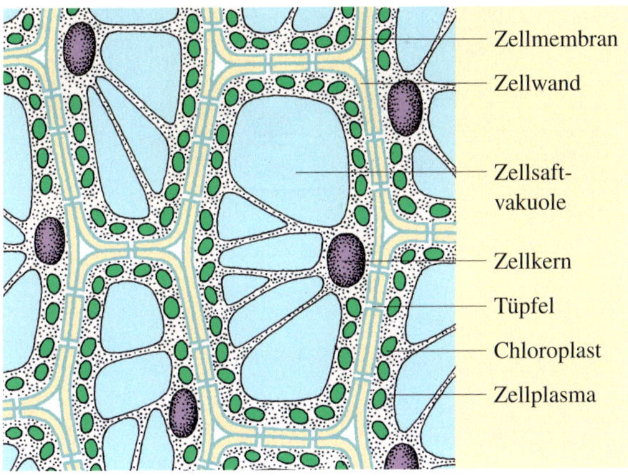

8 Bau einer Pflanzenzelle (schematisch)

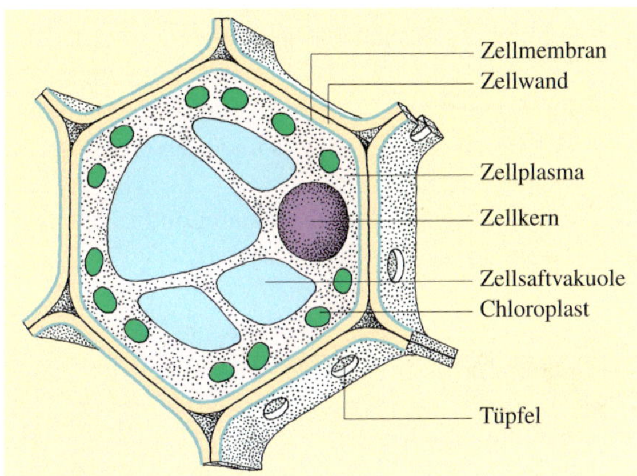

9 Räumliches Bild einer Pflanzenzelle

Bau einer Pflanzenzelle Die Zellwand umgibt die Pflanzenzelle als feste äußere Hülle. Sie besteht hauptsächlich aus Cellulose. Es können aber auch zusätzliche Stoffe wie Holzstoff oder Korkstoff eingelagert sein.
An einigen Stellen wird die Zellwand von winzigen Poren durchbrochen. Über diese Tüpfel steht das Zellplasma aneinandergrenzender Zellen untereinander in Verbindung.
An der Zellwand anliegend befindet sich die Zellmembran, die im Lichtmikroskop nicht sichtbar ist. Sie umgibt das Zellplasma, ist für Wasser und gelöste Stoffe durchlässig und ermöglicht so den Stoffaustausch zwischen benachbarten Zellen.
Das Zellplasma ist eine zähflüssige, von Körnchen durchzogene Masse. Durch ständige Bewegung transportiert es Stoffe durch die Zelle.
Im Zellplasma liegen die Zellorganellen wie Zellkern, Chloroplasten (Blattgrünkörnchen) und Vakuolen, die spezielle Aufgaben haben.
Der Zellkern enthält die Erbinformation und steuert die Lebensvorgänge der Zelle. In den Vakuolen werden Wasser und gelöste Stoffe gespeichert.

Methode

Wir fertigen eine mikroskopische Zeichnung an

Eine Zeichnung nach einem mikroskopischen Bild anzufertigen ist nicht einfach.
Du solltest dabei Folgendes beachten:

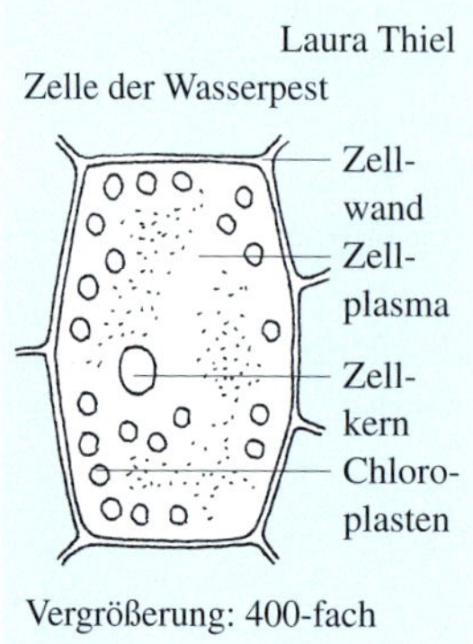

1 So könnte deine mikroskopische Zeichnung aussehen.

1 Verwende für deine mikroskopische Zeichnung weißes, unliniertes DIN-A4-Papier. Zeichne und beschrifte stets mit einem Bleistift mittlerer Stärke (2B) und drücke beim Zeichnen nicht so fest auf. Deine Zeichnung sollte nicht zu klein sein. Nutze deshalb das gesamte DIN-A4-Blatt.

2 Notiere auf dem DIN-A4-Papier im rechten oberen Rand deinen Namen, Datum, Bezeichnung des Untersuchungsobjekts und die von dir gewählte Vergrößerung.

3 Durchmustere nun dein Präparat und suche nach einem geeigneten Bildausschnitt.

4 Lege das DIN-A4-Blatt direkt neben dein Mikroskop. Halte beim Zeichnen wie beim Mikroskopieren beide Augen geöffnet. Schaue, ohne den Kopf zu drehen, abwechselnd durch das Mikroskop und auf deine Zeichnung. Zeichne nur das, was du wirklich siehst. ↑ 1, 2 und 5

5 Beschrifte alle gezeichneten Teile deines Untersuchungsobjekts.

2 So wird eine mikroskopische Zeichnung angefertigt.

Beobachten Untersuchen Experimentieren

1 Zwiebelhautzellen der Küchenzwiebel
Das Überwinterungsorgan der Küchenzwiebel nennt man Zwiebel. In den Zwiebelschuppen werden Nährstoffe gespeichert. Das Häutchen an der Innenseite einer Zwiebelschuppe eignet sich gut zur Herstellung eines Abzugspräparats.

a Schneide eine Zwiebel mit einem Messer in Viertel und löse eine Zwiebelschuppe ab. Ritze mit einer Rasierklinge in die nach innen gewölbte Seite kleine Quadrate von etwa 3 mm Seitenlänge ein. *(Achtung, eine Schneide z. B. mit Kork umgeben!)*

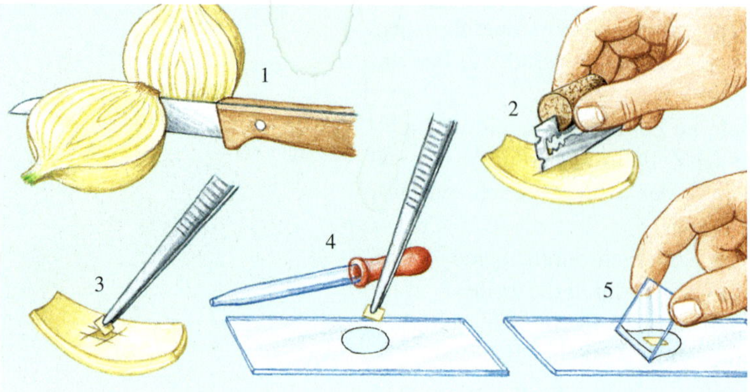

3 Herstellen eines Zwiebelhautpräparats

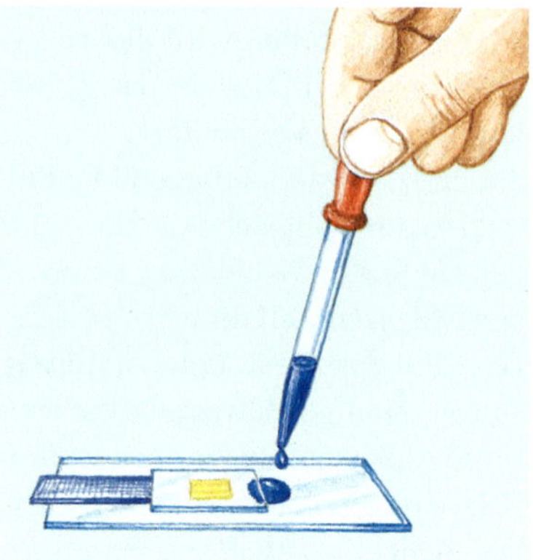

4 Anfärben der Zwiebelhaut

Löse mit einer Pinzette ein solches Zwiebelhautstückchen ab. Lege es in einen Wassertropfen auf den Objektträger, decke ab und mikroskopiere zunächst bei 50-facher Vergrößerung, dann bei stärkerer. ↑3

b Benenne die Zellbestandteile, die du erkennst.

c Zeichne einen Ausschnitt mit wenigen Zellen in dein Heft.

d Oft sind die feinen Grauabstufungen der Zellbestandteile im Lichtmikroskop auch bei guter Durchleuchtung nur schwer zu unterscheiden. Sie lassen sich aber mit Farbstoffen unterschiedlich anfärben.
Tropfe Methylenblau als Färbelösung auf einen Objektträger. Lege ein Hautstückchen der Zwiebelschuppe hinein. Setze neben das Deckglas einen Tropfen der Farblösung und sauge diese mit einem Filterpapierstreifen nach der anderen Seite durch. ↑4 Mikroskopiere.

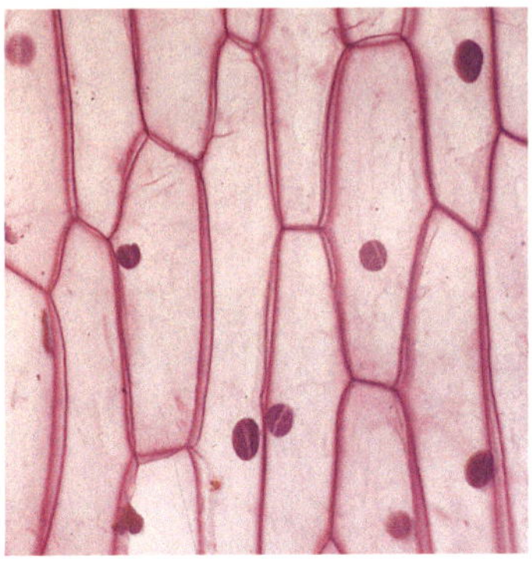

5 Angefärbte Zwiebelhautzellen (150-fache Vergrößerung)

e Vergleiche gefärbte und ungefärbte Zellen. Worin unterscheiden sie sich? ↑5

f Probiere auch andere Färbelösungen wie Iod-Kaliumiodid-Lösung, Eosin oder Neutralrot aus.

2 Wir bauen ein Zellmodell

Das mikroskopische Bild vermittelt zunächst den Eindruck, die Zellen seien flächige Gebilde. Zellen sind aber räumliche Körper. ↑S.15/5 bis 7

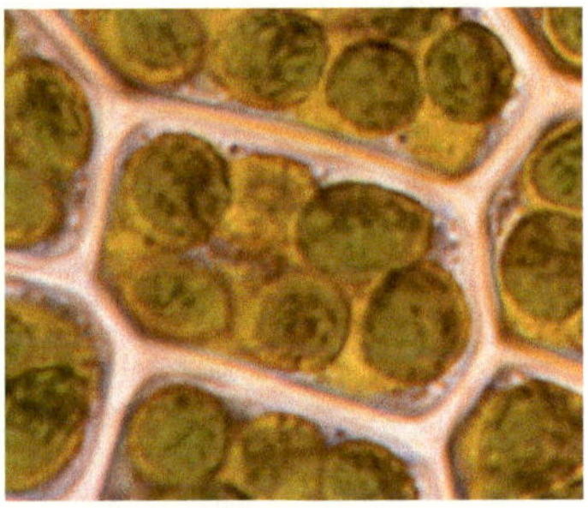

6 Zellen mit Chloroplasten

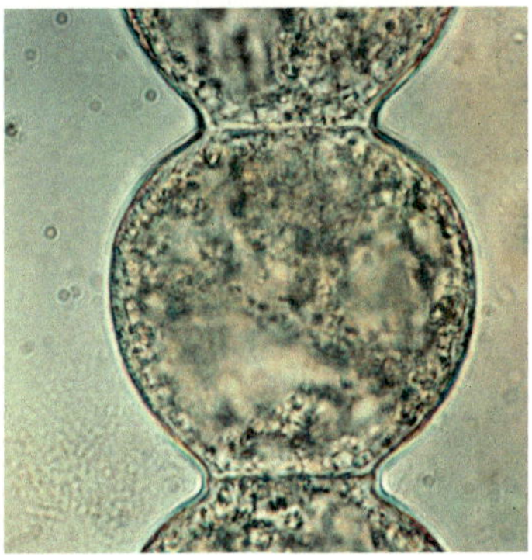

7 Zellen mit Vakuolen

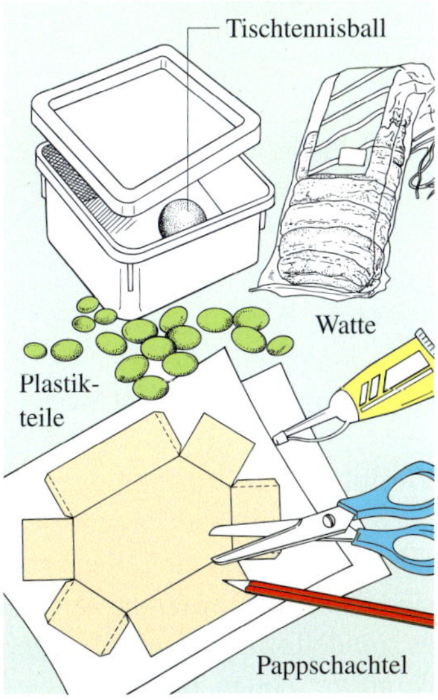

8 Mögliche Materialien für Zellmodelle

Mithilfe eines Hilfsmittels der Wissenschaft, einem Modell, kann man Objekte und Erscheinungen der Natur veranschaulichen und besser verstehen.

a Überlege, welche Teile ein Zellmodell enthalten muss. Wähle geeignetes Material aus und ordne es so an, dass es mit der Wirklichkeit übereinstimmt. ↑8
Füge dann die Teile zusammen.

b Erkläre, welche Unterschiede das Modell im Vergleich zur wirklichen Zelle aufweist.

c Was kannst du mit diesem Modell veranschaulichen?

3 Scharfeinstellung an einem Zellmodell

Beschrifte mit einem Filzstift Deckel und Bodenteil einer durchsichtigen Plastikschachtel. Als „Zellkern“ befestigst du mit Fäden in der Mitte der Schachtel eine Kugel. Lege die Schachtel nun auf den Tageslichtprojektor und projiziere das Bild an die Wand.
Bilde nacheinander durch Drehen an der Scharfeinstellung die verschiedenen Teile der „Zelle“ scharf ab.
Warum werden nie alle Bereiche einer Modellzelle gleichzeitig scharf abgebildet?

9 Modell einer Pflanzenzelle

GRUNDLAGEN: Zellen von Tier und Mensch

Schon gewusst?

Die Größe von Zellen und Zellorganellen wird in Millimetern (mm) oder Mikrometern (µm) angegeben: 1 mm = 1000 µm.

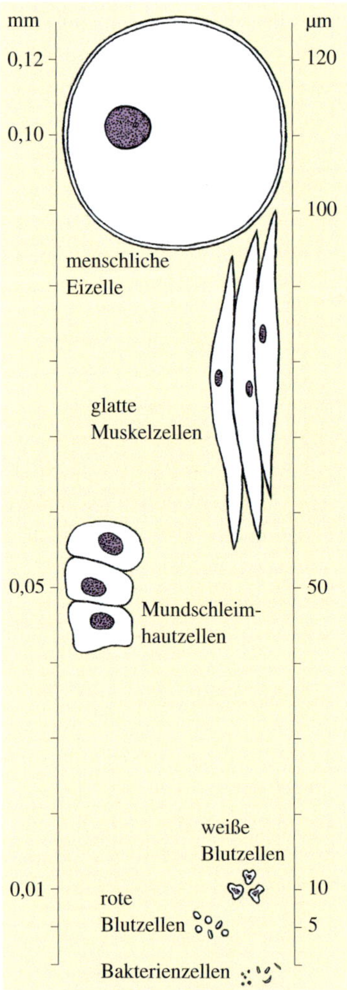

1 Zellgrößen im Vergleich

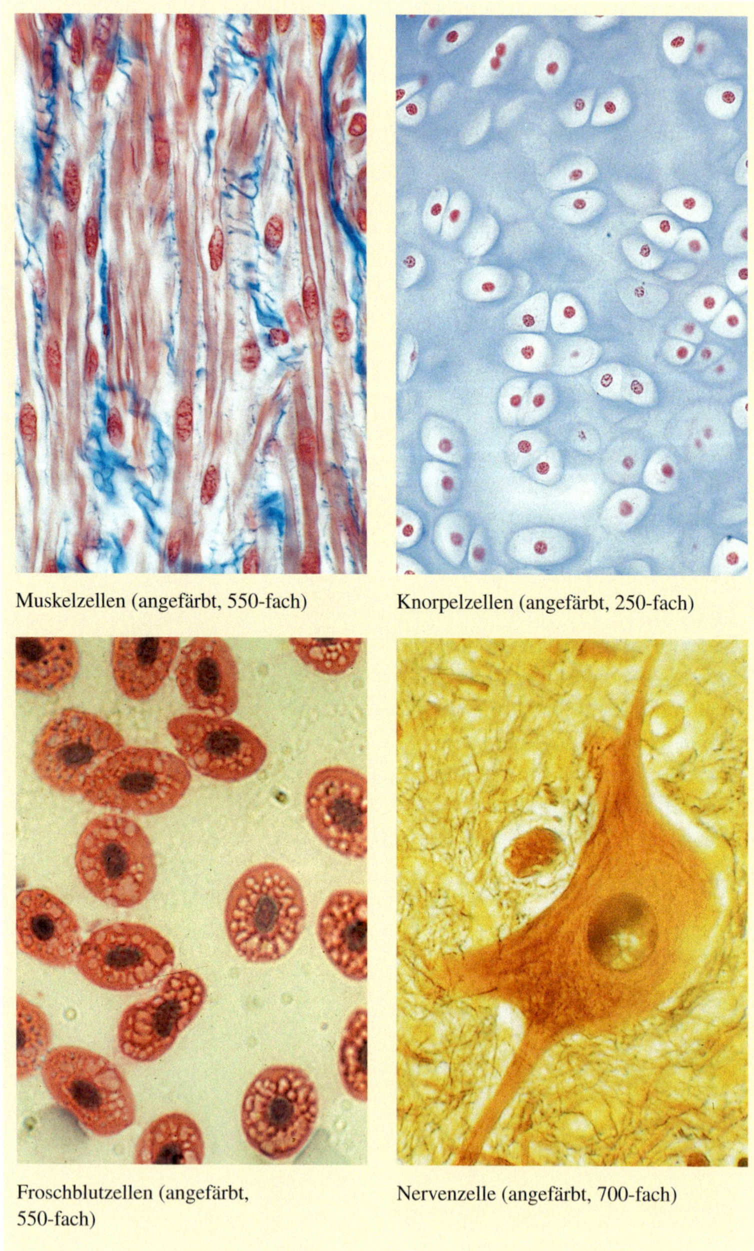

Muskelzellen (angefärbt, 550-fach)

Knorpelzellen (angefärbt, 250-fach)

Froschblutzellen (angefärbt, 550-fach)

Nervenzelle (angefärbt, 700-fach)

2 Zellformen von Tier und Mensch

Vielfalt der Zellformen bei Tier und Mensch Die Zellen eines tierischen oder menschlichen Organismus sind so uneinheitlich, dass die Unterschiede oft mehr auffallen, als gemeinsame Baumerkmale zu erkennen sind. Neben verzweigten Nervenzellen mit langen, dünnen Fortsätzen gibt es spindelförmige Muskelzellen, fast runde, bauchige Drüsenzellen, zylinderartige Zellen bei Deckgeweben, dropsförmige rote Blutzellen und vieles mehr.

Bau einer Tierzelle Die Zellen von Tieren und auch die des Menschen haben wie die Pflanzenzellen eine Zellmembran, Zellplasma und einen Zellkern. Die Zellmembran kontrolliert den Stoffaustausch mit benachbarten Zellen. Tierische Zellen haben keine Zellwand.
Das körnige Zellplasma füllt die Zelle völlig aus. Darin eingebettet liegt der Zellkern. Er enthält wie bei den Pflanzenzellen die Erbinformation und steuert die Lebensvorgänge der Zelle.
Anders als Pflanzenzellen besitzen Zellen von Tier und Mensch keine zentralen Zellsaftvakuolen. Speicherstoffe werden stattdessen in winzigen, von Membranen umschlossenen Tröpfchen im Zellplasma eingelagert. Im Gegensatz zu den Pflanzen haben tierische Zellen keine Chloroplasten.

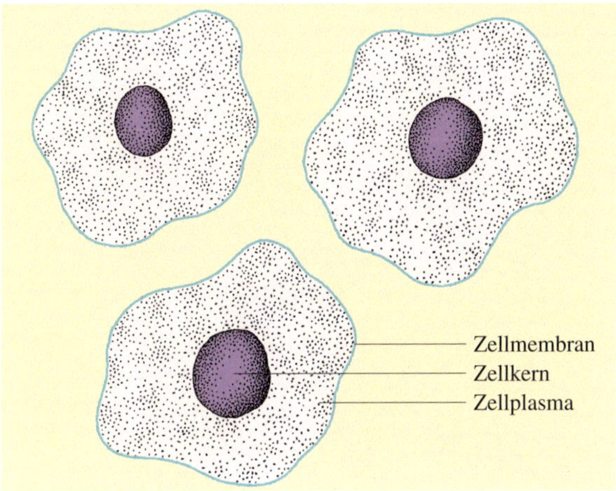

3 Bau einer Tierzelle (schematisch)

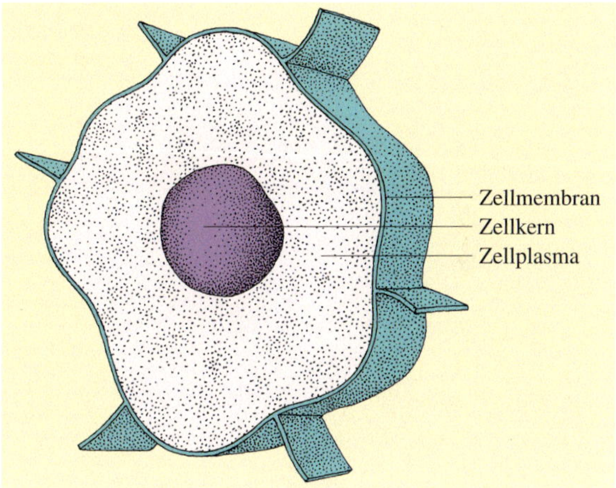

4 Räumliches Bild einer Tierzelle

Kurz und knapp **Zellen sind die Bausteine aller Lebewesen. Sie unterscheiden sich entsprechend ihrer Aufgabe in Größe und Form. Zellen von Pflanzen, Tier und Mensch sind sehr vielgestaltig.**
Pflanzenzellen bestehen aus Zellwand, Zellmembran, Zellkern, Zellplasma und Zellsaftvakuolen. Blattzellen und andere grüne Pflanzenzellen enthalten außerdem Chloroplasten.
Zellen von Tier und Mensch werden von einer Zellmembran umgrenzt. Das Zellplasma, in dem sich der Zellkern befindet, füllt den gesamten Innenraum der Zelle aus. Zellen von Tier und Mensch haben keine Zellwand, keine Chloroplasten und keine zentralen Zellsaftvakuolen.

Arbeitsaufträge

1 Vergleiche die Abbildungen der verschiedenen Zellen. ↑S. 18/2
Nutze dabei die Schrittfolge des Vergleichens.
Welche Zellorganellen kann man im Foto leicht erkennen, welche weniger gut? Begründe, warum man im mikroskopischen Bild die Umrisse von Pflanzenzellen leichter erkennen kann als die Umrisse der Zellen von Tier und Mensch.

2 Zellen sind räumliche Körper. Im Lichtmikroskop erscheinen sie aber flächig. Begründe.

Arbeitsaufträge

3 Abstrichpräparat von Zellen der Mundschleimhaut

Die Mundschleimhaut des Menschen kleidet die Mundhöhle aus und schützt die unter ihr liegenden Zellen. Die Lebensdauer der Schleimhautzellen beträgt nur wenige Tage, sodass ständig Zellen abgelöst werden, die man leicht untersuchen kann.

a Schabe mit der Kante eines Mundspatels oder eines Teelöffelstiels vorsichtig von der Innenseite deiner Wange etwas Mundschleimhaut ab und mikroskopiere. ↑2

b Vergleiche ein ungefärbtes Präparat mit einem Präparat, das du mit einer Färbelösung (z. B. Methylenblau) angefärbt hast.

c Fertige bei stärkster Vergrößerung von zwei bis drei Zellen eine mikroskopische Zeichnung an und beschrifte sie.

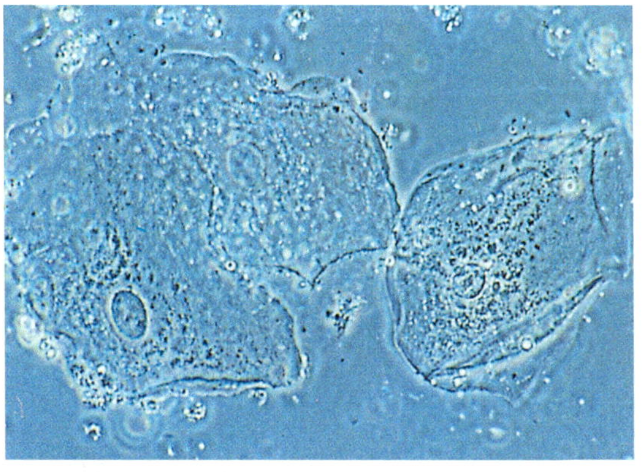

1 Angefärbte Mundschleimhautzellen (400-fache Vergrößerung)

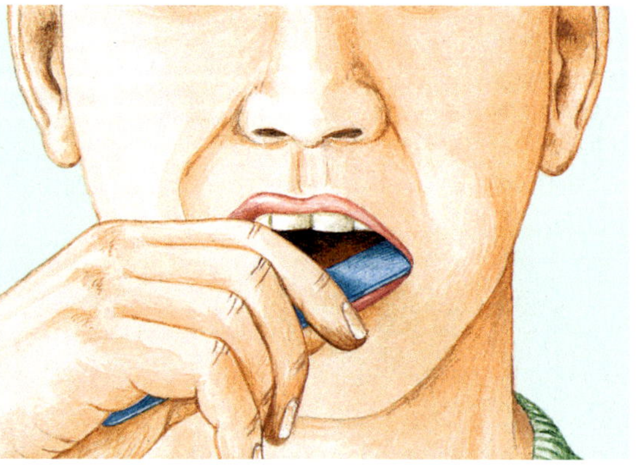

2 Ablösen der Mundschleimhautzellen

4 Vergleich von Blattzellen der Wasserpest und Zellen der Mundschleimhaut

Durch einen Vergleich der Zellen von Wasserpest und Mundschleimhaut kannst du Gemeinsamkeiten und Unterschiede von pflanzlichen Zellen und Zellen von Mensch und Tier veranschaulichen. ↑S. 14/3 und 20/1

a Vergleiche deine mikroskopische Zeichnung vom Blatt der Wasserpest mit der von den Mundschleimhautzellen.

b Trage die Ergebnisse des Vergleichs in eine Tabelle (4 Spalten) ein.

5 Zellen im Vergleich

Lege in deinem Heft eine vierspaltige Tabelle an, aus der Unterschiede und Gemeinsamkeiten der Zellen von Pflanze, Tier und Mensch hervorgehen. Trage in die vierte Spalte die Aufgaben der jeweiligen Zellorganellen ein.

Zellbestandteil	*Pflanzenzellen*	*Zellen von Tier und Mensch*	*Aufgabe der Zellorganellen*
Zellmembran	*vorhanden*	*vorhanden*	*Abgrenzung, Stoffaustausch*
Zellwand			
...			

Historisches Die Entdeckung des Mikrokosmos

microscopium
Woraus bestehen Lebewesen? Diese Frage bewegt die Naturforscher seit Jahrtausenden. Um 1600 wurde ein Instrument entwickelt, bei dem mehrere Linsen für eine starke Vergrößerung sorgten. Die mehrlupigen Geräte nannte man „Winzigseher" oder *microscopium*.

ROBERT HOOKE und die *„little boxes or cells"*
ROBERT HOOKE (1635 bis 1703), ein englischer Naturforscher, untersuchte mit einfachen mehrlinsigen Mikroskopen Pflanzenteile wie Kork oder Farnblätter. 1665 veröffentlichte er in seinem Buch „Micrographia" Zeichnungen und Beschreibungen von Zellen, die er *„little boxes or cells"* nannte. ↑7 und 8

3 ANTONY VAN LEEUWENHOEK (1632 bis 1723)

4 Mikroskop von VAN LEEUWENHOEK

LEEUWENHOEK und die Welt der kleinsten Lebewesen
Der Holländer ANTONY VAN LEEUWENHOEK (1632 bis 1723) gilt als Begründer der Mikrobiologie.
Er schliff Linsen aus Bergkristall und Diamant, die er zwischen zwei Metallplatten klemmte.
Mithilfe einer Schraube konnte er das Untersuchungsobjekt in den richtigen Abstand zur Linse bringen. Mit diesen Vergrößerungsgeräten entdeckte er *„little animals"*, Kleinstlebewesen wie Einzeller und Bakterien, aber auch Blut- und Spermienzellen.

Die Zellentheorie
Die deutschen Forscher THEODOR SCHWANN (1810 bis 1882) und MATTHIAS SCHLEIDEN (1804 bis 1881) untersuchten die mikroskopische Struktur von zahllosen Pflanzen und Tieren. Sie waren sich sicher, dass alle Lebewesen aus Zellen aufgebaut sind. Diese Erkenntnis nannten sie Zellentheorie.

5 MATTHIAS SCHLEIDEN (1804 bis 1881)

6 THEODOR SCHWANN (1810 bis 1882)

Arbeitsaufträge

1 Die Korkzellen, die HOOKE mikroskopierte, sind in Wirklichkeit etwa 0,1 mm groß. Bei 100-facher Vergrößerung erscheinen sie 10 mm lang. Berechne, wie lang und wie dick ein Streichholz bei dieser Vergrößerung wäre.

2 Nenne Unterschiede zwischen dem Mikroskop von HOOKE und einem modernen Schülermikroskop. ↑S. 10/2 und 21/8

7 Korkzellen (Zeichnung von ROBERT HOOKE, 250-fache Vergrößerung)

8 Das Mikroskop von HOOKE

Einzeller im Heuaufguss

In den verdichteten Fahrrinnen von schweren Fahrzeugen oder im Überschwemmungsland von Talauen steht das Regenwasser nach lang anhaltenden Niederschlägen oft wochenlang. ↑1 Neben dem Grasfrosch und dem Wasserläufer kann sich hier innerhalb kurzer Zeit eine Vielzahl verschiedener Tiere ansiedeln. Wie sieht es mit der Welt des Mikrokosmos aus?

1 Schnell siedelt sich Leben in tiefen Pfützen an.

Methode *Untersuchen und Entdecken – was lebt im Heuaufguss?*

In einem Heuaufguss können wasserlebende Einzeller gezüchtet werden. Bei der Untersuchung mit dem Mikroskop lassen sich verschiedene Arten feststellen und mithilfe der Abbildungen bestimmen.

1 Setze einen Heuaufguss an. Gib 1 bis 2 g Heu in ein Glasgefäß. Übergieße es mit einem Liter Leitungswasser. Gieße ein wenig Tümpelwasser dazu. Decke das Gefäß mit einer Glasplatte ab und lass es bei Zimmertemperatur stehen. Achtung! Nimm nicht mehr als 2 g Heu, da sonst Sauerstoffmangel und Fäulnis auftreten.

2 Nach etwa 2 bis 3 Tagen bildet sich an der Wasseroberfläche eine Kahmhaut. Untersuche nun den Heuaufguss alle 2 bis 3 Tage. Entnimm dazu mit einer Pipette einen Tropfen Flüssigkeit von der Oberfläche. Mikroskopiere. Vergleiche die entdeckten Einzeller mit den Abbildungen. Trage die gefundenen Arten in ein Protokoll ein. Unterscheide dabei nach: selten vorhanden, mehrere vorhanden, in Massen vorhanden. ↑5 bis 8

Datum	*Aussehen des Heuaufgusses*	*Vorkommende Tiere*	*Häufigkeit*

3 Beschreibe auch das Aussehen des Heuaufgusses. Werte deine Untersuchungen nach etwa 4 Wochen aus. Überlege:
Warum können sich in einem Heuaufguss Kleinstlebewesen ansiedeln?
Wovon leben sie?
In welcher Reihenfolge treten sie gehäuft auf?

2 Ansetzen eines Heuaufgusses (Versuchsbeginn)

3 Frisch hergestellter Heuaufguss

4 Entnehmen einer Probe des Heuaufgusses

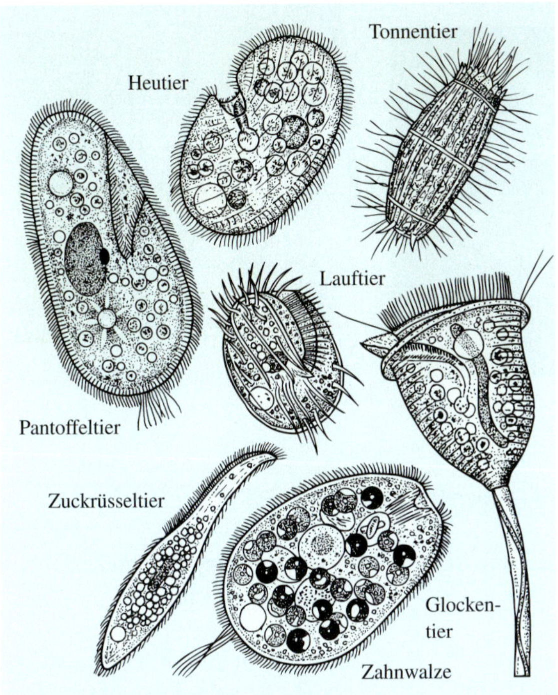

5 Wimpertiere (500-fach)
Ihr Körper ist von zahlreichen Wimpern bedeckt. Bei manchen Arten sind die Wimpern zu Schreitborsten verschmolzen. Andere Wimpertiere sitzen am Untergrund fest und bilden Kolonien.

4 Die Säulendiagramme zeigen das Ergebnis einer Untersuchung über einen Zeitraum von 45 Tagen. Die Höhe der Säulen lässt erkennen, zu welcher Zeit welche Tiere ihre Höchstanzahl erreicht haben. Über die tatsächliche Anzahl gibt die Grafik keine Auskunft. Dazu müsste man die Tiere auszählen.
Formuliere das Versuchsergebnis in deinem Heft. ↑9
Erkläre, warum die verschiedenen Kleinstlebewesen nicht gleichzeitig auftreten können. Warum sind die einzelnen Arten zu verschiedenen Zeiten unterschiedlich häufig?
Schreibe anhand des Versuchs einige Nahrungsketten auf, die sich im Heuaufguss ergeben.

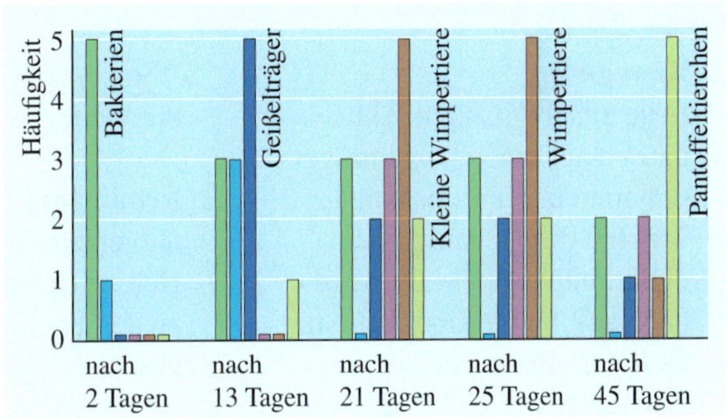

9 Anzahl der in einem Heuaufguss vorkommenden Tiere

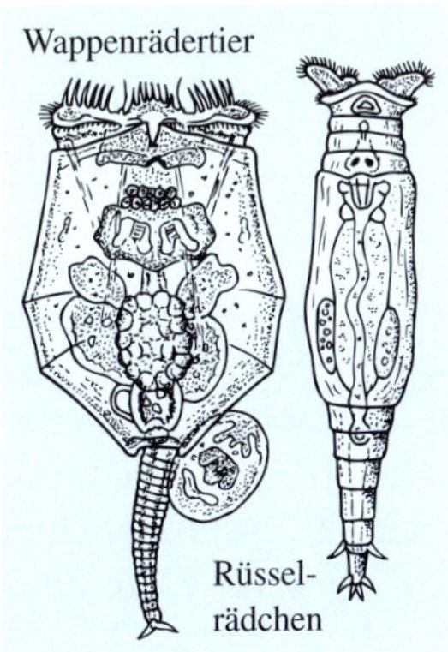

6 Rädertiere (250-fach)
Rädertiere sind kleine Vielzeller. Am Kopf sitzt das Räderorgan aus kreisförmig angeordneten Wimpern. Sie strudeln Nahrung, beispielsweise Bakterien und kleine Wimpertiere, herbei. Ein einzelnes Rädertier kann aus bis zu 1000 Zellen bestehen.

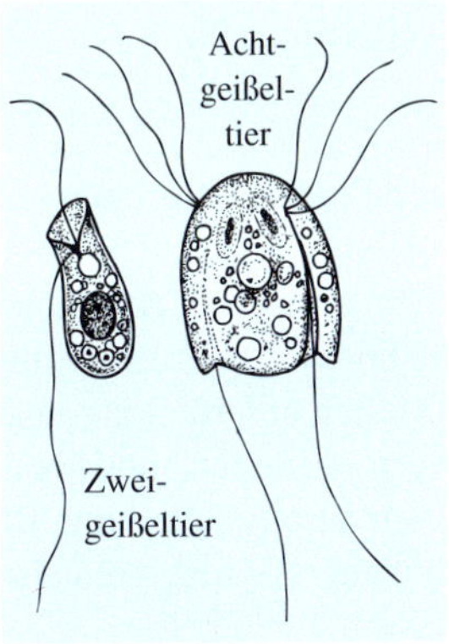

7 Geißelträger (800-fach)
Sie bewegen sich durch den propellerartigen Schlag ihrer Geißeln vorwärts.
Viele Arten können Zysten bilden und darin ungünstige Lebensbedingungen überdauern.

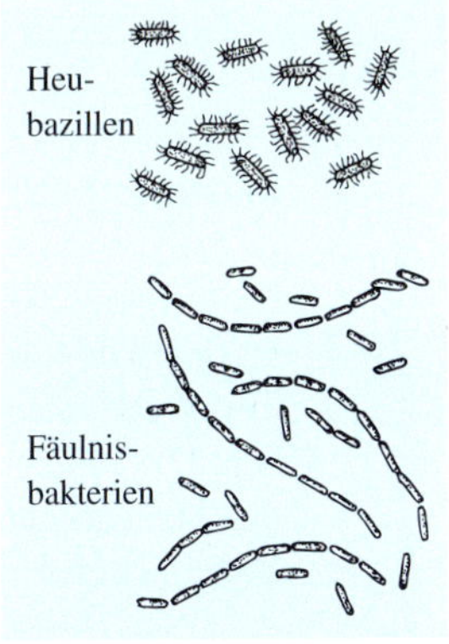

8 Bakterien (2000-fach)
Bakterien sind einzellige Lebewesen ohne abgegrenzten Zellkern.
Typisch für den Heuaufguss sind stäbchenförmige Heubazillen, die oft zu kurzen Ketten zusammenhängen.

5 Denke dir eine Versuchsreihe aus, mit der du nachweisen kannst, wo die Lebewesen im Heuaufguss herkommen.

So klein und doch lebendig

Das Pantoffeltierchen (Paramecium) ist ein Einzeller. Es besteht nur aus einer einzigen Zelle und lebt in stehenden Gewässern.
Pantoffeltierchen und Menschen sind beide Lebewesen. Woran erkennt man Lebewesen?

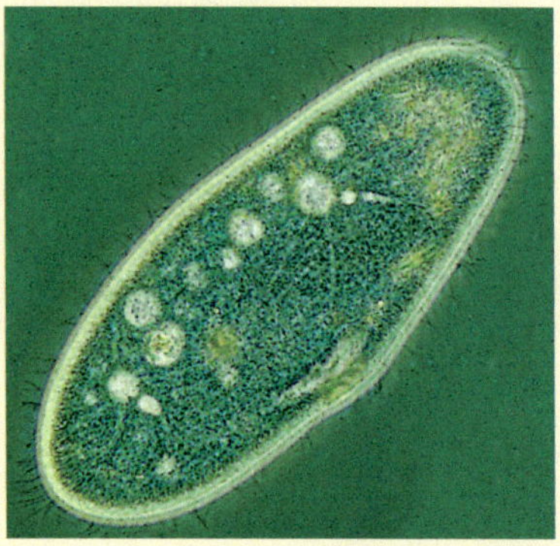

1

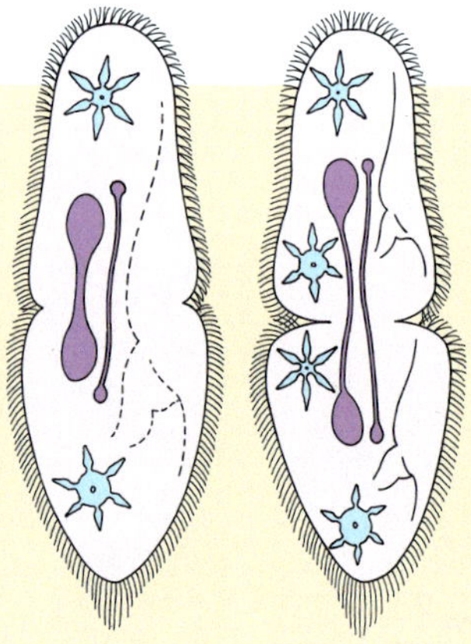

2 Vermehrung durch Teilung

Beobachten Untersuchen Experimentieren

1 Bewegung
Lege einen winzigen Wattebausch auf einen Objektträger. Gib mit einer Pipette einen Tropfen des Heuaufgusses darauf und lege ein Deckgläschen auf. Suche eine Stelle mit mehreren Pantoffeltierchen. Betrachte sie mit der größten Vergrößerung.
Beschreibe ihre Bewegungen. Welche Aufgabe haben die Wimpern? Welche Funktion hat die Watte?

2 Ernährung
Gib einen Tropfen gefärbte Hefezellen (oder Tusche) zu den Pantoffeltierchen. Was geschieht mit den Hefezellen?

3 Vermehrung
Mit viel Geduld und etwas Glück siehst du vielleicht auch, wie sich Pantoffeltierchen vermehren. Beschreibe!

4 Reaktion auf äußere Reize
Gib neben das Deckgläschen einen Tropfen angefärbten Zitronensaft.
Beobachte und beschreibe die Reaktion der Pantoffeltierchen auf die Essigsäure.

GRUNDLAGEN: Auch Pantoffeltierchen sind Lebewesen

Pantoffeltierchen zeigen typische Kennzeichen von Lebewesen: Man sieht sie durch das Gesichtsfeld des Mikroskops huschen. Sie bewegen sich also fort. Wenn man Hefezellen anfärbt, kann man die Nahrungsaufnahme sehen. Die Zellen werden gefressen (und Reste ausgeschieden). Pantoffeltierchen vermehren sich durch Zellteilung. Bringt man Zitronensaft in ihre Nähe, nehmen sie Reißaus. Sie reagieren also auf Reize in ihrer Umwelt.

Kurz und knapp **Kennzeichen von Lebewesen sind Bewegung, Ernährung, Vermehrung und Reaktion auf Reize.**

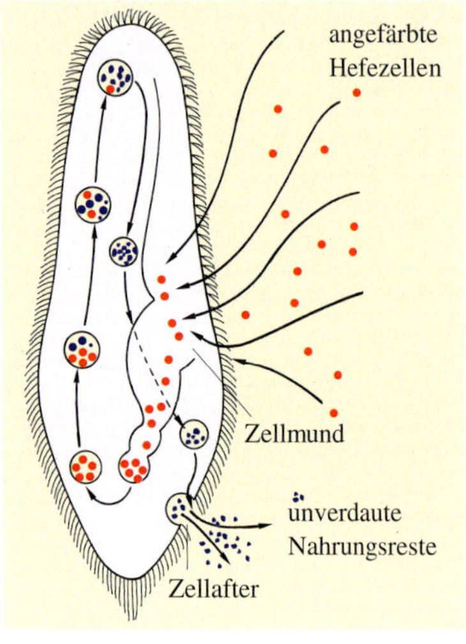

3 Aufnahme von Nahrung

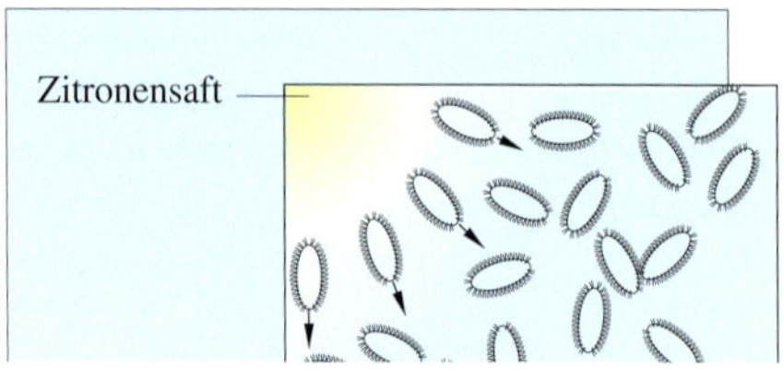

4 Reaktion auf Zitronensaft

Schon gewusst? Nützliche Kleinstlebewesen

Schon seit Jahrtausenden nutzt der Mensch Milchsäurebakterien zur Herstellung von Nahrungsmitteln. Saure Sahne, Buttermilch, Quark

5 Nahrungsmittel, die es ohne Bakterien nicht gäbe

und Kefir stehen regelmäßig auf unserem Seiseplan. Milchsäurebakterien wirken auch im Sauerteig, aus dem dunkles Brot gebacken wird. Sauerkraut und Silofutter für die Tierhaltung wird mithilfe von diesen Bakterien gewonnen.

Hefepilze sind einzellige Lebewesen. Sie ernähren sich vor allem von zuckerhaltigen Stoffen. Wir verwenden sie zum Backen, zum Brauen von Bier und zur Herstellung von Wein.

Tote Tiere und Pflanzen oder Reste wie Laub, Früchte, Fleisch, Knochen und Kot werden von Bakterien und anderen Lebesewesen zersetzt. Sie sind daher wichtig für die Stoffkreisläufe in der Natur. Auch in Klärwerken sind Bakterien an der Reinigung der Abwässer beteiligt.

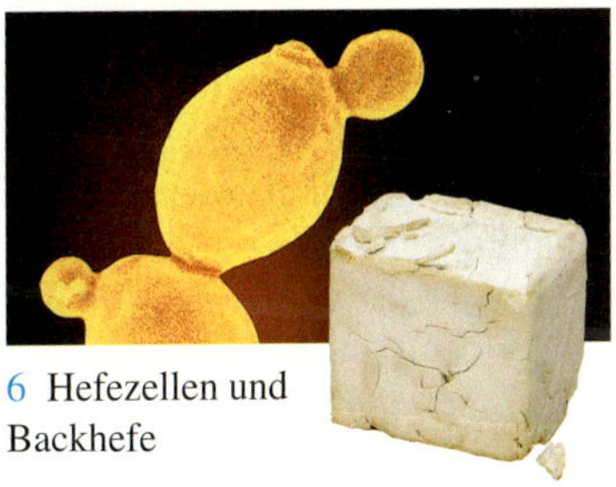

6 Hefezellen und Backhefe

Schon gewusst? Gefährliche Kleinstlebewesen

Bakterien können Nahrungsmittel befallen und sich dort sehr schnell vermehren. Sie zersetzen die Lebensmittel und erzeugen dabei oft Giftstoffe. So werden immer wieder Lebensmittelvergiftungen ausgelöst. Anzeichen für diese Vergiftungen sind Brechdurchfall, Fieber und Kreislaufbeschwerden. Zu diesen Bakterien gehören auch die Salmonellen.

Auch das äußerst gefährliche, tödlich wirkende Gift Botulin wird von einer Bakterienart beim Zersetzen von Nahrungsmitteln erzeugt.

Bestimmte Bakterien erregen Krankeiten wie Tetanus (Wundstarrkrampf), Tuberkulose und Diphtherie.

7 Durch Bakterien verdorbene Lebensmittel

Zum Schutz vor Bakterien sind einfache Maßnahmen wirkungsvoll. Dazu gehört das Händewaschen vor dem Essen und nach dem Toilettenbesuch.

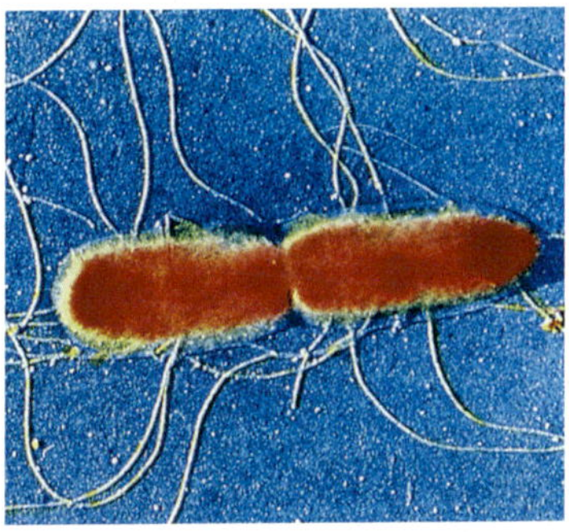

8 Bakterienzelle (Salmonelle) mit zahlreichen Geißeln

Arbeitsaufträge

1 Besorge dir ein Backrezept für Hefekuchen und probiere es aus. Berichte darüber.

2 Jogurt kannst du selbst zubereiten. Du brauchst 1 Liter H-Milch, 1 Becher Naturjogurt, mehrere Trinkgläser oder leere Jogurtbecher und 1 Löffel, Haushaltsfolie.
Wasche die Gläser und den Löffel mit heißem Wasser.
Erwärme die Milch auf etwa 40 °C und verteile sie auf die Gefäße. Gib dann jeweils einen Teelöffel Naturjogurt dazu und decke die Gefäße mit Folie ab. Stelle sie für 6 bis 9 Stunden an einen warmen Ort (z. B. Heizung).

Das Wechseltier Amöbe – ein tierischer Einzeller

Die Amöbe gehört mit zu den kleinsten Lebewesen, den Mikroorganismen. Ihr Körper besteht nur aus einer einzigen Zelle. Die Amöbe ist ein Einzeller und bei einer Größe von etwa 0,5 mm mit bloßem Auge gerade noch erkennbar. Im Vergleich zu anderen Einzellern ist sie allerdings riesig groß.
Die meisten Amöbenarten leben im Schlamm, auf Pflanzen oder Steinen in stehenden Gewässern. Nur wenige Arten können im freien Wasser schwimmen.
Warum wird die Amöbe als tierischer Einzeller bezeichnet?

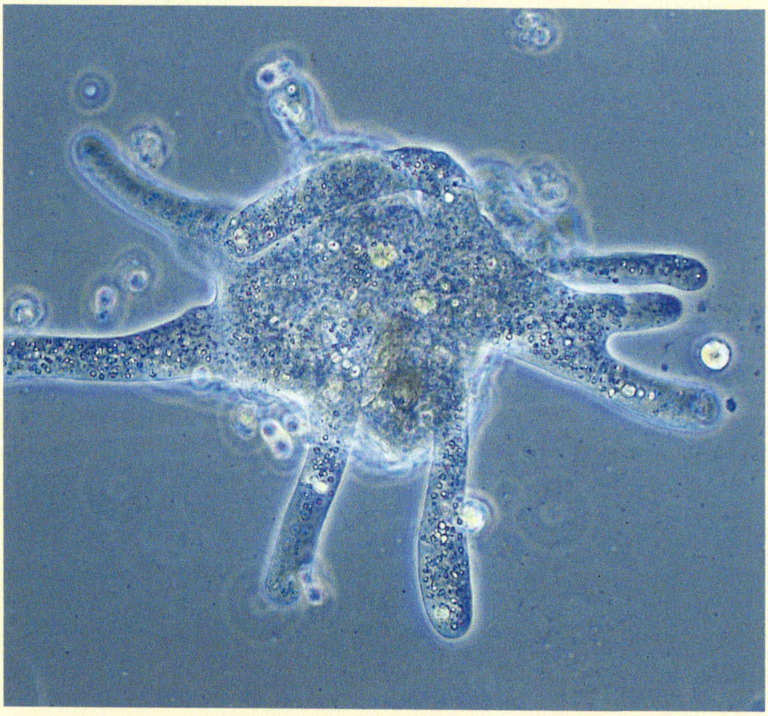

1 Mikrofoto einer Amöbe (150-fache Vergrößerung)

Beobachten Untersuchen Experimentieren

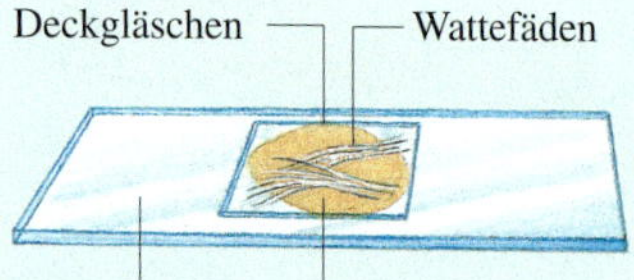

2 Reaktion der Amöben auf Hindernisse

1 Reaktion der Amöben auf Hindernisse

Lege ein kleines zerzupftes Stückchen Watte auf einen Objektträger. Gib mit einer Pipette einen Tropfen des Heuaufgusses dazu und lege ein Deckgläschen auf. Mikroskopiere bei mittlerer Vergrößerung. Wenn du im Heuaufguss kriechende Amöben entdeckt hast, beobachte zunächst die Fortbewegung einer Amöbe im freien Wasser. Versuche die Art der Fortbewegung zu zeichnen.
Beobachte und beschreibe dann das Verhalten der Amöbe, wenn sie auf die Wattefäden trifft. ↑2

GRUNDLAGEN: Die Amöbe – eine Zelle – ein Lebewesen

Mithilfe des Mikroskops sieht man die Amöbe zunächst nur als kugeliges Schleimklümpchen. ↑3 Nach einigen Minuten schieben sich wurzelförmige Scheinfüßchen, Pseudopodien genannt, vor. Bei jeder kleinsten Erschütterung werden sie wieder eingezogen und an anderer Stelle erscheinen danach neue Scheinfüßchen. Die Zellmembran wölbt sich hier vor, das Zellplasma strömt nach. Unter der Zellmembran liegt das klare, dickflüssige Außenplasma.

Das Zellplasma im Innern der Zelle, das Innenplasma, ist trübe und dünnflüssig. Hier liegen auch der Zellkern, die pulsierende Vakuole und zahlreiche Körnchen und Tröpfchen. Berühren die Scheinfüßchen ein Hindernis, werden sie entweder zurückgezogen oder die Amöbe umfließt das Hindernis.
Da die Amöbe ständig ihre Gestalt ändert, bezeichnet man sie auch als Wechseltier.

Kurz und knapp **Amöben sind Einzeller ohne feste Gestalt. Mit Scheinfüßchen bewegen sie sich vorwärts und nehmen Nahrung auf. Alle Lebensfunktionen wie Stoffwechsel, Wachstum, Fortpflanzung und Reizbarkeit werden von dieser einen Zelle ausgeführt.**

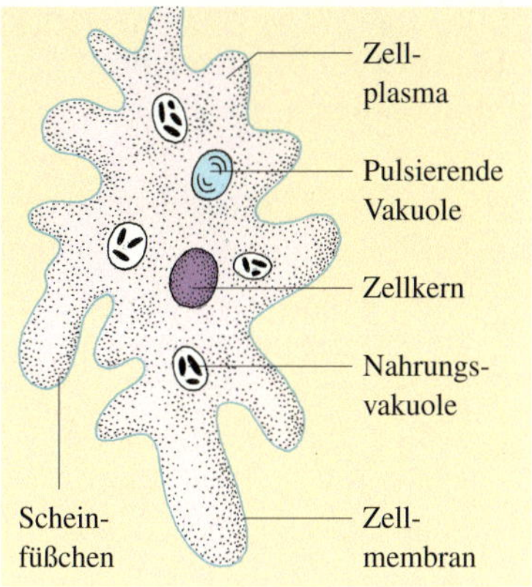

3 Bau einer Amöbe (schematisch)

Arbeitsaufträge

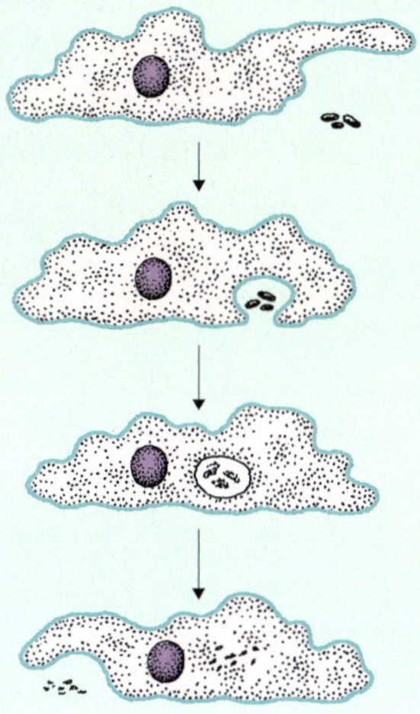

A Die unverdaulichen Reste werden von den Nahrungsvakuolen über die Zellmembran nach außen abgegeben.
B Es entstehen von einer Zellmembran umgebene Nahrungsvakuolen, in denen die Nahrung verdaut wird.
C Amöben ernähren sich von anderen Einzellern, kleinen Algen und Pflanzenresten, die sie mit ihren Scheinfüßchen umfließen und wie in einer kleinen Höhle einschließen.
D Die Nährstoffe gelangen in das Zellplasma.

4 Nahrungsaufnahme und Ausscheidung von unverdaulichen Resten

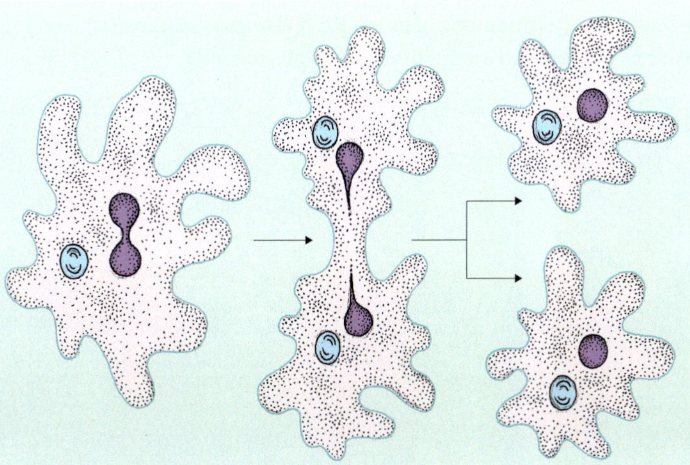

5 Ungeschlechtliche Fortpflanzung einer Amöbe

1 Einzeller gehören zu den Mikroorganismen. Welche Lebensfunktionen muss ihr einzelliger Körper ausführen?
Stelle in einer Tabelle die verschiedenen Zellorganellen und ihre Aufgaben zusammen. ↑3

2 Betrachte die Abbildung zur Ernährung einer Amöbe. ↑4
Ordne die Teilabbildungen den nebenstehenden Beschreibungen A bis D zu.

3 Amöben vermehren sich durch Teilung der Zelle. Aus einer Mutterzelle entstehen zwei Tochteramöben, die bald zur Größe einer Mutterzelle heranwachsen und sich wiederum teilen können. ↑5 Begründe, warum sich Amöben auf diese Weise fortpflanzen können.
Muss die Amöbe in einem bestimmten Alter sterben?
Denke nach und begründe deine Antwort.

4 Die Amöbe ist an ihre Lebensweise hervorragend angepasst. Sie ist als Einzeller ebenso überlebensfähig wie ein Fisch in seiner Umwelt.
Begründe diese Aussage.

Überblick

Regeln zum Benutzen des Mikroskops:

- Trage das Mikroskop nur am Griff und trage es aufrecht.
- Fahre den Objekttisch vor dem Auflegen des Objekts ganz nach unten.
- Nähere das Objekt dem Objektiv. Blicke dabei von der Seite und stelle sicher, dass sie nicht aufeinanderstoßen.
- Beginne das Mikroskopieren mit dem kleinsten Objektiv.
- Achte darauf, dass du die Linsen nicht berührst. Sie dürfen nur mit einem weichen Tuch gereinigt werden.

1 Mikroskopieren

Vergrößern mit Linsen

Mikroskope sind aus einem Linsensystem von jeweils zwei Lupen aufgebaut. Durch das Objektiv wird ein umgekehrtes Bild erzeugt, das durch das Okular vergrößert wird.
Das Mikroskop erlaubt eine starke Vergrößerung kleiner Objekte.
Es wird oft zur Untersuchung des Aufbaus von Pflanzen und Tieren verwendet.

Das mikroskopische Präparat

Bei der Anfertigung eines mikroskopischen Präparats muss das Objekt so dünn sein, dass es genügend Licht durchlässt. Das Objekt wird dabei zwischen Objektträger und Deckglas in Wasser eingeschlossen.
Wenn das Objekt zu wenig Farbstoffe enthält oder zu kontrastarm ist, kann man es anfärben.

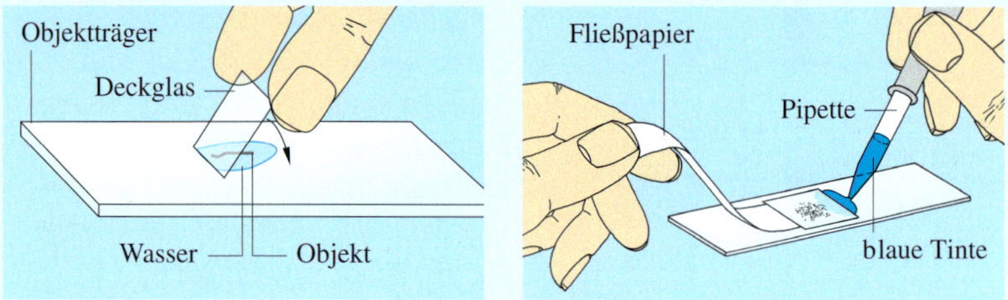

2 Erstellen und Anfärben eines mikroskopischen Präparats

Zellen von Pflanzen, Tier und Mensch

Zellen sind die Grundbausteine der Lebewesen. Alle Zellen besitzen eine Zellhaut (Zellmembran), einen Zellkern und Zellplasma. Nur Pflanzenzellen weisen Zellwände und Chloroplasten auf.

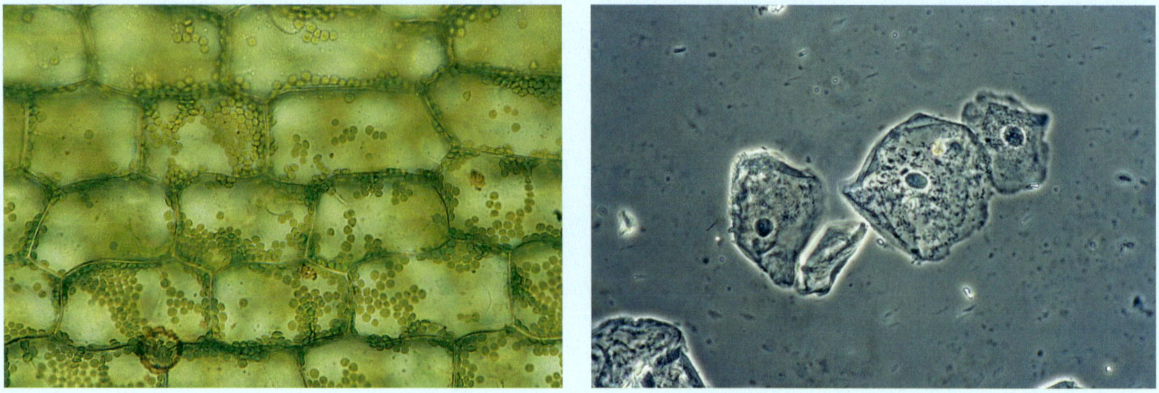

3 Zellen der Wasserpest (links) und der Mundschleimhaut (rechts)

Wie groß ist eine Zelle?
Zellen sind sehr klein. Man benötigt ein Mikroskop, um sie zu sehen. Selbst eine Stecknadelspitze ist wesentlich größer als eine Zelle.
Nebeneinandergelegt passen hundert bis tausend Zellen auf 1 mm. In den Bildern ist die Zelle so groß wie ein Marienkäfer. Bei der gleichen Vergrößerung wäre ein Ziegelstein so groß wie ein hoher Kirchturm.

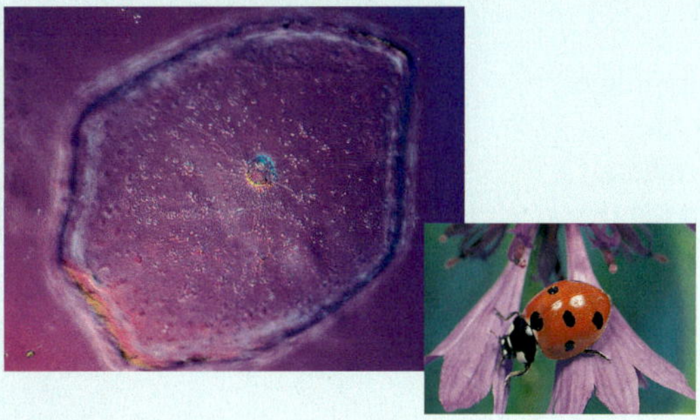
5 Zelle und Marienkäfer

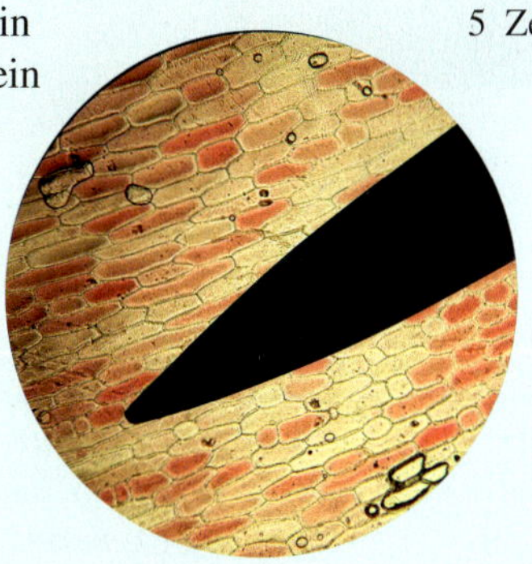
4 Zellen der Zwiebelhaut mit Stecknadelspitze

6 Ziegelstein und Dom

Alles klar?

1 Das Mikroskop ist ein empfindliches Untersuchungsgerät. Beurteile den Umgang der Schüler mit dem Mikroskop. ↑6 Warum musst du das Mikroskop beim Transport am Griff tragen?

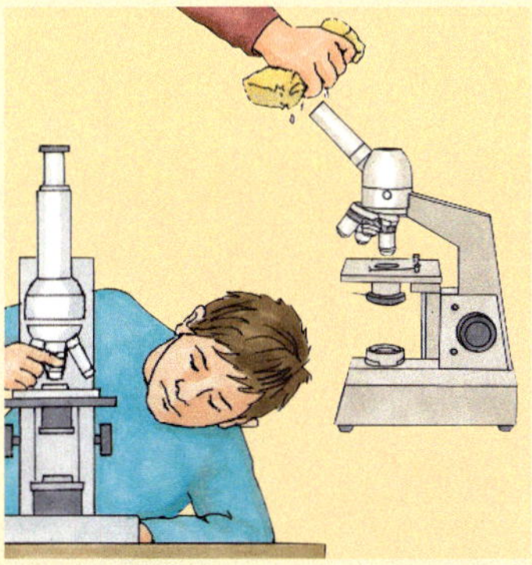
6 Sachgemäßer Umgang?

2 Ein Schulmikroskop hat unterschiedliche Linsensysteme:
Okulare: 5- und 15-fach
Objektive: 10-, 20-, 40-fach
Lege eine Tabelle an und trage alle möglichen Vergrößerungsstufen ein.

3 Die Zeichnung einer Mundschleimhautzelle wurde bei 400-facher Vergrößerung und mit der Verwendung eines Okulars mit 10-facher Vergrößerung angefertigt. Welches Objektiv wurde verwendet?

4 Die menschliche Eizelle hat einen Durchmesser von 0,1 mm. Wie viele Zellen dieser Größe müssen aufeinandergelegt werden, um deine Körpergröße zu erreichen? ↑7

5 Vergleiche eine Pflanzenzelle mit einer Tierzelle und halte die Unterschiede in einer Tabelle fest. ↑8

6 Vergleiche eine Amöbe mit einem Pantoffeltier. Stelle die Ergebnisse in einer Tabelle gegenüber.

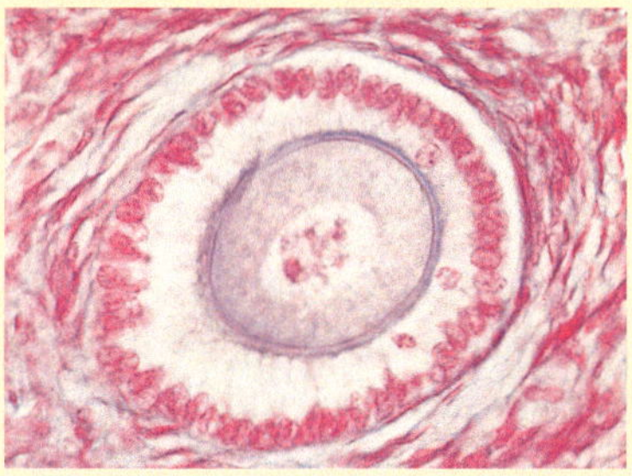
7 Eizelle

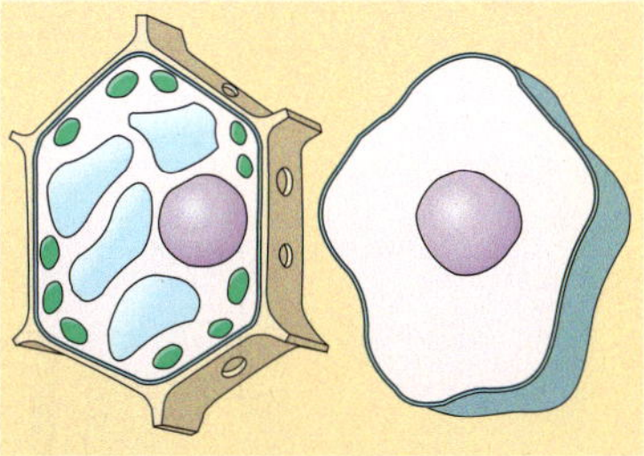
8 Pflanzen- und Tierzelle

Vom Mikroskop zum Fernrohr

Ein Kaktusstachel im Finger? Doch mit bloßem Auge erkennst du ihn nicht richtig. ↑1 Was kannst du tun, um ihn besser zu sehen?

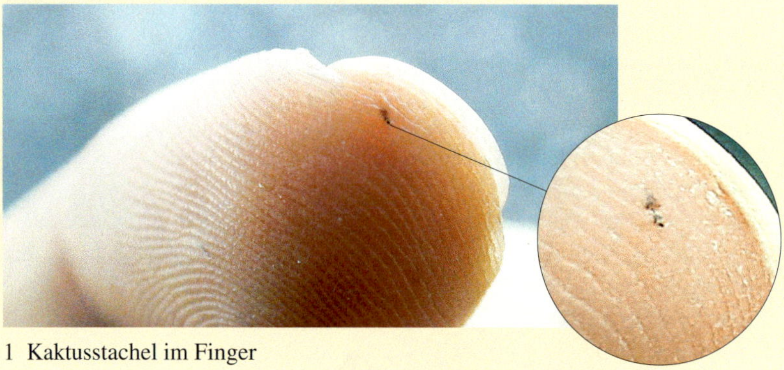

1 Kaktusstachel im Finger

Beobachten Untersuchen Experimentieren

1 Wir bauen eine Wasserlupe
Material: 1 Lochstreifen eines Schnellhefters, 1 Jogurtbecher, 1 Gummi.
Durchführung: Befestige den Lochstreifen an einem Jogurtbecher und biege ihn über den Becherboden. Halte den Streifen in einen Wasserstrahl, bis sich ein Tropfen im Loch verfängt. Nun hast du eine Wasserlupe. ↑2
Lege deinen gut beleuchteten Finger darunter und betrachte deine Fingerkuppe.
Schau dir die Form der Wasserlupe von der Seite an. Fertige eine Skizze an.
Lege ein Haar auf Millimeterpapier. Betrachte es mit deiner Lupe und schätze die Dicke.
Versuche mit mehr oder weniger Wasser die Stärke des Tropfens zu verändern. Welche Wirkung hat das auf die Vergrößerung?

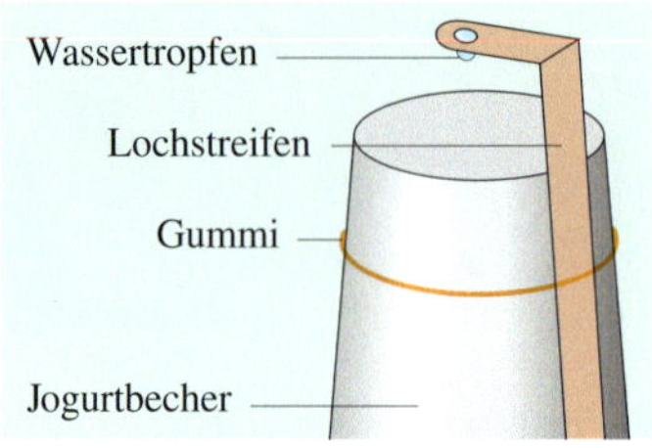

2 Wasserlupe

2 Wir bauen ein Mikroskop
Material: 2 unterschiedliche Sammellinsen, 1 Transparentschirm, 1 Taschenlampe, Stativmaterial.
Durchführung: Bringe die Linse mit der stärkeren Wölbung unten am Stativstab an. Als Objekt verwendest du z. B. dünnes Papier. Durchleuchte es von unten mit der Taschenlampe. Entferne die Lupe so weit vom Objekt, bis – beim Blick von oben – das Objekt auf dem Kopf steht. Befestige nun den Schirm und bilde scharf ab. ↑3
Bringe die zweite Linse so hinter dem Schirm an, dass du das Bild scharf siehst. Nimm den Schirm heraus.

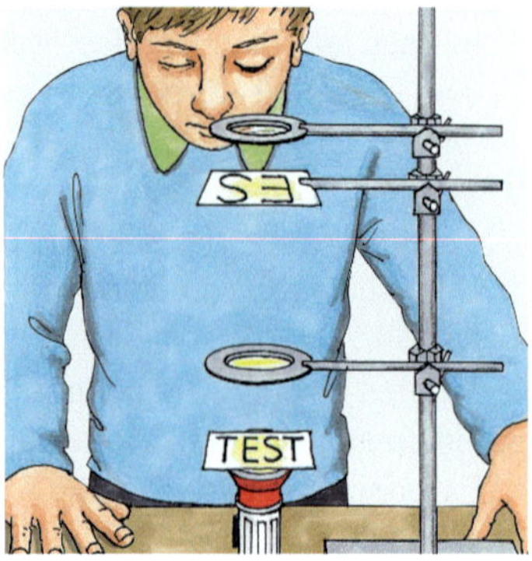

3 Lupenmikroskop

Bewege dein Auge zu dem hellen Scheibchen, das du hinter dem Okular siehst.

3 Wir bauen ein Fernrohr
Material: 2 unterschiedliche Sammellinsen, 1 Transparentschirm, Stativmaterial.
Durchführung: Befestige die Linse mit der geringeren Wölbung am vorderen Ende und den Schirm etwa in der Mitte des Stativstabs. Richte dein Gerät nun auf das Fenster. Wenn du den Schirm verschiebst, erhältst du ein umgekehrtes, scharfes Bild. Montiere die zweite Linse so hinter dem Schirm, dass du das scharfe Bild auf dem Schirm vergrößert siehst.
Nimm jetzt den Schirm heraus und blicke durch beide Linsen auf das Fenster. ↑4

4 Lupenfernrohr

GRUNDLAGEN: Lupen

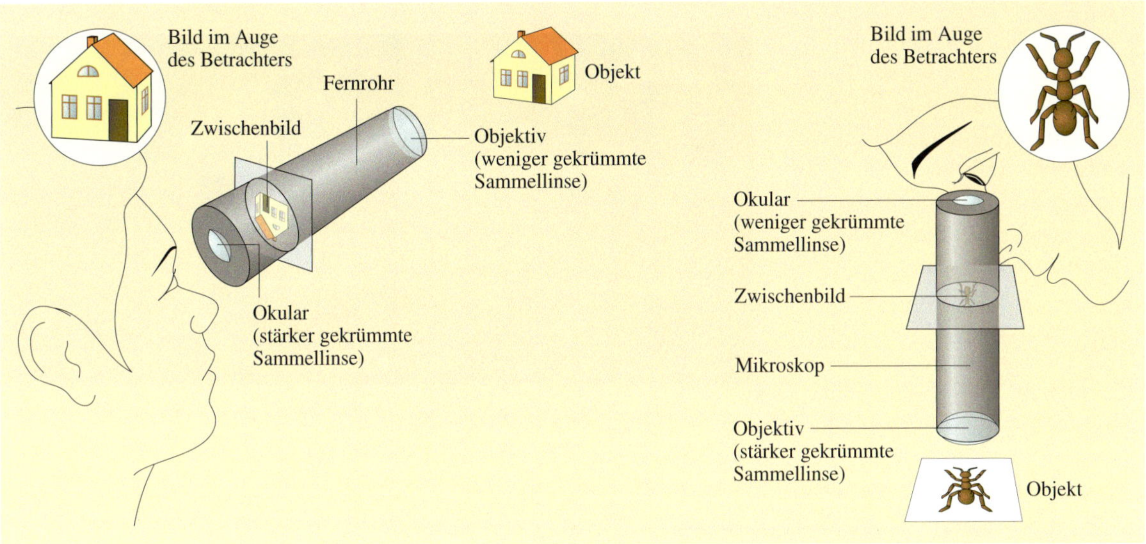

5 Funktionsweise von Fernrohr und Mikroskop

Lupen sind bauchige Linsen, die aus Glas oder durchsichtigem Kunststoff bestehen. Durch die bauchige Wölbung haben sie eine Vergrößerungswirkung. Bei der Wasserlupe erfüllt diese Aufgabe der Wassertropfen.
Linsen mit einer stark gewölbten Oberfläche vergrößern stark, solche mit geringer Wölbung vergrößern schwächer. Wenn man die Lupe nah genug an das Objekt heranführt, sieht man es vergrößert. Lupen vergrößern 2- bis 20-fach.

Fernrohre wie auch Mikroskope bestehen aus zwei Linsen: Das Objektiv ist dem Objekt zugewandt, das Okular dem Auge. Sowohl beim Mikroskop als auch beim Fernrohr erzeugt die Objektivlinse ein umgekehrtes Bild. Dieses wird durch eine Lupe, das Okular, betrachtet. Man sieht es dann vergrößert.
Beim Fernrohr hat das Objektiv eine geringere Krümmung als das Okular, beim Mikroskop ist es umgekehrt. ↑5

Eine „Stereolupe" ist ebenfalls ein Mikroskop, da sie aus Objektivlinse und Okularlinse besteht. ↑6 Mit ihr kann man ein Objekt bis zur 40-fachen Vergrößerung betrachten. Stereolupen haben gegenüber Lupen genauso wie Ferngläser gegenüber Fernrohren den Vorteil, dass man mit beiden Augen beobachten kann. Dadurch erzeugt das Gehirn einen räumlichen Eindruck des Objekts.

Vorsicht mit Linsen!
Kunststoff- und Glaslinsen haben empfindliche Oberflächen. Du solltest sie nicht mit deinen Fingern berühren und geschützt ablegen. Zur Reinigung ist ein weiches Tuch notwendig, denn harte Fasern können die Oberfläche zerkratzen und die Linsen unbrauchbar machen.

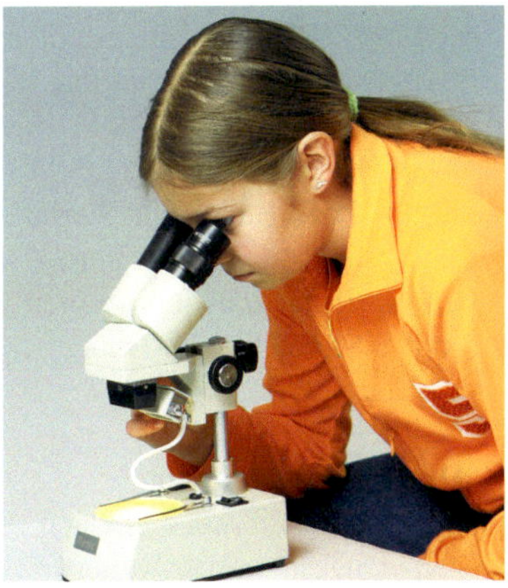

6 Stereolupe

Arbeitsaufträge

1 In der Schulsammlung gibt es käufliche Lupen. Vergleiche ihre Wirkung mit der deiner Wasserlupe und beschreibe die Unterschiede.

2 In welchen Berufen werden Mikroskope verwendet? Nenne Beispiele.

Orientierung am Sternenhimmel

Der Anblick des Sternenhimmels verändert sich im Laufe einer Nacht ständig. Um sich zu orientieren, erhielten bereits im Altertum die hellsten Sterne Eigennamen und auffällige Gruppen von Sternen wurden zu Sternbildern zusammengefasst. Um sich diese Figuren besser merken zu können, verband man sie mit Geschichten. Welche Sternbilder erkennst du am Himmel?

1 Sternbild „Großer Bär" (eigentlich „Große Bärin" – lat. *ursa maior*)

Beobachten Untersuchen **Experimentieren**

1 Sternbilder finden

Sterne sind – anders als die Planeten – weit entfernte Sonnen.

a Finde am Sternenhimmel den „Großen Wagen". (Er ist Teil des Sternbildes „Großer Bär".) Zeichne seine Sterne in richtiger Position in dein Heft. Kannst du einen „Reiter" auf der Wagendeichsel entdecken?

b Suche nach dem Sternbild „Orion". Seine drei aufgereihten Gürtelsterne sind sehr auffallend am winterlichen Nachthimmel. Zeichne das Sternbild in dein Heft. Haben alle Sterne des „Orion" die gleiche Farbe?

c Informiere dich über die Sagen zu den Sternbildern „Großer Bär" und „Orion".

2 Drehbare Sternkarte

Der Sternenhimmel dreht sich ganz langsam immer weiter. Daher ändert sich sein Anblick mit der Zeit.

Beim Finden von Sternbildern ist eine drehbare Sternkarte hilfreich. ↑2 (Eine Karte zum Selbstbau findest du im Anhang)

Du stellst die Uhrzeit über das Datum. Beim Blick nach Osten musst du die Sternkarte so halten, dass Osten unten steht. Dann stimmt die Sternkarte mit dem Anblick des Sternenhimmels überein.

Mit der Sternkarte kannst du weitere Sternbilder finden. Notiere den Zeitpunkt und die Sternbilder, die du erkannt hast.

3 Sternbilder raten

a Stich mit einer dicken Nadel ein Sternbild in einen schwarzen DIN-A4-Karton. Benutzt dazu die Sternkarte im Anhang. Jeder legt sein Sternbild auf den Tageslichtprojektor und lässt die Mitschüler raten.

b Du kannst auch einen „Sterngucki" basteln: Stich die Sternbilder mit einer Nadel in ein kleines Stück Karton. Der Karton wird vor eine Öffnung eines Papprohrs geklebt. Dann hältst du den „Gucki" vor eine Lampe und schaust durch die freie Öffnung hinein.

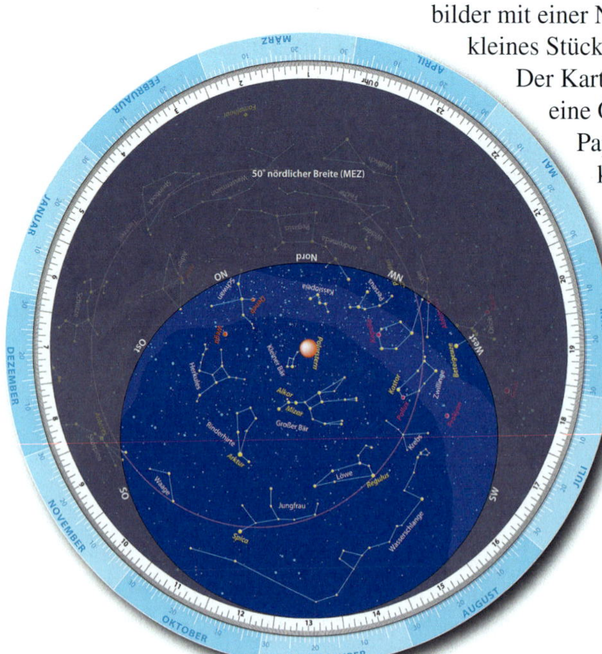

2 Drehbare Sternkarte

GRUNDLAGEN: Orientierung am Sternenhimmel

Fast alle Lichtpunkte, die wir am Nachthimmel sehen, sind unvorstellbar weit entfernte Sonnen.
Wegen der täglichen Erddrehung verändert sich der Anblick des Himmels von Stunde zu Stunde.
1. November um 20.00 Uhr: Beim Blick nach Norden erkennt man viele Sternbilder. ↑4 Dieser Blick bleibt nicht lange erhalten – neue Sternbilder steigen im Osten auf, andere gehen im Westen unter.

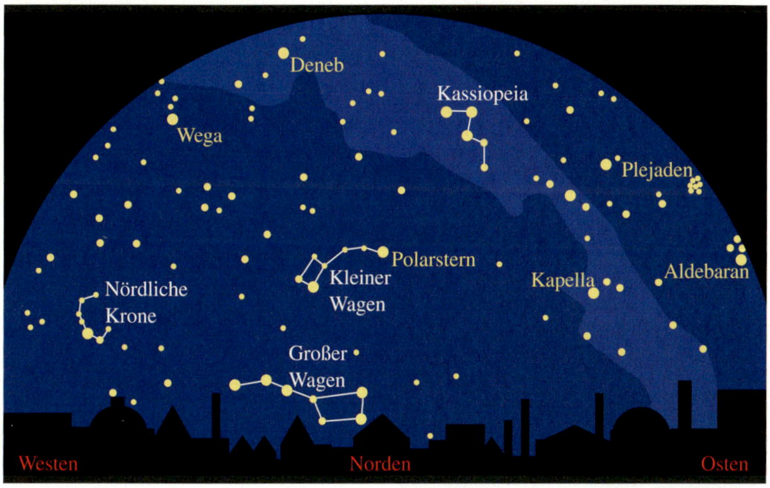

4 Sternbildkarte vom 1. November, 20.00 Uhr

3 Sternbild Großer Wagen

5 Scheinbare Drehung der Sterne

6 Der Polarstern ist kein besonders auffälliger Stern am Himmel, aber mithilfe des Großen Wagens kannst du ihn leicht finden. Der Polarstern steht immer genau im Norden.

Es gibt aber auch Sternbilder, die nicht untergehen und bei sternklarer Nacht stets im Norden zu sehen sind. Dazu gehören der Große Wagen und der Kleine Wagen sowie die Kassiopeia, das „Himmels-W". Man findet sie alle in der Nähe des Polarsterns. Dieser Stern am Himmelsnordpol scheint sich nicht zu bewegen. Die anderen Sterne scheinen dagegen den Polarstern einmal pro Tag zu umkreisen. ↑4 bis 6

Entfernungen im Weltall

1 Lichtjahr (1 ly) ist die Strecke, die Licht in einem Jahr zurücklegt:
1 ly ≈ 9 Billionen Kilometer.
1 astronomische Einheit (1 AE) ist der mittlere Abstand Erde–Sonne:
1 AE ≈ 150 Millionen Kilometer.

In 8 Minuten gelangt das Licht von der Sonne zur Erde. Die Entfernung entspricht also 8 „Lichtminuten".
Das Licht, das der Mond zurückwirft, erreicht uns nach gut 1 Sekunde. Um das Sonnensystem zu durchqueren, braucht Licht fast 3 Stunden. Das Licht der Sterne ist oft viele Jahre zu uns unterwegs: Es kommt also aus der Vergangenheit.

Himmelskörper	Entfernung
Erde–Sonne	1 AE
Erde–Alpha Centauri (nächster Stern)	4,4 ly
Erde–Sirius	8,6 ly
Erde–Polarstern	431 ly

Kurz und knapp **Die Sterne scheinen wie unsere Sonne im Osten aufzugehen; sie erreichen ihre höchste Stellung im Süden und gehen im Westen unter. Sterne in der Nähe des Polarsterns bleiben ständig über dem Horizont.**

Wissenswertes Geschichten zu Sternbildern

Zeus kam eines Abends zusammen mit Poseidon, dem Gott der Meere, und Hermes, dem Götterboten, an der armseligen Hütte des alten Hyreius vorbei. Der alte Mann lud die drei Wanderer zur Übernachtung ein, ohne zu wissen, wer seine Gäste waren. Die drei Götter traten in das Haus des Alten, das von Rauch geschwärzt war. Mit zittriger Hand bot er seinen Gästen Wein an.
Poseiden erhielt als Erster den Becher, leerte ihn und sprach: „Möge Zeus als Nächster trinken." Der alte Mann wurde bleich, als er den Namen hörte. Doch er fasste sich und schlachtete seinen einzigen Stier, den er zum Pflügen seines kleinen Ackers brauchte, briet ihn auf einem mächtigen Feuer und holte seine letzten Krüge mit Wein hervor. Zeus war gerührt von der Aufopferung des alten Mannes und sagte: „Wenn du etwas verlangst, so wünsche es! Du wirst alles erhalten." Der alte Mann erzählte von seiner geliebten, kürzlich verstorbenen Frau und seinem sehnlichsten Wunsch, Vater zu werden. Die Götter beschlossen, ihm diesen Wunsch zu erfüllen. Sie füllten feuchte Erde in die Stierhaut und es dauerte zehn Monate, da entstand daraus ein Kind. Hyreius nannte es Orion. Der Knabe wuchs heran und ward schön und kräftig. Der Hase zu seinen Füßen seines Sternbildes deutet darauf hin, dass er ein großer Jäger war. ↑1

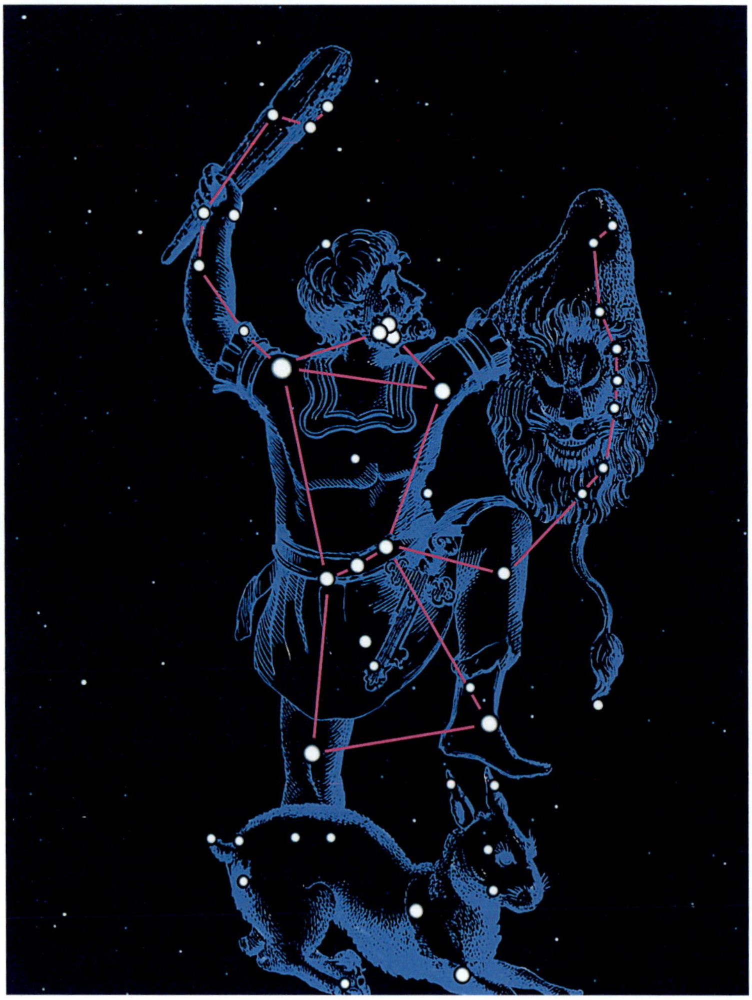

1 Orion

Man erzählt sich, dass Atlas, der Träger des Himmelsgewölbes, sieben schöne Töchter hatte, die Plejaden. Von diesen Töchtern war Orion sehr angetan. Bis heute eilt er ihnen am Himmel Nacht für Nacht nach, ohne sie je einzuholen. Orion wurde von einem Skorpion gestochen und starb. Der Gott der Heilkunst, Äskulap, wollte ihn wieder zum Leben erwecken. Hades, der Gott der Unterwelt, beklagte sich darüber bei Zeus. Mit einem Blitz erschlug Zeus den Äskulap.
Der Göttervater verwandelte Orion, Äskulap und den Skorpion in Sterne und versetzte sie als Sternbilder an den Himmel. Äskulap hat als Zeichen eine Schlange, die sich um einen Stab windet. Das Sternbild heißt daher Schlangenträger. Der Schlangenträger und Orion sind niemals gleichzeitig am Himmel zu sehen. So hat Zeus verhindert, dass Äskulap Orion zum Leben erweckt.

Kassiopeia, die Königin von Äthiopien, rühmte sich, schöner zu sein als die Meerjungfrauen. Der Meeresgott Poseidon wurde darüber so zornig, dass er drohte, das ganze Land zu überschwemmen. Zur Besänftigung verlangte er, dass Kassiopeias Tochter Andromeda einem Seeungeheuer geopfert werde. Die Prinzessin war dazu bereit und wurde an einen Felsen am Meer geschmiedet.
Der Göttersohn und Held Perseus kam vorbei und war von Andromedas Schönheit bezaubert. Er tötete das Seeungeheuer mit dem Schwert und wollte Andromeda heiraten. Um die Hochzeit ihrer Tochter zu verhindern, schickte Kassiopeia heimlich eine bewaffnete Schar. Es kam zum Kampf, Perseus erschlug eine große Zahl seiner Gegner. Poseidon versetzte Kassiopeia zur Strafe an den Himmel. Ihrer Würde gemäß sitzt sie auf einem Thron, der aber manchmal gefährlich verkippt am Himmel steht. ↑2

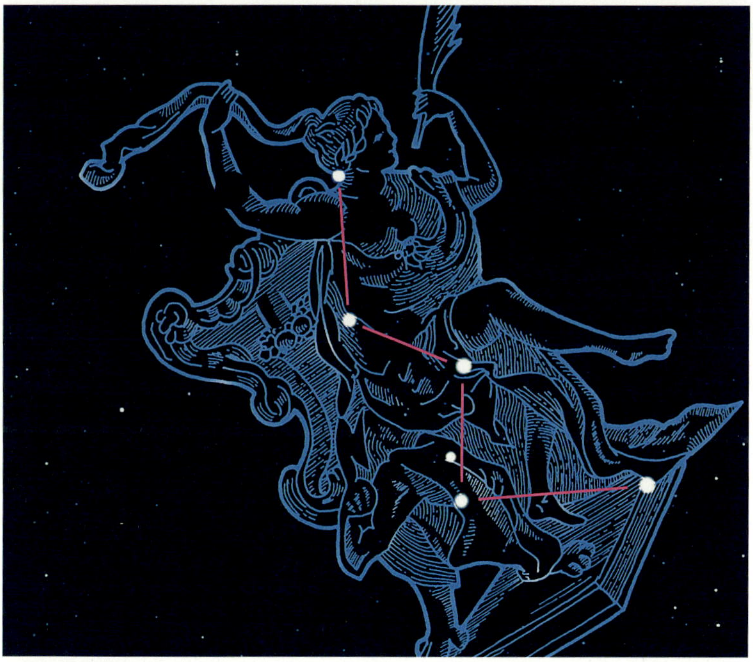

2 Kassiopeia

Die Zwillinge Kastor und Pollux waren Söhne der wunderschönen Leda, der Königin von Sparta. Kastor hatte den König von Sparta zum Vater und war daher sterblich. Nach dem Tod war ihm der Abstieg in die Unterwelt bestimmt. Pollux dagegen stammte von Zeus ab und war unsterblich, ein Platz auf dem Olymp war ihm gewiss. Kastor war ein ausgezeichneter Reiter, während sich Pollux im Boxen und im Kämpfen bewährte. Beide waren sich so ähnlich, wie es nur Zwillinge sein können. Während einer Schlacht durchbohrte eine Lanze Kastors Herz. Pollux trauerte Tag und Nacht um seinen Bruder. Verzweifelt bat er Zeus, ihn zusammen mit seinem toten Bruder in die Unterwelt zu senden. Zeus versprach, dass die Zwillinge die Hälfte ihrer Zeit auf dem Olymp und die andere Hälfte im Hades verbringen würden. Den beiden wurde sodann ein Platz unter den Sternen des Firmaments beschert.

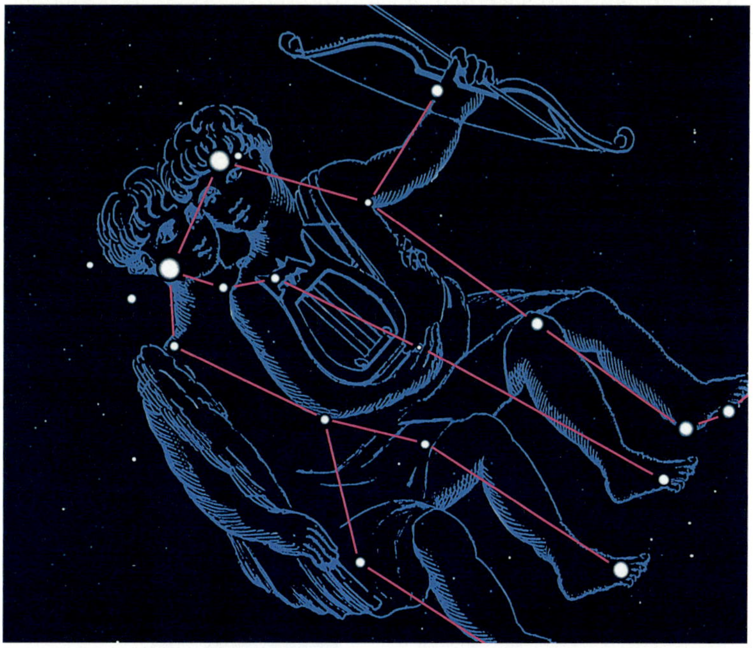

3 Zwillinge

Mit den Augen unterwegs in die Ferne

Etwa 1600 wurde in Holland das Fernrohr erfunden und von Seefahrern benutzt. Der italienische Gelehrte GALILEO GALILEI (1564–1642) nutzte als Erster das Fernrohr für Himmelsbeobachtungen. Lohnt sich das? Was gibt es am Himmel zu entdecken?

1 GALILEI führt sein Fernrohr vor: „Schaut doch, ihr müsst nur durchschauen."

Beobachten Untersuchen **Experimentieren**

1 Umgang mit Ferngläsern

a Beobachte mit mindestens drei unterschiedlichen Ferngläsern weit entfernte Gegenstände. Wie unterscheiden sich die beobachteten Bilder? Beschreibe jeweils Vor- und Nachteile.

b Wie unterscheiden sich die Ferngläser voneinander? Was sollte man beim Kauf eines Fernglases beachten?

c Mit welchen Angaben auf den Ferngläsern könnten die beobachteten Unterschiede zusammenhängen?
Hinweis: „7 × 30" bedeutet 7-fache Vergrößerung und 30 mm Objektivdurchmesser.

d Fernrohre und Ferngläser besitzen zwei Linsen (oder Linsensysteme): eines an der Augenseite und eines an der Lichteintrittsseite. ↑2 und 3 Vergleiche mit dem Mikroskop und ordne die Bezeichnungen *Objektiv* und *Okular* zu.
Hinweis: Fernrohre für astronomische Beobachtungen besitzen als Objektiv meist einen Hohlspiegel. Er bildet den Gegenstand wie eine Linse ab.

e Beim *Very Large Telescope* der europäischen Südsternwarte in Chile sollen vier Spiegelteleskope mit einem Durchmesser von jeweils 8,2 m zusammengeschaltet werden. ↑4 Dann kann man auf dem Mond Gegenstände bis zu einer Größe von 1 m erkennen. Dabei ist der Mond 384 400 km von der Erde entfernt!
Vergleiche mit dem Auflösungsvermögen deines Fernglases: Richte es auf einen 3 bis 4 km entfernten Berg oder Turm. Versuche dort Menschen zu erkennen. Formuliere deine Ergebnisse.

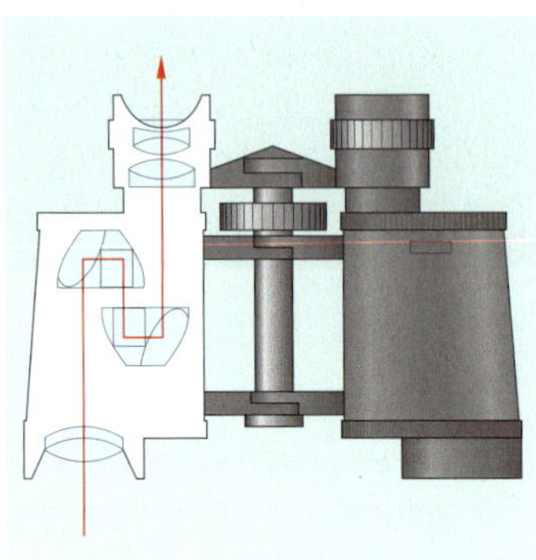

2 Aufbau eines Fernglases

3 Fernrohr (Teleskop)

4 Very Large Telescope

2 Sonnenbeobachtung

Vorsicht: Schaue niemals direkt in die Sonne, schon gar nicht mit einem Fernglas. Du würdest erblinden!

a Mit einem Fernglas kannst du ein Bild der Sonne auf der Klassenzimmerwand erzeugen. Befestige das Fernglas an einem Stativ oder mit Stativmaterial aus der Sammlung. Decke ein Objektiv mit einer Schutzkappe ab. ↑5

b Bilde die Sonne möglichst scharf ab.
Du erkennst dann ein oder zwei schwarze Stellen auf der Sonne – man nennt sie Sonnenflecken.
In welchem Zahlenverhältnis steht die Größe der Sonnenflecken zur Größe des Sonnenbilds?
Die Sonne hat einen Durchmesser von ca. 1,4 Millionen km.

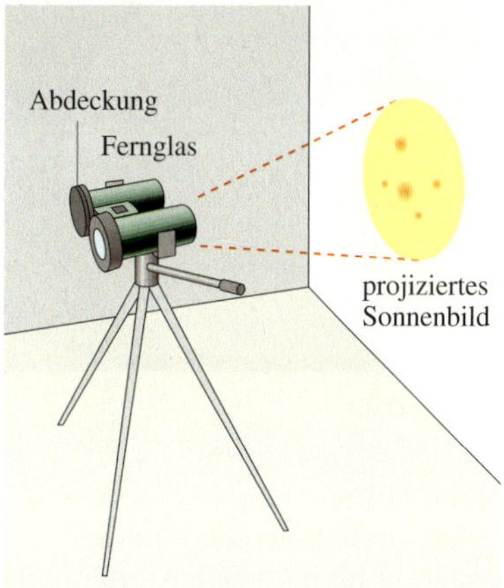

5

Wissenswertes Unsere Sonne und ihre Begleiter

Die Sonne ist ein Stern und unsere wichtigste Licht- und Wärmequelle. Ihre Strahlung macht das Leben auf der Erde erst möglich. Sie erzeugt Licht und Wärme selbst. Die vielen Sterne, die du am Nachthimmel sehen kannst, sind unserer Sonne ähnlich. Dass wir sie nur als kleine leuchtende Punkte sehen, liegt an ihrer unvorstellbar großen Entfernung.
Unsere Sonne ist eine riesige Gaskugel, die schon seit 4,6 Milliarden Jahren leuchtet. Sie ist so groß, dass 1 300 000 Erdkugeln hineinpassen würden. Im Innern der Sonne herrscht eine unvorstellbare Hitze, die Temperatur beträgt dort 15 000 000 °C. Die äußere Gasschicht, die wir sehen, ist immer noch fast 6000 °C heiß. Von dort kommt die Sonnenstrahlung zu uns. ↑6 Kühlere Stellen auf der Sonnenoberfläche können wir als Sonnenflecken beobachten, selbst diese Bereiche haben noch eine Temperatur von über 5000 °C.
Die Erde umkreist die Sonne in einem Abstand von ungefähr 150 000 000 km. Insgesamt hat die Sonne acht große Begleiter, die Planeten, auf unterschiedlich weit entfernten Bahnen. ↑7
Venus, Mars, Jupiter und Saturn sind so nah oder so groß, dass du sie manchmal am Nachthimmel sehen kannst. Sie leuchten dann wie Sterne, doch senden sie selbst kein Licht aus, sondern sie werden von der Sonne angestrahlt und werfen ihr Licht zurück in unser Auge.
Unser Sonnensystem und alle mit bloßem Auge sichtbaren Sterne gehören zur Milchstraße. Im Weltall gibt es neben der Milchstraße noch unvorstellbar viele weitere Galaxien.

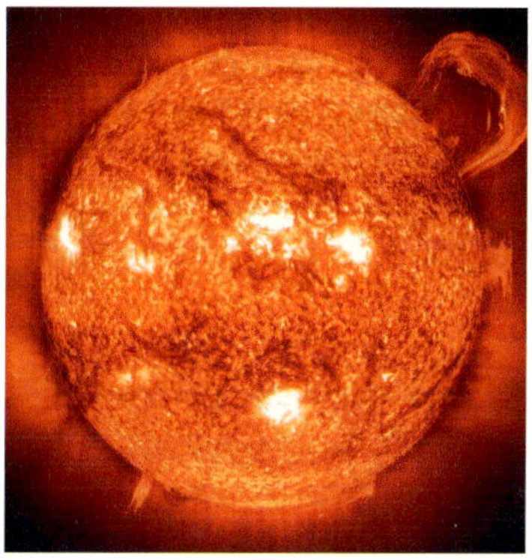
6 Die Sonne wirft heiße Gase in den Weltraum.

1 Informiere dich über die Planeten.

a Wie groß sind sie? – Vergleiche sie mit der Erde.

b Wie lange brauchen sie, um die Sonne zu umkreisen?

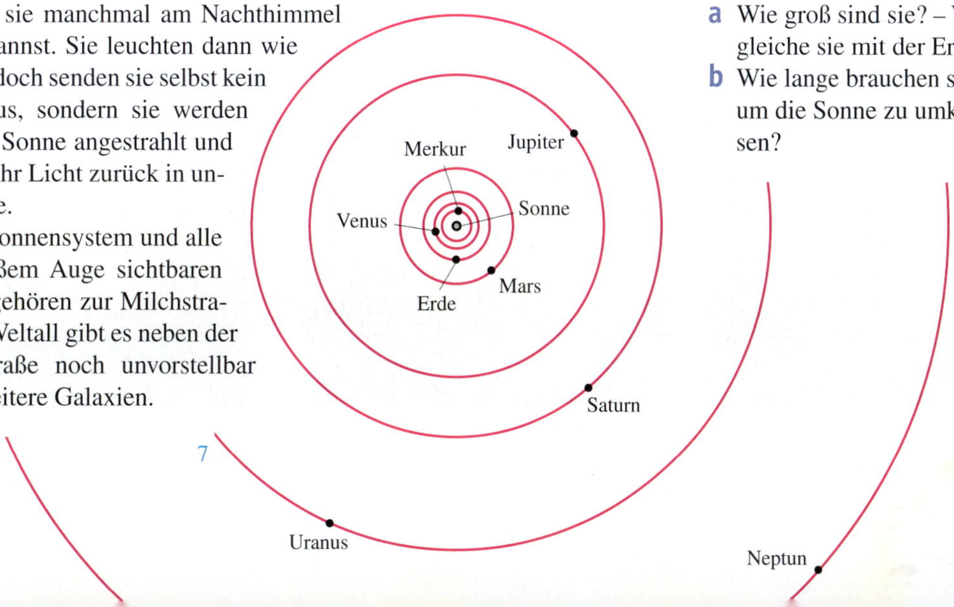

7

Wissenswertes Die acht Planeten der Sonne

1 Merkur

2 Erde

3 Jupiter

Merkur – der sonnennächste Planet
Merkur besitzt keine Atmosphäre. Seine Oberfläche ist von Kratern übersät. Die Temperaturen schwanken zwischen 430 °C am Tag und – 180 °C in der Nacht. Ein Merkurjahr dauert drei Monate, ein Merkurtag knapp zwei Monate. Zu sehen ist der Planet nur unter günstigen Umständen kurz vor Sonnenaufgang oder bald nach Sonnenuntergang.

Venus – der heiße Planet
Die Venus weist Gebirge und Vulkane auf. Ihre sehr dichte Atmosphäre wirkt wie ein Treibhaus. Es gibt Wolken aus Schwefelsäure, die „Luft" enthält keinen Sauerstoff. An der Oberfläche erreicht die Temperatur Werte von 450 °C. Um einmal die Sonne zu umrunden, benötigt sie 224 Tage. Die Venus dreht sich sehr langsam um die eigene Achse, eine Drehung dauert 243 Tage.

Erde – der blaue Planet
Die Erdoberfläche ist zu 71 % von Wasser bedeckt, sie hat eine sauerstoffreiche Atmosphäre. Die Erde ist Heimat von Pflanzen, Tieren und Menschen. Ein Umlauf um die Sonne dauert 1 Jahr, eine Drehung der Erde um die eigene Achse 1 Tag.

Mars – der rote Planet
Seine Oberfläche ist von Kratern zernarbt und mit Steinbrocken übersät. Eisenhaltiges Gestein gibt dem Mars die rötliche Färbung. Ausgetrocknete Flussläufe lassen darauf schließen, dass es einmal strömendes Wasser gegeben haben muss. Heute ist Wasser in gefrorenem Zustand unter der Oberfläche vorhanden. Die Pole des Mars sind von gefrorenem Wasser und Trockeneis (Kohlenstoffdioxid) überzogen. Mars hat eine dünne Atmosphäre, die „Luft" besteht vor allem aus Kohlenstoffdioxid.

Jupiter – der Riesenplanet
Jupiter hat den 11-fachen Durchmesser der Erde und wird von mindestens 16 Monden umkreist. Er ist ein Gasplanet: Die äußere Schicht besteht aus den Gasen Wasserstoff und Helium. Sie geht in einen Ozean aus flüssigem Wasserstoff über. Auffällig ist der Große Rote Fleck, ein riesiges Wirbelgebiet. Der Planet dreht sich in knapp 10 Stunden einmal um die eigene Achse. Für seine Bahn um die Sonne braucht er rund 12 Jahre.

Saturn – der Ringplanet
Der zweitgrößte Planet des Sonnensystems besitzt ein Ringsystem, das mit einem guten Fernglas von

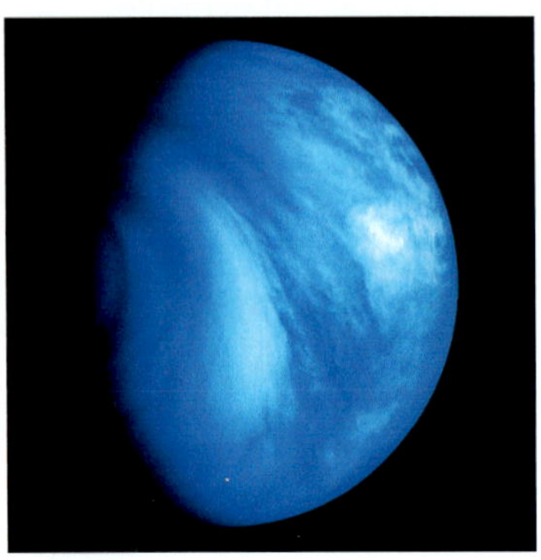
4 Venus

5 Mars

6 Saturn

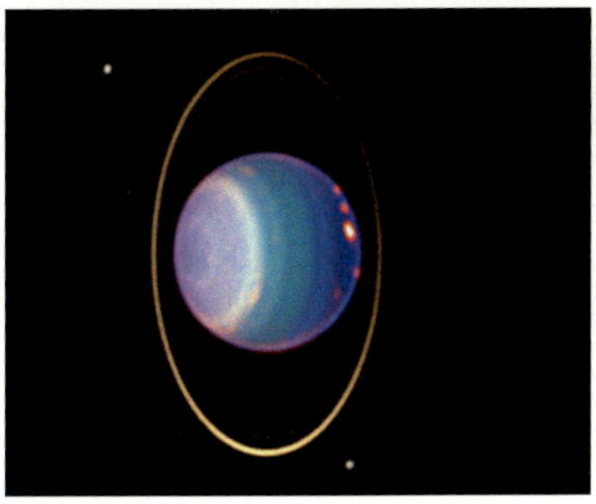

7 Uranus

8 Neptun

der Erde aus zu sehen ist. Das Ringsystem besteht aus Staub und Gesteinsbrocken. Saturn ist ähnlich wie Jupiter ein Gasplanet. Die Temperatur in den oberen Atmosphären beträgt etwa – 170 °C. Bisher sind 23 Monde bekannt. Saturn dreht sich alle 10 Stunden um die eigene Achse. Ein Umlauf um die Sonne dauert fast 30 Jahre.

Uranus – Entdeckung der Neuzeit
Uranus war im Altertum nicht bekannt. Er wurde erst 1791 entdeckt. Er ähnelt Jupiter und Saturn. Ein Uranusjahr dauert 85 Erdenjahre. Seit seiner Entdeckung sind also gerade zweieinhalb Uranusjahre vergangen. Uranus dreht sich in knapp 16 Stunden einmal um eine gedachte Achse, die etwa in seiner Bahnebene liegt. Uranus besitzt mindestens 15 Monde.

Neptun – erst berechnet, dann entdeckt
Der Planet wurde 1846 entdeckt. Seine Position war vorher berechnet worden. Die gegenseitige Anziehung von Neptun und Uranus wirkt sich nämlich als Störung auf die Bahn des Uranus auf. Bilder von Raumsonden zeigen einen dunklen Fleck und helle Wolken. Die Verwandtschaft zu Jupiter und Uranus ist nicht zu übersehen. Neptun dreht sich in 18 Stunden einmal um die eigenen Achse. 165 Jahre braucht er für eine Umrundung der Sonne.

Arbeitsaufträge

1 Unser Planetensystem im Modell
Unsere Sonne und acht Planeten bilden unser Sonnensystem. Damit ihr eine Vorstellung von den Größen von Sonne und Planeten und ihren Abständen bekommt, könnt ihr einen Planetenweg vom Schulhof aus anlegen. Dazu braucht ihr eine gerade Strecke von 1500 m.

a An einem Ende des Weges markiert ihr die Position der Sonne. Von dort aus kennzeichnet ihr die Reihenfolge der Planeten. Die Abstände zur Sonne zeigt euch Bild ↑9 Der Abstand zwischen Sonne und Erde beträgt in Wirklichkeit rund 150 Millionen km und schrumpft im Modell auf 55 m. Wie weit ist dann wohl der Neptun von der Sonne entfernt?

b Auch die Größen der Planeten könnt ihr im Modell darstellen. Als Sonne verwendet ihr eine Kugel mit einem Durchmesser von 50 cm. Aus Ton oder Teig könnt ihr die Planeten formen. ↑10

c Stellt euch mit euren „Planetenkrümeln“ in die richtige Position auf den Planetenweg. Die Reihenfolge kann man sich mit folgendem Satz merken: „Mein Vater erklärt mir jeden Sonntag unseren Nachthimmel.“ Die Anfangsbuchstaben erinnern an die Planetennamen.

9 Entfernungen für den „Planetenweg“

Himmelskörper	Durchmesser in Wirklichkeit	Durchmesser im Modell
Sonne	1 392 500 km	50,0 cm
Merkur	4 878 km	0,2 cm
Venus	12 104 km	0,4 cm
Erde	12 756 km	0,5 cm
Mars	6 794 km	0,2 cm
Jupiter	142 796 km	5,1 cm
Saturn	120 600 km	4,3 cm
Uranus	51 200 km	1,8 cm
Neptun	49 600 km	1,8 cm

10 Planetendurchmesser

Historisches Vorstellungen über Himmel und Erde

1 Himmel als flache Decke, gestützt auf einen Wall

2 … oder auf Säulen

Vor fast dreitausend Jahren beschrieben die Menschen im Land zwischen Euphrat und Tigris (dem heutigen Irak) und in Ägypten das Weltgebäude so, wie es sich ihnen darstellte: Als einen geschlossenen Saal mit einer flachen Erde als Boden, die von Wasser umgeben war. Darüber spannte sich der Himmel als flache Decke oder gewölbte Kuppel. Er musste von außen abgestützt werden – durch einen ringförmigen Wall oder durch Säulen. ↑1 und 2

Die Griechen übernahmen diese Vorstellung einer Himmelskuppel. Um 600 v. Chr. stellten sie sich den Himmel als Halbkugel vor, dann als Vollkugel. Damit war ein wichtiger Schritt getan: Sichtbar sind die Gestirne nur zwischen ihrem Aufgang im Osten und ihrem Untergang im Westen. Gedanklich wurde ihr Weg unter dem Horizont fortgesetzt und zu Kreisen ergänzt. In der Mitte der Himmelskugel schwebte die Erde, zunächst als Scheibe. Im 5. Jahrhundert v. Chr. stellte man sich die Erde als Kugel in der Mitte der Welt vor.

Die Sterne waren an einer kristallenen Kugel befestigt, die sich einmal am Tag um die Erde drehte.

Wir erleben, dass sich Sonne, Mond und Sterne um uns herum bewegen. Für die Menschen im Altertum war es daher selbstverständlich, dass sich die Erde im Mittelpunkt der Welt befindet. Man spricht vom *geozentrischen Weltbild* (griech. *geo-*: Erd-; lat: *centrum:* Mittelpunkt). ↑3 Die Kreisbewegung und die Kugelform der Himmelskörper galten als Sinnbild himmlischer Vollkommenheit und Harmonie.

Einen wesentlichen Beitrag zur Überwindung des geozentrischen Weltbildes leistete GALILEO GALILEI. Er richtete als einer der ersten Menschen das Fernrohr zum Himmel und machte dort Beobachtungen, die zwei Grundüberzeugungen erschütterten:

- Er entdeckte, dass Jupiter von vier Monden umkreist wird. Die Erde ist also nicht der einzige „Mittelpunkt" in der Welt. ↑4
- Der Mond ist mit Kratern übersät. Er ähnelt also der Erde und ist keine perfekte Kugel. ↑5

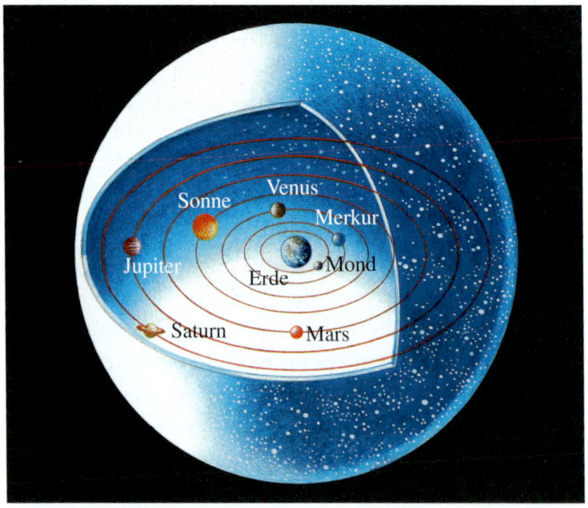

3 Das geozentrische Weltbild

4 Jupiter mit seinen vier Monden

Diese Beobachtungen passten nicht zur herrschenden Lehre. GALILEI behauptete, dass sich die Erde bewegt und die Sonne stillsteht. Das wurde als Widerspruch zur Glaubenslehre angesehen. GALILEI musste seine Überzeugung öffentlich widerrufen. ↑6

Im Laufe der Zeit setzte sich aber das *heliozentrische Weltbild* (griech. *helios:* die Sonne) durch. ↑7 Weil sich die Erde dreht, scheint die Sonne einmal am Tag über den Himmel zu laufen.

Auch die Bewegung des Sternenhimmels kommt durch die Erddrehung zustande.

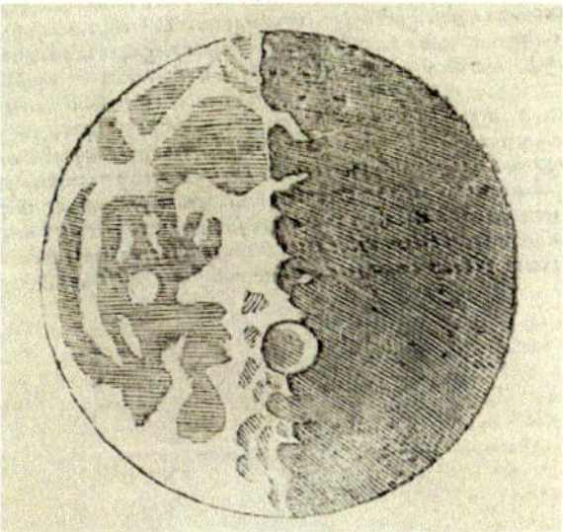

5 Eine der ersten Mondzeichnungen von GALILEI

6 GALILEI widerruft vor dem Offizium.

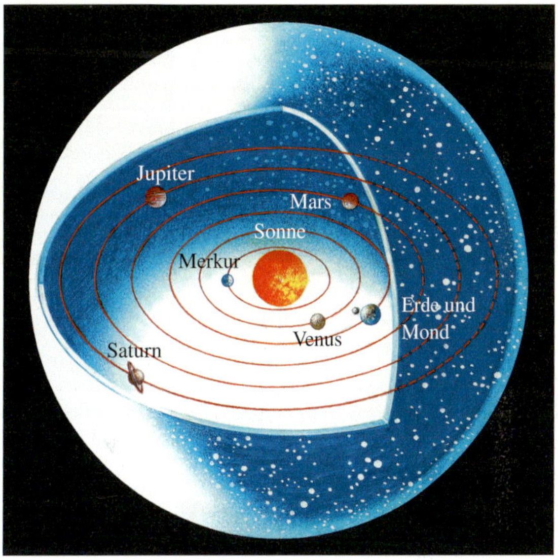

7 Das heliozentrische Weltbild

Von Sternbildern und dem Lauf der Sonne

Jahrtausende lang haben die Menschen ihren Augen getraut und waren überzeugt, die Sonne umlaufe die Erde: Sie beschreibt einen Kreis an der Himmelskugel. Dieser Kreis heißt Ekliptik. ↑8 Die Sternbilder, durch die dieser Kreis verläuft, haben vorwiegend Tiernamen. Man nennt ihn daher Tierkreis. Man sagt: „Die Sonne durchläuft den Tierkreis" oder „Die Sonne steht im Löwen".

Wenn im Herbst „die Sonne im Löwen steht", ist das Sternbild nachts nicht zu sehen. Es steht ja am Tage mit der Sonne gleichzeitig am Himmel.

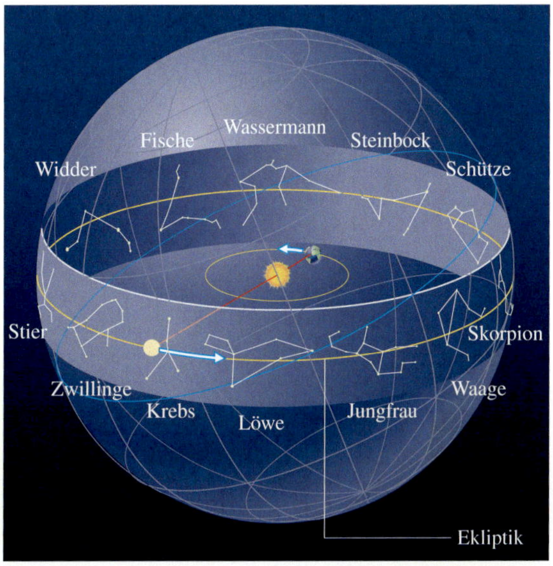

8

Licht und Schatten im Weltraum

Der Mond am Himmel hat viele Gesichter. Manchmal ist er voll und rund wie die Sonne; manchmal kannst du ihn als schmale Sichel sehen.
Früher haben die Menschen die veränderliche Gestalt des Mondes – die „Mondphasen" – oft so erklärt: Die „Möndin", in vielen Sprachen ist der Mond weiblich, ist die Geliebte des Sonnengottes. In Vollmondnächten sehnt sie sich so sehr nach ihrem Geliebten, dass sie in den folgenden Nächten immer schmaler wird und ihm immer näher kommt und schließlich, bei Neumond, in seiner Liebesglut versinkt. Vor Glück wird sie dann rund und prall, bis die Sehnsucht sie wieder verzehrt.

1

Beobachten Untersuchen Experimentieren

1 Beobachtung des Mondes
Schaue einen Monat lang täglich immer von derselben Stelle aus und zur selben Uhrzeit am Nacht- oder Taghimmel nach, ob der Mond zu sehen ist. Fertige jeweils eine Zeichnung oder ein Foto an. ↑2 Gestalte aus allen Bildern ein Plakat.

2 Wie die Mondphasen entstehen
Eine Gruppe von Schülern stellt sich eng zusammen. Sie stellen die Beobachter auf der Erde dar. Eine Styroporkugel oder ein weißer Ball stellt den Mond dar. Er wird von einer starken Lampe beleuchtet. Ein Schüler trägt den Ball über seinem Kopf um die Beobachter herum.

a Zeichnet die Kugel in verschiedenen Stellungen, wie ihr sie seht.

b Skizziert an der Tafel die Bahn des Mondes um die Erde sowie die Sonne. Klebt die von euch gezeichneten „Mondphasen" an die Stellen der Mondbahn, an denen ihr sie gesehen habt.

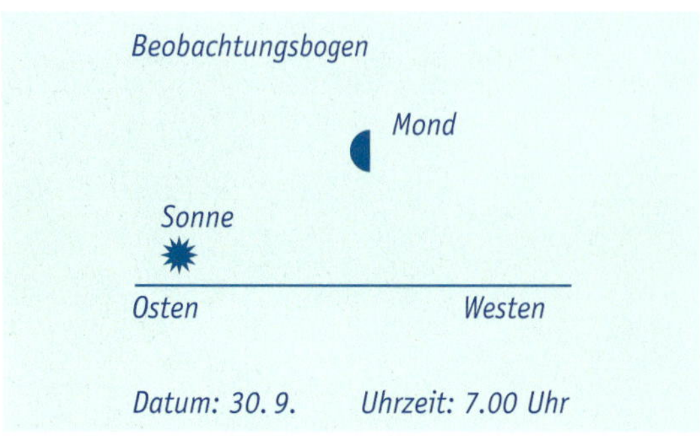

2 Muster für Zeichnung

3 „Mondphasen" im Modell

3 Position von Sonne und Mond

Oft sind Sonne und Mond gleichzeitig zu sehen. Halte einen Arm in Richtung des Mondes und den anderen in Richtung der Sonne. Schätze den Winkel zwischen beiden Armen. Führe diese Beobachtung nach zwei Stunden noch einmal und bei unterschiedlichen Mondphasen durch. ↑4
Notiere deine Beobachtungsergebnisse.

4

5

4 Mond und Tischtennisball

Oft ist der Mond auch am Tag zu sehen. Halte dann einen Tischtennisball so in das Sonnenlicht, dass du Ball und Mond gleichzeitig sehen kannst. Beschreibe, was du siehst.

GRUNDLAGEN: Die wechselnde Gestalt des Mondes

6

Für die meisten Menschen ist der Mond das Himmelslicht der Nacht. Doch er ist oft auch tagsüber zu sehen und vieles deutet darauf hin, dass seine unterschiedlichen Gestalten etwas mit der Sonne zu tun haben:
- Der zunehmende Halbmond geht schon mittags auf, steht bei Sonnenuntergang hoch am Himmel und geht gegen Mitternacht unter.
- Die Sichel des abnehmenden Mondes ist nur kurz vor Sonnenaufgang in der Morgendämmerung zu sehen.
- Der Vollmond geht auf, wenn die Sonne untergeht.

Schau dir die schmale Mondsichel genau an: Wenn es schon recht dunkel ist, wirst du erkennen, dass der Mond auch dann eine Kugel ist.
Eine Kugel im Licht der Sonne – wie die Apfelsinen in Bild ↑7.
Die helle Seite der Apfelsinen ist zur Sonne gewendet, genau wie die helle Seite des Mondes. Wenn du den Mond am Tage am Himmel siehst, dann achte mal darauf, wo die Sonne steht. Du wirst sehen, dass die helle Seite der Mondsichel stets der Sonne zugewendet ist.
Doch wie kann man verstehen, dass der Mond so regelmäßig etwa 2 Wochen lang zunimmt bis zum Vollmond und dann wieder zwei Wochen lang abnimmt, bis er als Neumond nicht mehr zu sehen ist?

7

1 Abnehmender Mond

2 Zunehmender Mond

Der Mond ist eine Kugel. Sein Durchmesser beträgt etwa ein Viertel des Erddurchmessers. Er erzeugt kein Licht, sondern wird von der Sonne beleuchtet. Immer ist eine Hälfte des Mondes hell, die andere dunkel.

In etwa einem Monat umkreist der Mond einmal die Erde. Die Gestalt des Mondes, die wir sehen, ändert sich von Tag zu Tag: zunehmende Sichel, zunehmender Halbmond, Vollmond, abnehmender Halbmond und abnehmende Sichel. Bei Neumond wirst du ihn nicht sehen. Man bezeichnet die wechselnden Gestalten als *Mondphasen*.

Kurz und knapp **Der Mond ist stets von der Sonne zur einen Hälfte beleuchtet. Wir sehen unterschiedlich viel von dieser beleuchteten Hälfte – je nachdem, wie Mond, Erde und Sonne gerade zueinander stehen.**

Die Abbildung zeigt den zur Hälfte beleuchteten Mond auf seiner Bahn um die Erde. ↑3
Position 1: Wir blicken auf gleich große beleuchtete und unbeleuchtete Teile des Mondes (abnehmender Halbmond).
Position 2: Wir blicken auf einen kleinen Teil des beleuchteten Mondes. Der größere Teil des Mondes ist dunkel.
Position 3: Von der Erde aus gesehen steht der Mond etwa in Richtung der Sonne. Wir blicken auf den unbeleuchteten, dunklen Teil des Mondes (Neumond).
Position 7: Wir blicken auf die beleuchtete Halbkugel. Es ist Vollmond.

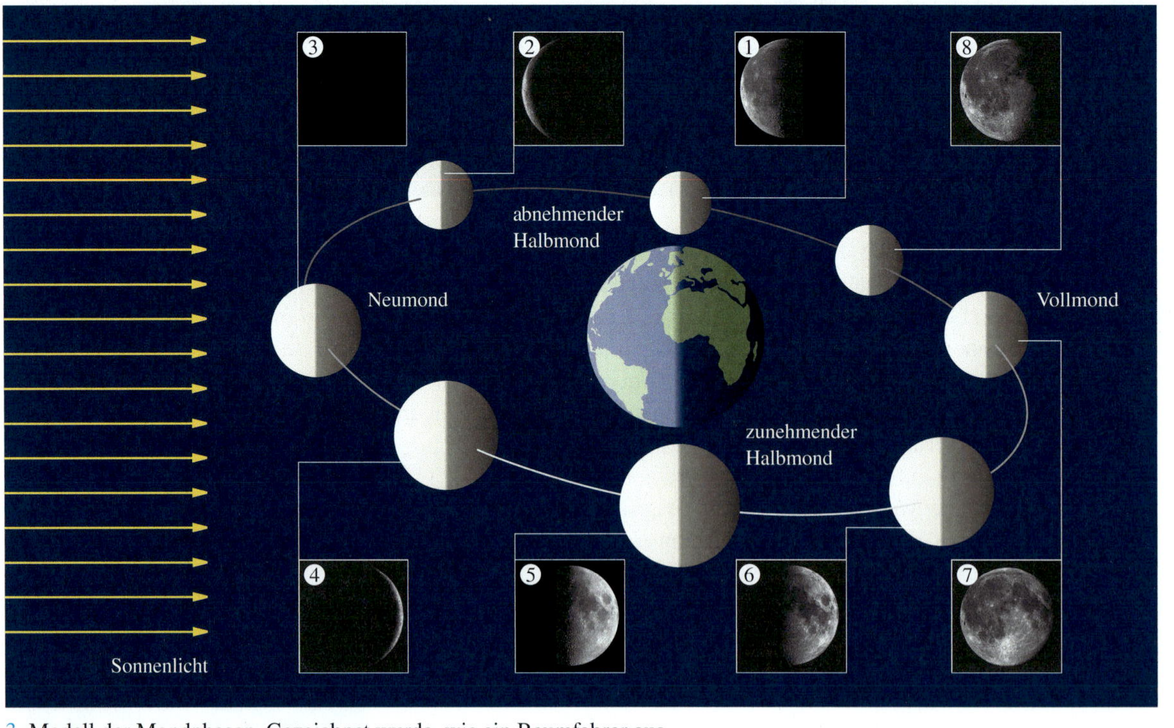

3 Modell der Mondphasen. Gezeichnet wurde, wie ein Raumfahrer aus großer Entfernung Erde und Mond sehen würde. Die Fotos zeigen, wie wir den Mond von der Erde aus sehen.

Historisches Die Erde – ein leuchtender Stern!

Bis ins Mittelalter hinein glaubten die meisten Menschen, die Erde sei der Mittelpunkt der Welt. Mit ihren Unwettern, Überschwemmungen und all den anderen Plagen war sie der düstere und feuchte Ort, an dem die Menschen in Not, Elend und Sünde leben mussten. Der Himmel dagegen, in dem die Sterne ihre ewigen Kreisbahnen zogen, umhüllte die Erde wie eine Schale aus Kristallglas. Doch im 16. Jahrhundert entwickelte sich eine ganz andere Vorstellung. Nach ihr bewegt sich auch die Erde. Wie die anderen Planeten fliegt sie in einer riesigen Kreisbahn um die Sonne.
Die Theorie fand zunächst viele Gegner. Aber einige Wissenschaftler versuchten sie mit Argumenten zu unterstützen. Unter ihnen war der italienische Naturwissenschaftler GALILEO GALILEI. ↑S. 34–35 Er sagte: „Schaut doch zum Himmel! Dann seht ihr, dass die Erde kein düsteres Loch, sondern ein strahlender Stern ist, ebenso schön wie unser Abend- und Morgenstern Venus!"
Wie kam er darauf? Er wies die Menschen auf eine Beobachtung hin, die du vielleicht auch schon gemacht hast. Wenn der Mond als schmale Sichel am klaren Nachthimmel steht, kann man oft auch den dunklen Teil des Mondes erkennen. ↑4
Wo kommt das Licht her, das den Mond erhellt? Es kann nur von der Erde kommen, die das Licht der Sonne in den Weltraum zurückstreut.
All das hat GALILEI durch Nachdenken herausgefunden – 400 Jahre, bevor die ersten Menschen die Erde vom Mond aus sehen konnten. ↑5
Er sagte: „So ist das, was wir mit unseren Augen sehen, so gut wie nichts im Vergleich zu den Wundern, die wir mit unserem Verstand am Himmel entdecken."

4 Die sonnenbeschienene Erde beleuchtet die dunkle Seite des Mondes.

5 Blick vom Mond auf die Erde

Arbeitsaufträge

1 Morgens 8.00 Uhr sieht Hanna den Mond am Himmel. Um welche Phase muss es sich handeln?

2 Die Klasse will eine Nachtwanderung unternehmen. Es ist zunehmender Halbmond. Wird der Mond die ganze Nacht scheinen?

3 Die USA planen auf dem Mond eine ständig besetzte Forschungsstation. Welche „Erdphasen" wird man sehen, wenn man von dort aus einen Monat lang zur Erde blickt?

4 Bei seiner Wanderung um die Erde wendet der Mond der Erde immer dieselbe Seite zu. (Deshalb sieht das „Gesicht" im Mond immer gleich aus.)

a Wie lange dauert auf dem Mond ein Tag, wie lange eine Nacht?

b Wenn auf der Erde die Zeit des Neumonds ist, blickt ein Astronaut vom Mond zur Erde.
In welcher „Erdphase" sieht er die Erde?

5 Weshalb ist der Neumond nicht zu sehen?

6 Wie stehen Sonne, Mond und Erde bei Neumond, wie bei Vollmond? Fertige eine Skizze an.

7 Erdlicht oder aschgraues Mondlicht nennt man das Sonnenlicht, das von der Erde auf die von der Sonne unbeleuchtete Seite des Mondes geworfen wird. Dadurch sieht man den Rest der Mondoberfläche bei einer schmalen Sichel. ↑4
LEONARDO DA VINCI hat das um 1500 in der zweiten Strophe des folgenden Gedichts erklärt:

Der Mond hat kein Licht von sich aus, und soviel
die Sonne von ihm sieht, soviel beleuchtet sie;
und von dieser Beleuchtung sehen wir soviel,
wie viel davon uns sieht.

Und seine Nacht empfängt so viel Helligkeit,
wie unsere Gewässer ihm spenden,
indem sie das Bild der Sonne spiegeln,
die sich in allen jenen spiegelt, welche
die Sonne und den Mond sehen.

„Übersetze" dieses Gedicht in die naturwissenschaftliche Fachsprache. Was beschreibt LEONARDO DA VINCI in der ersten Strophe?

Der Flug zum Mond

"That's one small step for a man; one giant leap for mankind."

NEIL ARMSTRONG, 21.7.1969

1 Die aufgehende Erde über dem Mond

2 Spuren auf dem Mond

Beobachten Untersuchen Experimentieren

1 „Reise zum Mond"

Eine Reise zum Mond ist schwierig – denn Mond und Erde stehen nicht still! Führt den Auftrag in Partnerarbeit aus.

a Einer von euch umkreist als „Mond" die „Erde" und schaut sie dabei stets an. ↑3 Gleichzeitig wird die „Erde" gedreht. Was beobachtet der Mond-Darsteller?

b Erde und Mond ruhen. Versucht dreimal mit einer „Rakete" (Tennisball) den „Mond" (5-Liter-Eimer) zu treffen. ↑4

c Diesmal dreht sich der „Mond" langsam um dich herum. Wie oft gelingt es dir bei drei Würfen, die „Rakete" ins Ziel zu steuern? ↑5

d In Wirklichkeit dreht sich nicht nur der Mond … ↑6 Zählt wieder die Treffer.

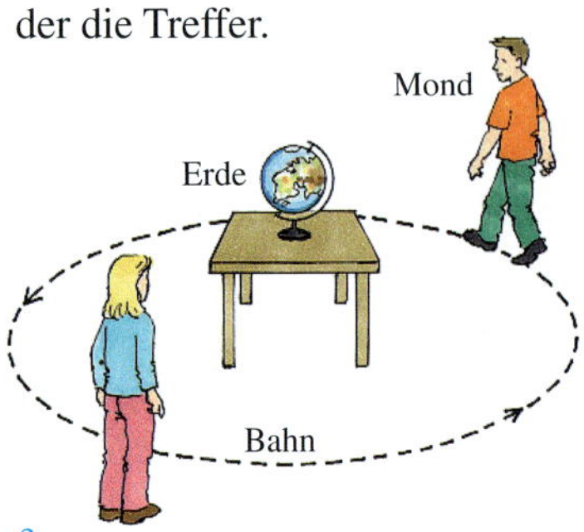

3

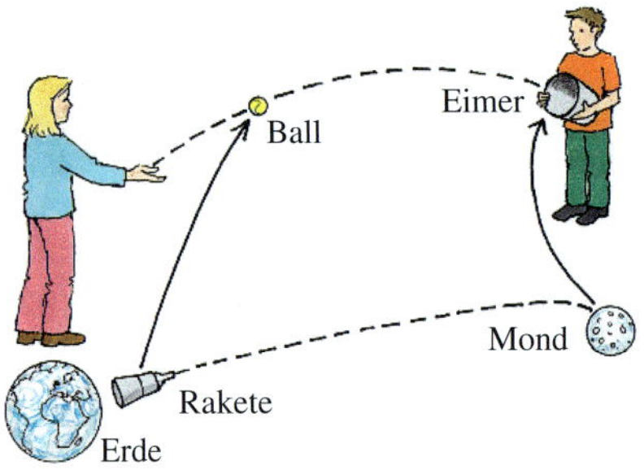

4

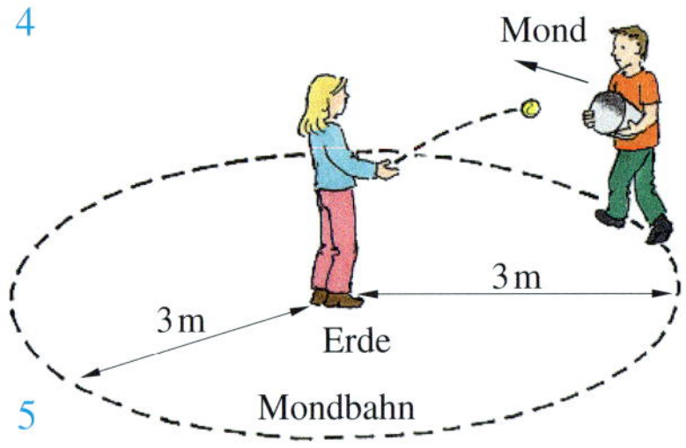

5

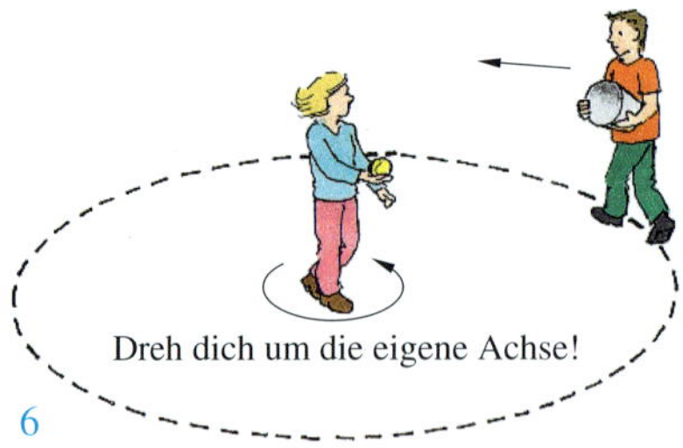

6

2 Die Brausetabletten-Rakete

Material: 1 Filmdose,
1 Brausetablette
1 Bogen Bastelkarton.

Durchführung: Fertigt aus Papier eine Raketenspitze und klebt sie auf den Boden der Filmdose. ↑7 Dann füllt ihr die Filmdose zu einem Viertel mit Wasser, gebt ein Bruchstück der Brausetablette hinein, verschließt die Dose und setzt sie schnell mit dem Deckel nach unten auf einen ebenen Startplatz. Nun könnt ihr den Start eurer Rakete beobachten.

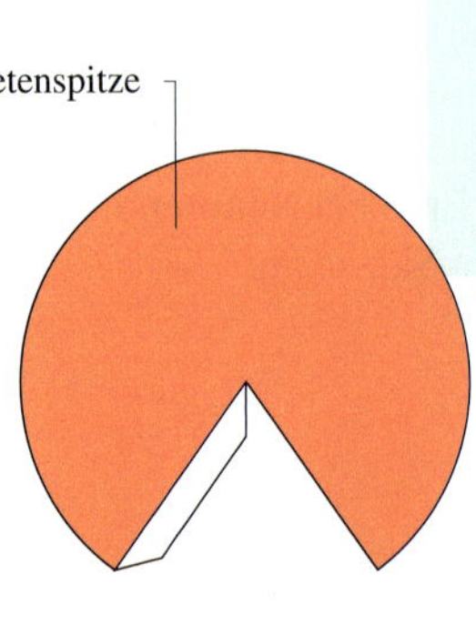

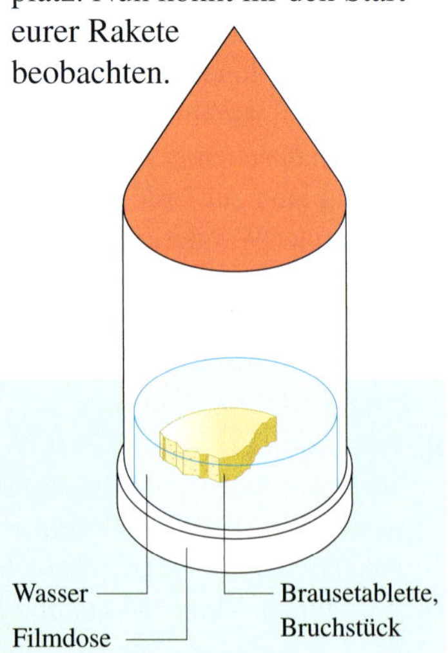

7

Historisches Von der Erde zum Mond und zu den Planeten

Der Science-Fiction-Autor JULES VERNE beschrieb den Flug zum Mond schon im Jahre 1865: „Um auf den Mond fliegen zu können, muss zuerst die Anziehung der Erde überwunden werden. Dazu ist eine sehr hohe Geschwindigkeit, 11 km in der Sekunde, nötig. In der riesigen Kanone, die den Namen *Columbiade* bekam, musste daher sehr viel Schießbaumwolle gezündet werden. Die 270 m lange Kanone wurde in ein tiefes Loch fest in den Berg eingegossen. Sonst hätte die Explosion die Kanone selbst zerstört. … Nach einem Jahr der Vorbereitungen wurde es ein erfolgreicher Start. … Nach dem ersten Schreck des Startes freuten sich die drei Mondfahrer, dass sie und die Kapsel ohne Schaden davongekommen waren. Sie feierten dies mit einem ausgiebigen Festessen. Begeistert blickten sie aus den Fenstern in das Weltall. – Zügig kamen sie dem Mond näher."

8 J. VERNE. Von der Erde zum Mond, Mondrakete beim Start

9 *Pioneer 10* – Botschaft von der Erde

10 Start von *Apollo 11*, 16. Juli 1969

11 Die ersten Menschen auf dem Mond, 20. Juli 1969

12 Marsoberfläche. Die steilen Hänge sind bis zu 8500 m, die Tafelberge im Vordergrund 1200 m hoch.

1 Beurteile, ob der Flug zum Mond so stattfinden konnte, wie ihn JULES VERNE beschrieb. Begründe deine Meinung.

2 Informiere dich über den ersten Flug der Menschen zum Mond. ↑10, 11 Schreibe dazu einen kurzen Bericht. (Wann, wer, wo, wie lange …?)

3 Das Bild ↑12 schickte die unbemannte Sonde *Mars Express* vom Mars zur Erde. Beschreibe was du auf dem Foto erkennst. Vergleiche die Marslandschaft mit einer auf der Erde.

4 Heute planen Wissenschaftler den Flug von Menschen zum Mars. Informiere dich über dieses Projekt.

5 Die Raumsonde *Pioneer 10* startete 1972 mit einer Botschaft in den Weltraum. ↑9 Wird die Botschaft jemals gelesen werden können? Begründe deine Meinung dazu.

6 Schreibe eine kurze Science-Fiction-Geschichte vom Flug einer bemannten Rakete zu einem fremden Sonnensystem. Wird dies einmal möglich sein?

Überblick

Mondphasen

Jeden Tag sieht der Mond etwas anders aus. Seine wechselnde Gestalt nennt man Mondphasen.

Der Mond wird von der Sonne beleuchtet. Eine Halbkugel des Monds ist daher immer hell. Die Mondphasen entstehen, weil wir von der beleuchteten Mondhalbkugel meist nur einen Teil sehen.

Bei zunehmendem Mond liegt die linke Mondseite teilweise im Schatten, bei abnehmendem Mond die rechte Seite.

Von einem Vollmond zum nächsten vergehen 29 Tage, 12 Stunden und 44 Minuten. In dieser Zeitspanne, einem Mondmonat, dreht sich der Mond genau einmal um die Erde. Aus diesem Grund sehen wir von ihm immer nur dieselbe Seite.

1

Alles klar?

1 Die Venus ist unser Nachbarplanet.

a Informiere dich, wann die Venus am Morgen- oder Abendhimmel sichtbar ist. Beobachte sie mit dem bloßen Auge und einem Fernglas und notiere dir ihre Position.

b Informiere dich, welche Planeten noch manchmal am Nachthimmel sichtbar sind.

2 Langzeitbeobachtung der Mondphasen

Beobachte den Mond von einem Vollmond zum nächsten. Zeichne dazu jeden Tag die Gestalt des Mondes und seine Position am Himmel auf – möglichst immer bei Sonnenaufgang oder bei Sonnenuntergang.

Zeichne auch den Stand der Sonne ein (unterhalb von „Westen", wenn sie gerade untergegangen ist; unter „Osten", wenn sie gerade noch nicht aufgeht).

Zu Neumond ist der Mond nicht zu sehen. Versuche Beobachtungslücken durch Abschätzen zu füllen.

3 Erkläre die Entstehung der Mondphasen anhand einer Zeichnung.

4 In welcher Phase befindet sich der Mond, wenn er trotz wolkenlosen Himmels eine ganze Nacht nicht zu Sehen ist?

5 Du hast den Mikrokosmos und den Makrokosmos kennen gelernt. Erstelle eine „Dimensionskarte": Ordne dabei Zelle, Milchstraße, Erde, Mensch, Ameise und Pantoffeltier der Größe nach und notiere jeweils die Größen.

Bewegung zu Lande, zu Wasser und in der Luft

Menschen, Tiere und
sogar Pflanzen bewegen sich.
Dafür benötigen sie alle Energie.
Auch ein Auto benötigt Energie,
damit es sich in Bewegung setzen kann.

Aspekte

1 Bei so einem Schuss wird im Körper zusammengearbeitet!

Bewegung ist Teamarbeit!

Hast du schon einmal darüber nachgedacht, welche Körperteile du brauchst, um dich bewegen zu können? Selbst beim einfachen Gehen sind nicht nur die Beine beteiligt.
Erkunde, wie Knochen, Gelenke, Muskeln und Sehnen sowie andere Organe deines Körpers bei der Bewegung zusammenspielen.

2 Wie schaffen es Vögel zu fliegen?

3 Woher bekommt mein Körper die Energie, um so eine sportreiche Leistung zu vollbringen?

4 Zum Springen braucht man kräftige Muskeln.

Auch Tiere sind fast immer in Bewegung – auf dem Land, im Wasser und in der Luft. Und sie erreichen erstaunliche Geschwindigkeiten.
Noch schneller als alle Tiere bewegen sich technische Geräte, die Menschen erfunden haben: Schiffe, Eisenbahnen, Autos, Flugzeuge, Raketen …
Und für jede Bewegung ist so etwas wie ein Treibstoff erforderlich.

5 Fische haben einen stromlinienförmigen Körper.

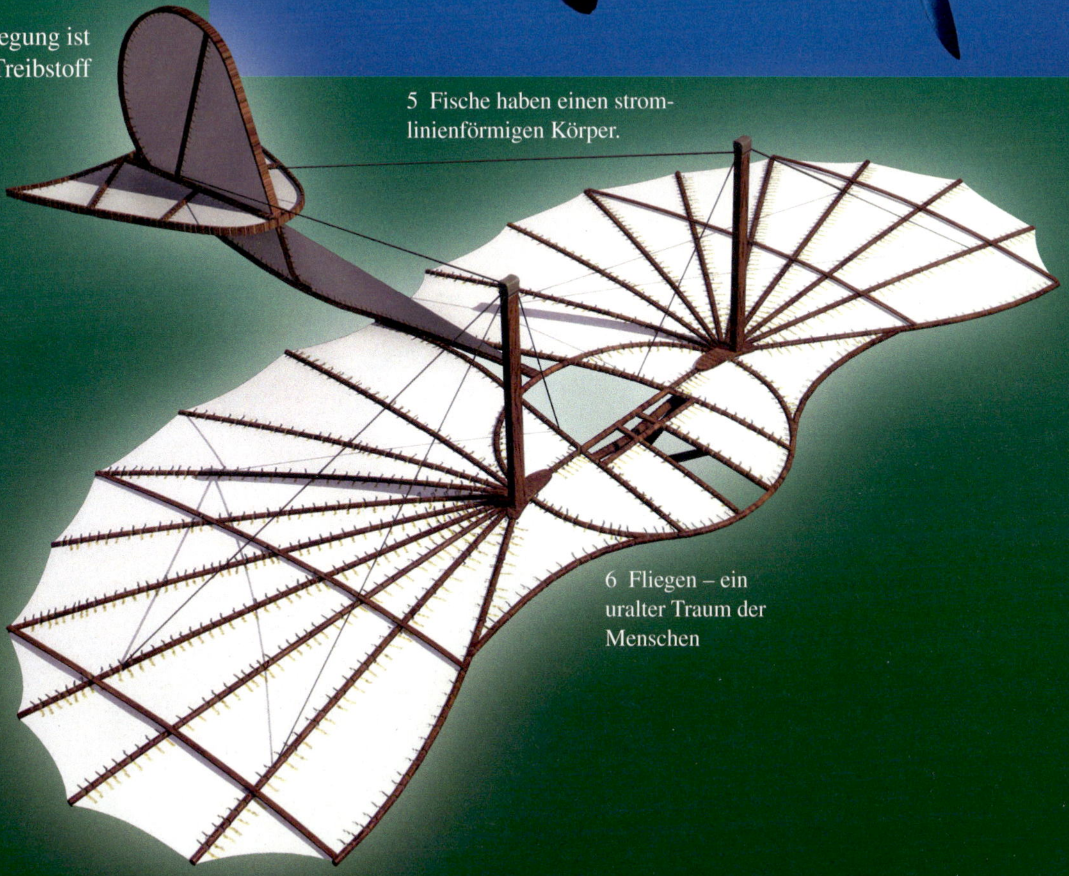

6 Fliegen – ein uralter Traum der Menschen

Bewegung als Teamarbeit

Akrobaten, Jongleure, Turner und viele andere Sportler erbringen beeindruckende Höchstleistungen. Sie müssen dafür bestens trainiert und rundherum fit sein. Grade bei manchen leicht aussehenden Bewegungen scheint alles im Körper vollkommen aufeinander abgestimmt zu sein. Bei Akrobaten dauert es oft Jahre, bis eine bestimmte Übung perfekt beherrscht und vorgeführt werden kann. Welche Teile unseres Körpers müssten wir speziell trainieren, damit sie fit für solche Höchstleistungen sind?

1 Artisten leisten Teamarbeit.

Beobachten Untersuchen Experimentieren

1 Jonglieren ist Übungssache
Versuche zunächst mit zwei, später mit drei Bällen zu jonglieren. Nenne mithilfe der Bilder Teile deines Körpers, die dabei mitwirken. ↑2

2 Teamarbeit im Körper?
Zeichne den Körperumriss des Jongleurs groß auf eine Seite in dein Heft. ↑2 Markiere mit verschiedenen Farben weitere Organe, die deiner Meinung nach beim Jonglieren aktiv sind. Ergänze diese in der Zeichnung. Beschrifte.

Kurzanleitung zum Jonglieren
1. *Wirf einen Ball etwa auf Kopfhöhe von der einen zur anderen Hand und zurück.*
2. *Nimm einen Ball in jede Hand. Wirf den Ball der linken Hand, wie du es gelernt hast. Der zweite Ball wird geworfen, wenn der erste Ball den höchsten Punkt der Flugkurve erreicht hat. Nun fang die Bälle nacheinander.*
3. *Nimm zwei Bälle in die rechte und einen in die linke Hand. Wirf nun, wie du es gelernt hast, rechts – links – rechts. Fang die Bälle in der Reihenfolge links – rechts – links. Viel Erfolg beim Üben!*

2 Was geschieht im Körper des Jongleurs?

GRUNDLAGEN: Körperorgane spielen zusammen

Standfestigkeit und Beweglichkeit Diese beiden Eigenschaften unseres Körpers sind beim Jonglieren besonders wichtig. Arme, Hände und Finger müssen gleichzeitig unterschiedliche Bewegungen durchführen. Die Muskeln bewegen dazu unsere Knochen an den Gelenken. Alles muss perfekt aufeinander abgestimmt sein, denn nur dann können die Bälle in der Luft gehalten werden. ↑2
Das Jonglieren erfordert gleichzeitig auch die Beteiligung weiterer Organsysteme. So nimmt der Jongleur mithilfe seiner Augen die Bewegung der Bälle ständig wahr.
Das Gehirn verarbeitet die Informationen und gibt „Anweisungen" an die Muskeln, entsprechende Bewegungen auszuführen. Dies geschieht natürlich auch bei so einfach erscheinenden Körperleistungen wie den Fingerbewegungen auf der Tastatur eines Computers. ↑4

Der ganze Körper ist beteiligt Im Sportunterricht stellst du beispielsweise bei Bewegungsspielen, aber auch bei kürzeren oder längeren Läufen fest, dass nicht nur Muskeln, Knochen, Gelenke und deine Augen im Team zusammenwirken. ↑3
Bei größerer Belastung beginnt das Herz schneller zu schlagen, die Anzahl der Pulsschläge, z. B. in einer Minute, wird größer.
Die Abstände zwischen den einzelnen Atemzügen werden deutlich kürzer. Bei großer Anstrengung, zum Beispiel bei einem Hindernislauf oder einem Radrennen, beginnt der Körper zu schwitzen, um die bei verstärkter Muskelarbeit zusätzlich frei werdende Wärme abzuleiten.

Kurz und knapp **Bewegungen erfordern das Zusammenspiel von Muskeln, Knochen und Gelenken. Dabei sind gleichzeitig weitere Organe beteiligt. Beispielsweise muss das Gehirn ständig Informationen verarbeiten und der Herzschlag sowie die Atmung können beschleunigt oder verlangsamt werden.**

3 Schülerin beim Joggen

Arbeitsaufträge

4 Bedienung der Computertastatur

1 Beschreibe die Bedeutung von Bewegungen für die Menschen auf den Fotos. ↑3 und 4
Welche Bewegungen sind für deinen Alltag besonders wichtig? Nenne Beispiele.

2 Suche dir eine Bewegung aus, die in deinem Alltag von besonderer Bedeutung ist. Benenne alle Körperteile, die an dieser Bewegung beteiligt sind.

3 Gibt es Tätigkeiten, bei denen entweder die Standfestigkeit (Stabilität) oder die Beweglichkeit in unserem Körper eine größere Rolle spielen?
Ordne Tätigkeiten aus deinem Alltag diesen beiden Kriterien zu.
Nenne Tätigkeiten, die sich nicht eindeutig zuordnen lassen. Begründe deine Meinung.

Stabilität und Beweglichkeit des Körpers

Manchmal denkt man erst bei einem Knochenbruch darüber nach, was unser Skelett leistet. Mit einem gebrochenen Bein können wir nicht mehr laufen, springen oder Fußball spielen. Doch zum Glück können unsere Knochen wieder zusammenwachsen.
Damit ein Bruch gut verheilt, müssen die Knochen ruhig gehalten werden. Bei Arm- und Beinbrüchen wird deshalb oft ein Gipsverband angelegt. Den Rest erledigt unser Körper allein.
Welche Eigenschaften muss ein Knochen haben, damit er all das leisten kann?

1 Knochenbruch: Röntgenaufnahme (links) und eingegipster Arm (rechts)

Beobachten Untersuchen Experimentieren

1 Wir untersuchen Knochen
Material: 3 Hähnchenknochen, verdünnte Salzsäure, Gasbrenner, Wasser
Sicherheitshinweis: Verdünnte Salzsäure reizt Haut und Augen! Schutzbrille tragen!
Durchführung: Halte einen Hähnchenknochen in die Flamme eines Gasbrenners.
Gib einen anderen in verdünnte Salzsäure und wasche ihn anschließend gut mit Wasser ab. Ein dritter Knochen bleibt zur Kontrolle unbehandelt.
Auswertung:
a Beschreibe die Eigenschaften der Knochen nach deren Behandlung.
b In den Knochen waren vor der Behandlung beide Eigenschaften vereint. Welche Vorteile erkennst du darin? Begründe.

2 Die Belastbarkeit von Röhrenknochen
Unsere großen Knochen sind wie eine Röhre gebaut. Die Belastbarkeit dieser Knochen kannst du in einem Modellversuch untersuchen.
Dafür stehen dir folgende Materialien zur Verfügung: DIN-A4-Papier, Dreifuß, Kordel, Schere und Wägestücke.
Überlege, wie du die folgende Behauptung überprüfen kannst: Röhrenförmige Knochen sind belastbarer als gleich große Knochen mit einem anderen Aufbau.

Schon gewusst?

Kinder besitzen bei der Geburt etwa 350 weiche Knochen, die im Laufe der weiteren Entwicklung zum Teil miteinander verschmelzen.
Die meisten Erwachsenen haben 206 Knochen.

GRUNDLAGEN: Das Skelett trägt und schützt unseren Körper

Das Skelett im Überblick Dein aus zahlreichen Knochen aufgebautes Stützgerüst, das Skelett, ermöglicht dir im Zusammenspiel mit den Muskeln und Gelenken eine große Beweglichkeit.

Zum Skelett des Menschen gehören mehrere Hauptabschnitte: das Kopfskelett (Schädel), das Rumpfskelett (Wirbelsäule, Brustkorb, Schulter- und Beckengürtel) und das Gliedmaßenskelett (Arm- und Beinskelett). ↑2

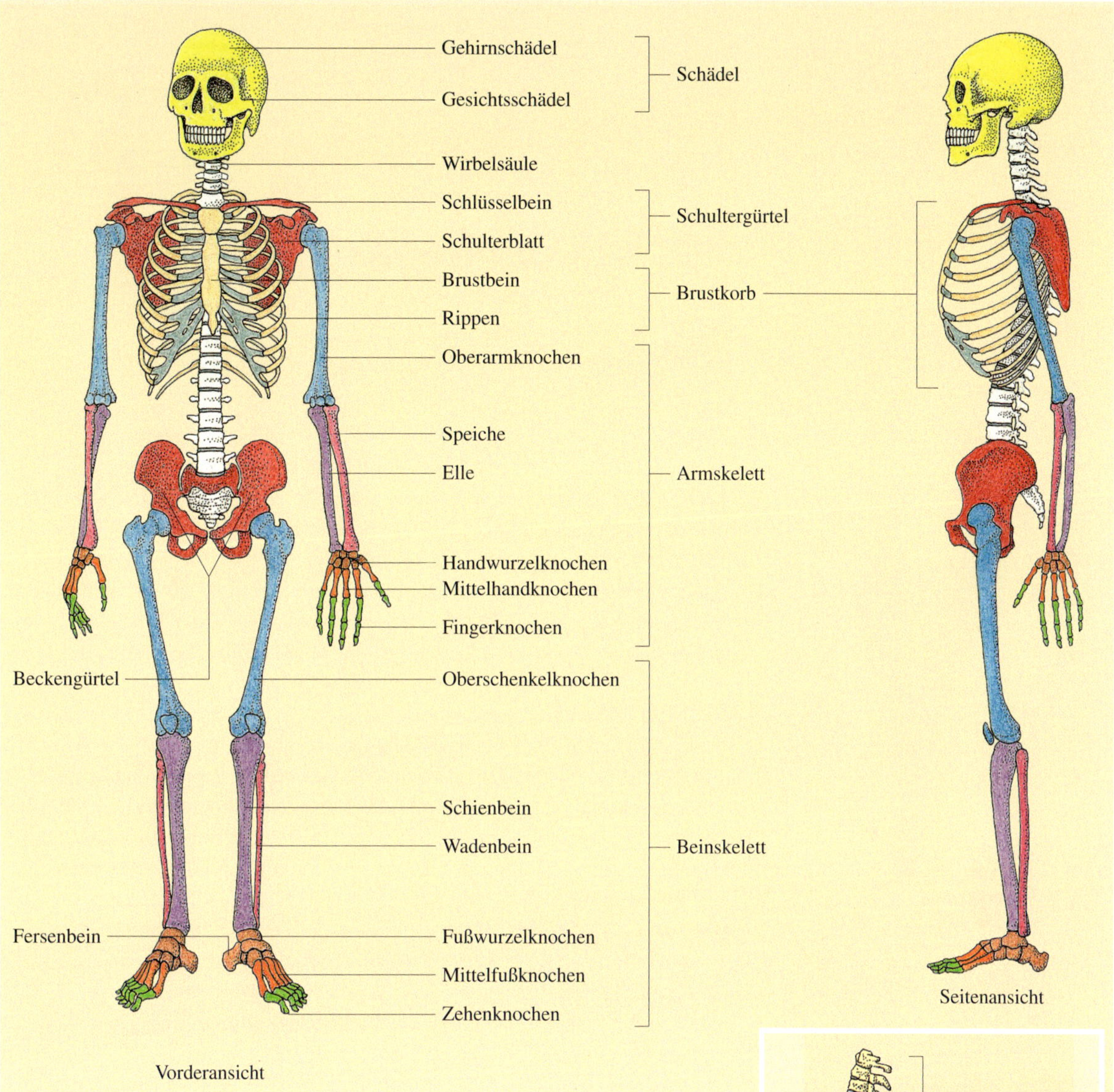

2 Skelett des Menschen

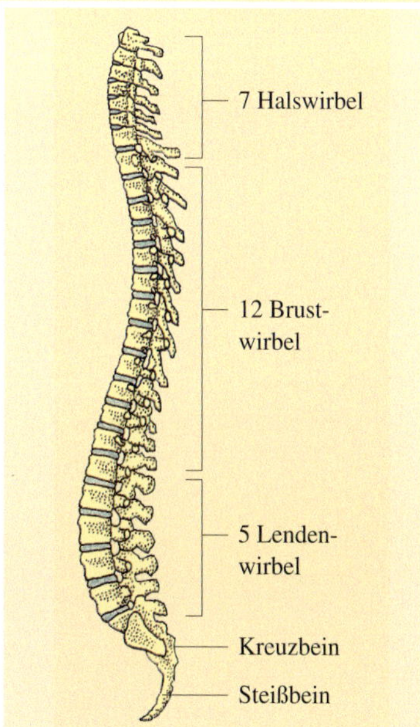

3 Wirbelsäule von der Seite

Schädel Der Schädel besteht aus Gesichts- und Gehirnschädel. Der Gesichtsschädel ist ein kompliziert zusammengesetztes Mosaik einzelner Knochen, die, bis auf den Unterkieferknochen, fest miteinander verwachsen sind. Oberkiefer und Unterkiefer tragen die Zähne. Der Gehirnschädel ist aus harten Knochen aufgebaut.

Wirbelsäule Sie trägt den Kopf und ist mit Brustkorb sowie Schulter- und Beckengürtel verbunden. Die Wirbelsäule besteht aus walzenförmigen Knochen, den Wirbeln, die gegeneinander beweglich sind. ↑S. 10/2
Im unteren Teil der Wirbelsäule, dem Kreuzbein und Steißbein, sind einige Wirbel miteinander verwachsen und deshalb unbeweglich.
Zwischen den Hals-, Brust- und Lendenwirbeln befinden sich jeweils polsterartige Kissen, die Zwischenwirbelscheiben (Bandscheiben).

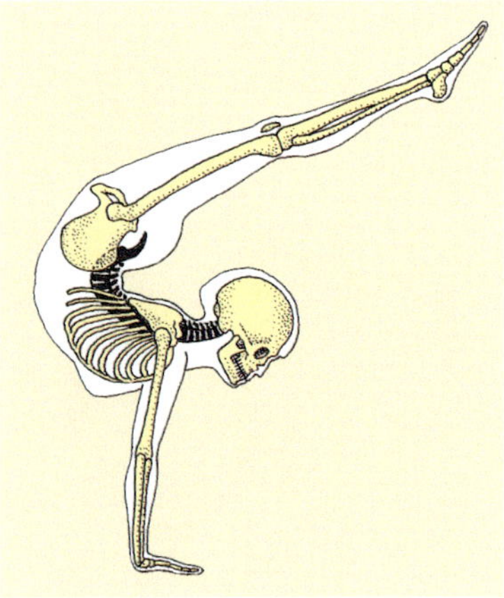

1 Die Wirbelsäule ist sehr biegsam.

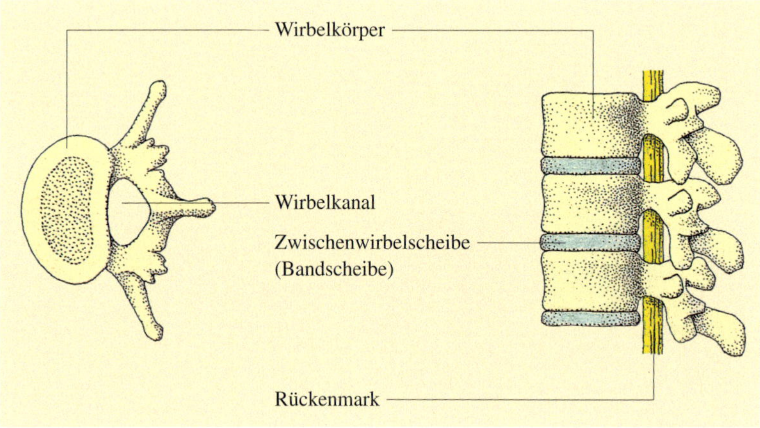

2 Wirbel von oben und von der Seite

3 Oberschenkelknochen

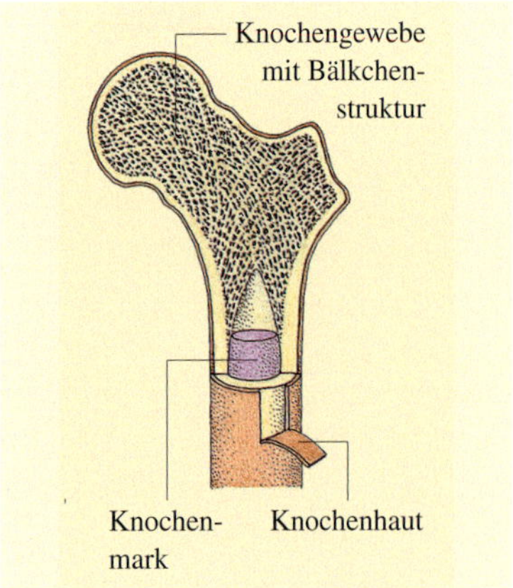

4 Aufbau eines Röhrenknochens

Durch einen gallertartigen Kern besitzen sie eine federnde Wirkung, ähnlich einem Wasserkissen. Diese Bandscheiben schwächen Stöße ab und erhöhen die Beweglichkeit der Wirbelsäule.
In jedem Wirbel befindet sich weiterhin ein Hohlraum, der Wirbelkanal. In ihm verläuft das Rückenmark. Die knöchernen Teile der Wirbelsäule umgeben und schützen diesen empfindlichen Teil des Nervensystems.

Brustkorb 12 Paar Rippen bilden zusammen mit dem Brustbein und den Brustwirbeln den Brustkorb. Die oberen Rippenpaare sind durch Knorpelgewebe mit dem Brustbein verbunden, die unteren Rippen enden frei.
Beim Einatmen spürst du, wie sich dein Brustkorb hebt; er ist über Gelenke, Bänder und Knorpel beweglich mit der Wirbelsäule verbunden. Innere Organe wie Lunge und Herz werden vom Brustkorb geschützt.

Arm- und Beinskelett Unsere Gliedmaßen sind über Schulter- bzw. Beckengürtel beweglich mit dem Rumpf verbunden. Lange, röhrenförmige Knochen bilden die kräftigen Oberarm- und Oberschenkelknochen. ↑3
Hand- und Fußskelett bestehen aus zahlreichen kleinen Knochen.

Bau der Knochen Der Oberschenkelknochen ist lang gestreckt, die Wirbel sind kurz, ein plattenförmiger Knochen bildet das Schulterblatt. Obwohl sie verschieden aussehen, sind alle Knochen ähnlich gebaut.
In der Knochenhaut liegen zahlreiche Blutgefäße zur Ernährung und Sauerstoffversorgung sowie Nerven, die Informationen aufnehmen und weiterleiten. Unter der dünnen Knochenhaut liegt das Knochengewebe. Röhrenknochen besitzen außerdem einen inneren Hohlraum, der mit Knochenmark angefüllt ist. Das rote Knochenmark ist vor allem an der Blutbildung beteiligt. ↑4
Die bälkchenartige Struktur des Knochengewebes, die eingelagerten Kalksalze und die Knochenzellen bewirken die große Festigkeit.

Kurz und knapp **Das menschliche Skelett besteht aus Schädel, Wirbelsäule, Brustkorb, Schulter- und Beckengürtel sowie Arm- und Beinskelett. Knochen ermöglichen Bewegungen, sie tragen und stützen den Körper. Außerdem schützen sie innere Organe.**

GRUNDLAGEN: Gelenke ermöglichen Beweglichkeit

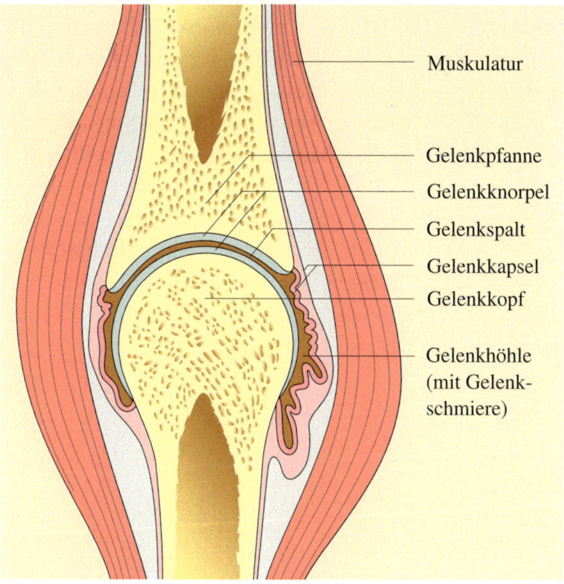

5 Aufbau eines Gelenks

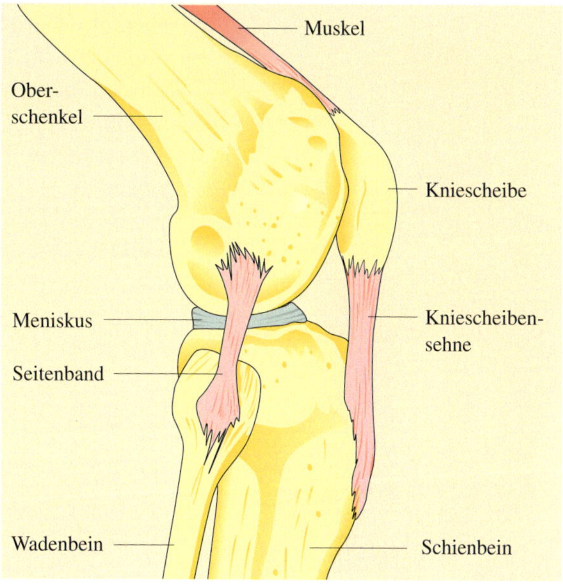

6 Aufbau des Kniegelenks

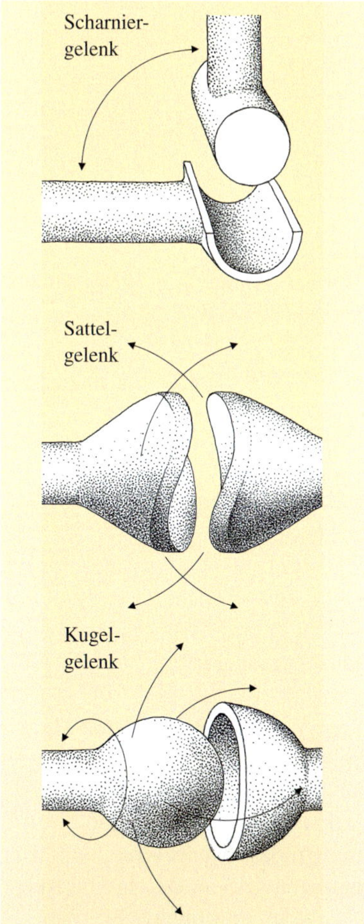

7 Gelenktypen

Gelenke Viele Knochen unseres Körpers sind durch Gelenke beweglich miteinander verbunden. Das gewölbte Ende des einen Knochens, des Gelenkkopfes, liegt in einer Vertiefung des anderen Knochens, der sogenannten Gelenkpfanne. ↑5
Beide Knochenenden sind mit einer glatten Knorpelschicht überzogen, durch den Gelenkspalt getrennt und von einer Gelenkkapsel umhüllt. Im Innern der Kapsel befindet sich zähflüssige Gelenkschmiere. Sie verringert, ähnlich wie Schmieröl bei Maschinenteilen, die Reibung und den Verschleiß der Gelenkflächen.
Fehlende Gelenkschmiere führt zur Abnutzung der Knorpelschicht und verursacht sehr starke Schmerzen.
Kräftige Gelenkbänder, wie die Seitenbänder des Kniegelenks, verbinden die Knochen und sichern das Gelenk, es kann deshalb auch starken Zug aushalten. ↑6

Beweglichkeit Die Beweglichkeit eines Gelenks ist im Wesentlichen abhängig von der Beschaffenheit des Gelenkkopfes und der Gelenkpfanne. Je flacher die Gelenkpfanne und je runder der Gelenkkopf, desto größer die Beweglichkeit.
Nach der Beweglichkeit und dem Bau der Gelenke unterscheidet man verschiedene Gelenktypen: Scharniergelenke (z. B. Oberarm-Elle-Gelenk) erlauben Bewegungen nur in eine Richtung, Sattelgelenke (z. B. Handwurzel-Mittelhandknochen-Gelenk des Daumens) in zwei Richtungen. Kugelgelenke (z. B. Schulter- und Hüftgelenk) sind am beweglichsten und in alle Richtungen drehbar. ↑7

Kurz und knapp **Die starren Knochen des Skeletts sind an Gelenken zueinander beweglich. Dadurch wird die Beweglichkeit des gesamten Körpers ermöglicht.**

GRUNDLAGEN: Muskeln führen Bewegungen aus

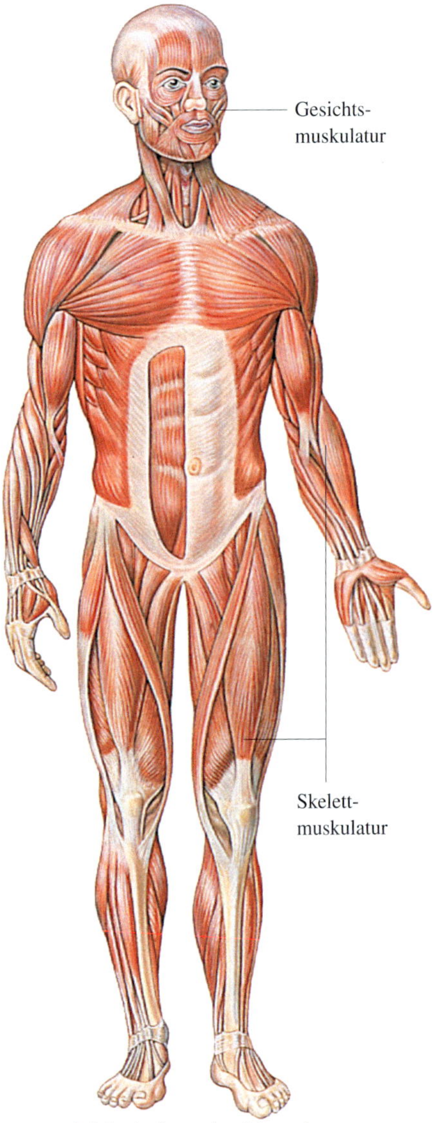

1 Muskulatur des Menschen

Muskeln Der Mensch hat etwa 600 Muskeln mit unterschiedlichen Funktionen. Auch die inneren Organe (z.B. Verdauungsorgane, Blutgefäße) werden durch Muskeln bewegt. Diese Eingeweidemuskeln funktionieren unwillkürlich. Ein Großteil der Muskeln bewegt unser Skelett oder bestimmt unsere Mimik im Gesicht. Diese Muskeln können wir willkürlich bewegen. ↑1

Skelettmuskulatur Die Skelettmuskeln sind durch nicht dehnbare Sehnen mit Knochen verbunden und können ihre Kraft so auf die Knochen übertragen. Zieht sich beispielsweise der Armbeuger zusammen, kannst du den Arm anheben. ↑2

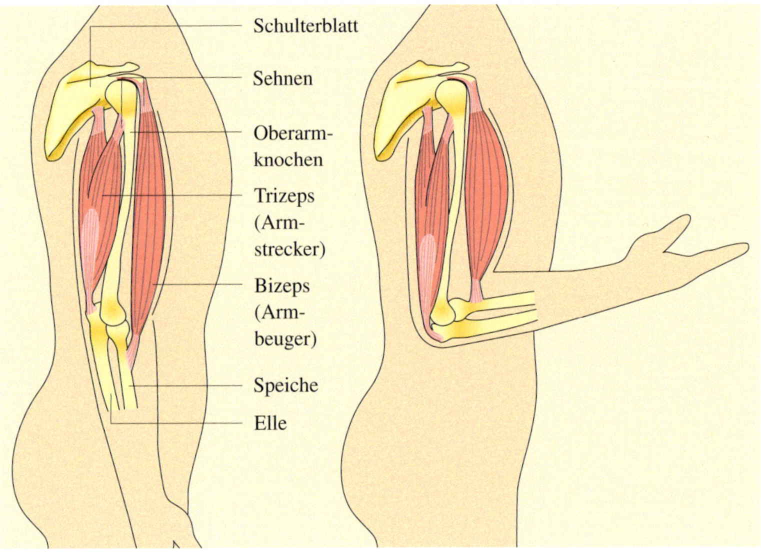

2 Armbeuger und Armstrecker als Gegenspieler beim Heben (rechts) und Senken (links) des Arms

Kurz und knapp **Skelettmuskeln bewegen die Knochen an den Gelenken und führen so die Körperbewegungen aus. Sie können sich aktiv zusammenziehen und müssen durch einen Gegenspielermuskel wieder gestreckt werden.**

Arbeitsaufträge

1 Stelle Bewegungsmöglichkeiten der verschiedenen Gelenktypen in einer Tabelle zusammen.

2 Im Alltag findest du Gebrauchsgegenstände mit Gelenkfunktion. Ordne jedem Gelenktyp zwei Gegenstände zu.

3 Nicht alle Knochen in unserem Körper sind durch Gelenke beweglich miteinander verbunden. Nenne Knochen, die starr zueinander sind.

4 Erläutere die Funktion der Gelenkschmiere.

5 Erkläre das „Gegenspielerprinzip“ anhand der Vorgänge beim Beugen und Strecken des Arms. ↑2 Beschreibe dabei die Veränderungen an den Muskeln und Armknochen.

6 Viele Übungen zur Stärkung der Muskulatur trainieren nur wenige Muskeln. Günstiger sind Übungen, bei denen größere Muskelgruppen gleichzeitig beansprucht werden. Beschreibe eine solche Übung aus deinem Sportunterricht.

7 Baue ein einfaches Modell der Wirbelsäule.
Reihe dazu abwechselnd 24 durchbohrte Holzscheiben (z. B. aus dem Bastlerbedarf) und Schaumgummischeiben gleichen Durchmessers auf einen dicken Draht auf.
Beginne und ende mit einer Holzscheibe.
Damit das Modell nicht zerfällt, müssen die Enden des Drahtes mithilfe einer Zange umgebogen werden.
Welche Teile des Modells entsprechen welchen Teilen der Wirbelsäule?
Versuche nun deine selbst gebaute Modellwirbelsäule zu verbiegen.
Was kannst du über ihre Beweglichkeit berichten?
Beobachte besonders die Schaumgummischeiben beim Verbiegen des Drahtes.
Welche Schlussfolgerungen lassen sich ziehen?

8 Beschreibe den Aufbau eines Gelenks.
Nutze dazu die Abbildungen im Lehrbuch. ↑S. 11/5

9 Bewege verschiedene Gelenke deines Körpers, stelle die Bewegungsmöglichkeiten fest, berichte darüber und demonstriere sie.

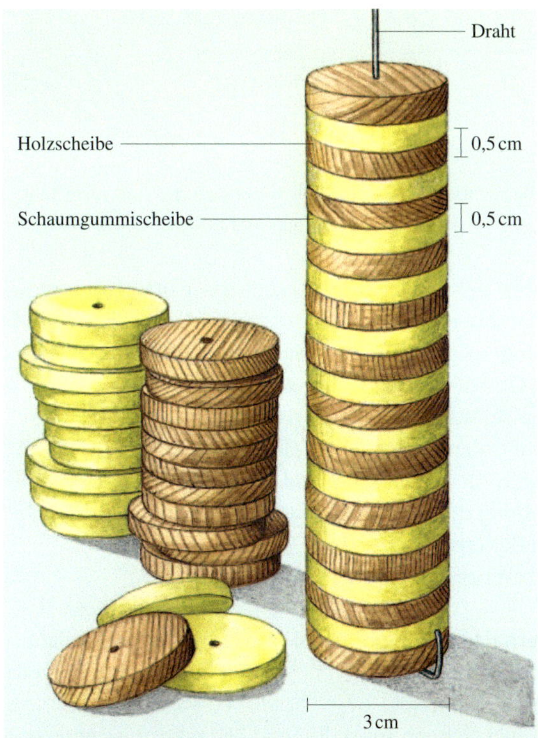

3 Modell der Wirbelsäule

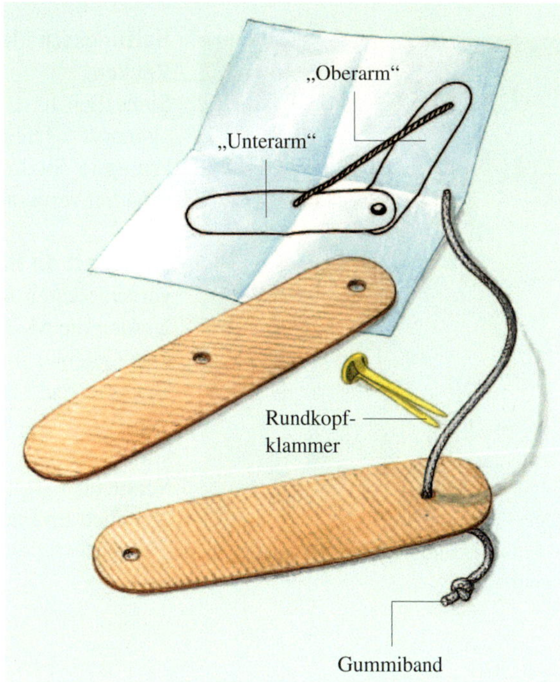

4 Modell des Ellenbogengelenks

10 Baue ein Ellenbogengelenk aus Pappe.
Schneide hierzu zwei längliche Formen zurecht.
Bohre an den Überlappungen ein Loch durch die beiden Pappteile und verbinde diese mit einer Rundkopfklammer.
So entsteht eine bewegliche Verbindung.
Bohre weitere Löcher, wie auf der Abbildung gezeigt, und verbinde diese durch ein elastisches Gummiband geeigneter Länge.
Verknote die Gummibandenden auf der Rückseite. Vergleiche das Modell mit dem Ellenbogengelenk.
Bewege nun den „Unterarm“.
Welche Fähigkeiten besitzt das Gelenk?
Ordne es einem Gelenktyp zu.
Was zeigt das Ellenbogengelenkmodell, was zeigt das Modell nicht?

11 Wie ermöglichen Armbeuger und Armstrecker die Bewegung des Unterarms?
Wende deine Kenntnisse auch auf die Bewegung des Unterschenkels an.

12 Beschreibe den inneren Bau der Skelettmuskulatur.

13 Erkläre und begründe den besonderen Bau der Kniegelenke.

GRUNDLAGEN: Schädigungen des Bewegungssystems und deren Vorbeugung

1 Falsches und richtiges Tragen der Schultasche

Haltungsschäden „Sitz gerade!“, „Trage deine Schultasche auf dem Rücken!“
Sicherlich hast du diese Sätze schon oft gehört, und sie haben dich oft „genervt“. Diese Hinweise sind jedoch berechtigt, denn dauernde gekrümmte Sitzhaltung und einseitige Körperbelastung können Haltungsschäden verursachen.

So beugst du Haltungsschäden vor Wechselt man aber ständig zwischen verschiedenen Arbeits- und Ruhehaltungen (z.B. Sitzen, Stehen, Liegen), werden die Muskeln gespannt und entspannt. Dadurch werden die Bänder und Gelenke unterschiedlich belastet und entlastet und die Wirbelsäule wird gestreckt und gewölbt.
Wenn du das alles berücksichtigst, kannst du selbst Haltungsschäden vorbeugen.
Versuche möglichst viele Teile deines Körpers gleichermaßen zu beanspruchen und zu bewegen. Fitnessübungen, Schwimmen, Radfahren und Wandern sind dazu sehr geeignet.

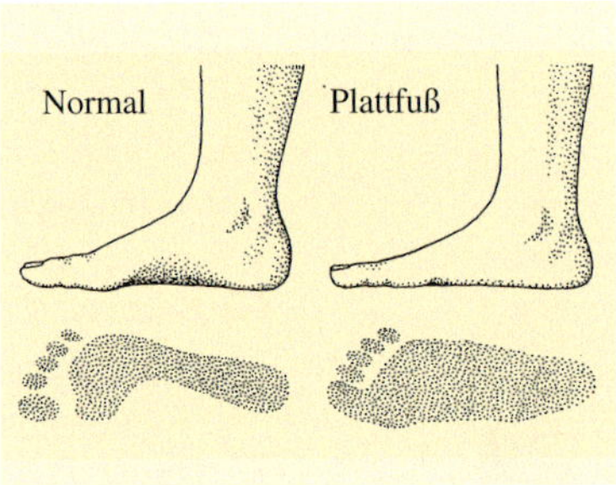

2 Ausbildung des Fußgewölbes

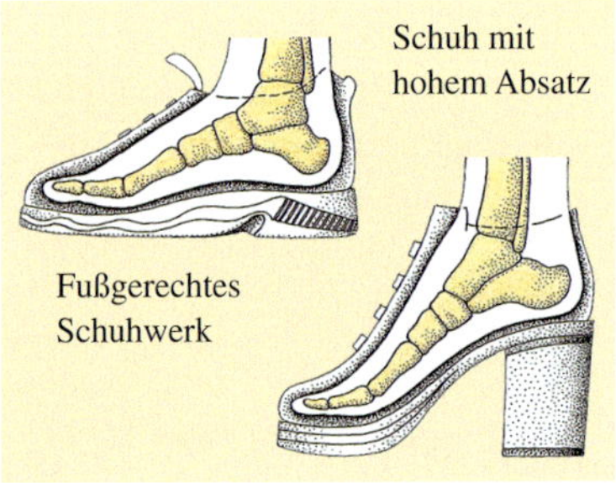

3 So wirkt sich die Lastverteilung in flachen und hohen Schuhen aus.

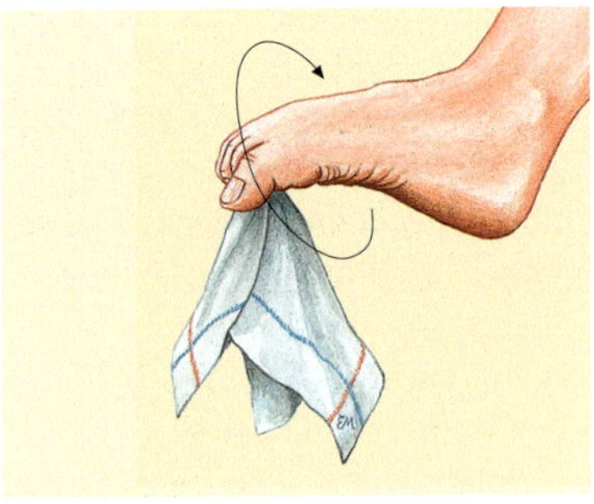
4 Das Ergreifen und Kreisenlassen eines Taschentuches ist eine geeignete Übung zur Stärkung der Fußmuskulatur.

Fußschäden Wenn du gehst oder stehst, lastet das ganze Körpergewicht auf deinen Beinen und Füßen. Diese Belastung erfordert ein kräftiges Fußskelett. Die Füße sind so geformt, dass die Fußknochen durch Muskeln und Bänder wie ein Gewölbe zusammengehalten werden.
Sind die Muskeln zu schwach, senkt sich das Gewölbe (Senkfuß) und die ganze Fußsohle berührt den Boden (Plattfuß). ↑2
Andere Fehlbildungen sind Knickfuß und Spreizfuß. Ein Knickfuß ist durch die Schrägstellung des Fersenbeins gekennzeichnet, beim Spreizfuß ist der Vorderfuß stark verbreitert.
Das Gehen und Stehen bereitet in jedem Fall Schmerzen.

Die Füße gesund erhalten Fußgymnastik stärkt die Fußmuskulatur und beugt solchen Erscheinungen häufig vor. ↑4 Vermeide auch Übergewicht und Bewegungsmangel.
Wähle beim Kauf deiner Schuhe sorgfältig und bedenke, dass enge und zu spitze Schuhe deine Füße bei ständigem Tragen verformen. Schuhe mit hohen Absätzen belasten den Vorderfuß zu stark, dies führt ebenfalls zu Fehlbildungen. ↑3

GRUNDLAGEN: Verletzungen und Erste-Hilfe-Maßnahmen

Thomas und seine Freunde sind eifrige Rollerskater. Jeder will der Beste sein, und heute wollen sie testen, wer der schnellste Skater ist. Der Start läuft gut, doch dann will Thomas noch schneller sein: Er holt Schwung ... und ... verliert das Gleichgewicht. Der Sturz ist sehr schmerzhaft. Thomas kann den rechten Arm nicht mehr bewegen, ohne aufzuschreien. Ein Freund stellt den Arm ruhig und bringt Thomas zum Arzt, der einen Knochenbruch feststellt. ↑6

Verhalten bei Verletzungen Plötzliche oder übermäßige Belastung der Knochen oder der Muskulatur können zu Verletzungen führen. Über häufige Verletzungen, ihre Erscheinungsbilder und Gegenmaßnahmen solltest du informiert sein. Dann kannst du in einer Unfallsituation das Richtige tun und den Verletzten vor Folgeschäden bewahren. Im Zweifelsfall, bei starken Schmerzen oder wenn ein Körperteil nicht mehr bewegt werden kann, sollte immer ein Arzt aufgesucht werden.

Art der Verletzung	Erscheinungsbild	Gegenmaßnahmen
Verstauchung	Überdehnung eines Gelenks, meist verbunden mit einem Bluterguss, da Risse in der Gelenkkapsel und Zerrungen der Gelenkbänder auftreten	Kühlen des Gelenks und Anlegen eines Stützverbandes!
Verrenkung	Der Gelenkkopf springt aus der Gelenkpfanne und verbleibt in einer unnatürlichen Stellung.	Körperteile ruhigstellen und einen Arzt aufsuchen!
Knochenbruch	Ein Knochen bricht und verbleibt oft in einer unnatürlichen Stellung. Bei einem geschlossenen Bruch bleibt die Haut über der Bruchstelle unverletzt. Bei einem offenen Bruch hat sich an der Bruchstelle eine offene Wunde ausgebildet.	Ruhigstellen des gebrochenen Knochens und der benachbarten Gelenke. Offene Wunden keimfrei abdecken. Ärztliche Hilfe ist erforderlich (Gipsverband)!
Muskelzerrung	Plötzliche Überlastung eines „kalten" Muskels, wobei einzelne Muskelfasern beschädigt werden können.	Vor allem Ruhigstellen des verletzten Körperteils!

Kurz und knapp **Unser Skelett und unsere Muskulatur sind sehr leistungsfähig. Körperlich-sportliche Betätigung kräftigt unser Bewegungssystem, kann aber auch zu Verletzungen führen.**
Wer Verletzungen am Erscheinungsbild erkennt und die richtigen Gegenmaßnahmen einleitet, kann schlimmere Folgen verhindern.

5 Thomas kurz nach dem Sturz

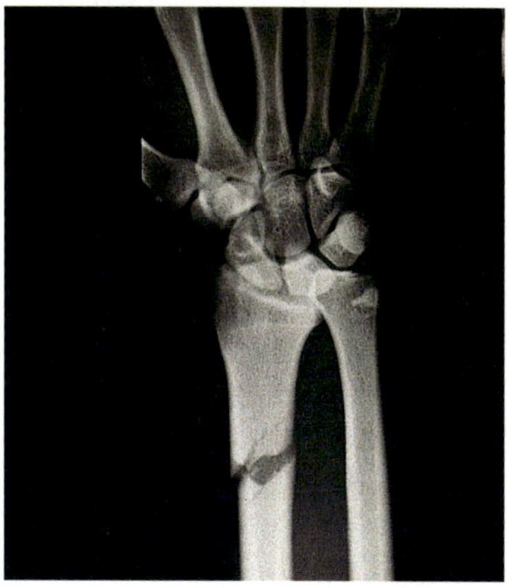

6 Der Knochenbruch im Röntgenbild

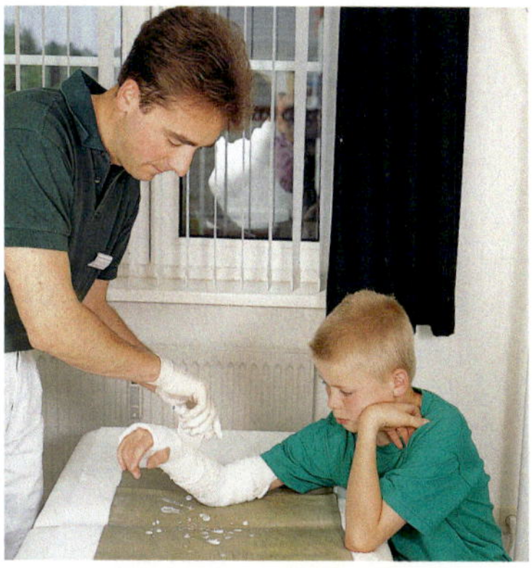

7 Ein Gipsverband wird angelegt.

Arbeitsaufträge

1 Kontrolliere deine Körperhaltung beim Schreiben und beim Tragen der Schultasche. Vergleiche mit der Sitz- und Körperhaltung deiner Mitschüler.
Was stellst du fest?

2 Welche Sportarten sind nach langer sitzender Tätigkeit besonders zu empfehlen? Begründe.

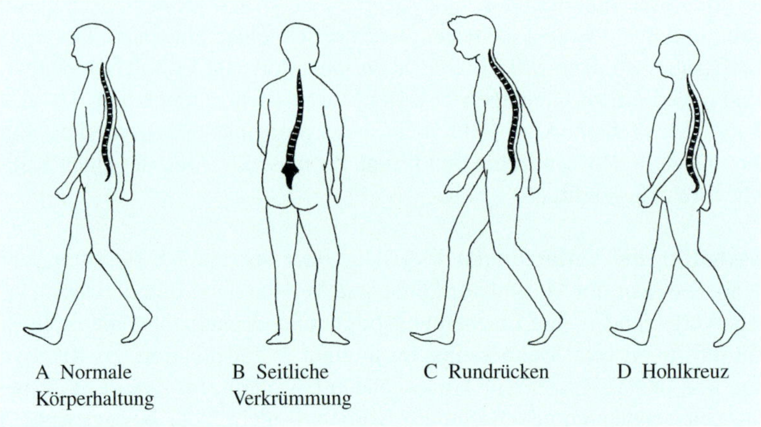

1 Normale Körperhaltung und Haltungsschäden im Vergleich

3 Sitzt du in diesem Moment aufrecht? Wenn nicht, dann achte einmal ganz bewusst auf deine Körperhaltung.
Überlege, warum andauernde falsche Haltungen beim Sitzen, Stehen oder Heben zu Haltungsschäden führen können.
Die Abbildungen der Wirbelsäule ↑1 zeigen häufige Haltungsschäden. Vergleiche diese Abbildungen mit den verschiedenen Tätigkeiten. ↑2
Ordne den Zeichnungen die Haltungsschäden zu, die bei der dargestellten Körperhaltung eintreten können.

2 Falsche Körperhaltungen können zu Haltungsschäden führen.

4 Weshalb haben unsere Füße ein „Gewölbe"?
Führe den in der Abbildung ↑3 dargestellten Modellversuch durch.
Dazu benötigst du 2 gleich dicke Bücher, Zeichenkarton und ein 50-g-Gewicht.
Beobachte und beschreibe deine Versuchsergebnisse. Begründe nun, weshalb unsere Füße ein Gewölbe haben.

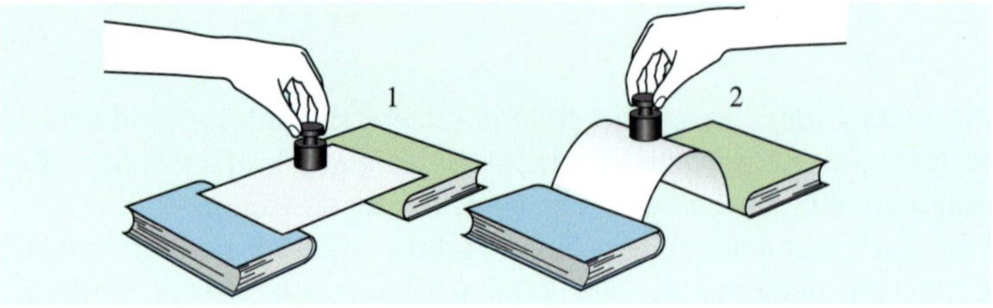

3

4 und 5 Bewegung macht Spaß

5 Räkeln wie eine Katze

Räkle dich im Sitzen wie eine Katze beim Aufwachen. Neben dem Räkeln kommt es dabei auf das Dehnen und Strecken an. ↑6

6

6 Äpfel pflücken

Pflücke auf Zehenspitzen einen „Apfel“ nahe der Decke des Klassenzimmers. Lege ihn in der Hocke in einen „Korb“ am Boden. ↑7 Pflücke dann den nächsten. Wechsle linke und rechte Hand ab.

7

7 Rennen im Quadrat

Zeichnet mit weißer Kreide ein Quadrat auf den Schulhof (10 m · 10 m). In das Quadrat werden mit roter, blauer, grüner und gelber Kreide je 15 Kreise gezeichnet (jeweils so groß wie ein Handball).

Alle Mitspieler stellen sich um das Quadrat herum.

Nach dem Startpfiff muss jeder auf die andere Seite gelangen, darf aber nur auf rote Kreise treten.

8 Der wandernde Reifen

Alle Mitspieler bilden einen Kreis und halten sich dabei an den Händen. Nun versucht einer nach dem anderen durch einen Hula-Hoop-Reifen zu steigen und ihn im Kreis wandern zu lassen. ↑8

8

9 Dehnungsübungen (Stretching)

Übungen zur Lockerung und Dehnung der Muskulatur, der Bänder und der Sehnen wärmen den Körper auf. ↑9 Warmlaufen hat die gleiche Wirkung.

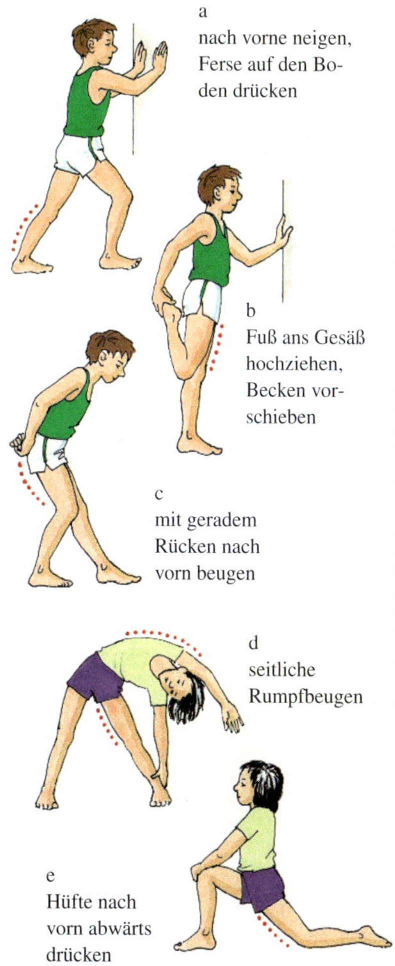

9

Arbeitsaufträge

10 Gelenkigkeitsübungen
Die folgenden Übungen a, b und c beugen Schäden an der Wirbelsäule vor; sie fördern die aufrechte Körperhaltung. ↑1 Die Übungen d, e und f dienen dem Ausgleich des Hohlkreuzes; sie machen die Wirbelsäule im Bereich der Lendenwirbel beweglicher.

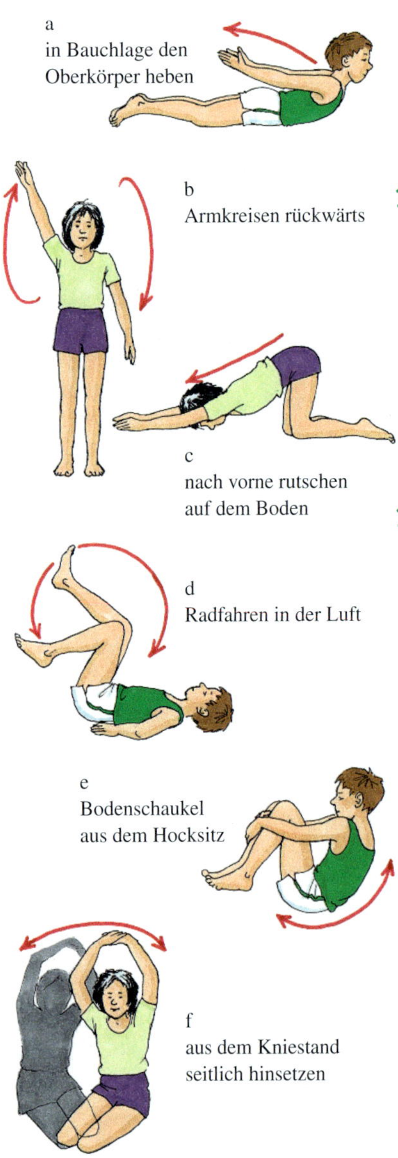

1

11 Verknoten und entknoten
Fasst euch durcheinander an den Händen an. ↑2 Versucht dann den Knoten zu entwirren. Loslassen dürft ihr die Hände dabei aber nicht!

2

12 Sport macht durstig
Bei körperlicher Anstrengung verlierst du durch Schwitzen viel Wasser. Wer Sport treibt, muss viel trinken. Es eignen sich vor allem Mineralwässer und Fruchtsäfte. Sie enthalten viel Mineralsalze und wenig Zucker.

13 Schwitzen gehört dazu
Schwitzen ist wichtig, denn dadurch wird überschüssige Körperwärme abgeführt. Dazu muss aber die Sportkleidung Feuchtigkeit aufnehmen und nach außen transportieren können.
Frage im Sportgeschäft nach, welche Kleidungsstücke schnell trocknen.
Nach dem Schwitzen muss man sich gründlich waschen oder duschen. ↑3
Das verhindert Körpergeruch und die Vermehrung von Bakterien.

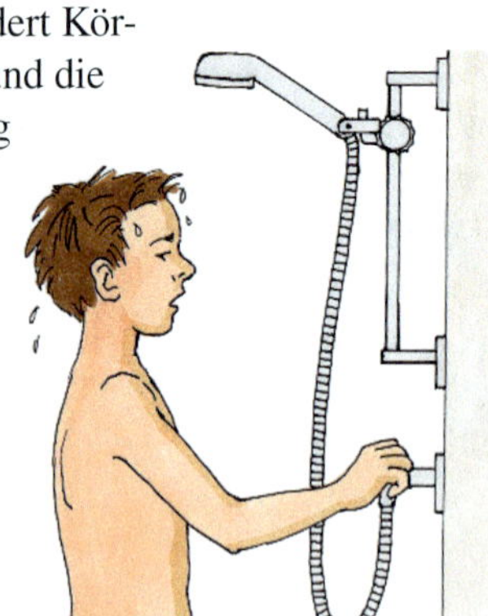
3

14 Warnzeichen
Sport kann auch riskant sein. Deshalb ist es wichtig, auf Warnzeichen deines Körpers zu achten.

15 Seitenstechen
Das bekommst du, wenn du die körperliche Belastung zu schnell steigerst, falsch atmest oder kurz vor dem Training gegessen hast.

4

16 Muskelkater
Dieser tritt nach einer übermäßigen Anstrengung auf, wenn du ungenügend trainiert bist. Feinste Verletzungen im Muskelgewebe sind dafür die Ursache. Die nächsten Trainingseinheiten solltest du etwas verringern und dann erst wieder langsam steigern.

5

Stabilität
Alle Knochen im Körper bilden zusammen das Skelett. Es stützt unseren Körper, bestimmt seine Form und ermöglicht uns Bewegung.
Beim Erwachsenen besteht es aus über 200 Knochen. Sie unterscheiden sich in Größe und Form und haben verschiedene Aufgaben. Lange, röhrenförmige Knochen können viel Gewicht tragen. Flache, gewölbte Knochen umgeben wie ein Schutzmantel wichtige Organe.

Bewegung
Das Skelett bildet die Stütze des Körpers. Gelenke machen Knochen gegeneinander beweglich. Muskeln und Knochen sind durch Sehnen verbunden. Mithilfe der nach dem „Gegenspielerprinzip" arbeitenden Skelettmuskeln können wir Körperbewegungen ausführen. Muskeln können sich zusammenziehen und wieder erschlaffen und so die Knochen an den Gelenken bewegen.

6

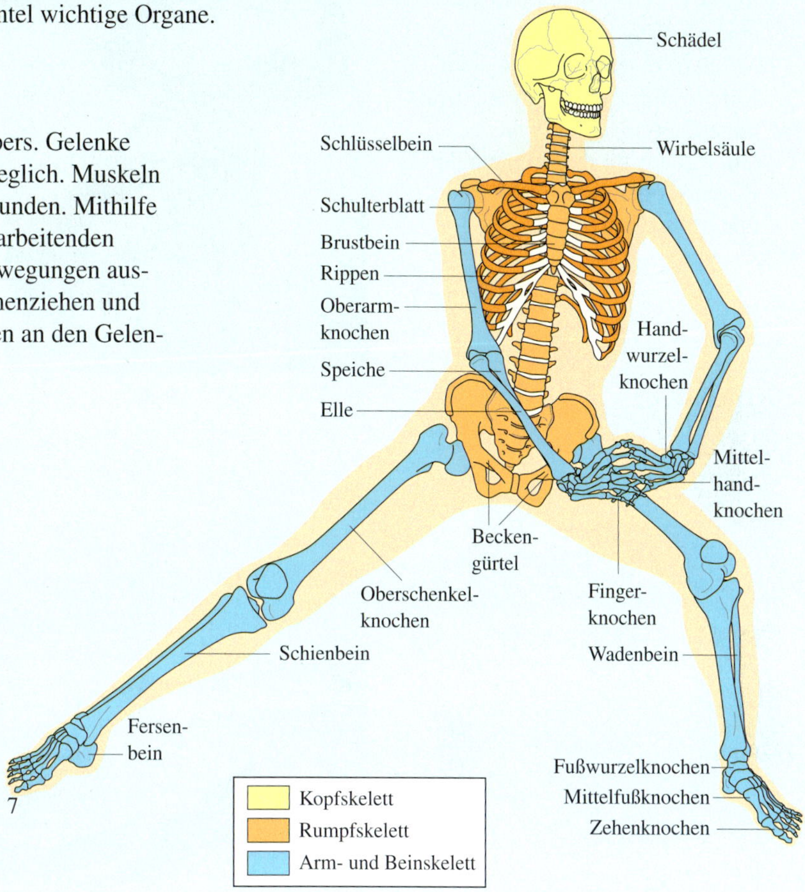

7

Alles klar?

1 Muskeln führen Bewegungen aus
Nimm ein schweres Buch in die rechte Hand und hebe und senke deinen Unterarm ganz langsam. Fühle dabei mit der linken Hand, welche Muskeln arbeiten und wie sie sich verändern.
Notiere deine Beobachtungen.

2 Rückenerkrankungen sind für viele Menschen ein Problem. Stelle mögliche Ursachen für Rückenschmerzen und -erkrankungen aus deinem Alltag und dem Alltag deiner Eltern zusammen.
Nenne Möglichkeiten zur Gesunderhaltung des Rückens.

3 Erläutere die Funktion der Bandscheiben. Verwende dazu das Wirbelsäulenmodell ↑S. 13/3 und die Abbildung des Wirbels ↑S. 10/2.

4 Entscheide mithilfe der Abbildung, welches Tragen der Schultasche richtig oder falsch ist. ↑8 Begründe deine Meinung.

8

Nichts läuft von alleine

Wer beim Sport seinen persönlichen Rekord aufstellen möchte, der muss sich gut vorbereiten: durch Training und mit einem kräftigen Frühstück.
Mit dem Essen muss er seinem Körper „Energie“ zuführen, denn ohne Energie läuft gar nichts.
Gilt das nur für die Muskeln des Körpers, oder auch für Motoren und Maschinen?

1

2

3

4

5

6

AEROTECH
NEILPRYDE
7

8

DE-001-Öko-Kontrollstelle
100 g Wald-Honig
enthalten durchschnittlich:
Brennwert 1411 kJ / 332 kcal
Eiweiß 1 g
Kohlenhydrate 82 g
Fett 0 g
9

Beobachten Untersuchen Experimentieren

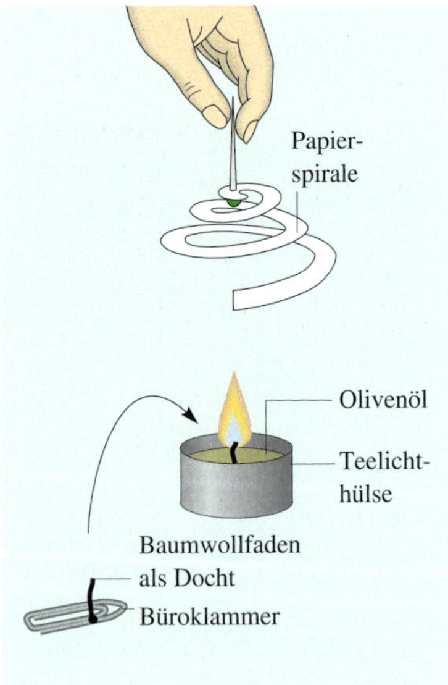

1

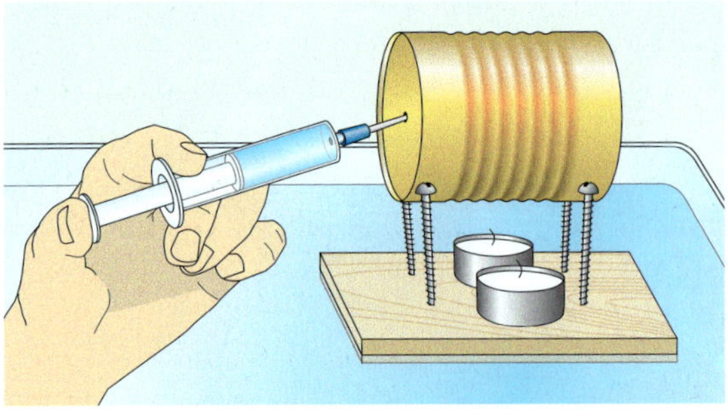

2

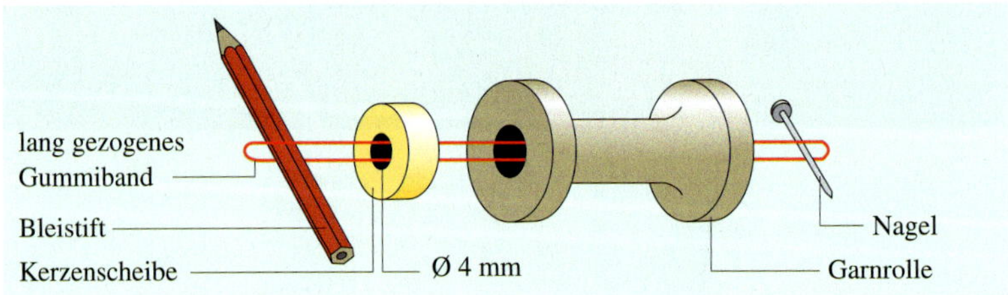

3

1 Biobrennstoffe

Auch dein Körper braucht Energie. Die steckt als „Brennstoff" in der Nahrung. Ein Beispiel dafür ist das Olivenöl. Ob das tatsächlich richtig „brennen" kann?

a Mit diesem „Ölbrenner" kannst du das leicht ausprobieren. ↑1

b Wo liegt der Unterschied zwischen dem Brennen der Öle im Versuch und dem Verbrennen in deinem Körper?

c Beschreibe, wie die Energie des Öls in Bewegung umgewandelt wird.

d Woher kommt die Energie von Sonnenblumenöl?

2 Boot mit Dampfantrieb

Ihr braucht: 1 Brett, 4 Schrauben, 2 Teelichter, 1 Kondensmilchdose mit einem Loch, 1 Einwegspritze.
Dreht die Schrauben in das Brett, sodass die Dose fest darauf liegen kann. ↑2 Füllt mit der Spritze etwas Wasser in die Dose. Stellt dann die Teelichter unter die Dose und zündet sie an.
Warum setzt sich das „Boot" in Bewegung? Wie lange bewegt es sich fort?

3 Der Gummibandmotor

Ihr braucht: 1 Garnrolle, Bleistift, Nagel, ringförmiges Gummiband, Scheibe einer Kerze.
Zieht das Gummmiband durch die Garnrolle. Durch die eine Schlaufe des Gummibands steckt ihr den Nagel. Über die andere schiebt ihr die Kerzenscheibe und steckt den Bleistift hindurch. ↑3 Das Gummiband muss straff sein.

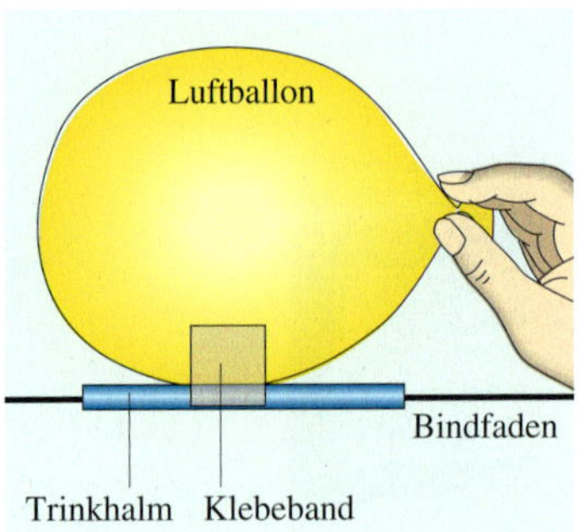

4

Haltet den Nagel fest und verdrillt mit dem Bleistift das Gummiband. Der Bleistift musss fest an der Kerzenscheibe anliegen.
Setzt den Gummibandmotor auf den Tisch.
Warum bewegt sich dieses „Fahrzeug"? Woher bekommt es seine Energie?

4 Der sausende Luftballon

Ihr braucht: 1 Luftballon, 1 Trinkhalm, Bindfaden, Klebestreifen.
Zieht einen dünnen Bindfaden durch einen Trinkhalm. Spannt dann den Bindfaden durchs Klassenzimmer.
Pustet ein Luftballon auf, haltet seine Öffnung zu und klebt ihn an den Trinkhalm. Dann lasst ihr den Ballon los. ↑4
Beschreibe den Vorgang.
Wie weit kommt der Ballon?
Woher kommt die Energie?

GRUNDLAGEN: Für Bewegung braucht man Energie

Von alleine fährt kein Auto. Damit es sich in Bewegung setzt, muss man vorher tanken. Man braucht Benzin als Treibstoff.
Auch dein Körper benötigt zum Rennen, Laufen, Werfen, Treppensteigen einen „Treibstoff": Du musst essen. Die Nahrung ist der Treibstoff für deinen Körper.
Mit einer Solarzelle und einem geeigneten Motor lässt sich auch Licht in Bewegung umwandeln. Das Licht ist der „Treibstoff" für den Motor.
In Nahrungsmitteln, im Benzin und im Licht steckt Energie.
Für alle Bewegungen ist so etwas wie ein „Treibstoff" erforderlich, nämlich Energie.
Als „Treibstoff" kann auch eine Bewegung dienen. Wenn sich ein Rad dreht, kann es für eine kurze Zeit einen Dynamo antreiben und Licht erzeugen. In der Bewegung selbst steckt Energie.
Wenn du rennst oder Treppen steigst, wird dir warm. es entsteht Wärme. Dein „Treibstoff" wird nicht nur in Bewegung umgewandelt, sondern auch in Wärme.
Dein Körper braucht Energie nicht nur, damit du dich bewegen kannst. Auch beim Schlafen brauchst du Energie, denn das Herz pumpt auch im Schlaf Blut durch die Adern und beim Atmen bewegt sich dein Brustkorb. Um die Körpertemperatur aufrecht zu erhalten, ist ebenfalls Energie erforderlich – und sogar zum Denken.
Unser Körper erhält die nötige Energie aus der Nahrung. Ähnlich wie Holz und Kohle beim Verbrennen Energie als Wärme abgeben, liefert die Nahrung dem Körper Energie. Für diesen Vorgang ist der Sauerstoff aus der Luft notwendig. Je mehr Energie dein Körper gewinnt, desto schneller musst du atmen.

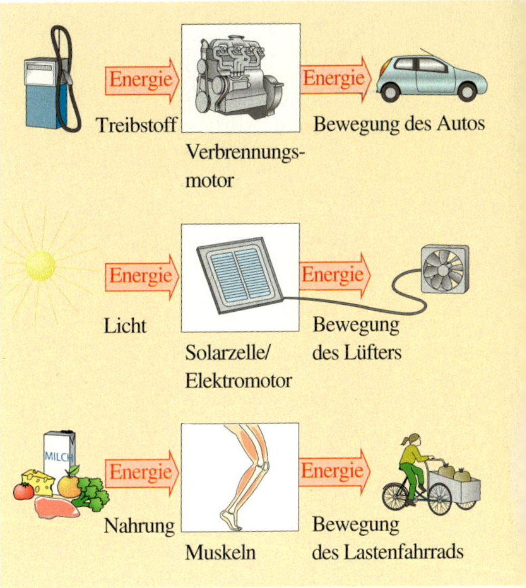

5

Arbeitsaufträge

1 Aus Licht wird Bewegung
Ihr braucht: 1 Solarzelle, 1 Solarmotor mit Propeller, Anschlusskabel.
Verbindet die beiden Anschlüsse der Solarzelle mit dem Elektromotor. ↑6 Lasst unterschiedlich viel Licht auf die Solarzelle fallen.
Beschreibe, wie die Lichtenergie umgewandelt wird.

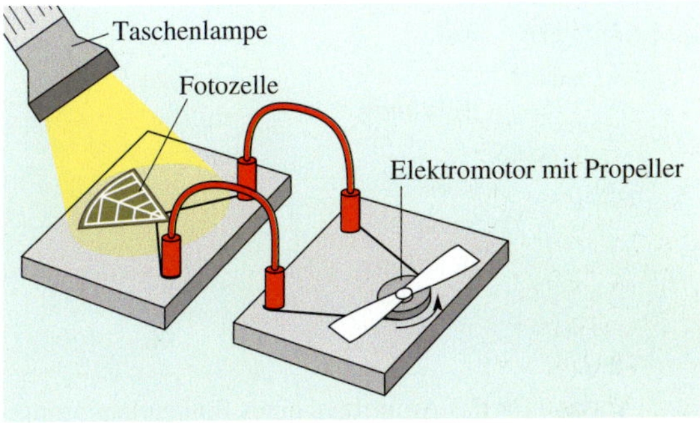

6

7

2 Aus Bewegung wird Licht
In den bisherigen Versuchen habt ihr Energie genutzt, um Bewegung zu erzeugen. Ihr könnt auch Bewegung nutzen, um z. B. Licht zu erzeugen. ↑7
Beschreibe den Vorgang. Woher kommt die Energie und was wird aus ihr?

„Einmal auftanken, bitte!"

Nach einem Wettlauf im Sportunterricht oder in deinem Sportverein bist du sicher auch manchmal völlig aus der Puste, das Herz rast und der Körper beginnt zu schwitzen.
Für körperliche Höchstleistungen benötigst du mehr Energie.

1 Schüler bei einem Wettlauf

Beobachten Untersuchen Experimentieren

Leistungen des Körpers in Diagrammen darstellen
Mediziner wollen es oft ganz genau wissen und können Veränderungen im Körper messen. Mit einfachen Versuchen kannst du einige der Werte auch selbst bestimmen.

1 Der Körper in Ruhe: Setze dich möglichst entspannt und ruhig auf einen Stuhl. Bestimme die Anzahl deiner Atemzüge in einer Minute. Zähle anschließend die Anzahl deiner Herzschläge, sie entspricht der Anzahl der Pulsschläge, innerhalb von 20 Sekunden und multipliziere das Ergebnis mit drei. Notiere das Ergebnis. Damit hast du die Anzahl deiner Herzschläge pro Minute, deine Herzfrequenz, bestimmt.

2 Der Körper bei Belastung: Führe nun zügig 25 Kniebeugen durch. Bestimme danach sofort erneut die Anzahl der Atemzüge und die Anzahl der Herzschläge in einer Minute.
Tipp: Ein Mitschüler kann dich beim Zählen unterstützen.

3 Zur Auswertung ist es sinnvoll, die im Protokoll oder in Tabellen zusammengestellten Messwerte in einem Diagramm anschaulich darzustellen.
Die Messwerte sind dann übersichtlicher und besser miteinander vergleichbar.

a Übertrage die Tabelle in dein Heft und trage deine Messwerte ein. ↑2 Stelle diese Messwerte anschließend in einem Balkendiagramm dar. ↑3 Vergleicht untereinander.

	Atemzüge	Herzschläge (Puls)
Ruhe		
Belastung		

2 Tabelle zum Notieren der Messwerte

b Zahlen werden häufig in Diagrammen veranschaulicht. Betrachte das Diagramm kritisch. Kannst du die Messwerte in einer anderen Form noch besser darstellen?

Atemzüge	Ruhe					
	Belastung					
Puls	Ruhe					
	Belastung					
		30	60	90	120	150

3 Vorlage für das Anfertigen eines Balkendiagramms

4 Kartoffelfeuer einmal anders
Wie Benzin oder andere Brennstoffe enthält Nahrung Energie. Dies lässt sich in einem Versuch zeigen.

Material: Kartoffelchips, Streichhölzer, Porzellanschale (für die Lehrkraft: Standzylinder mit Abdeckung, Sauerstoffflasche, Tiegelzange)

4 Versuchsaufbau

Sicherheitshinweis: Vorsicht beim Umgang mit Feuer! (Sauerstoff ist brandfördernd!)
Durchführung: Gib Chips in eine Porzellanschale. Entzünde die Chips. Beobachte. Die Lehrkraft hält einen brennenden Chip in einen mit Sauerstoff gefüllten Standzylinder. ↑4
Auswertung:
a Begründe, dass Kartoffelchips energiereich sind. Vergleiche die Beobachtungen in Porzellanschale und Standzylinder.
b Wir atmen mit der Luft Sauerstoff ein. Notiere anhand der Beobachtungen eine Vermutung über den Zusammenhang mit der Energiegewinnung im Körper.

GRUNDLAGEN: Wie viel Energie brauchen wir?

Marathonläufer benötigen auf langen Etappen Verpflegungsstände ebenso wie Radrennfahrer. Ein Auto muss nach einigen Kilometern aufgetankt werden. Auch du fühlst dich nach körperlicher Anstrengung oder einem langen Schultag ausgelaugt und hungrig. Das Auto erhält Energie aus dem Benzin und wir nehmen Energie aus der Nahrung auf. ↑5
Aus welchen Nahrungsbestandteilen bekommen wir die Energie, die wir benötigen?

Energiebedarf Robert ist 14 Jahre alt. Seit seiner Geburt ist er mehr als einen ganzen Meter gewachsen und natürlich ist er auch viel schwerer geworden. Für das Wachstum musste er regelmäßig Energie in Form von Nahrung aufnehmen. Alle unsere Lebensvorgänge, sogar der Schlaf, benötigen Energie. Zudem beträgt unsere Körpertemperatur auch bei Minusgraden 37 °C, es muss also auch Wärme erzeugt werden.

5 Energieträger ermöglichen Bewegung.

Der Energiebedarf eines Menschen hängt von seinem Alter, seinem Körperbau und seiner Lebensweise ab.
Die Energie, die ein Mensch in völliger Ruhe braucht, nennt man Grundumsatz. Der Energiebedarf von 12-Jährigen beträgt etwa 10 000 kJ (bei leichter Tätigkeit). Jede Tätigkeit benötigt zusätzliche Energie. Diese Energie bezeichnet man als Leistungsumsatz. Der Gesamtenergiebedarf des Körpers ist die Summe aus Grund- und Leistungsumsatz.
Jeder Mensch sollte täglich so viel essen, dass sein Energiebedarf gedeckt ist. Menschen und Tiere können nur über die Nahrung Energie aufnehmen. Und wie kommt die Energie in die Nahrung?

1 Energiebedarf einiger Aktivitäten in 30 Minuten

Energiebedarf je Stunde	
Bergsteigen	4800 kJ
Skilaufen (Langlauf)	3800 kJ
Fußballspielen	3000 kJ
Jogging (9 km)	2500 kJ
Schwimmen	1800 kJ
Tanzen	1800 kJ
Tennisspielen	1500 kJ
Gymnastik	1200 kJ
Radfahren (20 km, flach, Windstille)	1200 kJ
Spazierengehen	430 kJ
Stehen	120 kJ
Sitzen	60 kJ

Die Sonne bringt es auf den Tisch Die Energie der Sonne wird von Pflanzen umgewandelt und in Nährstoffen gespeichert. Daher sind pflanzliche Nahrungsmittel (z. B. Kartoffelchips) energiereich. Ihre Energie kann, wie im Versuch gezeigt, durch Verbrennung freigesetzt werden. ↑ S. 25/4 In unserem Körper wird sie beispielsweise in Bewegung und Wärme umgewandelt.

Energiemengen von Nahrungsmitteln Auf vielen von ihnen ist die Energiemenge angegeben. ↑ 2

Schokolade (100 g)	2400 kJ	Energy-Drink (1 Glas)	380 kJ
Chips (100 g)	2200 kJ	Cola (1 Glas)	360 kJ
Popcorn (100 g)	1500 kJ	Limo-Bier-Mix (1 Glas)	310 kJ
Pommes frites (100 g)	1200 kJ	kleiner Apfel (100 g)	220 kJ
Hamburger (100 g)	1000 kJ	Cola light (1 Glas)	1 kJ
Softeis (100 g)	550 kJ	Mineralwasser	0 kJ

2 Der Energiegehalt von jeweils 100 g

Energie misst man in kJ Bei der Angabe „kJ“ handelt es sich um die Abkürzung von Kilojoule (sprich: kilo-dschul). Damit wird die jeweilige Energiemenge angegeben.
Die Einheit der Energie wurde nach dem englischen Physiker J. P. JOULE (1818 bis 1889) benannt.
Mit 1 kJ Energie kann man:
- einen 50 kg schweren Körper 2 m hochheben ↑3
- einen Eimer mit 10 l Wasser aus einem 10 m tiefen Brunnen hochziehen
- den Tee in einer Tasse um 1 °C wärmer machen
- eine Sekunde lang staubsaugen

3

Kurz und knapp **Als Einheit der Energie wurde 1 Joule (1 J) vereinbart. 1000 J = 1 Kilojoule (1 kJ).**
Wir benötigen Energie für körperliche und geistige Leistungen sowie für die Aufrechterhaltung aller Lebensfunktionen (z. B. Wachstum). Sie wird im Körper aus der Nahrung gewonnen. Ursprünglich stammt diese Energie aus dem Sonnenlicht. Sie wird von den Pflanzen umgewandelt und in Nährstoffen gespeichert.

Arbeitsaufträge

1 Wir nutzen als energieliefernde Nahrung auch Fleisch (z. B. von Rindern und Schafen). Wovon ernähren sich diese Tiere? Woher stammt demzufolge die Energie in unseren tierischen Nahrungsmitteln?

2 Wie lange muss man lesen, wandern oder Rad fahren, um den Energieinhalt eines Schokoladenriegels (1200 kJ) zu verbrauchen?

3 Fertige mit den Angaben in Abbildung ↑1 ein Säulendiagramm an. Vergleiche.

4 Ordne die Säulen im Diagramm den folgenden Tätigkeiten zu: Lesen, Krafttraining, Schlafen, Treppensteigen. Notiere und begründe in einem kurzen Text. ↑4

5 Informiere dich über den Energiegehalt einer Portion deiner Lieblingsspeisen.

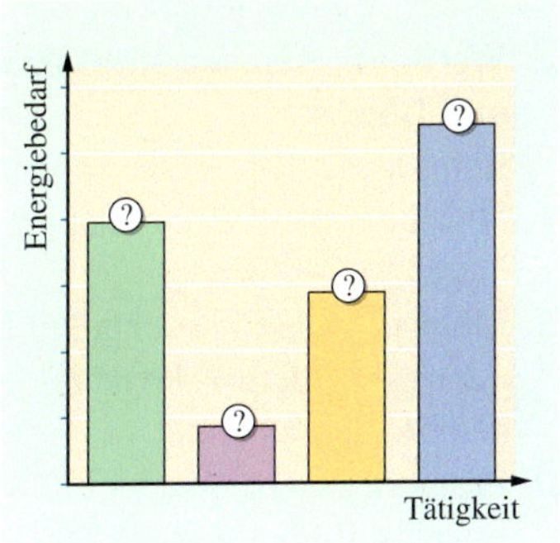

4

6 Früher wurde in „Nährwerttabellen“ die Energie statt in der Einheit Kilojoule (kJ) in Kilokalorien (kcal) angegeben (Umrechnung: 1 kcal = 4,2 kJ). Katja isst eine kleine Pizza (550 kcal) und Leon einen Doppel-Hamburger (2070 kJ). Beide Portionen sind gleich schwer (200 g). Vergleiche ihren Energiegehalt.

7 Was ist mit dem „Grundumsatz“ deines Körpers gemeint? Berechne ihn für 24 Stunden (= etwa 4 kJ je Stunde je kg Gewicht).

8 Was geschieht, wenn dein Körper mehr Energie erhält, als er braucht?

9 Warum muss die Nahrung der Eskimos mehr Fett enthalten als die Nahrung eines Afrikaners? Begründe.

10 Nimm an, der Junge oben isst einen Apfel. ↑3
a Wie viel Energie nimmt sein Körper jetzt auf?
b Wie hoch müsste der Junge klettern, um diese Energiemenge vollständig zu nutzen?

11 Ali hat eine halbe Tafel Schokolade gegessen. Er sagt: „Ich fahre mit dem Rad zur Schule – da verbrauche ich die Energie wieder.“
Was meinst du dazu? Schreibe deine Meinung in einem kurzen Text auf.

Bewegung und Geschwindigkeit

Große Geschwindigkeiten machen Spaß. Sie können aber auch gefährlich sein! ↑1 und 2 Kennst du dafür Beispiele?

1 „Geschwindigkeitsrausch"

2 Geschwindigkeit – nicht ungefährlich

Beobachten Untersuchen Experimentieren

1 Geschwindigkeiten schätzen und messen
Beobachtet auf dem Schulhof, wie ein Fahrrad mit gleich bleibendem Tempo im Kreis fährt. ↑3

a Jeder schätzt die Geschwindigkeit. Der Fahrer liest seine Geschwindigkeit auf dem Tacho ab. Vergleicht.

b Wiederholt den Versuch für andere Geschwindigkeiten.

c Wer hat am besten geschätzt?

3 Fahren mit gleich bleibendem Tempo

2 Wettlauf zwischen Radfahrer und Läufer
Beim letzten Sportfest ist Britta 50 Meter in 9,0 Sekunden gelaufen.

a Meinst du, dass du schneller bist oder es mit dem Fahrrad in der halben Zeit schaffst?

b Probiere es aus: Wie viel Zeit brauchst du bei schnellem Laufen und mit dem Rad für 50 Meter?

c Schätze die Geschwindigkeit, mit der du gerannt bist, und vergleiche sie mit der Tachoanzeige beim Fahrradsprint.

d Wer hätte wohl beim 5000-m-Rennen die besseren Aussichten – der Läufer oder der Radfahrer? Begründe.

3 Sturz aus 150 cm Höhe
Geringe Geschwindigkeiten können zu schweren Kopfverletzungen führen. Dass ein Fahrradhelm ein guter Schutz ist, zeigt ein Lehrerversuch. ↑4

a Zwei Wassermelonen werden in Folie eingewickelt, damit man sie anschließend noch essen kann. Sie stellen den Kopf eines Radfahrers dar. Die Melonen werden im Freien aus 150 cm Höhe fallen gelassen – eine mit einem Fahrradhelm als Schutz. Beobachte, was passiert.

b Beim Aufprall aus 150 cm Höhe haben die Melonen eine Geschwindigkeit von etwa 16 Kilometer pro Stunde. Vergleiche mit den Geschwindigkeiten im Straßenverkehr.

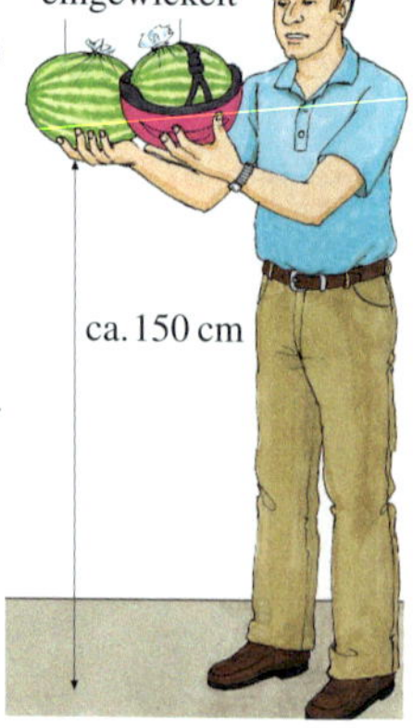

4 Wenn das dein Kopf wäre …

Wissenswertes Das Erlebnis Geschwindigkeit

Achterbahnfahren ist nicht nur Spaß. Auch Kreischen und Schaudern gehören dazu. Neugier und Spaß am Nervenkitzel überwiegen die Angst – vor der Höhe, dem rasanten Fahrtwind, der extremen Beschleunigung, den Sekunden des freien Falls.
Auf einer Achterbahn in England kann man sich in zwei Minuten auf eine Höhe von 72 Metern ziehen lassen. So hoch ist ein 24-stöckiges Hochhaus. Dann beginnt die Sturzfahrt. Das Herz fängt an zu pochen, die Anspannung steigt aufs Äußerste. In wenigen Sekunden schnellt die Geschwindigkeit auf $172\,\frac{\text{km}}{\text{h}}$. Eine Windschutzscheibe gibt es nicht. Enge Kurven und Loopings sorgen für den zusätzlichen „Kick": Bei rasanten Tempo- und Richtungsänderungen drücken und zerren extreme Kräfte an uns und treiben das Fahrterlebnis bis zur Übelkeit.
Reisen mit dem ICE ist ganz anders: keine extremen Belastungen, kein ohrenbetäubender Lärm, keine Angst. Auch bei „Tempo 300" kann man ein Buch lesen, ohne die hohe Geschwindigkeit zu bemerken.
Unser Körper spürt nämlich nur die Änderung der Bewegung. Wenn wir nicht in die Umgebung schauen, können wir auch nichts über unsere Geschwindigkeit sagen.
Ein noch erstaunlicheres Beispiel ist die Erde: Mit rund $100\,000\,\frac{\text{km}}{\text{h}}$ rast sie einmal pro Jahr um die Sonne. Von dieser unvorstellbar großen Geschwindigkeit spüren wir nichts.

1 Informiere dich in Prospekten, Büchern oder im Internet über die Spitzengeschwindigkeiten von Achterbahnen.
Berichte darüber in der Klasse.

2 Wann spürst du bei Bewegungen (z. B. mit der Achterbahn) große Kräfte?

3 Welche Gefahren und Gesundheitsschäden drohen beim Achterbahnfahren? Informiere dich.

4 Mit welchen Verkehrsmitteln kommt man in der Regel schneller vorwärts als mit der Achterbahn oder dem Auto? Erkläre.

Wissenswertes Gute Bremsen und Fahrradhelm sind unverzichtbar

Bei „Tempo 30" springt plötzlich ein Hund vor dein Fahrrad auf die Straße. Da sind gute Bremsen und eine rasche Reaktion gefragt.
Bremst du nur vorn, kann dein Hinterrad abheben und du fliegst über die Lenkstange. Nur wenn du mit Vorder- und Hinterrad gleichmäßig bremst, erzielst du eine maximale Bremswirkung und kannst sicher abbremsen.

Je schneller du bist, desto mehr Energie steckt in deiner Bewegung. Prallt ein Radfahrer mit $30\,\frac{\text{km}}{\text{h}}$ gegen einen Baum, so entspricht der Aufprall einem Sturz aus 3,5 m Höhe. ↑5
Hoffentlich hat der Radfahrer dann einen Helm aufgesetzt. Radrennfahrer tragen ihn schon immer – und auch für dich gibt es schicke und sichere Helme …
Außen besteht der Helm aus einer harten Schale, damit sich keine Spitze oder Kante hindurchbohrt. Innen fangen Schaumstoff und Hartschaum Stöße ab. Aus dem gleichen Grund legt man zum Turnen oft weiche Matten unter. Auf hartem Boden wäre die Verletzungsgefahr viel größer.

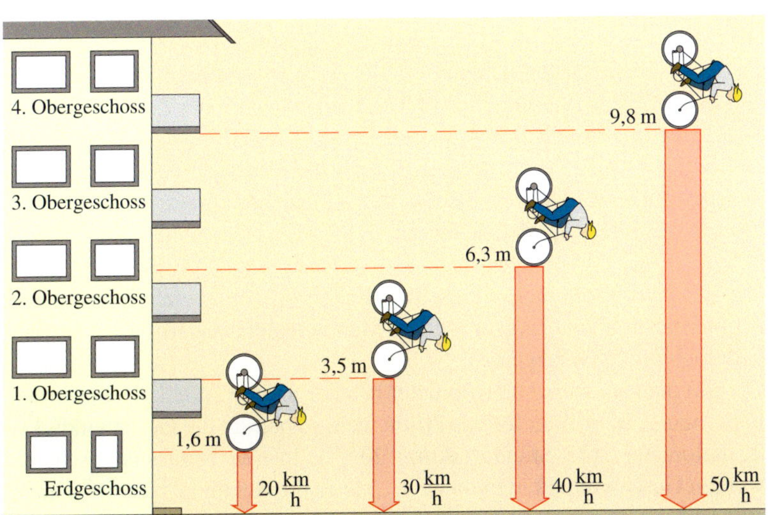

5 Hier möchte niemand mit seinem Fahrrad hinabstürzen.

1 Wie setzt du die Bremsen beim Fahrradfahren richtig ein?

2 Was hat der Versuch mit der Melone mit dem Thema „Fahrradhelm" zu tun? Erkläre.

3 Warum ist ein Helm nötig, wenn man mit Inlinern fährt?

Wer ist schneller?

Usain Bolt (Jamaika) ist bei den Olympischen Spielen 2008 nach 9,69 Sekunden am Ziel – Weltrekord über 100 m! ↑1
Am 15. August 2008 jubeln 11 000 Zuschauer: Die Deutsche Britta Steffen schwimmt neuen olymischen Rekord. Sie legt die 100 m Freistil in 53,12 Sekunden zurück! ↑2
Ob die beiden schneller waren als $20 \frac{km}{h}$?

1 Usain Bolt

2 Britta Steffen

Beobachten **Untersuchen** Experimentieren

1 Wer würde für die gleiche Strecke weniger Zeit brauchen? ↑1 und 2
a Wie viele Sekunden bräuchte Bolt für 200 m (wenn er das Tempo halten könnte)?
Tipp: Gehe von 100 m in 10 s aus.
b Erkläre, wer schneller war – Bolt oder Steffen.

2 Wenn du sehr schnell gehst, kommst du in jeder Sekunde ungefähr 2 m weiter. Du kannst es ausprobieren.
a Gib die Geschwindigkeit in $\frac{m}{s}$ an.
b Ist die Geschwindigkeit höher als $10 \frac{km}{h}$? Begründe deine Meinung.

GRUNDLAGEN: Geschwindigkeiten vergleichen – Wege und Zeiten

Wer läuft schneller? Lukas läuft beim Sportfest 50 Meter in 8,2 Sekunden. Tina hat eine Zerrung, sie braucht 16,0 Sekunden für die gleiche Strecke. Maike schafft in 16,0 Sekunden sogar 100 Meter.
Lukas ist schneller als Tina, da er die gleiche Strecke in kürzerer Zeit zurücklegt. Maike ist schneller als Tina, da sie in gleicher Zeit eine längere Strecke zurücklegt. Ihre Geschwindigkeit ist sogar doppelt so groß.
Ob Maike auch schneller als Lukas rennt, lässt sich durch einfaches Vergleichen nicht feststellen. Um Geschwindigkeiten direkt vergleichen zu können, braucht man gleiche Strecken (Wege) oder gleiche Zeiten.

Die Geschwindigkeit Die Geschwindigkeit gibt an, welche Strecke man in einer bestimmten Zeit zurücklegt. Man berechnet sie so:
Geschwindigkeit = Weg : Zeit.
Oft gibt man an, wie viele Kilometer in einer Stunde zurückgelegt werden. Fährt man z. B. in einer Stunde 20 km weit, so beträgt die Geschwindigkeit 20 Kilometer „pro Stunde" (kurz: $20 \frac{km}{h}$). In den Naturwissenschaften werden Geschwindigkeiten meist in „Meter pro Sekunde" (kurz: $\frac{m}{s}$) angegeben.

Umrechnung zwischen $\frac{m}{s}$ und $\frac{km}{h}$ Ein Sprinter erreicht kurzzeitig $10\frac{m}{s}$. Wie groß ist die Geschwindigkeit in $\frac{km}{h}$?
In 1 s legt der Sprinter 10 m zurück. Bei gleich bleibendem Tempo würde er in einer Minute (60 s) $60 \cdot 10\,m = 600\,m$ zurücklegen. In einer Stunde (60 min) wären es $60 \cdot 600\,m = 36\,000\,m$. Die Geschwindigkeit beträgt also 36 000 m pro Stunde oder 36 km pro Stunde.

Wissenswertes Verschiedene Geschwindigkeiten

Geschwindigkeiten in der Natur

Marathonlauf	$5\frac{m}{s}$
mäßiger Wind (Windstärke 4)	$7\frac{m}{s}$
Schwalbe	$17\frac{m}{s}$
Rennpferd	$25\frac{m}{s}$
Falke	$28\frac{m}{s}$
Orkan (Windstärke 12)	$60\frac{m}{s}$
Schall (in Luft)	$330\frac{m}{s}$
Licht	$300\,000\,000\frac{m}{s}$

$\frac{m}{s}$ – sprich: Meter pro Sekunde

Geschwindigkeiten im Verkehr

Fußgänger	$5\frac{km}{h}$
Radfahrer	$15\frac{km}{h}$
Zulässige Höchstgeschwindigkeit	
– Mofa	$25\frac{km}{h}$
– Auto, in Ortschaften	$50\frac{km}{h}$
– Auto, auf Landstraßen	$100\frac{km}{h}$
Schnellzug („Intercity“)	bis $300\frac{km}{h}$
Düsenverkehrsflugzeug	bis $980\frac{km}{h}$

3 Schnecke: bis $5\frac{mm}{s}$

4 Gepard: bis $34\frac{m}{s}$

5 Fußball: bis $130\frac{km}{h}$

6 ICE: bis $300\frac{km}{h}$

Umrechnungstabelle
Die folgende Tabelle erleichtert das Vergleichen von Geschwindigkeiten mit unterschiedlichen Einheiten.

$\frac{m}{s}$	$\frac{km}{h}$
5	18
10	36
15	54
20	72
25	90
30	108
35	126
40	144
45	162
50	180

Arbeitsaufträge

1 In einer Sekunde legt Licht eine Strecke zurück, die siebenmal länger ist als der Äquator. Es ist trotzdem von der Sonne etwa 500 s unterwegs, bis es die Erde erreicht. Wie viele Millionen Kilometer legt es dabei zurück?

2 Geschwindigkeiten
a Suche fünf interessante Geschwindigkeiten aus Natur und Technik und notiere sie.
b Zeichne deine Geschwindigkeiten in ein Balkendiagramm ein. Jeder Millimeter Balkenlänge soll $1\frac{km}{h}$ entsprechen. Beschrifte die Balken.
Tipp: Wenn du zwei DIN-A4-Blätter aneinander klebst, hast du Platz für einen 500 mm langen Balken. Das entspricht $500\frac{km}{h}$.

Arbeitsaufträge

Radfahren macht Spaß. Manchmal kann es aber auch gefährlich werden. Schließlich bist du ja nicht allein unterwegs und auch andere Verkehrsteilnehmer können Fehler machen.

Die Abbildungen auf dieser Seite zeigen Verkehrssituationen, die für Radfahrer ziemlich gefährlich sind. ↑1 bis 6
Hier musst du ganz besonders gut aufpassen.

1

2

3

4

3 Beschreibe die Situationen der vier Bilder oben. ↑1 bis 4 Wie kann man sie als Radfahrer verhindern?

4 Kennst du die Verkehrsschilder von Abbildung ↑5 Erkundige dich danach, was sie bedeuten.

5 Nenne Gefahren, die vom Zustand der Straße herrühren.

6 Fachleute sagen: „Zu breite Lenker sind gefährlich." Warum stimmt das?

7 Rechtsabbiegen ist ziemlich ungefährlich – dagegen ist Linksabbiegen gefährlich. Begründe diese Aussage.

5 Sechs wichtige Verkehrsschilder

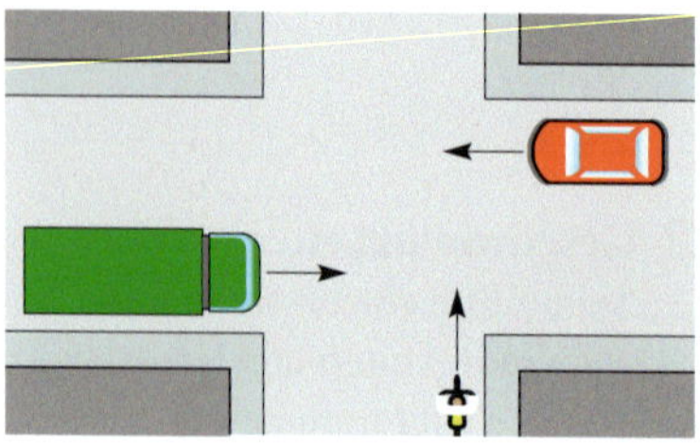
6 Wer darf zuerst fahren?

8 Fahrradunfälle passieren oft, weil ein Verkehrsteilnehmer die Vorfahrtregeln missachtet. Eine wichtige Regel im Straßenverkehr lautet: „Rechts vor links."

a Was bedeutet diese Regel?

b Wer darf bei der hier gezeichneten Situation zuerst losfahren? ↑6 Das heißt: Wer hat hier Vorfahrt?

9 Ab und zu werden Fahrrad-Wettbewerbe durchgeführt. Wollt ihr teilnehmen? Erkundigt euch, wann und wo solche Wettbewerbe in eurer Nähe stattfinden (z. B. beim ADAC oder bei der Verkehrswacht).

Energiebedarf

Für Bewegung braucht man Energie. Man kann sie mit dem Treibstoff zuführen oder mit der Nahrung oder mit Licht …
Bei der Umwandlung des Treibstoffs in Bewegung ensteht auch Wärme. Im Körper wird die Nahrung zur Energiegewinnung mit Sauerstoff aus der Luft „verbrannt“.
Dein Energiebedarf liegt bei etwa 10 000 Kilojoule (kJ) pro Tag. Wer körperlich arbeitet oder Sport treibt, braucht mehr Energie. Führt man mit der Nahrung zu viel an Energie zu, werden die nicht benötigten Nährstoffe in Fett umgewandelt und gespeichert.

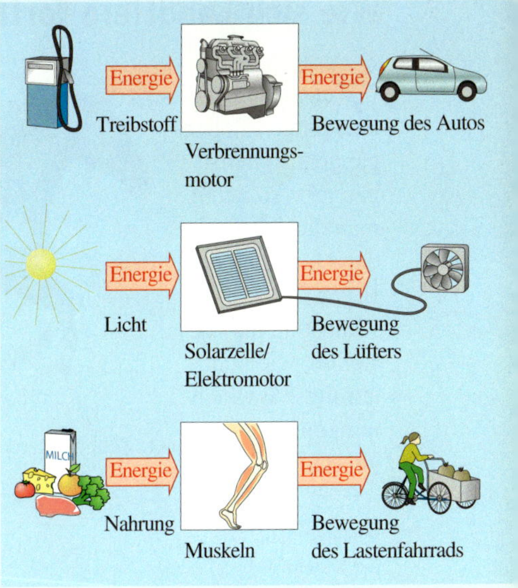

7

Die Geschwindigkeit

Die Geschwindigkeit ist umso größer, …
- je länger der Weg ist, den man in einer bestimmten Zeit zurücklegt; ↑8
- je kürzer die Zeit ist, die man für einen bestimmten Weg braucht. ↑9

Die Geschwindigkeit gibt an, welchen Weg man in einer bestimmten Zeit zurücklegt. Geschwindigkeiten gibt man in Meter pro Sekunde ($\frac{m}{s}$) oder in Kilometer pro Stunde ($\frac{km}{h}$) an.
$10\,\frac{m}{s} = 36\,\frac{km}{h}$.
Je schneller ein Gegenstand ist, desto mehr Energie steckt in seiner Bewegung.

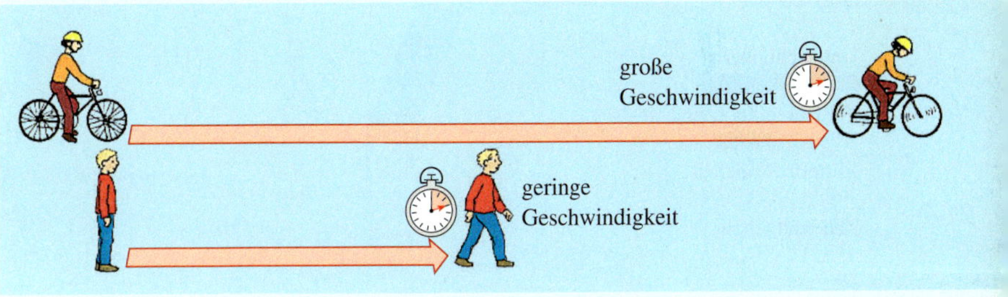

8 Größere Geschwindigkeit: längerer Weg in gleicher Zeit

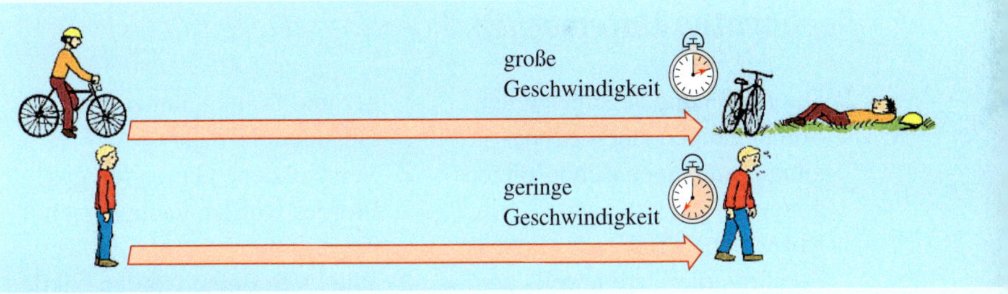

9 Größere Geschwindigkeit: kürzere Zeit für gleichen Weg

Alles klar?

1 Wie weit kann ein Fußgänger in einer Stunde (8 Stunden) gehen?
2 Du sollst Freunde überzeugen, einen Fahrradhelm zu tragen. Von welchem Versuch würdest du ihnen erzählen? Beschreibe den Versuch.
3 Peter läuft 1000 m in 5 Minuten, 33 Sekunden. Gib seine Geschwindigkeit in Meter pro Sekunde an. Wie lange benötigt er für 300 m?
4 Beim Gewitter siehst du einen Blitz. Erst drei Sekunden später hörst du den Donner. Was hat das mit der Schallgeschwindigkeit zu tun? Wie viele Meter war der Blitz von dir entfernt?
5 Warum erfordert ein 45-minütiges Badmintonspiel viel mehr Energie als eine gleich lange Wanderung?

Wie sich Landtiere fortbewegen

Zehenspitzengänger, Zehengänger, Sohlengänger – so nennt man das Pferd, den Hund und den Bären. ↑1 bis 3 Kannst du dir vorstellen, wie man auf diese Bezeichnungen gekommen ist?

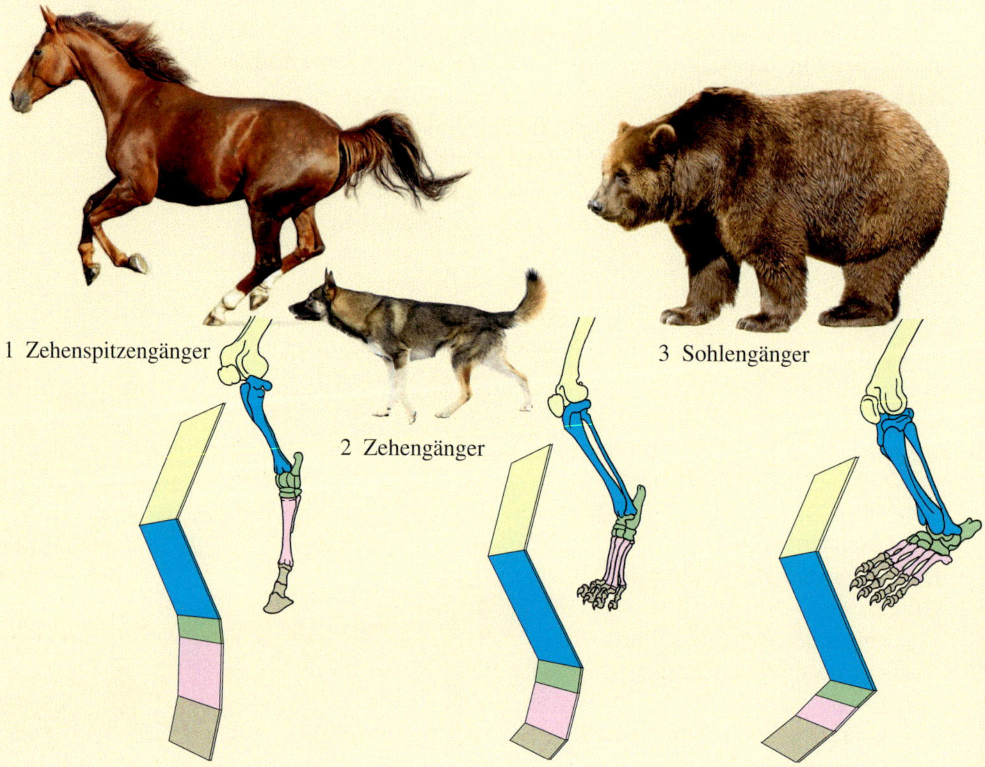

Papiermodelle der Gliedmaßen

Oberschenkel

Unterschenkel

Fußwurzelknochen

Mittelfußknochen

Zehenknochen

Beobachten Untersuchen Experimentieren

1 Die Abbildungen zeigen einen Sohlengänger, einen Zehengänger und einen Zehenspitzengänger. ↑1 bis 3

a Mit welchen Teilen des Fußes berühren die Tiere jeweils den Boden?

b Nenne für jede Gruppe weitere Tierarten.

c Vergleiche die Lebensweise der Zehengänger, Zehenspitzengänger und Sohlengänger miteinander.

2 Verschiedene Gangarten des Pferdes wurden nachgezeichnet. ↑4

a Wie viele Beine werden bei den verschiedenen Gangarten abgehoben und nach vorne gesetzt?

b In welcher Reihenfolge werden die Beine bewegt?

c Bei welcher Gangart steht das Tier am stabilsten?

d Bei welcher Gangart ist der Raumgewinn am größten? Begründe.

3 Stell dich auf die Zehenspitzen und versuche so ein Stück weit zu gehen.

a Was stellst du fest?

b Warum macht diese Gehweise den Pferden keine Probleme?

GRUNDLAGEN: Unterschiedliche Gehweisen der Landtiere

Auf dem Festland gibt es ganz unterschiedliche Lebensräume. Deshalb sind auch die Fortbewegungsweisen der Tiere verschieden.
Zwischen der Form der Beine und Füße und deren Aufgaben besteht eine enge Beziehung: Je länger die Beine sind, desto schneller können die Tiere laufen.

Beim Laufen bleibt mindestens ein Bein mit dem Boden in Berührung. Beim Springen sind zeitweise alle vier Beine in der Luft.
Schnell laufende Tiere treten nur mit den Zehenflächen oder Zehenspitzen statt mit der ganzen Sohle auf.

Die Fortbewegung des Pferdes Wenn Pferde sich fortbewegen, berühren sie den Boden nur mit den Zehenspitzen. Man nennt sie Zehenspitzengänger. An jedem Fuß besitzen Pferde nur eine Zehe, die anderen Zehen sind verkümmert. Die Zehenspitze ist von einem Huf aus Horn umgeben und so vor Verletzungen geschützt. Man zählt Pferde zu den Unpaarhufern, weil sie nur auf einer Zehe gehen (und nicht auf zwei Zehen wie z. B. Rinder). Je nachdem, wie schnell sich die Pferde fortbewegen, tun sie das auf unterschiedliche Art: im Schritt, im Trab oder im Galopp. ↑4
Im Galopp kann ein Pferd über kurze Strecken Geschwindigkeiten von 55 km pro Stunde erreichen.

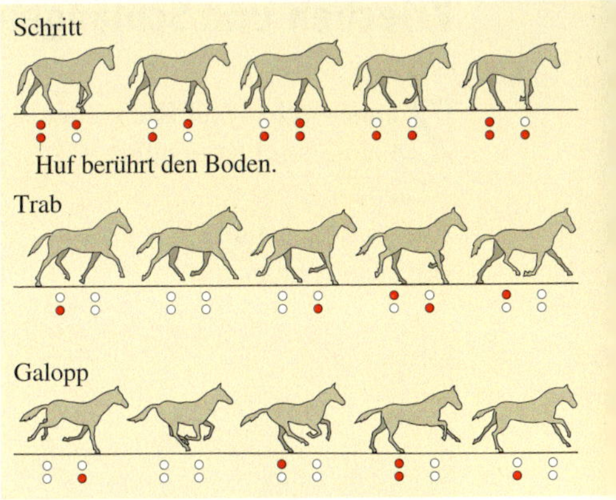

4 Verschiedene Gangarten des Pferdes

Fortbewegung unter der Erde Der Maulwurf ist an seine unterirdische, grabende Lebensweise angepasst. ↑5 Sein Körper ist walzenförmig. Das samtartige Fell lässt sich gut nach vorne und nach hinten streichen.
Er hat keine Ohrmuscheln. Die Ohröffnungen kann er schließen, desgleichen seine kleinen Augen, die Schnauze und die Nasenlöcher.
Die Vordergliedmaßen sind zu kurzen Grabbeinen mit kräftigen, langen Krallen umgebildet. Die Unterarme sind sehr kurz, die Hände sind schaufelartig verbreitert und stehen waagerecht vom Körper ab.

5 Maulwurf

Fortbewegung über der Erde Das Eichhörnchen ist ein Baumtier. Leichte Knochen und lange Hinterbeine ermöglichen ihm ein gewandtes Klettern und Springen.
Der buschig behaarte Schwanz hilft ihm dabei, das Gleichgewicht zu halten. Er dient als Steuerruder. ↑6
Eichhörnchen können mit Fingern, Zehen oder Krallen geschickt greifen. Das gilt auch für andere kletternde Tiere (Affen, Faultiere). Vielen Affen dient ein langer Schwanz als zusätzliches Greiforgan.

6 Eichhörnchen

Arbeitsaufträge

1 Wälder, Grasländer oder Wüsten sind Lebensräume des Festlandes.
a Welchen Tierarten bieten die Wälder gute Möglichkeiten zum Klettern und Hangeln?
b Welche Angepassheiten an die Baumlebensweise zeigen diese Arten?

2 Antilopen, Strauße und Kängurus sind Tiere der Wüsten und Savannen.
a Welche Probleme ergeben sich für Tiere in solchen Lebensräumen?
b Welche Fortbewegungsweise wäre hier vorteilhaft?

3 Auch der Untergrund ist für die Fortbewegung von Bedeutung. Auf Schneeflächen, Mooren und Sandgebieten besteht die Gefahr einzusinken.
a Nenne Tiere dieser Lebensräume.
b Welche Angepassheiten ermöglichen diesen Tieren eine Fortbewegung im weichen Untergrund?

4 Der Maulwurf ist an das Leben im Boden angepasst.
a Fertige eine Skizze vom Maulwurf an und trage wichtige Anpassungsmerkmale ein.
b Überlege, warum für den Maulwurf kurze Arme vorteilhaft sind.
c Nenne weitere Tiere, die ebenfalls unter der Erde leben.
Zu welchem Zweck benutzen sie jeweils ihre unterirdische Wohnung?

Kriechen und Schlängeln

Zauneidechse und Kreuzotter – beides sind Kriechtiere.
↑ 1 und 2
Auf welche Art und Weise bewegen sie sich aber fort?

1 Kreuzotter

2 Zauneidechse (Weibchen)

Beobachten Untersuchen Experimentieren

1 Wir bauen ein Eidechsenmodell ↑ 3
Führe damit das Kriechen der Eidechse vor. Achte auf die Stellung der Beine und die Biegung des Rumpfes.

2 Erläutere die Art der Fortbewegung einer Eidechse. ↑ 5
Versuche wie eine Eidechse zu kriechen.

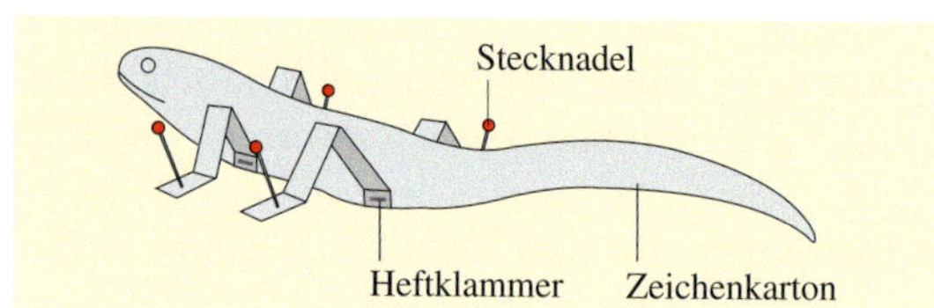

3 Modell einer Eidechse

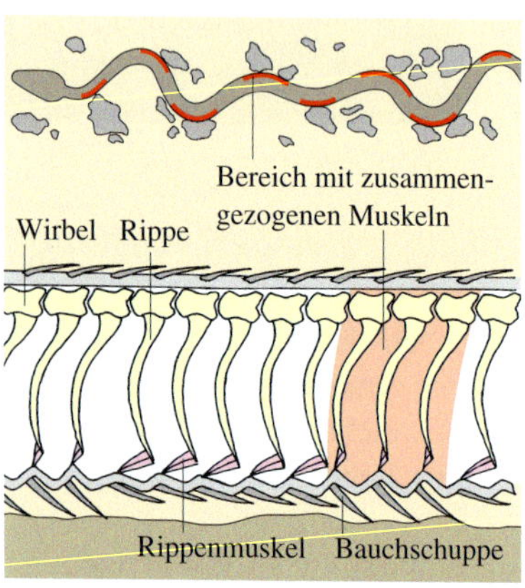

4 Rippen und Muskeln der Schlange

5 Beineinsatz der Eidechse

GRUNDLAGEN: Fortbewegungsarten der Kriechtiere (Reptilien)

Eidechsen und Schlangen bewegen sich durch schlängelndes Kriechen vorwärts. Deswegen bezeichnet man diese Tiere als Kriechtiere (oder Reptilien).

Die Fortbewegung der Kreuzotter Die Kreuzotter kriecht durch Winden ihres Körpers vorwärts. Dabei ziehen sich abschnittsweise Muskeln in der linken und rechten Körperhälfte zusammen. Dadurch werden die Rippen auf die Schuppen des Bauches gedrückt. ↑ 4 Die Folge ist, dass sich die Schuppen abspreizen und im Boden verankern. So wird ein Rückwärtsgleiten verhindert. Den restlichen Körper zieht die Schlange in Wellenform nach.
Bei ihrer Vorwärtsbewegung stemmt sich die Schlange von Unebenheiten des Bodens ab.

Die Fortbewegung der Zauneidechse Die Eidechse schlängelt sich vorwärts: Sie setzt zur Fortbewegung ihre Beine ein. Diese schieben den beweglichen Körper vorwärts. ↑ 5 Dabei setzt die Zauneidechse gleichzeitig das linke Vorder- und das rechte Hinterbein vor. Anschließend geschieht das Gleiche mit dem rechten Vorderbein und dem linken Hinterbein.

Die Mehrfachkönner

Die meisten Tierarten sind auf eine Fortbewegungsart spezialisiert. Sie bewegen sich zu Lande oder zu Wasser oder in der Luft. Wie ist das aber beim Grasfrosch und der Stockente? ↑ 6 und 7

6 Grasfrosch

7 Stockenten

Beobachten Untersuchen Experimentieren

1 Mehrfachkönner „Grasfrosch": ↑ 8

a Beschreibe, wie der Grasfrosch springt. Achte auf seine Hinterbeine und darauf, wie er landet.

b Welche Rolle spielen die Schwimmhäute zwischen den Zehen der Hinterbeine beim Schwimmen? Wie müssen die Zehen beim Vorwärtsziehen der Beine stehen, wie beim Zurückschlagen? Beschreibe seinen Schwimmstil.

c Wozu dienen die Vorderbeine beim Springen und beim Schwimmen?

8 Der Frosch beim Schwimmen und Springen

2 Mehrfachkönner Stockente": ↑ 9

a Was macht die Ente zu einem guten Schwimmer? Beschreibe die Zehenstellung des Entenfußes beim Schwimmen. ↑ 9 Den Fuß der Stockente bezeichnet man als Ruderfuß. Begründe diese Bezeichnung.

b Der Körper der Ente ist kahnförmig. Das dichte Federkleid enthält viel Luft und ist eingefettet. Kahnform, Luftpolster und das Einfetten sind „Schwimmhilfen". Erläutere.

GRUNDLAGEN: Frosch und Ente

Der Grasfrosch An Land bewegt sich der Grasfrosch gehend fort. Bei Gefahr kann er aber auch weit springen. Außerdem ist er ein guter Schwimmer.

Mit den stark entwickelten Hinterbeinen kann ein Grasfrosch bis zu 1 m Meter weit springen. Die kurzen Vorderbeine benutzt der Grasfrosch an Land mehr als Stütze als zur Fortbewegung. ↑ 8

Zwischen den Zehen der Hinterbeine hat er Schwimmhäute. Deshalb schwimmt und taucht er sehr gut.

Die Stockente Die Ente hat Ruderfüße mit Schwimmhäuten. Sie ist ein guter Schwimmer und kann sogar tauchen. ↑ 9 Bei Gefahr erhebt sie sich vom Wasser in die Luft und fliegt mit schnellem Flügelschlag davon.

An Land bewegt sich die Ente watschelnd fort. Mit ihren kurzen Beinen kommt sie allerdings nur langsam vorwärts.

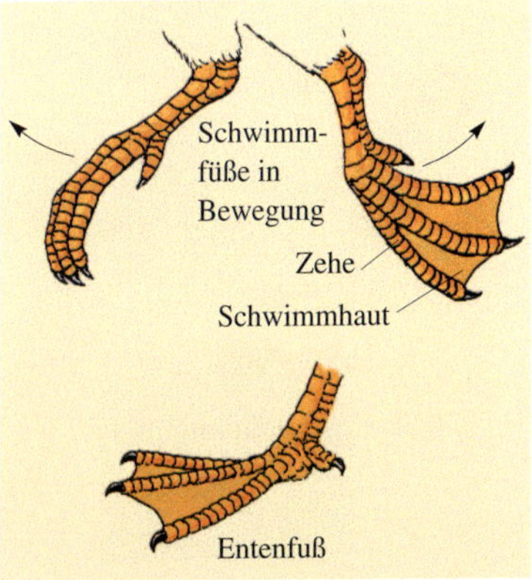

9 Merkmale eines guten Schwimmers

Selbst erfinden – Fahrzeuge mit Antrieb

Mit der Energie einer gespannten Mausefalle auf Rekordfahrt! ↑1

Fahrzeugmodelle mit einfachem Antrieb zu bauen ist gar nicht so schwer. Dazu braucht ihr eine Karosserie aus Holz oder Kunststoff und drei oder vier Räder. Sie sollten möglichst reibungsarm laufen. Für den Betrieb auf dem Schulhof sind Gummireifen mit Profil geeignet.
An euren Modellfahrzeugen oder Spielzeugautos könnt ihr interessante Messungen machen: Wer fährt am weitesten, längsten, schnellsten …?

1 Eine Mausefalle auf Rädern

Beobachten Untersuchen Experimentieren

1 Bau eines Fahrzeugs mit Gummimotor ↑2
Das Fahrzeug wird mit der Energie eines gespannten Gummis angetrieben. Um den Gummi zu spannen, muss es zunächst entgegen der Fahrtrichtung geschoben werden.

2 Fahrzeug mit Gummimotor

2 Bau eines „Raketenautos" ↑3
Das „Raketenauto" funktioniert so: Wenn der Ballon seine Luft nach hinten wegschleudert, bewegt sich das leichte Fahrzeug nach vorne. Man nennt das Rückstoßantrieb: rückwärts stoßen, um vorwärts zu kommen. Richtige Raketen schleudern beim Start große Mengen heißer Verbrennungsgase nach unten heraus.
Wie könnt ihr dafür sorgen, dass euer Raketenauto möglichst weit fährt?
Was vermutet ihr? Probiert es aus.

3 „Raketenauto"

3 Bau eines Propellerwagens ↑4
Flugzeuge nutzen ebenfalls den Rückstoßantrieb. Propeller oder Turbinen schleudern große Luftmengen nach hinten. Auch auf der Startbahn kommt das Flugzeug auf diese Weise ins Rollen und beschleunigt, bis es abhebt.
Erprobt an eurem Modell verschiedene Propellerformen und Propellergrößen.

4 Flugzeug ohne Flügel

4 Bau eines „Dragsters" ↑5
Ein kleines Zahnrad („Ritzel") auf der Achse eines Elektromotors treibt das größere Zahnrad auf der Hinterachse des Autos an.
Dadurch dreht sich die Hinterachse langsamer als der Motor – ähnlich wie beim ersten Gang deines Fahrrads. Dein „Dragster" fährt trotzdem so schnell, dass du rennen musst, um ihm zu folgen.

5 „Elektrodragster"

5 Fahrzeug mit Solarantrieb ↑6
Die Sonne liefert die kostenlose Antriebsenergie für den Motor. Das Fahrzeug ist mit zwei Solarzellen ausgestattet. Wenn sie rechtwinklig zur Sonnenstrahlung gestellt werden, erreicht es die höchste Geschwindigkeit. Testet eure Solarfahrzeuge auf dem Schulhof.

6

Arbeitsauftrag

1 Vergleich der Modelle

a Beobachtet und beschreibt den Bewegungsablauf bei euren Fahrzeugen: Start – Fahrt – Abbremsen. Drehen die Räder durch? Kann das Fahrzeug die Richtung halten …?
Erfindet, plant, baut und erprobt auch andere Fahrzeugmodelle.

b Führt mit euren Fahrzeugen Wettbewerbe durch.
- Welches Fahrzeug läuft am leisesten?
- rollt auch ohne Antrieb am weitesten (Start von einer Schräge)?
- fährt den steilsten Berg hoch?
- fährt am schnellsten?

Versucht eure Beobachtungen zu erklären und die Modelle zu verbessern.

c Zeichnet auf glattem Boden eine Teststrecke von zwei oder mehr Metern Länge auf.
Ermittelt die Geschwindigkeiten auf dieser Teststrecke.
Welches Fahrzeug war am schnellsten? Versucht das Ergebnis zu erklären.

Fahrzeug	*Weg (gemessen)*	*Zeit (gemessen)*	*Geschwindigkeit (berechnet)*
Fahrzeug mit Gummimotor	*2 m*	*? s*	*? m/s*
…	*2 m*	*? s*	*? m/s*

Vögel – angepasst ans Fliegen

Zu fliegen wie ein Vogel – ohne Hilfsmittel gelingt das keinem Menschen! Vögel sind an den Lebensraum Luft auf vielfältige Weise angepasst …

1 Taube im Flug

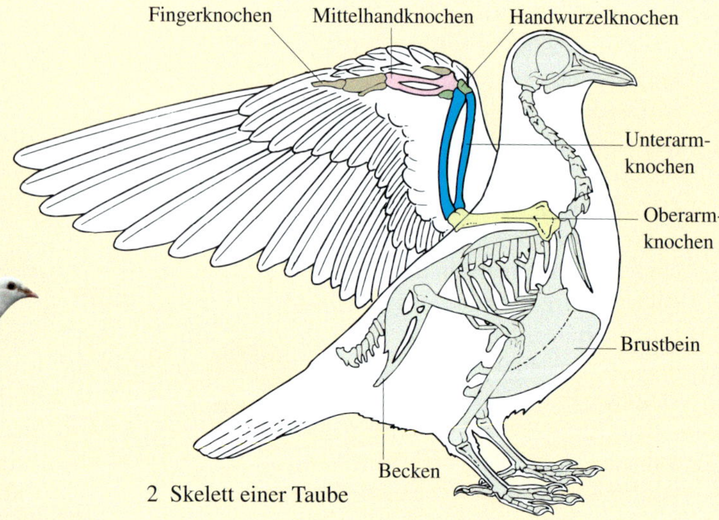

2 Skelett einer Taube

Beobachten Untersuchen Experimentieren

Eigenschaften von Federn und Form der Flügel

1 Untersuche die Eigenschaften einer Steuerfeder.

a Ziehe die Feder zwischen Daumen und Zeigefinger hindurch – einmal von unten nach oben, dann entgegengesetzt. Betrachte die Stellen, an denen die Feder auseinanderging, mit dem Binokular. Beschreibe. Fertige eine Skizze an und beschrifte sie. ↑3

b Halte die Feder eine Handbreit vor eine Kerzenflamme. Versuche die Flamme durch die Feder hindurch mit einem Strohhalm auszublasen. Tauche die Feder in Wasser und wiederhole den Versuch. Was stellst du fest?

2 Versuch zur Wärmeisolation von Federn

Material: 2 Reagenzgläser, 2 Bechergläser, Daunenfedern, heißes Wasser, Thermometer

Durchführung: Fülle zwei Reagenzgläser mit heißem Wasser. Stelle eins in ein mit Daunen gefülltes, das andere in ein leeres Becherglas. Miss zehn Minuten lang nach je einer Minute die Temperatur.

Auswertung: Fertige eine Temperaturkurve an. Leite daraus ab, welche Funktion Daunenfedern haben.

3 Versuch zur Flügelform

a Knicke den Rand einer Postkarte rechtwinklig über ein Lineal. ↑4 Puste flach über die Karte.

b Ziehe die Karte so über die Tischkante, dass sie eine Wölbung bekommt, und puste wieder.

c Beschwere den hinteren Rand der Postkarte mit Büroklammern. Wiederhole den Versuch.

d Beobachte jeweils. Leite aus deinen Beobachtungen ab, welche Flügelform am günstigsten ist.

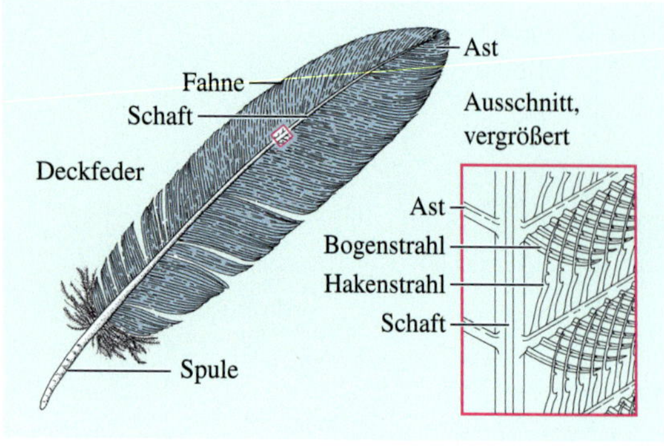

3 Bau einer Feder; rechts: vergrößerter Ausschnitt

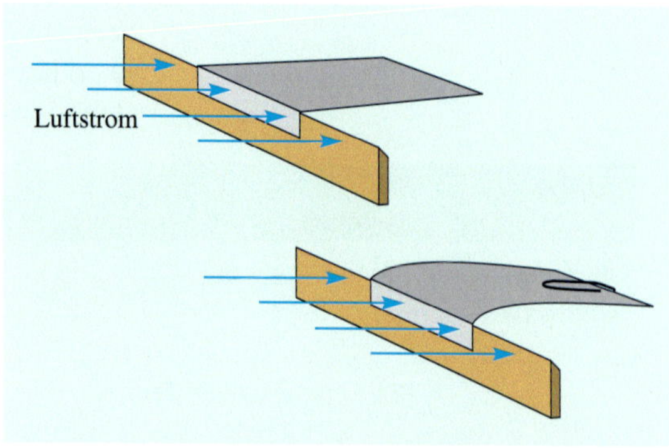

4 Welche Rolle spielt die Form des Flügels?

GRUNDLAGEN: Wie Vögel ans Fliegen angepasst sind

Federn und Flügel Vögel sind die einzigen Wirbeltiere mit Federkleid. ↑5 Die flauschigen Daunenfedern hüllen den Körper ein und schützen ihn vor Wärmeverlust. Darüber liegen die Deckfedern wie Dachziegel übereinander und nehmen dem Körper die Ecken und Kanten. So erhält er eine strömungsgünstige Form.
Große Schwungfedern sitzen an den Unterarm- und Handknochen des Flügels. Sie bilden beim Fliegen die Tragfläche. Die Schwanzfedern dienen zum Steuern.
Die Federn sind so gebaut, dass kaum Luft hindurchströmen kann. Eine Taube hat rund 4000 Federn, alle zusammen wiegen nur 15 g!

5 Federn sind unterschiedlich gebaut.

Die Leichtbauweise Das Skelett eines Vogels ist erheblich leichter als das eines gleich großen Säugetiers. Viele Knochen sind hohl und von Luftsäcken durchzogen. ↑6 Innen sind sie durch Verstrebungen verstärkt. So haben sie trotz des geringen Gewichts genug Stabilität.
Am Kamm des Brustbeins setzen gewaltige Flugmuskeln an. Bei einer Taube wiegen die Brustmuskeln ein Drittel des gesamten Körpergewichts, das Skelett aber nur ein Zwanzigstel.
Die Schädeldecke der Vögel ist papierdünn. Anstelle eines schweren Gebisses besitzen Vögel einen leichten Hornschnabel. Besonders leicht sind die Federn gebaut.

Anpassungen im Stoffwechsel Zum Fliegen ist viel Energie nötig. Bei Vögeln laufen daher alle Stoffwechselvorgänge rasch ab. Sie fressen viel und verdauen schnell. Ihre Atmungsorgane sind besonders leistungsfähig. Sie bestehen aus der Lunge und 5 Paar Luftsäcken. ↑6 Die Luftsäcke wirken wie Blasebälge und sorgen für eine gute Belüftung der Lunge. Das Herz schlägt sehr rasch.

Kurz und knapp **Vogelkörper sind durch Leichtbauweise an das Fliegen angepasst. Die vorderen Gliedmaßen der Vögel sind zu Flügeln umgebildet und wie der ganze Körper mit Federn bedeckt. Federn sind das Kennzeichen aller Vögel. Federn bestehen aus Horn und werden von der Haut gebildet.**
Die Lungen der Vögel stehen mit Luftsäcken in Verbindung und sind dadurch sehr leistungsfähig.

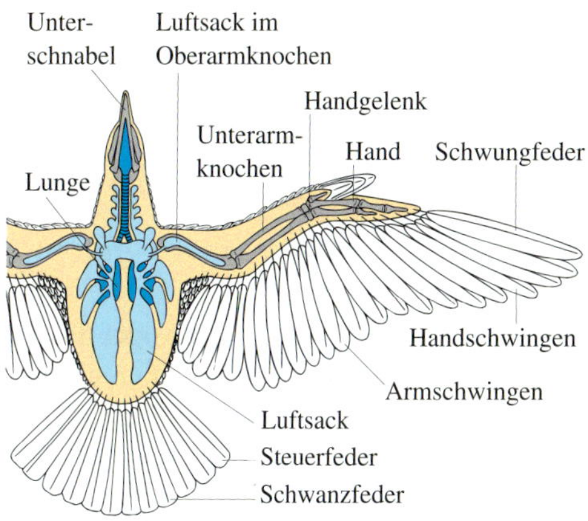

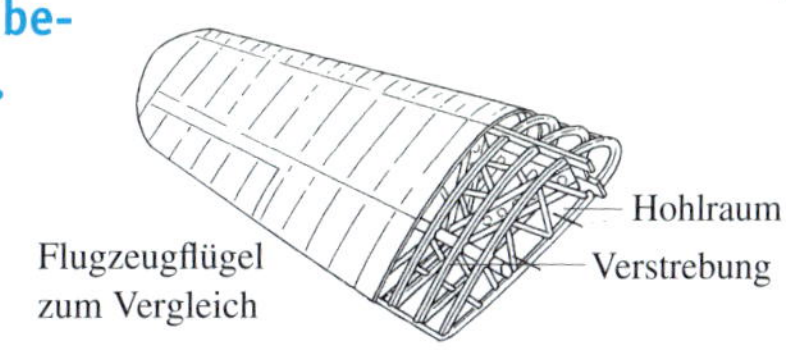

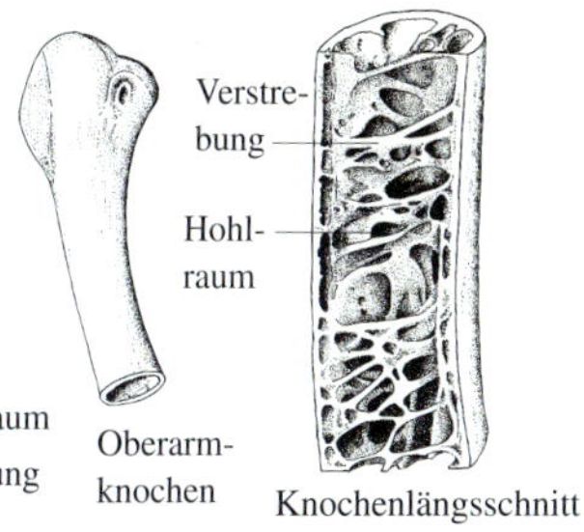

6 Vögel sind in ihrem Körperbau an das Fliegen angepasst.

Arbeitsaufträge

1 Leichtbauweise

a Ermittle mit einer Balkenwaage die Gewichte zweier etwa gleich großer Knochen eines Vogels und eines Säugetiers.

b Vergleiche den Längsschnitt durch einen Vogelknochen mit dem abgebildeten Flugzeugflügel. ↑6

c Wo findest du die Leichtbauweise in der Technik?

2 Flügelform

Betrachte an einem ausgestopften Vogelbalg die Form der Flügel.
Achte auf die Form der Vorderkante und die der Hinterkante des Flügels.
Vergleiche mit dem Querschnitt der Tragfläche eines Flugzeugs.

Wie Vögel fliegen

Höckerschwäne beim Fliegen zu beobachten, ist sehr beeindruckend. Das Fliegen erfolgt eigentlich in mehreren Phasen. Beobachte. Warum nimmt der Vogel einen Anlauf? Wie hält er seine Flügel beim Auf- und beim Abschlag?

1 Höckerschwan beim Ruderflug

2 Abschlag

Beobachten Untersuchen Experimentieren

1 Wie verschiedene Vögel fliegen
Beobachte im Garten, in einem Park oder an einem See, wie Vögel losfliegen und landen.

a Wie fliegt der Vogel los?
b Wie hält er sich in der Luft?
c Achte auf die Stellung des Schwanzes beim Steigen, Fallen, Abbremsen, Stehen und Wenden in der Luft. Stellst du Unterschiede zwischen den verschiedenen Arten fest?
d Was ist gleich wie beim Höckerschwan, wo findest du Unterschiede?

2 Flugarten im Modellversuch: Gleitflieger
Vögel können durch die Luft gleiten, segeln und rudern, sie können rütteln und schwirren. Wir untersuchen jetzt das Gleiten. Bastle einen Papierflieger. Achte darauf, dass er symmetrisch ist.

a Finde durch Ausprobieren die beste Wurftechnik heraus.
b Optimiere deinen Flieger durch Trimmen. Wenn der Schwerpunkt richtig liegt, wird er am weitesten fliegen. ↑4
c Vergleiche unterschiedlich schwere und verschieden große Papierflieger. Baue dazu 4 Flugmodelle aus folgenden Materialien:
Flugmodell 1: ein DIN-A-4-Bogen,
Flugmodell 2: zwei übereinander geklebte DIN-A-4-Bögen,
Flugmodell 3: ein DIN-A-5-Bogen,
Flugmodell 4: zwei übereinander geklebte DIN-A-5-Bögen.
Bestimme das Gewicht deiner Papiermodelle. Vergleiche ihre Flugzeit mit der Stoppuhr. Achte darauf, dass die Flugbedingungen immer gleich sind.

Flugmodell Nr.	Gewicht in g	Flugzeit in s
?	?	?

d Verändere an deinen Papierfliegern die Flügelform und miss erneut.
e Formuliere aus deinen Messergebnissen, welche Bedingungen für einen guten Flieger wichtig sind.

3 Flugarten im Modellversuch: Segelflug im Aufwind

a Durch Erwärmen von Luft kommt es zu Aufwinden. ↑5
Halte über die Glasröhre eine Daunenfeder. Lass sie in die Glasröhre fallen. Führe den Versuch bei gelöschter Kerze und anschließend bei brennender Kerze durch.
Beobachte und erkläre.
b Stelle ein Buch auf den Tisch. Lass eine Daunenfeder vom Buchrücken auf den Tisch fallen. ↑6 Wiederhole das Ganze bei eingeschaltetem Föhn. Erkläre deine Beobachtungen. Welche Verhältnisse in der Natur soll das Buch darstellen?

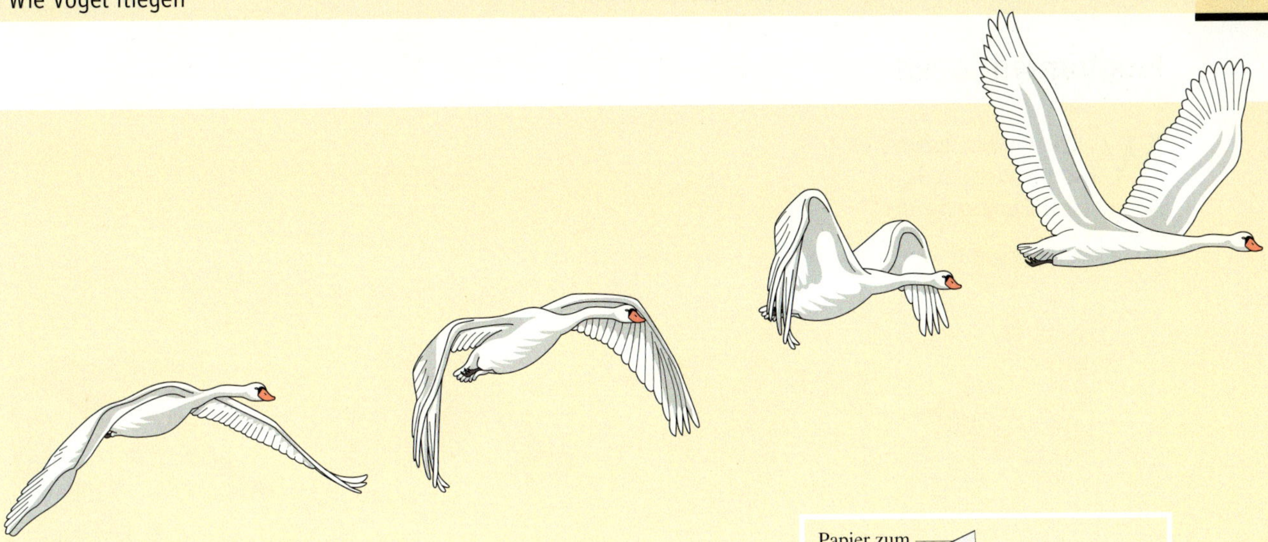

3 Aufschlag

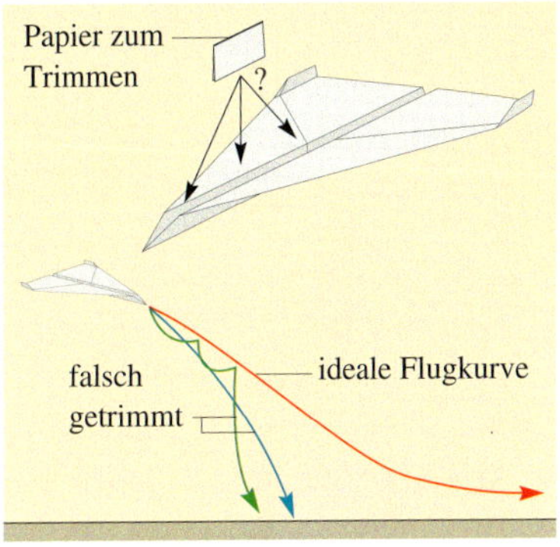

4 Trimmen des Papierfliegers

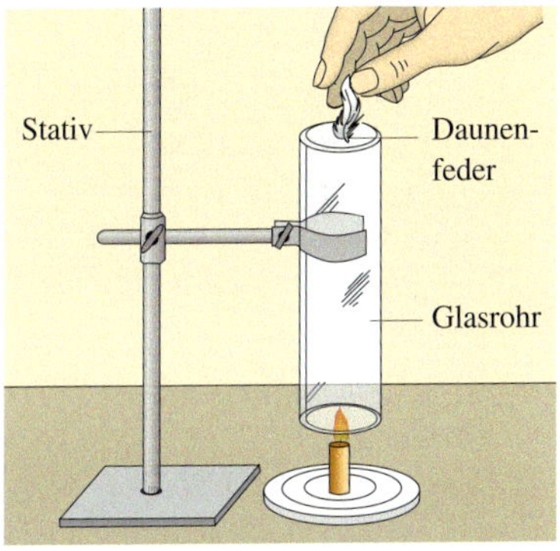

5 Aufwind durch Erwärmung

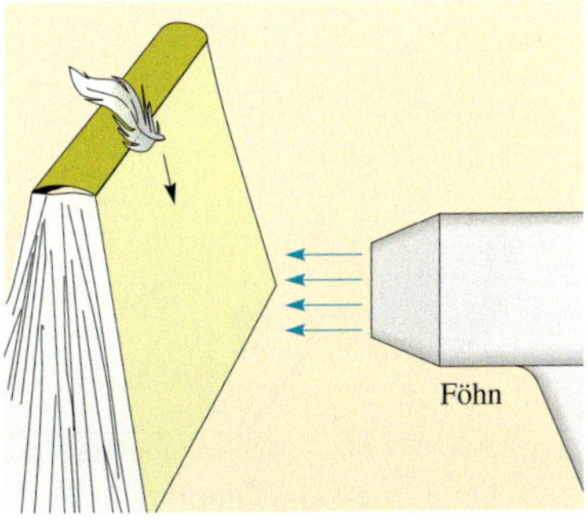

6 Aufwind durch Umlenkung der Luft

GRUNDLAGEN: Vom Vogelflug

Beim Fliegen muss der Vogel mit drei Problemen fertig werden:
Sein eigenes Gewicht zieht ihn nach unten. Der Luftwiderstand bremst seine Geschwindigkeit. Luftwirbel können ihn zum Absturz bringen.
Trotzdem sind die meisten Vögel ausgezeichnete Flieger.
Vogelflügel und Vogelkörper sind strömungsgünstig gebaut. So wird der Vogel beim Vorwärtsgleiten kaum durch den Luftwiderstand gebremst. Um beim Fliegen nicht allmählich an Höhe zu verlieren, nutzen viele Vögel aufsteigende warme Luftströmungen. Aufwinde entstehen auch dort, wo Luft gegen einen Hang strömt.

Beobachtungen am Höckerschwan ↑1
Der Start: Nach einem langen Anlauf mit ausgebreiteten Flügeln versucht der Schwan genügend Fahrt zu bekommen. Weit ausholend schlägt er kraftvoll mit den Flügeln, bis er sich schließlich in die Luft erhebt.
Der Ruderflug: Der Schlag der Flügel nach unten, der Abschlag, lässt den Vogel steigen und bringt ihn voran. Die Schwungfedern bilden einen lückenlosen Fächer, der keine Luft durchlässt. Hand- und Armschwingen wirken als Tragfläche. ↑2 Beim Aufschlag führt der Vogel die Flügel wieder nach oben. Dabei knickt er die Flügel im Handgelenk ein. Jetzt wirken nur noch die Armschwingen als Tragfläche. ↑3
Steuern: Beim Fliegen steuert der Schwan mit den Schwanzfedern.
Landen: Hier senkt er die Schwanzfedern. Um die Geschwindigkeit zu verringern, spreizt er Flügel und Schwanz und streckt die Beine vor.

Flügelform Schnell fliegende Vögel haben spitzwinklige Flügel. Sie setzen dem Auftrieb wenig Widerstand entgegen. Für kurze Entfernungen sind breite, abgerundete Flügel besser – der Vogel hebt so schneller ab.

Flugformen

Welche Phasen lassen sich beim Ruderflug des Rotkehlchens unterscheiden?

1 Rotkehlchen beim Ruderflug

Beobachten Untersuchen Experimentieren

1 Beschreibe den Ruderflug der Meise. Achte jeweils beim Ab- und beim Aufschlag auf die Bewegung des Vogels sowie auf die Stellung und Bewegung seiner Flügel. ↑1
Übertrage die Tabelle in dein Heft und fülle sie aus.

	Abschlag	*Aufschlag*
Bewegung des Vogels im Raum	*?*	*?*
Flügelstellung	*?*	*?*
Flügelbewegung	*?*	*?*

2 Sicherlich hast du schon verschiedene Flugformen beobachtet. Ordne einigen Vogelarten Flugformen zu.

2 Flugbilder

3 Die Flügelform ist eine wichtige Voraussetzung für die Flugform. Vergleiche die Flugbilder von Vogelarten. ↑2

a Es gibt zwei Grundtypen von Flügeln. Beschreibe sie.

b Gib jeweils Vogelarten an, deren Flügel ähnlich sind.

c Welche Arten sind gute Segler, welche gute Gleiter?

d Erkläre den Zusammenhang zwischen der Flügelform und der vorwiegenden Flugart der einzelnen Vögel.

4 Von einem 10 m hohen Baum gleiten Vögel unterschiedlich weit. ↑3

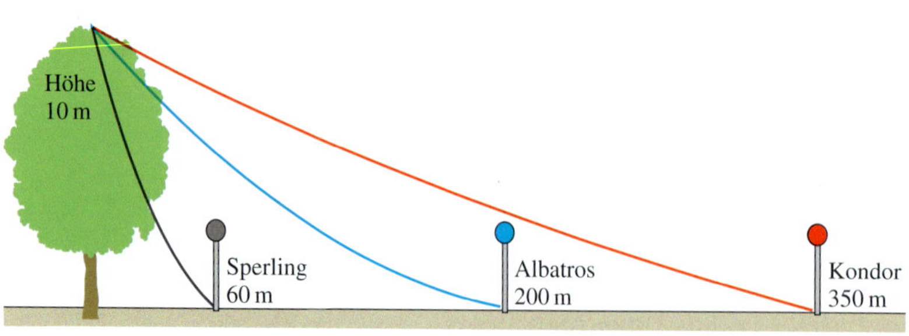

3 Flugweite beim Gleitflug

GRUNDLAGEN: Flügelschlag und Flugformen

Auf welche Art ein Vogel fliegen kann, hängt von seinem Körpergewicht sowie von der Größe und Gestalt seiner Flügel ab. Zum Beispiel sind kleine Singvögel mit ihren rundlichen Flügeln schlechte Gleitflieger. Segeln können sie überhaupt nicht.

Ruderflug Er ist die häufigste Flugform der Vögel. Dabei werden die Flügel mit Muskelkraft auf und ab geschlagen. Beim Abschlag bilden die Federn der Flügel eine luftundurchlässige Fläche. Der Vogel wird nach oben und vorn gedrückt. Beim Aufschlag sind die Handschwingen so gestellt, dass Luft von oben durchströmt. So sackt der Vogel nicht ab.

Gleitflug Befindet sich ein Vogel schon hoch in der Luft oder auf einem Baum, kann er ohne Flügelschlag herabgleiten. Beim Gleiten benutzt er seine Flügel als starre Tragflächen.
Je größer die Flügel im Verhältnis zum Körpergewicht sind, desto länger ist die mögliche Gleitstrecke.

Segelflug Segelnde Vögel lassen sich ohne Flügelschlag von aufsteigenden Luftströmungen emportragen. Breite Flügel sind dabei eine günstige Voraussetzung. ↑4

Rüttelflug Der Rüttelflug ist ein Ruderflug auf der Stelle. Dabei scheint der Vogel für kurze Zeit in der Luft zu stehen. ↑5

Kurz und knapp **Beim Gleitflug und Segelflug fliegt der Vogel ohne Flügelschlag. Ruderflug und Rüttelflug erfordern Muskelkraft. Rüttelflug ist Fliegen auf der Stelle.**

4 Segelnder Mäusebussard

5 Turmfalke beim Rüttelflug

Wissenswertes Was sonst noch fliegt

6 Mausohrfledermaus

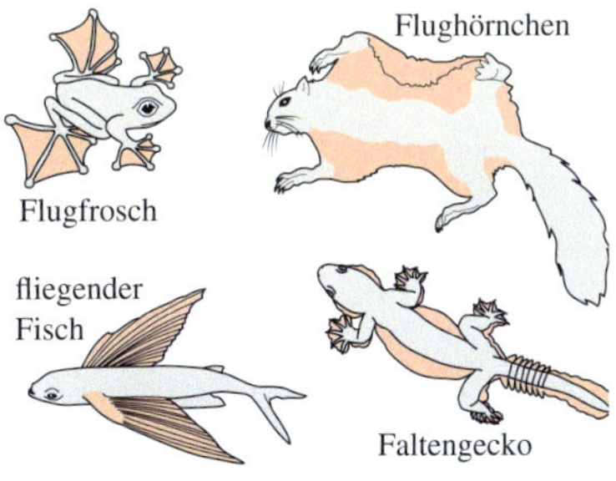

7 Fliegende Tiere

Die Fledermaus jagt Fluginsekten. ↑6 Ihre Flughäute werden vor allem mithilfe der Arm- und Handknochen aufgespannt. Sie ist ein aktiver Flieger und bewegt ihre Flügel wie Vögel durch Muskeln.

Aber es gibt noch eine andere Art, sich durch die Luft zu bewegen: Manche Tiere breiten beim Springen Flughäute oder große Flossen aus und gleiten so ein Stück weit durch die Luft. ↑7

Arbeitsaufträge

1 Fledermäuse und Vögel sind Flugtiere. Welche Eigenschaften müssen Fledermäuse und Vögel gemeinsam haben?
Was unterscheidet die Fledermaus von den Vögeln?

2 Außer der Fledermaus jagen viele Vögel nach Insekten, ebenso der Grasfrosch und die Libelle, die selbst ein Insekt ist. Informiere dich über diese Tiere und begründe, warum sie trotz der Konkurrenz untereinander genügend Nahrung finden.

3 Welche Flugeinrichtungen ermöglichen Tieren das aktive Fliegen, welche das passive Gleitfliegen?

Unterwegs mit den Wildgänsen

1 Weißwangengänse im Flug

Selbst ein Teil des Schwarms zu sein, das ist der Traum eines jeden Vogelbeobachters. Der französische Meteorologe CHRISTIAN MOULLEC und seine Frau PAOLA haben diesen Traum verwirklicht. Mit einem Ultraleichtflugzeug begleiteten sie 30 Zwerggänse aus Schweden auf ihrem Weg in das 2 000 km entfernte Überwinterungsgebiet am Niederrhein.

2 Die beiden Piloten zeigen den jungen Zwerggänsen eine sichere Flugroute.

3 Gänse fliegen meist in V-Formation.

Wildgänse sind Zugvögel Wildgänse wie Zwerg-, Bläss-, Saat- und Ringelgänse kommen nur als Wintergäste nach Deutschland. Sie brüten im arktischen Norden. Ende August brechen sie auf in ihre Überwinterungsgebiete. Unterwegs rasten sie auf feuchten Wiesen in Küstennähe, an Flüssen und an Seen. Einige Arten überwintern bei uns, andere ziehen bis nach Südeuropa. Über den Winter fressen sie sich einen Fettvorrat an, um im Frühjahr in ihre Brutgebiete zurückzukehren.

Ernährung Gänse ernähren sich von Pflanzen. Bis zu einem Kilogramm kurze Gräser und Kräuter, Wasserpflanzen und Flechten benötigt eine Wildgans täglich als Futter. Im Winter fressen Gänse auch Wurzeln, Kartoffeln und Getreidekörner. Sie bevorzugen jedoch junges Wintergetreide. Fällt ein Gänseschwarm über ein frisch eingesätes Feld her, kann eine neue Einsaat nötig werden – sehr zum Ärger des Landwirts. Sind die Pflanzen aber fest verwurzelt, schadet ihnen das Abzupfen der Blätter kaum. Wenn Wildgänse Ernteausfälle verursachen, werden die betroffenen Landwirte finanziell entschädigt.

4 Blässgänse sind unsere häufigsten Wintergäste.

5 Weidende Graugans

Schutz Wildgänse kehren jedes Jahr in ihre Rast- und Überwinterungsgebiete zurück. Werden diese trockengelegt, müssen die Tiere ausweichen. Feuchtgebiete sollten daher erhalten werden. In einigen Bundesländern ist die Jagd auf Wildgänse ganzjährig verboten, in anderen zeitlich eingeschränkt. Außerdem dürfen rastende Gänse nicht durch Spaziergänger oder Vogelbeobachter gestört werden. Denn jedes Auffliegen benötigt Energie, die die Tiere für die Heimreise und die Brut brauchen.

Arbeitsaufträge

1 Bläss-, Saat- und Ringelgänse gehören zu den häufigsten Wintergästen.
a Erstellt in der Klasse Steckbriefe dieser Gänsearten.
b Sucht ihre Brut- und Überwinterungsgebiete im Atlas. Ermittelt mit Klimakarten die Wintertemperaturen im Brutgebiet jeder Art.
c Überlegt, warum diese Gänsearten wohl bei uns überwintern.

2 Naturschutzorganisationen fordern, Feuchtgebiete wie Seen, Auen und Moore unter strengeren Schutz zu stellen.
a Erläutere, welche Bedeutung diese Gebiete für Zugvögel haben.
b Welche anderen Nutzungen könnten dem entgegenstehen?
c Schlage eine Lösung für diesen Konflikt vor. Diskutiert die Vorschläge in der Klasse.

3 In einigen Bundesländern dürfen Wildgänse gejagt werden. Findest du das in Ordnung? Begründe deine Meinung.

4 Erläutere, welche Folgen es für eine Wildgans haben kann, wenn ein Landwirt sie von seinem Acker vertreiben will und immer wieder zum Auffliegen bringt.

6 Von November bis Februar kann man rastende oder überwinternde Wildgänse beobachten.

Fliegen – kann die Luft Halt geben?

Der Schwan ist mit bis zu 2 kg ein Schwergewicht unter den Vögeln.
Bei einer Spannweite von 2 m fliegt er in 3000 m Höhe mit einer Geschwindigkeit von 100 $\frac{km}{h}$.
Und wir Menschen? Sind wir zu schwer, zu schwach oder fehlen uns nur die Flügel?

1 Schwan beim Starten

2 Das Kind hebt nicht ab.

Beobachten Untersuchen Experimentieren

1 Langsam fallen – mit Fallschirmen
Baue verschiedene Fallschirme aus je einer DIN-A4-Karteikarte, 40 cm Zwirnsfaden und einer Schraubenmutter (als „Passagier"). ↑3

a Starte deine Fallschirme bei Windstille aus 2 m Höhe. Notiere Flugstabilität und Flugdauer.
b Baue aus dem Material noch bessere Fallschirme. (z. B. oben mit einem kleinem Loch).
c Deine Fallschirme sinken unterschiedlich schnell. Was hat der Luftwiderstand damit zu tun?
d Auch bei der „Pusteblume" spielen „Fallschirme" und Luftwiderstand eine Rolle. ↑4 Erkläre.

2 Bau eines Propellerfallschirms ↑5
Knicke das Papier an den gestrichelten Linien. Die mit „R" gekennzeichneten Flächen ergeben den Rotor, die mit „S" gekennzeichneten den Stiel.

a Lass diesen Fallschirm aus größerer Höhe fallen.
b Überlege, wozu man den Stiel und die Büroklammer braucht.
c Baue aus einem zweiten, gleich schweren Papierstreifen einen „normalen" Fallschirm.
Tipp: Schneide aus dem gleichen Papier einen Streifen von 7 cm · 12 cm aus.
Vergleiche den Flug beider Fallschirme.

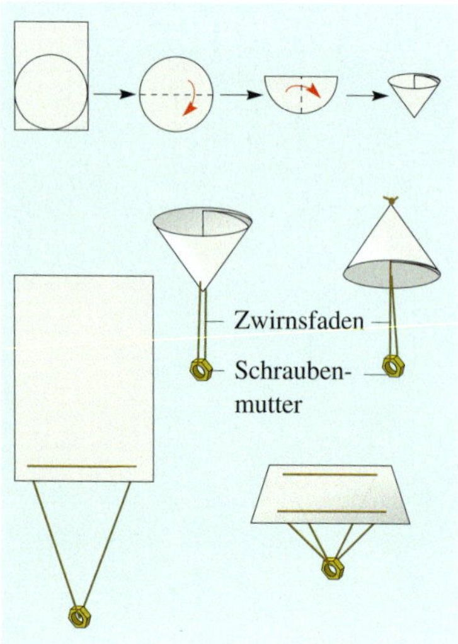

3 Fallschirmmodelle

4 Fliegende Löwenzahnsamen

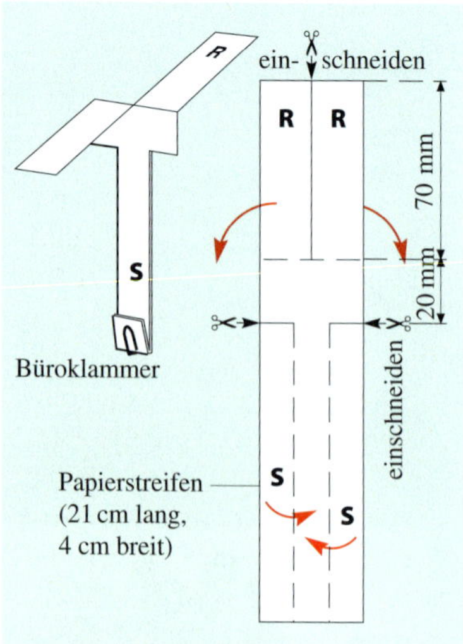

5 Propellerfallschirm

3 Modell des Ahornsamens ↑6

Baue das Modell aus festem Papier und einem langen, dünnen Holzstäbchen. Schneide das Papier zu. Falte einen 2 cm breiten Streifen und klebe den Stab in den Falz. Auf das schmale Ende des Rotors klebst du einen Haken, wie man ihn im Bad benutzt. Die Münze kommt an der gleichen Stelle auf die Rückseite als Ballast.

a Beim Start hältst du das Modell an der abgerundeten oberen Ecke fest.
Lass den Rotor aus größerer Höhe fallen. Beschreibe sein Flugverhalten und zeichne die Flugbahn auf.

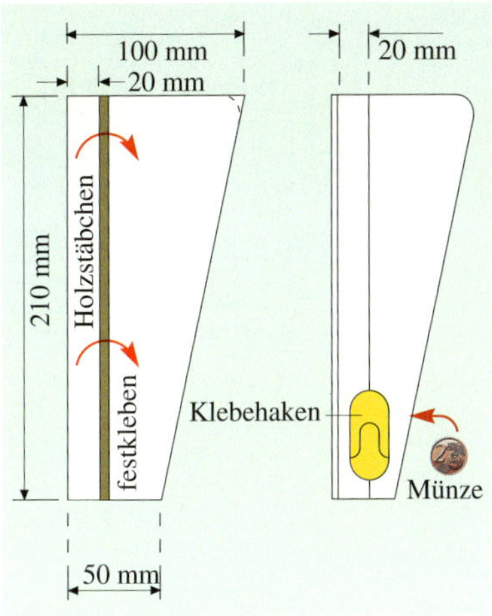

6 Rotor – Modell für Ahornsamen

b Miss die Fallzeit für eine Höhe von 5 m (Treppenhaus).

c Ahornsamen „kreiseln" mit 1 bis 2 $\frac{m}{s}$ zu Boden. ↑7
Kann sich dein Rotor damit messen?

d Im Freien kannst du den Rotor senkrecht nach oben mit einem dünnen Gummiband abschießen, das hinter dem Klebehaken eingehängt wird.
Achte darauf, dass sich niemand in der Schussbahn befindet.

7 Ahornsamen

GRUNDLAGEN: Langsam Fallen

Alle Gegenstände werden von der Erde angezogen. Diese Anziehung erschwert jeden Flugversuch.
Ein Gegenstand fällt allerdings umso langsamer zur Erde, je größer seine Querschnittsfläche ist.
Die Luft hat dann eine größere „Tragfläche", an der sie angreifen und das Fallen behindern kann. Der Luftwiderstand ist größer.
Ebenso wichtig wie eine möglichst große Querschnittsfläche ist eine stabile Flugbahn. Ein waagerecht sinkendes Blatt Papier kippt beim Fallen. Es stürzt ab.
Große Probleme mit der Flugstabilität hatte auch André Garnerin, der 1795 als erster Mensch mit dem Fallschirm aus einem Ballon absprang. ↑8
Sein Schirm pendelte gefährlich hin und her, weil er kein Loch oben in die Kappe geschnitten hatte. Die gestaute Luft unter dem Fallschirm entwich mal auf der einen, mal auf der anderen Seite.
Mit einigen „Tricks" kann man das unerwünschte Kippen vermeiden und eine stabile Flugbahn erreichen:

- Der Schwerpunkt des Flugobjekts sollte möglichst tief liegen.
- Drehbewegungen stabilisieren die Flugbahn. Das kennst du vom Ahornsamen oder der Frisbeescheibe.
- Auch die geradlinige Vorwärtsbewegung beim Sinkflug stabilisiert die Flugbahn. Dafür sorgt z. B. beim Segelflugzeug ein Leitwerk und die V-förmige Flügelstellung. Moderne Fallschirme sind meist nicht rund, sondern rechteckig. ↑9 Sie lassen sich bei ihrem Sinkflug recht gut lenken.

8 Erster Fallschirmsprung

9 Gleitschirmflieger

Fliegen: Länger gleiten durch Auftrieb

Vögel können lange gleiten, ohne ein einziges Mal mit den Flügeln zu schlagen. Das gute Gleitverhalten hängt mit der Flügelform zusammen. Auch Segelflugzeuge nutzen diese Flügelform.

1 Vogelflügel sind gewölbt (Zeichnung von OTTO LILIENTHAL).

Beobachten Untersuchen Experimentieren

1 Vom Luftstrom angehoben
Knote einen Bindfaden an einen aufgeblasenen Luftballon und befestige den Faden mit einem Klebestreifen auf einem Tisch. Versuche den Ballon mit einem Haartrockner (auf kalt gestellt) vom Tisch anzuheben. ↑2
Sollte der Luftstrom schräg unter den Luftballon oder über ihn hinweg gerichtet werden? Begründe deine Meinung.

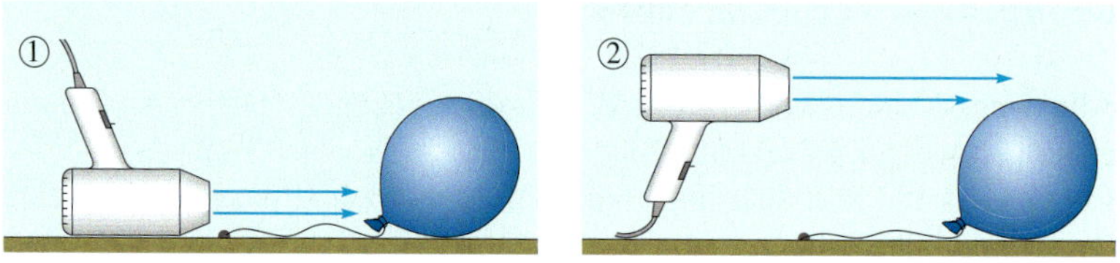

2 Luftballon anheben im Luftstrom

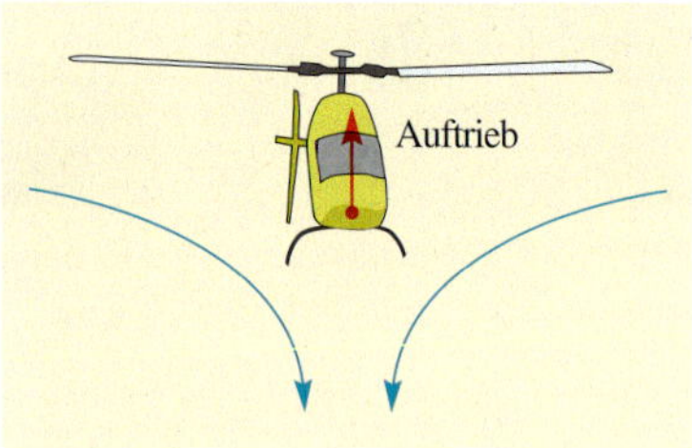

3 Rotor lenkt Luft nach unten.

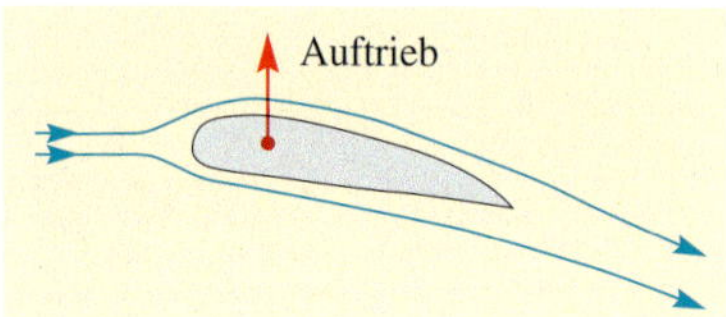

4 Auftrieb durch gewölbte Flügel

GRUNDLAGEN: Der Auftrieb

Wenn Luft aus einem Luftballon nach unten strömt, fliegt der Ballon nach oben. Auch ein Hubschrauber bläst die Luft nach unten, um aufzusteigen und sich oben zu halten. ↑3
Immer wenn Luft von einem „Flugobjekt“ nach unten abgelenkt wird, wird es angehoben. Bei einem gewölbten Flügel ist es ähnlich. Diesen Vorgang bezeichnet man als Auftrieb. ↑4
Der Mensch hat diese Art, besser zu gleiten, bei den Vögeln abgeschaut. Alle Flugzeuge vom Segelflugzeug bis zum Düsenjet haben gewölbte Flügel. Der Fachmann spricht von einem gewölbten Tragflächenprofil.

Kurz und knapp **Die gewölbte Oberseite des Flügels lenkt die Luftströmung nach unten um. Der Flügel wird nach oben getrieben. Man nennt das Auftrieb.**

Wissenswertes Vom Vogelflügel zum Propellerflug des Menschen

Als Schüler träumte OTTO LILIENTHAL davon, wie die Vögel fliegen zu können. Er wurde Maschinenbauingenieur und konstruierte Fluggeräte, um seinen Traum zu verwirklichen. 1874 entdeckte er, dass das Geheimnis des Fliegens in der besonderen Flügelform liegt. ↑5

5 OTTO LILIENTHAL

Er schrieb: „Der Segelflug ist nicht nur für Vögel da. Es besteht wenigstens die Möglichkeit, dass der Mensch auf künstliche Weise diese Art des Fliegens hervorrufen kann, die nur ein geschicktes Lenken, aber kein kraftvolles Bewegen der Fittiche erfordert."

6 Gleitschirmflieger in der Thermik

Eine Weiterentwicklung von LILIENTHALS Arbeiten ist das moderne Segelflugzeug. Segelfliegen kann man heute mit Gleitschirmen. Durch das Aufziehen beim Start füllen sich die Kammern eines Gleitschirms mit Luft, sodass er die Form eines Flügels annimmt. ↑6

7 Mit Muskeln angetriebenes Flugzeug

Bei der Vorwärtsbewegung sorgen die gefüllten Kammern mit ihrer gewölbten Form für den Auftrieb.
Sehr leichte Gleitflugzeuge können Spannweiten von mehr als 30 m haben. 1976 gelang mit so einem Flugzeug der erste „Motorflug" ohne Motor: Der Propeller wurde nur mit den Muskeln angetrieben.
1988 flog ein griechischer Radprofi mit einem 31 kg leichten Muskelkraftflugzeug von der Insel Kreta zur Insel Santorin. ↑7

Schon gewusst? Bionik: Der Natur abgeschaut

Die gespreizten Handschwingen vieler Vogelflügel vermindern die Luftreibung an den Flügelenden und führen zu einem stabileren Flug. Die elegant nach oben gebogenen Flügelspitzen sind das Vorbild moderner Flugzeuge. ↑8
Zuerst gab es solche Flügelspitzen bei manchen Segelflugzeugen. Diese Winglets verbessern die Flugeigenschaften erheblich. Inzwischen werden auch Verkehrsflugzeuge mit Winglets ausgestattet. ↑9
Dadurch sinkt der Treibstoffverbrauch: Wenn bisher z. B. 80 t Treibstoff am Tag nötig waren, sind es jetzt 76 t. Die Winglets sparen nicht nur eine Menge Geld, sondern sie verringern auch die Abgasmenge. Die Umwelt wird weniger belastet.
Es lohnt sich also, die Natur als Vorbild für technische Entwicklungen zu nutzen und Biologie und Technik zur Bionik zusammenzuführen.

8 Aufwärts gebogene Flügelspitzen

9 Besser gleiten durch Winglets

Forschungsprojekt Papierflieger

Wie muss ein guter Papierflieger aussehen? Zu welchen Flugleistungen ist er fähig?
Bei Papierfliegern sind die Tragflächen nicht gewölbt. ↑1
Sie gleiten daher viel schlechter als ein Segelflugzeug. Fliegen können sie dennoch.
Papierflieger sollen vor allem einen stabilen Flug haben. Manche gleiten sehr lange. Andere sinken zwar rasch zu Boden, können aber wegen ihrer Pfeilform sehr schnell und weit fliegen.
Ein Papierflugzeug, das schnell fliegt und lange gleitet, wurde noch nicht gebaut. Aber wer weiß …
Tipp: Zur Stabilisierung Büroklammern verwenden.

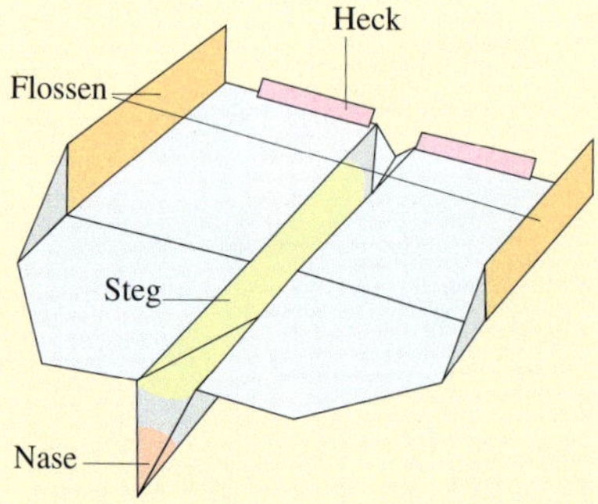

1 Papierflieger

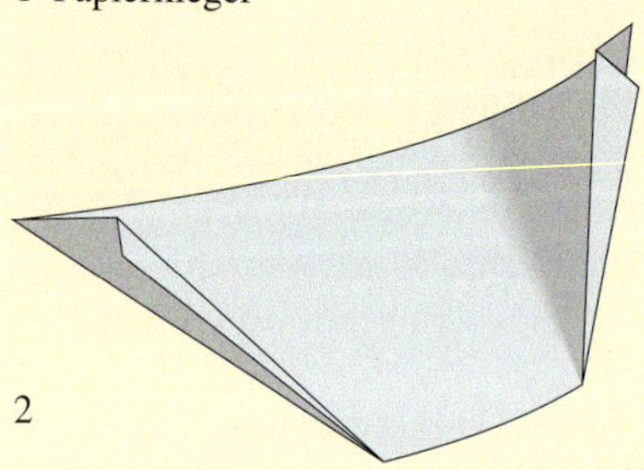

2

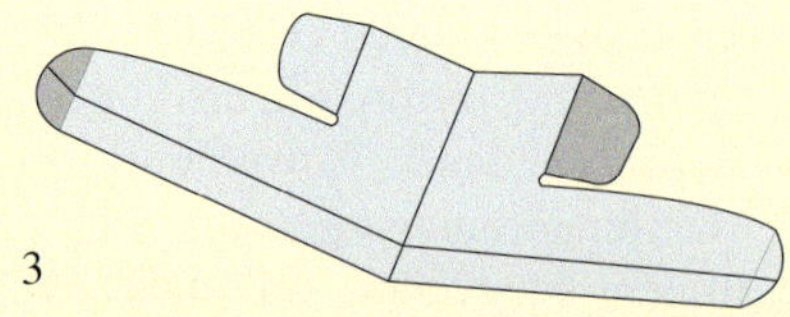

3

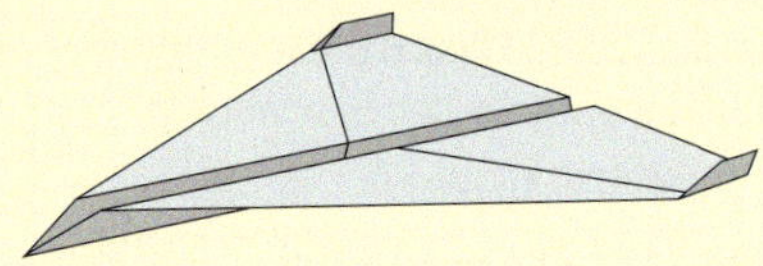

4

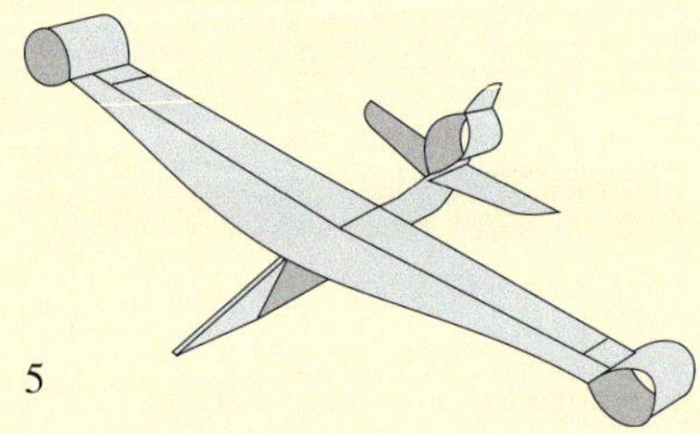

5

Beobachten Untersuchen Experimentieren

1 Papierflieger – untersucht
Baue den Papierflieger nach und untersuche seine Flugeigenschaften. ↑6

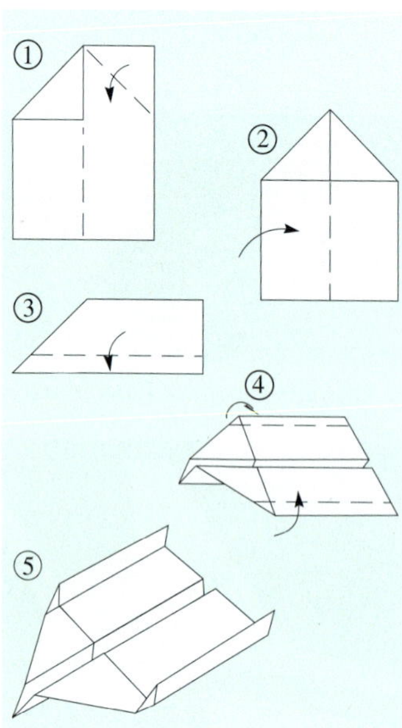

6 Anleitung für den Papierflieger

2 Leichtes, dünnes Papier oder dickes, schweres?
Baue den gleichen Papierflieger sowohl aus dünnem Schreibmaschinenpapier als auch aus Tonpapier. Vermute, welcher Flieger weiter fliegt. Wirf danach bei Windstille möglichst gerade und mit gleichem Schwung. Miss Flugweite und -dauer und trage die Werte in die Tabelle ein. ↑7

3 Wer fliegt am weitesten?
Jeder hat mehrere Versuche mit seinem Papierflieger. Der weiteste Flug zählt.

Flug	Flugweite		Flugdauer	
	dünnes Papier	dickes Papier	dünnes Papier	dickes Papier
1	? m	? m	? s	? s
2	? m	? m	? s	? s
…	…	…	…	…
5	? m	? m	? s	? s

7

4 Wer fliegt am längsten?
Jeder hat mehrere Versuche mit seinem Flieger. Der jeweils längste Flug zählt. (Der Weltrekord liegt übrigens bei 28 Sekunden!)

5 Wer fliegt ins Ziel?
Markiert mit einem Putzeimer einen Landeplatz in 2 bis 3 m Entfernung. Werft nun eure Flieger und messt, wie nahe eure Flieger an den Eimer herankommen. Ob es einer schafft, genau im Eimer zu landen?

6 Lassen sich Papierflieger „tunen“?
Beginne z. B. mit der Grundform. ↑6

a Wirf den Flieger mehrmals mit möglichst gleichem Schwung und miss jeweils seine Flugweite. Berechne daraus den durchschnittlichen Wert.

b Nimm nun gezielt jeweils eine kleine Veränderung vor – an den Heckklappen, den Seitenklappen, an der Schwerpunktlage (Büroklammer) … Bestimme wieder die durchschnittliche Flugweite.

7 Flieger mit Druckluftantrieb
Klebe in den Steg deines Papierfliegers ↑6 einen dicken Trinkhalm ein, der vorn mit etwas Knete verschlossen ist. Versuche den Flieger mit dem Luftstoß aus einer „leeren“ Spritzflasche nach vorn zu katapultieren.

8 Flieger mit Papprumpf und gewölbten Papiertragflächen
Im Internet sind Modell-Segelflugzeuge aus Papier mit gewölbten Tragflächen beschrieben. Manche Modelle sind sogar ferngesteuert.

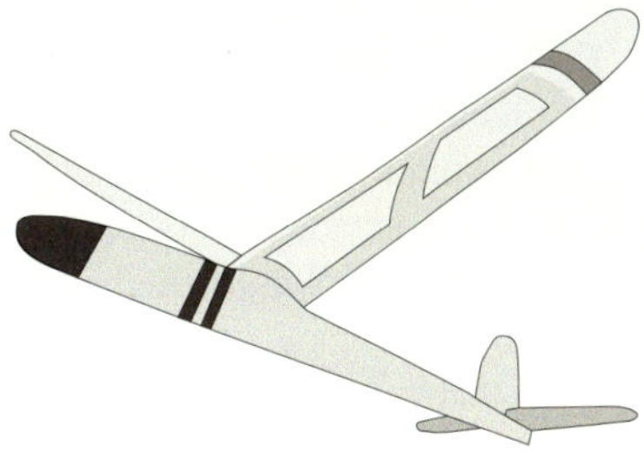

8 Flieger mit gewölbten Tragflächen

Das abgebildete Modell hat eine Spannweite von 19 cm, eine Länge von 20 cm und gleitet etwa 10 Sekunden lang. ↑8

Aus der Technik Papierflieger, die stabil fliegen

Von Papierkonstruktionen mit großen Tragflächen erwartet man gute Gleiteigenschaften. Bei mangelnder Flugstabilität kommen sie dennoch schnell ins Trudeln und stürzen ab.
Ein Flugzeug kann sich anders als ein Auto nicht nur nach links oder rechts, sondern auch nach oben oder unten bewegen. Es können also viel mehr „Flugfehler“ auftreten, die man jedoch beseitigen kann.

V-Form
Ein Papierflieger „rollt“, wenn er sich um seine Längsachse dreht. ↑9
Um dies zu verhindern, faltet man ihn entlang der Mitte. Die Tragflächen erhalten eine V-Form. Damit schaukelt der Flieger nur noch hin und her.

Heckklappen
Der Flieger „nickt“, wenn er sich um seine Querachse dreht. Die Nase hebt oder senkt sich dann. ↑10
Zur Korrektur biegt man die hinteren Ecken der Flügel nach oben, wenn der Flieger zum Sturzflug neigt. Stellt sich die Nase eher nach oben, biegt man die Ecken nach unten. Es sind auch Heckklappen möglich.
Manchmal ist ein Aufwärtssteigen erwünscht, um z. B. ein Looping zu fliegen. Geht der Flug jedoch zu steil nach oben, so kann das Flugzeug absacken und abstürzen.

Seitenklappen und Rumpf
Der Flieger „giert“, wenn er sich waagerecht im Kreis dreht. ↑11
Damit das nicht geschieht, faltet man Flossen an den Flügelrändern oder an den Rumpf – oder beides.

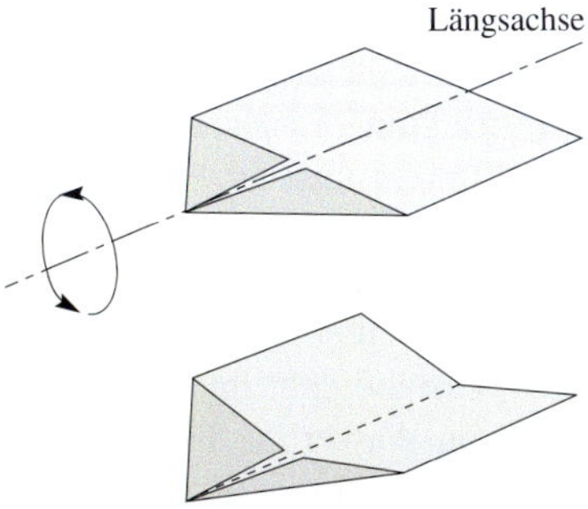

9 V-Form gegen „Rollen“

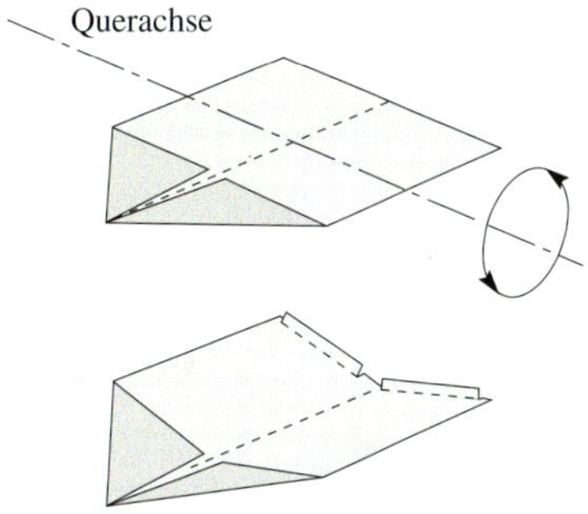

10 Heckklappen gegen „Nicken“

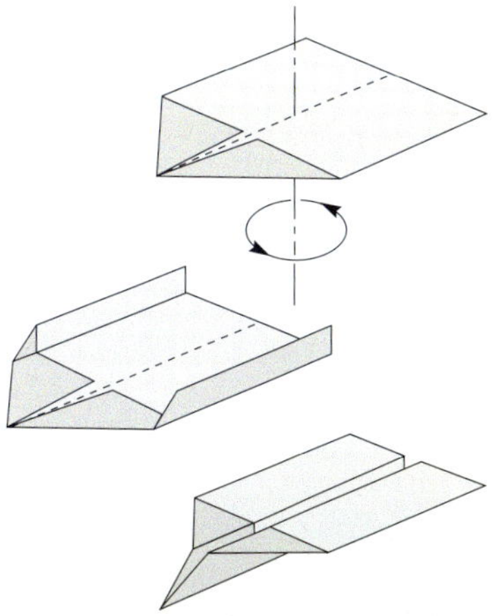

11 Rumpf und Seitenklappen gegen „Gieren“

Fortbewegung im Wasser

Landtiere brauchen ein kräftiges Skelett, das ihren Körper trägt. Fische kommen mit einem viel schwächer gebauten Knochengerüst aus. Das Wasser trägt sie – sie schweben.
Wann schwimmt ein Tier oder ein Gegenstand, wann schwebt er?

1 Im Aquarium

Beobachten Untersuchen Experimentieren

1 Beobachtungen an Aquarienfischen – Körperbau
Beobachte einen Fisch im Aquarium. Zeichne seinen Körperumriss und beschrifte die Flossen.

2 Was schwimmt, was geht unter?
Untersucht, welche Stoffe im Wasser schwimmen: Eisen, Kupfer, Wachs, Holz, Sand. Notiert die Ergebnisse in einer Tabelle.

3 Wann schwebt ein Körper?
Fische schweben im Wasser. Sauge in mehrere Pipetten unterschiedlich viel Wasser ein und bringe sie dann in ein Wassergefäß. ↑2 Welche der Pipetten schwimmt, welche geht unter? Erkläre.
Wie kannst du eine Pipette dazu bringen, dass sie schwebt?

4 Modell einer Schwimmblase
Fische besitzen eine Schwimmblase, mit der sie in unterschiedlicher Tiefe schweben können. Führe einen Luftballon samt Schlauch in einen Glaskolben ein. ↑3 Bringe das Ganze in ein Wassergefäß und blase über den Schlauch Luft in den Luftballon. Was stellst du fest?

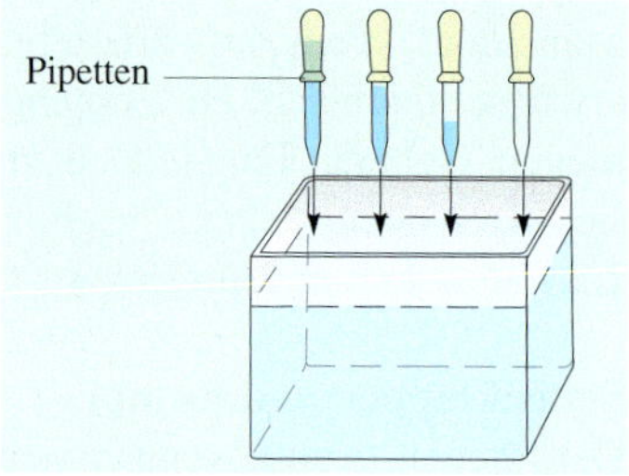

2 Im Wasser schweben

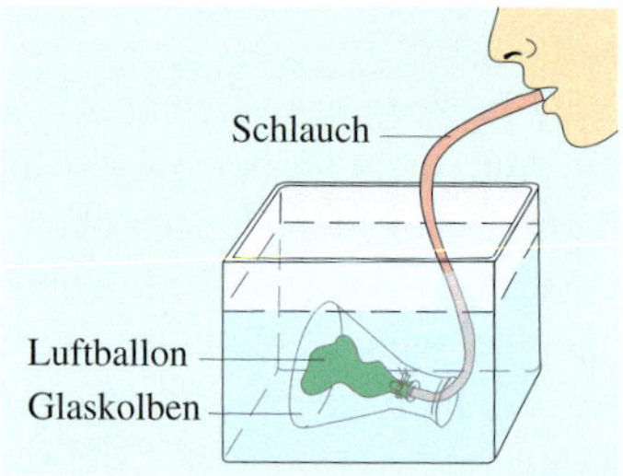

3 Modell einer Schwimmblase

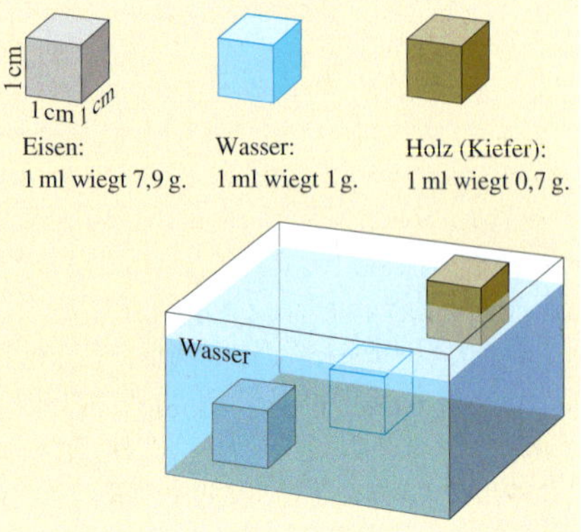

4 Sinken – Schweben – Schwimmen

GRUNDLAGEN: Schweben

Im Alltag sagt man: „Eine Schraube sinkt, weil Eisen schwerer als Wasser ist. Und ein Holzklotz schwimmt, weil er leichter als Wasser ist.“
Diese Erklärung ist richtig, wenn man gleiche Rauminhalte vergleicht, also 1 Kubikzentimeter Eisen oder Holz und 1 Kubikzentimeter Wasser. Es kommt also auf die Dichte an. ↑4
Die Dichte gibt an, wie viel Gramm ein Kubikzentimeter eines Stoffs wiegt. Eisen hat eine Dichte von 7,9 g pro cm^3, Wasser von 1 g pro cm^3.
Ein Gegenstand geht im Wasser unter, wenn seine Dichte größer als die Dichte von Wasser ist. Er schwimmt, wenn seine Dichte kleiner als die Dichte von Wasser ist. Ein Körper schwebt im Wasser, wenn seine Dichte gleich der Dichte von Wasser ist.

Beobachten Untersuchen Experimentieren

1 Strömungsgünstige Form
Wiege drei gleich schwere Portionen Plastilin ab. Forme daraus: eine dünne, lange „Zigarre“; eine dünne, breite „Scheibe“ und eine Kugel. Lass die drei Körper aus gleicher Höhe ins Wasser fallen. Bestimme jeweils die Eintauchtiefe.
Welche Form ist also strömungsgünstiger? Erkläre.

2 Körperform und Geschwindigkeit
Forme aus der gleichen Menge Plastilin verschiedene Körper.
Knote jeden Körper an einen Faden. An der anderen Seite des Fadens zieht ein Wägestück. Bringe die Modelle in ein langes Gefäß mit Wasser. ↑5
Veranstalte ein Wettschwimmen mit den verschiedenen Schwimmkörpern. Notiere deine Messergebnisse.
Welche Körperform ist für die rasche Fortbewegung im Wasser günstig? Erkläre.

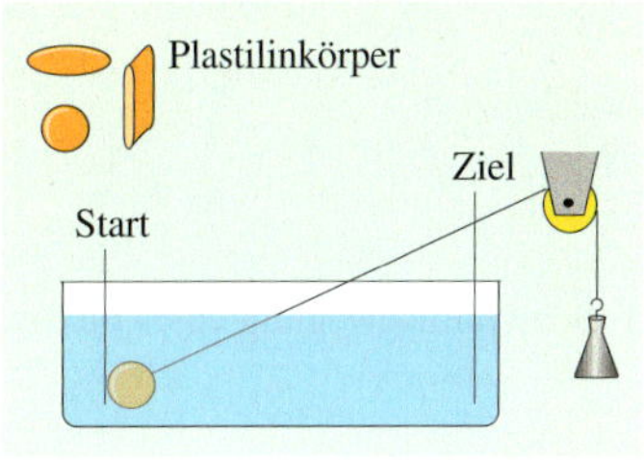

5 Körperform und Fortbewegung

GRUNDLAGEN: Fische sind an das Wasserleben angepasst

Warum kann ein Fisch im Wasser schweben? Im Körper der meisten Fische liegt eine Schwimmblase. ↑6 Sie wird über den Darm mit Gas gefüllt. Mithilfe der Schwimmblase kann der Fisch seine Dichte regulieren. Von der Menge des Gases in der Schwimmblase hängt es also ab, ob der Fisch im Wasser sinkt, ob er schwebt oder ob er nach oben treibt. Enthält die Schwimmblase wenig Gas, ist der Fisch schwerer als Wasser: Er sinkt. Enthält sie viel Gas, ist der Fisch leichter als Wasser: Er steigt. Macht ihn das Gas gerade so schwer wie Wasser, dann schwebt er im Wasser.

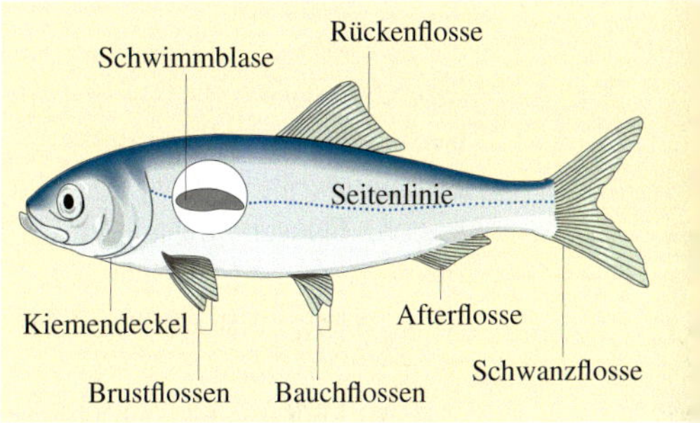

6 Angepasstheit an den Lebensraum Wasser

Angepasste Körperform Wenn du durch knietiefes Wasser gehst, merkst du, dass Wasser jeder Bewegung einen größeren Widerstand entgegensetzt als Luft. Wassertiere erreichen daher keine so hohen Geschwindigkeiten wie viele Landtiere oder gar die Vögel.
Vergleicht man verschiedene Fischarten, erkennt man, dass die schnell schwimmenden Fische besonders strömungsgünstig gebaut sind. Sie haben die Form einer Spindel. Eine strömungsgünstige Form bietet dem Wasser weniger Widerstand, der Körper wird beim Schwimmen vom Wasser weniger gebremst.

Angepasste Bewegung Zum Vorwärtsschwimmen schlagen die meisten Fische mit dem hinteren Teil ihres Körpers und der Schwanzflosse kräftig von einer Seite zur anderen. Die Schwanzschläge drücken das Wasser abwechselnd nach hinten rechts und links weg. Dadurch schiebt sich der Fisch nach vorn. Schlägt er mit dem Schwanz zu einer Seite kräftiger aus, macht der ganze Körper eine Wendung.
Beim aktiven Schwimmen dienen die Flossen als Antrieb und Steuer: Die Schwanzflosse dient als Antrieb und Seitensteuer, Brust- und Bauchflossen dienen dem langsamen Antrieb und der Steuerung. Rückenflosse und Afterflosse stabilisieren die Lage des Fischs im Wasser.

Beobachtungen an Fischen

Wie bewegt sich ein Fisch beim Vorwärtsschwimmen?

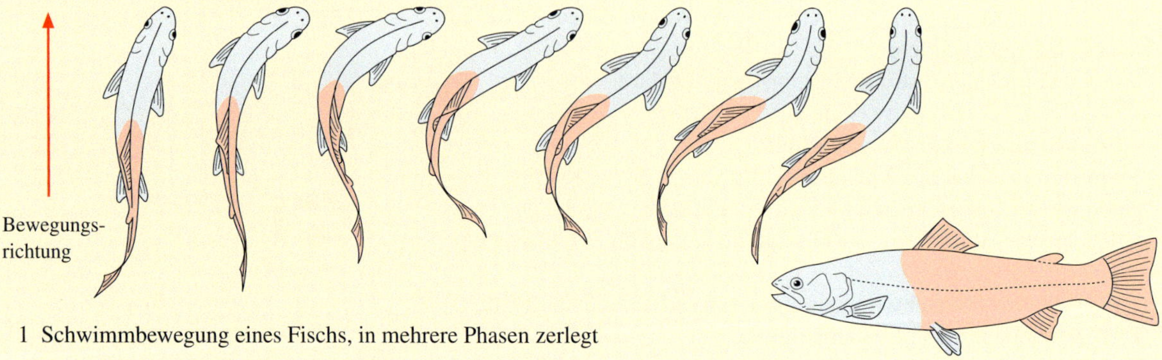

1 Schwimmbewegung eines Fischs, in mehrere Phasen zerlegt

Beobachten Untersuchen Experimentieren

1 Beobachtungen zur Bewegung

a Markiere in deiner Zeichnung die Körperteile, die sich beim Fisch bewegen.

b Beobachte die Flossen des Fischs.
Welche Flossen bewegt der Fisch …
- beim langsamen Schwimmen?
- beim Vorwärtsschwimmen?
- beim Wenden?

Braucht der Fisch zum Aufsteigen zur Oberfläche und zum Absinken zum Boden auch seine Flossen?

c Welche Flossen bewegen sich während deiner Beobachtung kaum? Kommt ihnen auch eine Aufgabe zu?

d Nenne die unterschiedlichen Aufgaben der verschiedenen Flossen.

e Warum kippt der Fisch im Wasser nicht zur Seite?

f Wie schafft es der Fisch bei Gefahr, im Bruchteil einer Sekunde eine hohe Fluchtgeschwindigkeit zu erreichen?

2 Maul und Kiemendeckel

Beobachte Maul und Kiemendeckel. Wie oft öffnet der Fisch sein Maul in der Minute, wie oft die Kiemendeckel?
Besteht ein Zusammenhang zwischen beiden Vorgängen?
Zähle einmal während einer Ruhepause des Fischs und nach schnellem Schwimmen.

3 Die Zeitlupe verrät mehr

Die einzelnen Schwimmbewegungen eines Fischs laufen innerhalb einer Sekunde ab. ↑1
Wie gelingt es dem Fisch, geradeaus zu schwimmen? Warum schwankt er nicht bei jeder Bewegung der Schwanzflosse hin und her?

4 Was die Körperform verrät

Ein Hecht kann aus der Lauerstellung im Versteck blitzschnell auf seine Beute zuschießen. Er erreicht bis zu 20 Kilometer pro Stunde. Ein Karpfen kann nicht annähernd so schnell fliehen.

a Vergleiche die Körperform und die Lage und Größe der Flossen von Hecht und Karpfen miteinander. Suche eine Erklärung für die unterschiedlichen Geschwindigkeiten. ↑2

b Der Thunfisch ist ein schneller Schwimmer, der Mondfisch ein langsamer. ↑2
Kannst du einen Zusammenhang zwischen Körperbau, Flossen und Bewegung herstellen? Was vermutest du über den Lebensraum, was über die Ernährung der Fische? Vergleiche deine Vermutungen mit den Angaben im Lexikon.

2 Körperform, nicht maßstabsgetreu (rot: wichtig für den Antrieb)

Wissenswertes Fortbewegung von Wasserbewohnern

Süßwasserfische

3 Der Hecht ist mit einer Körperlänge von über 1 m und einem Gewicht bis zu 30 kg der größte Raubfisch in unseren Gewässern. Sein Maul ist mit vielen spitzen Fangzähnen besetzt.

4 Der Flussbarsch lebt in Trupps in Seen und größeren Flüssen. Junge Barsche fressen in der Uferregion Würmer, Krebse und Wasserinsekten. Ältere Tiere jagen in der Tiefe des Gewässers nach Fischen.

5 Die Rotfeder lebt in Schwärmen in krautreichen Weihern und Seen. Im Uferschlamm sucht dieser Friedfisch nach Pflanzen und Kleintieren, von der Wasseroberfläche holt er sich Stechmückenlarven.

6 Beim Stichling stehen die ersten Stacheln der Rückenflosse frei nach oben.
Stichlinge leben in Schwärmen im flachen, warmen Süßwasser.

Meeresfische

7 Thunfische sind bis 5 m lang und wiegen bis zu 500 kg. Sie jagen vor allem Makrelen und Heringe und erreichen Geschwindigkeiten bis zu 50 $\frac{km}{h}$. Ihr Hauptverbreitungsgebiet ist das Mittelmeer, aber auch in anderen Meeren kommen sie vor.

8 Heringe leben in riesigen Schwärmen in Atlantik, Pazifik, Nord- und Ostsee. Sie wandern zwischen den Laichplätzen in Küstennähe und dem offenen Ozean. Ihre Nahrung sind Schnecken, Fische, Kleinkrebse und Muschellarven.

Andere Wasserbewohner

9 Haie sind Knorpelfische – ihr Skelett ist nicht verknöchert. Da sie keine Schwimmblase besitzen, müssen sie ständig aktiv schwimmen. Der Weiße Hai kommt in allen Ozeanen vor. Er macht Jagd auf Robben, Seehunde und Tintenfische.

10 Tintenfische wie der Gemeine Kalmar haben kein Skelett und gehören daher nicht zu den Fischen. Sie pressen bei Gefahr Wasser aus ihrer Mantelhöhle heraus und bewegen sich nach dem Raketenprinzip durch Rückstoß vorwärts.

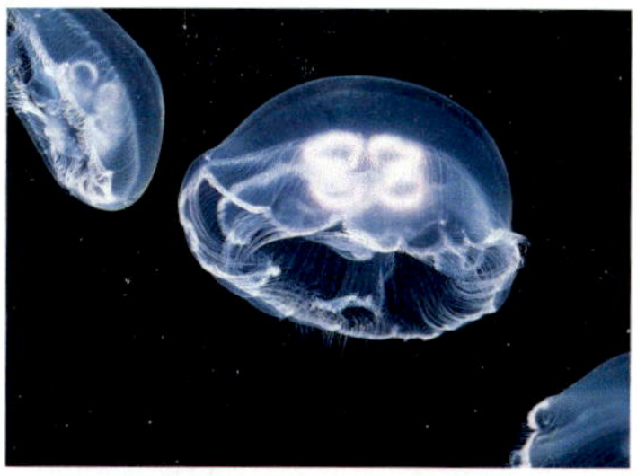

11 Die Ohrenqualle, ein weit verbreiteter Meeresbewohner, lebt von Planktonorganismen. Meist lässt sie sich von der Strömung treiben, bewegt sich aber auch durch Rückstoß fort: Sie zieht ihren Schirm zusammen und stößt dabei Wasser aus.

Wasserfahrzeuge

Wenn ihr ein Gewässer in der Nähe der Schule habt, könnt ihr einen Schiffbauwettbewerb veranstalten.
Wer baut das schnellste Wasserfahrzeug?

1 „Airboat“ in voller Fahrt

Beobachten Untersuchen Experimentieren

1 Bau eines „Airboats“
Befestige einen Propeller mit Batterie auf einem Bootsrumpf aus Holz oder Styropor – fertig ist das „Airboat“.
„Airboats“ werden in sehr flachen Gewässern und Sümpfen eingesetzt. ↑1 Ist dein Propellerfahrzeug auf dem Land oder im Wasser schneller?

2 Bau eines Katamarans ↑2
Dann kann euch dieser Katamaran als Anregung dienen.
Wegen seiner zwei Rümpfe aus Plastikflaschen lässt sich dieser Katamaran viel einfacher bauen als ein Modell mit nur einem Rumpf.

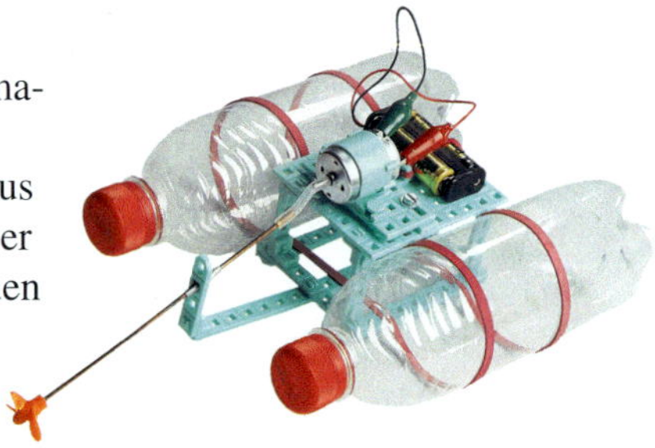

2 Katamaran

Aus der Technik Von U-Booten und Tauchern

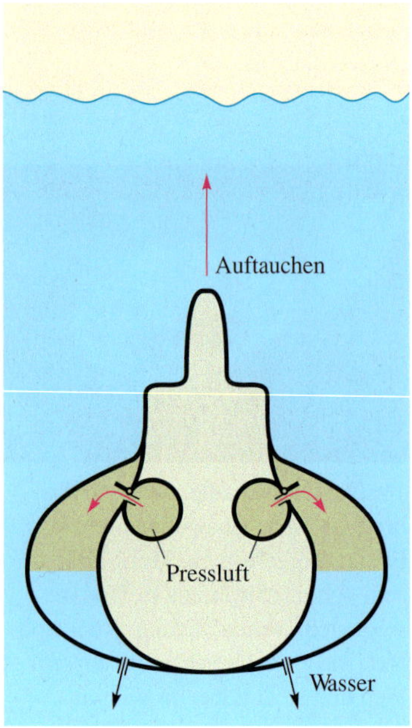

3 U-Boot

Unterseeboote und Taucher können im Wasser sinken, schweben und steigen.
Das U-Boot ist aus Eisen gebaut – einem Stoff, der normalerweise nicht schwimmt. Wie bei einem Schiff sorgen die Hohlräume dafür, dass das U-Boot auf dem Wasser schwimmen kann. Wie aber sinkt das U-Boot nach unten und wie steigt es nach oben?
Das U-Boot verfügt über große Tanks. ↑3 Wenn sie mit Wasser gefüllt werden, wird das Boot immer schwerer, bis es sinkt. Mit Pressluft kann man die Tanks leer blasen. Das Boot wird leichter und steigt hoch.
Wie schafft es ein Taucher, in die Tiefe zu tauchen und anschließend wieder nach oben zu kommen?
Taucher tragen Anzüge aus Neopren. Neopren ist ein Kunststoff mit vielen kleinen Luftblasen. Sie sorgen dafür, dass der Anzug vor Abkühlung schützt. In größeren Tiefen ist das Wasser meistens kalt. Gleichzeitig wirkt er wie ein aufgeblasener Schwimmgürtel: Er vergrößert das Volumen des Tauchers, sodass der Taucher oben auf dem Wasser schwimmt.
Um ohne große Anstrengungen tauchen zu können, trägt der Taucher einen Bleigürtel. Dadurch schwebt er fast wie ein Fisch im Wasser und kann mit leichten Schwimmbewegungen die Tauchtiefe ändern. Bei Gefahr wirft er den Bleigürtel ab. So gelangt er schnell wieder nach oben.

Aus der Technik Schiffe verbinden die Welt

Die Entdeckungsfahrten im 15. und 16. Jahrhundert wären ohne geeignete Schiffe nicht möglich gewesen. 1492 versuchte CHRISTOPH KOLUMBUS von Spanien aus einen direkten Seeweg nach Indien zu finden – und landete in Amerika. 1620 begann mit der Fahrt der „Mayflower“ ↑4 von England aus die dauerhafte britische Besiedlung Nordamerikas. Die „Savannah“ ↑5 überquerte 1819 den Atlantik und legte einen Teil der Strecke unter Dampf zurück. Als das Schiff ohne gesetzte Segel Irland erreichte, dachte man, es stünde in Flammen, und schickte Hilfe. Die Retter hatten Mühe die Savannah einzuholen. Jetzt waren die Schiffe nicht mehr nur vom Wind abhängig. Die Zeit der großen Passagierdampfer begann. Sie verkehrten hauptsächlich zwischen Europa und Nordamerika.

4 Mayflower

5 Savannah

Arbeitsaufträge

1 Boote und Schiffe sind seit Jahrtausenden wichtige Verkehrsmittel: Indianerkanus, Binsenboote, Wikingerschiffe, Eskimokajaks, alte Nilschiffe, Dschunken … Besorge dir Informationen über Boote oder Schiffe, die dich interessieren.

a Aus welchen Materialien wurden sie hergestellt? Welche Eigenschaften haben diese Stoffe?

b Wie wurden sie stabil und schwimmfähig gemacht? Wie wurden sie angetrieben? Wozu dienten sie?

2 Heute werden die Weltmeere von riesigen Schiffen befahren, die gewaltige Lasten tragen können. Die Tragfähigkeit wird in Deadweighttons (dwt) angegeben. Umrechnung: 1 dwt = 1016 kg. Ein Mittelklasse-Auto wiegt etwa 1100 kg. Berechne die Tragfähigkeit der drei Schiffe ↑6 bis 8 in „Pkw-Einheiten“.

6 Autofähre Europa

7 Öltanker Arosa

8 Containerschiff Mercator

Bedeutende Erfindungen

Nicht jede Erfindung war ein Erfolg. Zwei Flügel mit den Armen zu schlagen, das reicht nicht zum Fliegen. ↑1
100 Jahre nach den Versuchen des Schneiders von Ulm hatte menschlicher Erfindergeist das Reisen in der Luft ermöglicht. Im 20. Jahrhundert schaffte der Mensch auch den Sprung in das Weltall. ↑2

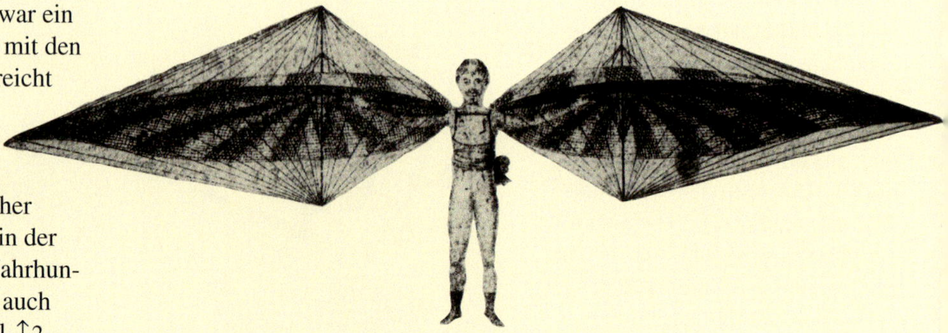

1 Fluggerät des Schneiders von Ulm

Beobachten Untersuchen Experimentieren

1 Du kaufst in der Obstabteilung Apfelsinen und Bananen. Was hat das mit Fortbewegung zu tun? Erkläre.

2 Was haben ein Fließband, eine Rolltreppe und ein Aufzug mit Fortbewegung zu tun? Erkläre.

3 Wie viel Zeit benötigst du am Tag, um zur Schule, zu Freunden, in den Verein … zu gelangen? Notiere einen Tag lang alle Zeiten.
Für welchen Weg hast du am meisten Zeit gebraucht?
Wie lange warst du insgesamt unterwegs?

4 Überlege, warum das erste Motorflugzeug nicht mit einer Dampfmaschine angetrieben wurde?

5 Ob in der Steppe, im Urwald oder in den Bergen – kein Tier hat Räder am Körper. Überlege dir mögliche Gründe.

Wissenswertes Fortbewegung prägt unser Leben

2 Spaceshuttle beim Start

3 Auto – Fortbewegungsmittel Nr. 1

Alle Tiere, vom Einzeller bis zum Blauwal, sind auf Fortbewegung angewiesen. Sie nutzen dazu Flossen, Flügel, Beine oder ihren ganzen Körper – stets angepasst an ihren Lebensraum.
Der Mensch hat seine Fortbewegungsmöglichkeiten durch Erfindungen stark erweitert. Mithilfe technischer Geräte kann er sich auf dem Land, im Wasser, in der Luft und sogar im Weltraum bewegen.
Von größter Bedeutung war die Erfindung des Rads. Du erreichst schon mit dem Fahrrad auf ebener Strecke Geschwindigkeiten, bei denen viele Landtiere auf Dauer nicht mithalten können. Die Fortbewegung mit Muskeln ist jedoch durch körperliche Fähigkeiten begrenzt.
Heute treiben wir Fahrzeuge mit der Energie aus Treibstoffen an. Mit unseren Motorfahrzeugen übertreffen wir sämtliche Lebewesen in Bezug auf Geschwindigkeit und Ausdauer.
Besonders das Auto prägt unser Leben. ↑3 Während jeder Einwohner Deutschlands im Jahr 1950 durchschnittlich rund 1000 km mit Auto oder Bus zurücklegte, waren es im Jahr 2000 schon 10 500 km. Im Mittel hat heute jeder zweite Deutsche ein eigenes Auto. Das deutsche Straßennetz ist so lang, dass es die Erde ca. 15-mal umspannen würde.
Viele Freizeitaktivitäten erhöhen das Verkehrsaufkommen. So kommt es regelmäßig am Ferienbeginn zu langen Verkehrsstaus.

Historisches Schiffe, Ballons, Dampfmaschinen …

5000 v. Chr.

Vor 5500 Jahren

In Ägypten kennt man schon Segelschiffe. ↑4

Vor 4500 Jahren

Die Sumerer nutzen Gefährte mit Rädern. ↑5

…

1783

Die ersten Menschen heben mit einem Heißluftballon vom Erdboden ab. ↑6

1800

1800

Das erste U-Boot mit Druckluft zum Atmen und handbetriebener Schiffsschraube wird gebaut. ↑7

1829

Die ersten Eisenbahnen werden mit einer Dampfmaschine angetrieben. ↑8

1850

Vorläufer des Fahrrads ist das Hochrad. ↑9

1900

1886

Karl Friedrich Benz baut eines der ersten Autos. ↑10

1903

Die Brüder Wright starten ihren ersten Motorflug. ↑11

1969

Die ersten Menschen landen auf dem Mond. ↑12

2000

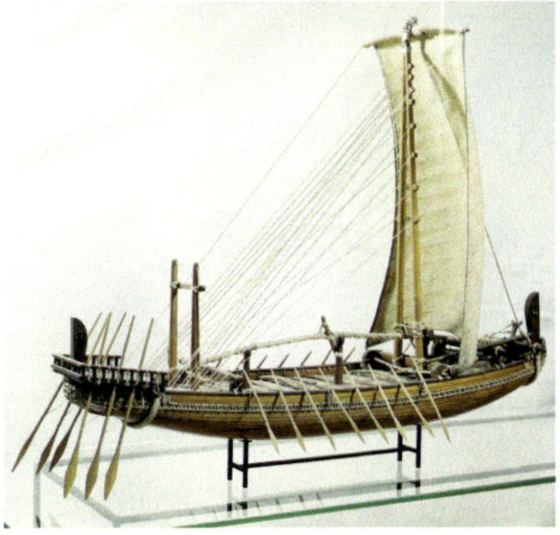

4 Segelboot in Ägypten (Modell)

5 Pferdewagen der Sumerer

6 Heißluftballon der Brüder Montgolfier

7 Unterseeboot „Nautilus“ als Modell

8 Stephensons „Rocket“

9 Hochrad

10 Automobil von Benz

11 Flugzeug der Brüder Wright

12 Erste Mondlandung

Säugetiere, die im Wasser leben

Der Biber ist unser größtes Nagetier. Mit seinen kräftigen Nagezähnen kann er dicke Bäume fällen. Er frisst die Baumrinde und baut mit den Ästen der gefällten Bäume Dämme und Wohnburgen. Sogar Wasserkanäle gräbt er. Welche Angepasstheiten an das Leben im Wasser kannst du aus den Abbildungen ablesen? Beschreibe die Lage des Wohnkessels in der Biberburg.

2 Biber

1 Biberburg

Beobachten Untersuchen Experimentieren

1 Seehund und Wal sind an das Leben im Wasser angepasst.

a Welche Angepasstheiten erkennst du an der Körperform und an den Beinen?

b Erkennst du am Delfin Hinterbeine? Beschreibe die Schwanzflosse des Delfins. Achte auf die Stellung im Vergleich zur Schwanzflosse bei Fischen.

2 Wale bekommen ihre Jungen unter Wasser und säugen sie auch dort. Begründe, warum die Neugeborenen sofort nach der Geburt zur Wasseroberfläche schwimmen müssen.

GRUNDLAGEN: Von Robben und Walen

Der Seehund gehört zu den Robben. Die meiste Zeit jagt er im Meer nach Fischen. An Land kommt er nur, um auf Sandbänken zu ruhen, die Jungen zu gebären und zu säugen. ↑3 Zum Vorwärtsschwimmen schlägt der Seehund seine Hinterbeine kräftig zusammen. An Land zieht er sie hinterher. Zum Schutz vor Wärmeverlust ist er mit einem dicht anliegenden Fell bedeckt, darunter liegt ein dickes Fettpolster.
Am stärksten an das Wasserleben sind Wale angepasst. Sie sind reine Wassertiere und verlassen das Meer zeitlebens nie. Trotz ihrer fischähnlichen Gestalt sind die Wale echte Säugetiere. Sie bringen lebende Junge zur Welt und atmen mit Lungen. Zu den Walen zählen auch die Delfine. ↑4

3 Seehund

4 Delfin

Fortbewegung an Land
Der Körperbau lässt Rückschlüsse darauf zu, wie sich Tiere fortbewegen. Tiere an Land laufen, springen oder kriechen. ↑5
Die schnellste Fortbewegungsart ist der Galopp. Beim Gehen setzen verschiedene Tierarten unterschiedliche Teile des Fußes auf (Sohlengänger, Zehengänger, Zehenspitzengänger).

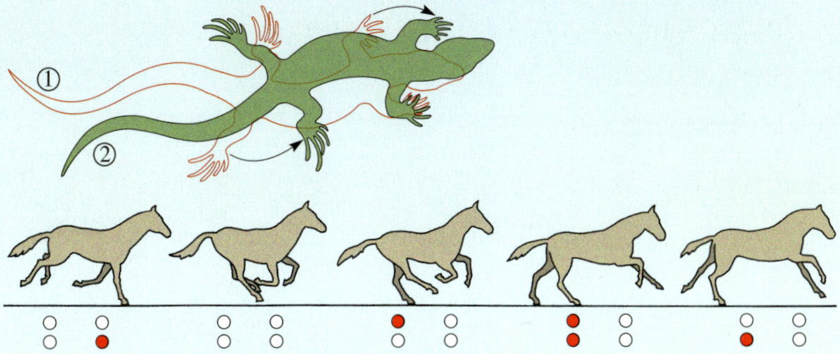

5 Fortbewegung an Land

Fortbewegung in der Luft
Der Körper der Vögel ist an das Fliegen angepasst. Durch hohle Knochen und den leichten Bau der Federn hat ein Vogel nur ein geringes Gewicht. ↑6

6 Fortbewegung in der Luft – Federn und hohle Knochen

Fortbewegung im Wasser
Fische sind an das Schwimmen angepasst. Die Flossen dienen als Antrieb und Steuerung und stabilisieren die Lage im Wasser. Die Körperform ist strömungsgünstig und bietet dem Wasser wenig Widerstand. Wenn Fische nicht aktiv schwimmen, hängt es von der Gasmenge in ihrer Schwimmblase ab, ob sie steigen, schweben oder sinken. ↑7

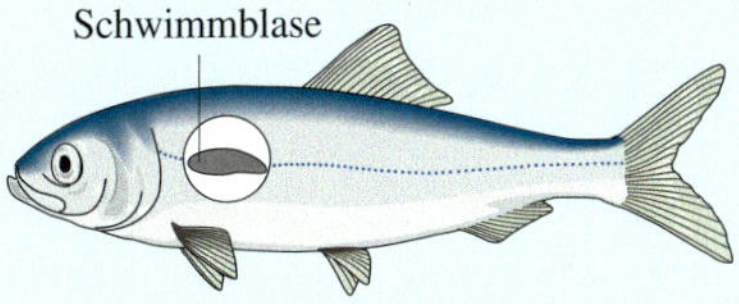

7 Fortbewegung im Wasser

Alles klar?

1 Nenne Beispiele für Sohlengänger, Zehengänger und Zehenspitzengänger. Erkennst du einen Zusammenhang zwischen der Art der Fortbewegung und der Geschwindigkeit der Tiere? Erkläre.

2 Beschreibe Ruderflug, Gleit-, Segel- und Rüttelflug. Nenne je eine Vogelart, für die diese Flugform typisch ist.

3 Vergleiche den Flug eines Habichts mit dem Flug der Flugechse. Nenne Gemeinsamkeiten und Unterschiede.

4 Beschreibe, wie die Eidechse kriecht. Worin unterscheidet sich ihre Fortbewegung von der des Fuchses?

5 Schlangen haben keine Beine. Wie bewegen sie sich trotzdem fort? Beschreibe.

6 Ein Fisch schwebt im Wasser.
a Ist der Fisch schwerer, leichter oder gleich schwer wie das Wasser? Erkläre.
b Wie kann der Fisch ohne Flossenbewegung an die Oberfläche steigen oder an den Grund absinken? Begründe.

7 Warum ist es im Wasser viel schwerer als an Land, sich rasch fortzubewegen? Begründe. Was kannst du deshalb über die Körperform schnell schwimmende und langsam schwimmende Fische vermuten? Erläutere.

8 Tiere können sich auf verschiedene Weise fortbewegen.
a Stelle in einer Tabelle Fortbewegungsweisen von Tieren zusammen. Unterscheide nach Fortbewegung an Land, im Wasser und in der Luft. Nenne jeweils eine Tierart als Beispiel.
b Zwischen dem Bau der Gliedmaßen und der Art der Fortbewegung gibt es einen Zusammenhang. Nenne Beispiele.
c Nenne jeweils besondere Angepasstheiten einer Tierart an die Fortbewegung an Land, in Wasser und in Luft.
d Die Landtiere kann man in Lauftiere, Baumtiere und Grabtiere einteilen. Erläutere diese Einteilung.
e Bei der Fortbewegung in der Luft erreichen Tiere höhere Geschwindigkeiten als bei der Fortbewegung auf der Erde. Begründe.

Pflanzen – Tiere – Lebensräume

Deine Umgebung, egal ob Stadt oder Land, besteht aus einer Vielzahl unterschiedlicher Lebensräume, wie Gärten, Parks, Wiesen und Felder, die jeweils verschiedene Tiere und Pflanzen beherbergen. Lebewesen sind an ihren jeweiligen Lebensraum angepasst. Auch Tiere, die wir als Haustiere halten, haben bestimmte Bedürfnisse, die wir berücksichtigen müssen.

Aspekte

1 Man sagt, in jedem Hund steckt noch ein Wolf. Was ist daran wahr? Sind sich Hunde und Wölfe wirklich so ähnlich?

2 und 3 Möchtest du auch gern ein Tier haben – eine Rennmaus oder vielleicht einen Hund?

Menschen halten Tiere und nutzen Pflanzen

Vor mehr als 10 000 Jahren, als die Menschen sesshaft wurden, begannen sie Pflanzen für ihre Ernährung anzubauen. Mit der Zeit entstanden ertragreiche Kulturpflanzen. Wildtiere wurden gezähmt und durch Züchtung zu Haustieren gemacht.

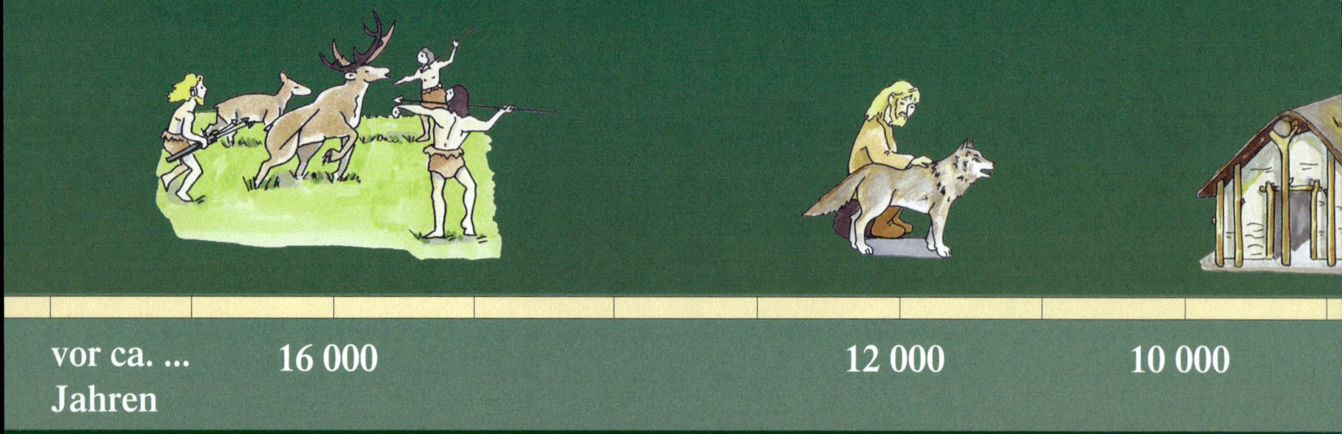

4 Warum wird so viel Getreide angebaut? Was außer Brot wird daraus gemacht?

5 Wie unterscheiden sich Reitpferde von Wildpferden?

000 | 5 000 | 3 000 | Heute

Wie kam der Mensch auf den Hund?

Der Hund ist schon vor mehr als 12 000 Jahren zum Weggefährten des Menschen geworden. Aus der anfänglichen Jagdgemeinschaft des Menschen mit den wolfartigen Vorfahren des Hundes hat sich der zahme Haushund entwickelt. Heute sind Hunde Kamerad, Familienmitglied und Sportsfreund. Sie hüten Vieh, führen Blinde, retten Ertrinkende und Verschüttete, suchen Drogen und Sprengstoff und stellen Verbrecher.
Warum steht der Hund dem Menschen so nahe?

1 Hunde und Menschen in der Hundeschule

Beobachten Untersuchen Experimentieren

Hunde und Wölfe sprechen eine Sprache

Wenn man Hunde besser verstehen will, muss man sich mit der Lebensweise und dem Verhalten des Wildtiers beschäftigen, von dem der Hund abstammt: dem Wolf.

1 Wölfe sind Wildtiere, Hunde zahme Haustiere.

a Nenne Unterschiede zwischen einem zahmen Tier wie dem Haushund und einem Wildtier wie dem Wolf.

b Informiere dich (z. B. im Zoo), wie man junge Wölfe „zähmt“.

2 Hunde müssen erzogen werden, zum Beispiel in einer Hundeschule. ↑1 Erkundige dich, wie die Erziehung eines Hundes erfolgt.

3 Welche Hunderassen kannst du auf Abbildung ↑1 erkennen? Welches sind wahrscheinlich Mischlinge?

4 In Abbildung 2 ist die Körpersprache des Wolfs dargestellt. Beschreibe die verschiedenen Körpersignale. ↑2

5 Beobachte Hunde, wenn sie sich begegnen.

a Wie verhalten sie sich? Achte dabei auf den Gesichtsausdruck, die Ohren, den Schwanz und die Lautäußerungen. Beschreibe das Verhalten und die Körpersprache, wenn sich
- die Hunde freundlich begegnen,
- die Hunde eher feindlich gegenüberstehen,
- ein Rüde und eine Hündin begegnen,
- zwei Rüden begegnen.

b Vergleiche mit der Körpersprache des Wolfs. ↑2 und 3

6 Beobachte einen Hund, der sein Revier gegen Eindringlinge verteidigt. Beschreibe sein Verhalten.

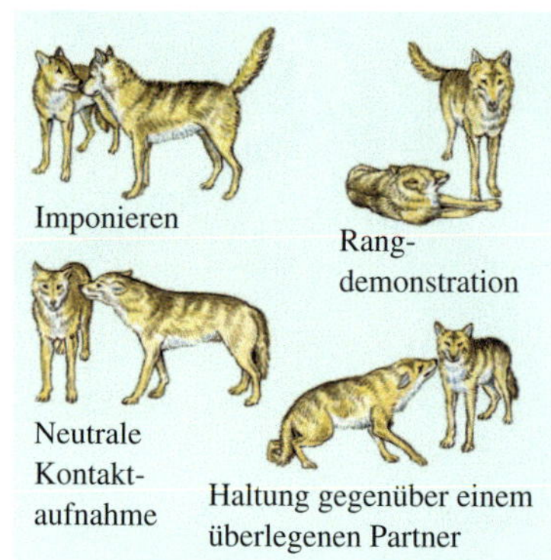

2 Auswahl aus der „Körpersprache“ der Wölfe

3 Auswahl aus der „Körpersprache“ der Hunde

GRUNDLAGEN: Vom Wolf zum Hund

4 Wolfsrudel

5 Schlittenhunde

Wolf und Mensch freunden sich an Schon in der Steinzeit schloss sich der Wolf den Menschen an. Vermutlich folgten hungrige Wölfe den Steinzeitmenschen, wenn diese auf die Jagd gingen. An den Lagerplätzen fielen Fleischreste als Futter für sie ab. Dadurch wurden sie zutraulicher und gewöhnten sich an den Menschen. Vielleicht nahmen die Menschen auch die Jungtiere mit in ihre Höhle und zogen diese auf. Aus ihnen wurden allmählich zahme Wölfe.

Zähmung und Züchtung Irgendwann bemerkten die Menschen, dass der Wolf ihnen nützlich sein konnte. Er half bei der Jagd, schlug Alarm vor Feinden und diente in kalten Winternächten als „Wärmekissen". Vielleicht waren Jungtiere auch Spielkameraden der Kinder. Tiere, die besonders zahm und lernfähig waren, wurden ausgewählt und miteinander verpaart. Diese Züchtung führte dazu, dass die mit dem Menschen lebenden Wölfe sich immer mehr von ihren in freier Wildbahn lebenden Artgenossen unterschieden. So wurde das Wildtier Wolf in Tausenden von Jahren zum Haustier. Diesen Vorgang nennt man Domestikation.

6 Deutsch-Drahthaar

Hunderassen – von Zwergen und Riesen Der Mensch hat immer neue Rassen gezüchtet.
Rassen entstehen durch gezielte Kreuzung (Paarung) von Tieren mit bestimmten Eigenschaften. So schaffen Züchter einen Typ mit neuen Merkmalen. Heute gibt es etwa 400 Hunderassen.
In manchen Fällen führt die Zucht zu Rassemerkmalen, die für die Tiere sehr nachteilig sind.
Manche großen Rassen leiden an Erkrankungen der Hüftgelenke, Bulldoggen haben extrem kurze Schädel mit verengten Nasenöffnungen und leiden häufig unter Atemnot.
Neben den Rassehunden gibt es eine Vielzahl von Mischlingen unterschiedlicher Größe und Aussehen und mit vielfältigen Eigenschaften.

7 Beagle

1 Heulendes Wolfsrudel

Wölfe sind Rudeltiere Das Rudel besteht aus erwachsenen Männchen, den Rüden, und erwachsenen Weibchen sowie den Jungtieren. Innerhalb des Rudels hat jedes Tier seine Rolle. Der Leitwolf oder die Leitwölfin führt die Gruppe bei der Jagd an. Während einige Wölfe die Beute über Kilometer hinweg hetzen, greifen andere von der Seite an. Jungtiere lernen von Anfang an, sich in die strenge Rangordnung im Rudel einzugliedern. Wölfe benötigen ein Revier von 100 bis 200 Quadratkilometern. Seine Grenzen werden von den Wölfen mit „Duftmarken" markiert.

Die Sprache der Wölfe Wölfe haben eine ganz bestimmte Körpersprache, die von allen Artgenossen verstanden wird. ↑S. 6/2 Immer wieder kommt es zu Kämpfen, bei denen sich das unterlegene Tier auf den Rücken legt und dem Überlegenen die Kehle zeigt. Dies löst bei dem ranghöheren Tier eine Beißhemmung aus, das heißt, es lässt von dem anderen los. Verletzungen gibt es dabei sehr selten.

2 Wölfe mit Beute

3 Kämpfende Wölfe

Kurz und knapp **Aus dem Wildtier Wolf wurde durch Domestikation in Jahrtausenden ein Haustier, der Hund. Wölfe leben in Rudeln in sehr großen Revieren. Im Rudel herrscht eine strenge Rangordnung. Die Tiere verständigen sich durch eine eigene Körpersprache. Dabei spielen besonders Körperhaltung, Gesichtsausdruck, Duftmarken und Laute eine Rolle. Der Mensch nutzte Verhalten und Eigenschaften des Wolfes. Im Lauf von Jahrhunderten entstanden über 400 Hunderassen. Der Hund ist das älteste Haustier.**

GRUNDLAGEN: Der Hund – ein Säugetier

4 Hündin mit jungen Welpen

Säugen der Nachkommen Nach der Paarung des Rüden mit der Hündin entwickeln sich im Leib der Hündin 4 bis 10 Jungtiere. Die Tragzeit dauert 63 Tage. Bei der Geburt sind die Welpen noch blind, taub und hilflos. Sie werden von der Hündin mit Milch gesäugt, die sich in den Milchdrüsen der Zitzen bildet. Das Saugen ist den Welpen angeboren. Nach 2 bis 3 Wochen wachsen ihnen die ersten Zähne. Danach werden sie allmählich von der Milch entwöhnt.

Körperbau Die Wirbelsäule durchzieht den gesamten Körper des Hundes. Die Beine sind über den Schulter- und Beckengürtel mit der Wirbelsäule verbunden. Diese besteht aus vielen gelenkig miteinander verbundenen Wirbeln.
Der Hund tritt nur mit den Zehen auf. Er ist ein Zehengänger. Die 4 Zehen tragen kurze, stumpfe Krallen, die nicht eingezogen werden können. Die Zehenballen sind mit einer harten Hornhaut zum Schutz der Pfote überzogen.

5 Vorderpfote eines Hundes von unten

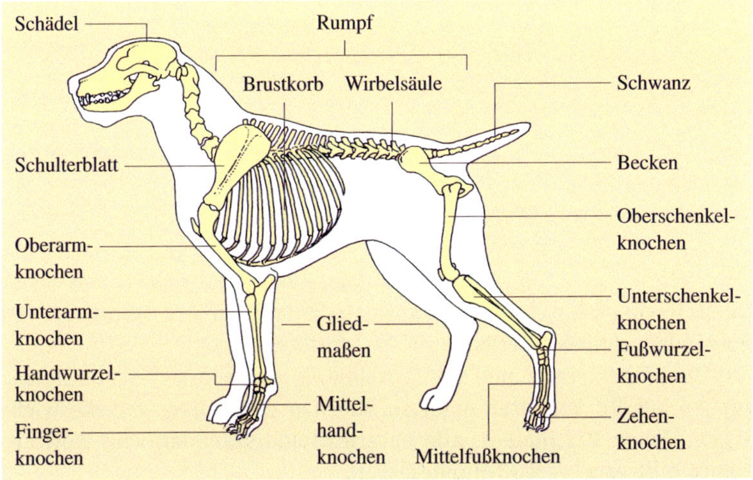

6 Skelett eines Hundes

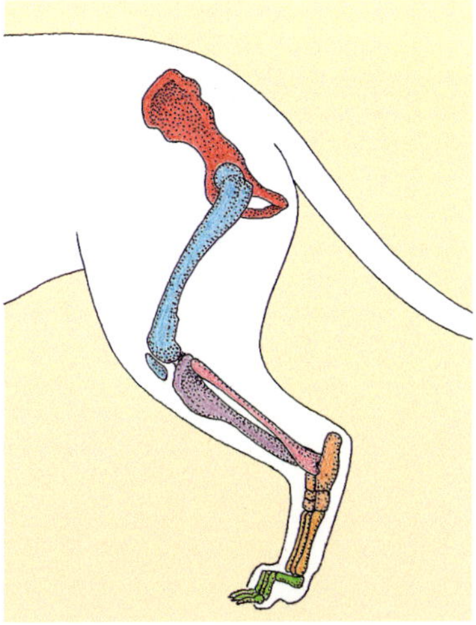

7 Der Hund ist ein Zehengänger.

1 Hechelnder Hund

Lebensweise Der Hund atmet mithilfe der Lungen, die geschützt im Brustkorb liegen. Nach einem ausdauernden Lauf hält er das Maul offen, die nasse Zunge hängt weit heraus. ↑1 Er atmet kurz und heftig, er hechelt. Die Verdunstung des Speichels auf der Zunge kühlt. So kann die Körpertemperatur gleichbleibend bei 38,5 °C gehalten werden. Vor zu starker Auskühlung schützt das Fell. Hunde sind gleichwarme Tiere.
Große Fleischbrocken aus dem Futternapf und Beutetiere hält der Hund mit den Eckzähnen fest. Mit den Backenzähnen zerkleinert er das Fleisch. Die größten Backenzähne heißen auch Reißzähne. Fleischreste an den Knochen zupft und schabt er mit den Schneidezähnen ab. Der Hund hat ein Fleischfressergebiss. ↑2

Hunderassen Der Mensch hat viele Hunderassen gezüchtet. Es entstanden immer wieder Tiere mit unterschiedlichen Eigenschaften, die der Mensch zum Abrichten der Hunde für bestimmte Aufgaben nutzt.
Man kann die einzelnen Hunderassen in Gruppen einordnen. Dabei unterscheidet man Begleithunde, Jagdhunde und Arbeitshunde.
Obwohl die verschiedenen Rassen des Haushundes ganz unterschiedlich aussehen, können sie sich untereinander fortpflanzen. Alle Hunde gehören daher zu einer einzigen Art. Hunde, die aus der Paarung verschiedener Rassen hervorgehen, bezeichnet man als Mischlinge.

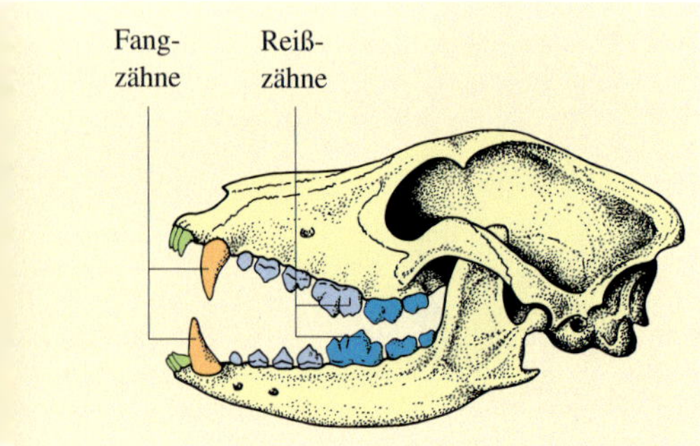

2 Schädel und Gebiss des Hundes

3 Alle Haushunde stammen vom Wolf ab.

Kurz und knapp **Tiere, die wie der Hund lebende Junge gebären und diese säugen, nennt man Säugetiere. Hundewelpen sind Nesthocker. Sie werden von der Mutter gesäugt. Der Hund ist ein Zehengänger. Dadurch kann er sehr schnell der Beute nachjagen und sie müde hetzen. Seine stumpfen Krallen kann er nicht einziehen. Hunde sind gleichwarme Tiere. Durch Hecheln verschaffen sie sich Abkühlung, ihr Fell verhindert ein Auskühlen. Hunde besitzen ein Fleischfressergebiss.**
Aus der Körpersprache und den Lautäußerungen kann man Schlussfolgerungen auf ihr Verhalten ableiten. Riechen und Hören sind die wichtigsten Sinne des Hundes. Alle unsere Hunde stammen vom Wolf ab. Heute gibt es etwa 400 Hunderassen.

Arbeitsaufträge

1 Nenne Eigenschaften des Wolfes, die der Mensch nutzte, um aus dem Wildtier ein Haustier zu machen. ↑S. 7 und 8

2 In Abbildung ↑S. 8/3 kämpfen zwei Wolfsrüden um die Rangfolge. Welches ist wohl das ranghöhere Tier? Begründe.

3 Erkläre, warum ein Wolfsrudel beispielsweise ein Reh fangen kann, obwohl dieses schneller als ein Wolf ist.

4 Im Text über den Stammvater der Haushunde werden zwei unterschiedliche Theorien zur Züchtung des Haushundes kurz angesprochen.
Nenne diese beiden Theorien und entscheide, welche du für wahrscheinlicher hältst. Begründe.

5 Freilebende Wölfe findet man heute in Europa nur noch selten.
Was könnte der Grund dafür sein? Finde heraus, in welchen Ländern es noch Wölfe gibt.

6 Bei uns gibt es viele Ortsnamen, in denen das Wort „Wolf" auftaucht. Nenne Beispiele. Was schließt du aus der Häufigkeit solcher Namen?

7 Beschreibe Abbildung ↑S. 8/2. Was fällt dir auf?

8 Wölfe verständigen sich vorwiegend mit Körperhaltung, Gesichtsausdruck und Lauten. ↑S. 8/1

a Vermute, welche Bedeutung das Heulen bei Wölfen hat. ↑1

b Wenn eine Sirene geht, heult manchmal der Hund mit. Erkläre dieses Verhalten.

c Erläutere die Rolle der Duftmarken. Vergleiche mit dem Hund.

9 Wie vermeidet man Zwischenfälle mit fremden Hunden? Versucht Verhaltensregeln aufzustellen, wie man mit einem fremden Hund umgeht. Beachtet dabei die Körpersprache der Hunde.

10 Hunde werden vom Menschen aus unterschiedlichsten Gründen gehalten.
Finde mithilfe der Fotos heraus, für welche bestimmten Aufgaben die jeweilige Rasse besonders geeignet ist. Welche Leistungen werden von einem Halter dieser Hunde erwartet?
Bei welchen Hunderassen ist die Verwandtschaft zum Wolf noch gut zu erkennen?

4 Deutscher Schäferhund

5 Dalmatiner

6 Husky

7 Kleine Münsterländer

Methode

Expertenbefragung – Bei einer Hundezüchterin

Wenn man spezielle Informationen zu einem bestimmten Thema benötigt, empfiehlt es sich häufig, mit einem Experten zu sprechen.
Mancher von euch möchte vielleicht mehr über Hunde erfahren. Auch wer selbst ohne Hund lebt, kommt mit ihm in Berührung. Sei es, wenn dir der Hund des Nachbarn begegnet oder dir ein fremder Hund im Park entgegenkommt. Wie verhält man sich richtig? Was ist alles zu beachten, wenn man einen Hund als Haustier in die Familie nehmen will?
Zum Thema Hund können euch besonders gut Hundezüchter, Tierärzte oder Mitarbeiter eines Tierheims Auskunft geben. Besprecht in der Klasse, wie ihr euch in einer Gruppe auf die Befragung vorbereiten könnt. Überlegt, welche Aufgaben die anderen Gruppen bearbeiten können.

Tipp: Es ist auch möglich, dass der Fachmann oder die Fachfrau zu euch in die Schule kommt. Bittet ihn oder sie, einen Hund mitzubringen. Einen Besuch im Tierheim könntet ihr gemeinsam mit der ganzen Klasse nach gründlicher Vorbereitung durchführen. Sprecht euch zuvor mit eurer Lehrerin oder eurem Lehrer ab.

1 Wie finden wir einen Experten?

Im Telefonbuch oder im Internet kann man nach Fachleuten suchen. Anschriften von Hundezüchtern erfahrt ihr auch über einen Zuchtverein. Dort kann man euch einen Züchter in der Nähe nennen, der zurzeit auch Welpen hat. Vereinbart telefonisch einen Termin. Plant, wie ihr dort hinkommt.

1 Golden-Retriever-Hündin beim Säugen der Welpen

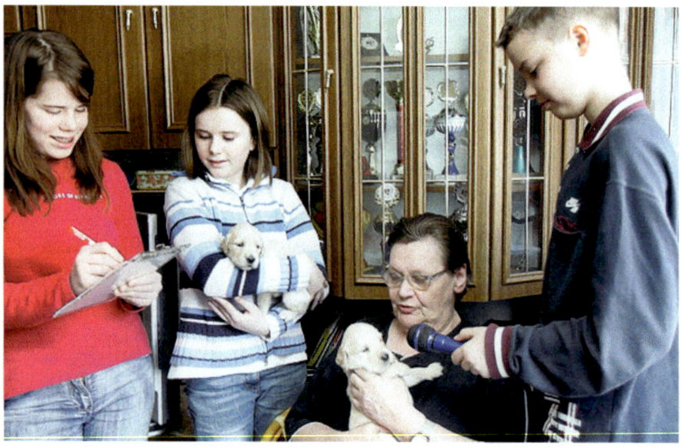

2 Die Züchterin wird befragt.

2 Wie bereiten wir uns auf die Befragung vor?

Erstellt einen Fragebogen. Überlegt vorher, wie ihr die Fragen formuliert. Vermeidet Fragen, die nur mit „Ja“ und „Nein“ zu beantworten sind. Sie bringen wenig Information! Bereitet in kleinen Gruppen Fragen zu folgenden Themen vor.
- Fragen zur Rasse
- Fragen zur Hundehaltung
- Fragen zum Verhalten
- Fragen zur Hundezucht

3 Schülerin mit Welpen

3 Durchführung der Expertenbefragung

Vereinbart, wer fragt, wer Notizen macht, wer das Aufnahmegerät bedient und wer fotografiert. Für die Notizen sollten am besten mehrere von euch zuständig sein, damit alles Wichtige festgehalten wird.
Wenn euer Gesprächspartner zu lange spricht, unterbrecht ihn höflich mit einer Zwischenfrage. Wenn ihr eine Antwort nicht richtig verstanden habt, fragt nach. Vergesst nicht, euch am Schluss für das Gespräch zu bedanken.

4 Auswertung der Ergebnisse
Setzt euch in der Gruppe zusammen und sichtet eure Materialien. Wählt geeignetes Material aus und sortiert es nach Themen. Verteilt die Aufgaben für die Darstellung eurer Ergebnisse, die Dokumentation.

5 Dokumentation
Fertigt zu jedem Thema, über das ihr etwas erfahren habt (z. B. Rasse, Hundehaltung), ein Plakat mit den Ergebnissen an. Sucht dafür nur die wichtigsten Fotos aus. Berichtet in der Klasse über eure Expertenbefragung. Schreibt eine Reportage für die Schülerzeitung. ↑4

Die Klasse 5a – auf den Hund gekommen?

Bio-Unterricht mal ganz anders: Besuch bei einer Hundezüchterin

Im Rahmen des Biologieunterrichts besuchten wir, die Schülerinnen und Schüler der Klasse 5a, eine Züchterin für Golden-Retriever. Bei der Befragung haben wir viel Spannendes über Hunde erfahren. Einen Teil unserer Ergebnisse haben wir hier für euch zusammengefasst.

Aller Anfang ist schwer! – Hunde sind Nesthocker
Hundewelpen werden blind und taub und völlig hilflos geboren. Sie sind ganz auf die Hundemutter angewiesen. Diese ernährt die Welpen, leckt sie, hält sie warm und sauber. In den ersten Lebenstagen orientieren sich die Welpen mit ihrem Tast- und Geruchssinn. So finden sie auch den Weg zur Milchquelle. Die Welpen entwickeln sich schnell. Nach 3 Wochen werden sie allmählich von der Muttermilch entwöhnt. Die Züchterin gibt die Welpen aber erst mit 8 Wochen ab.

Anne hätte so einen süßen Welpen am liebsten gleich mitgenommen!

Was Hund und Herrchen lernen müssen
- Der Hundehalter muss die „Hundesprache“ erlernen.
- Frauchen oder Herrchen müssen Anführer (Rudelführer) sein.
- Der Rudelführer muss konsequent und fair sein.
- Der Hund muss Aufgaben bekommen, auch im Spiel.

Das alles muss vor dem Kauf eines Hundes bedacht werden!
- Ist die ganze Familie einverstanden?
- Sind Hunde in eurem Haus erlaubt?
- Bedenke, dass ein Hund mehr als 15 Jahre alt werden kann!
- Bedenke die Kosten für Futter, Tierarzt, Steuer, Haftpflichtversicherung.
- Wo bleibt der Hund im Urlaub?
- Welche Rasse ist für unsere Familie geeignet?
- Junge Hunde benötigen besonders viel Auslauf, Zeit und Geduld!
- Bist du bereit, einen Hundehaufen deines Hundes in der Stadt zu „entsorgen“?
- Hat jemand in deiner Familie Allergien gegen Tierhaare?
- Wer erzieht den Hund?

4 Reportage für die Schülerzeitung „Blitzlicht“

Arbeitsaufträge

1 Schreibe für dich selbst auf, was du Interessantes bei der Befragung erfahren hast.

2 Junge Hunde, die noch gesäugt werden, nennt man Welpen.
a Beschreibe das Aussehen der Welpen mithilfe der Abbildungen. ↑1 und 3
b Hundewelpen sind Nesthocker. Erkläre, was das bedeutet.
c In welchem Alter gibt der Züchter oder die Züchterin die Welpen frühestens an den neuen Besitzer ab? Begründe.

3 Wenn man einen Hund als Haustier zu sich nimmt, muss man vieles bedenken.
a Schreibe auf, was man alles beachten muss.
b Erkundige dich bei einem Hundebesitzer nach den Kosten für den Hund in einem Monat, in einem Jahr.
c Besuche ein Fachgeschäft für Tierbedarf und notiere die Preise von Artikeln, die man für den Hund benötigt.
d Wer einen Hund zu sich in den Haushalt aufnimmt, übernimmt Verantwortung. Nimm Stellung dazu.

Raubtier Schmusekatze

Zusammengerollt liegt die Katze auf dem Fensterbrett in der Sonne. Ab und zu unterbricht sie ihre Ruhephase, um das dichte Fell mit der rauen Zunge zu reinigen. Von „ihren“ Menschen lässt sie sich gern streicheln und auf den Arm nehmen. Einmal aus dem Haus, verwandelt sie sich aber von einem Moment auf den anderen in eine unbezähmbare Jägerin. Welche Eigenschaften machen die Katze zu einer perfekten Jägerin? Wie leben und vermehren sich Katzen?

1 Die Katze auf der Jagd im Garten

Beobachten Untersuchen Experimentieren

Spiel – oder mehr?
Wie mit einem Hund kannst du auch mit einer Katze spielen. Durch Beobachtung kannst du herausfinden, welche Funktion das Spiel hat.

1 Spiele mit einer Katze, die du gut kennst. Wirf ihr ein Wollknäuel hin und beobachte sie.

2 Notiere die unterschiedlichen Bewegungen, die die Katze dabei vollzieht, und die Körperhaltungen, die sie einnimmt.

3 Finde eine Erklärung dafür, warum Katzen so gern mit einem Wollknäuel spielen.

2 Beutefang der Hauskatze

GRUNDLAGEN: Geschärfte Sinne und scharfe Krallen

Auf Schleichjagd Mit ihren scharfsichtigen Augen und dem feinen Gehör entdeckt die Katze ihre Beute. Lautlos schleicht sie sich zum Mäusefang an. Plötzlich schnellt sie mit gestreckten Vorderbeinen nach vorn und schlägt ihre spitzen Krallen in das Beutetier. Mit einem Biss in den Nacken tötet sie die Maus und trägt sie davon. Die Katze ist ein Schleichjäger. An diese Art des Beuteerwerbs ist sie gut angepasst. Die kurzen Beine ermöglichen ein Anschleichen in geduckter Haltung. Dabei setzt sie ihre samtweichen Pfoten nur mit eingezogenen Krallen auf. Die Krallen sind beim Anschleichen in Hautfalten versteckt. So verursachen sie kein Geräusch.

Die drei Katzensprachen Katzen sind Einzelgänger. Nur zur Paarungszeit finden sie für kurze Zeit zusammen. Katzen verständigen sich durch ihre Körpersprache, die sich aber von der des Hundes unterscheidet.

3 Aus der Körpersprache von Katzen

Bevor die Katze kratzt, droht sie. Das erkennt man an der Stellung der Ohren, an den Augen und an der Schwanzhaltung. Macht sie einen Buckel und zeigt sie die Zähne, steht ein Angriff bevor. ↑3
Die Katze kann sich auch durch Lautäußerungen verständigen. Wenn sie schnurrt, fühlt sie sich wohl. Eine Warnung oder Drohung wird mit Knurren und Fauchen angezeigt. Hat sie Hunger oder will ins Haus, dann miaut sie. Wenn sich zur Paarungszeit Kater und Katze suchen, kann man lautes Jaulen hören.
Um ihr Revier abzugrenzen, verspritzt die Katze Harn und hinterlässt so ihre Duftmarke. Fremde Katzen können riechen, dass hier eine andere Katze ihr Revier hat.

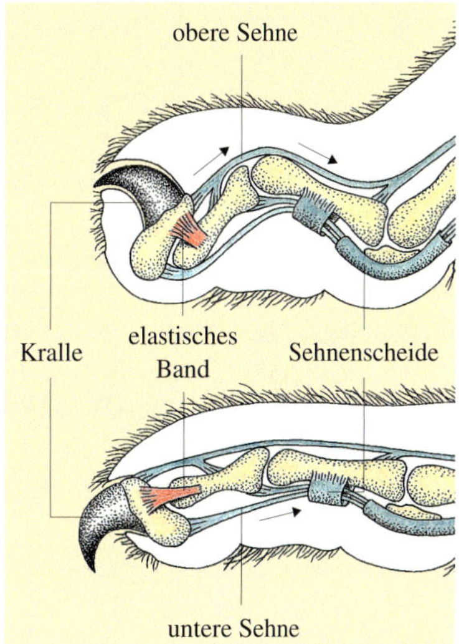

4 Kralle eingezogen (oben) und ausgestreckt (unten)

Orientierung auch im Dunkeln „Katzenaugen" findet man an Fahrrädern, Autos oder manchmal auch an Kleidungsstücken. Es sind Reflektoren, die in der Dunkelheit leuchten, wenn sie angestrahlt werden. Ähnliches lässt sich auch bei den Augen der Katzen beobachten. Sie verfügen nämlich über eine zusätzliche Schicht, die vom Auge eingefangenes Licht noch einmal spiegelt. Deshalb leuchten die Augen der Katze, wenn sie bei Dunkelheit angestrahlt werden.
Am Tag sieht die Katze genauso gut wie der Mensch, nachts jedoch 6-mal besser. Das liegt daran, dass eine Katze eine sehr viel geringere Lichtmenge benötigt, um etwas zu erkennen.
Die relativ großen Augen sind beide nach vorn gerichtet und ermöglichen ein gutes räumliches Sehen. Im Dunkeln orientieren sich Katzen mithilfe ihrer Tasthaare (Schnurrhaare). Katzen verlassen sich aber auch auf ihren Gehörsinn, der sie 4-mal besser hören lässt als Menschen. 30 Muskeln sorgen für die Beweglichkeit der Ohren in fast alle Richtungen.

Arbeitsaufträge

1 Betrachte Abbildung ↑2. Finde Bezeichnungen für die wichtigsten Jagdabschnitte. Übertrage das Diagramm unten in dein Heft und trage statt der Fragezeichen die Jagdabschnitte ein. ↑5

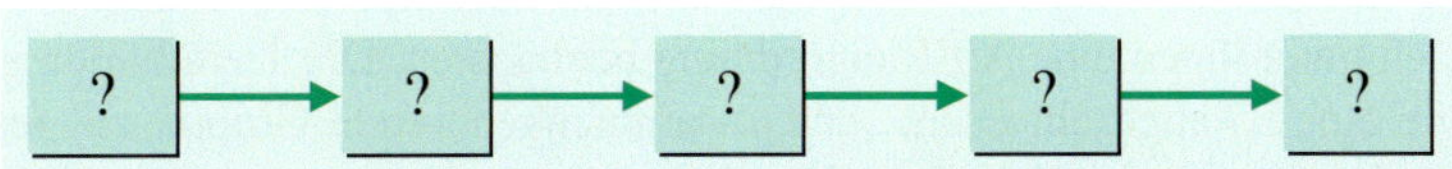

5

2 Die Krallen der Katze sind normalerweise eingezogen und liegen in Hautfalten verborgen.

a Abbildung ↑4 unten zeigt die Krallen in ausgefahrenem Zustand. Erkläre anhand des Bildes, wie das Ausfahren geschieht.

b Welchen Nachteil hätte es, wenn Katzen die Krallen auf ähnliche Weise eingezogen halten müssten?

GRUNDLAGEN: Unsere Katze bekommt Junge

1 Kampf zweier Kater

Die Katze ist „rollig" – Paarungszeit Im Frühjahr und Herbst ist lautes Miauen zu hören: Es ist Paarungszeit. Die Weibchen miauen in dieser Zeit laut und durchdringend, sind unruhig und rollen sich auf dem Boden hin und her. Im Revier einer „rolligen" Katze versammeln sich oft mehrere Kater und versuchen, sich durch laute „Katzengesänge" gegenseitig zu vertreiben und der Katze ihre Kraft und Ausdauer zu zeigen. Immer wieder kommt es dabei zu Auseinandersetzungen. Dabei stehen sich die Rivalen zunächst „hochbeinig" und mit gesträubten Rückenhaaren gegenüber. Ihre heftig zuckenden Schwanzspitzen signalisieren höchste Anspannung und Angriffsbereitschaft.

Die Konkurrenten „singen" in allen Tonlagen. Gibt keiner von beiden nach, erfolgt ein blitzschneller Angriff. Ein kreischendes, fauchendes und zischendes Bündel wälzt sich am Boden, bis einer von beiden den Kampf aufgibt. Nicht immer ist es allerdings der Sieger, der sich der Katze nähern darf, um sich mit ihr zu paaren: Sie sucht sich ihren Partner selbst aus.

Schon gewusst?

Eine gesunde Katze kann 2- bis 3-mal im Jahr Junge bekommen. Wenn ein Wurf aus 4 Jungen besteht, sind das schon mindestens 8 Kätzchen. Diese könnten aber im ersten Lebensjahr schon selbst jeweils 4 Junge bekommen haben. Das kann bei Katzen, die ins Freie dürfen, zum Problem werden. Um eine große Zahl unversorgter Katzen zu verhindern, lassen viele Katzenbesitzer ihre Tiere kastrieren. Dabei entfernt der Tierarzt Teile der Fortpflanzungsorgane.

2 Katze mit ihren Jungen. Sie sind jetzt etwa 3 Wochen alt.

Die jungen Katzen 8 Wochen nach der Paarung bringt die Katze in einem Versteck 4 bis 6 Junge zur Welt. Die Jungtiere sind Nesthocker und beginnen erst nach ungefähr 2 Wochen ihre Umgebung zu erkunden und zu spielen. Bei Gefahr packt die Mutter sie am Nacken und bringt sie an einen sicheren Ort. Noch 4 Wochen säugt und betreut sie die Jungen, dann werden die Kätzchen zunehmend selbstständiger, bleiben aber zunächst noch in der Nähe der Mutter. Leben auf Dauer mehrere Katzen zusammen, lässt sich unter ihnen eine Art Rangordnung beobachten. Die Tiere bilden aber nie eine so abgeschlossene, eng zusammengehörende Gruppe mit fester Rangordnung wie Wölfe oder Hunde.

Kurz und knapp **Die Katze ist ein Schleichjäger. Ihr Körperbau ermöglicht ein lautloses Anschleichen und ein Ergreifen der Beute mit ausfahrbaren Krallen. Katzen sind Einzelgänger und verständigen sich über Körpersprache, Lautäußerungen und Duftmarken. Sie orientieren sich mithilfe leistungsfähiger Sinnesorgane. In der Paarungszeit konkurrieren mehrere Kater durch lauten „Gesang" und Kämpfe um eine Katze. Die Katzenjungen sind Nesthocker.**

Historisches

Geschichtliches zur Katze
Anhand von Katzenabbildungen an den Wänden der Pyramiden sowie anhand von Katzenmumien, die in Gräbern gefunden wurden, hat man herausgefunden, dass die in Ägypten wild lebende Falbkatze schon seit vielen Tausend Jahren auch als Haustier gehalten wurde. Das Töten einer Katze galt in Ägypten als schweres Verbrechen und konnte deshalb mit dem Tod bestraft werden.
Römische Legionäre brachten schließlich die Falbkatze von ihren Feldzügen aus Ägypten mit nach Europa. Dort paarten sich die Falbkatzen mit den einheimischen Wildkatzen. Daraus entstand letztlich unsere Hauskatze, die auch heute noch als Mäuse- und Rattenfänger von den Menschen sehr geschätzt wird. Aus der Hauskatze wurden im Lauf der Zeit viele verschiedene Rassekatzen gezüchtet.

3 Die Falbkatze – Stammform der Hauskatze

4 Katzenrassen: Kartäuser (oben) und Siam (unten)

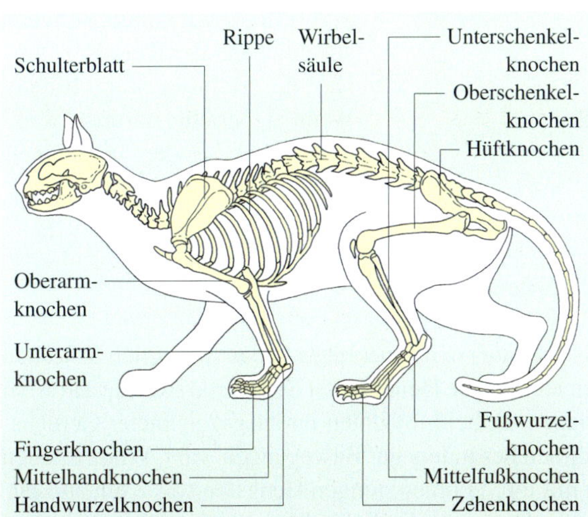

5 Skelett der Katze

Arbeitsaufträge

1 Überlege, welchen Vorteil es hat, wenn sich die Katze mit dem stärksten Kater paart.

2 Der Kater geht bei einer Auseinandersetzung „hochbeinig" und mit gesträubten Rückenhaaren auf den anderen Kater zu. Welche Bedeutung hat diese Körperhaltung?

3 Auch wenn die Jungen noch gesäugt werden, bringt die Mutter ihnen ab und zu eine halbtote Maus. Finde eine Erklärung.

4 Vergleiche Hund und Katze. Lege dazu in deinem Heft eine Tabelle an und trage für beide Tierarten folgende Merkmale ein: Art des Beutefangs, Fortbewegung beim Beutefang, Verständigung mit Artgenossen, Aufzucht der Jungen, Skelett. ↑5 und S. 9/6

5 In 5000 Jahren ist es den Menschen nicht gelungen, Katzen für eine Aufgabe ähnlich wie Hunde abzurichten. Nenne mögliche Gründe dafür.

Das Pferd – ein Tier der Steppe

Einige aus deiner Klasse werden begeisterte Reiterinnen oder Reiter sein. Mancher von euch würde vielleicht gerne seine Ferien auf einem Reiterhof verbringen. Die einen wissen viel über Pferde, andere begegnen Pferden hauptsächlich bei sportlichen Veranstaltungen oder im Fernsehen.
Was hat es auf sich mit dem Ausspruch „Das Glück dieser Erde liegt auf dem Rücken der Pferde“? Was ist das Besondere an Pferden, das viele so fasziniert?

1 Beim Reitunterricht

Beobachten Untersuchen Experimentieren

1 Im Bild unten siehst du wild lebende Pferde. ↑2 Beschreibe die Landschaft. Beschreibe das Verhalten der Herde.

2 Beobachte Pferde auf der Weide. Versuche eine Rangordnung zu erkennen. Erkläre, was du beobachtet hast.

2 Herde wild lebender Pferde

3 Wenn Pferde auf der Koppel weiden, kannst du manchmal beobachten, dass die ganze Herde schlagartig losgaloppiert. Versuche eine Erklärung für dieses Verhalten zu finden.

4 Vielleicht könnt ihr mit der ganzen Klasse oder nachmittags mit einer Gruppe einen Reiterhof oder Reitverein besuchen. Macht einen Plan, was ihr erfragen und dort beobachten könnt. Berichtet anschließend der Klasse.

5 Hast du Erfahrungen mit Pferden? Wenn ja, berichte darüber. Was findest du besonders schön, wenn du mit Pferden zusammen bist?

GRUNDLAGEN: Pferde sind Herdentiere

Leben in der Steppe Pferde sind Lauf- und Fluchttiere, die ursprünglich in weiten Steppenlandschaften in Herden lebten. Die Herde bietet Schutz, da sich die Tiere bei Gefahr gegenseitig warnen können. Dabei hilft ihnen ihr ausgezeichneter Geruchs- und Gehörsinn. Ihre Augen nehmen besonders gut Bewegungen wahr. Wilde Herden bestehen aus mehreren Stuten mit ihren Fohlen, jungen Hengsten sowie einem Leithengst. Pferde sind Nestflüchter, das heißt, die Fohlen können ihrer Mutter schon kurz nach der Geburt folgen. In jeder Herde gibt es eine Rangordnung.

Schnelles Laufen auf Zehenspitzen Pferde sind im Körperbau an schnelles Laufen angepasst. Sie berühren den Boden nur mit den Zehenspitzen: Sie sind unpaarhüfige Zehenspitzengänger. Das wird deutlich, wenn man sich das Beinskelett genauer ansieht. ↑3 An jedem Fuß hat das Pferd nur eine Zehe. Diese ist von einem Huf aus Horn umgeben, der sie vor Verletzungen schützt. Die anderen Zehen sind zurückgebildet.
Im Vergleich zum Ober- und Unterarm ist die „Hand" sehr lang. Sie besteht aus Fingerknochen, Mittelhandknochen und Handwurzelknochen. Dadurch haben Pferde lange, starke Laufbeine. Sie können gut springen und stundenlang laufen, ohne zu ermüden.
Je nach Geschwindigkeit haben Pferde verschiedene Gangarten. Beim Schritt kannst du nebenhergehen. Beim Trab kannst du mit dem Fahrrad mithalten. Im Galopp erreichen gute Rennpferde Geschwindigkeiten bis zu 60 Kilometer pro Stunde.

Gras als Nahrung In Steppenlandschaften wachsen vor allem Gräser. Pferde sind an diese Art der Nahrung angepasst. Sie rupfen das Gras mit den Schneidezähnen des Ober- und Unterkiefers ab. Bei längeren Halmen werden die Lippen zu Hilfe genommen. Mit den breiten Backenzähnen wird das Gras gründlich zerkleinert und zwischen den rauen Schmelzfalten zerrieben. ↑S.33/4 Dabei nutzen sich die Zähne mit der Zeit stark ab. Pferde sind keine Wiederkäuer. Der kleine Magen kann nur wenig Nahrung aufnehmen. Deshalb müssen Pferde viel häufiger fressen als zum Beispiel Kühe. Der lange Darm und ein großer Blinddarm spielen bei der Verdauung eine wichtige Rolle.

Orientierung Geruchs- und Gehörsinn sind gut ausgebildet. Deshalb kann das Tier Gefahren rechtzeitig erkennen. Die Augen sehen nicht sehr scharf, reagieren aber sehr gut auf Bewegtes. Da die Augen seitlich stehen, können Pferde nahezu rundum sehen.

Kurz und knapp **Pferde sind Herdentiere, die bei Gefahr fliehen. Das Fluchtverhalten stammt von ihren wilden Vorfahren, die in weiten Steppenlandschaften lebten. Der Körperbau ist an schnelles Laufen angepasst. Pferde treten nur mit den Zehenspitzen auf – sie sind Zehenspitzengänger. Sie besitzten ein Pflanzenfressergebiss.**

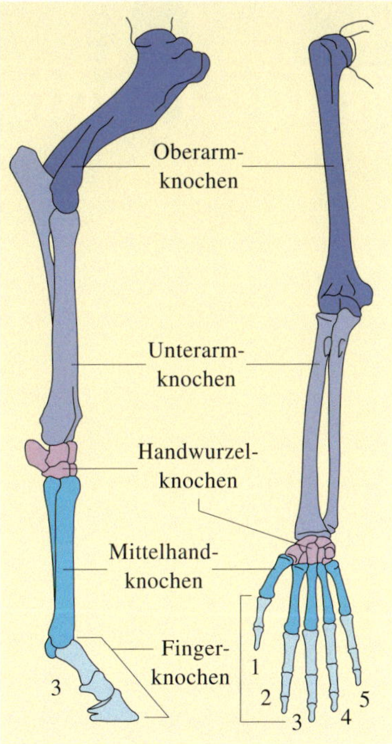

3 Vorderbein des Pferdes und Arm des Menschen im Vergleich

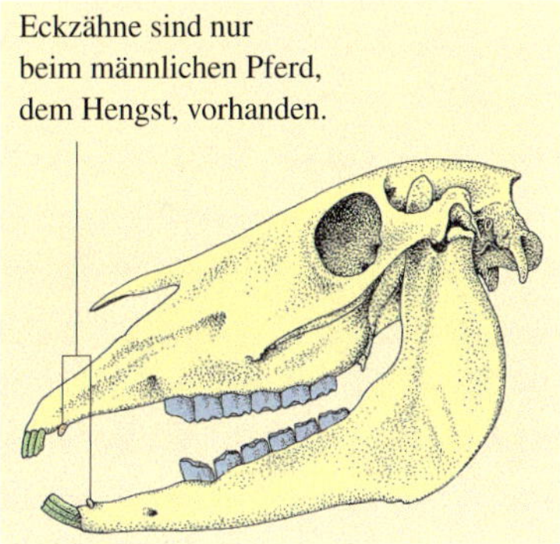

4 Pferdeschädel mit Gebiss

Arbeitsaufträge

1 Beschreibe den Bau des Vorderbeins eines Pferdes. Vergleiche mit dem Armskelett beim Menschen. Wo ist das Hand-, wo das Ellenbogengelenk? ↑3
2 Erkläre, was ein Zehenspitzengänger ist.
3 Ein Sprichwort sagt: „Einem geschenkten Gaul schaut man nicht ins Maul." Was kann man an einem Pferdegebiss erkennen?
4 Pferde in einer Herde zeigen bestimmte Verhaltensweisen. Achte dabei auf Ohrenspiel, Schnauben, Wiehern, Stellung des Schweifes, Beknabbern, Ausschlagen. Deute sie. Stelle Vermutungen an.
5 Nenne Verhaltensweisen von Pferden, die an das Leben ihrer wilden Vorfahren erinnern.

Wilde Pferde

Wildpferde in Deutschland? Völlig unmöglich! Und doch stimmt es ein wenig. Denn die letzte frei lebende „Wildpferd“-Herde in Europa lebt in Dülmen, im südlichen Münsterland. Es sind keine echten Wildpferde, da sie sich im Lauf der Jahrhunderte immer wieder mit verwilderten Hauspferden vermischt haben. Doch stehen die Dülmener Pferde echten Wildpferden sehr nahe. Ihre Schulterhöhe beträgt nur 125 bis 135 Zentimeter. Etwa 300 Wildlinge leben in Herden unter freiem Himmel und suchen bei Bedarf ausschließlich in den Wäldern Schutz. Die Tiere werden weder vom Schmied beschlagen noch vom Tierarzt betreut.

Ein Besuch lohnt sich!

Einmal im Jahr, am letzten Samstag im Mai, strömen viele Besucher nach Dülmen. In einer großen Arena werden dann mehrere Hundert Wildpferde zusammengetrieben, um die einjährigen Hengste zu zählen und einzufangen. Anschließend wird die Herde wieder in das eingezäunte Naturschutzgebiet entlassen. Dieses Ereignis findet alljährlich seit 1907 statt.

1 Wildpferdefang in Dülmen

2 Dülmener Stute mit Fohlen

3 Kuhreiher halten die Camargue-Pferde von Ungeziefer frei.

Wild lebende Pferde in der Camargue

Die Camargue ist eine Landschaft im Süden Frankreichs im Rhonedelta. Dort leben die berühmten Camargue-Pferde. Im Sommer wird es glühend heiß, während der Boden in den anderen Jahreszeiten mit Salzwasser überflutet ist. Die Pferde leben von spärlich wachsenden Sträuchern, Salzpflanzen und Schilf.
Die Bewohner der Gegend sind stolz auf ihre weißen Pferde. Sie gehören zu einer alten Rasse, die besonders widerstandsfähig ist. Ihre Hufe sind überdurchschnittlich groß, wodurch ein Einsinken im Sumpf verhindert wird. Mit einer Schulterhöhe von 135 bis 142 Zentimetern zählen Camargue-Pferde zu den Ponys.

Die letzten echten Wildpferde

Przewalski-Pferde (sprich: Pschewalski) sind die weltweit einzige überlebende Wildpferdeart. Um sie vor dem Aussterben zu bewahren, fing man einige Tiere ein und konnte sie in zoologischen Gärten erfolgreich vermehren. Vor einigen Jahren begann man kleine Herden in ihrer ursprünglichen Heimat, den weiten Grassteppen der Mongolei, auszuwildern. Die Mongolen nennen das Przewalski-Pferd Thaki. Mit seiner aufrechten Stehmähne sieht das Thaki den eiszeitlichen Verwandten aus den Höhlenmalereien verblüffend ähnlich.
Seine Schulterhöhe beträgt 125 bis 147 Zentimeter.

4 Przewalski-Pferde

Arbeitsaufträge

1 Suche im Atlas Dülmen im Münsterland, die Camargue in Südfrankreich und die Mongolei in Asien.

2 Begründe, warum es sich bei den Camargue-Pferden sowie den Dülmener Pferden nicht um echte Wildpferde handelt.

3 Nenne gemeinsame Merkmale von Wildpferden und verwilderten Pferde. Welche Unterschiede gibt es?

4 Vergleiche das Przewalski-Pferd mit dem Pferd, wie es in der eiszeitlichen Höhlenmalerei dargestellt ist.

5 Stelle die Merkmale von verwilderten Pferden und Hauspferden in einer Tabelle zusammen.

6 Erkläre, weshalb auch Hauspferde viel Bewegung brauchen.

5 Camargue-Pferde

Besuch auf einem Bauernhof

Nico besucht mit seinen Eltern einen Bauernhof. Neugierig erkundet er das Gelände. ↑1
Ihn interessieren folgende Fragen: Welche Tiere werden auf dem Hof gehalten? Welche Ausbildung braucht ein Landwirt? Welche Produkte werden hier hergestellt?

1 Bauernhof

Beobachten Untersuchen Experimentieren

1 Welche Tiere hat Nico entdeckt? Trage in eine Tabelle ein:

a Welche dieser Tiere sind Haustiere?

b Welche Tiere sind Säugetiere? Begründe deine Zuordnung.

2 Auf dem Bauernhof werden auch Hühner gehalten. Vergleiche die Ernährung der Küken mit der der Kälber. Erläutere.

3 Welche Tätigkeiten führen die Personen auf den Abbildungen der ↑Seite 23 aus? Welche weiteren Tätigkeiten fallen in der Landwirtschaft an? Nenne Beispiele.

2

3

4

5

6

7

8

9

10

11

12

13

14

15

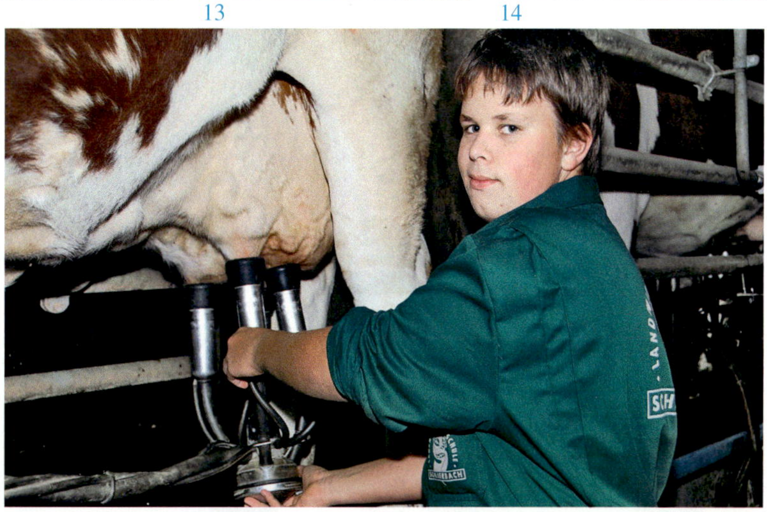
16

Rinder liefern uns vor allem Milch und Fleisch

Wenn du zum Frühstück ein Glas erfrischende Milch trinkst, denkst du wohl kaum daran, wie lang der Weg vom Stall auf den Tisch ist.
Vielleicht hast du dich schon einmal gefragt, warum Kühe überhaupt so viel Milch geben? Müssen sie dazu ein Kalb haben?

1 Milchmahlzeit

Beobachten Untersuchen Experimentieren

Milch und mehr
Kuhmilch ist ein wertvolles und vielseitig verwendbares Nahrungsmittel. Finde selbst heraus, was es mit der Milch auf sich hat.

1 Erstelle eine Liste der Milchprodukte, die im Supermarkt angeboten werden. Welche Produkte davon nutzt du selbst, welche werden in eurem Haushalt verwendet?

Durchschnittliche Milchleistung einer Kuh im Jahr	
1800	*800 Kilogramm*
1900	*2165 Kilogramm*
1950	*2480 Kilogramm*
2000	*6112 Kilogramm*
2002	*6272 Kilogramm*
2003	*6537 Kilogramm*

2 Deutsche Schwarzbunte

2 Sammle leere Verpackungen von Milchprodukten und stelle sie in der Klasse aus. Lies über die Inhaltsstoffe auf den Packungen genau nach und versuche die Angaben zu klären.

3 Plant einen Geschmackstest mit verschiedenen Milchsorten. Überlegt, wie ihr vorgehen wollt. Tragt die Ergebnisse in eine Tabelle ein. Vergleicht.

4 Fertige mit Abbildungen und Texten aus Zeitschriften und Büchern zu folgenden Themen eine Wandzeitung oder Collage an: „Vom Gras zur Butter" und „Vom Stall zur Fleischtheke im Supermarkt". Vielleicht kannst du auch selbst Fotos anfertigen.

5 Finde heraus, wie viel Milch eine Kuh gibt. Werte dazu die Tabelle aus.

a Zeichne ein Säulendiagramm, aus dem man die durchschnittliche Milchleistung einer Kuh von 1800 bis heute ablesen kann. Erkläre die Entwicklung.

b Berechne, wie viel Milch eine solche Kuh heute pro Tag liefert.

6 Informiere dich, welche Produkte aus der Haut von Rindern, den Haaren, den Hörnern, den Hufen und aus den Knochen hergestellt werden.

GRUNDLAGEN: Milch, Fleisch oder beides?

Ziele der Rinderzüchtung Früher wurden Rinder auch in Deutschland noch zum Ziehen schwerer Lasten eingespannt. Heute sind sie hauptsächlich Milch- und Fleischlieferanten. Mit der Rinderzucht werden überwiegend zwei Ziele verfolgt: entweder hohe Milchleistung oder möglichst viel hochwertiges Fleisch bei der Schlachtung. Deshalb sind reine Milchrassen und Fleischrassen gezüchtet worden. Daneben gibt es Rassen, die sowohl eine hohe Milchleistung als auch viel Fleisch haben. Man nennt sie Zweinutzungsrassen. Mit über 4 Millionen Milchkühen ist Deutschland der größte Milcherzeuger Europas.

Milchrassen Die Deutsche Schwarzbunte wird weltweit am häufigsten gehalten. ↑2 Sie wurde speziell für die Milchproduktion gezüchtet. Schwarzbunte sind die echten „Milch-Champions“: Mehr als 10 000 Liter pro Jahr und Tier sind keine Seltenheit. Zu den Milchrassen zählen auch die Jerseyrinder.

Schon gewusst?

Wie heißen Mutter, Vater, Kind?
Rind: Name der Tierart
Kuh: weibliches Rind, das bereits gekalbt hat
Bulle/Stier: männliches Rind
Ochse: männliches Rind, das unfruchtbar gemacht (kastriert) worden ist
Färse: weibliches Jungtier, das noch nicht gekalbt hat
Kalb: ein Jungtier bis zum Alter von 6 Monaten (männlich: Bullenkalb, weiblich: Kuhkalb)

3 Galloway-Kuh mit Kälbern

4 Schottisches Hochlandrind

5 Fleckviehherde

Fleischrassen Die zottigen, hornlosen Galloway-Rinder stammen aus Schottland. ↑3 Sie gehören bei uns inzwischen zu den wichtigsten Fleischrassen. Diese robusten Rinder werden oft von Ökolandwirten gehalten und können das ganze Jahr über draußen bleiben. Andere Fleischrassen sind zum Beispiel Hereford, Limousin, Angus, Charolais und Schottisches Hochlandrind. ↑4

Zweinutzungsrassen Das Deutsche Fleckvieh ↑5 bringt hohe Milch- und Fleischleistung und gehört deshalb zu den Zweinutzungsrassen, wie auch zum Beispiel das Braunvieh und die Rotbunten.

GRUNDLAGEN: Rinder sind Wiederkäuer

1 Kuh beim Fressen von Gras

Wenn du eine Kuh beim Grasen auf der Weide beobachtest, siehst du, dass sie mit ihrer langen, rauen Zunge Grasbüschel umfasst und abreißt. Was folgt dann?

Der Weg der Nahrung beim Rind Die Nahrung gelangt kaum zerkleinert durch die Speiseröhre in den Pansen. Dort wird sie mit dem vorhandenen Futterbrei vermischt. Danach gelangt der Grasbrei in kleinen Portionen in den benachbarten Netzmagen. Hier formen sich Futterballen, die wieder in das Maul zurückbefördert werden. Fast eine Stunde dauert es, bis die Nahrung erneut gründlich durchgekaut ist. Rinder sind Wiederkäuer.
Den gut eingespeichelten Nahrungsbrei schluckt die Kuh zum zweiten Mal. Er gelangt von dort in den Blättermagen, wo ihm Wasser entzogen wird. Im Labmagen und im sehr langen Darm wird die Nahrung weiterverdaut. Die Nährstoffe werden aufgenommen und in körpereigene Stoffe umgewandelt. Die unverdaulichen Reste werden als Kot ausgeschieden.

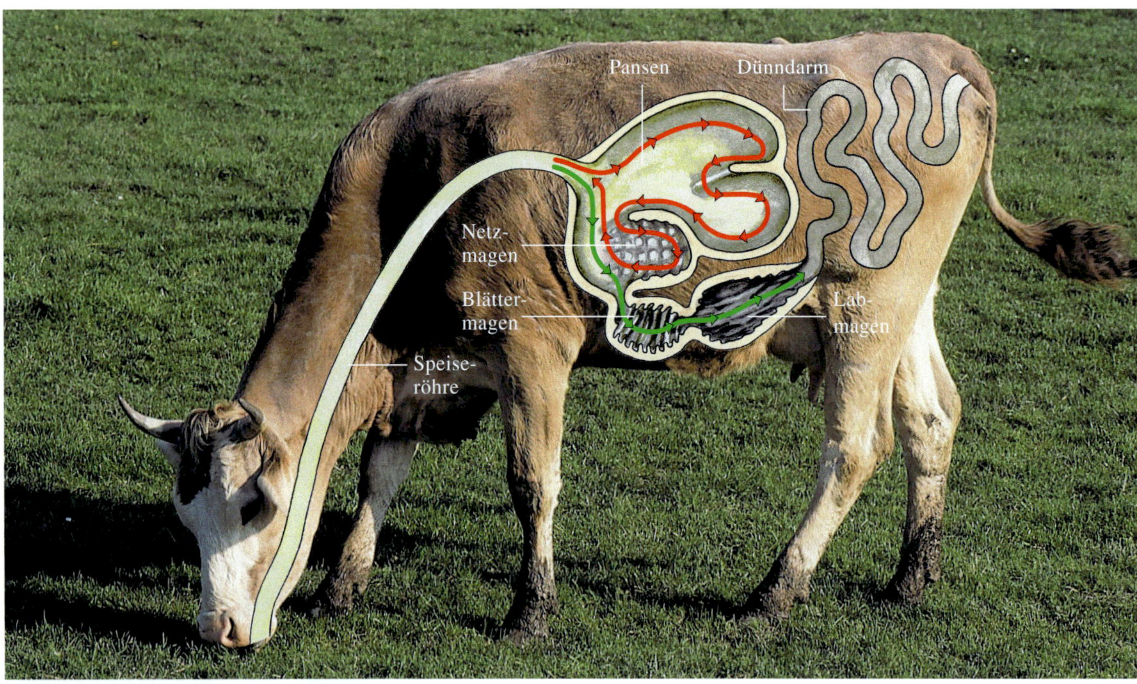

2 Verdauungsorgane des Rindes

Arbeitsaufträge

1 Beobachte eine grasende Kuh auf der Weide. Achte darauf, wie sie das Gras aufnimmt. Beschreibe.

2 Vermute, warum sich die Kuh nach längerem Fressen hinlegt.

3 Eine Kuh frisst 60 bis 70 kg Gras und trinkt 100 Liter Wasser pro Tag. Verdeutliche diese Mengen anhand eines anschaulichen Beispiels für deine Klassenkameraden. Ein Wassereimer fasst 12 Liter.

4 Die Nahrung des Rindes wird in verschiedenen Organen verdaut.

a Erkläre deinem Tischnachbarn den Weg der Nahrung anhand der Abbildung. ↑2

b Benenne die einzelnen Stationen mit den Zahlen 1 bis 6 und fertige eine Tabelle mit 3 Spalten an: 1. Spalte: Zahl, 2. Spalte: Name des Verdauungsorgans, 3. Spalte: Aufgabe des Organs.

GRUNDLAGEN: Ohne Kalb keine Milch!

3 Kuh mit neugeborenem Kalb

4 Das Kalb wird gesäugt.

Für die Milchviehhaltung werden weibliche Rinder bereits mit etwa 18 Monaten künstlich besamt. Nach einer etwa 9-monatigen Schwangerschaft wird ein Kalb geboren, selten auch Zwillinge. Das neugeborene Kalb wird zunächst mit der Muttermilch ernährt. Schon nach kurzer Zeit wird aber auf Muttermilchersatz umgestellt. Die natürliche Milchbildung in den Eutern der Kuh wird durch täglich zweimaliges Melken mit Melkmaschinen über 10 Monate lang nach dem Kalben ausgenutzt. Die Kuh muss jedes Jahr ein Kalb bekommen, sonst gibt sie keine Milch mehr. Werden die Kühe regelmäßig besamt, können sie 5 bis 6 Jahre lang als Milchlieferanten genutzt werden. Anschließend werden sie geschlachtet. Männliche Rinder werden überwiegend für die Fleischerzeugung als Mastbullen gehalten.

5 Kühe im Melkstand

Kurz und knapp **Rinder liefern uns vor allem Milch und Fleisch. Bei den modernen Rinderrassen unterscheidet man Milchrassen, Fleischrassen und Zweinutzungsrassen. Rinder sind reine Pflanzenfresser. Der Magen besteht aus Pansen, Netzmagen, Blättermagen und Labmagen. Rinder sind Wiederkäuer.**

Arbeitsaufträge

6 Mastkälber in Boxenhaltung

1 Vergleiche Abbildung ↑4 und ↑5. Was geschieht mit der Milch?

2 Kälber werden oft in Einzelboxen gehalten, in denen sie sich wenig bewegen können. ↑6

a Finde eine Erklärung für diese Haltungsform.

b Vergleiche mit Abbildung ↑4. Was entspricht eher einer artgerechten Haltung? Woran erkennst du das?

3 Bei der künstlichen Besamung werden den Muttertieren Spermien mit einer Pipette direkt in die Gebärmutter übertragen. Die Spermien stammen meist von wenigen berühmten Zuchtbullen. Auf diese Weise kann ein Zuchtbulle bis zu 20 000 Kälber pro Jahr zeugen. Nimm Stellung dazu.

Das Hausschwein

Unterschiedliche Lebensbedingungen für unsere Hausschweine:
Schweine in engen Boxen in einem Maststall und in Freilandhaltung auf der Weide. ↑1 und 2
Welche Ansprüche für eine artgerechte Tierhaltung können im Schweinmaststall nicht erfüllt werden?

1 Schweine im Maststall …

2 … oder auf der Weide

Beobachten Untersuchen Experimentieren

1 Vergleiche die Lebensbedingungen für das Hausschwein bei der Massentierhaltung und bei der Freilandhaltung.
Lege dazu in deinem Heft eine Tabelle an.

2 Das Hausschwein ist ein ergiebiger Fleischlieferant. ↑3
Zu welchen Fleisch- und Wurstwaren wird Schweinefleisch verarbeitet? Erkundige dich dazu bei einem Metzger.

3 Welche Verhaltensweisen des Wildschweins zeigen Hausschweine bei Freilandhaltung ebenfalls?

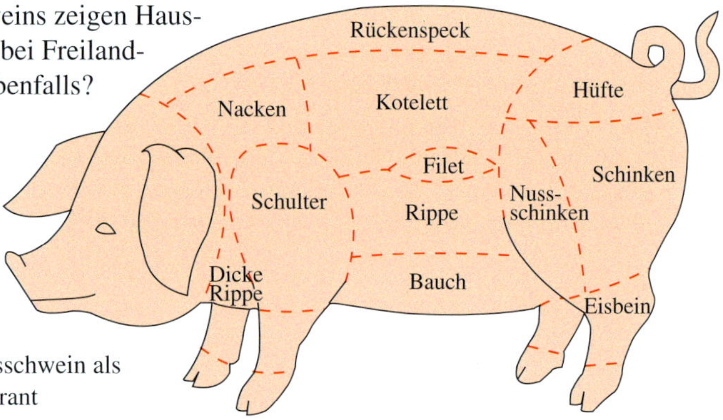

3 Das Hausschwein als Fleischlieferant

GRUNDLAGEN: Das Hausschwein – unser wichtigster Fleischlieferant

Beobachtung an Hausschweinen Zusammen mit ihren Ferkeln stehen die Muttersauen auf der Weide. Mit ihrer kräftigen Schnauze wühlen sie in der Erde nach Nahrung. Sie fressen Gräser, Kräuter und Wurzeln, aber auch Schnecken, Würmer und Insektenlarven. Schweine sind Allesfresser.
Wo eine Schlammpfütze ist, wälzen und suhlen sie sich. Anschließend legen sie sich in den Schatten der Bäume. Die Nacht verbringen die Hausschweine im Stall.
Meistens werden Schweine aber in großen Mastställen untergebracht. Hier leben oft viele Tiere auf engem Raum zusammen. Die Fütterung und Ausmistung erfolgt automatisch. Zweimal täglich bekommen die Tiere Kraftfutter.
Da sie sich wenig bewegen, haben sie nach 5 bis 7 Monaten ihr Schlachtgewicht erreicht (etwa 110 kg).
Durch die Massenhaltung ist das Schweinefleisch recht preisgünstig. Im Durchschnitt isst bei uns jeder pro Jahr 50 kg Schweinefleisch.
Die meiste Wurst, die wir essen, enthält Schweinefleisch.

Wissenswertes Vom Wildschwein zum Hausschwein

4 Bache mit ihren Frischlingen

5 Das Schwäbisch-Hällesche Schwein

Wildschweine In freier Natur sind Wildschweine sehr scheu. Im Wildgehege aber lassen sie sich gut beobachten.
Oft wälzen sie sich im Schlamm, um das Ungeziefer in ihrem Fell loszuwerden. Mit ihrem langen, kräftigen Rüssel durchwühlen sie den Boden.
Wildschweine haben einen feinen Geruchssinn; ihnen entgeht nahezu nichts Fressbares.
Ein Wildschwein frisst fast alles, was es auf und im Boden findet: Wurzeln, Knollen, Insekten, Würmer und Schnecken. Es frisst auch junge Säugetiere wie z. B. Ratten, Kaninchen und Mäuse. Selbst tote Tiere dienen als Nahrung.
Das Gebiss des Wildschweins kann sowohl pflanzliche als auch tierische Nahrung zerkleinern (Allesfressergebiss).
Das männliche Wildschwein, den Eber oder Keiler, erkennst du an seinen mächtigen Eckzähnen. Das weibliche Tier, die Bache, ist immer etwas kleiner. Anfang April bringt sie in einem nestartigen Wurfkessel ihre Jungen, die Frischlinge, zur Welt. ↑4
Wildschweine leben in Familienverbänden (Rotten).

Vom Wildschwein zum Hausschwein Das Hausschwein stammt vom Wildschwein ab. Vor mehr als 6000 Jahren wurde es aus Wildschweinen gezüchtet.
Im Aussehen unterscheiden sich das Hausschwein und das Wildschwein beträchtlich. Das Hausschwein hat z. B. kürzere Beine als das Wildschwein. Es bildet außerdem eine starke Fettschicht aus.
Im Freien zeigen Hausschweine noch Verhaltensweisen, die denen des Wildschweins ähnlich sind.

Züchtung von Hausschweinrassen
Bei der Züchtung wählt man Tiere aus, die für den Menschen vorteilhafte Eigenschaften besitzen.
Man sorgt dafür, dass sich Tiere mit diesen Eigenschaften paaren: Man kreuzt sie. Diese Auslese nennt man Züchtung. Durch Züchtung lassen sich zahlreiche Körpermerkmale verändern. ↑5 So entstehen unterschiedliche Rassen.
Die Schweinerasse Deutsches Edelschwein wächst schnell heran und hat fettarmes Fleisch. Eine andere Rasse hat 16 statt 12 Rippen. Dadurch lassen sich pro Schlachtschwein 8 Koteletts mehr verkaufen.

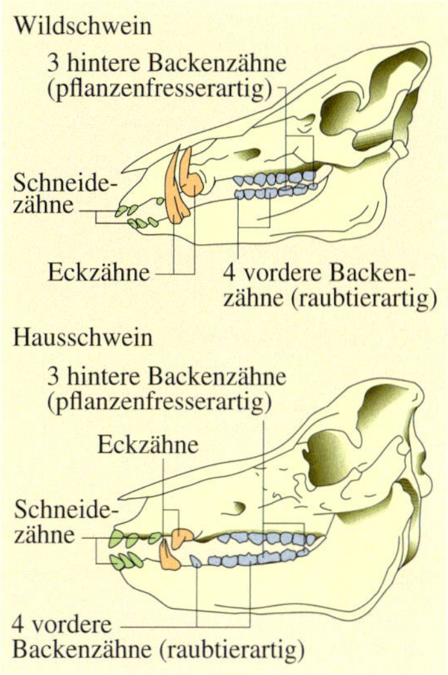

6 Gebiss von Wild- und Hausschwein

1 Einige Körpermerkmale wurden durch Züchtung verändert. Trage Unterschiede und Gemeinsamkeiten von Haus- und Wildschwein in eine Tabelle ein.

2 Lies den Text über die Lebensweise des Wildschweins.

a Nenne typische Verhaltensweisen des Wildschweins.

b Leite aus dem Text die Ansprüche für eine artgerechte Tierhaltung bei Hausschweinen ab.

Zur Diskussion Tierhaltung

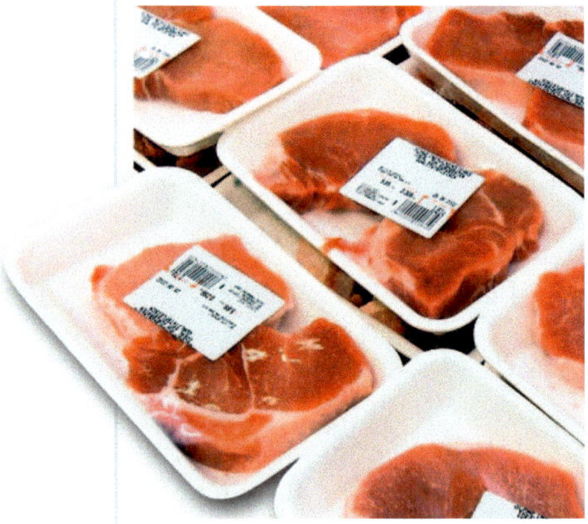

1 Fleisch aus dem Supermarkt

„Personalausweis“ für Rinder
Seit 1998 muss jedes Kalb spätestens 7 Tage nach der Geburt mit einer Ohrmarke gekennzeichnet werden. Diese gibt Auskunft über Herkunftsland, Bundesland und Betrieb. Die Kennzeichnung und die Erfassung der Daten erfolgt in allen Ländern der Europäischen Union. Sie soll dem Verbraucher genaue Auskunft über die Herkunft seines Rindfleischs geben.

2 Der Knopf im Ohr verrät die Herkunft.

Fleisch war noch nie so billig!
Isst du gerne Hamburger, Chickenwings, Bratwurst oder Döner? Oder isst du eher wenig Fleisch? Vor 50 Jahren war Fleisch, verglichen mit anderen Lebensmitteln, viel teurer. In vielen Familien gab es nur selten Fleisch, nämlich nur den „Sonntagsbraten“. Fleisch, Milch, Eier sind heute Massenware. Gibt es einen Zusammenhang zwischen den Preisen und der Form der Tierhaltung?

Gestiegener Konsum
Durchschnittlich verzehrt jeder Deutsche pro Jahr 85 kg Fleisch, 90 Liter Milch und 225 Eier. Dieselbe Menge Fleisch und Eier wird heute schneller, mit weniger Futter, weniger Arbeitszeit und auf weniger Fläche erzeugt als noch vor 50 Jahren. Heute gibt eine Hochleistungskuh bis zu 10 000 Liter Milch im Jahr, ein Schwein nimmt täglich bis zu 1000 Gramm zu, ein Huhn legt jährlich fast 300 Eier.

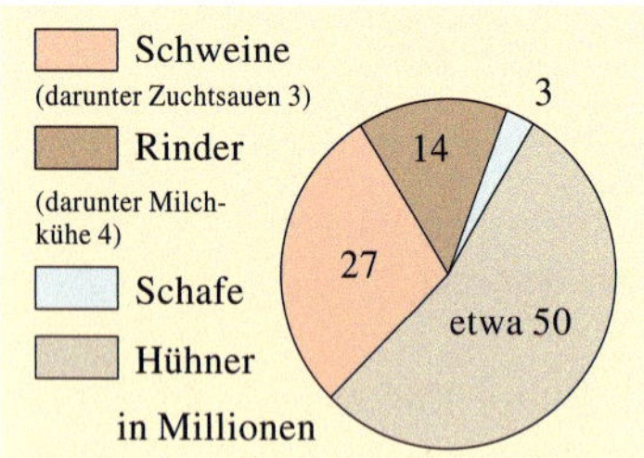

3 Tierarten in der Landwirtschaft

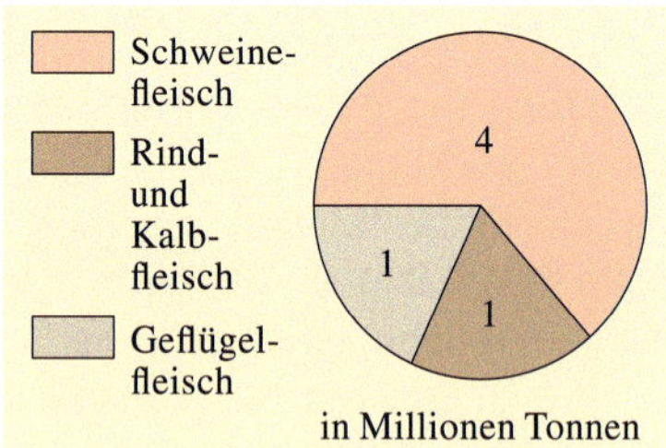

4 Fleischerzeugung in Deutschland

Fleischkonsum je Einwohner in Deutschland 1960–2005

Jahr	Gesamt	Schwein	Rind	Geflügel
1960	52,8 kg	29,4 kg	19,2 kg	4,2 kg
1970	70,8 kg	38,4 kg	24,0 kg	8,4 kg
1980	83,3 kg	50,2 kg	23,3 kg	9,8 kg
1990	94,6 kg	60,1 kg	22,1 kg	12,4 kg
2000	84,2 kg	54,2 kg	14,0 kg	16,0 kg
2005	84,5 kg	54,5 kg	12,3 kg	17,7 kg

Massentierhaltung
Im Durchschnitt besteht heute in Deutschland eine Rinderherde aus etwa 50 Tieren, ein Schweinebestand aus 120 Tieren. Es gibt aber auch „Tierfabriken“ mit bis zu 30 000 Mastschweinen. Solche Massentierhaltung ermöglicht für den Verbraucher verlockende Preise.
In Deutschland leben mehr als 25 Millionen Hausschweine. Selten sieht man sie im Freien. In Großställen liegen die Tiere auf nackten Spaltenböden. Das sind Gitter aus Metall oder Beton, durch deren Ritzen Kot und Urin (Gülle) in eine Grube abfließen können. Häufig dringt kein Tageslicht in die Ställe und jedes Tier hat nur wenig Bewegungsraum. Oft zeigen die Tiere Verhaltensstörungen, zum Beispiel beißen sie sich gegenseitig die Schwänze ab. Wird nährstoffreiches Mastfutter verfüttert, haben die Mastschweine nach etwa 6 Monaten ihr Schlachtgewicht erreicht.

5 Schweinemaststall

Artgerechte Tierhaltung – leben „Bioschweine“ besser?
Auf Biohöfen gibt es Ställe, in denen die Schweine in kleineren Gruppen in Buchten gehalten werden, die nur zum Teil mit Spaltenböden versehen sind. Der andere Teil ist ein Ruhebereich, der mit Stroh ausgestreut wird und Ketten und anderes „Stallspielzeug“ enthält. In der Regel halten die Schweine diesen Bereich sauber und verhalten sich weniger aggressiv als in den Großställen.

Bei der Freilandhaltung haben die Tiere Auslauf und können viele ihrer natürlichen Verhaltensweisen leben: wühlen, sich scheuern, gesellig leben.
Außerdem erhalten die Tiere in Biobetrieben Futter, das hohe Anforderungen erfüllen muss. Dem Futter dürfen keine Medikamente zugesetzt werden, um Krankheiten zu verhindern oder das Wachstum zu fördern, wie es bei der Massentierhaltung üblich ist.

Die Rolle des Verbrauchers
Nur etwa eines von hundert Schweinen wächst in Biobetrieben heran. Solange wir als Verbraucher an der Fleischtheke nur auf den Preis, weniger auf die Qualität und nicht auf die Herkunft achten, werden die Landwirte dazu gedrängt, Fleisch immer billiger zu produzieren. Biobauern können bei tiergerechter Haltung in der gleichen Zeit weniger Fleisch erzeugen. Deshalb sind ökologisch erzeugte Produkte teurer.

6 Muttersauen auf der Weide

Auszug aus dem Tierschutzgesetz
§ 1 Grundsatz [...] Niemand darf einem Tier ohne vernünftigen Grund Schmerzen, Leiden oder Schäden zufügen.
§ 2 Artgemäße Tierhaltung Wer ein Tier hält, betreut oder zu betreuen hat, muss das Tier seiner Art und seinen Bedürfnissen entsprechend angemessen ernähren, pflegen und verhaltensgerecht unterbringen.

7 Auszug aus dem Tierschutzgesetz

Arbeitsaufträge

1 Berechne, wie viele Eier jeder Deutsche pro Woche isst. Wie erklärst du dir die hohe Zahl von Eiern, die jeder von uns verzehrt? Untersuche, in welchen Produkten Eier enthalten sind, indem du die Angaben auf der Verpackung liest.

2 Entnimm der Tabelle ↑S. 30, wie viel Fleisch pro Person in den Jahren 1960 bis 2005 verzehrt wurde. Erstelle dazu ein Säulendiagramm.

3 Protokolliere eine Woche lang den Fleischverbrauch deiner Familie. Trage täglich in eine Tabelle ein: Wochentag, Fleischsorte und Fleischmenge. Wie viel Fleisch wird pro Person in einer Woche verzehrt? Vergleiche mit den Angaben in der Tabelle.

4 Fertige zu Abbildung ↑4 ein Säulendiagramm an. Vergleiche Fleischkonsum und Fleischerzeugung.

5 Welchen Vorteil hat die Kennzeichnungspflicht für Rinder? ↑2 Denke auch an das Risiko von „Gammelfleisch“ und Tierseuchen.

6 Als Verbraucher sollte man bewusst entscheiden, welche Produkte man kauft.
a Nenne Kriterien (z. B. Tierhaltung, Geschmack), nach denen man entscheiden kann, welches Fleisch man kaufen sollte. Gib an, welche Kriterien dir besonders wichtig sind. Entscheide und begründe dann, welches Fleisch du kaufen würdest. Diskutiere mit deinem Nachbarn eure Entscheidungen.
b Erkläre, ob und wie jeder Kunde die Lebensbedingungen der Nutztiere beeinflussen kann.
c Der gestiegene Fleischkonsum ist mit dafür verantwortlich, dass viele Tiere nicht artgerecht gehalten werden. Nenne als Alternativen drei fleischlose Gerichte, die du kennst. Stelle sie der Klasse vor.

7 Informiere dich über die Lebensweise von Wildschweinen. Beschreibe die im Text genannten Haltungsformen für Schweine. Entscheide, ob sie artgerecht sind. Berücksichtige das Tierschutzgesetz. ↑7

Methode

Vergleichen und Ordnen

Tiere ordnen

Eine wichtige Arbeitsweise der Biologen ist es, Tiere und Pflanzen zu vergleichen und zu ordnen. Wenn du Abbildung ↑1 mit den verschiedenartigen Tieren betrachtest, fallen dir sicherlich unterschiedliche Möglichkeiten ein, die Tiere zu ordnen.

1 Gib an, um welche Tiere es sich in Abbildung ↑1 handelt, und schreibe sie in eine Liste.

2 Vergleiche die Tiere und teile sie in zwei Gruppen ein. Gib den Gruppen einen Namen, der sie beschreibt.

3 Ordne die Tiere 1–14 anhand anderer Gemeinsamkeiten in andere Gruppen.

4 Notiere, nach welchen Ordnungsmerkmalen du die Tiere eingeteilt hast. Erkläre, welche Ordnungsmerkmale besser und welche schlechter geeignet sind.

Damit man beim naturwissenschaftlichen Ordnen nicht durcheinanderkommt, ist es wichtig, alle Tiere oder Pflanzen, die man vergleicht, nach demselben Merkmal zu ordnen.

1 Tiere können auf unterschiedliche Art geordnet werden.

Vergleichen nach Kriterien

Wenn du wie ein Biologe vergleichen willst, musst du die Lebewesen ganz genau betrachten und dabei auf bestimmte Merkmale achten. Diese Merkmale kann man zu Kriterien zusammenfassen. Kriterien können zum Beispiel sein:

- Kriterium Lebensraum: Sind es Tiere, die auf dem Land, in der Luft, im Wasser leben?
- Kriterium Körperbedeckung: Hat das Tier Federn, Haare, Schuppen?
- Kriterium Verwandtschaft: Sind es Säugetiere, Vögel oder Fische oder andere?
- Kriterium Ernährungsweise: Wie ist das Gebiss gebaut? Ist das Tier Pflanzen-, Fleisch-, Allesfresser?

Für die Biologen ist die Verwandtschaft das wichtigste Ordnungskriterium.

Gebisse vergleichen

Die Zähne von Tieren sind an ihre Ernährungsweise angepasst. Betrachtet man den Bau des Gebisses, kann man erkennen, wie und wovon sich ein Tier ernährt. Säugetiere lassen sich anhand ihrer Gebisse Gruppen zuordnen. Biologen können unbekannte Schädel von Säugetieren so auch identifizieren.

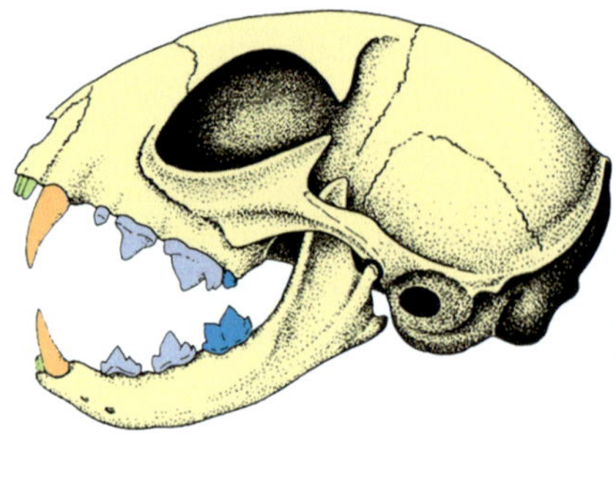

2 Schädel und Gebiss eines unbekannten Tieres

Die Zahnformel *Ein nützliches Hilfsmittel zum Vergleich von Gebissen ist die Zahnformel. Dabei werden die verschiedenen Zahntypen (Schneidezähne, Backenzähne usw.) durch Buchstaben gekennzeichnet und deren jeweilige Anzahl notiert. Man erhält dann ein „Zahnkreuz". Biologen vereinfachen dieses noch, indem sie nur jeweils eine Gebisshälfte aufschreiben und die Buchstaben für die Zahntypen weglassen. Das ist möglich, weil die Reihenfolge der Zahntypen immer dieselbe ist. Wenn ein Zahntyp fehlt, notiert man eine Null.* ↑3

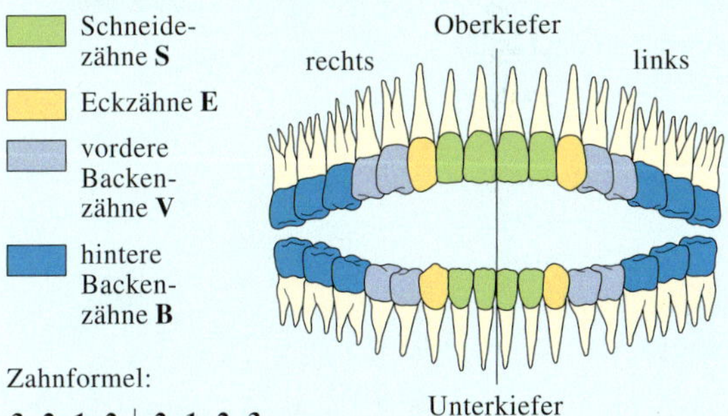

Zahnformel:

3	**2**	**1**	**2**	|	**2**	**1**	**2**	**3**
3	**2**	**1**	**2**	|	**2**	**1**	**2**	**3**
B	**V**	**E**	**S**		**S**	**E**	**V**	**B**

vereinfachte Zahnformel: $\frac{2\ 1\ 2\ 3}{2\ 1\ 2\ 3}$

3 Menschliches Gebiss und Zahnformel

1 Das Gebiss der Pflanzenfresser ist an ihre Ernährungsweise angepasst. Beschreibe die Mahlzähne des Pferdes ↑4 und erkläre ihre Aufgabe bei der Nahrungsaufnahme. Bestimme die Zahnformel.

2 Auch das Gebiss der Raubtiere (z. B. des Hundes) ist an die Ernährungsweise angepasst. ↑5
Erkläre die Aufgabe der dolchartigen Eckzähne (= Fangzähne), der scharfkantigen Reißzähne und der Schneidezähne. Bestimme und notiere die Zahnformel des Hundes.

3 Vergleiche Pflanzen- und Fleischfressergebiss. Notiere Gemeinsamkeiten und Unterschiede.

4 Das menschliche Gebiss ist ein Allesfressergebiss. ↑3 Vergleiche mit dem Fleisch- und Pflanzenfressergebiss und nenne die Unterschiede. Welches der abgebildeten Gebisse würdest du noch den Allesfressergebissen zuordnen? Begründe.

5 Fertige eine Tabelle mit 3 Spalten an. Ordne die abgebildeten Gebisse Pflanzenfressern, Fleischfressern und Allesfressern zu. Ergänze um andere Tierarten. Notiere die Merkmale, anhand derer du die Tiere zugeordnet hast, ebenfalls in der Tabelle. Begründe deine Eintragungen.

6 Versuche den unbekannten Schädel zu bestimmen. ↑2 Wie gehst du vor?

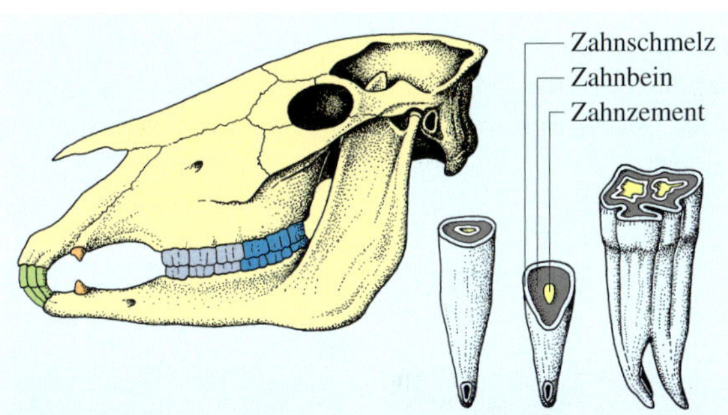

4 Schädel und Gebiss des männlichen Pferdes

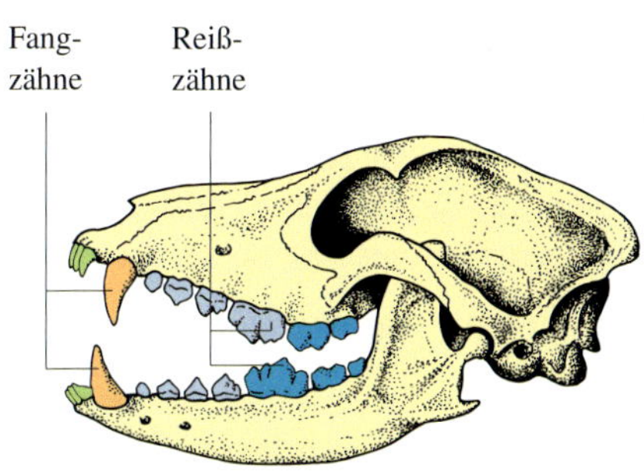

5 Schädel und Gebiss des Hundes

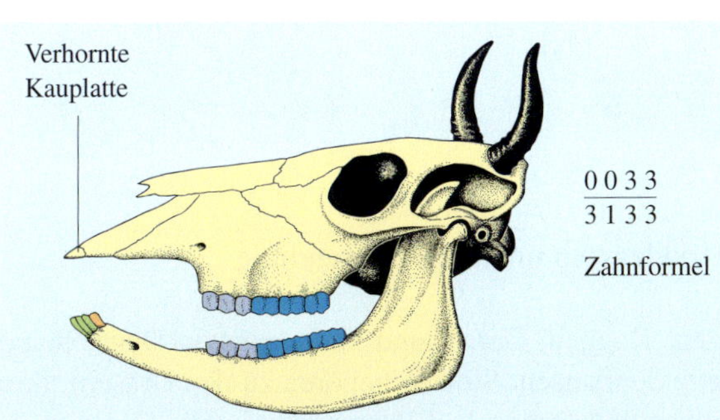

6 Schädel und Gebiss des Rindes

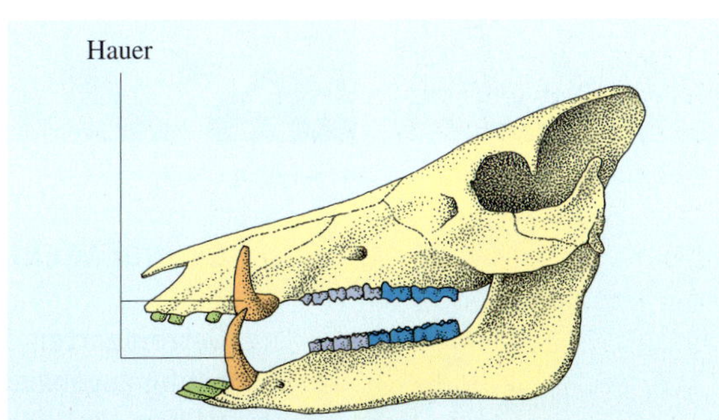

7 Schädel und Gebiss des männlichen Wildschweins

Pflanzen für unsere Ernährung: Getreide

Beim Bäcker gibt es zahlreiche Brotsorten und dunkle oder helle Brötchen. Jede Sorte sieht anders aus und schmeckt auch ein wenig anders.
Aus welchen Getreidearten werden sie hergestellt? Welche Rolle spielt Getreide für unsere Ernährung? Wie sind die Menschen darauf gekommen, Getreide zu essen und anzubauen?

1 Welche Brotsorte schmeckt dir am besten?

Beobachten Untersuchen Experimentieren

Lebensmittel aus Getreide
Wenn ihr euch im Supermarkt umschaut, werdet ihr staunen, in welchen Lebensmitteln überall Getreide drinsteckt. Schaut euch aber zunächst mal Brot etwas genauer an.

1 Betrachte verschiedene Sorten von grobem Vollkornbrot mit der Lupe. Versuche unterschiedliche Getreidekörner zu erkennen. Vergleiche mit den abgebildeten Getreidekörnern. ↑2 Vergleiche dein Ergebnis mit dem deines Tischnachbarn.

2 Schreibe eine Woche lang jeden Tag auf, was du isst. Schätze ab, wie groß der Anteil an Getreideprodukten in etwa ist.

3 Sammle Verpackungen von Getreideprodukten. Fertige eine Tabelle mit zwei Spalten an und trage ein: „Name des Lebensmittels" und „Getreideart".

2 Getreidekörner

3 Weizen (Ähre)

4 Roggen (Ähre)

5 Gerste (Ähre)

6 Hafer (Rispe)

GRUNDLAGEN: Getreidearten und ihre Verwendung

Getreidearten Weizen, Roggen, Gerste und Hafer sind in Deutschland häufig angebaute Getreidepflanzen. Sie alle gehören zu den Gräsern. Ihre Blüten sind unscheinbar und stehen in Blütenständen, den Ähren (z.B. beim Saatweizen) oder Rispen (z.B. beim Hafer). ↑3 bis 6

Verwendung von Getreide Getreide ist aus unserer Ernährung nicht wegzudenken. Nicht nur Brot und anderes Gebäck wird aus Getreide hergestellt, sondern eine Vielzahl weiterer Lebensmittel. Darüber hinaus wird Getreide als Viehfutter verwendet. ↑Tabelle

Verwendung der verschiedenen Getreidesorten

Weizen	Brot- und Backwaren, Grieß, Graupen, Bier, Schnaps, Weizenkeimöl, Nudeln, Hühnerfutter
Roggen	Brot- und Backwaren, Schnaps
Gerste	Brot- und Backwaren, Bier, Viehfutter
Hafer	Brot- und Backwaren, Haferflocken, Müsli, Pferdefutter
Mais	Cornflakes, Erdnussflips, Viehfutter

Inhaltsstoffe von Getreide Das Getreidekorn ist von einer harten Schale umgeben. Diese besteht aus Samenschale und Fruchtschale, die miteinander verwachsen sind. Das Getreidekorn ist eine Frucht. Getreidekörner enthalten sehr viel Stärke, sind also reich an Kohlenhydraten. Weitere Inhaltsstoffe sind Eiweiß, Fett, Ballaststoffe, Vitamine und Mineralstoffe. Vollkornprodukte sind aus dem ganzen Getreidekorn hergestellt, das heißt aus dem Keimling, der Schale und dem Mehlkörper. ↑8 Sie sind daher ein wichtiger Beitrag zur gesunden Ernährung. Im weißen Mehl fehlen die Schalen und damit die für unsere Verdauung wichtigen Ballaststoffe.

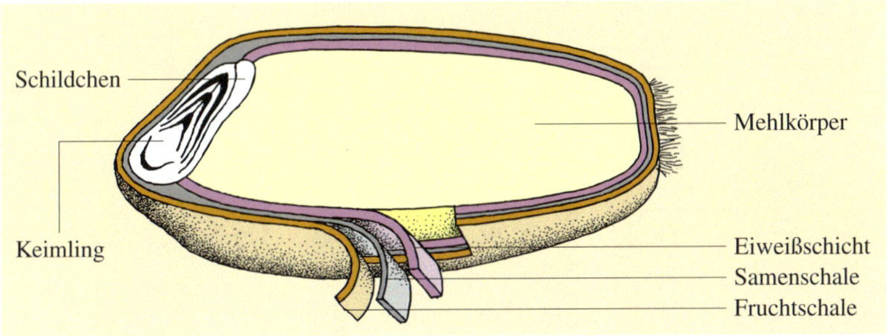

8 Bau eines Getreidekorns

Kurz und knapp **Weizen, Roggen, Gerste, Hafer und Mais sind die bei uns am häufigsten angebauten Getreidepflanzen. Produkte aus Getreide sind ein wichtiger Bestandteil unserer Ernährung. Getreidekörner enthalten viel Stärke, aber auch Eiweiß, Fett, Ballaststoffe, Vitamine und Mineralstoffe.**

7 Mais

Schon gewusst?

Sprossen haben's in sich
Wenn Getreidekörner keimen, verändern sich ihre Inhaltsstoffe. Es bilden sich viel Eiweiß, Vitamin B und C. Die Keimlinge, auch Sprossen genannt, kannst du zum Müsli, Gemüse oder Salat essen. Sie stärken deine Abwehrkräfte.

Arbeitsaufträge

1 Beschreibe die Blütenstände von Weizen, Roggen, Gerste und Hafer. ↑3 bis 6 Nenne die wichtigsten Unterscheidungsmerkmale.

2 Finde heraus, ob Weißbrot oder Vollkornbrot länger satt hält. Wie gehst du vor? Erkläre das Ergebnis.

3 **Keimung von Getreidekörnern**
Legt auf feuchte Wattepads in eine Petrischale jeweils 10 Hafer-, Roggen-, Gerste- und Weizenkörner. Lasst sie eine Woche lang keimen und wachsen. Stellt sie erst am zweiten Tag ins Licht. Spült sie täglich unter fließendem Wasser ab. Achtet darauf, dass sie nicht verschimmeln oder austrocknen.

GRUNDLAGEN: Vom Wildgras zum Getreide

1 Mahlstein aus der Steinzeit

Gräser als Nahrungspflanzen Vor etwa 10 000 Jahren veränderte sich die Lebensweise der Menschen grundlegend. Die umherziehenden Nomaden wurden sesshaft. Sie hatten herausgefunden, dass man die Körner der Wildgräser essen konnte. Nachdem sie sich feste Siedlungen gebaut hatten, begannen sie Wildgräser anzubauen. Der aus den gemahlenen Körnern hergestellte Brei wurde ihr Hauptnahrungsmittel.

Züchtung von Getreide Die frühen Ackerbauern stellten fest, dass die Pflanzen auf ihren Feldern nicht alle gleich aussahen. Manche hatten festere Halme, andere größere oder mehr Körner pro Ähre. Bei der nächsten Aussaat verwendeten sie jeweils nur die Körner der Pflanzen mit den günstigsten Eigenschaften. Im Lauf vieler Jahre erhielten sie so Pflanzen, die kräftigere Halme hatten und die mehr Ertrag brachten. Dieses gezielte Auswählen und Weitervermehren von Lebewesen mit bestimmten Eigenschaften nennt man Züchtung.
Durch Züchtung werden aus Wildpflanzen Kulturpflanzen. So entstanden aus Wildgräsern das Einkorn und später der Emmer. Durch weitere Züchtung ging aus dem Emmer und einem weiteren Wildgras viel später der Saatweizen hervor. ↑4 Heute ist Saatweizen die am häufigsten angebaute Getreideart.

2 Einkorn

3 Emmer

4 Saatweizen

Sorten mit neuen Eigenschaften Getreide wird auch heutzutage ständig weitergezüchtet. Die Pflanzen werden an die Bedingungen in den jeweiligen Anbaugebieten angepasst. Außerdem sind je nach Verwendung unterschiedliche Eigenschaften gewünscht. Auf diese Weise entstehen neue Sorten. So nennt man Kulturpflanzen, die sich durch ihre Eigenschaften von anderen Pflanzen der gleichen Art unterscheiden.
Vom Saatweizen entstanden durch Züchtung viele Tausend Sorten. Das wichtigste Zuchtziel war lange Zeit ein hoher Ertrag. Dazu sollten an den Ähren möglichst viele und große Körner sitzen. Die Halme wurden kürzer und fester, damit sie standfest und mit Maschinen abzuernten waren. Die Pflanzen sollten Mineralstoffe gut verwerten können, damit man durch Düngung das Wachstum beschleunigen konnte. Mit solchen Sorten gelang es, die Erträge enorm zu steigern. ↑Tabelle

Nachteile der Ertragssteigerung Um hohe Erträge zu gewährleisten, müssen Getreidefelder mit Mineralstoffen gedüngt und mit Unkraut- und Schädlingsvernichtungsmitteln (Pestiziden) behandelt werden. Das kann aber zu einer Belastung des Ackerbodens und des Grundwassers führen. Es können Rückstände der Gifte über die Pflanzen in unsere Nahrung gelangen. Daher versucht man seit einiger Zeit vermehrt Sorten zu züchten, die widerstandsfähig gegen Schädlinge und Krankheiten sind.

Erträge bei Saatweizen in den letzten 500 Jahren

Jahr	1500	1800	1900	1950	1970	1990
Tonnen je Hektar	0,5	1,0	2,0	2,6	4,1	6,0

5 Ausbringen von Pestiziden

Zur Diskussion Biolandbau und konventionelle Landwirtschaft

Beim biologischen oder ökologischen Landbau gelten strenge Regeln für den Anbau von Pflanzen. Zum Beispiel darf Getreide nicht mit chemischen Mitteln gegen Pilze oder Krankheitserreger gespritzt werden. Es darf auch kein künstlicher Dünger verwendet werden. Bei der sogenannten konventionellen Landwirtschaft ist beides erlaubt.

6 Zeichen für biologisch erzeugte Produkte

Im ökologischen Landbau werden andere Sorten verwendet als in der konventionellen Landwirtschaft, da die Hochertragssorten nicht ohne Dünger und chemische Behandlung auskommen. Pflanzensorten für den Biolandbau müssen widerstandsfähig gegen Schädlinge und Krankheitserreger sein. Biobauern bemühen sich daher auch um den Wiederanbau alter Sorten.
Diese sind meist anspruchsloser und unempfindlicher. Weil Biobauern so strenge Regeln einhalten, fallen die Erträge niedriger aus. Außerdem macht Biolandbau mehr Arbeit. Aus diesen Gründen sind Bioprodukte meist etwas teurer als normal erzeugte Produkte.

Kurz und knapp **Alle Getreidearten sind Kulturpflanzen. Sie wurden aus Wildgräsern gezüchtet. Bei der Züchtung werden Pflanzen mit gewünschten Eigenschaften ausgewählt und weitervermehrt. Einkorn und Emmer sind die ältesten Kulturgräser. Saatweizen ist heute das am meisten angebaute Getreide. Neue Getreidesorten sollen hohe Erträge liefern, aber auch widerstandsfähig gegen Krankheiten und Schädlinge sein.**

Arbeitsaufträge

1 Erkläre, wie es den frühen Ackerbauern gelang, von Jahr zu Jahr widerstandsfähigere und kräftigere Getreidepflanzen zu erhalten.

2 Erläutere die Begriffe Wildpflanze und Kulturpflanze. Nenne Beispiele.

3 Vergleiche Einkorn, Emmer und Saatweizen. ↑2 bis 4 Nenne Gemeinsamkeiten und Unterschiede.

4 Welche außer den im Text genannten Eigenschaften könnten für die Züchtung von Getreide noch wichtig sein?

5 Werte die Tabelle oben aus. Erkläre, wie es möglich war, den Ertrag so stark zu steigern.

6 Vergleicht konventionelle und biologische Landwirtschaft. Erstellt eine Tabelle mit den Merkmalen, durch die sie sich unterscheiden. Diskutiert Vor- und Nachteile der beiden Anbaumethoden.

Raps – eine vielseitige Nutzpflanze

Wenn du im Frühling schon einmal eine Radtour unternommen hast, sind dir bestimmt die vielen leuchtend gelben Felder aufgefallen. Vielleicht erinnerst du dich auch an den intensiven Duft dieser Pflanzen. Es handelt sich um Raps, eine sehr häufig angebaute Nutzpflanze.
Hast du dir einmal überlegt, warum Raps so viel angebaut wird? Wofür wird Raps verwendet? Welche Teile der Pflanze werden wozu genutzt?

1 Rapsfeld

Methode *Wir gestalten eine Wandzeitung*

Mit einer schön gestalteten Wandzeitung könnt ihr ein Thema für andere interessant und übersichtlich darstellen. Bei der Vorbereitung beschäftigt ihr euch intensiv mit einer Sache und erfahrt dabei viel Wissenswertes.

1 Planung
Wählt ein Thema und einen passenden Titel, z. B. „Der Raps als Nutzpflanze“. Erstellt mit der Klasse zunächst eine Mindmap zum Thema. Sammelt Fragen, die ihr beantwortet haben möchtet. Bildet dann Teams nach euren Interessengebieten.

2 Informationen sammeln
Überlegt, wie ihr an Informationen kommen könnt. Zum Beispiel könnt ihr Fragebögen erstellen, E-Mails verschicken, telefonieren, Fotos machen, im Internet (www.naturlexikon.com oder de.wikipedia.org) und in der Bücherei suchen. Geeignete Ansprechpartner zum Thema Raps sind: Landwirte, Imker, Lebensmittelgeschäfte, Tankstellen, Ölmühlen, Umweltverbände.

3 Auswertung
Vereinbart mit den anderen Teams die Größe eurer Stellwandfläche. Sortiert dann euer Material und wählt aus, was euch besonders wichtig und interessant erscheint. Überprüft alle Informationen auf Richtigkeit. Wertet die Fotos aus und erstellt informative Texte. Wählt für jeden Beitrag eine geeignete Überschrift. Achtet auf deutliche Schrift und ausreichende Schriftgrößen.

4 Fertigstellung
Besorgt euch Packpapier oder ein Papiertischtuch, Scheren und Klebstoff. Bringt Texte und Bilder an. Denkt an die Beschriftung der Bilder. Prüft, ob die Zeitung auch aus der Ferne wirkt. Setzt zum Schluss eure Namen darunter.

5 Präsentation
Jedes Team trägt den anderen vor, was es herausgefunden hat. Erzählt, wo es Probleme gegeben hat, was euch besonders beeindruckt hat. Könnt ihr die Nachfragen der anderen beantworten?

2

GRUNDLAGEN: Kulturpflanze Raps

Ursprung und Nutzung Raps ist eng verwandt mit dem Kohl und gehört zur Familie der Kreuzblütler. Weil seine Samen sehr viel Öl enthalten, wurde Raps bereits 2000 vor Christus in Asien und im Mittelmeerraum angebaut. In Europa wurde die Pflanze erst im späten Mittelalter kultiviert. Damals diente das bittere Rapsöl als Brennstoff für Öllampen. Im 19. Jahrhundert benutzte man es zum Fetten und Schmieren von Maschinen. Landwirte nutzen den Raps von jeher auch als Bodenverbesserer, weil seine Wurzeln den Boden durchlüften. Beim Unterpflügen der grünen Pflanze wird der Boden gedüngt. Man nennt dies Gründüngung.

Züchtung Durch Züchtung erhielt der Raps verbesserte Eigenschaften und wurde vielfältiger nutzbar. Dabei vermehrte der Mensch immer nur die Pflanzen mit den besten Eigenschaften weiter. So entfernte man zum Beispiel die bitter schmeckenden Stoffe aus den Samen. Heute ist das Rapsöl ein sehr gutes Speiseöl.

Nachwachsender Rohstoff Rapsöl und der daraus hergestellte Biodiesel werden als Treibstoffe für Fahrzeuge genutzt. Man bezeichnet Raps daher als nachwachsenden Rohstoff.

3 Frisch geerntete Rapssamen

4 Tankstelle für Biodiesel

5 Rapspflanze

Arbeitsaufträge

1 Untersuche eine Rapsblüte und erstelle ein Blütendiagramm. Erkläre den Begriff Kreuzblütler.

2 Fasse in einer Tabelle zusammen, welche Produkte aus Raps hergestellt werden. Informiere dich über zusätzliche Nutzungsformen.

3 Wenn ihr im Schulgarten einen etwa 1 m² großen Platz zur Verfügung habt, könnt ihr selbst Raps anbauen. Grabt den Boden tief um. Nehmt eine Handvoll Saat und streut sie 3 bis 4 cm tief in den Boden. Die Aussaatzeit ist August. Beobachtet das Wachstum. Im Frühjahr werden sich kräftige Pflanzen entwickeln. Vergleicht sie mit der Abbildung. ↑5
Wenn alles gut gegangen ist, könnt ihr im Juli ernten. Reibt die trockenen Schoten zwischen den Händen. Wiegt die herausgefallenen Samen und errechnet, wie groß der Ertrag im Verhältnis zur Saatmenge ist.

4 Besorgt euch eine Handvoll Rapssaat, legt ein Papiertuch über einige Samen und presst sie mit einer Teigrolle aus. Schaut euch danach das Tuch im Gegenlicht an. Was könnt ihr erkennen? Erklärt.

5 Erläutere den Begriff „nachwachsender Rohstoff". Welchen Vorteil haben nachwachsende Rohstoffe? Gibt es auch Nachteile?

Die weltweit wichtigsten Nutzpflanzen

Saatweizen

Ertragsmenge: 629 Millionen Tonnen pro Jahr
Genutzter Pflanzenteil: Samen
Nährstoff: vor allem Stärkelieferant
Verwendung: Brot- und Backwaren, Bier, Schnaps
Anbaugebiete: auf allen Kontinenten

Soja

Ertragsmenge: 214 Millionen Tonnen pro Jahr
Genutzter Pflanzenteil: Samen
Nährstoff: vor allem Eiweißlieferant
Verwendung: Tofu, Sojaöl
Anbaugebiete: USA, Südamerika, China, Indien

Kartoffel

Ertragsmenge: 322 Millionen Tonnen pro Jahr
Genutzter Pflanzenteil: Sprossknolle
Nährstoff: vor allem Stärkelieferant
Verwendung: Kartoffelgemüse, Kartoffelmehl, Pommes frites, Chips
Anbaugebiete: China, Russland, USA, Indien, Europa

Mais

Ertragsmenge: 702 Millionen Tonnen pro Jahr
Genutzter Pflanzenteil: Samen
Nährstoff: vor allem Stärkelieferant
Verwendung: Maiskorngemüse, Popcorn, Maisöl
Anbaugebiete: USA, China, Europa

Bisher wurden 400 000 verschiedene Pflanzenarten entdeckt. 20 000 davon können wir für unsere Ernährung, als Medizin oder für technische Anwendungen nutzen. Etwa 160 Pflanzenarten werden in verschiedenen Ländern der Erde häufig angebaut.

Die Landwirtschaft konzentriert sich aber auf wenige Arten und Sorten von Nutzpflanzen. Diese werden durch gezielte Kreuzung, besondere Anbaumethoden und speziellen Dünger zu immer höheren Ertragsmengen gebracht. Für die Ernährung der Menschen weltweit haben die 6 hier vorgestellten Nutzpflanzenarten die größte Bedeutung.

Zuckerrübe

Ertragsmenge: 300 Millionen Tonnen pro Jahr
Genutzter Pflanzenteil: Wurzelrübe
Nährstoff: vor allem Zuckerlieferant
Verwendung: Zucker, Sirup
Anbaugebiete: Europa, Asien, USA, Kanada

Reis

Ertragsmenge: 600 Millionen Tonnen pro Jahr
Genutzter Pflanzenteil: Samen
Nährstoff: vor allem Stärkelieferant
Verwendung: gekochter Reis, Alkohol
Anbaugebiete: China, Asien, USA, Europa

Arbeitsaufträge

1 Lege zu den beschriebenen Nutzpflanzen eine Tabelle mit vier Spalten an.
a Schreibe die Namen in die 1. Spalte und sortiere dabei nach der Ertragsmenge.
b Trage die verwendeten Pflanzenteile in die 2. Spalte ein.
c Notiere in der 3. Spalte den Hauptnährstoff (z. B. Eiweiß).
d Trage in der 4. Spalte die Verwendung ein.

2 Suche dir zwei weitere Nutzpflanzen aus, die du gerne isst. Erstelle Steckbriefe mit entsprechenden Angaben wie bei den Pflanzen oben. Du kannst die Internetadresse www.wikipedia.de benutzen. Ergänze die Tabelle mit den Fakten zu deinen Pflanzen.

3 Dadurch dass nur wenige Sorten von Nutzpflanzen häufig angebaut werden, geraten viele alte Sorten in Vergessenheit und sterben aus. Bei uns bemühen sich vor allem Biobauern um den Anbau von alten Sorten. ↑S.37 und ↑1 Diskutiert, ob das Erhalten alter Sorten eine sinnvolle Maßnahme ist. Nennt Gründe dafür und dagegen.

1 Wurzelpetersilie, eine „alte Nutzpflanze“

Was lebt in meiner Nachbarschaft?

Schaust du dich in deiner Wohngegend oder auf dem Schulweg mal etwas genauer um, dann wirst du viele verschiedene Pflanzen und Tiere entdecken. Je nachdem, was sie zum Leben benötigen, besiedeln Lebewesen ganz unterschiedliche Lebensräume.

1 Auf einer Sommerwiese kann man viele Insekten entdecken. Was außer ihrer Größe unterscheidet sie von Säugetieren?

2 Im Schulgarten wachsen ganz unterschiedliche Pflanzen: große und kleine, aufrechte und kriechende, krautige und holzige. Gibt es denn etwas, was alle Pflanzen gemeinsam haben?

3 Pflanzen kann man anhand ihrer Blüten unterscheiden. Wie macht man das?

4 Die Blaumeise am Nistkasten
ist leicht zu entdecken.
Wer lebt wohl noch in diesem Baum?

5 Hier leben Pflanzen und Tiere auf engstem Raum.
Welche Vorteile hat das für die Bewohner?

Lebensräume am Schulweg

Vielleicht verlässt du deine Wohnung durch den Garten, gehst an einer Hecke, an Rasenflächen, unter Bäumen oder an einem Bach entlang oder du durchquerst einen Park. Egal, ob du eher in einer städtischen oder ländlichen Gegend wohnst, ganz bestimmt streifst du unterschiedliche Lebensräume, bis du das Schulgelände erreichst. Welches sind nun die Lebensräume, an denen du vorbeikommst? Was sind Lebensräume eigentlich?

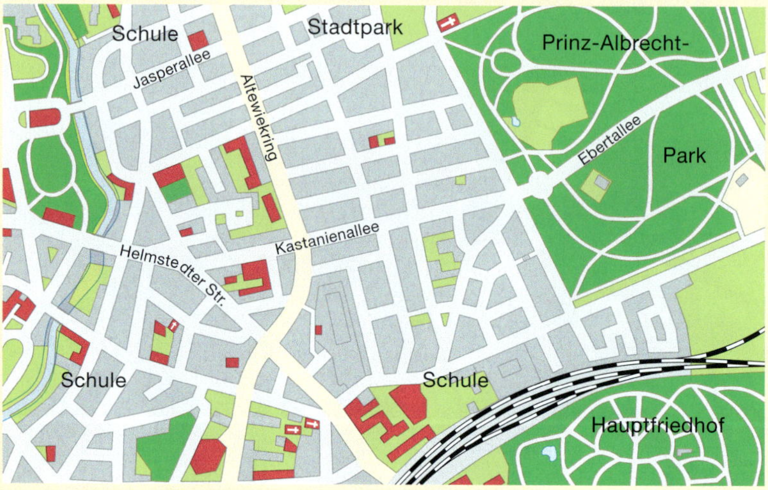

1 Stadtplanausschnitt

GRUNDLAGEN: Was ist ein Lebensraum?

2 Schulteich – artenreich oder artenarm?

Pflanzen und Tiere bewohnen für sie geeignete Lebensräume, auch Biotope genannt. Eine Hecke oder eine Wiese ist ein Biotop, aber auch ein einzelner Baum oder ein Wegrand. ↑Tabelle Man spricht von artenreichen Lebensräumen, wenn in ihnen viele verschiedene Tier- und Pflanzenarten vorkommen. Kommen nur wenige Arten vor, spricht man von einem artenarmen Lebensraum.

Umweltfaktoren Jeder Lebensraum ist von ganz bestimmten Umweltbedingungen geprägt. Man bezeichnet sie als Umweltfaktoren. Dazu gehören Bodenbeschaffenheit, Lichtstärke, Feuchtigkeit, Windverhältnisse, Luft- und Bodentemperatur. ↑3 Pflanzen und Tiere haben unterschiedliche Ansprüche an die Umweltfaktoren. Die einen bevorzugen einen trockenen, der Sonne zugewandten Standort, die anderen eher feuchte und schattige Plätze. Unterschiedliche Lebensräume werden daher von verschiedenen Lebewesen besiedelt. Lebewesen sind an ihren Lebensraum angepasst.

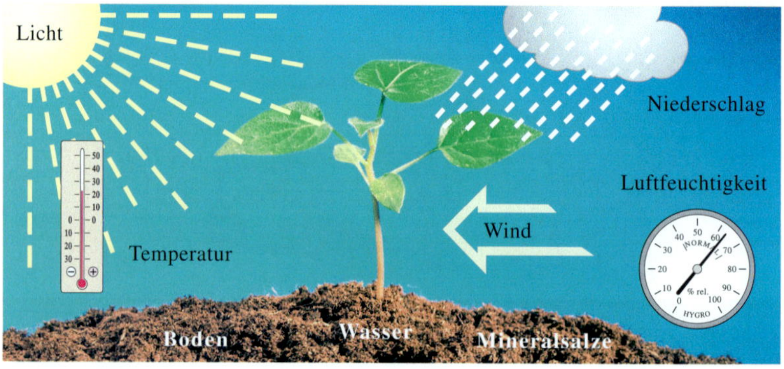

3 Umweltfaktoren

Beobachten Untersuchen Experimentieren

Auf dem Schulweg und auf dem Schulgelände findet ihr ganz unterschiedliche Lebensräume, die ihr untersuchen könnt.

Verschiedene Lebensräume	
Acker	landwirtschaftlich genutzte Fläche
Baum	besonders großer, alter Baum
Feldgehölz	kleines Wäldchen oder große Hecke auf landwirtschaftlicher Fläche
Feuchtgebiet	große Pfütze, Tümpel, nasse Wiese, Überschwemmungsgebiet
Garten	vom Menschen mehr oder weniger naturnah angelegte Fläche
Gewässer	Bach, Teich, See, Fluss
Grüne Fassade	mit Kletterpflanzen begrünte Gebäudewand
Hecke	Kräuter, Sträucher und Bäume, in einer Reihe wachsend
Rasen	Fläche, die hauptsächlich aus Gräsern besteht; wird in kurzen Abständen gemäht und auch gedüngt
Trockenmauer	Mauer aus Natursteinen, die ohne Zement errichtet wurde
Wald	Laub-, Nadel- oder Mischwald

1 Lebensräume am Schulweg

a Zeichne eine Karte deines Schulwegs. Zeichne die Lebensräume ein, die am Weg liegen. Nimm die Tabelle zu Hilfe und fertige eine Liste an.

b Beschreibe und vergleiche die Lebensräume. Wodurch unterscheiden sie sich? Welche Tiere und Pflanzen kommen vor?

c Fertige Fotos von den einzelnen Lebensräumen an und beschrifte sie.

2 Lebensräume auf dem Schulgelände

a Besorgt euch einen Plan vom Schulgelände. Macht in Kleingruppen einen Rundgang und notiert, welche Lebensräume ihr auf dem Schulgelände findet.

b Wählt für jeden Lebensraum ein Zeichen oder eine farbige Schraffur und zeichnet sie in euren Plan ein.

c Wertet eure Untersuchung aus. Notiert, wie viele verschiedene Lebensräume ihr finden konntet und wie oft sie vorkommen. Vergleicht mit den Ergebnissen der anderen Gruppen.
Beurteilt, ob das Schulgelände abwechslungsreiche Lebensräume bietet.

4 Schulgarten

5 Trockenmauer

Kurz und knapp **Lebensräume, auch Biotope genannt, sind gekennzeichnet durch ganz bestimmte Umweltfaktoren wie Bodenbeschaffenheit, Feuchtigkeit, Temperatur, Licht- und Windstärke. Pflanzen und Tiere sind an diese Umweltfaktoren angepasst.**

Arbeitsaufträge

1 Vergleiche die Abbildungen ↑2, 4 und 5. Beschreibe, was einen Lebensraum ausmacht.

2 In so unterschiedlichen Lebensräumen wie Feuchtgebiet und Trockenmauer wirst du selten die gleichen Pflanzen und Tiere finden. Begründe.

3 Nenne Umweltfaktoren, die auf eine Zimmerpflanze wirken. Nimm Abbildung ↑3 zu Hilfe.

Methode

Kartieren: Baumarten auf dem Schulgelände

Das Kartieren ist eine Methode, mit der Biologen die Pflanzenarten auf einer bestimmten Fläche oder in einem Lebensraum ermitteln. Dazu werden die Pflanzen zunächst bestimmt. Anschließend wird auf einer Karte eingetragen, wo die betreffenden Pflanzenarten wachsen. So kann man sich ein „Bild" von einem Lebensraum machen und zum Beispiel auch herausfinden, ob er artenreich oder eher artenarm ist.

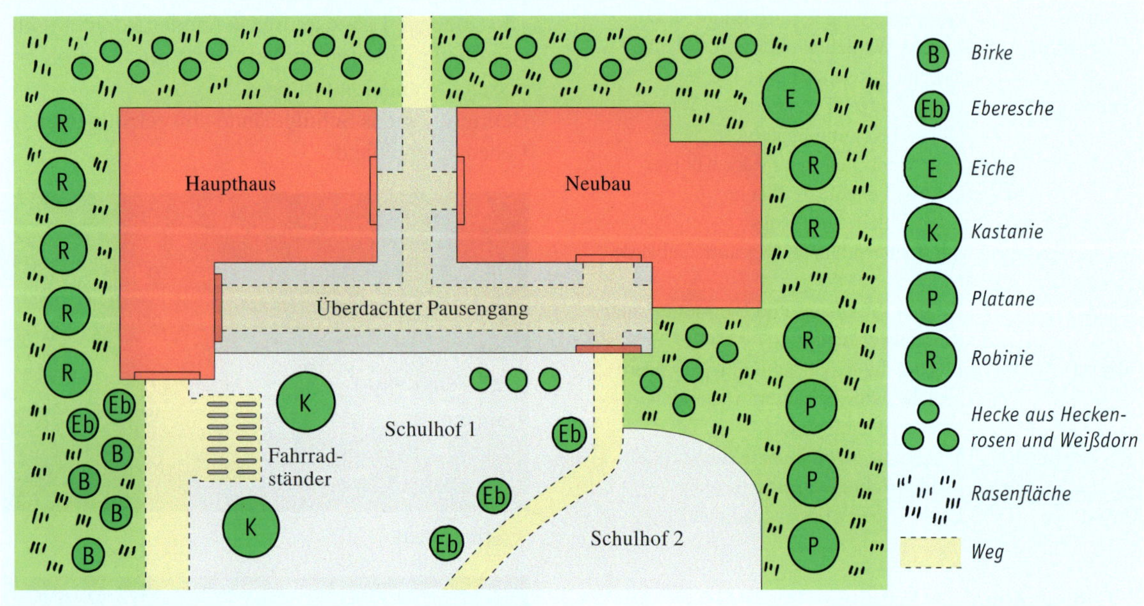

1 Beispiel für eine Kartierung

1 Material:
Schreibzeug, Schreibunterlage, Karte vom Schulgelände, Bestimmungsbücher für Bäume und Sträucher. Nehmt auch den Bestimmungsschlüssel von ↑Seite 47 zu Hilfe.

2 Durchführung:

a Bestimmt die Bäume. Teilt dazu das Schulgelände in mehrere Abschnitte ein. Am einfachsten wird es im Sommer oder im frühen Herbst sein, wenn die Bäume Blätter und zum Teil Früchte haben.

b Legt eine Legende für die verschiedenen Baumarten an, zum Beispiel Kreise mit den Anfangsbuchstaben, also B für Buche, E für Eiche usw. ↑1

c Besorgt euch eine Karte vom Schulgrundstück, in die ihr die Bäume einzeichnen könnt. Wenn ihr einen Baum bestimmt habt, tragt ihn in eure Karte mit dem entsprechenden Zeichen an der richtigen Stelle ein. ↑1

d Im Klassenraum werden die Eintragungen in eine große Karte übertragen.

3 Auswertung:
Anhand der Kartierung könnt ihr eine Liste aller Baumarten erstellen. Diskutiert die Anzahl der Arten und deren Standort. Würdet ihr etwas ändern?

2 Spitz-Ahorn, ein häufiger Laubbaum

Methode

Laubbäume nach Blättern bestimmen

Um einen Baum zu bestimmen, kann man verschiedene Merkmale betrachten: die Blätter, die Blüten und Früchte, das Aussehen der Rinde, die Gestalt des Baumes. Laubbäume lassen sich besonders leicht anhand ihrer Blattformen und Blattränder unterscheiden. ↑3 Mit dem folgenden Bestimmungsschlüssel kannst du einen Baum anhand eines Blattes bestimmen. Beginne dazu bei „Start" und entscheide dich jeweils zwischen zwei Möglichkeiten.

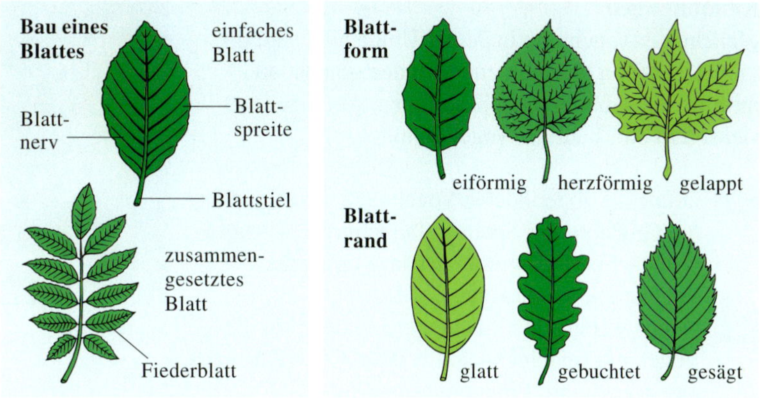

3 Bau von Laubblättern

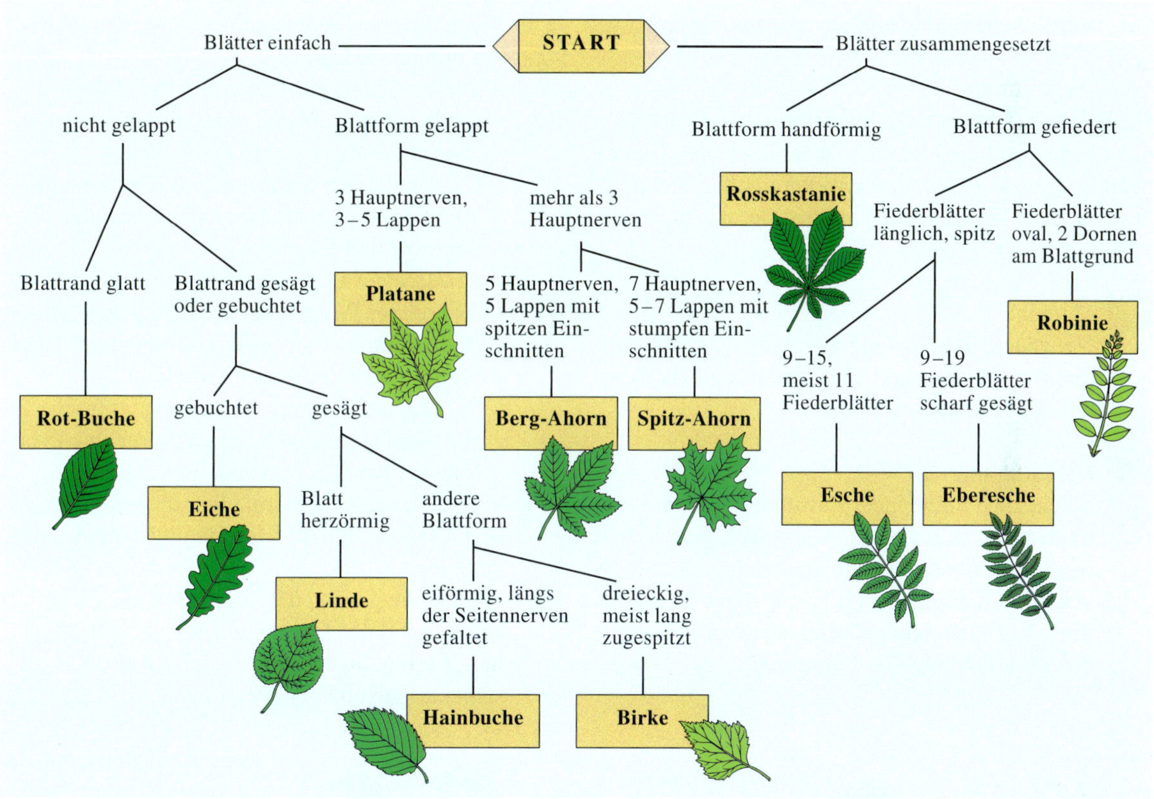

4 Bestimmungsschlüssel für einheimische Laubbäume

Arbeitsaufträge

1 Sammle in deiner Umgebung Blätter verschiedener Bäume und versuche sie mithilfe des Bestimmungsschlüssels zu bestimmen.

2 Sammelt Blätter auf dem Schulgelände und bestimmt sie. Fertigt ein Plakat mit der Überschrift „Bäume und Sträucher auf dem Schulgelände" an. Klebt die Blätter auf und beschriftet sie.

Methode

Vögel erkennen und bestimmen

Kennübungen

Manche der Vogelarten in deiner Umgebung sind dir vielleicht schon bekannt, einige andere kannst du mithilfe von Abbildungen bestimmen. Auf ↑Seite 49 siehst du Fotos häufiger Vogelarten.

1 Ordne die abgebildeten Vögel nach ihrer ungefähren Größe in drei Spalten: Taubengröße – Amselgröße – Sperlingsgröße. Ergänze um weitere Vogelarten, die du kennst.

2 Nenne weitere Merkmale, anhand derer du die Vögel unterscheiden kannst. Wähle drei Vögel aus und notiere ihre Erkennungsmerkmale.

3 Suche die abgebildeten Vögel auf dem Schulgelände, im Park oder im Garten. Notiere, welche Vögel du gefunden und wo du sie entdeckt hast.

Vögel bestimmen

Häufig wirst du auch Vögel entdecken, die du noch nicht kennst und die hier nicht abgebildet sind. Dann benötigst du zur Bestimmung weitere Hilfsmittel und etwas Übung. Im Folgenden erfährst du, wie du dabei vorgehst.

1 Material:
Notizbuch, Schreibzeug, Fernglas, Vogelbestimmungsbuch, eventuell MP3-Player und Dateien mit Vogelstimmen

2 Durchführung:

a Mache dich mit deinem Bestimmungsbuch vertraut. Meist sind die Vögel dort nach ihrer Verwandtschaft geordnet und ähnlich aussehende Vögel sind auf den gleichen Seiten abgebildet. Um mit dem Bestimmungsbuch zurechtzukommen, benötigst du einige Fachausdrücke. ↑2

Rotkehlchen

Größe: etwas kleiner als ein Sperling
Gefiederfarbe: Kehle und Brust orangerot – Männchen auffälliger gefärbt, Bauchseite gräulich weiß, sonst olivbraun
Schnabel: spitz

1 Steckbrief

b In Parks und Gärten kannst du Vögeln oft recht nahe kommen. Dennoch brauchst du etwas Geduld und solltest dich möglichst ruhig verhalten. Wenn du einen Vogel entdeckt hast, betrachte ihn mit dem Fernglas.

c Achte besonders auf folgende Merkmale:
- *Größe:* Vergleiche mit einer dir bekannten Vogelart (Amsel, Sperling, Taube).
- *Gestalt:* Ist der Vogel rundlich oder schlank? Welche Form und Länge haben Schnabel, Schwanz und Beine?
- *Färbung des Gefieders*
- *Bewegung:* Wie bewegt sich der Vogel am Boden (hüpfend, trippelnd, schreitend)? Ist der Flug wellenförmig oder geradlinig?
- Stimme und Gesang: Vögel haben typische Ruflaute und Gesänge. Wenn ihr Aufnahmen von Vogelstimmen habt, könnt ihr vergleichen.

d Vergleiche den Vogel mit einer dir bekannten Art und versuche, ihn im Bestimmungsbuch wiederzufinden.

e Notiere die Namen der Vogelarten, die du bestimmt, und den Ort, an dem du sie beobachtet hast. Fertige Steckbriefe zu den Arten an, die du sicher erkannt hast. ↑1

2 Fachausdrücke zur Vogelbestimmung

Tipp: „Die häufigsten Gartenvögel auf einen Blick – von der Amsel bis zum Zilpzalp" kannst du im Internet unter www.nabu.de (Naturschutzbund Deutschland) kennenlernen.

3 Haussperling: Weibchen und Männchen (14,5 cm)

4 Amsel (24 cm)

5 Singdrossel (23 cm)

6 Buchfink (15 cm)

7 Zaunkönig (9,5 cm)

8 Hausrotschwanz (14,5 cm)

9 Kohlmeise (14 cm)

10 Blaumeise (11,5 cm)

11 Kleiber (14 cm)

12 Star (21,5 cm)

13 Ringeltaube (40 cm)

14 Elster (46 cm)

Unterwegs im Gräserdschungel

Eine Wiese ist mehr als nur ein Stück Rasen mit Blumen darauf. Wiesen sind eigene Lebensräume, die eine erstaunliche Vielzahl von Pflanzen und Tieren beherbergen können.

Hier kannst du eine kleine Auswahl typischer Wiesentiere und -pflanzen finden. Auch die Wiese ändert sich im Jahreslauf. Die hier abgebildeten Pflanzen findest du in den Sommermonaten.

1 Wiesen-Bocksbart
2 Großes Heupferd
3 Wiesen-Salbei
4 Hornklee
5 Schwalbenschwanz
6 Wiesen-Klee
7 Erdhummel

7

8 Auf Wiesenexkursion

Arbeitsauftrag

Untersucht mit eurer Klasse eine möglichst hoch gewachsene Wiese in eurer Umgebung. Fragt vorher den Besitzer um Erlaubnis. Die Wiese sollte nicht am Rand einer viel befahrenen Straße liegen oder zu stark von Rindern oder Schafen beweidet werden. Achtet bei euren Untersuchungen darauf, die Pflanzen nicht überall zu zerdrücken. Ihr solltet euch eher am Wiesenrand aufhalten oder kleine Pfade vereinbaren.
Manche Pflanzen stehen unter Naturschutz. Sie dürfen nicht abgerissen oder ausgegraben werden! Tiere, die ihr fangt, müssen nach den Untersuchungen wieder freigelassen werden.
Material: Zollstock, Seil, kleine Holzpflöcke, Bestimmungsbücher, Notizblock, Stifte, Lupe, Becherlupe, Kescher, leere Marmeladengläser, Pinzette, Federstahlpinzette, Digitalkamera

9 Festlegen einer Beobachtungsfläche

Durchführung:
Arbeitet zu zweit oder zu dritt in einem Forscherteam.

a Steckt mit dem Seil und den Holzpflöcken etwa eine Fläche von 1 m^2 ab. Jedes Forscherteam erhält eine eigene Fläche.
b Untersucht euren Abschnitt zunächst auf Pflanzen. Benutzt Bestimmungsbücher zur Bestimmung der Pflanzen.
Notiert die Namen der gefundenen Pflanzenarten.
Zählt bzw. schätzt, wie oft jede Pflanze in eurem Abschnitt vorkommt.
Fertigt Zeichnungen oder Fotos der Pflanzen an.
c Untersucht euren Wiesenabschnitt nun auf Tiere. Hinweise zur Bestimmung von Wirbellosen findet ihr auf ↑S. 58 und 59.
Notiert, welche Kleintiere ihr entdeckt habt. Fertigt Zeichnungen oder Fotos an.

10 Präsentation der Untersuchungsergebnisse

Auswertung: Erstellt aus den Bildern und mithilfe eurer Notizen z. B. eine Wandzeitung zu eurer Wiese. Präsentiert eure Ergebnisse in der Klasse. ↑S.38

Blüten – mehr als nur schön anzusehen

Wir Menschen freuen uns über die ersten Krokusse, die im Frühjahr bunt durch die letzten Schneereste leuchten, oder finden eine bunt blühende Wiese im Sommer hübsch. Blüten gibt es in vielen verschiedenen Farben und Formen. Warum haben aber Blüten so merkwürdige Formen?
Und: Welche Funktion haben die Blüten eigentlich für die Pflanzen?

1 Blüten der Heckenrose

Methode *Untersuchung einer Blüte*

Um herauszufinden, wie Blüten aufgebaut sind, muss man sich die einzelnen Blütenteile genauer ansehen. Dazu zerlegt man die Blüte in ihre Bestandteile, sortiert diese und macht sich deren Anordnung klar. Da einige Teile sehr fein sind, musst du bei der Untersuchung vorsichtig vorgehen, um nichts zu zerreißen. Du brauchst DIN-A4-Papier, Bleistift, Buntstifte, Folienstift, Zirkel, Pinzette, selbstklebende Folie und eine Lupe.

1 Sieh dir zunächst die Blüte von oben und von der Seite an.
Benutze dabei auch die Lupe.

2 Notiere, welche Blütenbestandteile du erkennen kannst. Beschreibe sie möglichst genau.

3 Zeichne mit deinem Zirkel vier Kreise. ↑2
Nutze dabei immer dieselbe Einstichstelle als Mittelpunkt und vergrößere den Abstand der beiden Zirkelhälften jeweils um etwa 2 cm.

4 Zupfe die Blütenteile der Kirschblüte mit der Pinzette vorsichtig von außen nach innen ab. Lege die äußeren Blütenbestandteile auf den äußersten Kreis, die nachfolgenden auf den nächstinneren Kreis usw. Es entsteht ein Legebild. ↑3

5 Decke das Legebild mit einem passenden Stück der selbstklebenden Folie ab und drücke es vorsichtig fest. Nun kann dein Legebild nicht mehr verrutschen.

6 Wenn du das Legebild abzeichnen solltest, müsstest du auf viele Einzelheiten achten. Um einen Überblick zu erhalten, fertigen Biologen daher oft vereinfachte Zeichnungen an, sogenannte Schemata. In der Abbildung siehst du die Schemazeichnung einer Kirschblüte, auch Blütendiagramm genannt. ↑4
Zeichne es in dein Heft ab. Beschrifte sowohl das Legebild als auch das Blütendiagramm mit den entsprechenden Fachbegriffen.

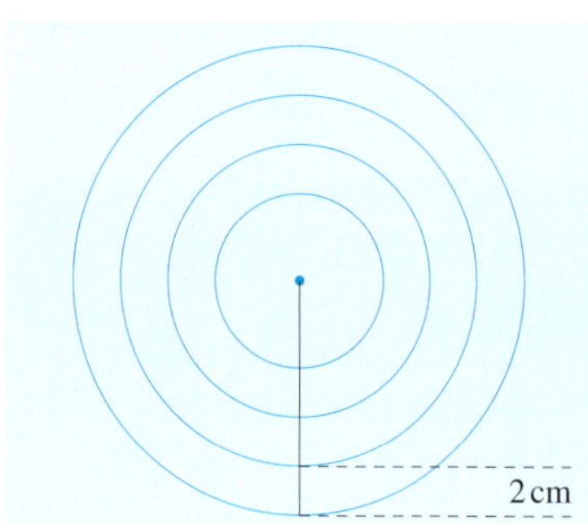

2 Kreisschema

3 Legebild der Kirschblüte

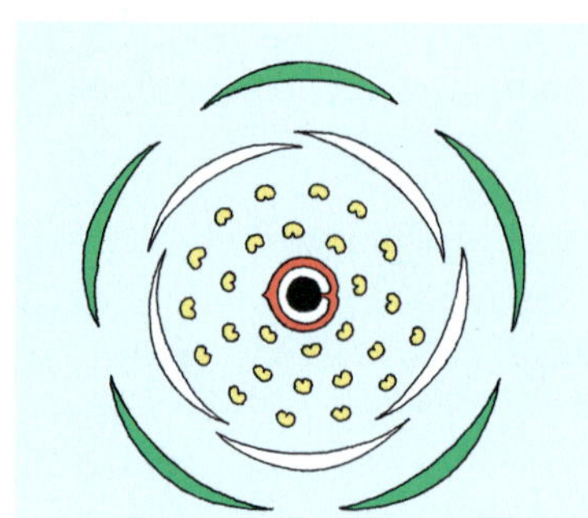

4 Schematische Zeichnung der Kirschblüte (Blütendiagramm)

GRUNDLAGEN: Der Blütenaufbau

Grundaufbau der Blüte Obwohl Blüten sehr unterschiedlich aussehen können, haben die meisten von ihnen doch denselben „Bauplan". ↑5 Die Blüten bestehen aus Teilen, die auch als Blätter bezeichnet werden: Kelchblätter, Kronblätter, Staubblätter und Fruchtblätter. Sie haben, anders als beispielsweise die grünen Blätter eines Baumes, nicht die Aufgabe, Nährstoffe zu bilden, sondern dienen allein der Fortpflanzung.

Funktionen der Blütenteile Blüten entwickeln sich aus Knospen. Diese werden meist von den grünen, etwas festeren Kelchblättern geschützt. Öffnet sich die Blüte, so klappen sie nach unten und die Kronblätter werden sichtbar. Diese haben auffällige Farben und verströmen Duftstoffe. Beides lockt Insekten an. Im Innern der Blüte befinden sich die Staubblätter. Sie bestehen aus Staubbeutel und Staubblattstiel. In den Staubbeuteln befindet sich Blütenstaub, der aus Pollenkörnern besteht. In den Pollenkörnern entwickeln sich männliche Geschlechtszellen. Der weibliche Teil der Blüte befindet sich in der Mitte der Blüte und wird als Fruchtblatt bezeichnet. Der untere Teil, der Fruchtknoten, enthält die Samenanlage mit der Eizelle. Der obere Teil des Fruchtblatts, der Griffel, endet in der Narbe. Gelangen Pollenkörner auf die Narbe, ist die Blüte bestäubt. Anschließend kommt es zur Befruchtung. Blüten enthalten ein Fruchtblatt oder mehrere Fruchtblätter.

5 Kirschblüte im Längsschnitt

6 Pflanzen, die in ihren Blüten Samen oder Früchte zur Verbreitung und Fortpflanzung bilden, bezeichnet man als Blütenpflanzen. Sie wurzeln in der Erde und besitzen einen Spross mit Sprossachse, Blättern und Blüten über der Erde.

Kurz und knapp **Eine Blüte besteht aus verschiedenen Blütenblättern, die je nach ihrer Funktion unterschiedlich gebaut sind. Blüten dienen der Fortpflanzung.**

Arbeitsaufträge

1 Lege eine Tabelle an, in der du den Blütenbestandteilen ihre Funktion zuordnest.

2 Präpariere eine Tulpenblüte und fertige ein Legebild an. Zeichne das passende Blütendiagramm. Vergleiche mit dem Blütendiagramm einer Kirschblüte. ↑4

3 Schneide eine Tulpenblüte etwa 1,5 cm über dem Blütenboden mit einem Messer durch und drücke die Schnittfläche leicht auf ein Stempelkissen. Fertige dann einen Stempelabdruck mit dem Tulpenschnitt an. Vergleiche mit dem Blütendiagramm der Tulpe. Beschreibe deine Beobachtungen.

Was blüht denn da?

Im Sommer kann man auf vielen Wiesen die unterschiedlichsten Blumen für einen schönen Blumenstrauß pflücken. Da gibt es große und kleine Blumen, Blumen mit einfarbigen oder bunten Blüten. Manche Blumen duften gut, andere haben überhaupt keinen Geruch. Warum sehen manche Blumen so ähnlich aus und manche völlig unterschiedlich? Woher weiß man eigentlich, welche Blume man da gepflückt hat?

1 Wiesenblumenstrauß

Methode *Pflanzen ordnen*

Es gibt viele verschiedene Möglichkeiten, Pflanzen zu ordnen. Will man zum Beispiel einen schönen Strauß zusammenstellen, sucht man Pflanzen aus, deren Blütenfarben gut zueinanderpassen. Natürlich kann man die Pflanzen auch nach ihrer Größe unterteilen, zum Beispiel in Bäume, Sträucher und kleinere Pflanzen. In der Biologie gibt es ein eigenes System, um die Pflanzen nach der Ähnlichkeit von Merkmalen zu ordnen.
Um herauszufinden, um welche Pflanze es sich handelt, kann man ein Bestimmungsbuch benutzen. Darin stehen Aussagen über den Blütenbau und andere unterschiedlich ausgebildete Merkmale. Je nachdem, ob die Aussage auf die Pflanze, die man bestimmen möchte, zutrifft oder nicht, gelangt man zur nächsten Entscheidung („entweder – oder"). Wenn man allen richtigen Aussagen folgt, findet man am Ende der Bestimmung die Art der unbekannten Pflanze. ↑2

Bestimme mithilfe des abgebildeten Schemas, um welche vier Pflanzen es sich in der Abbildung 5 handelt. ↑2 und 5 Notiere die Artnamen der Pflanzen a bis d in deinem Heft.

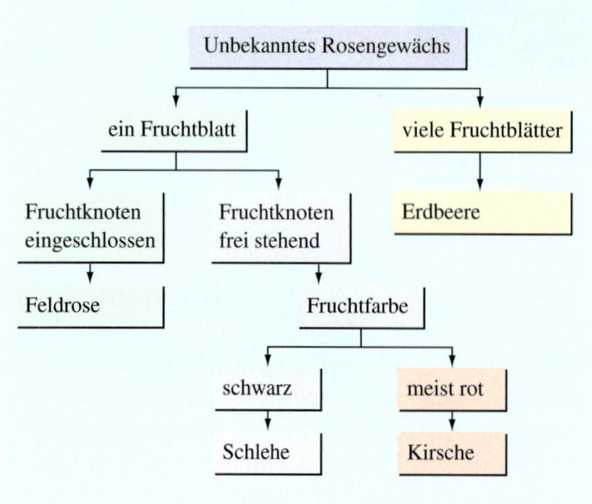

2 Bestimmungsschema für ausgewählte Rosengewächse

3 Pflanzenführer, der die Arten nach Blütenfarben ordnet

GRUNDLAGEN: Ordnung in der Pflanzenwelt

Manche Pflanzen haben mehr Ähnlichkeiten untereinander als mit anderen Pflanzen. Je ähnlicher sich zwei Pflanzen sind, desto näher sind sie miteinander verwandt. Durch das Vergleichen von Merkmalen haben Biologen ein System entwickelt, um Pflanzen zu ordnen.

Die Blüte verrät die Verwandtschaft Ein sehr wichtiges Merkmal für die Zuordnung zu einer bestimmten Pflanzengruppe ist der Bau der Blüte. Alle Pflanzen mit gleichem Grundbauplan der Blüte werden zu einer Familie zusammengefasst. Aber auch zwischen den Pflanzen einer Familie gibt es Unterschiede (z. B. bei den Früchten oder im Bau der Laubblätter). Deshalb unterteilt man Familien in Gattungen. Pflanzen, die sich untereinander fortpflanzen können, gehören zu einer Art. ↑4

Rosengewächse Zur Familie der Rosengewächse gehören alle Pflanzen, deren Blüten aus fünf Kelchblättern, fünf freien Kronblättern und einem Kranz von Staubblättern bestehen. Dazu gehören zum Beispiel alle Rosenarten und viele Obstarten. ↑S. 56

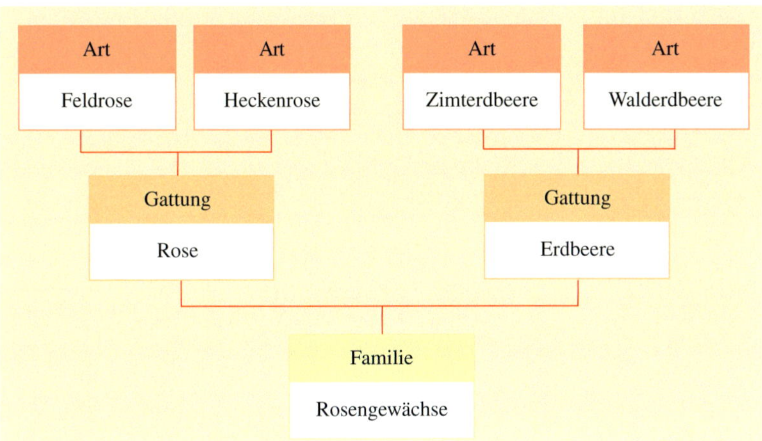

4 Ordnungsschema für Rosengewächse

Kurz und knapp **Ein wichtiges Merkmal für die Unterscheidung von Gruppen der Blütenpflanzen ist der Blütenbau. Alle Pflanzen mit gleichem Grundbauplan der Blüte werden zu einer Pflanzenfamilie zusammengefasst.**

a) Blüten: 5 grüne Kelchblätter, 5 weiße Kronblätter, viele Staubblätter, 1 Fruchtblatt; Früchte: Der Fruchtknoten bildet meist eine rote, fleischige, Frucht.

b) Blüten: 5 Kelchblätter, 5 weiße Kronblätter, viele Staubblätter, 1 Fruchtblatt; Früchte: Sammelfrucht mit vielen Samen

c) Blüten: 2-mal 5 grüne Kelchblätter, 5 weiße Kronblätter, viele Staubblätter, viele Fruchtblätter; Früchte: Aus jedem Fruchtknoten wird ein Nüsschen; der Blütenboden bildet das rote Fruchtfleisch.

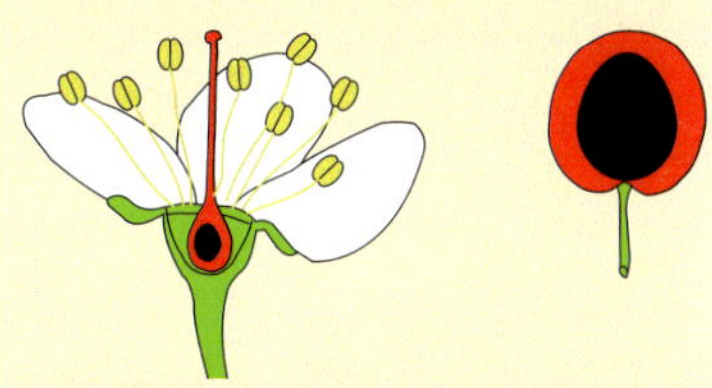

d) Blüten: 5 Kelchblätter, 5 weiße Kronblätter, viele Staubblätter, 1 Fruchtblatt; Früchte: Aus dem Fruchtknoten entsteht eine schwarze Steinfrucht.

5 Merkmale von vier Pflanzen

Arbeitsaufträge

1 Erstelle anhand der Informationen über die Pflanzenfamilien auf den folgenden Seiten eine eigene Bestimmungshilfe. Vergleiche dein Schema mit dem eines Mitschülers.

2 Erstelle einen Steckbrief wie auf den folgenden Seiten für eine weitere Pflanzenfamilie. Recherchiere dazu im Internet oder in einem Lexikon.

3 Erkundige dich in einem Blumen- oder Gartengeschäft, welche Pflanzen dort verkauft werden und zu welcher Familie die Pflanzen gehören. Berichte darüber.

4 Entscheide, ob die vier Pflanzen in der Abbildung ↑5 zur gleichen Familie gehören oder nicht. Begründe deine Meinung.

Nachgehakt Steckbriefe von Pflanzenfamilien

Familie: Rosengewächse

Zu den weltweit verbreiteten Rosengewächsen gehören etwa 3000 Arten. In den Blüten der Rosengewächse sind die vielen Staubblätter in mehreren Kreisen um das Fruchtblatt herum angeordnet. Dieses kann ein einzelnes sein (Aprikose) oder es sind mehrere Fruchtblätter vorhanden (Erdbeere).
Viele Rosengewächse sind Nutzpflanzen. Dazu gehören Apfel, Birne, Kirsche, Brombeere und Pflaume. Bei den Rosen, die als Zierpflanzen genutzt werden, wurden Staubblätter zu Kronblättern umgezüchtet.

1 Apfelblüten

Familie: Schmetterlingsblütler

Die Blüten der Schmetterlingsblütler haben fünf meist verwachsene Kelchblätter. Ihre fünf Kronblätter sehen sehr unterschiedlich aus. Ein Kronblatt ist nach oben gebogen und wird Fahne genannt. Die beiden gegenüberliegenden Kronblätter sind verwachsen und heißen Schiffchen. Die zwei verbleibenden Kronblätter stehen seitlich ab und bilden die Flügel. ↑2 Im Schiffchen liegen zehn teilweise zusammengewachsene Staubblätter. Zu den Schmetterlingsblütlern gehören viele Nutzpflanzen wie Bohne, Erbse, Klee und Soja, aber auch Zierpflanzen wie Besenginster oder Wicke. Wegen ihrer typischen Früchte werden die Schmetterlingsblütler auch als Hülsenfrüchtler bezeichnet.

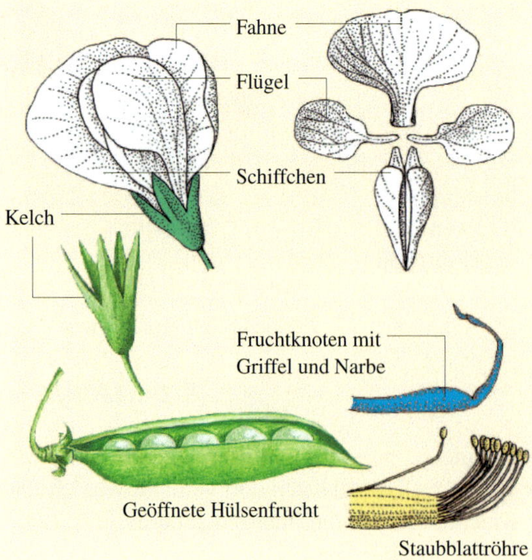

2 Merkmale eines Schmetterlingsblütengewächses: Blütenbau und Hülsenfrucht der Gartenerbse

Familie: Korbblütler

Das, was man bei den Korbblütlern meist für eine Blüte hält, ist in Wirklichkeit eine Ansammlung von vielen Blüten, ein Blütenstand. ↑3 und 4 Bei den Korbblütlern gibt es zwei Formen von Blüten: Die schmalen Zungenblüten befinden sich oft am Rand der Blütenstände. Sie locken Insekten an. In der Mitte, dem Körbchen, stehen dann unscheinbare Röhrenblüten, die bestäubt werden müssen (z. B. Gänseblümchen, Sonnenblume, Kamille). Bei manchen Korbblütlern gibt es nur Röhrenblüten (z. B. Kornblume) oder nur Zungenblüten (z. B. Löwenzahn).
Wild wachsende Korbblütler prägen bei uns zeitweilig Wiesen, Felder und Wegränder. Die Sonnenblume hat als Kulturpflanze große wirtschaftliche Bedeutung: Aus ihren Samen wird Öl gewonnen. Astern, Dahlien und Margeriten sind Zierpflanzen. Die Echte Kamille ist ein Beispiel für einen Korbblütler, der als Heilpflanze genutzt wird.

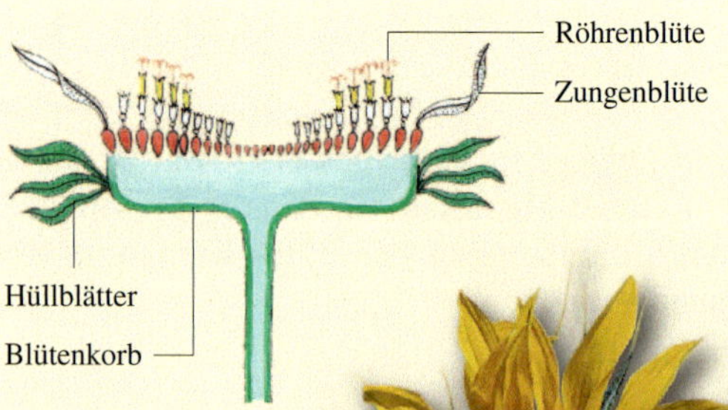

3 Blütenstand einer Sonnenblume

4 Sonnenblume

Familie: Lippenblütler

Bei den Lippenblütlern findet man meist fünf Kelchblätter. Von den ebenfalls fünf Kronblättern sind zwei zur Oberlippe und drei zur Unterlippe verwachsen. Die Unterlippe ist meist etwas kleiner und dient Insekten als Landeplatz, wenn sie die Blüte besuchen. Zwei längere und zwei kürzere Staubblätter sind mit den Kronblättern verwachsen. Der einzelne Griffel gehört zu einem viergeteilten Fruchtknoten, aus dem später auch viergeteilte Früchte entstehen. Viele Lippenblütler besitzen einen sehr intensiven Geruch, weil sie ätherische Öle produzieren. Sie werden als Gewürzpflanzen und Duftpflanzen genutzt. Zu ihnen gehören beispielsweise Salbei, Majoran, Lavendel, Basilikum und Thymian.
Die Blüte der Lippenblütler ist so gebaut, dass eine Biene, die in eine Salbeiblüte hineinkriecht, von den langen Staubblättern Pollen auf den Rücken getupft bekommt. Der Blütenbau der Lippenblütler und der Körperbau der Bestäuber sind aneinander angepasst. ↑6

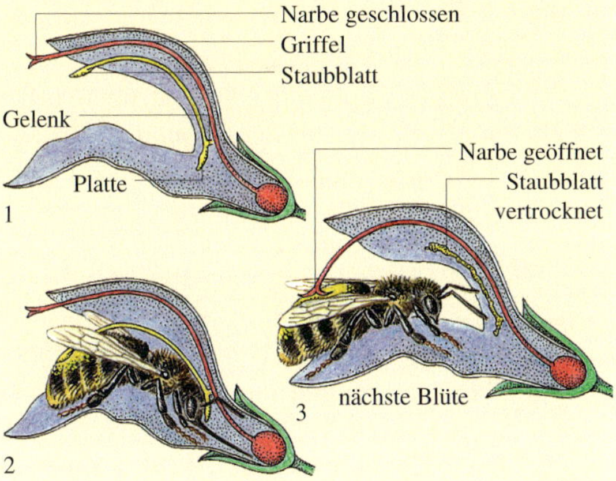

6 Bestäubungsmechanismus des Salbeis

Familie: Kreuzblütler

5 Rapsblüte

Bei den Kreuzblütlern wird die Blüte von vier Kelchblättern und vier Kronblättern gebildet. In der Blüte stehen vier lange Staubblätter. Alle diese Blütenteile sind kreuzförmig angeordnet und haben so der Familie ihren Namen gegeben. ↑5 Außerdem gehören zur Blüte noch zwei kurze Staubblätter und ein Fruchtblatt.
Die Blütenstände sind als Trauben angeordnet. Die Früchte der Kreuzblütler sind Schoten oder Schötchen. Zu den Kreuzblütlern gehören zum Beispiel der Raps, das Hirtentäschelkraut, das Wiesenschaumkraut und die Knoblauchsrauke. Über 100 Arten der Kreuzblütler kommen in Mitteleuropa vor, weltweit sind es über 3 200 Arten.
Pflanzen aus der Familie der Kreuzblütler werden vom Menschen seit Jahrhunderten als Gemüsepflanzen, Ölpflanzen, Arzneipflanzen und Zierpflanzen intensiv genutzt. Eine dieser alten Kulturpflanzen ist der Gemüsekohl, von dem wir zahlreiche Formen mit unterschiedlicher Gestalt kennen (z. B. Weißkohl, Blumenkohl und Kohlrabi).
Viele Kreuzblütler bilden beißend scharf schmeckende bzw. riechende Stoffe, die ihnen zur Abwehr von Fressfeinden dienen. Auf manche Insekten wirken diese Abwehrstoffe sogar tödlich. Da der Mensch sie in kleinen Mengen vertragen kann, werden sie als Bestandteile im Senf oder als Meerrettich zum Würzen von Speisen verwendet. Raps als Ölpflanze ist heute zur Erzeugung von „Biodiesel“ von Bedeutung. ↑S.39

Familie: Doldenblütler

Die Doldenblütler haben kleine, unscheinbare Blüten, die zu Blütenständen zusammengefasst sind. Diese Blütenstände werden als Dolden bezeichnet und haben der Pflanzenfamilie ihren Namen gegeben. Die Sprossachsen von Doldengewächsen sind meist hohl.
Dill, Kümmel, Petersilie und andere Gewürzpflanzen sind Vertreter der Doldenblütler. Auch der Riesen-Bärenklau gehört zu dieser Pflanzenfamilie. ↑7 Bei uns kommt der Riesen-Bärenklau oft an Bahndämmen und Flussauen vor. Sein Saft ist extrem giftig und kann schwere Verätzungen auslösen. Also: Finger weg vom Riesen-Bärenklau!

7 Riesen-Bärenklau

Was kreucht und fleucht auf der Wiese?

Auf einer sommerlichen Wiese ist einiges los: ein Summen und Schwirren, Krabbeln und Hüpfen. Beim näheren Hinschauen wirst du Bienen, Schmetterlinge, Heuschrecken, Käfer, Spinnen und viele andere kleine Tiere entdecken. Sie alle zählen zur Gruppe der Wirbellosen.
Was macht diese Tiergruppe aus?
Wer gehört alles dazu?

1

Beobachten Untersuchen Experimentieren

Safari zu den Wirbellosen auf der Wiese

Auf einer Wiese in eurer Nähe könnt ihr viele wirbellose Tiere entdecken. Wenn die Wiese hoch steht, solltet ihr euch vor dem Betreten die Erlaubnis des Eigentümers holen.

1 Tiere beobachten

Material: Notizblock, Schreibzeug, Lupe, evtl. Fotoapparat
Durchführung: Setze dich ruhig auf die Wiese. Versuche möglichst viele Tiere zu entdecken: am Boden, an den Stängeln der Gräser, auf den Blüten. Beobachte die Tiere. Betrachte kleine Tiere mit der Lupe. Notiere die Namen der Tiere, die du erkennst.

2 Tiere fangen

Um Tiere später in Ruhe bestimmen zu können, musst du sie vorsichtig und ohne sie zu verletzen einfangen. Wenn die Tiere bestimmt sind, setze sie sofort wieder in ihren Lebensraum aus.

Material: wie bei 1; zusätzlich verschiedene Gefäße, Geräte zum Fangen ↑2, Löffel, Stück Karton, Schuhkarton, Bestimmungsbücher

2 Gefäße und Geräte zum Fangen

Durchführung: Manche Tiere kannst du direkt mit einem Gefäß einfangen oder lässt sie vorsichtig hineinkriechen. Schließe dann den Deckel. Sehr kleine Tiere kannst du mit einem Pinsel aufnehmen oder mit dem Fanggerät (Exhaustor) aufsaugen.

3 Fang der Bodentiere

Zum Fang der Bodentiere solltet ihr zu zweit zusammenarbeiten. Einer hebt einen Stein auf einer Seite an und stellt ihn schnell senkrecht. Der andere versucht mit den Hilfsmitteln die Tiere einzufangen.
Über größere Tiere wie Laufkäfer und Tausendfüßer wird rasch ein Glas gestülpt. Dann schiebt man den Karton zwischen Boden und Glas. Jetzt kann man das Glas umdrehen, wenn man den Karton dagegendrückt.
Teilweise eingegrabene Tiere wie Käferlarven werden mit dem Löffel vorsichtig aus dem Boden gehoben.

4 Tiere bestimmen

Bestimmt die Tiere. Nutzt dazu den Bestimmungsschlüssel auf der folgenden Seite sowie Bestimmungsbücher und die Abbildungen.

Wirbellose Tiere bestimmen

1	ohne Beine	2
	mit Beinen	3
2	ohne erkennbare Körpergliederung	Weichtiere
	mit ringförmigen Gliedern	Ringelwürmer
3	mit mehr als 4 Beinpaaren	4
	mit 4 oder weniger Beinpaaren	5
4	mehr als 10 Beinpaare, Körper lang gestreckt und gegliedert	Tausendfüßer
	mit 7 Beinpaaren, Körper abgeflacht	Krebstiere
5	4 Beinpaare, keine Antennen	Spinnentiere
	3 Beinpaare, Körper gegliedert in Kopf, Brust, Hinterleib, 1 Paar Antennen, meist geflügelt	Insekten

Auf einer Wiese wirst du viele unterschiedliche Tiere finden, von denen die meisten zu den Wirbellosen gehören. Wenn du sie einer Verwandtschaftsgruppe zuordnen und herausfinden möchtest, um welche Art es sich handelt, brauchst du einen Bestimmungsschlüssel. Bestimmungsschlüssel dienen Wissenschaftlern dazu, Tiere nach Verwandtschaft zu ordnen. Tiere, die miteinander verwandt sind, haben gemeinsame Merkmale. Bestimmungsschlüssel berücksichtigen Merkmale wie die Zahl der Beine oder die Körperform.
In der Regel entscheidet man sich zwischen zwei Möglichkeiten und gelangt dann zur nächsten Ja-Nein-Entscheidung. Wenn man allen richtigen Aussagen folgt, kann man ein unbekanntes Tier zuordnen.

Werde nun selbst zum Forscher!
Ordne die Tiere in Abbildung 3 mithilfe des Bestimmungsschlüssels der jeweiligen Wirbellosengruppe zu.

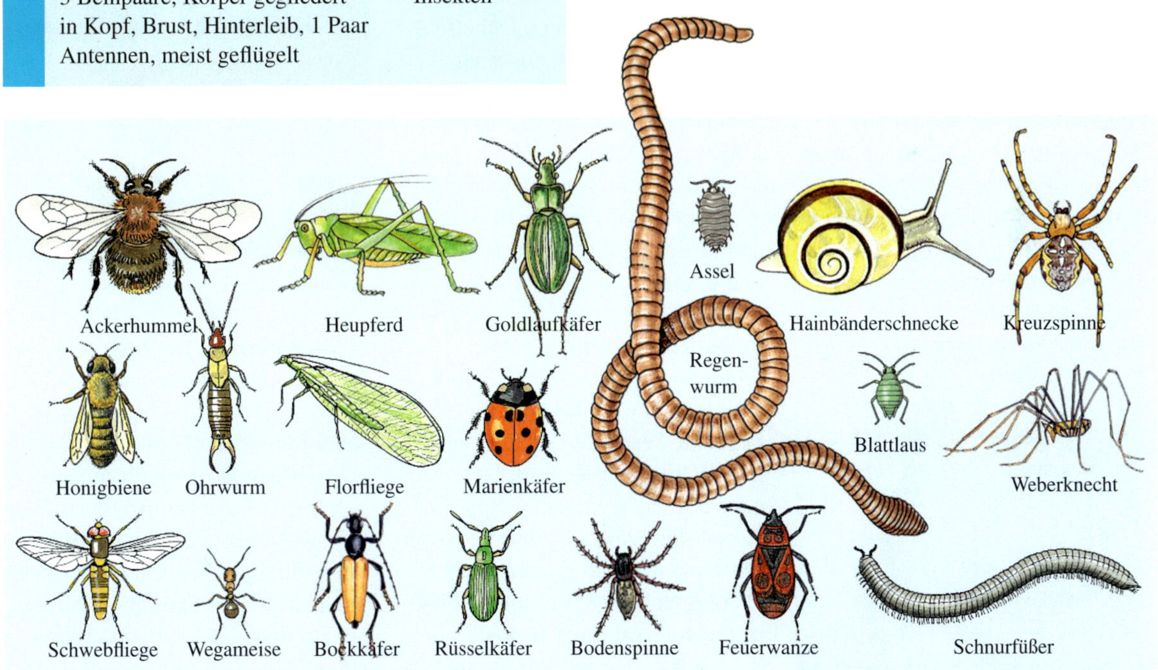

3 Häufige Wirbellose

Arbeitsaufträge

1 Versuche einige der abgebildeten Tiere auf der Wiese zu finden. Betrachte sie im Fangglas mit der Lupe oder dem Binokular. Fertige Zeichnungen an.

2 Sammle weitere Kleintiere und finde heraus, zu welcher Wirbellosengruppe sie gehören. Nutze ein Bestimmungsbuch, um die Tiere näher zu bestimmen.

Wir tun was Kleinlebensräume für Tiere und Pflanzen

Damit sich Tiere und Pflanzen wieder ansiedeln können, müssen wir geeignete Lebensräume schaffen. Hier sind einige Vorschläge, die ihr auch auf dem Schulgelände verwirklichen könnt. Sie machen nicht viel Mühe, kosten wenig und es gibt in den Folgejahren viel zu beobachten. Sicher hilft euch eure Lehrerin oder euer Lehrer, Kontakt mit dem Grünflächenamt der Stadt herzustellen, um ein Einverständnis einzuholen.

1 Blumenwiese

Blumenwiese

Wenn ihr ein Stück Rasen in eine Wiese umwandeln wollt, dann benötigt ihr die Zustimmung der Stadt oder Gemeinde und der Schulleitung. Macht zunächst ein Foto als Bestandsaufnahme. Der Rasen darf 100 Tage lang nicht gemäht werden und in der Folge nur noch zweimal im Jahr. Beobachtet die Veränderung. Ihr könnt auch ein wenig nachhelfen und Wildblumensaat ausbringen. Bald werden sich Bienen und Schmetterlinge einfinden. Wie von selbst siedeln sich weitere Gräser und Kräuter an. Natürlich darf die Wiese betreten werden. Ihr könnt darauf liegen, die Augen zumachen und träumen …

2 Winterquartier für Igel

3 Begrünte Fassade

Fassadenbegrünung

Wenn ihr gar keinen Platz auf dem Schulgelände habt, könnt ihr einfach eine Wand der Schule begrünen. Wählt Selbstklimmer wie Efeu oder Wilden Wein, damit spart ihr Arbeit. Die Wand wird in wenigen Jahren von einem grünen „Pelz" überzogen sein. Vögel finden Nistplätze und Nahrung. Bewachsene Wände spenden im Sommer Schatten und isolieren im Winter vor Kälte. Selbst der Lärm wird geschluckt. Die Blätter binden Staub und verbessern die Luft in der Umgebung. Sind das nicht genug Gründe, mit der Fassadenbegrünung zu beginnen?

Winterquartier für Igel

Wenn im Herbst auf dem Schulgelände Bäume und Sträucher beschnitten werden, bittet darum, dass ihr den Holzschnitt in eine geschützte Ecke bringen dürft. Legt ihn möglichst neben eine Wand oder unter einen großen Baum, dorthin, wo nicht viele Menschen vorbeigehen. Falls ihr Laub zusammenharken könnt, verteilt es auf dem Haufen. Damit habt ihr ein Winterquartier für Igel geschaffen. Vielleicht könnt ihr sie im nächsten Frühjahr beobachten, wenn sie Schadinsekten vertilgen.

Wildbienenhotel
Nistgelegenheiten für Wildbienen sind einfach anzufertigen. Sammelt leere Konservendosen, macht sie sauber und glättet den Rand. Schneidet Schilf- oder Bambusstängel in 10 Zentimeter lange Stücke und bündelt sie so, dass sie gerade in die Dosen passen. Ihr könnt auch Löcher in Hartholzstücke bohren. Stapelt die Nisthilfen an einem regengeschützten Ort oder fügt sie mit Lehm in einem Holzrahmen zusammen. Mauer- und Mörtelbienen legen ihre Eier in die Röhren und bestücken die Brutzellen mit einem Gemisch aus Blütenpollen und Nektar. Anschließend verschließen sie die Löcher mit Lehm und Speichel. Wenn die Larven schlüpfen, haben sie gleich reichlich Futter. Für eure Wiese sind die neuen Bewohner als Bestäuber sehr nützlich.

4 Kompostkiste

Kompostkiste
Wenn ihr regelmäßig Gartenabfälle habt, empfiehlt es sich, eine Kompostkiste zu bauen. Besorgt euch 16 unbehandelte Holzbretter von 1 Meter Länge und baut daraus eine Kiste ohne Boden. Wählt eine schattige Stelle, sonst trocknet euer Kompost aus. Grabt die Fläche gründlich um. Auf den Kompost könnt ihr Laub, Gartenabfälle, Hecken- und Rasenschnitt, aber auch Küchenabfälle wie Obst- und Gemüsereste werfen. Ihr werdet staunen, wie schnell sich dort Bodentiere ansiedeln, die die Abfälle fressen. Der Komposthaufen wird in kurzer Zeit zusammensacken. Ihr könnt beobachten, wie aus Abfällen wieder Erde entsteht.

Steinhaufen
Auf dem Schulgelände werdet ihr immer wieder herumliegende Steine finden. Bringt sie an einen sonnigen, geschützten Platz. Grabt einen Quadratmeter Boden um und schüttet die Steine darauf. Es reicht eine Höhe von 20 bis 30 Zentimetern. Die Steine unterdrücken das Pflanzenwachstum an dieser Stelle. Sobald die Sonne scheint, werden sie aufgeheizt. Nachts kühlen sie nur langsam aus. Ihr könnt dann beobachten, wie sich tagsüber Wildbienen, Spinnen, Schmetterlinge und Käfer einfinden. Wenn ihr Glück habt, seht ihr sogar Eidechsen und Spitzmäuse. Ihr habt einen Lebensraum für wärmeliebende Tiere geschaffen. Nun könnt ihr sie in Ruhe beobachten und fotografieren.

5 Wildbienenhotel

6 Mauerbiene

7 Steinhaufen

Kennübung Tiere des Schulgeländes

1 **Bänderschnecke** Gehäuse 20 mm breit und 15 mm hoch, mit braunen Längsbändern; frisst grüne Blätter von Kräutern und Gehölzen; Nahrung der Singdrossel, sie schlägt das Gehäuse auf.

2 **Mauerassel** 3–18 mm groß; gegliederter Körper, Rückenschilder grau oder hell gezeichnet; 7 sichtbare Beinpaare; auffällig gewinkeltes Fühlerpaar; ernährt sich von welken Pflanzenresten.

3 **Streifenwanze** 9–11 mm groß; auffallend rot-schwarze Färbung; saugt an blühenden Kräutern und Gräsern, indem sie mit ihrem Saugrüssel die Leitungsbahnen ansticht.

4 **Kreuzspinne** bis 12 mm groß; weißes Kreuz auf dem Hinterleibsrücken; ernährt sich von Fluginsekten wie Fliegen und Hummeln.

5 **Steinkriecher** bis 30 mm groß; kräftig dunkelrotbraun; mit 15 Paar Laufbeinen; am Kopf ein Paar schnurförmige Fühler; ernährt sich von lebenden Kleinsttieren.

6 **Ohrwurm** bis 17 mm lang; glänzend braun mit Zangen am Hinterleib; besitzt drei Beinpaare; frisst pflanzliche und tierische Nahrung.

7 **Grashüpfer** bis 24 mm lang; grünlich, bräunlich oder rötlich; Flügel beim Weibchen kürzer als beim Männchen; flugunfähig; ernährt sich von Pflanzen, vor allem von Gräsern.

8 **Wegameise** bis 10 mm lang; dunkelbraun bis schwarz; nistet in Erde, Holz und Mauerritzen; ernährt sich vorwiegend vom Honigtau der Blattläuse.

9 **Rüsselkäfer** bis 9 mm lang; braunschwarz, manche schillernd grün; saugt Pflanzensäfte aus Brennnesseln und anderen krautigen Pflanzen.

Kennübung Pflanzen des Schulgeländes

10 **Weißklee** Schmetterlingsblütengewächs; bis 30 cm hoch; Einzelblüten weiß oder rötlich weiß, bis 13 mm lang; Blättchen abgerundet, leicht gezahnt; verbreitet auf Wiesen und Rasen.

11 **Breitwegerich** Wegerichgewächs; bis 30 cm hoch; flache Rosette aus kräftigen, gerippten Blättern; Blüte grünlich gelb, klein, Staubblätter hervorstehend; häufig an Fußwegen.

12 **Gänseblümchen** Korbblütengewächs; bis 10 cm hoch; Zungenblüten weiß, Röhrenblüten gelb; Rosette aus löffelförmigen, gekerbten Blättern; weltweit verbreitet.

13 **Löwenzahn** Korbblütengewächs; bis 30 cm hoch; gelbe Zungenblüten; Stängel mit Milchsaft; Rosette mit länglichen, unregelmäßig gesägten Blättern; auf Wiesen.

14 **Vogelmiere** Nelkengewächs; bis 30 cm lang; Blüte weiß, klein; Blätter oval; untere Blätter gestielt, obere sitzend; weltweit verbreitete Pflanze auf Wiesen.

15 **Vogel-Knöterich** Knöterichgewächs; niederliegend und stark verzweigt; Blüten hellrot bis weiß; Blätter länglich, zugespitzt; an Wegen und auf Wiesen häufig.

16 **Hirtentäschelkraut** Kreuzblütengewächs; bis 40 cm hoch; Blüten weiß; Blätter unten in einer Rosette, oben stängelumfassend; weltweit verbreitet auf Wiesen und an Wegen.

17 **Strahlenlose Kamille** Korbblütengewächs; bis 40 cm hoch; nur gelbgrüne Röhrenblüten; Blätter fein gefiedert; süßlicher Duft; häufig an Wegen und Wiesen.

18 **Einjähriges Rispengras** Süßgräser; bis 30 cm hoch; rauer, aufrechter Stängel; Blüten in einer Rispe; Blätter dunkelgrün, bis 20 cm lang; häufiges Wiesengras.

Ein Teich im Park

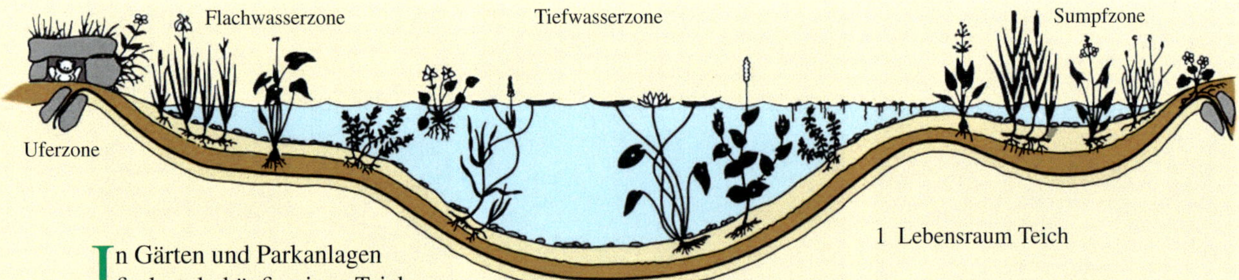

1 Lebensraum Teich

In Gärten und Parkanlagen findest du häufig einen Teich. Dort gibt es viel zu entdecken: Teichrosen, Rohrkolben und Schilfrohr bereichern die Landschaft. Libellen, Frösche und Enten sorgen für ein buntes Treiben. Wo genau im Teich kommen Tiere und Pflanzen vor?

Beobachten Untersuchen Experimentieren

1 Wir bestimmen Pflanzen
Bestimmt die Pflanzen in den verschiedenen Randzonen des Teichs. Ihr benötigt kleine Holzpflöcke, Schnur, Notizblock, Stifte, Schreibunterlage, Maßband, Bestimmungsbücher und Fotoapparat. Richtet euch bei der Durchführung nach den Abbildungen. ↑2 und 3

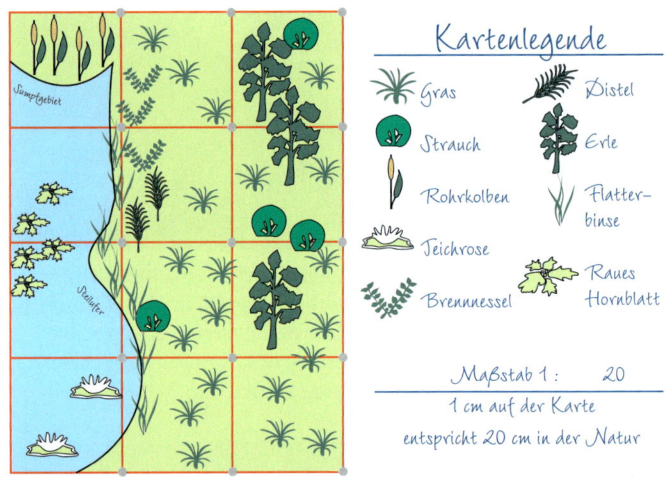

2 Kartieren

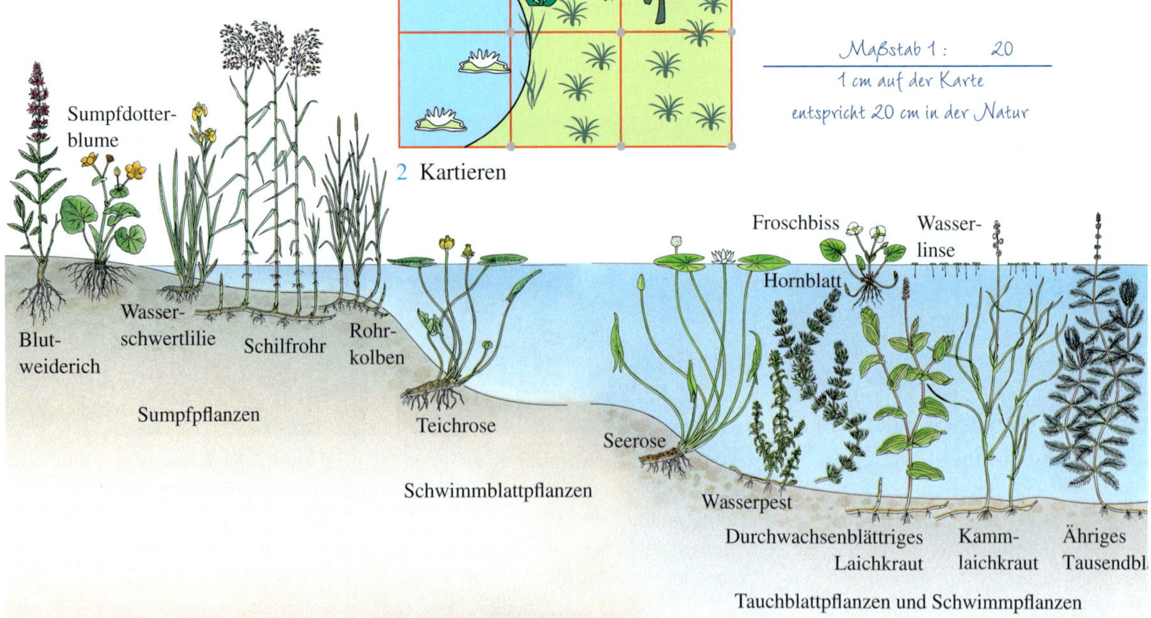

3 Pflanzen an und im Teich

2 Wir untersuchen das Wasser
Untersucht Geruch und Trübung.

a Füllt Wasserproben aus einem Teich, einem Brunnen, einer Badeanstalt und einer Regentonne in Standzylinder. ↑4 Vergleicht den Geruch. Füllt außerdem einen Standzylinder mit Leitungswasser.

b Stellt alle Zylinder auf weißes Papier. Schaut von oben auf die Zylinder. Gießt von den Wasserproben so viel ab, bis sie so klar wie das Leitungswasser erscheinen. Je weniger Wasser abgegossen wird, desto klarer ist die Probe.

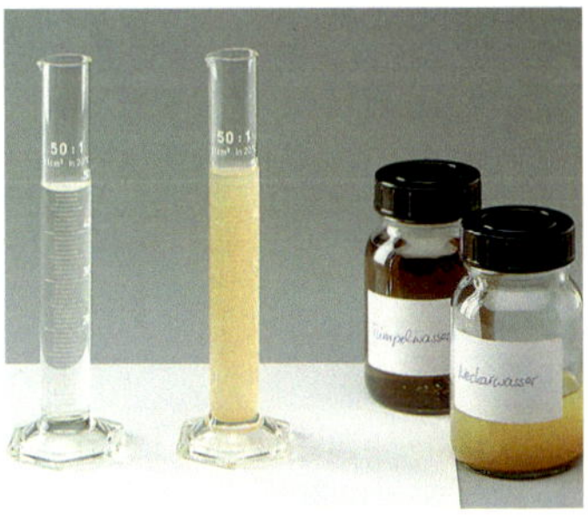

4 Wasseruntersuchung

3 Enten beobachten
Beobachtet Enten am Teich. Ihr benötigt Bestimmungsbücher, Schreibmaterial, ein Fernglas, Stoppuhr.

a Beschreibt zunächst Aussehen und Körperform. Fertigt Zeichnungen der Enten an.

b Beobachtet das Flug-, Schwimm- und Tauchverhalten der Enten.

c Wie nehmen sie ihre Nahrung auf? Vergleicht mit der Zeichnung unten. ↑7

d Erstellt einen Steckbrief einer Entenart. ↑5

e Erläutert, wie die Stockente an das Leben im und am Wasser angepasst ist.

Steckbrief
Ort: … Datum: … Zeit: …
Zeichnung
Beschreibung: …
Name: …
Schwimmverhalten: …
Flugverhalten: …
Nahrungsaufnahme: …
Besonderheiten: …

5 Steckbrief

6 Stockentenpaar; vorn: Weibchen, hinten: Männchen

GRUNDLAGEN: Stockenten

Schnell fliegt ein Stockentenpaar durch die Luft heran und landet auf dem Parkteich. ↑6 Mit ihrem Schnabel durchwühlen sie den Schlamm am Grund des Teichs nach Würmern, Schnecken, Kleinkrebsen und Wasserpflanzen. Als Nistplatz wählt das Weibchen an Land eine versteckte Stelle. Es watschelt wenig geschickt. Nach 28 Tagen Brutzeit schlüpfen die Küken. Als Nestflüchter verlassen sie sofort das Nest und folgen der Mutter zum Wasser. Sie können gleich schwimmen und sich selbstständig ernähren.

7 Entenvögel auf Nahrungssuche

Vom Wasserleben zum Landleben

Im Frühjahr werden kleine Zäune an Straßenrändern in der Nähe mancher Tümpel und Teiche aufgebaut. Helfer sammeln an diesen Zäunen Kröten ein und bringen sie sicher über die Straße. Die Kröten haben ihre Überwinterungsquartiere auf dem Land verlassen und sich auf den Weg zu Gewässern gemacht. Warum wandern Kröten im Frühjahr? Wie können sie nicht nur an Land, sondern auch am und im Wasser leben?

1 Erdkrötenpaar

2 Schutzzäune können Lurche retten.

GRUNDLAGEN: Krötenwanderung und Froschgesang

Kröten und Frösche begeben sich im Frühjahr zum flachen Uferbereich von stehenden oder langsam fließenden Gewässern. In diesen Gewässern sind auch sie als Larve geschlüpft. Froschmännchen quaken während der Frühjahrswanderung besonders laut, das ist weithin hörbar. So locken sie Weibchen für die Paarung an. In ihrem Geburtsgewässer paaren sich die Tiere und legen die Eier im Wasser ab. Nach kurzer Zeit verlassen sie das Gewässer und wandern zu ihren Sommerquartieren, meist feuchte kühle Wälder. Erst im Herbst beginnt der Rückzug in das schützende Winterquartier tief in der Erde oder im Bodenschlamm eines Teiches.

Beobachten ***Untersuchen*** *Experimentieren*

Naturschutz – wir können bei der Krötenwanderung helfen

Der Straßenbau nimmt meist keine Rücksicht auf die angestammten Wanderwege der Frösche und Kröten. Vielerorts sind die Tiere auf unsere Hilfe angewiesen.

1 Trage in eine Tabelle die Stationen der Krötenwanderung ein, wie sie im Text oben beschrieben ist. Ergänze nun die jeweiligen Lebensbedingungen und warum sich die Tiere dort befinden.

2 Das Errichten von Schutzzäunen an Straßenrändern ist eine Möglichkeit den Kröten zu helfen. ↑2 Finde weitere Beispiele, wie man Kröten schützen kann. Gib jeweils Vor- und Nachteile der Maßnahmen an.

3 Erkundige dich, beispielsweise bei der Naturschutzbehörde, ob es in der Nähe deines Schul- oder Heimatortes Laichwege von Kröten und Fröschen gibt. Suche sie auf einer Wander- oder Straßenkarte. Fertige eine Skizze des Lebensraumes mit den Wegen der Krötenwanderung an. Welche Schutzmaßnahmen werden hier angewendet?

3 Grasfrosch

GRUNDLAGEN: Froschlurche entwickeln sich aus Kaulquappen

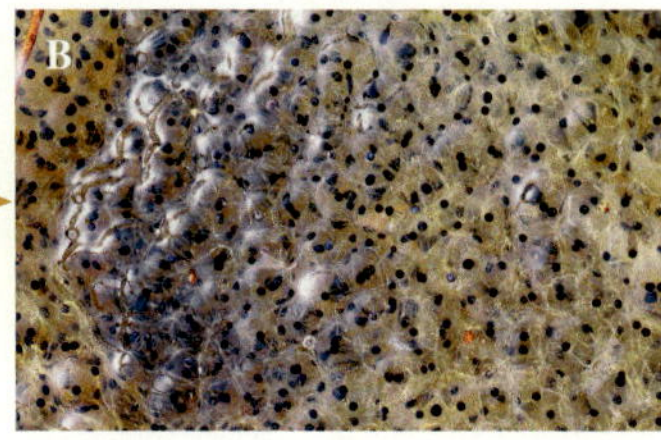

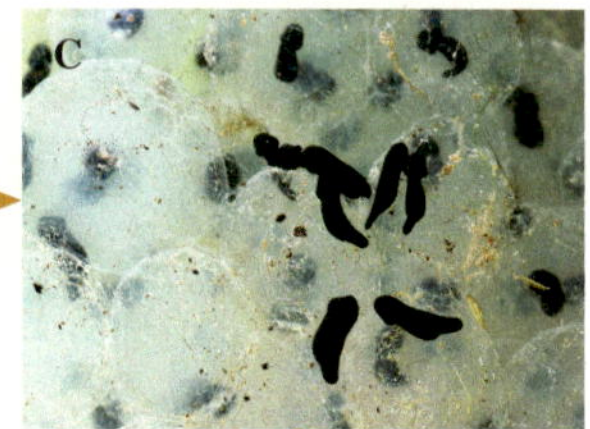

Am Gewässer angekommen, legt das Weibchen etwa 4 000 Eier, den Laich. Da die Eier dicht beieinander liegen und außerdem aufquellen, bilden sich Laichklumpen. Das Froschmännchen besamt die Eier. Die Befruchtung findet außerhalb des weiblichen Körpers statt. Nach einigen Tagen schlüpfen aus den befruchteten Eiern fischähnliche Larven, die man Kaulquappen nennt. Sie atmen mit Kiemen und haben einen Ruderschwanz. Innerhalb der nächsten Wochen verwandeln sich die Kaulquappen zu jungen Fröschen, die dann zum Landleben übergehen. Sie atmen nun durch Lunge und ihre nackte, feuchte Haut. Kaulquappen durchlaufen während ihrer Entwicklung einen Gestaltwandel (Metamorphose): Während Vorderbeine und kräftige Hinterbeine entstehen, bildet sich der Ruderschwanz zurück.

4 Entwicklung eines Grasfroschs

Kurz und knapp **Lurche begeben sich im Frühjahr auf Wanderschaft zur Paarung an ihr Geburtsgewässer und legen dort ihre Eier ab. Die Larven von Lurchen entwickeln sich im Wasser und machen eine Metamorphose durch. Sie atmen durch Kiemen. Ausgewachsene Lurche können auf dem Land leben und atmen durch Lungen und Haut.**

Arbeitsaufträge

1 Beschreibe mithilfe der Abbildungen den Gestaltwandel des Grasfrosches. ↑4

2 Bei Lurchen unterscheidet man Frosch- und Schwanzlurche. Ordne die Tiere der Bilder dieser Doppelseite danach ein.
Begründe deine Zuordnung.

3 Ordne beiden Gruppen weitere Beispiele zu, die du dir aus verschiedenen Büchern suchen kannst.

4 Lege eine Tabelle mit Unterschieden und Gemeinsamkeiten in den Baumerkmalen von Frosch- und Schwanzlurchen an.

5 Laubfrosch

6 Feuersalamander

7 Kammmolch

8 Gelbbauchunke

Beobachten Untersuchen Experimentieren

1 Froschlurche sind an Wasserleben angepasst.

2 Schwanzlurche sind an Wasserleben angepasst.

Im Wasser und an Land
Alle Lurche, Frosch- und Schwanzlurche, leben sowohl im Wasser als auch an Land. Ihr Körperbau und ihr Stoffwechsel sind diesem ständigen Wechsel angepasst. Finde mithilfe des abgebildeten Materials heraus, um welche Anpassungen es sich handelt.

1 Beschreibe die Beine und den Schwanz der abgebildeten Lurche. Welche Besonderheiten fallen dir auf? Wodurch sind sie dem Leben im Wasser und auf dem Land angepasst?

2 Beschreibe den Aufbau der Haut eines Lurches. ↑3 Welche Bedeutung haben Schleimdrüsen und Schleimschicht?

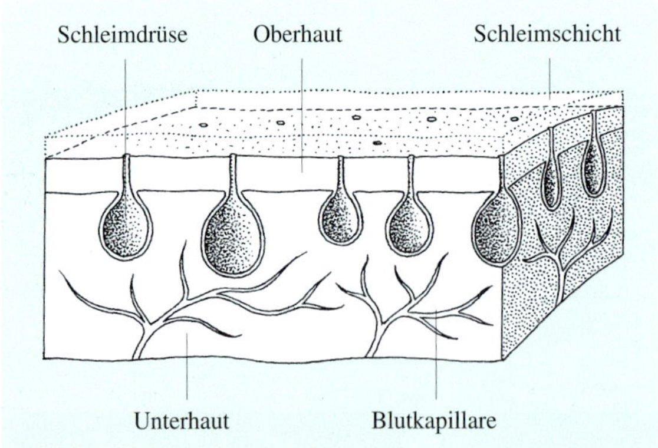

3 Bau der Haut von Lurchen (schematisch)

3 Lurche sind wechselwarme Tiere. Lies den Text zur Körpertemperatur durch. Welche Auswirkungen hat die wechselnde Körpertemperatur?

Körpertemperatur von Lurchen *Wenn die Außentemperaturen sinken, sinkt auch die Körpertemperatur der Lurche. Ihre Bewegungen werden langsamer. Im Winter verkriechen sie sich in Erdverstecken oder im Schlamm auf dem Grund von Gewässern. Dort überdauern sie reglos die kalte Jahreszeit in Winterstarre.*

4 Vergleiche die Beschaffenheit des Lurcheies mit dem des Hühnereies.

a Wo werden Lurcheier vermutlich abgelegt?

b Führe mit einem Thermometer, einer Lampe, schwarzen und weißen Tüchern ein Experiment durch, das die Schwarzfärbung der Lurcheier erklärt.

4 Atmung der Lurche: Die blauen Bereiche der Abbildung zeigen die Stellen der Sauerstoffaufnahme.

5 Schau dir die Abbildung zur Atmung der Lurche an. ↑4 Woher nehmen die Lurche den Sauerstoff, den sie für die Atmung benötigen?

6 Beschreibe mithilfe der Abbildung die Nahrungsaufnahme der Lurche. ↑5
Informiere dich über die Speisekarte von vier verschiedenen Lurcharten.

7 Fasse nun die Angepasstheiten der Lurche an den Wechsel zwischen Land- und Wasserleben in einem kurzen Text oder in einer Tabelle zusammen.

5 Nahrungsaufnahme der Lurche

GRUNDLAGEN: Zwischen Hüpfen und Schwimmen

Zwei Lebensweisen Vorwiegend in der Dämmerung kann man den Grasfrosch bei der Jagd beobachten. Hüpfend sucht er einen geeigneten Platz auf und wartet dann einige Zeit reglos auf Insekten, Spinnen, Schnecken und Würmer, die er mit seiner langen ausklappbaren Zunge fängt. Bei Gefahr bringt er sich durch einen gewaltigen Sprung in Sicherheit. Er schwimmt im Teich mit kräftigen Bewegungen seiner Hinterbeine davon. Auch der Kammmolch hat durch seine unterschiedliche Lebensweise eine vielfältige Speisekarte: An Land erbeutet er langsam kriechend Würmer und kleine Schnecken. Er schwimmt durch Schläge seines Schwanzes und ernährt sich im Wasser von kleinen Krebsen, Würmern und Kaulquappen.

Feuchtlufttiere Noch etwas haben beide gemeinsam: Als typische Feuchtlufttiere verlassen sie nur an Regentagen oder bei hoher Luftfeuchtigkeit das Versteck in Laubwäldern, auf Waldlichtungen und feuchten Wiesen zum Beutefang. Sonst würde die dünne, drüsenreiche Haut in kurzer Zeit lebensgefährlich viel Wasser verlieren. Die Haut ist so gut durchblutet, dass der notwendige Sauerstoff durch sie aufgenommen werden kann. Erwachsene Lurche atmen an Land auch durch Lungen.

Kurz und knapp **Der Körperbau der erwachsenen Lurche ermöglicht die Fortbewegung und den Beutefang im Wasser und an Land. Lurche sind wechselwarme Feuchtlufttiere.**

Schon gewusst?

Amphibien
Lurche werden mit wissenschaftlichem Namen Amphibien (griechisch: *amphi:* beide, zwei; *bios:* Leben) genannt, weil sie sowohl im Wasser als auch an Land leben. Der Begriff wird auch für Amphibienfahrzeuge verwendet, die sowohl an Land als auch im Wasser fahren können.

6 Lurche machen große Sprünge.

Arbeitsaufträge

1 Lurche sind in allen Lebensphasen vom Wasser abhängig. Begründe.

2 Betrachte die Abbildungen ↑7 und 8.
Wodurch sind die Lurche gefährdet? Finde weitere Beispiele.

7

8

Ein alter Baum – Lebensraum für viele Tiere

In Parks, auf alten Friedhöfen oder an Alleen findet man große Bäume, die oft viele Hundert Jahre alt sind und die uns viel aus vergangener Zeit erzählen könnten. Das Besondere an diesen Bäumen ist aber nicht nur ihr Alter. Sie stellen eigene Lebensräume dar und beherbergen ein unglaublich große Anzahl von Tieren. In einer alten Eiche können es 500 Arten sein.
Wie können so viele Tiere in einem Baum leben?

1 Eine alte Stieleiche

Beobachten Untersuchen Experimentieren

Ein Baum und seine Bewohner
An einem großen, alten Baum auf dem Schulgelände oder in der Nähe könnt ihr vieles entdecken.

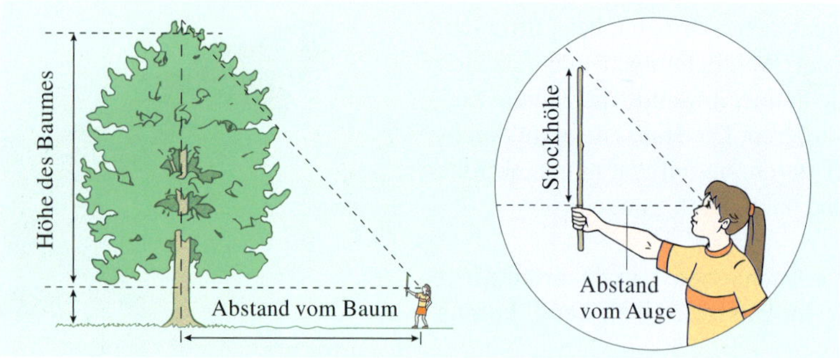

2 Wie hoch ist der Baum? – Stockmethode

1 Informiere dich über das genaue Alter eines alten Baumes in deiner Nähe oder auf dem Schulgelände. Wann ist er gepflanzt worden? Wo kannst du dich erkundigen?

2 Fertige einen Steckbrief für den ausgewählten Baum an. Wichtige Stichpunkte für einen Steckbrief sind: Stammumfang, Höhe, Kronenform, Laubaustrieb, Blattfall, Blütezeit, Blüten, Früchte.

3 Schätze die Höhe des Baumes mit der Stockmethode. ↑2 Halte den Stock so, dass Stockhöhe und Abstand vom Auge bei ausgestrecktem Arm gleich lang sind. Entferne dich so weit vom Baum, bis du die Baumspitze in einer Linie mit der Stockspitze siehst. Dein Abstand vom Baum entspricht nun der Baumhöhe.

4 Beobachte die Tiere, die sich im Baum aufhalten oder ihn besuchen. Notiere, um welche Tiere es sich handelt und was sie im Baum suchen (z. B. Nahrung).

5 Suche Blätter mit Gallen.
Im Herbst kannst du Eichenblätter mit Gallen ↑S. 71 in ein Marmeladenglas stecken, das mit feinem Gardinenstoff verschlossen wird. Wenn du Glück hast, schlüpfen nach einigen Tagen oder Wochen die Gallinsekten aus.

6 Fasse alle Informationen zu deinem Baum in einem „Baumbuch" zusammen.

GRUNDLAGEN: Nahrung, Nistplatz und Versteck

Ein großer, alter Baum ist ein Lebensraum für zahlreiche Tiere. Die mächtige Baumkrone einer alten Stieleiche bildet einen dichten Dschungel. Dort können verschiedene Vögel wie Buntspechte oder Blaumeisen ihr Nest bauen. Eichhörnchen suchen nach Eicheln. Fledermäuse und Baummarder ↑4 bewohnen gerne alte Eichen als „Untermieter“.

Nahrungsbeziehungen Unter der rissigen Borke leben Pilze, Käferlarven und andere Insekten vom Holz der Eiche. Die Insekten wiederum dienen dem Kleiber und dem Buntspecht ↑5 als Nahrung. Der Marder lebt von Eiern und Küken der zahlreichen Vögel, aber auch von Insekten. Am Boden sammeln Mäuse und Eichelhäher die Eicheln auf. Zwischen den Pflanzen und Tieren gibt es vielfältige Nahrungsbeziehungen.
Insekten, Schnecken, Asseln und Pilze ernähren sich vom am Boden liegenden Laub. Regenwürmer leben von den verrotteten Pflanzenteilen, die sie in die Erde ziehen, wo Bakterien und Pilze die Zersetzung fortführen. Schließlich werden Mineralstoffe freigesetzt, die Pflanzen zum Wachsen benötigen.

Kurz und knapp **Ein einzelner alter Baum ist Lebensraum für zahlreiche Tiere. Er bietet von der Wurzel bis zur Krone Nahrung, Brutplatz und Unterschlupf für Säugetiere, Vögel, Insekten und Spinnen. Zwischen den Lebewesen bestehen Nahrungsbeziehungen.**

Schon gewusst?

Gallinsekten in Vollpension
Im Sommer und Herbst kannst du an den Blättern vieler Bäume und Sträucher kugel- oder linsenförmige Wucherungen finden. Diese Gallen kommen an Eichen, Buchen, Pappeln, Ahorn, Weiden, Heckenrosen und Fichten vor. Sie haben unterschiedliche Formen. Weiche Gallen kannst du vorsichtig aufschneiden. Mit der Lupe erkennt man weiße, beinlose Larven. Sie sind aus Eiern geschlüpft, die meistens von Gallwespen in das Blatt gelegt worden sind.

Arbeitsaufträge

1 Nenne die verschiedenen Möglichkeiten, wie die unterschiedlichen Tiere die Eiche oder einen anderen großen, alten Baum nutzen.

2 Erstelle mithilfe des Textes eine Liste der verschiedenen Tiere und ihrer jeweiligen Nahrung.

3 Die Kreuzspinne fängt in ihrem Netz Insekten.

Baummarder

Körperlänge (mit Schwanz): 60–80 cm
Merkmale: Fell rotbraun, Kehle und Teil der Brust gelblich, Schwanz lang und buschig
Lebensraum: Wälder; in Baumkronen und oberem Geäst von Bäumen
Nahrung: Kleinsäuger, Vögel, Eier, Insekten, Lurche, Reptilien; Beeren
Feinde: Greifvögel; Mensch (durch Vernichtung von Lebensräumen)

4 Steckbrief Baummarder

5 Buntspecht

3 Fertige Steckbriefe zu den abgebildeten Tieren an. ↑3 bis 5 Informiere dich in Büchern oder im Internet.

Fressen und gefressen werden

Am Rand einer Wiese stehen Schlehenbüsche. Von deren Blättern fressen Raupen des Schlehenspinners, eines Schmetterlings. Wenig entfernt sitzt auf einer Eberesche eine Goldammer und hält Ausschau nach Beute. Plötzlich fliegt sie in den Schlehenbusch, ergreift eine Raupe mit dem Schnabel und will davonfliegen. Doch da nähert sich ein Sperber und stürzt sich auf die Goldammer.
Wer frisst hier eigentlich wen?

1 Ein Sperber hat eine Goldammer erbeutet.

Beobachten Untersuchen Experimentieren

Wer frisst wen?
Meist überlegt man sich nur, was ein bestimmtes Tier frisst, zum Beispiel wenn man einen Steckbrief erstellt. Die meisten Tiere sind aber selbst Nahrung für andere Tiere. Zwischen den Lebewesen bestehen Nahrungsbeziehungen.

1 Im Garten kannst du folgende Tiere und Pflanzen beobachten: Katze, Blattläuse, Spinne, Blaumeise, Rosenblatt. Gib an, wer für wen Nahrung ist. Versuche die Beziehungen in einem Pfeilschema darzustellen.

2 Stelle eine Nahrungsbeziehung dar, die du auf dem Schulhof beobachten kannst. Sie soll aus mindestens drei Gliedern bestehen und beginnt mit: Brotrest → …

3 An einem alten Baum gibt es viele Nahrungsbeziehungen. ↑S. 70 Stelle einige als Pfeilschema dar.

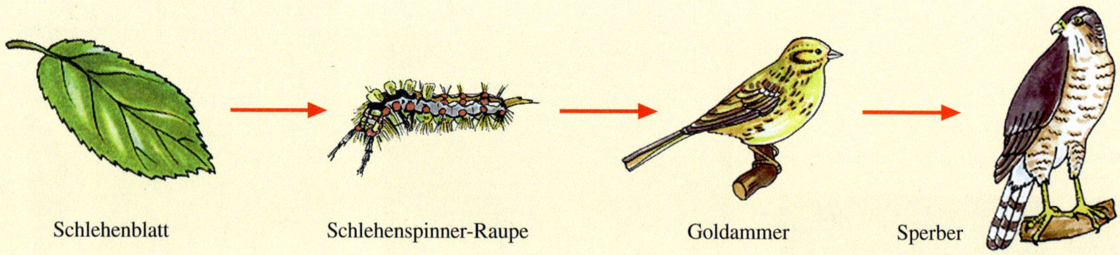

2 Nahrungskette (Der Pfeil bedeutet „wird gefressen von".)

GRUNDLAGEN: Nahrungsbeziehungen

Nahrungsketten Das Beispiel mit der Goldammer und dem Schlehenspinner beschreibt eine Nahrungsbeziehung. Sie besteht aus vier Gliedern, die wie bei einer Kette ineinandergreifen. Man bezeichnet sie daher als Nahrungskette. Das erste Glied in jeder Nahrungskette sind Pflanzen, von denen sich Pflanzenfresser wie viele Insekten, Feldmäuse, Schnecken und manche Vögel ernähren. Die Pflanzenfresser werden von kleineren Säugetieren wie Spitzmaus oder Igel und Insekten, Spinnen oder Vögeln gefressen. Diese sind wiederum Nahrung von größeren Fleischfressern wie Marder, Fuchs oder Greifvögeln. Nahrungsketten werden mit Pfeilen dargestellt. ↑2

Nahrungsnetze Die meisten Tiere sind nicht nur auf eine Nahrung festgelegt. Die Goldammer frisst nicht nur Schlehenspinner-Raupen, sondern auch andere Insekten und Spinnen. Goldammern werden auch von anderen Greifvögeln wie Habicht und Waldkauz und vom Baummarder gejagt. Jede Nahrungskette ist auf diese Weise mit den Kettengliedern anderer Nahrungsketten verknüpft. So ergibt sich aus verschiedenen Nahrungsketten ein vielteiliges Nahrungsnetz. Je artenreicher ein Lebensraum ist, umso umfangreicher ist auch sein Nahrungsnetz. ↑3

Lebensgemeinschaft und Ökosystem Pflanzen und Tiere in ihrem Lebensraum bilden eine Lebensgemeinschaft, sie sind durch Nahrungsbeziehungen und andere Wechselbeziehungen miteinander verbunden. So sind viele Blütenpflanzen auf die Bestäubung durch Insekten angewiesen.
Der Lebensraum ist gekennzeichnet durch die Umweltfaktoren, die auf die Lebewesen einwirken. ↑S. 44 Alles zusammen, Lebensraum, Umweltfaktoren und Lebensgemeinschaft, bezeichnet man als Ökosystem.

Schon gewusst?

Lebewesen stehen miteinander in Nahrungsbeziehungen. Beutetiere bilden die Nahrungsgrundlage für die Räuber.
Je mehr Beutetiere vorhanden sind, desto mehr Räuber können sich davon ernähren. Die höhere Anzahl von Räubern führt zum Rückgang der Beutetiere. Das wiederum führt zur Verminderung der Anzahl der Räuber.

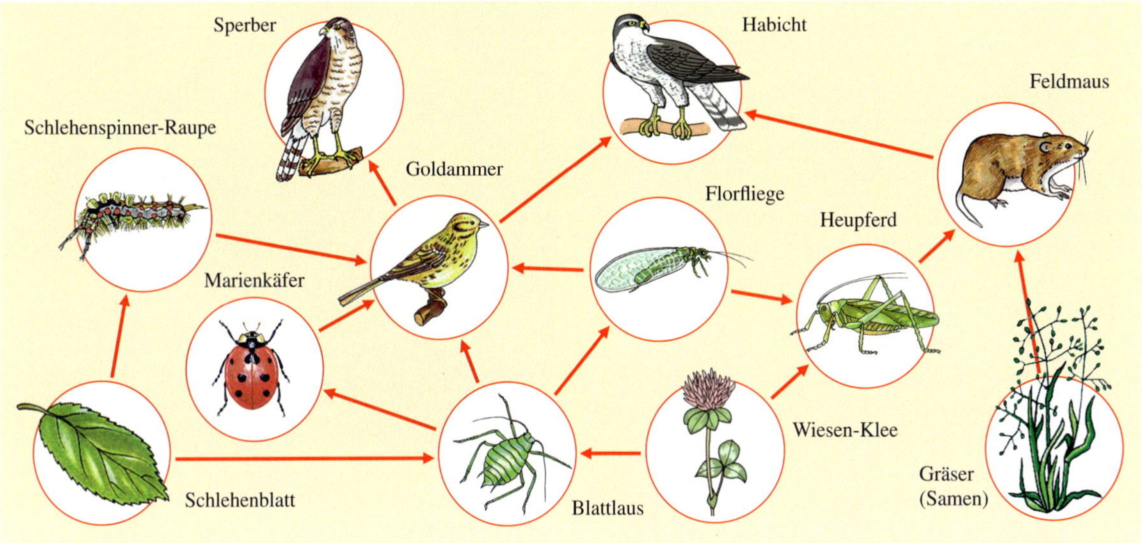

3 Nahrungsnetz (Der Pfeil bedeutet „wird gefressen von".)

Kurz und knapp **Zwischen den Lebewesen eines Lebensraums bestehen Nahrungsbeziehungen. Man kann sie als Nahrungsketten oder Nahrungsnetze darstellen. Lebensraum und Lebensgemeinschaft bezeichnet man zusammen als Ökosystem.**

Arbeitsaufträge

1 Erstelle eine Tabelle wie unten. Beginne in Spalte 2 mit den Tieren, die Pflanzen fressen. Welche Nachteile hat eine solche Tabelle? Ordne die Begriffe Beute und Fressfeinde zu.

Nahrung	*Tiere*

2 Bilde mit denselben Lebewesen zunächst Nahrungsketten. Erstelle dann ein einfaches Nahrungsnetz.
3 Notiere einige Nahrungsketten aus Abbildung ↑3.
4 Übertrage das Nahrungsnetz in dein Heft. ↑3 Ergänze das Nahrungsnetz um weitere Tiere.

Methode

Ergebnisse vorstellen

Nachdem ihr die Lebensgemeinschaften auf eurem Schulgelände und in der Umgebung eurer Schule so intensiv untersucht habt, solltet ihr eure Ergebnisse auch bekannt machen. Eure Mitschüler und Mitschülerinnen, Besucher der Schule und eventuell auch eure Eltern werden auf die Untersuchungsergebnisse gespannt sein.

1 Arbeitsergebnisse zusammentragen

Tragt zunächst die Arbeitsergebnisse eurer Untersuchungen zusammen und ordnet sie: die Pläne (vom Schulweg und Schulgelände) und Fotos der verschiedenen Lebensräume, Steckbriefe, Protokolle der Vogelbeobachtung und die Ergebnisse der Wiesenuntersuchungen.

2 Ideen sammeln

Überlegt, was ihr mit den Ergebnissen machen wollt und wie ihr sie präsentieren könnt. Es gibt viele verschiedene Möglichkeiten, zum Beispiel könnt ihr:

- mit Plakaten, Listen, Zeichnungen und Fotos eine Ausstellung im Schulgebäude gestalten
- einen „Bioführer durch das Schulgelände“ erstellen
- einen „Schulhof-Lehrpfad“ gestalten
- Hinweistafeln für das Schulgelände erstellen
- die Ergebnisse mit einem ausführlichen, bebilderten Bericht an den Bürgermeister eurer Stadt schicken

1 Ein Kurzreferat halten

3 Planung

Wenn ihr euch auf eine Idee geeinigt habt, überlegt, wie ihr vorgehen könnt und was ihr bedenken müsst. Macht eine Planung und verteilt die Aufgaben in Gruppen.

2 Schüler führen durch das Schulgelände.

4 Durchführung

Erstellt eure Materialien auf gesondertem Papier und übertragt sie erst im zweiten Schritt auf Plakate, Schilder oder Hinweistafeln. Überlegt, wie ihr die einzelnen Elemente übersichtlich anordnen könnt. Benutzt bei einer Ausstellung neben freien Wandflächen wenn möglich auch Stellwände. Dadurch wirkt die Ausstellung interessanter.

Fragt wegen eines günstigen Termins für die Eröffnung der Ausstellung die Schulleiterin oder den Schulleiter. Wählt nach Möglichkeit einen Zeitpunkt mit vielen Besuchern in der Schule, zum Beispiel einen Elternsprechtag oder eine besondere Veranstaltung. Ihr könnt auch andere Klassen durch eure Ausstellung oder über das Schulgelände führen und informieren.

Hier findet ihr einige Vorschläge zur Gestaltung von Materialien, die ihr für eine Ausstellung zum Thema „Lebensräume auf dem Schulgelände“ erstellen könnt.

Pflanzen und Tiere auf dem Schulgelände

a Zeichnet zunächst euer Schulgelände aus der Vogelperspektive auf ein großes Plakat. Benutzt dazu den Plan, den ihr schon besorgt bzw. angefertigt habt. ↑S.46 Kennzeichnet die Flächen mit Gebäuden, Wegen, Pflaster, Asphalt, Rasen, Beton, Gehölzen, Bäumen und Hecken in unterschiedlichen Farben oder Mustern. Anschließend werden die Teilpläne wieder zu einem Gesamtplan des Schulgeländes zusammengeklebt.

b Übertragt alle Steckbriefe von Pflanzen und Tieren, die ihr im Lauf der Arbeit an diesem Kapitel angefertigt habt, auf Zeichenkarton. Fertigt Zeichnungen der Pflanzen und Tiere an und klebt diese auf runde Pappscheiben (Durchmesser ca. 8 cm). Beschriftet sie. ↑3

c Klebt die runden Pappscheiben auf den Gesamtplan an den jeweiligen Fundort (Kartieren).

d Fertigt Plakate an mit Listen der auf dem Schulgelände gefundenen Pflanzen und Tieren.

e Bereitet Kurzreferate zu einigen Tier- und Pflanzenarten vor. ↑1

3 Steckbrief

Nahrungsketten und -netze

Schneidet aus rotem Karton Pfeile aus. Verwendet nun die runden Scheiben mit Pflanzen- und Tierzeichnungen, um Nahrungsbeziehungen darzustellen. Legt Nahrungsketten und kennzeichnet sie durch die roten Pfeile. Da sich die Nahrungsketten verzweigen, entwickelt ihr nach und nach Nahrungsnetze, die es auf eurem Schulgelände gibt. ↑4 und 5

4 Aus Pappscheiben Nahrungsketten legen

5 So kann ein Nahrungsnetz aussehen.

Tiere in unterschiedlichen Lebensräumen

Bestimmt warst du schon einmal im Zoo. Vielleicht könnt ihr auch mit der Klasse einen Zoobesuch unternehmen. Überlege, welche Tiere du dort beobachten kannst.
An welche erinnerst du dich? Aus welcher Region der Erde stammen diese Tiere? Wo leben sie? Könnten sie auch in einem anderen Lebensraum vorkommen?

1 Im Zoo kann man Tiere aus der ganzen Welt sehen.

Beobachten **Untersuchen** Experimentieren

Wo lebt welches Tier?
Im Zoo gibt es die unterschiedlichsten Tiere zu sehen. Einige davon sind hier abgebildet. Du kannst auch mit dem Buch oder dem Lexikon einiges über sie herausfinden.

a Ordne jedem Tier die passende Beschreibung zu.
↑2 bis 6 und A bis E

b Vergleiche die Tiere miteinander. Schreibe auf, welche besonderen Merkmale jedes Tier kennzeichnen.

c Beschreibe den jeweiligen Lebensraum der Tiere. Welche Pflanzen oder anderen Tiere sind besonders wichtig? Achte auch auf die Licht-, Wasser- und Windverhältnisse und die Temperatur.

d Überlege, wie jedes Tier an seinen Lebensraum angepasst ist. Schreibe einen kurzen Text, in dem du erklärst, warum das Tier nur dort leben kann.

2 Ara

A Meine Heimat sind die tropischen und subtropischen Meere, aber es gibt auch Verwandte, die im Süßwasser leben. Ich bin ein vorzüglicher Schwimmer, ernähre mich von anderen Meerestieren und habe viele scharfe Zähne.

3 Giraffe

B Ich lebe in Südamerika meist am feuchten Boden, kann aber auch gut klettern. Meine nächsten Verwandten sind fast alle leuchtend bunt wie ich. Meine Haut bildet ein Gift, das auch als Pfeilgift verwendet wird.

C Ich bewohne die Flüsse und Sümpfe Südamerikas. Ich werde bis zu 10 m lang und bin kräftig gebaut. Meine Augen und Nasenöffnungen liegen oben am Kopf. Ich lauere meiner Beute im Wasser auf und erwürge sie, denn ich bin ungiftig.

4 Anakonda

D Ich lebe im tropischen Regenwald von Amerika. Mein Federkleid ist sehr farbenfroh. Ich habe einen stark gekrümmten, kräftigen Schnabel. Ich esse Beeren, Nüsse und auch hartschalige Früchte.

E Ich bewohne die Steppen Afrikas. Dort wachsen harte Gräser und vereinzelt dornige Bäume. Mit meiner 45 cm langen Zunge kann ich gut greifen. Außerdem bin ich ein guter Läufer. Am liebsten esse ich saftige Blätter.

5 Weißhai

6 Baumsteigerfrosch

GRUNDLAGEN: Leben in der Kälte

Wir sind oft froh, wenn der Winter endlich vorbei ist und wir die Winterpullover beiseite legen können. Unsere einheimischen Tiere verlassen dann ihre Winterquartiere. Diese Möglichkeit haben die Tiere der Polargebiete nicht: Sie leben meist das gesamte Jahr über in Schnee und Eis. Warum erfriert der Eisbär nicht in der Polarkälte? Durch welche Schutzeinrichtungen können Tiere in ihrem extremen Lebensraum überleben?

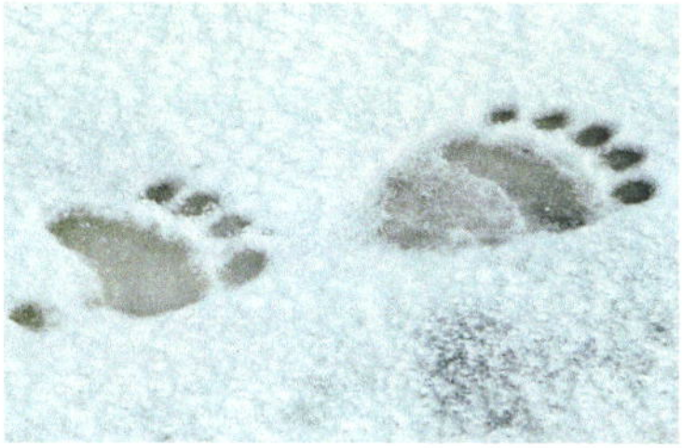

7 Pfotenabdruck eines Eisbären

Fell, Speck und Körpergröße als Kälteschutz Das Packeis an den Küsten des Nordpolarmeeres ist der Lebensraum der Eisbären. Ein dichtes Fell und eine dicke Speckschicht schützen sie vor Auskühlung. An Land ist das dichte Fell ein äußerst wirksamer Kälteschutz. Die feine, sehr dichte Unterwolle wird durch Talg aus zahlreichen Talgdrüsen wasserfest eingefettet. Im eisigen Wasser schützt das Fell die Eisbären aber nicht vor Wärmeverlust. Dort verhindern eine dicke Speckschicht unter der Haut und die große Körpermasse eine rasche Auskühlung. Die fetthaltige Nahrung liefert ihnen genügend Energie.
Außerdem haben Eisbären stark behaarte, riesige Pfoten. Die Behaarung sorgt dafür, dass über die Pfoten nur wenig Körperwärme an den Boden abgegeben wird. Die große Fläche der Pfoten verhindert ein rasches Einsinken in den Schnee – wie bei Schneeschuhen.

Auch im Winter aktiv Eisbären sind das ganze Jahr über aktiv, selbst im eisigen Polarwinter. Während starker Schneestürme lassen sie sich vom Schnee zuwehen. Ist der Sturm vorbei, graben sie sich wieder aus.

8 Der Eisbär ist an extreme Kälte angepasst.

Fortpflanzung Eine trächtige Bärin zieht sich zu Beginn des Winters zurück. Sie lässt sich vom ersten Schneesturm zuwehen und häuft den Schnee zu einer Höhle auf. Dort bringt sie zwei Junge zur Welt. Den Winter über nimmt die Mutter keine Nahrung zu sich, sondern zehrt von ihren Fettreserven. Die Jungen ernähren sich von der Muttermilch, die dick wie Sahne und sehr fetthaltig ist. Im Frühjahr verlassen die Jungen erstmals die Höhle. Bald siedelt sich die gesamte Familie auf dem Pack- und Treibeis an. Von dort aus jagen die Bären.

Arbeitsaufträge

1 Die Inuit jagen Eisbären, indem sie sie solange hetzen, dass diese überhitzen und sich dann nicht mehr richtig zur Wehr setzen können. Erkläre die biologische Grundlage für diese Jagdstrategie.

2 Welche Folge hat der ständige Rückgang des Packeises in der Arktis für die Eisbären und für die dort lebenden Menschen?

3 Stelle zusammen, wie der Eisbär an ein Leben in der Arktis angepasst ist.

Beobachten Untersuchen Experimentieren

1 Die Wüste erscheint lebensfeindlich.

Extreme Bedingungen

Wüstentiere sind an die lebensfeindlichen Lebensbedingungen in der Wüste angepasst.

1 Liste mithilfe der Abbildungen auf, welchen Bedingungen Tiere in der Wüste ausgesetzt sind. ↑1 bis 3

2 Stelle Hypothesen auf, welche Möglichkeiten die Tiere haben, mit diesen Bedingungen zurecht zu kommen.

3 Betrachte die Abbildungen. ↑4 und 5 Erkläre, wie die Tiere an das Leben in der Wüste angepasst sind.

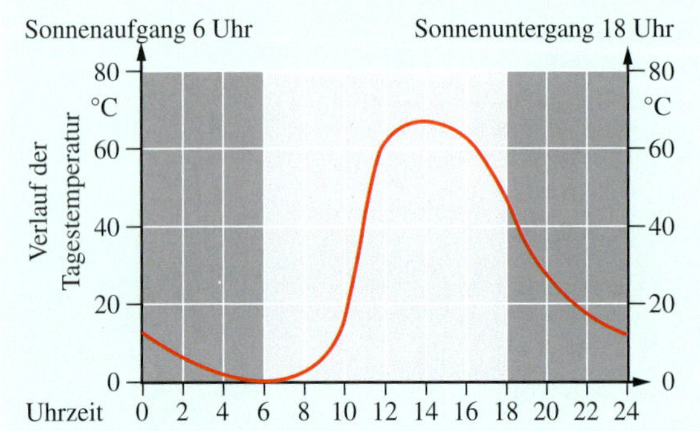

2 Verlauf der Tagestemperatur in der Sahara

4 Chamäleon

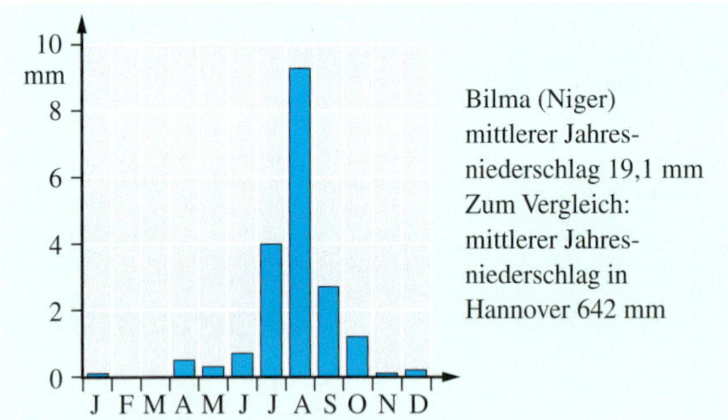

3 Jahresniederschlagsmenge in der Sahara.

5 Fennek

6 Kopf eines Dromedars

GRUNDLAGEN: Überleben in der Wüste

Endlose Sandmeere, Hitze und große Trockenheit kommen uns in den Sinn, wenn wir an Wüsten denken. Selbst in Wüsten gibt es Pflanzen und Tiere, die mit diesen Bedingungen zurecht kommen. Wie aber können diese Lebewesen bei so hohen Temperaturen überleben? Wie kommen sie mit der geringen Menge an Wasser aus?

Dromedar Das Dromedar, auch Einhöckriges Kamel genannt, gehört zu den Säugetieren, die an große Hitze und Trockenheit hervorragend angepasst sind. Auffallend an diesem Tier sind drei Merkmale: lange Beine, Rückenhöcker und ein hoch aufgerichteter Kopf. ↑7 Durch die langen Beine ist der Körper relativ weit vom heißen Wüstenboden entfernt. Die Fußsohlen bestehen aus dicken, elastischen Polstern, die dehnbar sind und durch ihre große Sohle das Laufen im Sand erleichtern. ↑8 Im Rückenhöcker werden die Fettvorräte gespeichert. Die Atemluft ist bei Wind oder Sturm in dieser Höhe weniger sandhaltig. Durch verschließbare Nasenlöcher und lange, zweireihige dichte Wimpern sind Nase und Augen der Dromedare bei Sandstürmen geschützt. ↑6 Das dicke, wollige Fell schützt nachts vor Kälte und am Tag vor Hitze.

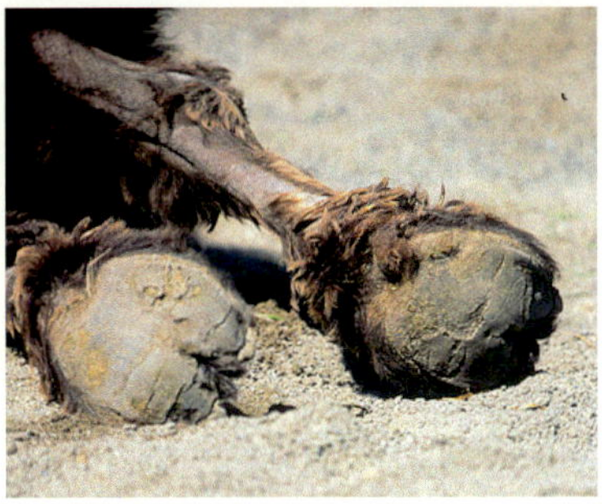

8 Fußsohle eines Dromedars

7 Das Dromedar kann Hitze und Kälte ertragen.

Schon gewusst?

Wasserspeicher
Dromedare können bis zu zwei Wochen ohne zu trinken und bis zu einem Monat ohne zu fressen in der Wüste überleben. Sie sind in der Lage, auf Vorrat etwa 100 Liter Wasser in zehn Minuten aufzunehmen.

Schwarzkäfer Auch Insekten haben Tricks gegen Hitze und Trockenheit. Wie die Dromedare schützen sich Schwarzkäfer durch lange Beine vor der Hitze des Sandes. Als wechselwarme Tiere regeln sie ihre Körpertemperatur, indem sie Wärme aus ihrer Umgebung aufnehmen oder an ihre Umgebung abgeben. Sie lecken den morgendlichen Tau vom Boden. Die beiden Vorderflügel sind zu einer harten, geschlossenen Deckschale verwachsen. Damit wird das Körperinnere vor Austrocknung geschützt.

9 Schwarzkäfer in der Wüste

Kurz und knapp **Tiere, die in der Wüste leben, müssen mit wenig Wasser auskommen. Sie können durch ihr Verhalten oder durch sonstige Eigenschaften mit den extrem hohen Temperaturen und auch dem recht geringen Nahrungsangebot umgehen.**

Arbeitsaufträge

1 Informiere dich über Dromedare und Trampeltiere und ihre Lebensräume. Erkläre, welches der beiden besser in einem Zoo in unserer Klimaregion zu halten ist und weshalb.

2 Stelle die auf diesen Seiten vorgestellten Angepasstheiten in Form einer Tabelle dar. Vergleiche. Nenne weitere Beispiele für Angepasstheiten an extreme Lebensbedingungen.

Besuch im Zoo

Bei einem Zoobesuch kann man viel Neues über Tiere entdecken. Wer sich längere Zeit vor einem Gehege aufhält und die Tiere genau beobachtet, erfährt mehr über sie, als wenn er nur schnell von Tier zu Tier durch den oft großen Zoo geht.
Vor dem Zoobesuch solltet ihr in der Klasse zunächst überlegen, was ihr im Zoo erkunden wollt. Ein Plan vom Zoo, den man auch im Internet abrufen kann, ist dabei hilfreich.
Teilt eure Klasse in Gruppen mit jeweils 3 bis 4 Schülern ein und legt fest, welche Gruppe welches Thema bearbeiten sollte.

Ich interessiere mich für Rekorde im Tierreich.
Welche Tierart ist besonders schwer und kräftig? Welches sind die schnellsten Tiere auf dem Land, im Wasser und in der Luft? Welche Tiere sind besonders giftig? Welche Arten haben eine große Anzahl von Nachkommen?

Ich will alles über die dickhäutigen Elefanten wissen.
Wie groß sind sie? Wo leben sie? Wie verhalten sich die Elefanten in der Gruppe untereinander? Welche Unterschiede gibt es?

Wie ich mir den idealen Zoo vorstelle.
Wie leben die Tiere in ihren Gehegen? Werden eine oder mehrere Arten in einem Gehege gehalten? Fühlen sich die Tiere wohl? Genügt ihnen der Platz? Wie bekommen sie ihr Futter? Wie werden sie am Verlassen ihres Geheges gehindert? Wie kann man Zootiere beschäftigen? Welche Tiere können vielleicht zunächst nur im Zoo überleben? Woher bekommt der Zoo seine Tiere?

Mich interessieren die Jungtiere.
Bleiben die Jungen bei ihrer Mutter? Wie werden sie großgezogen? Was passiert, wenn die Mutter krank wird oder sich nicht um das Junge kümmert?

Ich will später im Zoo arbeiten.
Ich erkundige mich bei einem Tierpfleger über seine Arbeit. Welche Ausbildung hat ein Tierpfleger? Kann er auch Tierarzt werden?

Arbeitsaufträge

Im Zoo begibt sich jede Gruppe mithilfe des Zooplans zu dem Gehege, an dem sie ihre Arbeitsaufträge erledigen kann. Zur Ergebnissicherung sollte jede Gruppe ein Arbeitsprotokoll verfassen und einen Plan des Geheges zeichnen.

1 Betrachtet und beobachtet das Tier einige Zeit genau. Notiert euch das Aussehen des Tieres. Beobachtet seine Fortbewegung und seine Nahrungsaufnahme. Welche Verhaltensweisen zeigt es außerdem? Wo sind die frei lebenden Artgenossen beheimatet? Wie ist das Gehege gestaltet? Ist die Tierhaltung artgerecht? Welche Besonderheiten des Tieres könnt ihr sonst noch feststellen?
Achtet auch auf die Informationstafeln. Sie geben wichtige Hinweise.

2 Vergleiche die unterschiedlichen Affenarten. Welche Affenarten leben im Zoo? Welche gehören zu den Menschenaffen? Durch welche gemeinsamen Merkmale unterscheiden sich alle Affen von den anderen Säugetieren?

3 Beobachte das Zusammenleben der Affen in der Gruppe. Wie viele Tiere leben in ihr? Unterscheide nach Alter und Geschlecht. Nenne weitere Kennzeichen, an denen du einzelne Tiere voneinander unterscheiden kannst? Wer führt die Affengruppe im Gehege an? Wie nehmen die Tiere miteinander Kontakt auf? Wie verständigen sie sich untereinander? Achte auf den Gesichtsausdruck und die Körperhaltung. Womit beschäftigen sich die Jungtiere? Vergleiche das Verhalten von Jungtieren, wenn sie mit Erwachsenen oder mit gleichaltrigen Artgenossen spielen.

Überblick

Haustiere – Nutztiere – Heimtiere
Der Mensch hat einige wild lebende Tiere zunächst durch Zähmung, dann durch gezielte Züchtung zu Haustieren gemacht. So wurden zum Beispiel Wolf, Katze, Rind und Pferd domestiziert.
Tiere, die wir nutzen, um Fleisch, Milch, Eier, Leder oder Wolle zu gewinnen, nennt man Nutztiere. Hund und Katze zählt man zu den Heimtieren. Sie wohnen meist mit uns gemeinsam in der Wohnung. Wenn wir sie zu uns aufnehmen, übernehmen wir große Verantwortung.

Säugetiere
Die meisten unserer Nutztiere sind Säugetiere. Ihr innen liegendes Knochenskelett ist gegliedert in Kopf, Rumpf und vier Gliedmaßen. In der Regel bringen sie lebende Junge zur Welt, die anschließend mit Muttermilch gesäugt werden. Sie atmen durch Lungen. Fast alle Säugetiere besitzen ein Haarkleid und halten ihre Körpertemperatur konstant: Sie sind gleichwarm. Gebiss, Verdauungsorgane und Gliedmaßen sind an die Lebensweise der jeweiligen Tierart angepasst.

Nutzpflanzen
Nutzpflanzen sind Kulturpflanzen, die der Mensch für seine Ernährung, als Tierfutter oder auch für medizinische und technische Zwecke verwendet. Alle Nutzpflanzen sind aus Wildpflanzen hervorgegangen, indem der Mensch Pflanzen mit geeigneten Merkmalen auswählte und züchtete.

Lebensräume
Lebensräume können sein: ein alter Baum, eine Wiese, Pflasterritzen auf dem Schulgelände, ein Garten, ein Bach, aber auch ein Park oder ein Acker. Man bezeichnet einen Lebensraum auch als Biotop. Jeder Lebensraum ist durch bestimmte Umweltfaktoren wie Bodenbeschaffenheit, Temperatur, Feuchtigkeit, Licht- und Windstärke gekennzeichnet. Pflanzen und Tiere sind an ihren Lebensraum angepasst.

Bau der Blütenpflanzen
Wurzeln, Sprossachse, Laubblätter und Blüten sind die Organe der Blütenpflanzen. Sie sind in ihrem Bau an unterschiedliche Aufgaben angepasst. Blüten dienen der Fortpflanzung.

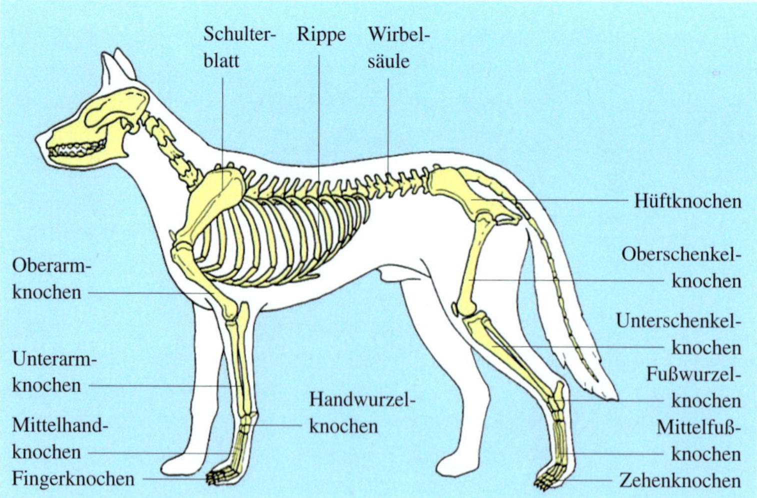

1 Skelett eines Säugetiers (Hund)

Anhand ihres Blütenbaus kann man Pflanzen unterscheiden und bestimmten Familien zuordnen.

Wirbellose Tiere
Neben den Wirbeltieren wie den Säugetieren gibt es verschiedene Gruppen von Wirbellosen.

Nahrungsketten und Nahrungsnetze
Pflanzen und Tiere in einem Lebensraum bilden eine Lebensgemeinschaft. Zwischen ihnen gibt es vielfältige Nahrungsbeziehungen. Mit Nahrungsketten lassen sich einfache Nahrungsbeziehungen darstellen. Viele Tiere haben mehrere Nahrungsquellen. Dadurch werden Nahrungsbeziehungen komplizierter. Man kann sie mit Nahrungsnetzen darstellen.

Verantwortung des Menschen
Durch Eingriffe des Menschen werden häufig wertvolle Lebensräume zerstört. Die Ziele des Naturschutzes sind, Pflanzen, Tiere und ihre natürlichen Lebensräume zu bewahren. Außerdem soll die Artenvielfalt und Schönheit der Natur erhalten werden. Jeder kann selbst dazu beitragen, dass Tiere und Pflanzen und ihre Lebensräume geschützt werden.
Haus- und Nutztiere haben Anspruch auf eine artgerechte Haltung, bei der so weit wie möglich auf ihre Lebensbedürfnisse Rücksicht genommen wird. Dabei muss das natürliche Verhalten der Tiere beachtet werden.

Alles klar?

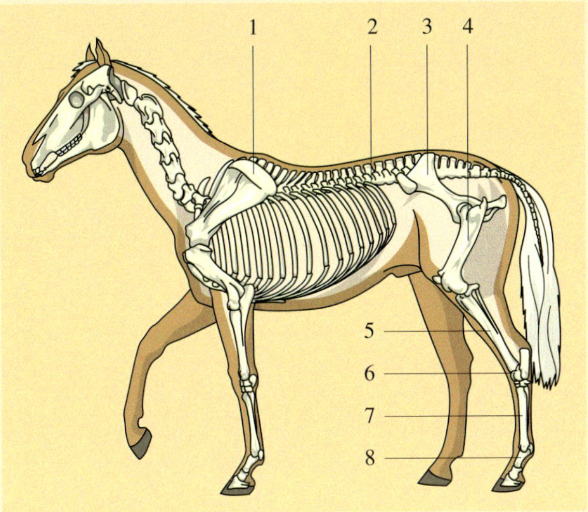

2 Skelett des Pferdes

1 Nenne die Vorfahren von zwei Haustieren und erstelle einen Steckbrief von einer der Wildformen.
2 Erkläre den Begriff „Domestikation“.
3 Pferde sind perfekt an das Leben in weiten Steppenlandschaften angepasst. Erläutere dies anhand des Skeletts. ↑2 Nenne weitere Angepasstheiten.
4 Vergleiche das Skelett des Pferdes mit dem des Hundes. ↑S. 82
a Benenne die mit Ziffern beschrifteten Teile.
b Nenne Gemeinsamkeiten und Unterschiede.
c Ordne die Bezeichnungen Zehengänger und Zehenspitzengänger zu. Begründe.
5 Schlachttiere werden innerhalb der Europäischen Union (EU) oft über weite Strecken transportiert.
a Nenne mögliche Gründe für Tiertransporte.
b Für Straßentransporte von Schlachttieren gelten innerhalb der EU unter anderem folgende Vorschriften:
Im Transportmittel können, je nach Außentemperatur, Temperaturen von 5 bis 30 (± 5) °C herrschen. Rinder, Schafe und Ziegen können 14 Stunden und nach einer 1-stündigen Pause weitere 14 Stunden transportiert werden. Schweine und Pferde können 24 Stunden lang befördert werden. Bei Schweinen muss eine ständige Versorgung mit Wasser gewährleistet sein. Pferde müssen alle 8 Stunden getränkt werden. Nach einer 24-stündigen Pause kann der Transport bei allen Tieren fortgesetzt werden.
c Tierschützer fordern ein Verbot von Tiertransporten über weite Entfernungen. Nenne Argumente, die sie anführen könnten.
d Nimm selbst Stellung zu den Regelungen.
6 Du hast den Begriff Züchtung kennengelernt. Beschreibe anhand eines Beispiels, wie die Menschen aus Wildformen nutzbare Pflanzen gezüchtet haben.
7 Anhand ihrer Merkmale kann man die Getreidearten unterscheiden. ↑3 Ordne die Namen den Abbildungen ↑a bis e zu: Saatweizen, Hafer, Gerste, Mais, Roggen.

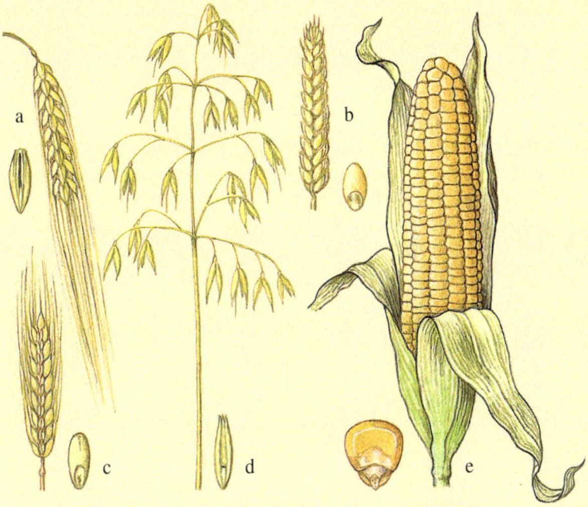

3 Getreidearten

8 Lebensräume sind durch verschiedene Umweltfaktoren gekennzeichnet und beherbergen unterschiedliche Tier- und Pflanzenarten.
a Nenne einige Lebensräume für Tiere und Pflanzen, die in deiner näheren Umgebung zu finden sind.
b Beschreibe die Umweltfaktoren für einen bestimmten Lebensraum.
c Nenne einige Bewohner dieses Lebensraums (Pflanzen und Tiere).
d Beschreibe, wie die Pflanzen und wie die Tiere an den Lebensraum angepasst sind.
9 Manche Lebensräume sind gesetzlich geschützt. Sie werden zum Beispiel als Naturschutzgebiete ausgewiesen.
a Nenne einige Gründe, warum Gebiete geschützt werden.
b Informiere dich, was ein Naturschutzgebiet auszeichnet und welche Vorschriften darin gelten.
c Stelle Verhaltensregeln für Besucher eines Naturschutzgebiets auf.

Sonne – Wetter – Jahreszeiten

Wenn es hell wird, beginnt der Tag, wenn die Sonne untergeht, endet er. Die Sonne bestimmt den Rhythmus unseres Lebens. Sie bringt uns Licht und Wärme, allerdings nicht immer gleich viel. Im Winter ist es dunkler und kälter. Wir untersuchen diese Veränderungen während eines Tages und während eines Jahres. Und wie lebt es sich bei unterschiedlichen Temperaturen?

Die Sonne – Motor des Lebens

Die Sonne liefert die Energie für alles Leben auf unserem Planeten. Sowohl Tiere als auch Pflanzen benötigen Licht und Wärme, die von der Sonne ausgestrahlt werden. Pflanzen können mithilfe der Lichtenergie Nährstoffe aufbauen, von denen auch die Tiere profitieren.

1 Pflanzen bauen in ihren Blättern mithilfe des Sonnenlichts energiereiche Stoffe auf. Wie machen sie das?

2 Sind auch Tiere und der Mensch auf die Energie aus der Sonne angewiesen?

3 Die Sonne liefert die Energie für das Wachstum der Pflanzen. Was außer der Sonne brauchen Pflanzen noch zum Wachsen?

4 Welche Bedeutung haben die Früchte von Pflanzen für Tiere?

5 Warum wachsen Pflanzen zum Licht?

6 Die Sonnenenergie kann auch direkt aufgefangen werden. Auf vielen Dächern findest du Solarzellen, die die Sonnenenergie in elektrische Energie umwandeln, und Solarkollektoren, die mithilfe der Sonnenenergie Wasser erwärmen.

7 Wasser verdunstet durch die Energie der Sonne und gelangt so in die Atmosphäre. Dort bilden sich Wolken und es beginnt zu regnen. Auf dem Weg des Wassers ins Meer kann die verbliebene Höhenenergie bei starkem Gefälle in Wasserkraftwerken genutzt werden.

Die Sonne – unsere wichtigste Energiequelle

Ein Sonnenuntergang über der Nordsee sieht schön aus. Aber was wäre, wenn die Sonne am nächsten Morgen nicht mehr scheinen würde? Wir müssten unsere Lampen den ganzen Tag anhaben – das ist klar –, aber gäbe es noch mehr Auswirkungen?

1

Beobachten Untersuchen *Experimentieren*

2

3

1 Gefühlte Wärme

a Setze dich dicht neben eine Schreibtischlampe. ↑2 Kannst du mit geschlossenen Augen fühlen, ob die Lampe eingeschaltet ist? Gibt es Unterschiede zwischen verschiedenen Lampen?

b Kannst du mit verbundenen Augen feststellen, ob die Sonne scheint, oder von einer Wolke verdeckt ist?

2 Reflektierte Wärme

Überziehe eine Postkarte glatt mit glänzender Aluminiumfolie.

a Halte die Postkarte mit der Folienseite nahe an deine Wange. ↑3 Was stellst du fest? Erkläre deine Beobachtung.

b Mit der Alufolie kannst du „Wärme spiegeln“: Halte die Postkarte über einen eingeschalteten Toaster oder in die Sonne. Drehe dann die Postkarte etwas hin und her. In welcher Stellung spürst du, dass dein Gesicht warm wird?

3 Absorbierte Wärme

Lege (im Freien) ein weißes und ein schwarzes Blatt Papier nebeneinander in die Sonne. Unter beide Blätter legst du eine Zeitung (zur Isolierung gegenüber dem Boden). Lass die Papiere 15 min lang liegen. Prüfe dann mit der Wange die Temperatur ihrer Oberfläche. Was stellst du fest? Erkläre deine Beobachtung.

Du kannst statt des Papiers auch schwarze und weiße T-Shirts, helle und dunkle Schokoladenstücke oder Kerzen in die Sonne legen.

4 Thermometer im Vergleich

Du benötigst zwei Thermometer, die du, wie in Bild ↑4 dargestellt, vorbereiten musst.

a Bei welchem Thermometer steigt die Temperatur auf höhere Werte?

b Bringe beide Thermometer auf die gleiche Temperatur. Welches kühlt schneller ab?

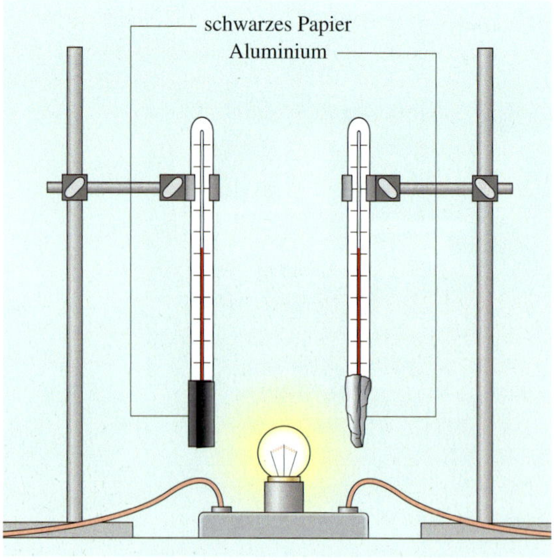

4

GRUNDLAGEN: Die Sonne erwärmt die Erde – Wärmestrahlung

Ohne die Energie, die uns die Sonne Tag für Tag schickt, könnten alle höheren Pflanzen und damit auch die meisten Tiere nicht überleben. Es würde bitterkalt und das nicht nur im Winter sondern auch im Sommer, denn Jahreszeiten und Wetter gäbe es nicht mehr.
Der Mond hat etwa die gleiche Entfernung von der Sonne wie die Erde, bekommt also etwa genauso viel Sonnenenergie pro Quadratmeter von der Sonne wie wir. Trotzdem ist es dort am Tage 130 °C heiß und in der Nacht –160 °C kalt. ↑5
Warum wird es auf der Erde am Tag nicht so heiß und nachts nicht so kalt? Von der Sonne strömt auf jeden senkrecht beschienenen Quadratmeter Erde mehr Energie als aus deinem Föhn beim Haaretrocknen. Fast alle unsere Energiequellen kommen über Umwege von der Sonne. Woher bekommt sie ihre unermessliche Energie? Wie wird die Energie durch das dunkle kalte und leere Weltall bis zur Erde transportiert? Ist es das Licht, welches die gesamte Energie transportiert? ↑6

5

6

Wenn ein Auto „in der Sonne steht", wird es innen oft heiß. Im Sommer am Strand kann der Sand so heiß werden, dass man kaum noch barfuß darauf laufen kann. Für beide Beispiele gilt: Körper auf der Erde werden durch die Sonne erwärmt – durch Strahlung, die von der Sonne zur Erde gelangt. ↑7
Strahlung breitet sich auch im luftleeren Raum aus.
Körper, die sehr heiß sind, wie z. B. die Sonne, Lagerfeuer oder der Glühdraht einer Glühlampe, senden sichtbare Strahlung, also Licht aus. ↑8
Aber auch alle anderen Gegenstände strahlen etwas. Diese für uns unsichtbare Strahlung heißt Wärmestrahlung. Mit speziellen Wärmebildkameras kann man sie sichtbar machen. ↑11

7

8

9 Spezieller Wärmestrahler

10 Lagerfeuer strahlt Wärme ab.

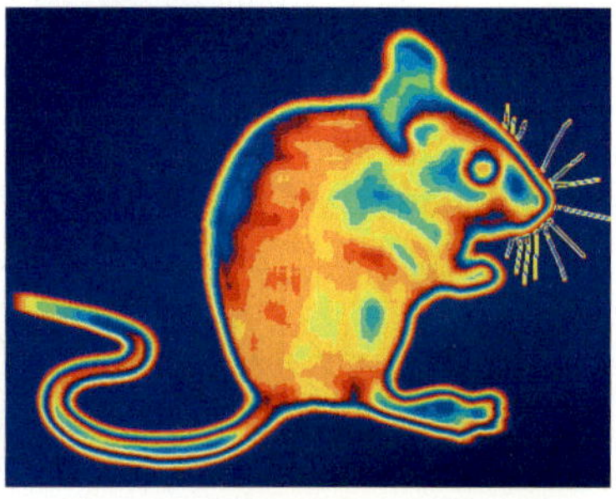
11 Infrarotaufnahme einer Maus

1

Die dunkle Erde absorbiert viel Strahlung von der Sonne. Dadurch kühlt sie nicht aus, obwohl sie immer Wärme in den Weltraum strahlt.
Schnee, spiegelnde Wasseroberflächen oder weiße Wolken werfen einen Teil der Strahlung zurück (sie reflektieren die Strahlung).
Glas (aber auch viele Kunststoffe) ist für Licht völlig durchlässig, nicht aber für die Wärmestrahlung. Die Strahlung von heißen Körpern kann das Glas nahezu ungehindert durchdringen. Strahlung, die von kälteren Körpern ausgeht, wird vom Glas kaum hindurch gelassen. Die Strahlung der heißen Sonne kommt also durch das Fenster in die Wohnung. Dort wird sie z. B. von einem dunklen Teppich absorbiert.
Auch der Teppich sendet Wärmestrahlung aus. Aber von dieser Strahlung dringt fast nichts durch die Fenster nach außen. Die thermische Energie ist gewissermaßen „in die Falle" geraten. Solche Fallen für die Energie sind auch die Treibhäuser in Gärtnereien oder Wintergärten. Solarhäuser nutzen die Sonnenenergie besonders gut. ↑1

Kurz und knapp **Energie von der Sonne wird durch Strahlung zur Erde transportiert. Dadurch wird die Erde erwärmt.**
Alle Gegenstände senden Wärmestrahlung aus. Je höher die Temperatur eines Gegenstandes ist, desto mehr thermische Energie gibt er ab.
Wenn Strahlung auf einen anderen Körper trifft, wird sie teilweise aufgenommen (absorbiert). Der Körper erwärmt sich.

Aus der Technik Sonnenkollektoren für warmes Wasser

Manche Häuser sind auf ihrer Südseite mit Solaranlagen oder Sonnenkollektoren ↑2 ausgestattet. Sie sollen Wasser mithilfe von Sonnenstrahlung erwärmen. Kollektoren haben die Aufgabe, möglichst viel Sonnenstrahlung aufzunehmen (zu absorbieren) und damit Wasser zu erwärmen.
Die Sonnenstrahlung dringt durch die Glasscheiben und trifft auf die schwarze Absorberplatte aus Metall; dort wird die Strahlung absorbiert. Die Temperatur der Platte steigt daraufhin an.
Hinter der Absorberplatte wird eine Flüssigkeit in Rohrleitungen vorbeigepumpt. Diese Flüssigkeit kann Wärme sehr gut speichern; sie gefriert auch erst bei viel tieferen Temperaturen als Wasser.
Die Flüssigkeit in den Rohren wird von der Absorberplatte erwärmt. Dann wird sie in den Wärmetauscher geleitet. ↑2 Hier gibt sie die Wärme an das kalte Leitungswasser ab.

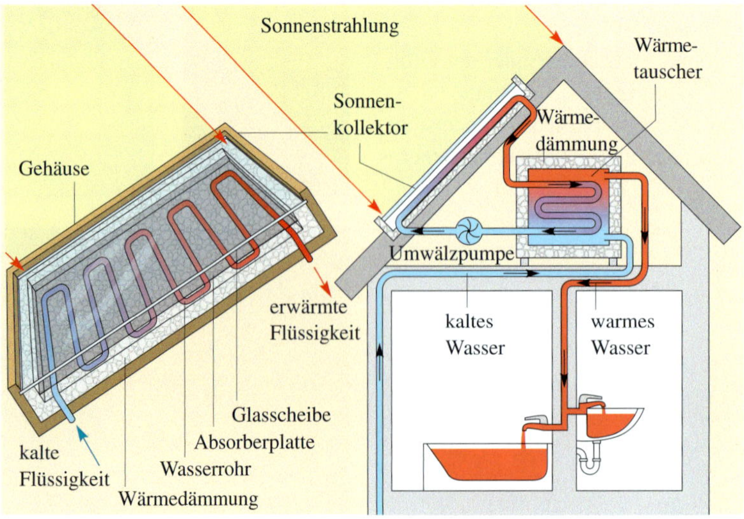

2 Ein Sonnenkollektor und Warmwasserversorgung mit Solaranlage

Beobachten Untersuchen **Experimentieren**

1 Wärmetransport im Wohnzimmer

a Stelle im Beisein eines Erwachsenen ein brennendes Teelicht dicht vor der warmen Heizung auf den Boden. Beobachte die Flamme genau. ↑3

b Hänge ein Zimmerthermometer für mindestens 15 min dicht unter die Decke, vielleicht an die Lampe. Lies die Temperatur ab.

c Lege das Thermometer ebenso lange auf den Boden und lies ebenfalls die Temperatur ab.

3

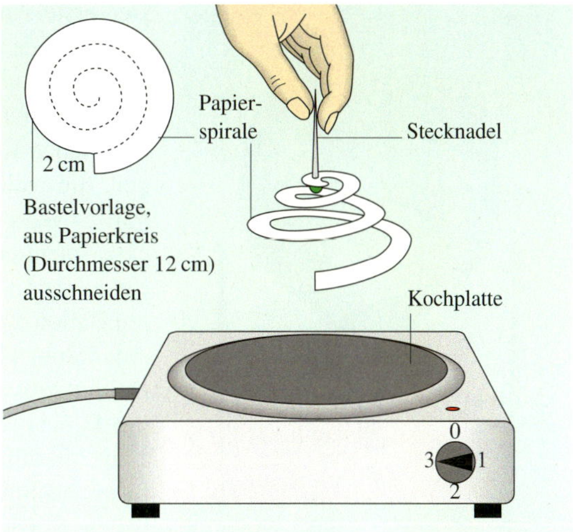

4

2 Der Tanz der Papierspirale

a Schneide dir eine Papierspirale aus. Stecke an ihrem inneren Ende von unten her eine Stecknadel hindurch. So kann sich die Spirale leicht drehen.

b Halte deine „Warmluftspirale“ einige Minuten über eine Wärmequelle. ↑4

GRUNDLAGEN: Wärmemitführung

In der Weihnachtszeit drehen sich viele Weihnachtspyramiden. Was treibt das Flügelrad der Pyramide an? Die Wärmestrahlung kann es nicht sein, denn mit einer starken Taschenlampe bekommst du das Flügelrad nicht zum Drehen.

Über der Kerze wird die Luft erwärmt. Sie dehnt sich aus und vergrößert so ihr Volumen – sie wird also leichter. Die kalte Luft in der Umgebung ist schwerer. Sie schiebt sich unter die warme Luft. Die warme Luft steigt auf, trifft auf die schrägen Flügel der Weihnachtspyramide und schiebt sie zur Seite. Dadurch beginnt sich das Flügelrad zu drehen. ↑5

Eine Luftströmung ist auch im geheizten Zimmer zu beobachten. An der Heizung wird die Luft erwärmt und steigt nach oben. Dort strömt die warme Luft in umgekehrter Richtung wie am Boden, also von der Heizung weg. Im Zimmer gibt sie die thermische Energie an Decke, Wand und Möbel ab. Die Luft wird wieder kälter und sinkt dabei nach unten. Als ein leichter Windzug strömt die Luft am Boden wieder zur Heizung. ↑6

Der Verlust von Wärme durch Wärmemitführung lässt sich meist einfach verringern, z. B. durch das Verschließen des Fensters.

Kurz und knapp **Luft und Wasser höherer Temperatur steigen in kälterer Umgebung (Luft bzw. Wasser) auf. Sie führen dabei Wärme mit. Wenn Wärme zusammen mit einem Stoff an einen anderen Ort transportiert wird, nennt man das Wärmemitführung.**

5

6

Historisches Heißluftballons – am Himmel fahren

1

Der erste Aufstieg eines Menschen mit einem Ballon ist mit den Namen der Gebrüder JOSEPH (1740 bis 1810) und ETIENNE (1745 bis 1799) MONTGOLFIER verbunden. Sie waren Papierfabrikanten.

Die Idee zu ihrem Ballon entstand aus Beobachtungen an Rauchgasen, die im offenen Kamin aufstiegen und verbrannte Papierfetzen in die Luft trugen. Sie wollten diese leichten Rauchgase in einer Hülle einfangen und hofften, dass die Gase auch diese Hülle in die Luft heben würden. Anfangs experimentierten die Gebrüder mit Seidensäckchen. Im Jahre 1782 flog ein solches 300 m hoch und 1500 m weit. Dies spornte sie an, einen größeren Ballon aus Leinwand und Papier zu bauen.

Am 5. Juni 1783 startete sie ihren ersten Ballon auf dem Marktplatz ihres Heimatortes in der Nähe von Lyon. Er war aus Leinen gefertigt und innen mit Papier ausgefüttert. Der Ballon hatte einen Durchmesser von etwa 12 m. Gefüllt war er mit „stinkigem Rauch“, wie er aus brennendem, feuchtem Stroh aufsteigt. Der Ballon soll eine Höhe von 1800 m erreicht haben. Solche Ballons bezeichnete man später nach ihren Erfindern als Montgolfieren. Bald darauf folgten dann „bemannte“ Fahrten: Im August 1783 starteten vor dem gesamten Hofstaat in Paris ein Hammel, eine Ente und ein Hahn. Im Monat November wagten sich auch zwei Menschen in die Lüfte – ein Apotheker und ein Marquis (ein französischer Adliger). Sie hoben ab zu einem „Luftspaziergang“ über den Dächern von Paris. ↑1

Arbeitsaufträge

1 Beleuchtete Schokolade
Beleuchte einige Stücke Schokolade aus etwa 20 cm Entfernung 5 min lang mit einer Schreibtischlampe. Falte zuvor für ein Schokoladenstück einen „Sonnenschutz“ und stülpe über ein zweites Stück ein kleines Trinkglas. Wickle ein drittes Stück in Aluminiumfolie, ein weiteres in dunkles Papier ein. ↑2 Welches Schokoladenstück wird am weichsten?

2

3

2 Meeresklima – Wüstenklima
Stelle zwei gleich große Gläser auf ein sonniges Fensterbrett. Fülle eines mit Sand, das andere mit Wasser derselben Temperatur. Miss nun möglichst jede Stunde einmal die Temperatur des Sandes und des Wassers. Miss auch noch mal, nachdem die Sonne untergegangen ist.

Hinweis: Natürlich kannst du die Sonne in diesem Experiment auch durch eine Schreibtischlampe ersetzen.

3 Wie können sich Gleitschirmflieger auch ohne Motor nach oben bewegen? ↑3
Tipp: Auch hier spielt erwärmte Luft eine Rolle. Erkläre.

Aus der Natur Treibhauseffekt

Wenn ein Auto im Sommer in der Sonne gestanden hat, dann können die Sitze so heiß sein, dass man kaum einsteigen kann. Ursache dafür ist die Strahlung der Sonne. Die Strahlung von sehr heißen Körpern unterscheidet sich von der Wärmestrahlung, die von Körpern geringerer Temperatur ausgeht.
Die Strahlung der heißen Sonne kann Glas nahezu ungehindert durchdringen. Die Wärmestrahlung der kälteren Autositze wird vom Glas nicht hindurch gelassen. Und auch die erwärmte Luft kann das geschlossene Auto nicht verlassen. Dadurch entsteht ein Treibhauseffekt: Die Wärme im Auto ist wie in der Falle gefangen. Diese Erscheinung nutzt man in einem Gewächshaus und auch zur Erwärmung von Häusern. ↑4
Auch unsere Erde ist eine Art Treibhaus. Die Erde ist von einer dicken Luftschicht umgeben. Ein Bestandteil der Luft ist das Kohlenstoffdioxid. Es entsteht z. B. beim Verbrennen von Kohle, Erdöl, Benzin und Erdgas. Das Kohlenstoffdioxid hat ähnliche Eigenschaften wie das Glas im Gewächshaus. Es lässt die von der Sonne kommende Strahlung ungehindert hindurch. Die von der warmen Erdoberfläche ausgehende Wärmestrahlung wird jedoch nur teilweise hindurch gelassen. Nur durch diesen Treibhauseffekt ist höheres Leben auf der Erde möglich. Sonst wäre es nachts bitterkalt und tagsüber heiß – Verhältnisse wie auf dem Mond. Doch je mehr Kohlenstoffdioxid in die Atmosphäre gelangt, desto mehr Wärmestrahlung wird von ihr zurück gehalten. Die Erde erwärmt sich immer mehr und das Klima verändert sich. ↑5
Klimaforscher befürchten, dass sich in den nächsten 50 Jahren die bodennahe Luftschicht um 1,5 °C bis 4,5 °C erwärmen könnte. Dies hätte erhebliche Folgen: Die Klimazonen der Erde würden sich verschieben und die Meere würden sich erwärmen und dabei ausdehnen. Gleichzeitig würde das Eis der Polkappen und der Gletscher schmelzen. Das arktische Packeis könnte im Sommer vollständig verschwinden.

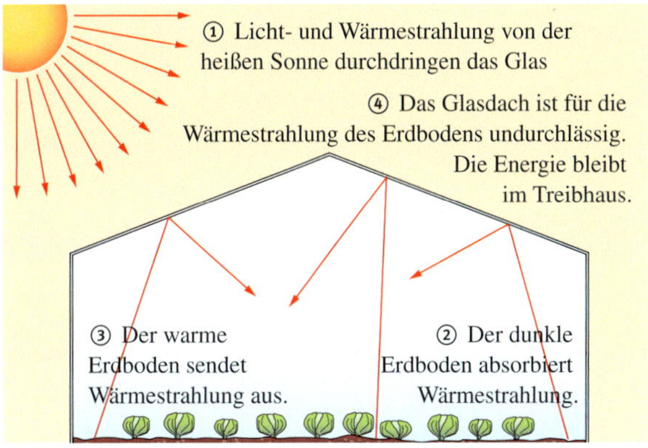

4

5

1 Mache Vorschläge, wie ihr in eurer Wohnung und eurem Garten den Treibhauseffekt nutzen könntet.
2 Bei welchen Vorgängen Haushalt und Technik entsteht Kohlenstoffdioxid? Wie kannst du mithelfen, dass künftig weniger Kohlenstoffdioxid entsteht?
3 Es gibt außer Kohlenstoffdioxid noch andere Treibhausgase. Suche Informationen dazu im Internet.
4 Baue dir ein Minigewächshaus für die Fensterbank oder den Balkon. Nutze geeignete Kunststoffgefäße (z. B. Kühlschrankgefäße für die Aufbewahrung von Lebensmitteln). Benutze das Gewächshaus für das Heranziehen von Pflanzen für dein Fenster, euren Balkon oder den Garten. Vergleiche die Temperatur im Innern des Gewächshauses mit der Umgebungstemperatur. ↑6

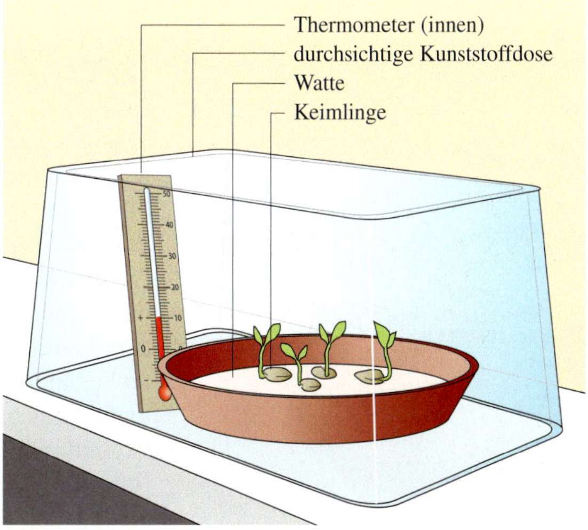

6

Die Sonne – Motor des Lebens

Jeder kennt das wohlige Gefühl, wenn im Frühjahr die ersten Sonnenstrahlen auf unsere Haut auftreffen. Auch für Pflanzen ist die Sonne von großer Bedeutung. Ohne sie würde auf unserem Planeten kein Leben existieren. Pflanzen und Tiere sind auf die Sonne angewiesen. Doch warum benötigen Pflanzen für ihr Wachstum die Sonne?
Welche Auswirkungen hat die Sonne auf das Leben von Tieren?

1 Bäume im Sonnenschein

Beobachten Untersuchen Experimentieren

2 Untersuchung an Blättern

1 Reaktion von Pflanzen auf Licht
Material: junge Pflanze (z. B. Bohnenpflanze) im Topf; großer, lichtundurchlässiger Karton, Schere
Durchführung: Schneide in eine Seite des Kartons eine kleine Öffnung. Stelle die Pflanze an einen hellen Ort (Fensterbrett) und stülpe den Karton über den Topf mit der Pflanze. Warte einige Tage.
Wie wird die Pflanze reagieren? Notiere eine Vermutung.
Auswertung: Beschreibe die Beobachtung. Vergleiche das Ergebnis mit deiner Vermutung. Erläutere, was der Versuch über die Bedeutung der Sonne für Pflanzen aussagt.

2 Stelle eine reich beblätterte Grünpflanze (z. B. Efeu) in einem Blumentopf an einen warmen, hellen Ort. Stülpe eine Plastiktüte so über die Grünpflanze, dass diese von der Außenluft abgeschirmt ist. ↑2
Betrachte nach etwa 30 Minuten die Innenwand der Tüte.
Notiere deine Beobachtungen. Erkläre die Erscheinung.

GRUNDLAGEN: Bedeutung der Sonne für die Lebewesen

Die Strahlung der Sonne Die Sonne wärmt unsere Haut, was wir meist als sehr angenehm empfinden. Die Sonne strahlt zu jeder Jahreszeit Wärme aus.
Alle Körper, die sehr heiß sind, senden neben Wärme auch Licht aus. Das kann man nicht nur bei der Sonne, sondern beispielsweise auch bei einer heißen Herdplatte oder bei einem Glühwendel in der Glühlampe beobachten. Auch Licht ist eine Form von Strahlung. Von der Sonne treffen also Licht und Wärme auf die Erde. Die Energie der Strahlung reicht aus, um unseren Planeten so stark zu erwärmen, dass Leben möglich ist.

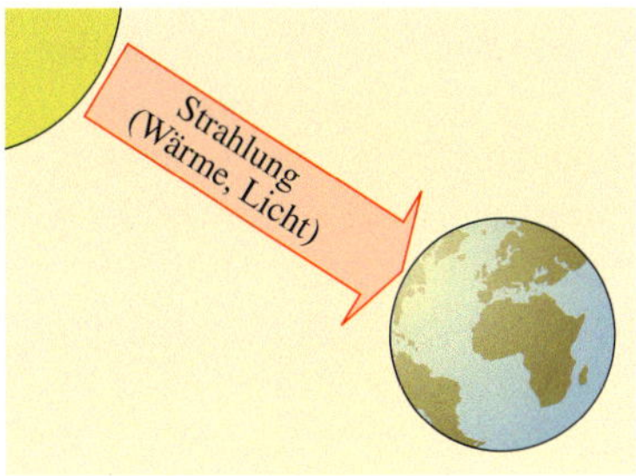

3 Die Sonne sendet energiereiche Strahlung aus.

Die Bedeutung der Sonne für die Tiere Die Sonne spielt im Leben aller Tiere eine wichtige Rolle. Sie bestimmt den Tag- und Nachtrhythmus und das Leben der Tiere in den verschiedenen Jahreszeiten. Viele Tiere nutzen das Licht, um sich am Tag in ihrer Umwelt zu orientieren. Auch die Wärme der Sonne ist für das Wachstum und die Entwicklung aller Tiere entscheidend. So könnte zum Beispiel der Schneehase ohne die wärmende Strahlung in den Polarregionen nicht überleben. ↑5

Die Bedeutung der Sonne für die Pflanzen Auch die Pflanzen sind auf die Sonnenenergie angewiesen. Schon sehr zeitig im Jahr, wenn überall noch Schneereste liegen und der Boden noch gefroren ist, schauen beispielsweise die Blüten von Krokussen und Schneeglöckchen aus der Erde. ↑4 Sie benötigen die Wärme der Sonne. Allerdings ist das Licht der Sonne für die Pflanzen von viel größerer Bedeutung. Pflanzen können mithilfe der Lichtenergie Zucker herstellen. Diesen benötigen sie zum Wachsen und Blühen. Den Aufbau von Zucker mithilfe von Sonnenenergie nennt man Fotosynthese.

4 Schneeglöckchen

Kurz und knapp **Die Sonne sendet Strahlung in Form von Licht und Wärme aus. Pflanzen und Tiere benötigen die Energie dieser Strahlung für Wachstum und ihre Entwicklung. Auch der Tag- und Nachtrhythmus und das Leben in den Jahreszeiten werden durch die Sonne beeinflusst.**

Arbeitsaufträge

1 Die Sonne hat eine große Bedeutung für das Leben vieler Tiere. Forscht zu zweit in diesem Buch, welche Rolle die Sonne im Leben verschiedener Tiere spielt. Erstellt eine Liste.

2 Einige Tiere, wie zum Beispiel Reptilien, sind ganz besonders auf die Wärmeenergie der Sonne angewiesen.

a Informiere dich über die Lebensweise von Eidechsen. ↑S.46

5 Schneehase

b Erkundige dich in einer Zoohandlung über die artgerechte Haltung von Reptilien.

3 Die Sonne ist auch für uns Menschen wichtig. Beschreibe, wie sie dich in deinem täglichen Leben beeinflusst.

4 Die Sonne hat nicht nur positive Auswirkungen auf die Lebewesen. Stelle eine Liste mit den möglichen schädlichen Folgen der Sonnenstrahlung zusammen.

Wie kommt der Zucker in die Kirschen?

Vor allem im Sommer quellen die Supermarktregale vor leckeren Früchten nur so über. Beispielsweise schmecken uns saftige Pfirsiche, Erdbeeren und Kirschen besonders gut, weil sie sehr süß sind. Diese Früchte enthalten also viel Zucker.
Wie kommt der Zucker in die Früchte hinein und welche Bedeutung hat er für die Pflanzen?

1 Viele Früchte schmecken süß.

Beobachten Untersuchen Experimentieren

1 In den grünen Laubblättern von Pflanzen ist Stärke enthalten.
Diesen Stoff kann man mit einem chemischen Reagenz, der Iod-Kaliumiodid-Lösung, nachweisen. Der Nachweis ist positiv, wenn sich die angefärbten Teile des grünen Laubblattes violett bis blauschwarz färben. Schneide Blätter von Kapuzinerkresse, Kartoffel oder Geranie ab, die einige Stunden dem direkten Sonnenlicht ausgesetzt waren. Tauche sie mit einer Pinzette etwa 2 Minuten in siedendes Wasser und bringe sie danach in ein Becherglas mit heißem Alkohol. (*Vorsicht: Schutzbrille tragen!* Alkohol darf nur im Wasserbad erhitzt werden, nie mit offener Flamme!) Damit wird das Chlorophyll aus den Blättern herausgelöst. Sie sehen nun gelblich weiß aus. Nimm das Blatt mit einer Pinzette heraus und spüle es mit Wasser ab. Lege es flach in eine Petrischale und tropfe mit einer Pipette Iod-Kaliumiodid-Lösung darauf. ↑2
Beobachte einige Minuten lang, was passiert. Notiere das Ergebnis und deute es.

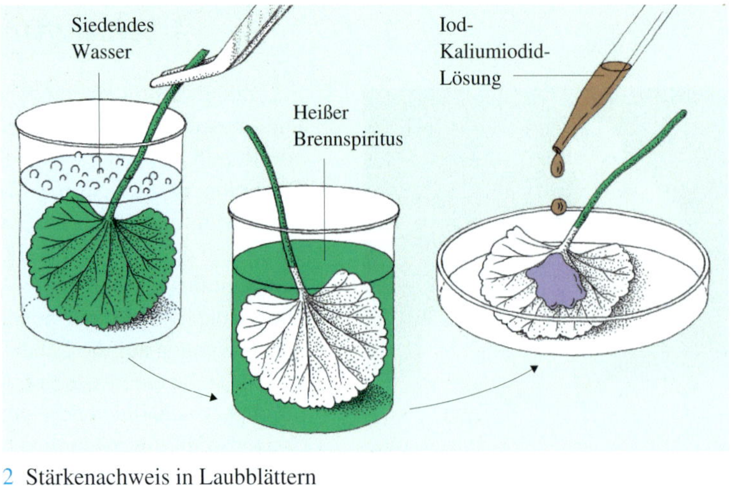

2 Stärkenachweis in Laubblättern

3 Abhängigkeit der Stärkebildung vom Licht

2 Untersuche die Abhängigkeit der Stärkebildung vom Licht. Umhülle einen Tag vor dem Nachweis ein der Sonne zugekehrtes Blatt einer Pflanze (Efeu oder Kartoffel) mit einem Streifen dünner Alufolie. ↑3
Schneide am nächsten Tag das Blatt von der Pflanze ab. Führe den Stärkenachweis durch. Beschreibe das Blatt. Versuche das Ergebnis zu deuten.

3 Warum können Pflanzen Traubenzucker nicht speichern? Vergleiche die Löslichkeit von Traubenzucker und Stärke in Wasser. Beachte, dass du die gleichen Mengen an Traubenzucker und Stärke verwendest.

GRUNDLAGEN: Pflanzen versorgen sich selbst

Mineralstoffe allein reichen nicht aus Alle Lebewesen sind auf Mineralstoffe angewiesen. Menschen nehmen diese mit der Nahrung zu sich. Pflanzen können dem Boden Mineralstoffe mit ihren Wurzeln entnehmen. Doch sie brauchen auch Nährstoffe wie Zucker und Fette. Menschen und Tiere nehmen Nährstoffe mit der Nahrung auf. Doch wie gelangen diese Stoffe in die Pflanzen? Im Boden sind sie nicht enthalten.

Pflanzen betreiben Fotosynthese Aus späteren Versuchen ergab sich, dass grüne Pflanzen wie kleine Fabriken arbeiten, die Traubenzucker und Stärke mithilfe des Sonnenlichts herstellen. Dazu benötigen sie lediglich Wasser und Kohlenstoffdioxid. Kohlenstoffdioxid ist ein Gas, das sich in der Luft befindet. Die Pflanzen nehmen es durch kleine Öffnungen an den Blattunterseiten, die Spaltöffnungen, auf. ↑5

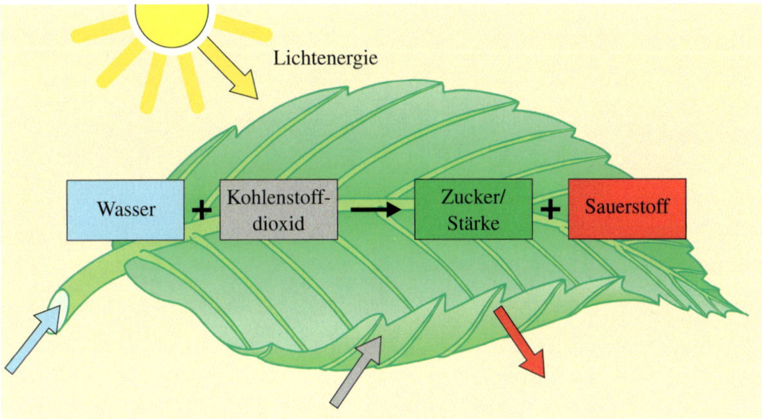

4 Nährstoffbildung in grünen Laubblättern

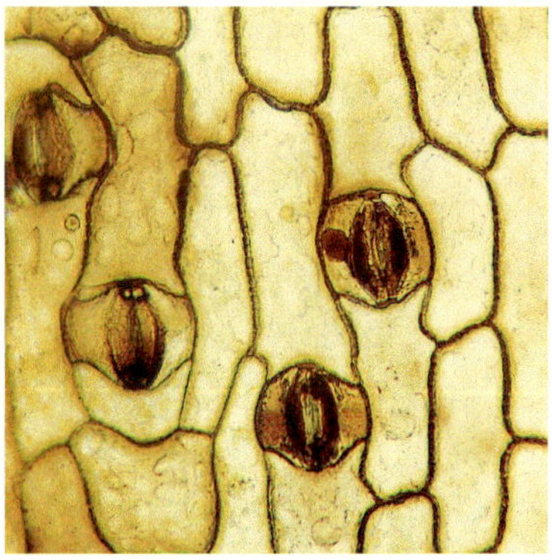

5 Spaltöffnungen an einer Blattunterseite, mit dem Mikroskop betrachtet

Die Bildung von Zucker bzw. Stärke aus Kohlenstoffdioxid und Wasser mithilfe der Lichtenergie aus der Sonne wird als Fotosynthese bezeichnet (griech. *phos*: Licht, *synthes*: Bildung). Dabei entsteht zusätzlich auch Sauerstoff. ↑4 Den Zucker benötigt die Pflanze für ihr Wachstum. Außerdem können Pflanzen Zucker in andere Nährstoffe wie Fette und Eiweiße umwandeln.
Alle Lebewesen sind direkt oder indirekt von der Sonne abhängig: Pflanzen, weil sie die Lichtenergie für die Fotosynthese benötigen, und Tiere, weil sie sich direkt oder indirekt von Pflanzen ernähren.

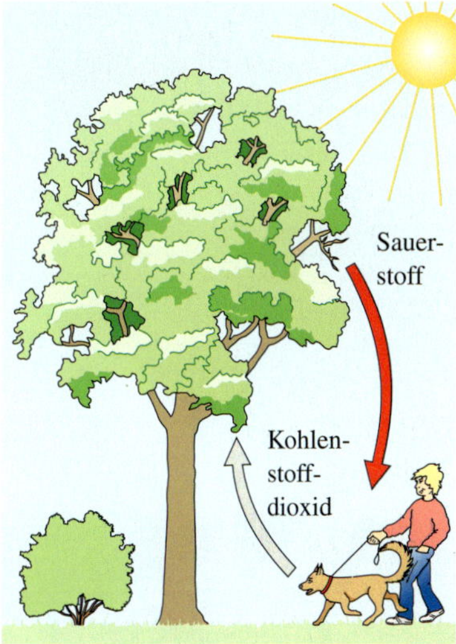

6 Pflanzen erzeugen Sauerstoff und sind Nahrungsgrundlage für Tiere und Menschen.

Kurz und knapp **Grüne Pflanzen stellen mithilfe des Sonnenlichtes aus Kohlenstoffdioxid und Wasser Zucker/Stärke her. Dabei entsteht Sauerstoff. Dieser Vorgang wird als Fotosynthese bezeichnet.**

Arbeitsaufträge

1 Nenne die von der Pflanze für die Fotosynthese benötigten Stoffe. Mit welchen Pflanzenorganen werden sie aufgenommen?

2 Erläutere, wie der Zucker in die Kirschen kommt. Gehe von seinem Bildungsort in der Pflanze aus.

3 Nimm Stellung zu der Behauptung, dass Pflanzen sich von Stoffen aus dem Boden ernähren.

Leckeres von Pflanzen

Dass Pflanzen köstliche Früchte produzieren, weiß eigentlich jeder – spätestens wenn es im Sommer die ersten süßen Erdbeeren gibt.
Aber nicht nur die Früchte vieler Pflanzen sind bei Menschen und Tieren beliebt. Auch andere Teile der Pflanzen stehen als Gemüse oder Gewürze auf dem Speiseplan.

1 Hülsenfrüchte der Schmetterlingsblütler enthalten wertvolle Eiweißstoffe.

2 Kiwis sind reich an Vitamin C.

Leckere Früchte

Früchte sind die auffälligsten Teile der Pflanzen, die von Mensch und Tier verspeist werden. Das liegt besonders auch daran, dass sie wegen ihrer intensiven Farben oft sehr attraktiv aussehen. Doch Vorsicht: Manche Früchte, die schön und schmackhaft aussehen, sind giftig (z. B. die der Tollkirsche).

3 Haselnüsse am Strauch

4 Keimsprosse haben oft einen hohen Vitamin- und Eiweißgehalt und werden häufig in der asiatischen Küche verwendet (z. B. Mungbohne).

5 Paprikafrucht

Köstliche Wurzeln und Sprosse

Viele Pflanzen speichern ihre Nährstoffe für die Überwinterung in ihren dicken, knollenförmigen Wurzeln oder Sprossachsen. Deswegen sind diese Teile mancher Pflanzen häufige und nahrhafte Nahrungsmittel. Die am meisten gegessene Sprossknolle ist wohl die Kartoffel. Aber auch die Speicherwurzeln der Möhre landen auf dem Teller.

6 Aus der Wurzelknolle der Zuckerrübe wird Zucker gewonnen.

7 Die Rinde des Zimtbaums wird abgeschält und als Gewürz verwendet.

8 Gewürzpflanzen am Fenster

Blätter

Auch die Blüten und Blätter vieler Pflanzen finden Verwendung in der Küche. Die Blätter von Spinat und Salat haben zwar keinen so hohen Energiegehalt wie viele Knollen und Samen, dafür enthalten sie aber wichtige Vitamine. Die Blätter vieler Kräuter (z. B. Petersilie, Basilikum, Oregano, Lorbeer oder Minze) werden als Gewürze verwendet.

Arbeitsaufträge

1 Protokolliere drei Tage lang, welches Obst und Gemüse du isst. Tragt eure Ergebnisse zusammen und erstellt eine Tabelle mit den Pflanzen, die dabei waren. Stellt Vermutungen auf, um welchen Pflanzenteil es sich gehandelt hat.

2 Kiwis werden oft als „Vitamin-C-Bombe" bezeichnet. Überprüfe diese Behauptung: Miss den Vitamin-C-Gehalt einer Kiwi und anderer Früchte mit Teststreifen. Vergleiche.

3 Macht gemeinsam einen Obstsalat. Jeder aus der Klasse bringt etwas Obst (z. B. Äpfel, Birnen, Orangen, Bananen) mit in die Schule. Außerdem braucht ihr große und kleine Schüsseln, Schneidbrettchen, Messer und Besteck. Verteilt die Aufgaben in der Klasse. Schneidet das frische Obst in kleine Stücke und vermischt es gut in der Schüssel. Zum Verfeinern könnt ihr auch etwas Zucker oder Honig und Zitronensaft dazugeben. Auch Rosinen und Nüsse kann man verwenden. Der Fantasie sind keine Grenzen gesetzt.

4 Erkläre, warum Pflanzen Früchte produzieren.

5 Auch Blüten werden gegessen. Ermittle ein Rezept, bei dem Pflanzenblüten verwendet werden.

6 Erkläre anhand von Beispielen den Unterschied zwischen Obst und Gemüse.

7 Ermittle, wie heute Zucker gewonnen wird. Lies in Nachschlagewerken nach oder informiere dich im Internet. Vergleiche die Zuckergewinnung früher und heute.

Die Pflanzenorgane wirken zusammen

In vielen von Menschen bewohnten Räumen stehen Pflanzen. Sie sind dekorativ und verbessern die Raumluft. Pflanzen geben über die Blätter Wasserdampf ab und befeuchten so die Luft. Dies empfinden die meisten Menschen beim Atmen als angenehm.
Wenn Pflanzen Wasser abgeben, müssen sie wieder welches aufnehmen. Wie erfolgt die Aufnahme des Wassers und der anschließende Transport zu den Blättern?

1 Der Wasserdampf schlägt sich an der kalten Fensterscheibe nieder.

Beobachten Untersuchen Experimentieren

2 Versuch 1

3 Versuch 2

Ihr könnt den Wassertransport in Pflanzen selbst untersuchen. Führt die Versuche in Partnerarbeit durch und erstellt ein Versuchsprotokoll.

1 Wassertransport in der Sprossachse

Material: zwei Bechergläser, Messer, Lupe, mit Lebensmittelfarbe oder Tinte stark gefärbte Lösungen, Sprosse einer weiß blühenden Pflanze (z. B. Tulpe, Fleißiges Lieschen, Margerite, Nelke)
Durchführung: Schneidet zwei blühende Sprosse mit einem scharfen Messer ab. Füllt das eine Becherglas mit Wasser und das andere mit der Farbstofflösung. Stellt je einen Spross in ein Becherglas. ↑2 Beobachtet etwa eine Stunde lang im Abstand von 15 Minuten. Protokolliert. Schneidet zum Schluss je ein 2 cm langes Stück vom unteren Ende der Sprossachse ab. Betrachtet die Sprossschnitte mit der Lupe. Notiert eure Beobachtungen.
Auswertung: Findet eine Erklärung für die Beobachtungen.

2 Wasserverbrauch von Pflanzen

Material: zwei Reagenzgläser, Wasser, Öl, zwei gleich große 30 bis 40 cm lange, beblätterte Sprosse, z. B. von Linde, Flieder, Holunder oder Fleißigem Lieschen, Messer zum Anschneiden; Folienstift
Durchführung: Füllt die Reagenzgläser mit Wasser. Stellt in jedes einen frisch angeschnittenen Spross. Entfernt an einem Spross alle Blätter bis auf eines. Bringt nun den Wasserstand auf die gleiche Höhe. Gebt jeweils einige Tropfen Öl auf die Wasserschicht. Dadurch wird das Verdunsten des Wassers über die Oberfläche verhindert. Stellt die Reagenzgläser an einen hellen Ort. Markiert mit dem Stift den Wasserstand bei Versuchsbeginn. ↑3 Beobachtet den Wasserstand über eine Stunde. Markiert ihn nach je 10 Minuten und erneut nach einem Tag.
Auswertung: Versucht euer Versuchsergebnis zu erklären.

GRUNDLAGEN: Stofftransport für die Lebensvorgänge der Pflanze

Transportaufgaben im Pflanzenkörper Die Blätter benötigen für die Fotosynthese Kohlenstoffdioxid, das sie mit der Luft durch ihre Spaltöffnungen aufnehmen. ↑S. 15/5 Das benötigte Wasser muss aus dem Boden in die Blätter gelangen. Die anderen Pflanzenteile müssen von den Blättern aus mit Zucker versorgt werden. Für diese Transportaufgaben befinden sich in den Pflanzen Leitungsbahnen, die ohne Unterbrechung durch Wurzeln, Sprossachse und Blätter führen.

Transport von Wasser und Mineralstoffen Pflanzen besitzen röhrenförmige Leitungsbahnen für den Wassertransport. Für uns sind diese Leitungsbahnen als Blattadern sichtbar. ↑4 Das von der Wurzel aufgenommene Wasser mit den Mineralstoffen fließt in den Wasserleitungsbahnen entgegen der Schwerkraft nach oben. Der Antrieb für diesen Wasserstrom nach oben wird hauptsächlich durch die Verdunstung geliefert. Bei offenen Spaltöffnungen haben die Wasserleitungsröhren eine Verbindung nach außen. Wenn Wasser verdunstet, entsteht in der dünnen Röhre eine Saugwirkung. Diese ist stark genug, um den Wasserfaden in der Röhre wie in einem Strohhalm nach oben zu ziehen. ↑6

4 Leitungsröhren im Wegerichblatt

5 Wurzelspitze

Oberflächenvergrößerung für die Wasseraufnahme Betrachtet man Wurzelspitzen genauer, so fällt ein weißer Flaum auf. Mit der Lupe kann man sehen, dass es sich hierbei um winzige Wurzelhaare handelt. ↑5 Beispielsweise befinden sich an einer Roggenpflanze etwa 14 Milliarden Wurzelhaare mit einer Gesamtoberfläche von 400 m^2. Die große Oberfläche der Wurzelhaare ermöglicht eine enorme Wasseraufnahmeleistung.

Nährstofftransport Neben den Wasserleitungsbahnen besitzt die Pflanze noch spezielle Leitungsbahnen für den Transport von Nährstoffen. Diese verteilen die in den Laubblättern gebildeten Nährstoffe in der Pflanze. ↑6 Beispielsweise gelangt in einer Kartoffelpflanze Zucker in gelöster Form aus den Blättern in die Kartoffelknollen. Dort wird der Zucker in Stärke umgewandelt.

Kurz und knapp **Leitungsbahnen durchziehen die Pflanzen ohne Unterbrechung von der Wurzel über die Sprossachse bis in die Blätter hinein. Sie ermöglichen den Transport von Wasser und Mineralstoffen sowie Nährstoffen für die Lebensvorgänge im Pflanzenkörper.**

Schon gewusst?

Mit der riesigen Zahl der Wurzelhaare, die zusammen eine sehr große Oberfläche ergeben, kann die Pflanze in kurzer Zeit viel Wasser aufnehmen. Die Struktur der Wurzel ist an die Funktion der Wasseraufnahme angepasst.

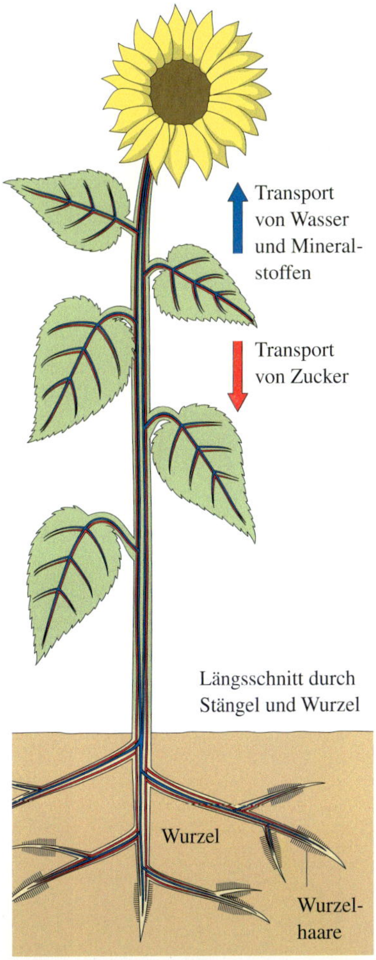

6 Stofftransport zwischen den Pflanzenorganen

Überblick

Energietransport durch Strahlung
Aufgrund ihrer Temperatur senden alle Körper Strahlung aus. Durch diese Strahlung wird Energie übertragen.
Dunkle Körper nehmen Strahlung besser auf als helle, sie absorbieren stärker, glänzende Körper reflektieren den größten Teil der Strahlung.
Die Sonnenenergie wird allein durch Strahlung transportiert. Auch von allen warmen Körpern geht Strahlung aus. Dabei kühlen sie sich ab. Diese so genannte Wärmestrahlung ist für uns unsichtbar. Die Strahlung sehr heißer Körper ist für uns zum Teil – als Licht – sichtbar. Der Rest ist Wärmestrahlung.

Energietransport durch Wärmemitführung
Erwärmte Luft steigt auf und mit ihr die Wärme. In der Heizungsanlage wird Wärme mithilfe des warmen Wassers transportiert.

Ohne Sonne kein Leben
Die Sonne liefert die Energie für das Leben auf der Erde. Sowohl Pflanzen als auch Tiere benötigen Licht und Wärme, die von der Sonne ausgestrahlt werden.

Pflanzen versorgen sich selbst
Pflanzen stellen aus Wasser und Kohlenstoffdioxid mithilfe des Sonnenlichts Zucker her (Fotosynthese). Außerdem entsteht dabei Sauerstoff. Pflanzen brauchen zum Wachstum auch Mineralstoffe, die sie durch die Wurzeln aufnehmen. Von dort werden sie mit dem Wasser durch die Leitungsbahnen zu den Blättern transportiert. Durch andere Leitungsbahnen wird in umgekehrter Richtung der in den Blättern gebildete Zucker in Früchte und Wurzeln transportiert.

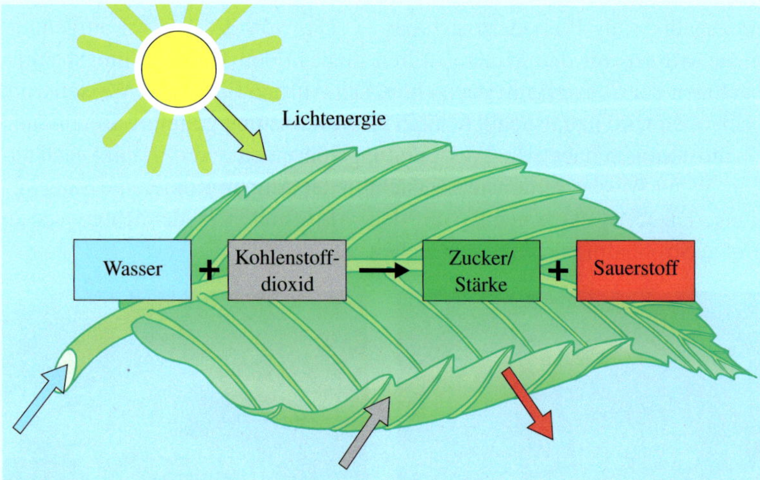

1 Die Nährstoffbildung in grünen Blättern ist vom Licht abhängig.

Alles klar?

1 Betrachte und vergleiche die Fotos. ↑2 Beide Gefäße wurden ausreichend belichtet. Das rechte Glas ist verschlossen. Eine Flüssigkeit auf seinem Grund bindet das Kohlenstoffdioxid der Luft, die sich im Glas befindet. Erkläre das Versuchsergebnis.

2 Versuch mit jungen Kressepflanzen

3

2 Auf der Packung eines Fertiggerichts steht: „8–9 min im Backofen bei 200 °C oder 7–8 min im Umluftherd bei 200 °C backen.“ ↑3
Erkläre diesen Unterschied.

Alles klar?

3 Wie sollten Sonnenkollektoren – große flache Kästen, in denen Wasser durch Sonnenlicht erwärmt wird – ausgerichtet werden?

4 Was würde passieren, wenn der Heizkörper in einem Zimmer statt unter der Fensterbank an der Zimmerdecke angebracht wäre?

5 Worin besteht der Unterschied zwischen zwei gleich warmen Räumen, wenn der eine von einem kleinen heißen Ofen, der andere von einem großen nur mäßig warmen Heizkörper erwärmt wird?

6 Warum ist es nachts auf dem Mond so kalt und auf der Erde nicht? Erkläre mithilfe des Treibhauseffektes.

7 Einige Tiere können die für uns unsichtbare Wärmestrahlung teilweise sehen. Recherchiere in Büchern oder im Internet. Hat jedes dieser Tiere einen besonderen „Grund" für diese besondere Fähigkeit?

8 Astronauten tragen helle glänzende Anzüge. ↑4 Begründe.

4

9 Warum zeigt das Bimetallthermometer offensichtlich nicht die richtige Temperatur an? ↑5

5

10 Dein Körper strahlt ständig etwas Wärme ab. Durch geeignete Kleidung lässt sich das vermeiden. Du kühlst dann aber weiter durch Wärmemitführung aus, und das lässt sich kaum verhindern. Wer nimmt deine Wärme mit?

11 Die Leistungen der Pflanzen und die Bedeutung für den Menschen sind sehr beeindruckend. PRIESTLEY hatte beobachtet, dass eine Maus mit einer Pflanze zusammen unter einer Glasglocke einige Zeit leben konnte, während sie ohne Pflanze unter der Glocke zunächst ohnmächtig wurde und dann starb. ↑7 a und b Warum ist die Maus unter der Glasglocke ohne Pflanze gestorben, während die andere am Leben blieb?

6 JOSEPH PRIESTLEY (1733 bis 1804)

7 „Pflanzen verbessern verbrauchte Luft!"

1 Wie vermehren sich die Blütenpflanzen? Warum sind manche von ihnen dabei von Insekten abhängig?

2 Schneeglöckchen: Woher kommen im Frühjahr die ersten Blumen?

Pflanzen, Tiere, Menschen – Leben mit den Jahreszeiten

Die Jahreszeiten bestimmen das Leben in der Natur und haben damit auch großen Einfluss auf uns. Für Pflanzen und Tiere sind das zunehmende Licht und die stärkere Wärmestrahlung der Sonne im Frühling und im Sommer unentbehrliche Umweltbedingungen für Wachstum, Vermehrung und Entwicklung. An die Lebensbedingungen im Winter sind Tiere und Pflanzen auf vielfältige Art angepasst.

3 Wie kommen
die Früchte
an den Baum?

4 Wozu nutzen Tiere die ersten
Sonnenstrahlen im Frühjahr?

5 Warum schlüpfen die Vögel
im Frühjahr oder Sommer?

6 Wie schützen sich Tiere vor Kälte?

7 Welche Bedeutung
hat die Bekleidung im
Sommer bzw. Winter?

Vom Stand der Sonne

Tag und Nacht, Sommer und Winter werden durch den Stand der Sonne bestimmt – und auch unser Wetter hängt davon ab.
Im Sommer steht die Sonne viel länger am Himmel als im Winter. Wie kommt das eigentlich? Geht sie immer an der gleichen Stelle auf? ↑1

1 Ort des Sonnenaufgangs

Beobachten Untersuchen Experimentieren

1 Die Sonne beobachten

Material: 60 cm langer Maßstab (aufgeklappter Zollstock), Kompass, Geodreieck, Fotoapparat.

Durchführung:

a Haltet den 60-cm-Stab senkrecht auf den Boden. Messt und notiert die Schattenlänge …
- zunächst an einem sonnigen Tag in stündlichem Abstand,
- später zur immer gleichen Uhrzeit in 14-tägigem Abstand.

Beachtet: 14 Uhr Winterzeit entspricht 15 Uhr Sommerzeit.

b In Tageszeitungen findet ihr die Uhrzeiten für Sonnenaufgang und Sonnenuntergang. Überprüft die Zeitangaben durch eigene Beobachtungen.

c Beobachtet im Abstand einiger Tage (Wochen, Monate), an welchem Punkt ihr morgens die ersten oder abends die letzten Sonnenstrahlen seht. Stellt euch dazu immer an den gleichen Platz. ↑1

Vorsicht, auch mit Sonnenbrille dürft ihr nie direkt in die Sonne schauen! Das Bild der Sonne würde sich in die Netzhaut einbrennen.

Tragt in eine Skizze den Ort von Auf- oder Untergang mit Datum und Uhrzeit ein. Versucht eure Beobachtungen mit Fotos zu belegen.

In welche Himmelsrichtung wandert der Punkt des Sonnenauf- oder Sonnenuntergangs im Lauf der Zeit?

d Haltet ein Geodreick auf eine sonnenbeschienene Fensterbank. Sein Schatten und seine Grundkante müssen in gleicher Richtung verlaufen. ↑2

Mit einem Nagel ermittelt ihr dann den „Sonnenstandswinkel“. Notiert den Messwert mit Uhrzeit und Datum.

Wiederholt den Versuch immer zur gleichen Uhrzeit in wöchentlichem Abstand.

e Stellt eure Beobachtungen z. B. als Wandzeitung dar. ↑3

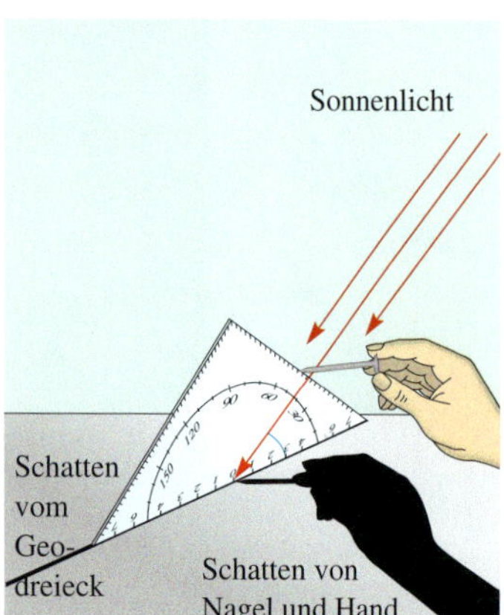

2 Messung des Sonnenstandswinkels

Der Sonnenstand im Jahreslauf

Name: … Ort: Kölln Uhrzeit: immer 14 Uhr MEZ

	15. Nov.	14. Dez.	12. Jan.	…
Schattenlänge des 60-cm-Stabs	190 cm	?	?	?
Sonnenstandswinkel	18°	?	?	?

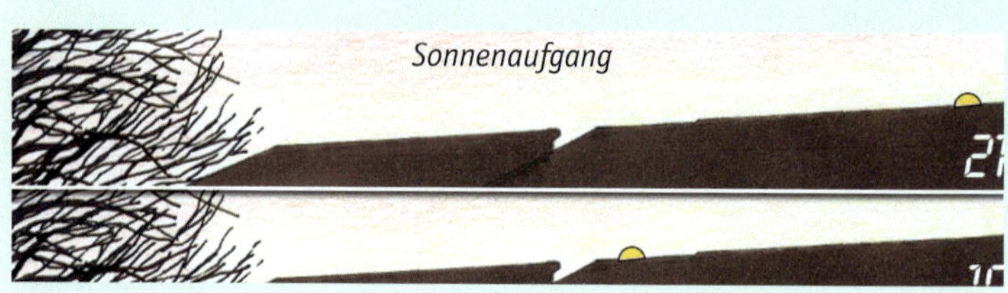

3 Beobachtung des Sonnenstands – Wandzeitung

GRUNDLAGEN: Wie die Jahreszeiten entstehen

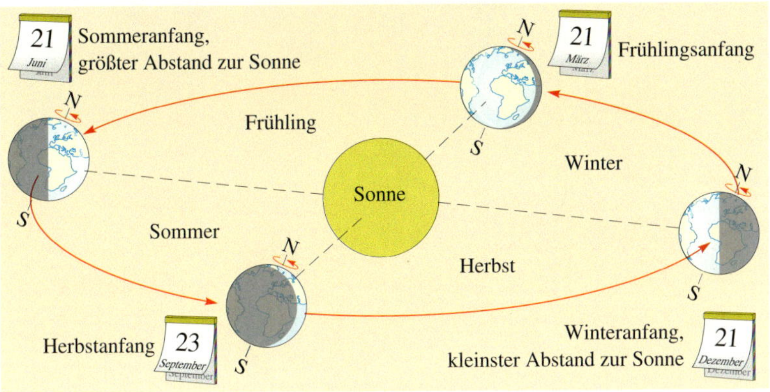

4 Der Lauf der Erde um die Sonne

In 24 Stunden dreht sich die Erde einmal um ihre Achse. Dabei ist immer eine Hälfte im Sonnenlicht (Tagseite), die andere ist im Schatten (Nachtseite). Wieso aber sind die Nächte im Winter länger als im Sommer? Ursache hierfür ist, dass die Erde eine weitere Bewegung ausführt: ↑4

Im Dezember ist der nördliche Teil der Erde von der Sonne weg geneigt. Bei jeder Erddrehung liegt Deutschland 16 Stunden lang im Dunkeln. Die helle Tageszeit dauert jetzt nur acht Stunden. Die Sonne steht mittags nicht sehr hoch am Himmel. Es ist Winter.

Am 21. März sind Nacht und Tag bei uns gleich lang. Nun beginnt für uns der Frühling.

Am 21. Juni wird es bei uns Sommer. Die nördliche Erdhälfte ist jetzt zur Sonne hin geneigt. Unsere Tage sind mit 16 Stunden länger als zu den anderen Jahreszeiten. Entsprechend kürzer sind die Nächte.

Im Sommer steht die Sonne mittags besonders hoch. Sie strahlt steil auf uns herab. Gleich viel Strahlung trifft dabei auf eine kleinere Fläche als im Winter. Deshalb erwärmt sie den Erdboden im Sommer stärker. ↑5

Am 23. September sind Tag und Nacht wieder gleich lang; der Herbst beginnt.

Nach 365 Tagen und sechs Stunden steht die Erde wieder in Ausgangsposition. Ein Jahr ist vergangen.

Kurz und knapp **Im Lauf von etwa 365 Tagen umkreist die Erde einmal die Sonne. Außerdem steht die Achse der Erde etwas schief.**

Arbeitsaufträge

1 „Im Osten geht die Sonne auf, im Süden ist ihr Mittagslauf, im Westen …“ Wie geht's weiter?
Stimmt der Spruch eigentlich? Begründe!

2 Warum wird der Erdboden im Sommer stärker erwärmt als im Winter? ↑5

3 Ein Jahr dauert etwa 6 Stunden länger als 365 Tage. Was bedeutet das für den Kalender?

4 Wenn die Erdachse senkrecht zur Sonne stünde, gäbe es keine vier Jahreszeiten. Erkläre.

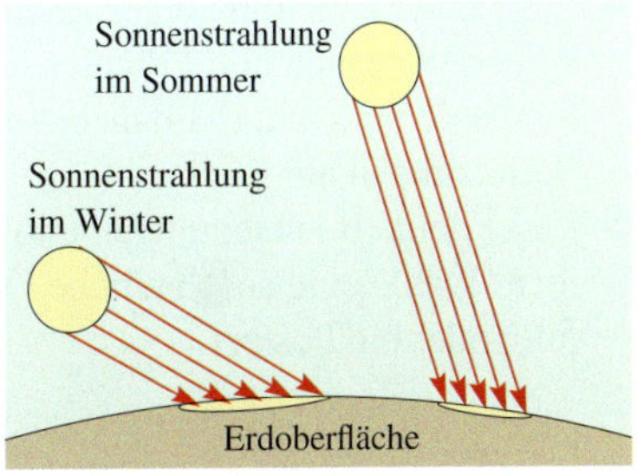

5 Unterschiedliche Sonneneinstrahlung

Pflanzen verändern sich im Jahresverlauf

Die Natur verändert bei uns ihr Erscheinungsbild im Verlauf eines Jahres grundlegend. Im Frühjahr erscheinen die Frühblüher und die Bäume bekommen ihr grünes Laub. Die Wiesen im Sommer sind übersät mit bunten Blumen. Im Herbst verfärben sich die Blätter der Bäume und fallen ab. Im Winter ist nur wenig Grün zu sehen und die Pflanzen scheinen zu ruhen.
Woher kommt die Blütenpracht im Frühling? Wieso verändert sich zum Beispiel ein Kastanienbaum im Jahresverlauf so stark?

1 Ein Kastanienbaum – vier Jahreszeiten

Beobachten Untersuchen Experimentieren

Ein Baum im Jahresverlauf

Suche dir einen großen, möglichst einzeln stehenden Laubbaum in deiner näheren Umgebung aus. Besuche ihn ein ganzes Jahr lang jeden Monat ein Mal. Protokolliere deine Beobachtungen. ↑3

1 Fotografiere oder zeichne den Baum bei jedem Besuch von der gleichen Stelle aus. Markiere diesen Standort, damit du ihn immer wieder finden kannst.

2 Wähle einen gut erreichbaren Zweig für deine weiteren Untersuchungen aus.
Miss die Länge des Zweiges, der Blätter und Blattknospen. Notiere auch die Anzahl der Blüten, Blätter und Blattknospen an dem Zweig. Wenn du den Zweig mit einem bunten Faden markierst, findest du ihn leichter wieder.

3 Zeichne die Knospen, Blätter, Blüten und Früchte, falls sie sich von einem Besuch zum nächsten verändert haben.
Fertige auch eine Zeichnung der Rindenstruktur an. Mit einem dünnen Papier und einem Wachsmalstift kannst du die Rindenstruktur auch durchpausen.

4 Lege unter Anleitung einer Lehrkraft eine Sammlung von Blättern, Blüten, Knospen und Früchten an.
Schneide nur wenige Pflanzenteile vorsichtig ab. Vermeide größere Verletzungen am Baum.

5 Fasse deine Beobachtungen und Ergebnisse nach einem Jahr zusammen. Wähle eine anschauliche Darstellungsform (z. B. eine Wandzeitung oder ein Poster).

2 Blüten der Rosskastanie

Baumbeobachtung
Name: …
Standort: hinter der Schule

Datum	*Beobachtung*
18.9.	*Die Blätter sind grün. Der Baum hängt voller Früchte. Der Zweig ist 60 cm lang.*
20.10.	*…*

3 Beobachtungsprotokoll (Beispiel)

GRUNDLAGEN: Pflanzen im Jahresverlauf

Frühling und Sommer Pflanzen, die im zeitigen Frühjahr blühen (z.B. Schneeglöckchen und Buschwindröschen), haben unterirdische Speicherorgane. Darin befinden sich Nährstoffe, die es ihnen ermöglichen, kurz nach dem Winter auszutreiben und zu blühen. Sie werden daher als Frühblüher bezeichnet. Die Speicherorgane der Schneeglöckchen heißen Zwiebeln. Im späteren Frühjahr, wenn die Pflanze ergrünt ist, werden Nährstoffe für das nächste Jahr darin eingelagert. ↑4 und 6

Herbst und Winter Im Herbst werfen Laubbäume und Sträucher ihre Blätter ab. Andere Pflanzen vertrocknen und überdauern den Winter als Samen oder mit Speicherorganen unter der Erde. Viele ruhen im Winter.

4 Blühende Schneeglöckchen

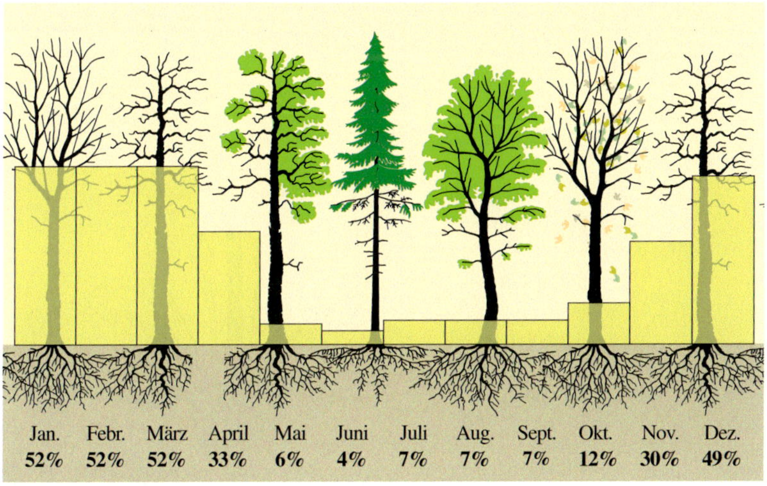

5 Stärke des Lichteinfalls am Waldboden bei Sonnenschein im Jahreslauf

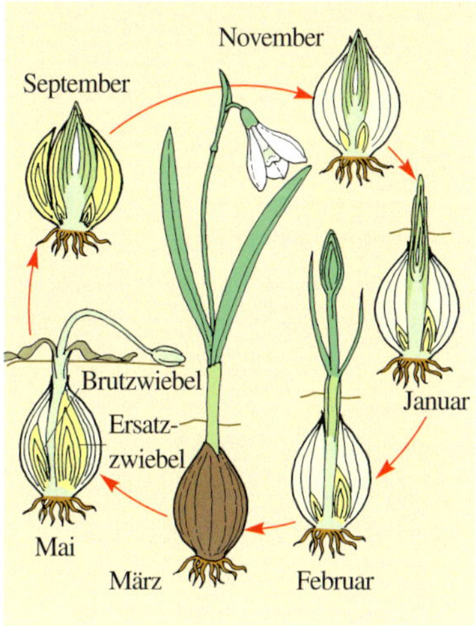

6 Das Schneeglöckchen im Jahreslauf

Wechselndes Lichtangebot Der Umweltfaktor Licht hat für Pflanzen große Bedeutung. Das Säulendiagramm ermöglicht einen Vergleich der Menge an Sonnenlicht, die im Jahresverlauf bis zum Boden eines Waldes gelangen kann. ↑5 Aus der Länge der gelben Säulen und aus den Zahlenangaben kannst du ableiten, in welchen Monaten es am Tage im Wald besonders dunkel oder besonders hell ist. An die Veränderung des Lichtangebots sind die Frühblüher in besonderer Weise angepasst.

Kurz und knapp **Pflanzen sind auf unterschiedliche Weise an die mit den Jahreszeiten wechselnden Umweltbedingungen angepasst.**

Arbeitsaufträge

1 Erkläre, welchen Vorteil Frühblüher darin haben, dass sie direkt nach dem Winter austreiben und blühen. Nimm Bezug auf Abbildung ↑5.

2 Nenne günstige Bedingungen, die den Pflanzen besonders im Sommer rasches Wachstum ermöglichen. Vergleiche sie mit den Umweltbedingungen für die Pflanzen im Winter.

3 Erläutere, woher die Nährstoffe stammen, die im Frühjahr und vor allem im Sommer in den Überwinterungsorganen von Blütenpflanzen gespeichert werden.

4 Beschreibe das Leben des Schneeglöckchens im Jahresverlauf. Nimm dabei Abbildung ↑6 sowie das Säulendiagramm zu Hilfe. ↑5

Zeit für Blüten und Früchte

Wenn es im Frühling und Sommer schön warm und trocken ist, kann man auf einer Wiese beobachten, wie unzählige Bienen von Blüte zu Blüte fliegen. Die Bienen sammeln dabei Nektar, den sie als Nahrung nutzen.
Welchen Nutzen haben die Pflanzen, dass sie den Bienen mit dem Nektar wertvollen Zucker als Nahrung „anbieten"?

1 Biene beim Besuch einer Kirschblüte

Beobachten Untersuchen Experimentieren

Wie entstehen Kirschen?

1 Beschreibe anhand der Bildfolge mit eigenen Worten die Entwicklung von der Kirschblüte zur Frucht. ↑2

2 Beobachte an einem sonnigen Tag, wie viele und welche Insekten eine Blüte besuchen. Notiere deine Beobachtungen. Beobachte dann die Insekten an einer anderen Pflanzenart. Notiere und vergleiche.

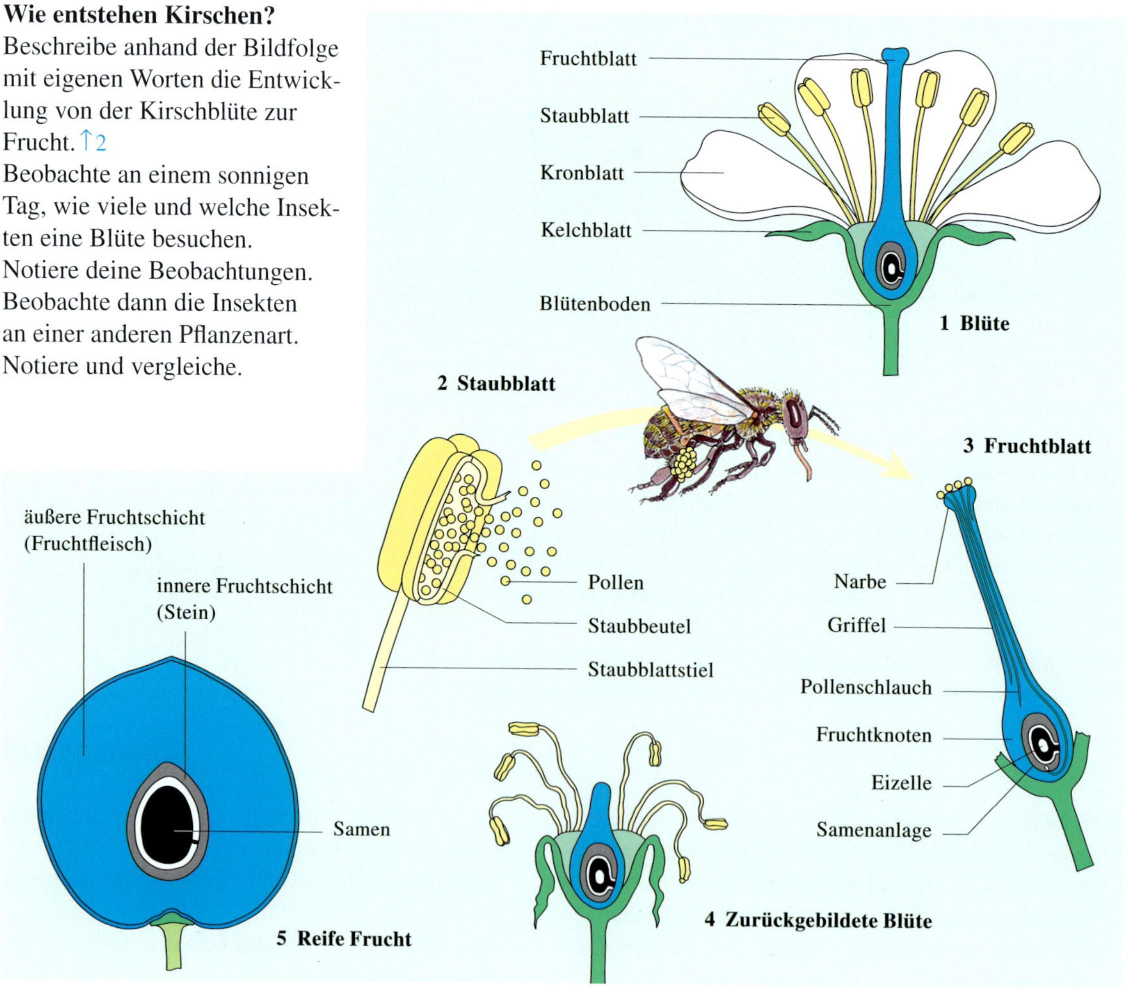

2 Entwicklung einer Kirsche – Bestäubung, Befruchtung, Bildung der Frucht

GRUNDLAGEN: Von der Blüte zur Frucht

Insektenbestäubung Viele Blütenpflanzen wie Rosen, Kirschen oder Tulpen haben große, bunte Blüten. Damit locken sie verschiedene Insekten an, die darin eine süße Flüssigkeit, den Nektar, und Blütenstaub (Pollen) als Nahrung suchen. Um an den Blütenboden zu gelangen, müssen die Insekten sich an den Staubblattstielen mit den Staubbeuteln vorbeischieben. Dabei reißen die Staubbeutel auf und der freigesetzte Pollen bleibt an dem Tier hängen. ↑3 Beim Besuch der nächsten Blüte bleibt etwas von diesem Pollen auf der Narbe des Fruchtblatts kleben. Durch das Insekt wurde Pollen auf die andere Blüte übertragen, sie wurde bestäubt.

3 Pollen am Hinterbein einer Biene

Windbestäubung Nicht alle Blüten werden durch Insekten bestäubt. Einige Bäume wie Kiefer, Birke oder Hasel und viele Gräser bilden riesige Mengen Pollen, die vom Wind mitgerissen und weit verteilt werden. ↑4 Durch die große Pollenmenge ist es sehr wahrscheinlich, dass die meisten Narben der entsprechenden Blüten bestäubt werden.

4 Gräser bilden große Mengen Pollen.

Befruchtung Die Pollen auf der bestäubten Narbe bilden kleine Schläuche aus. Diese wachsen durch die Narbe und den Griffel bis zum Fruchtknoten. Der Fruchtknoten enthält die Samenanlage mit der Eizelle. Die männliche Geschlechtszelle aus dem Pollenschlauch, die die Eizelle als erste erreicht, verschmilzt mit der Eizelle. ↑5 Diesen Vorgang bezeichnet man als Befruchtung.

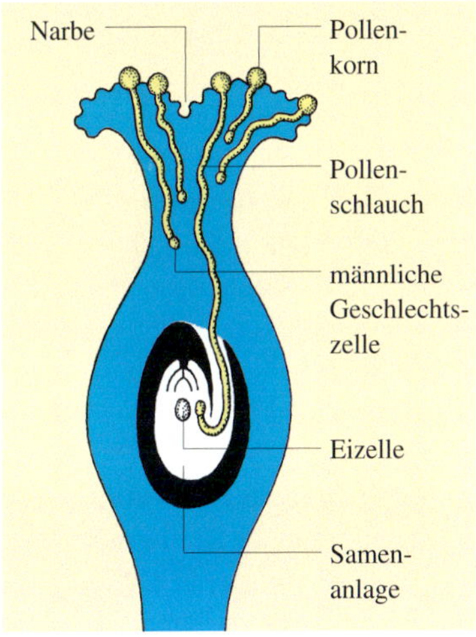

5 Befruchtung

Samen und Früchte Nach der Befruchtung der Eizelle kann sich aus der Blüte eine Frucht entwickeln. Die Blüte verblüht. Kelchblätter, Kronblätter und Staubblätter welken und fallen ab. Aus der befruchteten Eizelle bildet sich ein Pflanzenembryo mit den Anlagen für die Grundorgane Wurzel, Sprossachse und Blätter. Wenn der Embryo eine bestimmte Größe erreicht hat, geht er in einen Ruhezustand über. In der Samenanlage werden Nährstoffe gespeichert. Aus der Wand der Samenanlage entsteht die Samenschale. Ein Samen besteht also aus der Samenschale, dem Embryo und einem Nährstoffspeicher. Der Fruchtknoten wird zur Frucht, die einen oder mehrere Samen mit einer häutigen, ledrigen oder fleischigen Schutzhülle umgibt.

Kurz und knapp **Durch Übertragung von Pollen auf die Narbe eines Fruchtblatts wird eine Blüte bestäubt. Bei der Befruchtung verschmilzt die männliche Geschlechtszelle mit der Eizelle im Fruchtknoten. Aus dem Fruchtknoten mit der befruchteten Eizelle entwickelt sich eine Frucht. Früchte enthalten einen oder mehrere Samen.**

Arbeitsaufträge

1 Imker verleihen Bienenvölker an Gärtnereien. Erläutere den Nutzen für die Gärtnerei und für den Imker.

2 Vergleiche die Blüte der Kirsche, die von Insekten bestäubt wird, mit dem Blütenstand von Gräsern, die vom Wind bestäubt werden. ↑1 und 4

3 Insekten werden nicht nur durch den süßen Nektar zu den Blüten gelockt. Nenne weitere Möglichkeiten, wie Pflanzen Insekten anlocken.

4 Erläutere den Unterschied zwischen Bestäubung und Befruchtung.

Wie kommt die Birke aufs Dach?

Manchmal können wir Pflanzen an Stellen entdecken, an denen man sie nie vermutet hätte. Zwischen Pflastersteinen auf dem Schulhof quetschen sich winzige Blümchen hervor, in einer Dachrinne wächst eine kleine Birke und auf einer Friedhofsmauer stehen Löwenzahnpflanzen. Sicher hat sie niemand an diese ungewöhnlichen Stellen verpflanzt.
Wie könnten die Pflanzen dort hingelangt sein?

1 Wie kommt die Birke dort hin?

2 Löwenzahn wächst auf einer Mauer.

Beobachten Untersuchen Experimentieren

Modell und Wirklichkeit
Um Dinge besser zeigen und verstehen zu können oder unter kontrollierten Bedingungen auszuprobieren, werden oft Modelle verwendet. So fertigt man zum Beispiel vor dem Bau von Flugzeugen kleine Modelle an. Auf diese Weise können Ingenieure Flugeigenschaften untersuchen, ohne ein echtes teures Flugzeug zu benutzen. Dabei muss man beachten, dass alle Modelle Vereinfachungen der Wirklichkeit sind und nie vollständig mit ihr übereinstimmen.
Manche Samen und Früchte werden durch den Wind verbreitet. So können sie auch auf Dächer oder Mauern gelangen, dort keimen und zu Pflanzen heranwachsen. Testet die Flugeigenschaften verschiedener Modelle von Samen und Früchten.

1 **Modellbauwettbewerb**
Bastelt in einer Kleingruppe das Modell einer Frucht, die durch den Wind verbreitet wird.
Material: Papier, Pappe, Kleber, Klebstoff, Servietten, Büroklammer, Heftzwecke, Strohhalme, Bindfaden, Luftballons usw.
Durchführung: Um zu überprüfen, ob das Modell gut fliegt, solltet ihr es ausgiebig testen. Je länger es in der Luft bleibt, umso weiter könnte der Samen verbreitet werden.
Auswertung: Am Schluss werden die Modelle aller Gruppen miteinander verglichen. Dazu wird die Zeit gestoppt, die die verschiedenen Modelle in der Luft bleiben.

2 Nenne Pflanzen, deren Samen und Früchte durch den Wind verbreitet werden.

3 Es gibt verschiedene Möglichkeiten, dafür zu sorgen, dass Samen möglichst lange in der Luft fliegen. Nenne besondere Einrichtungen der Samen, die das ermöglichen.

4 Ordne diese Strukturen euren Modellen und einigen windverbreiteten Samen zu. Lass dir einen passenden Namen für die verschiedenen „Flieger“ einfallen.

5 Vergleiche die Flugfrucht des Löwenzahns mit einem entsprechenden, von euch angefertigten Modell.
Erläutere Unterschiede zwischen dem Modell und der Wirklichkeit. ↑3

3 Löwenzahnfrüchte

GRUNDLAGEN: Pflanzen lassen ihre Samen verbreiten

Da Pflanzen sich nicht selbst fortbewegen können, sind sie darauf angewiesen, dass ihre Samen oder die Früchte mit Samen auf andere Weise in ihren Lebensräumen verbreitet werden.

Tierverbreitung Viele Pflanzen haben farbige und schmackhafte Früchte. Dadurch werden Vögel und Säugetiere (z. B. Igel) angelockt, die die Früchte fressen. Die unverdauten Samen werden ausgeschieden und auf diese Weise verbreitet. ↑6 Tiere wie Waldmäuse oder Eichhörnchen sammeln Samen und Früchte als Wintervorrat. Da nicht alle Samen und Früchte gefressen werden und manche verloren gehen, werden sie auch auf diese Weise verbreitet. Manche Früchte haben klebrige Anhänge oder Widerhaken. ↑5 Dadurch bleiben sie im Fell von Tieren oder an der Kleidung von Menschen hängen. Wenn sie wieder abfallen, können sie schon über weite Strecken transportiert worden sein.

4 Früchte des Ahorns

5 Früchte des Klebkrauts

6 Haselmäuse werden von den Früchten der Heckenrose angelockt.

Windverbreitung Die Samen und Früchte vieler Pflanzen sind sehr klein und leicht, sodass sie vom Wind fortgetragen und so verbreitet werden. Manche haben kleine Segel oder Propeller, andere Schirmchen, mit denen sie leichter durch die Luft getragen werden können. ↑3 und 4

Selbstverbreitung Es gibt auch einige Pflanzen, die ihre Samen und Früchte selbst verbreiten. Der Mohn verstreut seine Samen, wenn seine Samenkapsel vom Wind bewegt wird. Das Springkraut schleudert die Samen mit einer Art Katapultmechanismus weg.

Kurz und knapp **Die Verbreitung von Samen und Früchten kann vor allem durch Tiere, Wind oder Selbstverbreitung geschehen. Der Bau von Samen und Früchten ist an die Art ihrer Verbreitung angepasst.**

Schon gewusst?

Aus dem Bau eines Samens oder einer Frucht kann man ableiten, wie der Samen oder die Frucht verbreitet werden. So sollte ein durch Wind verbreiteter Samen möglichst leicht sein. Diese Eigenschaft ist eine Angepasstheit an die Windverbreitung.

Arbeitsaufträge

1 Ordne den Früchten und Samen auf den Fotos die Art ihrer Verbreitung zu. ↑3 bis 6 Begründe.
2 Nenne Pflanzen, deren Samen und Früchte durch Tiere verbreitet werden.
3 Überlege und schreibe eine Vermutung auf, warum das Waldspringkraut auch „Rührmichnichtan“ genannt wird.
4 Vergleiche die Frucht des Klebkrauts mit einem Klettverschluss. Wie könnte die Pflanze noch heißen? Begründe.
5 Stelle eine Vermutung auf, warum es für die Pflanzen ein Vorteil ist, dass ihre Samen und Früchte weiterverbreitet werden und nicht direkt neben der Mutterpflanze keimen und wachsen.

Wie kann aus einem Samen eine neue Pflanze entstehen?

Samen und Früchte der Pflanzen werden auf unterschiedlichste Weise weit verbreitet. Aber nur aus sehr wenigen von ursprünglich sehr vielen Samen entwickeln sich neue große Pflanzen. Die Entwicklung einer 50 m hohen Buche aus einem Samen dauert etwa 100 Jahre.
Unter welchen Umständen wächst aus einem Samen überhaupt eine große Pflanze heran?

1 Aus Buchensamen entstehen Jungpflanzen (links) und später Bäume (rechts).

Beobachten Untersuchen Experimentieren

Bohnensamen genau betrachtet

1 Samen der Feuerbohne werden zur Quellung einen Tag in eine Schale mit Wasser gelegt. Entferne dann behutsam die Samenschale einer Bohne mit dem Fingernagel. Dabei kommen zwei Bohnenhälften zum Vorschein. Klappe sie vorsichtig auseinander.

a Fertige nun eine Zeichnung des aufgeklappten Samens an.

b Im Samen ist als Embryo bereits eine neue Pflanze angelegt. Beschrifte mithilfe der Abbildung ↑2 die Teile, die du erkennen kannst.

2 Beschreibe die Entwicklung des Bohnensamens mit eigenen Worten. Verwende dabei diese Begriffe: Wurzel, Keimblatt, Laubblatt, Keimsprossachse, Keimwurzel, Samenschale, Wachstum, Sonnenenergie. ↑3

3 Samen können wertvolle Nahrungsmittel für uns sein. Begründe.

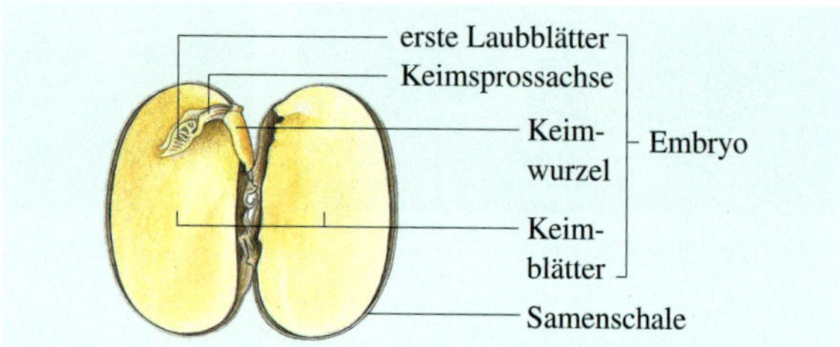

2 Teile eines Bohnensamens

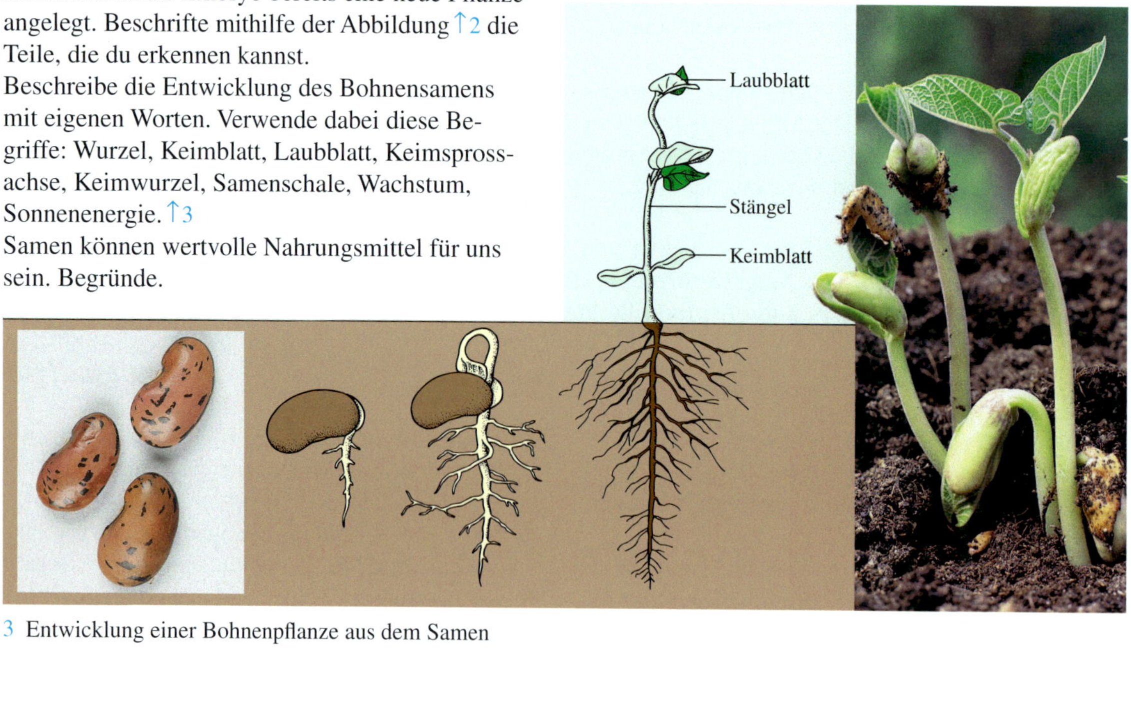

3 Entwicklung einer Bohnenpflanze aus dem Samen

Experimentieren – Vermutungen überprüfen, Daten auswerten

Mithilfe von Experimenten versuchen Naturwissenschaftler Naturvorgänge, die sie beobachtet haben, zu erklären. Ein sinnvolles Experiment besteht aus verschiedenen Schritten, die aufeinanderfolgen. Das gilt nicht nur für Forscher in ihrem Labor, sondern auch für Experimente in der Schule oder zu Hause.

1 Beobachtung: Jedes Experiment geht von der Beobachtung einer Naturerscheinung aus. *Eine solche Beobachtung ist zum Beispiel das Keimen und Wachsen von Pflanzensamen.*

2 Fragestellung: Aus der Beobachtung ergeben sich unterschiedliche Fragen, von denen du eine für das Experiment aussuchst. Beispiel: *Welche Bedingungen benötigt ein Pflanzensamen, damit er keimen kann?*

3 Vermutung: Als Antwort auf die Fragestellung stellst du eine begründete Vermutung (Hypothese) auf. Für die Samenkeimung könnte sie zum Beispiel lauten: Samen brauchen Licht, damit sie keimen können.

4 Planung: Bevor du das Experiment durchführen kannst, musst du dir genau überlegen, wie du den Naturvorgang untersuchen kannst. Dazu erstellst du einen Versuchsplan und eine Liste des benötigten Materials. Beispiel: Zur Überprüfung der „Lichthypothese“ könntest du einen Blumentopf mit der Erde und dem Samen unter einen Karton stellen, sodass kein Licht hineinkommt. ↑4
Um weitere Vermutungen zu überprüfen, veränderst du die Versuchsbedingungen. Dabei ist es sehr wichtig, dass du immer nur eine Bedingung veränderst. Beispiel: *Um zu prüfen, ob Samen auch Wasser zum Keimen brauchen, könntest du einen Samen ohne Wasser in die Erde geben. Es wäre aber falsch, den Samen ohne Wasser in die Dunkelheit zu stellen. Dann könntest du nämlich hinterher nicht entscheiden, ob das Fehlen von Wasser oder die Dunkelheit das Ergebnis verursacht haben.*

4 Versuchsanordnung

5 Durchführung: Bei der Durchführung protokollierst du alle Beobachtungen und Messwerte. Am besten legst du das Protokoll schon an, bevor du mit der Durchführung beginnst. ↑5

6 Auswertung: Deine Versuchsergebnisse kannst du in einer Tabelle, in Sätzen oder als Zeichnung darstellen.

7 Schlussfolgerung: Mithilfe deines Wissens deutest du die Versuchsergebnisse. Stelle fest, ob sie deine Vermutung bestätigen oder widerlegen.

Versuch Nr.	Zu verändernde Bedingung	Vermutung (Hypothese)	Versuchsplan	Beobachtung	Schlussfolgerung
1	Licht 	keimt ohne Licht nicht	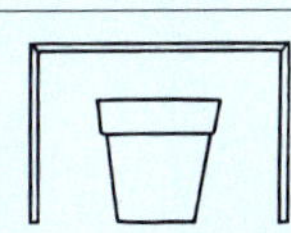		
2	Wasser 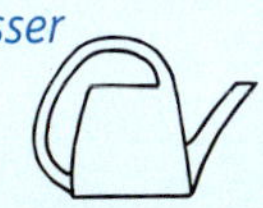				
3					
4					

5 Versuchsprotokoll (Muster)

Laubwerfer und Speicherkünstler

Im Herbst färben sich die Blätter der Laubbäume bunt und fallen noch im Herbst oder im Winter ab. Insgesamt ist es im Winter draußen viel weniger grün als in den anderen Jahreszeiten. Denn auch viele andere Pflanzen trocknen aus oder verlieren ihre grüne Farbe.
Warum werfen Laubbäume ihre Blätter ab und behalten sie nicht? Wie kommen eigentlich die anderen Pflanzen durch den Winter?

1 Bäume im Winter

Beobachten Untersuchen Experimentieren

1 Laub- und Nadelbäume
Fast alle Nadelbäume werfen ihre Blätter (Nadeln) nie vollständig ab. Sie sind auf andere Weise vor den Bedingungen des Winters geschützt.

a Schneide jeweils von einem Laub- und einem Nadelbaum einen kleinen Zweig ab. Gib jeden in einen Gefrierbeutel und lege sie für mindestens einen Tag in ein Tiefkühlfach. Vergleiche nach dem Auftauen Aussehen und Festigkeit der Zweige.

b Vergleiche die Gestalt eines Laubbaums mit der eines Nadelbaums. Erkläre, warum bei Nadelbäumen auch ohne Laubfall kaum Zweige durch Schneelast abgebrochen werden.

2 Untersuchung einer Knospe
Material: Knospe eines Baumseitentriebs (z. B. Rosskastanie), Nadel oder Federmesser, Pinzette, Spiritus, Wasser. Um die durch Harz verklebten Knospenschuppen leichter entfernen zu können, werden die Knospen einen Tag in Spiritus mit etwas Wasser eingelegt. ↑2

a Entferne die äußeren harten Knospenschuppen. Vergleiche äußere und innere Knospenschuppen.

b Entferne die inneren Knospenschuppen und breite sie vorsichtig aus. Vergleiche sie mit den ausgewachsenen Blättern des Baums.
Was kannst du innerhalb der Blättchen noch erkennen? Beschreibe.

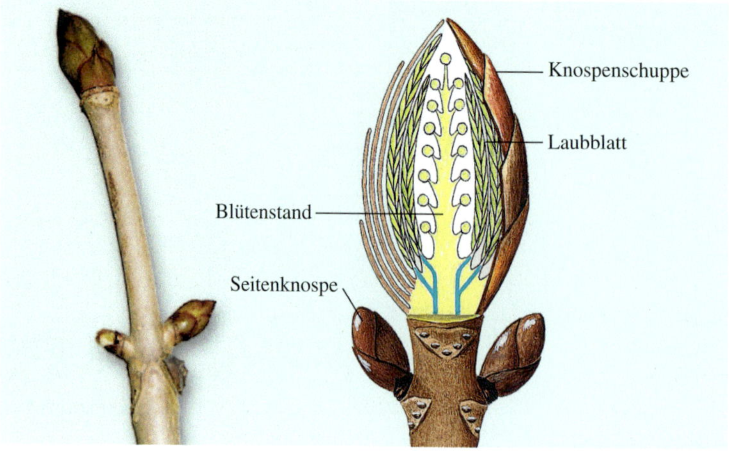

2 Endknospe einer Rosskastanie (links) und schematische Darstellung (rechts)

GRUNDLAGEN: Pflanzen überdauern den Winter

Laubverfärbung und Laubfall Die Verfärbung der sonst grünen Blätter und der darauffolgende Laubfall im Herbst sind eine Vorbereitung der Laubbäume und Sträucher auf den bevorstehenden Winter. ↑1 und 3 Die in den Laubblättern vorhandenen Nährstoffe werden in den Stamm, die Äste und Wurzeln transportiert und dort gespeichert. Auf diese Weise gehen sie beim Abwurf der Blätter nicht verloren.
Wenn die vielen dünnen Blätter an den Bäumen blieben, würden diese bei Frost erfrieren oder austrocknen, der Baum würde absterben. Außerdem bestünde die Gefahr, dass durch Schneebelastung auf den Blättern die Zweige zu schwer werden und abbrechen könnten.

3 Herbstlaub

Knospen Die meisten Bäume bilden im Sommer oder Herbst Knospen als Ruhe- oder Überwinterungsorgane. In ihnen sind vollständige Blüten- oder Blatttriebe für das nächste Jahr angelegt. Die meisten Knospen sind außen von Knospenschuppen umgeben. ↑2 Durch die harten und klebrigen Schuppen sind die Blüten- und Blatttriebe in der Knospe gut vor Austrocknung, Frost und pflanzenfressenden Tieren geschützt.

Überwinterung mit Samen oder Speicherorganen Die Pflanzen, die nicht wie die Bäume und Sträucher durch ihr Holz im Winter geschützt sind, werden als krautige Pflanzen bezeichnet. Sie überwintern als Samen im Ruhezustand (z. B. Bohne, Sonnenblume) oder im Boden mithilfe ihrer Speicherorgane. Die Pflanzen, deren Samen überdauern, sterben nach der Samenreife ab. Im Frühjahr entstehen dann aus ihren Samen wieder neue Pflanzen. Von anderen Pflanzen überwintern bestimmte Pflanzenteile geschützt in der Erde. Sie dienen als Speicherorgane für die Nährstoffe, die zum Wachstum im Frühjahr benötigt werden.
Speicherorgane sind Zwiebeln (z. B. Schneeglöckchen, Tulpe), Wurzeln (z. B. Scharbockskraut) oder Teile der Sprossachse (z. B. Krokus, Buschwindröschen, Schlüsselblume).

4 Die Schlüssselblume speichert zur Überwinterung Nährstoffe in einem unterirdischen Stängel (Erdspross).

Kurz und knapp **Durch den herbstlichen Laubfall sind die Laubbäume im Winter vor Austrocknung und Erfrierungen geschützt.
Knospen sind die Überwinterungsorgane vieler Bäume und Sträucher.
Krautige Pflanzen überwintern mithilfe von Samen oder Speicherorganen.**

Arbeitsaufträge

1 Bei manchen Laubbäumen kann man die Winterruhe beenden. Schneide einen Zweig von einer Rotbuche oder von einer Eiche ab. Stelle ihn für etwa einen Tag in eine Vase mit warmem Wasser. Beobachte die Entfaltung der Knospen. Dokumentiere deine Beobachtungen mit Fotos oder Zeichnungen.

2 Erläutere, welche Bedeutung es für den Menschen hat, dass Pflanzen in Form von unterirdischen Speicherorganen und Samen den Winter überdauern.

3 Sammelt im Herbst abgefallene Blätter verschiedener Laubbäume. Bestimmt sie mithilfe eines Pflanzenführers. Gestaltet eine Ausstellung, die über die entsprechenden Bäume informiert.

4 Beschreibe mit eigenen Worten das Leben einer krautigen Pflanze und eines Baumes im Jahresverlauf. Verdeutliche die Veränderungen anhand von Skizzen oder Zeichnungen.

Das Vogeljahr

Auf dem Weg zur Schule begleitet dich das Zwitschern verschiedener Vögel. Vielleicht versuchst du, einen der Sänger zu erblicken. Aber wo sitzt er eigentlich? Als ein Auto vorbeifährt, fliegt er fort. Schade, nun kannst du dir den Vogel gar nicht mehr genau ansehen, dabei war sein Gesang so schön.
Warum singen Vögel eigentlich? Hat ihr Gesang etwas mit der Jahreszeit zu tun?

1 Im Frühling ist das Zwitschern der Vögel kaum zu überhören.

Beobachten Untersuchen Experimentieren

Vogelbeobachtung auf dem Schulgelände
Im Frühling kann man Vögel auch auf dem Schulgelände besonders gut beobachten. Ihr Gesang ist weithin hörbar. Viele Arten sind in dieser Zeit auffallend gefärbt. Bei einer geführten Vogelexkursion, wie sie Naturschutzorganisationen anbieten, zeigt ein erfahrener Vogelkenner geeignete Beobachtungsgebiete, gibt Tipps und hilft beim Bestimmen der Vögel.

1 Besorgt euch das Material für die Vogelbeobachtung. ↑2 Falls ihr Tonaufnahmen machen wollt, braucht ihr zusätzlich einen Kassettenrekorder oder einen MP3-Player mit Mikrofon oder eine Videokamera. Schreibt stichwortartig auf, was ihr beobachtet. Notiert alle Fragen, damit ihr sie bei der Auswertung besprechen könnt. Versucht, die folgenden Fragen zu beantworten:
a Wie viele verschiedene Vögel könnt ihr unterscheiden?
b Wie sehen die beobachteten Vögel aus (Größe, Farbe des Gefieders)? Versucht sie mithilfe der Abbildungen im Bestimmungsbuch zu bestimmen.
c Erkennt ihr verschiedene Lautäußerungen eines Vogels? Nehmt die Stimmen auf oder beschreibt sie mit eigenen Worten. Ihr könnt den Tonverlauf auch als Bild festhalten.
d In welchen Bereichen des Schulgeländes beobachtet ihr die Vögel? Wo genau, in welcher Höhe singen sie?

2 Häufig sind die Gesänge der Vögel im Bestimmungsbuch beschrieben. Aufnahmen von Vogelstimmen gibt es auch auf Kassette oder CD zu kaufen. Vielleicht habt ihr eine in eurer Biologiesammlung.
a Vergleicht eure Aufzeichnungen zum Gesang der Vögel mit der Beschreibung im Bestimmungsbuch oder der Vogelstimmenkassette oder -CD. Könnt ihr die Lautäußerungen zuordnen? Gibt es weitere?
b Nehmt ein Gerät zum Abspielen des Gesangs eines Vogels, beispielsweise des Buchfinken, mit auf den Schulhof. Hört genau hin, ob ein Vogel derselben Art antwortet. Vergleicht mit der Tonbandstimme. Vielleicht könnt ihr ein Tier durch Abspielen des Gesangs anlocken. Beobachtet sein Verhalten und erklärt es.

2 Was ihr für die Vogelbeobachtung braucht.

GRUNDLAGEN: Man hört, dass es Frühling wird

Vogelgesang Bereits im März machen Amselmännchen durch ihren flötenden Gesang auf sich aufmerksam. Vor allem in den frühen Abendstunden hört man sie von einer erhöhten Stelle aus singen. ↑3 Da sich Vögel häufig versteckt in Gebüschen oder dichten Baumkronen aufhalten, würde man ohne den Gesang ihre Anwesenheit kaum bemerken. Jede Vogelart hat ihre eigenen Lautäußerungen. Deshalb kann man Vögel daran auch gut bestimmen.

3 Singendes Amselmännchen

Männchen besetzen Reviere Im Frühjahr wählt jedes Amselmännchen ein Revier aus. Dieses Gebiet muss so beschaffen sein, dass die Amseleltern dort ein Nest bauen und ihre Jungen ungestört aufziehen können. Bei anderen Vogelarten dient das Revier außerdem der Nahrungssuche. Durch seinen Gesang signalisiert das Männchen, dass das Revier besetzt ist. Wenn ein anderes Männchen sich dennoch nähert, kann es zu einem Kampf kommen. ↑4

4 Kämpfende Amselmännchen. In einer Kampfpause drohen sie sich gegenseitig.

Schon gewusst?

Bei der Balz senden Vogelmännchen und Vogelweibchen einander abwechselnd ein Signal. Das kann eine bestimmte Körperhaltung sein oder ein spezieller Gesang.
Der Partner nimmt das Signal auf und reagiert darauf wieder mit einem bestimmten Verhalten.
So tauschen die beiden Partner Informationen aus. Sie kommunizieren miteinander.

5 Amselmännchen (links) und -weibchen (rechts) bei der Balz

Paarbildung Durch den Gesang wird auch das Weibchen angelockt. Hat sich ein Weibchen eingefunden, verbringen beide zusammen viel Zeit im Brutrevier. Das Amselmännchen umwirbt das Weibchen mit auffallenden Körperbewegungen. ↑5 Man sagt, es balzt. Reagiert das Weibchen ebenfalls mit besonderem Verhalten darauf, so ist es bereit zur Paarung.

Kurz und knapp **Vögel singen vor allem während der Paarungszeit. Die Männchen markieren so ihr Revier und locken Weibchen an. Die Balz dient der Paarbildung und sorgt für Paarungsbereitschaft.**

Arbeitsaufträge

1 Erkläre, warum Vogelmännchen bevorzugt im Frühjahr singen. Verwende dazu auch den Text auf dieser Seite und recherchiere im Internet.

2 Tauben haben ein auffälliges Balzverhalten. Vielleicht hast du schon einmal balzende Tauben gesehen. Wie verhielten sich die Tiere? Berichte von deinen Beobachtungen.

3 Erläutere am Beispiel der Vögel, was der Begriff Kommunikation bedeutet. Gehe dabei auf den Gesang und auf die Paarbildung ein.

GRUNDLAGEN: Nachwuchs bei den Amseleltern

Paarung Im Anschluss an die Balz paaren sich Amselmännchen und Amselweibchen. ↑1 Bei allen Vögeln sind die Geschlechtsorgane ähnlich gebaut. Vogelweibchen haben einen Eierstock, in dem die Eizellen reifen. In den Hoden der Vogelmännchen bilden sich die Spermienzellen. Die Ausführgänge der Geschlechtsorgane münden bei beiden in die Kloake. Bei der Paarung pressen Männchen und Weibchen ihre Kloaken aufeinander. Dabei gelangen die Spermienzellen des Männchens in den Eileiter des Weibchens. Je eine Spermienzelle verschmilzt mit einer Eizelle. Diesen Vorgang nennt man innere Befruchtung.

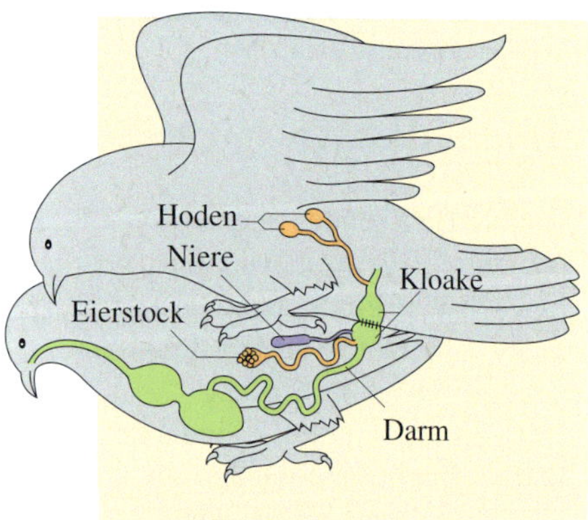

1 Vögel bei der Paarung

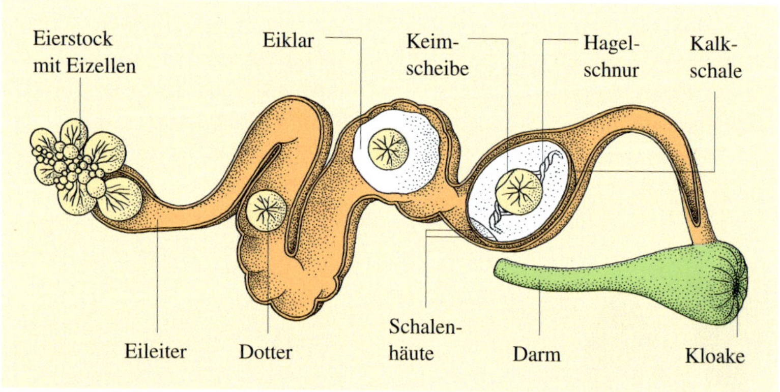

2 Entwicklung eines Eies im Eileiter

Nestbau und Eiablage Nach der Paarung suchen die Vögel nach einem geeigneten Nistplatz. Amseln bevorzugen niedrige Bäume, Büsche, Hecken, aber auch Fensterbänke und Balkone. Aus Ästchen, Grashalmen, Moos und feuchter Erde baut das Weibchen ein schüsselförmiges Nest. Das Männchen hilft nur beim Heranbringen von Baumaterial. In das fertige Nest legt das Weibchen drei bis fünf blaugrüne Eier mit braunen Flecken.

3 Amselnest mit Eiern

Brutpflege Nachdem das Amselweibchen knapp zwei Wochen gebrütet hat, schlüpfen die zunächst nackten, blinden und hilflosen Jungvögel. Sie müssen gefüttert und gewärmt werden. Die Vogeleltern bringen den ganzen Tag Nahrung wie Regenwürmer, Insekten und Spinnen zum Nest und stopfen sie ihren Jungen in den Schnabel. ↑5 Jeder Jungvogel benötigt etwa 30 Beutetiere pro Tag. Innerhalb von etwa 13 Tagen entwickeln sich die Jungen so weit, dass sie das Nest verlassen können. Da die Federn zu diesem Zeitpunkt aber noch nicht voll ausgewachsen sind, dauert es noch drei bis vier Tage, ehe sie richtig fliegen können. So lange sitzen die Jungvögel meist auf oder unter Sträuchern und werden noch weiter von den Eltern gefüttert. Erst danach sind sie selbstständig.

4 Amselweibchen beim Brüten

Nesthocker und Nestflüchter Vogeljunge, die wie die Amseln nackt, blind und hilflos schlüpfen, nennt man Nesthocker. Dazu gehören auch Meisen, Tauben und Sperlinge. Dagegen sind die frisch geschlüpften Küken der Stockente und des Haushuhns schon voll entwickelt und können bereits selber Futter suchen. ↑6 Sie sind Nestflüchter.

5 Das Amselweibchen füttert die Jungen.

6 Wenige Stunden alte Küken folgen der Henne.

Schon gewusst?

Attrappenversuche

Obwohl wenige Tage alte Amseln blind sind, reißen sie den Schnabel weit auf, sobald ein Elterntier am Nest landet. Um herauszufinden, wodurch dieses Verhalten ausgelöst wird, kann man Attrappen verwenden. Das sind einfache Nachbildungen von Amseln, die nur einzelne Merkmale darstellen. ↑7

Kurz und knapp **Nach der Paarung entwickeln sich im Eileiter befruchtete Eier mit einer Kalkschale. Das Amselweibchen legt sie in ein Nest und brütet sie aus.**
Nach dem Schlüpfen sind Jungvögel unterschiedlich weit entwickelt. Man unterscheidet Nesthocker und Nestflüchter. Amseleltern versorgen die Jungen mehrere Wochen, bis sie selbstständig sind.

Arbeitsaufträge

1 Vögel haben eine innere Befruchtung.
a Erkläre den Begriff Befruchtung.
b Beschreibe die Entwicklung eines Amseleies bis zur Eiablage. Nimm den Buchtext und die Abbildungen zu Hilfe. ↑1 und 2

2 Amseln bauen jedes Frühjahr ein neues Nest. Erläutere, welche Bedeutung das Nest für die Amsel hat.

3 Amseln und viele andere Vögel legen im Frühjahr ihre Eier und ziehen die Jungen während der Sommermonate auf. Nenne mögliche Vorteile.

4 Vergleiche Nesthocker und Nestflüchter miteinander. Nenne weitere Beispiele.

5 Betrachte die Abbildung ↑7.
Beschreibe, wodurch das Schnabelsperren bei frisch geschlüpften und bei älteren Amselküken ausgelöst wird. Finde eine Erklärung.

6 Fertige einen Steckbrief zur Amsel nach folgenden Merkmalen an: Größe, Gefieder und Schnabel.

7 Stelle den Ablauf von Balz, Paarung, Nestbau und Jungenaufzucht der Amsel als Zeitleiste dar.

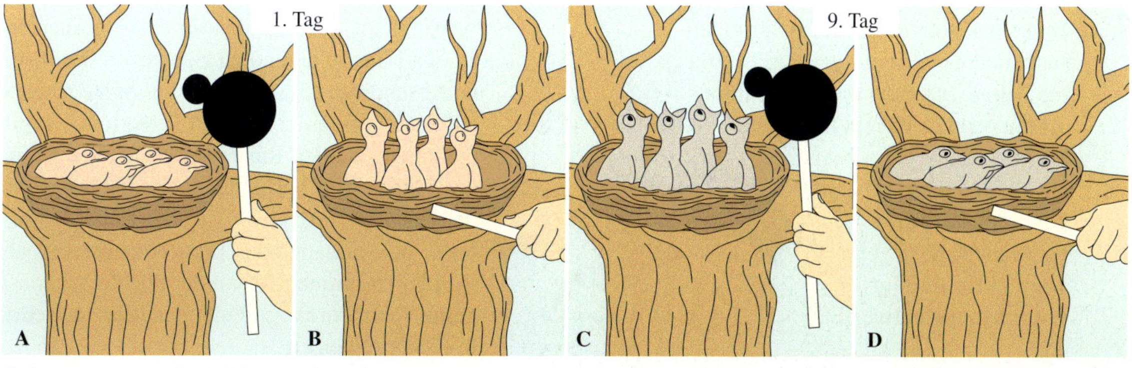

7 Attrappenversuche bei jungen Amseln

Herbst – Aufbruch der Zugvögel

Im Herbst verlassen viele Vögel ihre Brutgebiete. Manchmal kann man beobachten, wie die Tiere sich sammeln, bevor sie gemeinsam in den Süden fliegen.
Warum fliegen die Vögel im Herbst überhaupt von uns weg?
Wohin fliegen sie?
Welchen Weg nehmen sie?

1 Weißstörche sammeln sich. Bald fliegen sie in den Süden.

Methode *Wie recherchiere ich im Internet?*

Im Internet kann man bequem und sehr gezielt Informationen suchen. Die Texte und Bilder sind oft aktueller als die in Sachbüchern oder Lexika. Allerdings kann die Fülle der Seiten zu einem Thema enorm sein. Man muss sorgfältig auswählen und prüfen, welche Informationen wirklich hilfreich sind.

1. Überlege genau, was du herausfinden möchtest, und schreibe deine Fragen auf. Zu der Frage, warum Weißstörche ziehen, wohin und auf welchem Weg, findest du sicher genügend Material.
2. Es gibt allgemeine Suchmaschinen, die dich zu geeigneten Internetseiten führen können, beispielsweise www.google.de, www.altavista.de oder www.yahoo.de. Einzelne sind speziell für Kinder und Jugendliche gemacht wie www.blinde-kuh.de.
   Du kannst aber auch bei Institutionen suchen, die etwas mit deinem Thema zu tun haben. Informationen zu Naturschutz oder zu Vögeln findest du beispielsweise beim NABU, bei Euronatur oder bei den Naturdetektiven (www.nabu.de, www.euronatur.org, www.naturdetektive.de).

3. Gib nun ein Suchwort ein. Das Suchwort „Storch" ergibt bei allgemeinen Suchmaschinen sehr viele Treffer. Um die Suche einzugrenzen, solltest du deinen Suchbegriff genau formulieren oder mehrere Suchbegriffe eingeben, zum Beispiel „Weißstorch" und „Zugweg".
   Auf manchen Websites gelangst du auch über Links zu den gesuchten Informationen.
4. Bewerte die Suchergebnisse kritisch. Viele Internetseiten enthalten keine verlässlichen Informationen. Drucke geeignete Seiten aus oder speichere sie in einer Textdatei, um sie später ausdrucken und bearbeiten zu können. Denke daran, die Quellenangabe (URL-Adresse) hinzuzufügen.
5. Überfliege die gefundenen Informationen. Markiere die Textstellen, die dir dabei helfen, deine Fragen zu beantworten. Achte also besonders auf Angaben zu den Gründen für den Storchenzug, zu den Flugzielen und zu Zugwegen. Kennzeichne Abschnitte, die weitere interessante Angaben enthalten, mit einer anderen Farbe und schreibe das Thema an den Rand (beispielsweise Dauer des Fluges oder Verhalten und Gefahren während des Fluges).
6. Fasse die Aussagen der Textstellen mit eigenen Worten zusammen. Wenn du möchtest, kannst du deine Texte durch Zeichnungen oder ausgedruckte Bilder ergänzen.

GRUNDLAGEN: Zugvögel auf der Reise

Vogelzug Schon im Spätsommer sammeln sich Zugvögel zum Abflug in ihre Winterquartiere. ↑1 und 2 Diese liegen in Gebieten, in denen ein milderes Klima herrscht, beispielsweise am Mittelmeer oder in Afrika. ↑3 Die Vögel fliegen dabei oft Tausende von Kilometern weit. Erst im nächsten Frühling kehren sie in ihre eigentliche Heimat zurück.

2 Die Schwalben brechen schon im August auf.

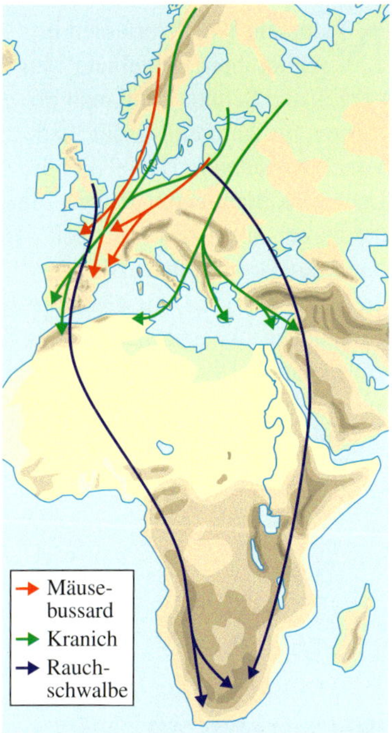

3 Zugwege einiger Vögel

Orientierung Ob ein Vogel zieht, wann er zum Aufbruch bereit ist und in welche Richtung er fliegt, ist ihm angeboren. Unterwegs orientieren sich Zugvögel am Stand der Sonne und der Sterne, an auffälligen Geländemerkmalen und am Magnetfeld der Erde.

Enorme Leistung Der weite Flug ins Winterquartier kostet die Vögel viel Energie. Daher fressen sie sich schon vorher Fettreserven an. Wenn diese aufgebraucht sind, werden sogar innere Organe abgebaut, um weitere Energie zu gewinnen. Vor allem große Vögel wie Störche nutzen warme Aufwinde, die über Landflächen entstehen. Diese ermöglichen ihnen den energiesparenden Segelflug.

Gefahren Viele Vögel überleben den Zug nicht. Sie sterben an Entkräftung, werden Opfer von Greifvögeln oder Jägern oder verletzen sich an Hochspannungsleitungen. Sogar Zusammenstöße mit Flugzeugen kommen immer wieder vor.

4 Ein Storch wird beringt.

Kurz und knapp **Zugvögel verlassen im Herbst ihre Brutgebiete und überwintern in Gebieten mit milderem Klima und gutem Nahrungsangebot. Der Vogelzug ist eine körperliche Höchstleistung und birgt erhebliche Risiken.**

Arbeitsaufträge

1 Hast du schon einmal beobachtet, wie Vögel sich im Herbst sammeln? Berichte.

2 Der Hauptgrund für den Vogelzug ist der Nahrungsmangel. Finde für das Beispiel des Weißstorchs Argumente, die diese Aussage stützen.

3 Beschreibe die Zugwege von Mäusebussard, Kranich und Rauchschwalbe. ↑3 Nimm deinen Atlas zu Hilfe und nenne die Länder, die diese Vögel überfliegen. Gib an, wo sie überwintern.

4 Erkläre, warum Störche nicht auf direktem Weg nach Afrika fliegen.

5 Nenne Gefahren, denen Zugvögel ausgesetzt sind. Was könnte man tun, um die Tiere zu schützen?

6 Finde heraus, warum Zugvögel beringt werden. ↑4 Schlage in einem Lexikon nach oder recherchiere im Internet.

Wie kommen Vögel über den Winter?

Nicht alle Vögel verlassen im Winter ihre Brutgebiete. Auch bei Eis und Schnee kann man im Garten, im Wald und in der Stadt Vögel beobachten. Dabei sind die Lebensbedingungen hart: Die Temperaturen sinken zuweilen weit unter den Gefrierpunkt, oft liegt viele Wochen lang eine geschlossene Schneedecke und die Nahrung wird knapp.
Wie überstehen diese Vögel solche ungünstigen Lebensbedingungen?

1 Blaumeisen streiten sich um einen Apfel.

GRUNDLAGEN: Von Vögeln, die bei uns überwintern

2 Aufgeplustertes Rotkehlchen

3 Buntspecht im Winter

Überwinterung Alle Tiere, die den Winter aktiv bei uns verbringen und keine Ruhephase einlegen, haben mit Kälte und Nahrungsmangel zu kämpfen. Vögel halten – wie Säugetiere auch – ständig eine bestimmte Körpertemperatur aufrecht, sie sind gleichwarm. Um den Wärmeverlust zu verringern, plustern sie ihre Federn auf. ↑2 Die Luftschicht zwischen den Federn isoliert und hält den Körper warm. Bei strengem, länger andauerndem Frost und geschlossener Schneedecke fallen jedoch viele Vögel den ungünstigen Bedingungen zum Opfer.

Standvögel Im Sommer steht auf dem Speiseplan von Amseln, Meisen und Spechten vor allem tierische Kost wie Insekten, Würmer und Spinnen. Im Winter stellen sie ihre Ernährung um und fressen dann vorwiegend Samen und Früchte. ↑1 Diese Vögel, die das gesamte Jahr in ihrem Brutgebiet bleiben, nennt man Standvögel.

Teilzieher Bei manchen Vogelarten, wie Rotkehlchen und Buchfink, ziehen nur einige Vögel im Herbst in den Süden. Andere Artgenossen verbringen den Winter bei uns. Solche Vögel nennt man Teilzieher. Zu ihnen gehören die meisten Vogelarten, unter anderem auch der Turmfalke, der Habicht, die Stockente und die Amsel. Versuche mit Vögeln, die von Menschen aufgezogen wurden, zeigen, dass das jeweilige Verhalten – also Bleiben oder Ziehen – angeboren ist.

Kurz und knapp **Als gleichwarme Tiere kämpfen Vögel im Winter mit der Kälte und mit dem Mangel an Nahrung. Viele Arten stellen im Winter ihre Ernährung um. Vögel, die das gesamte Jahr in ihrem Brutgebiet verbringen, nennt man Standvögel. Vogelarten, bei denen nur einige Tiere ihre Brutgebiete verlassen, sind Teilzieher.**

Zur Diskussion Vogelfütterung

Richtig füttern – so geht's!
- Verwende nur geeignetes Futter. Biete kein altes Brot und kein Wasser an.
- Lege täglich nur wenig Futter nach.
- Reinige das Vogelhaus regelmäßig, am besten täglich. Dabei solltest du aus hygienischen Gründen Handschuhe tragen.
- Füttere nur bei anhaltendem Frost und geschlossener Schneedecke, dann aber regelmäßig.
- Das Vogelhaus sollte katzensicher und in ausreichendem Abstand zur nächsten Glasscheibe angebracht sein.

Die Vogelfütterung hat Vor- und Nachteile. In den Texten A–C sind Argumente dafür und dagegen festgehalten.

4 Ein vorbildliches Vogelhaus

A Eine Kohlmeise wiegt rund 20 Gramm. In einer –10 °C kalten Nacht verliert sie etwa zwei Gramm ihres Körpergewichts, um ihre Körpertemperatur aufrechtzuerhalten. Hat die Meise wenig Fettreserven, wird sie eine weitere so kalte Nacht nicht überleben.

B Die Winterfütterung in Städten und Dörfern kommt vor allem häufigen Vogelarten wie Meisen, Finken, Rotkehlchen und Drosseln zugute. Seltene Arten, die in ihrem Bestand gefährdet sind, erreicht die Winterfütterung nicht.

C An Futterstellen können wild lebende Vögel aus nächster Nähe beobachtet werden – ein Naturerlebnis, das vor allem in Städten sonst selten möglich ist. Es weckt oft das Interesse, die Vögel besser kennenzulernen, und mehr für ihren Schutz zu tun.

5 Diese Vögel sind im Winter bei uns zu beobachten.

Arbeitsaufträge

1 Hältst du die Fütterungshinweise für angemessen? Finde zu jedem Hinweis eine Begründung.

2 Erkundige dich, beispielsweise in einer Zoohandlung, welches Futter für welche Vögel geeignet ist.

3 Nenne Vor- und Nachteile der Vogelfütterung. Diskutiere mit deinen Mitschülern darüber.

4 Die meisten Kleingärtner schneiden im Herbst die verblühten Pflanzenteile ab, die Samen enthalten. Beurteile dieses Verhalten. Schreibe einen Brief an den Gartenbesitzer aus der Sicht eines Vogels.

5 Erkläre, warum im Winter tierische Nahrung, vor allem Insekten und Würmer, knapp wird.

6 Welche der in der Abbildung ↑5 dargestellten Vögel sind Standvögel?

7 Suche, beispielsweise in einem Vogelbuch, nach weiteren Beispielen für Standvögel.

Überleben in schwierigen Zeiten: die Sache mit der Kälte

Der Winter bringt mit seiner Kälte viele Probleme für Tiere mit sich. Die Körpertemperatur darf bei Außentemperaturen unter dem Gefrierpunkt nicht so weit absinken, dass die Tiere erfrieren. Für viele Tiere ist die Nahrungssuche erschwert, wenn die Pflanzen unter einer dicken Schneedecke liegen. Dennoch sind die meisten unserer einheimischen Säugetiere winteraktiv.
Warum ist das so? Welche Angepasstheit müssen sie haben? Wie überwintern die anderen Tiere?

1 Tierspuren im Schnee

Beobachten Untersuchen Experimentieren

2 Hermelin im Sommer (oben) und im Winter (unten)

Finde heraus, was Kälte bewirken kann und wie sich Tiere schützen.

1 Wenn Zellen gefrieren
Material: Plastikbecher, Folienstift, Wasser, Gefrierschrank
Durchführung: Fülle den Plastikbecher zur Hälfte mit Wasser. Markiere den Wasserstand. Stelle den Becher für einige Stunden in den Gefrierschrank.
Auswertung:
a Vergleiche nun den Stand des Eises mit deiner Markierung. Was stellst du fest?
b Der Körper von Säugetieren besteht zu etwa 70 Prozent aus Wasser und ist aus einzeln abgegrenzten Zellen aufgebaut. Stelle Vermutungen an, was mit den Zellen an ungeschützten Körperstellen passiert, wenn die Außentemperatur unter den Gefrierpunkt sinkt.

2 Betrachte die Abbildung ↑2. Vergleiche Sommer- und Winterfell des Hermelins.

GRUNDLAGEN: Überwinterungsstrategien

Winteraktiv Die meisten Säugetiere sind auch im Winter aktiv. Das Wildschwein beispielsweise findet im Spätsommer reichlich Nahrung. Es frisst sich ein dickes Fettpolster an. Diese Fettschicht verringert die Wärmeabgabe und bildet für das Tier eine Nahrungsreserve. Diese Nahrungsreserve ist nötig, denn die Aufrechterhaltung der Körpertemperatur und aller Körperfunktionen braucht Energie. Meist findet das Wildschwein mit seinem Rüssel auch unter dem Schnee noch ausreichend Nahrung.
Feldmäuse legen unter der Schneedecke tunnelartige Laufgänge an. Der Maulwurf gräbt im Winter seine Jagdgänge tiefer, um noch Regenwürmer zu finden. Auch Rehe, Feldhasen und Rothirsche sind winteraktive Säugetiere. In manchen Waldgebieten helfen Jäger oder Förster den Tieren, unbeschadet über die kalte Jahreszeit zu kommen. Sie richten für diese Tiere zusätzlich Futterstellen ein.
Viele Säugetiere bekommen im Winter ein dichteres Fell. Beim Hermelin unterscheidet sich das Sommerfell vom Winterfell nicht nur in der Dichte der Wollhaare, sondern auch in der Farbe.

3 Rehe sind winteraktiv.

4 Eichhörnchen halten Winterruhe.

5 Der Igel ist ein Winterschläfer.

Winterruhe Der bekannteste Winterruher ist das Eichhörnchen. ↑4 Es bleibt im Winter bei besonders kalter Witterung tagelang in seinem Nest, dem Kobel. Dabei wechselt es immer wieder die Schlafhaltung – im Gegensatz zu echten Winterschläfern, die starr liegen bleiben. Da die Körpertemperatur gleich bleibt, der Herzschlag und die Atmung kaum verringert werden, spricht man von Winterruhe. Von Zeit zu Zeit erwacht das Eichhörnchen und sucht seine Vorräte auf, die es im Herbst versteckt hat.

Winterschlaf Neben Siebenschläfer, Haselmaus und Fledermaus ist der Igel der bekannteste Winterschläfer unserer Heimat. ↑5 Bis zum Herbst hat er so viel Fett angesetzt, dass er davon den gesamten Winter über zehren kann. Tief im Laub oder im Komposthaufen eingewühlt und eingerollt, hält er im gut isolierten Nest seinen Winterschlaf. Während des Winterschlafs sind verschiedene Funktionen seines Körpers verändert. Da der gesamte Tierkörper wenig Energie verbraucht, wird auch nur wenig Sauerstoff benötigt. So wird neben der Anzahl der Atemzüge auch die Anzahl der Herzschläge während des Winterschlafs stark herabgesetzt. Die Körpertemperatur des Igels sinkt weit ab. Trotzdem ist sein Herbstspeck bis zum Frühjahr ziemlich aufgebraucht.

6 Fledermaus im Winterschlaf

Winterstarre Kriechtiere, Lurche, Fische und Insekten sind wechselwarm, das heißt, ihre Körpertemperatur wechselt mit der ihrer Umgebung. ↑1 Wenn es draußen warm ist, haben die Tiere einen warmen Körper und sind aktiv. Im Winter werden sie starr und steif, sie verfallen in die Winterstarre. Unter den Gefrierpunkt darf die Körpertemperatur aber nicht fallen. Die Tiere sterben sonst. Sie brauchen daher einen frostsicheren Platz, zum Beispiel im Schlamm eines Teiches oder in Höhlen im Boden. Erst wenn es draußen warm wird, erwachen sie aus der Winterstarre.

Umgebungstemperatur	Körpertemperatur
20 °C	20 °C
13 °C	13 °C
2 °C	2 °C
0 °C	0 °C

1 Die Zauneidechse ist wechselwarm.

2 Zauneidechsen in einer Erdhöhle

3 Der Igel rollt sich zum Winterschlaf zusammen.

Kurz und knapp **Es gibt Tiere, die im Winter aktiv sind, sowie Winterschläfer und Winterruher.**
Während des Winterschlafs sinkt die Körpertemperatur der Tiere. Dadurch werden weniger Fettreserven verbraucht. Bei Tieren, die Winterruhe halten, ist die Körpertemperatur nicht verändert. Säugetiere, die im Winter aktiv bleiben, besitzen ein Winterfell und ein dickes Fettpolster als Energievorrat.
Tiere, die ihre Körpertemperatur nicht selber regulieren können, müssen den Winter in Winterstarre überstehen. Zu ihnen gehören Kriechtiere und Lurche.

Arbeitsaufträge

1 Der Igel überwintert in einem Kompost- oder Laubhaufen. Welchen Vorteil hat er hier? Miss die Temperatur im Innern eines Komposthaufens und am Rand des Haufens. Vergleiche.

2 Tiere, die Winterschlaf oder -ruhe halten, rollen sich beim Überwintern meistens ein. ↑3 Warum? Führt dazu einen Versuch durch. Füllt gleiche Mengen gleich heißes Wasser in ein kugelförmiges und in ein zylindrisches Gefäß. ↑4 Messt die Temperatur alle fünf Minuten über den Verlauf einer Stunde. Vergleicht die Ergebnisse und erklärt das Zusammenrollen der Tiere.

3 Vergleiche die verschiedenen Möglichkeiten der Tiere, die Kälte zu überstehen, in einer Tabelle.

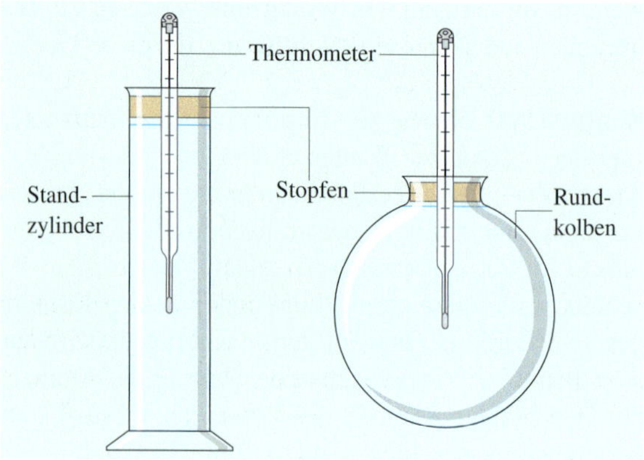

4 Versuchsaufbau

Von der Tabelle zum Diagramm – so können Zahlen dargestellt werden

In einem Versuch haben Wissenschaftler die Abhängigkeit der Körpertemperatur eines Igels und eines Eichhörnchens von der Lufttemperatur untersucht. Die Tiere wurden dabei 2 Stunden bei der jeweiligen Lufttemperatur gehalten, dann wurde ihre Körpertemperatur gemessen. Folgende Temperaturen wurden gemessen:

Körperliche Veränderungen in Abhängigkeit von der Umgebungstemperatur beim Igel

Lufttemperatur	Körpertemperatur	Atemzüge je Minute	Herzschläge je Minute
20 °C	37 °C	35	200
13 °C	25 °C	20	100
2 °C	5 °C	2	20
0 °C	35 °C	35	20

Körperliche Veränderungen in Abhängigkeit von der Umgebungstemperatur beim Eichhörnchen

Lufttemperatur	Körpertemperatur	Atemzüge je Minute	Herzschläge je Minute
20 °C	37 °C	60	170
13 °C	37 °C	40	140
2 °C	37 °C	45	160
0 °C	37 °C	60	170

Um Messwerte anschaulich darzustellen, zeichnen Biologen Diagramme.

Dabei solltest du bei deinem Diagramm wie folgt vorgehen:

1. Zeichne ein Achsenkreuz und beschrifte die Hochachse und Rechtsachse mit der Messgröße und der Einheit.
2. Teile die Achsen ein. Achte auf einen sinnvollen Maßstab, sodass man die Messwerte auch gut unterscheiden kann.
3. Trage die Messwerte mit einem Bunt- oder Bleistift ein. Möchtest du mehrere Messwerte in einem Diagramm darstellen, verwende unterschiedliche Farben und vermerke deren Bedeutung (Legende).
4. Verbinde die einzelnen Messwerte „frei Hand“ zu einem Liniendiagramm.
5. Finde für das Diagramm eine Überschrift.

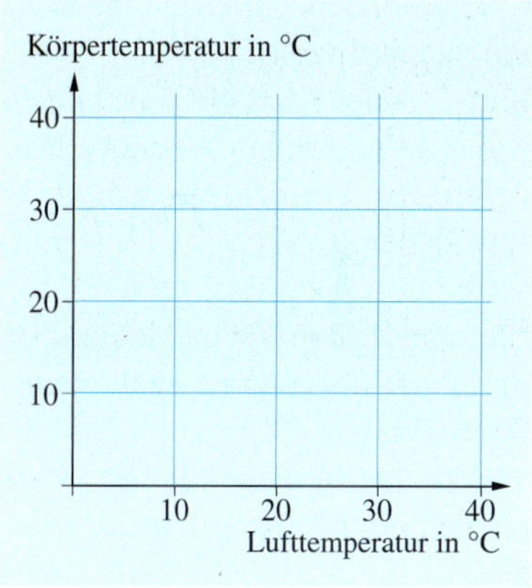

Zeichne nun mit den angegebenen Werten des Versuchs ein Liniendiagramm, bei dem du auf der Rechtsachse (x-Achse) die Lufttemperatur und auf der Hochachse (y-Achse) die Körpertemperatur in °C abträgst. Verwende für die Körpertemperatur des Igels einen blauen, für die Körpertemperatur des Eichhörnchens einen roten Buntstift.

Arbeitsauftrag

Die Tabellen zeigen die körperlichen Veränderungen in Abhängigkeit von der Lufttemperatur beim Winterschlaf und bei der Winterruhe am Beispiel von Igel und Eichhörnchen. Vergleiche die Angaben und finde die Unterschiede zwischen den beiden Überwinterungsformen heraus.
Warum wachen Tiere aus dem Winterschlaf auf, wenn es zu kalt wird?

Wie schützen sich Tiere und Menschen vor Kälte?

Wir sind oft froh, wenn der Winter endlich vorbei ist und wir die Winterpullover beiseite legen können. Unsere einheimischen Tiere verlassen dann ihre Winterquartiere. Die Tiere der Polargebiete leben meist das gesamte Jahr über in Schnee und Eis. Durch welche Schutzeinrichtungen können Tiere Kälte, Eis und Schnee überleben?
Welche Eigenschaften muss unsere Kleidung haben, damit wir im Winter nicht frieren?

1 und 2 Quietschvergnügt auf Eis und Schnee …

Beobachten Untersuchen Experimentieren

1 Schutz gegen Kälte
In den Polargebieten der Erde müssen die Lebewesen ganz besonders gut gegen die Kälte gewappnet sein, um zu überleben.
Im folgenden Modellversuch kannst du herausfinden, wie Polartiere einen Wärmeverlust durch Isolierung vermeiden. Prüfe im Versuch die Wärmeisolierung verschiedener Stoffe.

Material: je 7 große und kleinere Bechergläser, 7 Thermometer, 7 Styropordeckel, glatte Schnur, flauschige Wolle, Wasser, Öl
Durchführung: Baue die Versuchsanordnung entsprechend der Abbildung 2 auf.
Fülle das Außengefäß jeweils mit folgendem Füllmaterial: ohne Füllmaterial (Luft), Wasser (20 °C), glatte Schnur (trocken), glatte Schnur (nass), flauschige Wolle (trocken), flauschige Wolle (nass), Öl (20 °C). ↑3
Das Wasser im Innengefäß sollte etwa 60 °C haben.
Auswertung: Lies die Temperatur alle 3 Minuten ab. Trage die Werte in eine Tabelle ein. Zeichne für deine Messergebnisse ein Kurvendiagramm und vergleiche. Welche Messgefäße entsprechen am ehesten den Verhältnissen bei den Polartieren? Übertrage das Modell auf die Realität.
Warum werden jeweils trockene und nasse Hüllmaterialien verwendet? Erkläre die Messwerte.

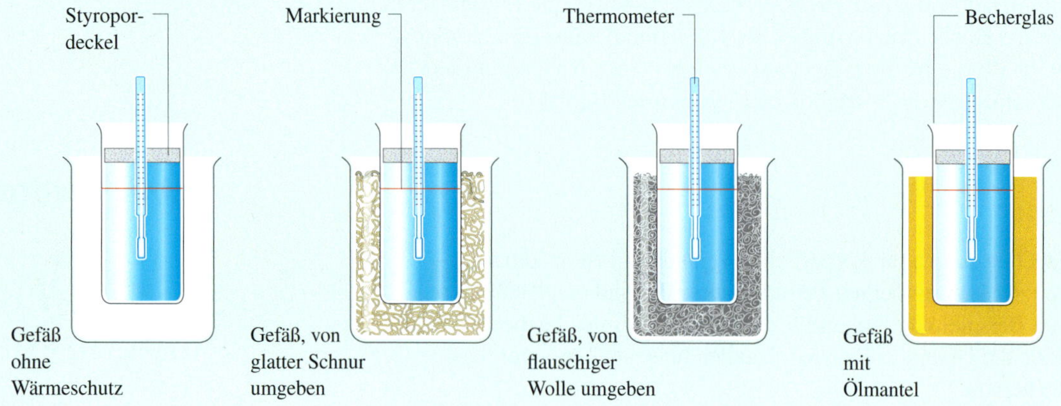

3 Modellversuch zur Wärmeisolierung

2 Bei strenger Kälte plustern sich viele Vögel auf. Sie sehen dann dicker aus als normal. ↑4 und 5
Begründe, warum sie das tun?

4 Rotkehlchen im Sommer

5 Rotkehlchen im Winter

3 Auch Doppelfenster halten warm

Den Vorteil einer Doppelverglasung sollst du in einer Versuchsreihe herausfinden: Von einer Seite her wird das Fenster mit einem Haartrockner erwärmt. Auf der anderen Seite wird mit einem elektronischen Thermometer gemessen. ↑6

a Worin unterscheiden sich die drei Versuchsanordnungen?

b Plane selbst diese Versuchsreihe. (*Tipp:* Es wird eine Uhr benötigt.)

c Bevor du zu experimentieren beginnst: Überlege, welche Ergebnisse herauskommen könnten.

d Nachdem die Ergebnisse feststehen: Vergleicht die Ergebnisse miteinander. Versucht sie zu erklären.

4 Wie Häuser uns vor Kälte schützen

Bastle dir ein Versuchshaus aus einem Schuhkarton. ↑7
Als „Ofen" soll eine Blechdose mit 50 °C heißem Wasser hineinkommen.

a Das „Haus" stellst du in einen kühlen Raum. Miss die Anfangstemperatur im „Haus". Um wie viel ist die Temperatur nach einer halben Stunde gesunken?

b Probiere aus, wie du es schaffst, das Haus länger warm zu halten.

c Beschreibe deine Versuchsergebnisse und erkläre sie.

5 Welcher Schlafsack ist besser?

Im Zelt übernachten? In mancher Sommernacht wird es recht kalt. Ein guter Schlafsack ist dann unentbehrlich.
Der Hersteller geben verschiedene Temperaturbereiche an. Orientieren solltest du dich an der Komforttemperatur, bei der ein durchschnittlicher Erwachsener noch nicht friert. ↑8
Mit Daunen gefüllte Schlafsäcke sind leicht aber feuchtigkeitsempfindlich und teuer. Kunstfaserschlafsäcke nehmen kaum Feuchtigkeit auf, trocknen rasch und sind preisgünstig. Kunstfasern haben eine raue Oberfläche. Damit sie sich nicht verhaken und sich aufbauschen können, müssen sie mit einer glatten Schicht ummantelt werden. Plant nun einen Versuch, mit dem ihr untersuchen könnt, welcher Schlafsack länger warm hält.

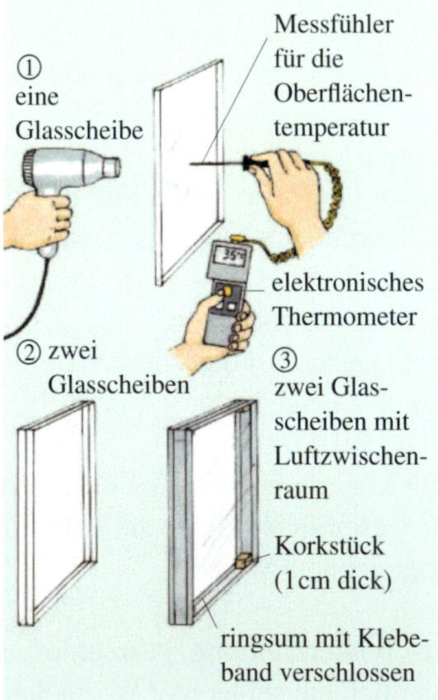

6 Wärmedämmung durch Fenster

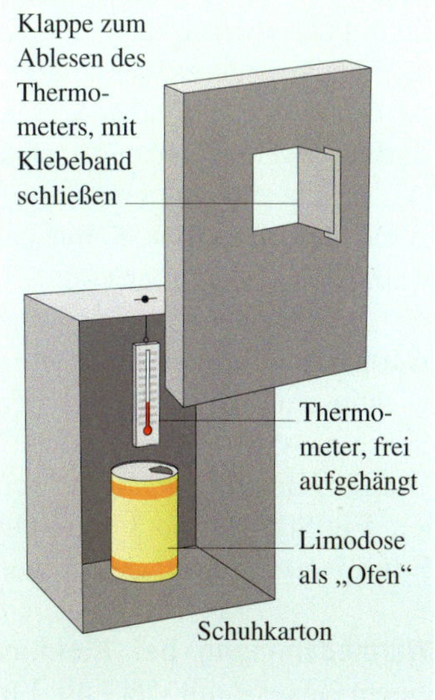

7 Versuchshaus (Bastelanleitung)

8 Schlafsäcke

GRUNDLAGEN: Wärmedämmung

Als Kälteschutz besitzt der Eisbär ein dickes Fell und eine Speckschicht. Wir Menschen schützen uns durch bauschige Kleidung.
Kleidung, Fell und Speckschicht dienen der Wärmedämmung. Sie verhindern, dass die vom Körper erzeugte Wärme schnell entweicht.

1 Kaiserpinguine

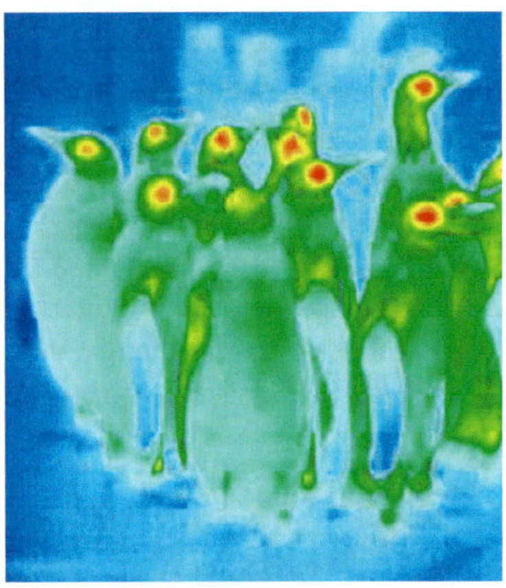

2 Wärmebild von Kaiserpinguinen

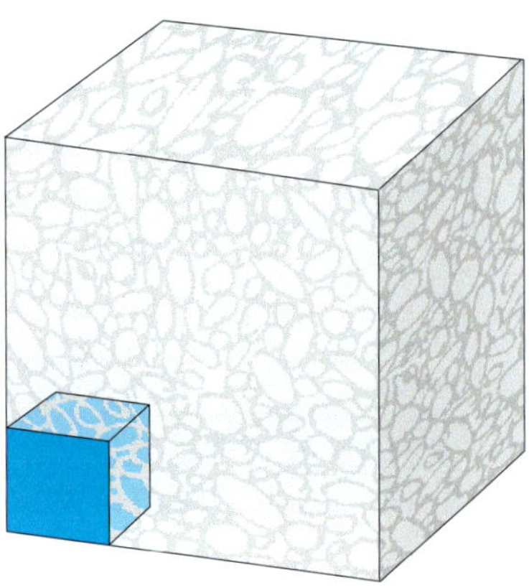

3 Styropor – „eingeschlossene Luft“

Wärmedämmung im Tierreich Säugetiere und Vögel sind Warmblüter, sie haben im Körperinneren immer etwa dieselbe hohe Temperatur. Das ist sehr erstaunlich, da diese Tiere zum Teil extremen Temperaturen ausgesetzt sind.
Nach dem was du über die Wärmestrahlung weißt, sollte der Eisbär am besten ein schwarzes Fell besitzen. Das wäre zur Jagd zwar etwas unpraktisch, aber die Wärmestrahlung würde besser absorbiert. Doch die Natur ist viel erfindungsreicher: Die weißen Haare sind durchsichtig und leiten wie Glasfasern das Sonnenlicht bis zur schwarzen Körperhaut. Das bis zu 7 cm lange Fell ist eine hervorragende Wärmedämmung. Beim Schwimmen im eiskalten Wasser hilft das alles wenig. Die bis zu 10 cm dicke Fettschicht verhindert dann fast vollständig, dass Wärme an das Wasser abgeführt wird. Der Eisbär ist so gut isoliert, dass es bisher nicht gelang, ihn mit einer Wärmebildkamera vom Flugzeug aus aufzuspüren.
Auch Pinguine sind „Weltmeister“ bei der Wärmedämmung. In der Antarktis ist es noch wesentlich kälter als in der Arktis und Temperaturen unter –30 °C sind keine Seltenheit. Trotzdem brüten einige Pinguinarten dort während der schlimmsten Eisstürme. Dass der Pinguin gut gedämmt ist, sieht man schon daran, dass Schneeflocken auf seinem Gefieder nicht schmelzen. Eine Schneedecke hilft sogar bei der Dämmung. Ein dichtes Kleid aus winzigen Federn mit flaumigen Schäften verhindert den Verlust von Körperwärme fast vollständig. Beim Tauchen im eiskalten Wasser verlieren die Pinguine trotz ihrer gefetteten Federn und der eingeschlossenen Luft ihre Wärme bis zu 100-mal schneller als an Land. Die Temperatur senkt sich dann kurzfristig in allen nicht benötigten Körperteilen auf zum Teil unter 20 °C ab.
Das Männchen des Kaiserpinguins bebrütet sein Ei sogar auf dem Eis, seine Füße werden dabei bis zu 0 °C kalt. Wie bei anderen Vögeln, hilft hier ein besonderer Wärmetausch. In den Beinen gibt es eine Stelle in der die nach unten laufenden Arterien und die nach oben laufenden Venen sich stark verzweigen und eng aneinander liegen. Sie bilden ein „Wundernetz“. Das warme Blut aus dem Körper wärmt auf dem Weg in den Fuß das kalte zurückfließende Blut. Somit gelangt kühleres Blut zum Fuß und vorgewärmtes in den Körper.

Wärmedämmung bei Häusern Auch bei Häusern ist die Wärmedämmung wichtig, damit die Heizungswärme möglichst lange in der Wohnung bleibt. Sonst muss die Heizung zu viel Wärme nachliefern.
Für die Wärmedämmung verwendet man Materialien, die viel Luft enthalten. Ein Styroporblock wäre ohne Luft wesentlich kleiner als normal. ↑3 Er wäre nur so groß wie der hier blau gezeichnete Würfel.

Wärmedämmung bei Kleidung Auch Winterkleidung besteht oft aus einem Gewebe mit viel Luft. Luft ist nämlich ein schlechter Wärmeleiter.

Kurz und knapp **Mit einer Wärmedämmung kann man erreichen, dass die Wärme nur ganz langsam aus einem warmen Bereich in die kältere Umgebung strömt.**

Aus der Technik Ein Luftmantel für das Haus

Ein geheiztes Haus verliert durch Wand, Dach, Keller und Fenster thermische Energie an die kühlere Umgebung. Luft ist der beste Isolator und so wird in modernen Häusern auch meist mit Luft gedämmt. Styropor, Mineralwolle und viele andere moderne Baustoffe sind eigentlich nur verpackte Luft. Je dicker diese Isolierungsschicht, desto weniger Energie strömt im Winter nach draußen.
Luftgefüllte Zwischenräume dürfen auch nicht zu groß sein. Z. B. dämmen zwei Fensterscheiben mit großem Abstand, also mit viel Luft dazwischen, nicht unbedingt besser als mit einer Doppelglasscheibe. Bei einer Doppelglasscheibe wird wegen des geringen Abstands der Scheiben die Zirkulation der Luft verhindert.

4 In Styropor sind viele kleine Luftbläschen eingeschlossen.

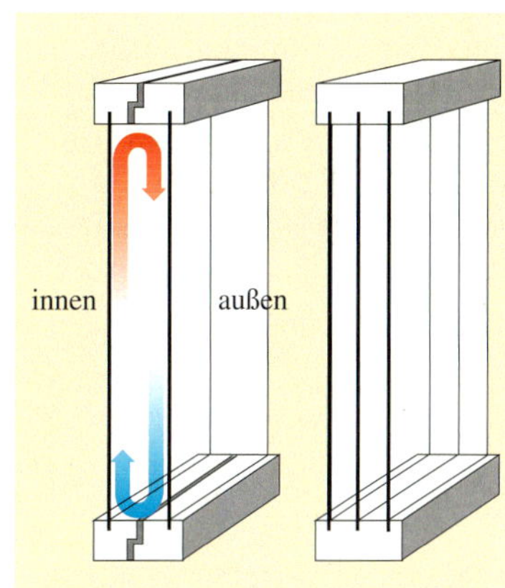

7 Bei engen Zwischenräumen kann keine Luftzirkulation entstehen.

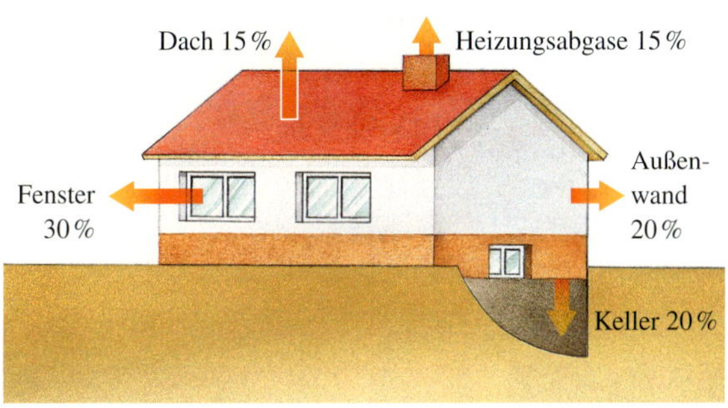

5 Energieabgabe an die Umgebung

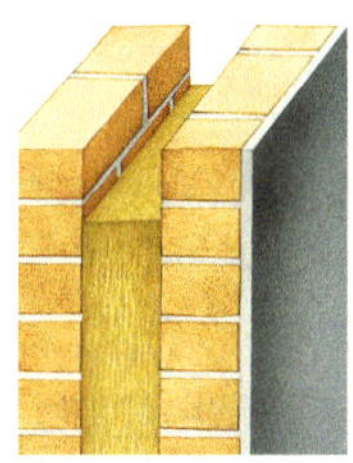
6

Arbeitsaufträge

1 Der Kaiserpinguin schützt sein Ei vor der Kälte, indem er es auf seinen kalten Füßen balanciert. Eis und Füße haben fast dieselbe Temperatur, trotzdem ist sein Verhalten sinnvoll. Begründe.

2 Fast alle Lebewesen sterben ab, wenn das Wasser in ihren Zellen gefriert. Trotzdem leben im Meer einige Fische mit einer Körpertemperatur von –1,5 °C und einige Algen, die sich bei –5,5 °C noch vermehren. Wie verhindern diese Lebewesen eine Eiskristallbildung? *Tipp:* Bei Glatteis wird oft Salz gestreut.

3 „Zieh dir eine warme Jacke an!“ Diese Aufforderung kennst du sicher. Doch worauf beruht die Wirkung der Jacke? Wo steckt die Wärmequelle bei der „warmen Jacke“?

4 Hier geht es um Kleidung, die zur Wärmedämmung geeignet ist.

a Wie muss sie beschaffen sein, damit sie im Winter gut warm hält?

b Das Gewebe gut isolierender Kleidung ist elastisch. Es soll nämlich wieder bauschig werden, wenn man es zusammendrückt und loslässt. Begründe.

Überblick

Pflanzen überwintern
Pflanzen überdauern die kalte Jahreszeit auf unterschiedliche Weise. Bäume und Sträucher legen Knospen an. In diesen Überwinterungsorganen sind bereits vollständige Blüten- oder Blatttriebe angelegt. Krautige Pflanzen überwintern mit Speicherorganen oder als Samen.

Pflanzen im Jahresverlauf
Nach der Ruhe im Winter nutzen die Pflanzen die Nährstoffe in den Samen oder Speicherorganen zur Keimung und zum Wachstum. Im Frühjahr und Sommer bilden sie Blüten. Durch Wind oder Tiere werden die Blüten bestäubt. Nach der Befruchtung entwickeln sich aus den Blüten Früchte und Samen. Aus den Samen können im nächsten Jahr wieder neue Pflanzen entstehen.

Vögel
Vögel sind gleichwarme Tiere. Sie ziehen im Herbst entweder in wärmere Regionen (Zugvögel) oder überwintern bei uns, wobei sie ihre Ernährung umstellen (Standvögel). Bei manchen Vogelarten kann man beide Verhaltensweisen beobachten (Teilzieher).

Säugetiere
Säugetiere sind gleichwarm und durch verschiedene Strategien an die kalte Jahreszeit angepasst. Tiere, die im Winter aktiv sind, besitzen ein Winterfell und ein dickes Fettpolster als Energievorrat. Bei Winterschläfern sinkt die Körpertemperatur. Dadurch werden weniger Fettreserven verbraucht.

Kriechtiere, Lurche und Fische
Kriechtiere, Lurche und Fische sind wechselwarme Tiere. Sie werden im Winter starr und steif, sie verfallen in die Winterstarre.

1 Schneeglöckchen

2 Wacholderdrossel im Winter

3 Winterstarre, Winterruhe, Winterschlaf

Wärmedämmung
Gefieder und Fell, Skianorak, Schlafsack und Winterpulli sorgen dafür, dass der warme Körper nur langsam Energie an die kältere Umgebung abgibt. Zur Wärmeisolierung sind besonders gut Materialien geeignet, die viel Luft enthalten.

Alles klar?

1 Plane ein Experiment, mit dem man überprüfen kann, ob eine Pflanze durch den Wind oder durch Insekten bestäubt wird. Schreibe eine genaue Versuchsanleitung dazu.
2 Beschreibe das Leben einer Blütenpflanze im Jahresverlauf.
3 Erläutere, wie sich Pflanzen auch ohne Samen fortpflanzen und verbreiten können. ↑5
4 Robben jagen im eisigen Wasser nach Fischen. ↑4
Ein Fell schützt im Eiswasser nicht gegen Kälte. Wodurch sind Robben vor Auskühlung im Wasser geschützt? Beweise deine Antwort mithilfe eines Experiments.

4 Eine Robbe jagt im Eiswasser.

5 Haselmäuse werden von den Früchten der Heckenrose angelockt.

5 Winterruhe und Winterschlaf gibt es nur bei den Säugetieren, nicht bei den Vögeln. Erkläre, weshalb Winterschlaf und Winterruhe für Vögel als Überwinterungsstrategie nicht infrage kommt.
6 Deine Wohnung oder dein Haus schützt dich auch vor Wärmeverlust. Im Winter wird chemische oder elektrische Energie verwendet, um eine angenehme Temperatur einzustellen.
a Wie wird dein Zuhause geheizt? Woher kommt die Energie und wie viel kostet sie im Jahr?
b Wie wurde bei dir gedämmt? Woraus bestehen Wände, Fenster, Boden und Dach? Gibt es Verbesserungsmöglichkeiten?
c Wie würde dein Haus aussehen, wenn du Architekt wärst und eine möglichst perfekte Wärmedämmung erzielen wolltest?
7 Auf Daunenschlafsäcken steht oft das Volumen, welches ein Gramm Federn einnimmt. Warum ist diese Angabe interessant? Erkläre.
8 Volle Wasserflaschen solltest du bei Frost nicht über Nacht im Auto lassen. Was könnte passieren?
9 Gilt bei der Wärmedämmung eines Hauses die Regel: Je mehr Glaswolle desto besser?
10 Der erste Schnee bleibt nicht überall liegen. ↑6
Kannst du dir denken, warum das so ist?

6 Nach dem ersten Schneefall

Rund ums Wetter

Die Sonne ist ein unerschöpflicher Energielieferant. Von ihrem Stand hängt auch unser Wetter ab. Das Wetter ändert sich im Lauf des Jahres, oft auch von Tag zu Tag.

1 Wetter kann man beobachten. Wie ändern sich die Temperaturen von Luft, Wasser und Boden? Wie viel Niederschlag fällt?

2 Das Wettergeschehen auf der Erde wird durch die Sonne angetrieben. Mit Windkraftwerken wird Energie „geerntet“, die von der Sonne stammt. Auch die Zerstörungen durch Orkane sind Wirkungen der Sonnenenergie.

3 Wenn die Sonne weniger lange scheint und das Sonnenlicht flacher einfällt, wird es bei uns kalt. Es ist Winter.

4 Im Winter kann man draußen den „Atem“ des Eisbären sehen. Warum sieht man ihn im Sommer nicht?

5 bis 8 Die Jahreszeiten Frühling, Sommer, Herbst und Winter sind durch Wettererscheinungen wie Wind, Regen, Eis, Schnee, Hitze oder Kälte gekennzeichnet. Wie kommt es dazu? Hat das auch etwas mit der Sonne zu tun?

Bewölkung und Niederschläge

„Es ist sieben Uhr. Sie hören den Wetterbericht. Heute ist es zunächst stark bewölkt. Im Lauf des Nachmittags setzt starker Südwestwind ein und es kommt zu heftigen Regenfällen …“
Neben der Lufttemperatur sind die Niederschläge das, was die meisten Menschen am Wetterbericht interessiert.
„Niederschläge“ nennen die Wetterforscher alles, was an Wasser aus der Luft kommen kann: Regentropfen, Schneeflocken, Graupel, Hagel, Tau, Nebel …

1 Bei solchen Wolken solltest du eine Regenjacke dabeihaben.

Beobachten Untersuchen Experimentieren

1 Beobachtung von Bewölkung und Niederschlägen
Benötigt werden: Regenmesser (gekauft ↑2 oder selbst gebaut), Fotoapparat, Bücher mit Wolkenbildern.
Durchführung:

a Schreibt nach jedem Regen die Niederschlagsmenge auf und leert danach den Regenmesser. Addiert die Messwerte für einen Monat. Stellt die Summe in einem Säulendiagramm dar.

b Protokolliert, was der Wetterbericht im Radio und in der Tageszeitung zu Bewölkung und Niederschlag vorhersagt. Notiert auch, wie das Wetter tatsächlich wird. ↑3 bis 5

c Beobachtet an unterschiedlichen Tagen wenigstens 10 Minuten lang, wie sich eine Wolke verändert.

d Fotografiert Wolken und notiert gleichzeitig die Wetterentwicklung an diesem und dem folgenden Tag.

e Versucht aus der Art der Bewölkung vorherzusagen, ob es bald regnen wird.

f „Morgenrot – schlecht Wetter droht.“ Informiert euch über „Bauern-Wetterregeln“. Prüft, ob deren Vorhersagen zutreffen.

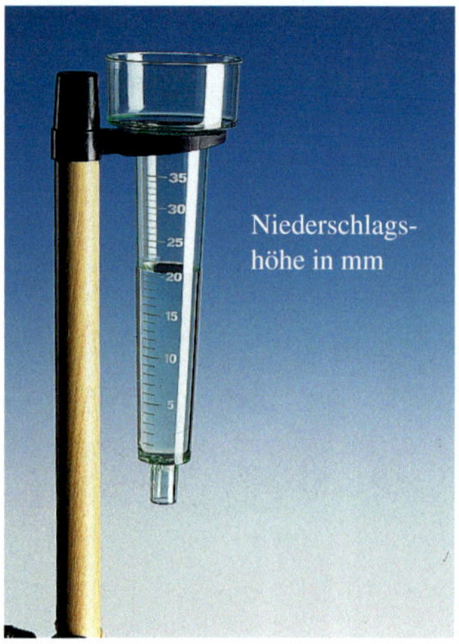

2 Regenmesser

3 Symbole für Bewölkung

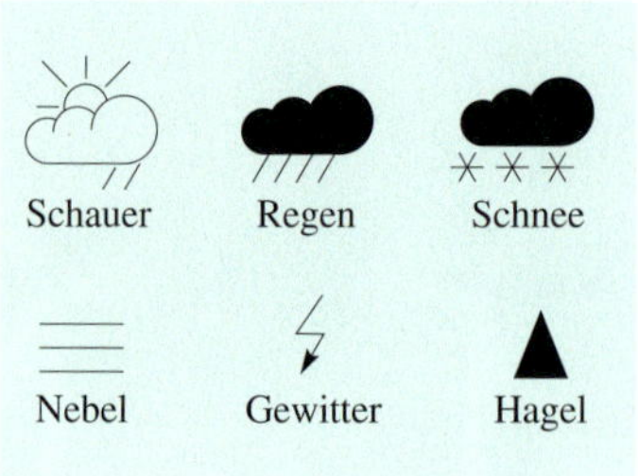

4 Symbole für Niederschlag

Datum	*Bewölkung vorhergesagt*	*Bewölkung tatsächlich*	*Niederschlag*	*Besondere Beobachtungen*
1. Nov.				*Regenbogen*
2. Nov.	*?*	*?*	*?*	*?*
3. Nov.	*?*	*?*	*?*	*?*

5 Darstellung der Beobachtungen (Wandzeitung)

2 Messen von Luft-, Boden- und Wassertemperaturen
Wir wollen über einen längeren Zeitraum die Temperaturen von Luft, Wasser und Boden messen.
Benötigt werden: ein Außenthermometer oder ein Digitalthermometer mit flexiblem Fühler (auch für Wasser- und Bodentemperaturen geeignet), je Woche ein DIN-A4-Blatt zum Protokollieren der Ergebnisse.

Durchführung:
a Lufttemperatur: Messt dreimal täglich die Lufttemperatur, möglichst immer zur gleichen Zeit. Sie wird im Schatten 2 m über dem Boden gemessen.
b Bodentemperatur: Messt eine Woche lang dreimal täglich die Bodentemperatur in 10 cm Tiefe (z. B. im Garten).
c Wassertemperatur: Messt eine Woche lang dreimal täglich die Wassertemperatur in 10 cm Wassertiefe (z. B. im Gartenteich oder im Schulteich).
Ab der zweiten Woche messt ihr die Boden- und Wassertemperatur nur noch einmal am Tag.
d Tragt alle Ergebnisse in eine Tabelle ein.
Für die Lufttemperatur berechnet ihr einen Tagesdurchschnittswert.
Am Ende einer jeden Woche stellt ihr die Messwerte in einem Diagramm dar.

GRUNDLAGEN: Die Lufttemperatur

So misst du die Lufttemperatur Die Lufttemperatur misst du immer im Schatten. Wetterkundler benutzen ein Wetterhäuschen, in dem sich das Thermometer in 2 m Höhe befindet.
Wenn du das Thermometer direkt in die Sonne hältst, nimmt er Sonnenenergie auf und wird wärmer als die umgebende Luft an. Das Thermometer zeigt dann die Temperatur des Fühlers an, aber nicht die der Luft.

So berechnest du die Durchschnittstemperatur eines Tages Anna und Markus haben am 1. November folgende Temperaturen gemessen:

7 Uhr	4 °C
14 Uhr	10 °C
21 Uhr	5 °C

In der Nacht ändert sich die Temperatur nicht wesentlich. Um nicht nachts messen zu müssen, zählt man die 21-Uhr-Temperatur doppelt und teilt dann die Summe durch 4.
$4\,°C + 10\,°C + 5\,°C + 5\,°C = 24\,°C$
$24\,°C : 4 = 6\,°C$
Die Durchschnittstemperatur vom 1. 11. beträgt also 6 °C

Kurz und knapp **Temperaturen werden in der Einheit 1 Grad Celsius (1 °C) gemessen.**

6 Temperaturmessung im Teich

7 Messung der Lufttemperatur

Wolken, Schnee, Eis – alles nur Wasser

1 bis 4 Viermal Wasser, das seinen Zustand ändert oder gleich ändern wird …

Beobachten Untersuchen Experimentieren

1 Wasser und Wasserdampf

a Miss mit einem Messbecher einen halben Liter Wasser ab. Fülle das Wasser in einen Topf und erwärme es.

b Warum wird der Deckel angehoben, wenn das Wasser kocht?

c Halte einen kühlen Spiegel oder Deckel über den Topf. Was beobachtest du?

d Nach 10 Minuten nimmst du den Topf vom Herd. (*Achtung, der Topf ist heiß!* Nimm Topflappen und den Deckel zu Hilfe.) Lass das Wasser abkühlen und miss, wie viel Wasser übrig geblieben ist. Wo könnte das restliche Wasser geblieben sein?

2 Wo bleibt das Wasser?

Gib einen Esslöffel Wasser auf eine Untertasse. Stelle das Ganze an einen warmen Platz. Wie lange dauert es, bis alles Wasser verschwunden ist? Erkläre.

3 Wolkenbildung in der Flasche

Du brauchst eine leere Saftflasche mit weiter Öffnung.

a Trockne die Flasche sorgfältig innen und außen ab. Lege sie geöffnet mehrere Stunden lang in den Kühlschrank. So wird die Luft in der Flasche stark abgekühlt.

b Hole die Flasche aus dem Kühlschrank und hauche zwei- oder dreimal in sie hinein. ↑5

5

Die Feuchtigkeit deines Atems bildet an der Innenwand der Flasche Nebel. Du siehst ihn deutlich, wenn du die Flasche gegen das Licht hältst.

c Verschließe die Flasche mit einem passenden Deckel. Stelle sie dann an einen sonnigen, warmen Platz. Was ist nach einiger Zeit zu sehen?

d Lege die verschlossene Flasche zurück in den Kühlschrank.

e Erkläre deine Beobachtungen.

GRUNDLAGEN: Wasser: Fest – flüssig – gasförmig

Zustandsformen Wasser kann in drei Zustandsformen (Aggregatzuständen) vorkommen: als Eis, Wasser und Wasserdampf. Es kann also fest, flüssig und gasförmig sein. ↑6
Welchen Zustand es hat, hängt von der Temperatur ab. Bei –5 °C ist es fest und bei 10 °C flüssig. Bei 110 °C ist Wasser gasförmig.

Zustandsänderungen Die Temperaturen, bei denen Stoffe ihren Zustand ändern, heißen:
- Schmelztemperatur (wenn ein fester Körper flüssig wird),
- Siedetemperatur (wenn ein flüssiger Körper gasförmig wird).

Diese Temperaturen sind für jeden Stoff unterschiedlich.
Flüssigkeiten können auch unterhalb ihrer Siedetemperatur gasförmig werden. Man sagt dann: Sie verdunsten (z. B. Regenwasser).
Wenn Eis schmilzt oder Wasser siedet, ändert sich seine Temperatur trotz Energiezufuhr nicht. Die zugeführte Energie ist nötig, damit das Eis schmilzt oder das Wasser verdampft.

Kurz und knapp **Ein fester Stoff wird flüssig, wenn er seine Schmelztemperatur erreicht. Beim Erreichen seiner Siedetemperatur wird er gasförmig.**

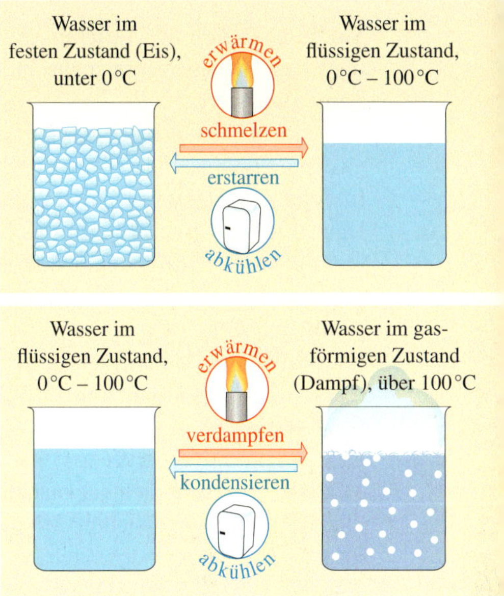

6 Zustandsänderungen von Wasser

Wissenswertes Der Wasserkreislauf

Wasser ist für Pflanzen, Tiere und uns Menschen unentbehrlich. Ohne Nahrung kann ein Mensch zwei Wochen auskommen, ohne Wasser höchstens zwei bis drei Tage.
Der allergrößte Teil des Wassers auf der Erde füllt die Ozeane.

Über den Ozeanen verdunstet ständig Wasser. Die dafür nötige Energie liefert die Sonne. Damit beginnt für das Wasser ein Kreislauf, der wieder im Meer endet. ↑7
Die aufsteigende Luft kühlt ab. Dabei kondensiert das Wasser zu winzigen Tröpchen. Es entstehen Wolken. Mit dem Wind werden sie über weite Strecken transportiert. Aus den Wolken fällt Regen und Schnee. An Land bilden sich Rinnsale, Bäche und Ströme, die das Wasser wieder ins Meer bringen. Ein Teil des Wasser versickert, wird als Grundwasser gespeichert und fließt ebenfalls ins Meer.
Angetrieben wird dieser gewaltige Wasserkreislauf durch die Sonne. Er stellt ständig sauberes Wasser für das Leben auf der Erde bereit. Der Mensch nutzt den Wasserkreislauf auch mit Wasserkraftwerken und erhält so elektrische Energie.

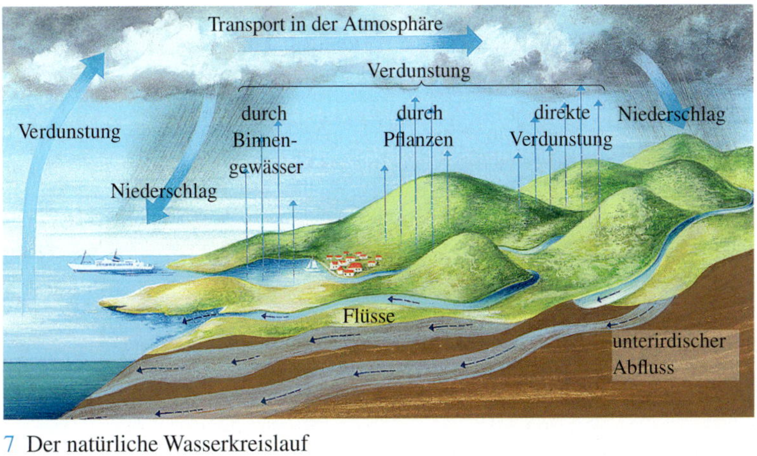

7 Der natürliche Wasserkreislauf

GRUNDLAGEN: Fest – flüssig – gasförmig: ein Modell hilft bei der Erklärung

Stoffe bestehen aus Teilchen Ein und derselbe Stoff, z. B. Wasser, kann in verschiedenen Aggregatzuständen auftreten. Dabei bleibt das Wasser immer Wasser.
Ein anderes Beispiel ist das Parfüm. Du kennst es im flüssigen und im gasförmigen Zustand:
In einer geschlossenen Flasche ist es flüssig. Wenn du es aber auf deine Haut tropfen lässt, verdunstet es; es wird gasförmig. Den Parfümgeruch kann man überall im Raum wahrnehmen. Man riecht also das Parfüm – sehen kann man es aber nicht. Es muss sich also ganz fein verteilt haben.
Wir können uns vorstellen, dass nun überall im Raum ganz kleine Teilchen (Parfümteilchen) vorhanden sind.
Auch bei der Erklärung anderer Beobachtungen kann uns diese Teilchenvorstellung helfen:
Diese kleinsten Teilchen sind so winzig, dass man sie auch mit starken Mikroskopen nicht sichtbar machen kann. Wir wollen sie uns einfach als kleine Kügelchen vorstellen. Mit diesem Modell können wir die Zustandsformen und deren Änderungen erklären. ↑1 bis 3

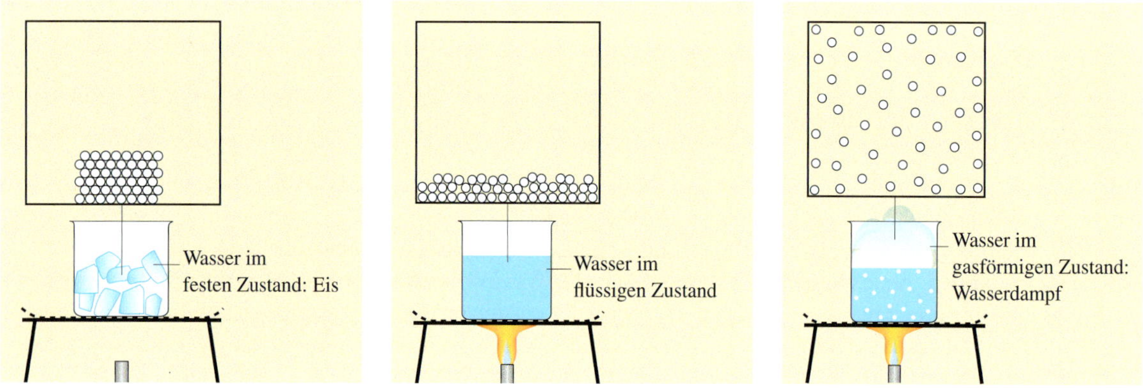

1 **Stoffe in festem Zustand**

2 **Stoffe in flüssigem Zustand**

3 **Stoffe in gasförmigem Zustand**

Bei einem Stoff in festem Zustand liegen die Teilchen, aus denen er besteht, dicht zusammen.
Die Teilchen haben einen starken Zusammenhalt. Sie können ihren Platz nicht verlassen; ein bisschen können sie sich aber bewegen.
Wenn der feste Stoff erwärmt wird, bewegen sich die Teilchen stärker.
Bei einer bestimmten Temperatur – der Schmelztemperatur – wird der Stoff flüssig.

Auch im flüssigen Zustand besitzen die Teilchen einen Zusammenhalt.
Er ist aber nicht so groß wie im festen Zustand.
Die Teilchen haben nun keine festen Plätze mehr. Sie können sich gegeneinander verschieben.
Wenn der flüssige Stoff dann weiter erwärmt wird, bewegen sich die Teilchen noch heftiger. Bei der Siedetemperatur wird der Stoff schließlich gasförmig.

Bei einem Stoff im gasförmigen Zustand besitzen die Teilchen keinen Zusammenhalt mehr.
Sie verteilen sich auf den ganzen Raum, der ihnen zur Verfügung steht.

Kurz und knapp **Wir stellen uns vor, dass alle Stoffe aus kleinsten, für uns unsichtbaren Teilchen aufgebaut sind. Der Zusammenhalt der Teilchen ist im festen, flüssigen oder gasförmigen Zustand eines Stoffes unterschiedlich.**

Wissenswertes Nebel – Wolken – Regen – Hagel – Schnee

Überall auf der Erde verdunstet Wasser. Ein großer Baum verwandelt an einem Sommertag rund 200 Liter Wasser in Wasserdampf.
Die Luft enthält stets Wasserdampf. Sehen kann man ihn nicht. Wenn der Wasserdampf abkühlt, bilden sich winzige Wolkentröpfchen. Es entstehen Wolken oder Nebel.

Nebel
Besonders häufig tritt Nebel im Frühjahr und Herbst in Flusstälern auf. Dort verdunstet stets viel Wasser. Wenn das gasförmige Wasser dann in der kühlen Abend- oder Morgenluft abkühlt, kondensiert es zu kleinen Wassertröpfchen. Wir sehen sie als Nebel. ↑4

Wolken
Wolken entstehen, wenn der Wasserdampf mit erwärmter Luft hochsteigt, in kältere Luftschichten gelangt und dort kondensiert. Es bilden sich winzige Wassertröpfchen und in größeren Höhen auch kleine Eiskristalle. Sie fallen nicht zur Erde, obwohl Wasser schwerer als Luft ist; denn sie werden von der aufsteigenden Luft in der Schwebe gehalten. Wir sehen sie als Wolken. ↑5

Regentropfen
Regentropfen entstehen erst, wenn viele der winzigen Tröpfchen einer Wolke zu einem großen Tropfen „zusammenfließen" – wie Fettaugen auf der Suppe. Die Tropfen werden dann so schwer, dass sie als Regen zur Erde fallen. Dicke Regentropfen können sich nur dann bilden, wenn in der Wolke neben den Wassertröpfchen auch noch Eiskristalle vorhanden sind. Sie ziehen die kleinen Wassertröpfchen an und wachsen zu Hagelkörnern an. Auf ihrem tiefen Fall zur Erde schmelzen sie in wärmeren Luftschichten und gelangen als dicke Regentropfen auf die Erde.

Hagel
Als Hagel prasseln sie auf uns herab, wenn die Körner sehr dick sind und auf dem Weg zur Erde nicht ganz schmelzen. In Gewitterwolken werden Hagelkörner durch die starken Aufwinde immer wieder hochgerissen und wachsen so immer mehr, weil sich ständig neue Wasserteilchen anlagern. Hagelkörner können so groß wie Tennisbälle sein und großen Schaden anrichten.

Schnee
In großen Höhen betragen die Lufttemperaturen meist weit unter 0 °C.
Dort bilden sich dann aus dem Wasserdampf keine Wassertröpfchen, sondern Eiskristalle. Das gasförmige Wasser geht dabei direkt in den festen Zustand über. Der flüssige Zustand wird also übersprungen. Es bilden sich Eiskristalle in vielen unterschiedlichen Formen. ↑6
Sie vereinen sich schließlich zu Schneeflocken. Wenn sie schwer genug sind, rieseln sie als Schnee zur Erde nieder – wenn sie nicht in tieferen Luftschichten schmelzen.

1 Lege ein leeres Glas für 5 Minuten ins Gefrierfach. Nimm es dann heraus und stelle es auf den Tisch. Was beobachtest du? Was hat dieser Versuch mit der Wolkenbildung zu tun?
2 Vor allem im Sommer sieht man morgens auf Pflanzen und Gras oft Tau. Wieso verschwindet er recht schnell?
3 Wasserdampf ist unsichtbar!
Warum sehen wir dann aber die Wolken?
4 Wie bildet sich Schnee? Suche dafür eine Erklärung.

4 Nebel im Flusstal

5 Kleine Wolke – 600 t kondensierter Wasserdampf

6 Eiskristalle in verschiedenen Formen

Wie der Wind entsteht

Wie entstehen Luftströmungen und Winde?

1 Aufwärtsgerichtete Luftströmung

2 Gleitschirmflieger nutzen Aufwind, um emporzusteigen.

Beobachten Untersuchen Experimentieren

1 Luftströmungen am Backofen
Öffne einen heißen Backofen einen Spalt. Untersuche die Luftströmungen zwischen Backofen und Küche. Fahre dazu mit einer Kerze den Türspalt von unten nach oben hoch.
In gleicher Weise kannst du auch die Luftströmungen zwischen anderen Räumen mit unterschiedlichen Temperaturen untersuchen (unterschiedliche warme Zimmer, Kühlschrank und Küche).

2 Die Flasche mit der Münze
Hokuspokus mit einer Flasche – sicher kannst du das auch … ↑3
Tipps: Die leere Flasche vorher in den Kühlschrank legen. Die Münze zunächst anfeuchten und dann erst auf die Flasche legen.

3 Luft wird erwärmt
Du brauchst eine Luftballonhülle und eine Glasflasche. Ziehe die Luftballonhülle über die Flaschenöffnung.
Stelle die Flasche erst in warmes Wasser und dann in Eiswasser. Beschreibe deine Beobachtung und erkläre.

3

GRUNDLAGEN: Wenn Luft erwärmt wird …

Ausdehnung Luft, die erwärmt wird, dehnt sich aus. Ihr Volumen nimmt zu. Die Ausdehnung ist erheblich stärker als bei festen und flüssigen Stoffen.
Mit dem Teilchenmodell kann man die Ausdehnung bei Erwärmung erklären. Wir stellen uns vor, dass die Erwärmung Einfluss auf die Bewegung der Teilchen des Körpers hat: Je stärker Luft erwärmt wird, desto stärker bewegen sich die Luftteilchen. Bei stärkerer Bewegung brauchen die Teilchen mehr Platz. Das bedeutet, dass sich die Luft ausdehnt.
Dazu ein Modellversuch: Kinder stehen dicht beieinander und bewegen sich kaum. ↑4 Dann beginnen sie, sich stärker zu bewegen …

Mitführen von Wärme Über einer Kerze oder einer warmen Fläche dehnt sich die Luft aus. Sie wird dadurch leichter. Kalte Luft aus der Umgebung schiebt sich darunter und hebt die warme Luft in die Höhe. Es kommt zu einem Kreislauf. Mit der erwärmten Luft wird Energie transportiert.

4 Modellversuch zur Wärmeausdehnung

Kurz und knapp **Die Sonne treibt den Wind an. Auf der gesamten Erde wird die Luft unterschiedlich stark erwärmt. So entstehen Gebiete, in denen Luft aufsteigt (Tiefdruckgebiete) und nach unten sinkt (Hochdruckgebiete). Über dem Boden entsteht Wind, weil die Luft vom Hoch- zum Tiefdruckgebiet strömt.** ↑5

Wissenswertes Die Sonne ruft Winde hervor

Wenn die Sonne auf die Erde scheint, erwärmt sich diese nicht überall gleich: Die Luft über den Landflächen wird heißer als die über den Meeresflächen.
Beim Erhitzen dehnt sich die Luft aus. Zur Seite kann sie nicht ausweichen, denn da ist ja andere Luft. Daher wird die Luftsäule über dem Land höher. Erwärmte Luft steigt nach oben.
Anders ist es draußen über dem Meer. Hier kühlt die Luft ab. Ihr Volumen wird geringer, sie sackt zusammen. Luft sinkt nach unten. In großer Höhe setzt sich die Luft über dem Land in Bewegung und fließt in Richtung Meer ab. ↑5
Auf der Luft unten über der Meeresoberfläche lastet nun mehr Luft. Die Luft wird zusammengedrückt, sie gerät stärker „unter Druck“. Man spricht von einem Hochdruckgebiet.

Über der bodennahen Luft an Land lastet weniger Luft. Sie steht weniger „unter Druck“. Dort liegt ein Tiefdruckgebiet.
Unten setzt sich daher die Luft in Bewegung, es weht ein Wind vom Hochdruckgebiet zum Tiefdruckgebiet.

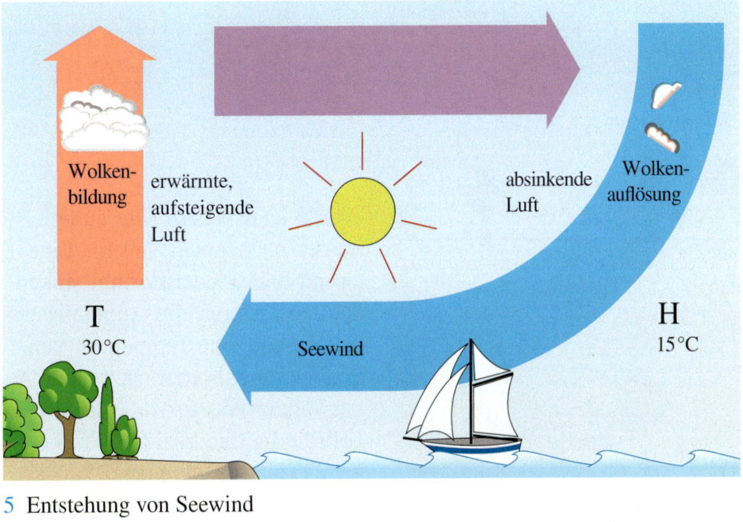

5 Entstehung von Seewind

1 Viele Duschen haben einen Duschvorhang. Wenn man warm duscht, klebt einem der Vorhang an den Beinen. Erkläre das mit den Begriffen Hochdruck- und Tiefdruckgebiet.

Wie können Fische im Winter überleben?

Eisige Kälte – Lufttemperatur: –10 °C.
Trotzdem ist das Wasser im See unter dem Eis nicht gefroren. Dort leben sogar Fische!
Wie warm ist das Wasser im zugefrorenen See?

1

2 Wachs in flüssigem Wachs

3 Eis im Wasser

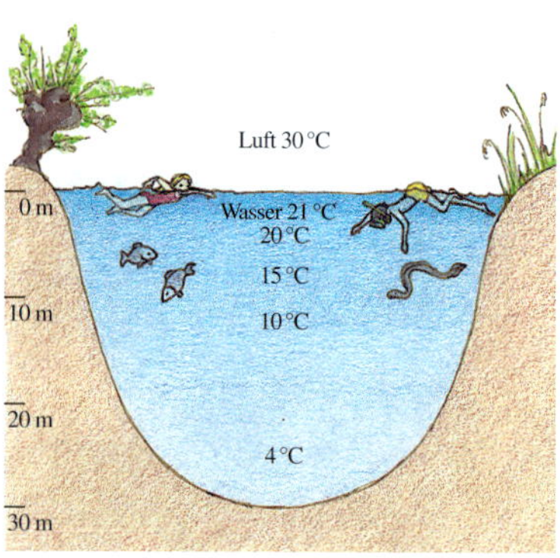

5 See im Sommer

6 See im Winter

GRUNDLAGEN: Die Anomalie des Wassers

Seen frieren im Winter immer von oben zu. Das liegt aber nicht daran, dass die Luft kälter als der Boden ist. Eis schwimmt immer oben.
„Normale" Stoffe verringern ihr Volumen bei Temperaturerniedrigung. Fester Wachs verhält sich „normal" und geht in flüssigem unter. ↑2
Festes Wasser, also Eis, verhält sich nicht normal (anomal) und schwimmt in flüssigem Wasser. Diese Abweichung von der Regel bezeichnet man als Anomalie des Wassers. ↑3
Kühlt man heißes Wasser ab, so verhält es sich erst normal, es verringert sein Volumen. Bei 4 °C hat es jedoch das kleinste Volumen. Bei tieferen Temperaturen dehnt es sich wieder etwas aus. Erstarrt es dann zu Eis, wird es sogar um fast 1/10 größer. ↑4

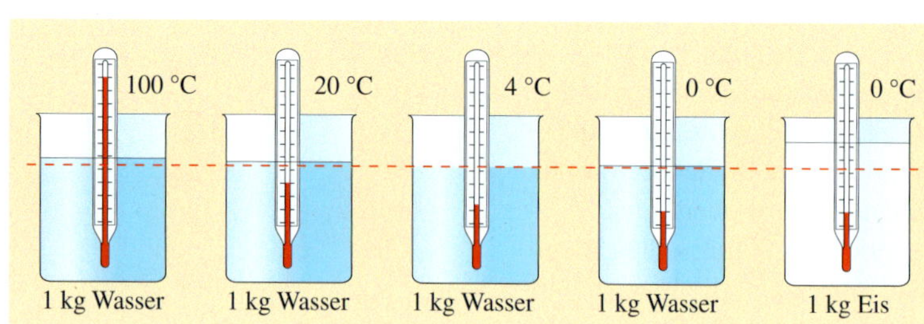

4

Würde sich Wasser wie andere Stoffe verhalten, würde kälteres Wasser immer nach unten sinken. Eine Eisschicht würde sich zuerst auf dem Grund bilden oder dorthin sinken. Die Fische lägen im Winter oben auf dem Eis. Durch die Anomalie des Wassers haben Gewässer am Boden weitgehend eine Temperatur von 4 °C, denn kälteres oder auch wärmeres Wasser steigt immer nach oben. Außerdem schützt die Eisdecke und auch das kältere Wasser vor Wärmeverlusten, sodass Gewässer nicht so schnell vollständig durchfrieren. Fische und anderen Lebewesen können so auch kalte Winter überstehen. ↑5 und 6

Volumenänderung
Die meisten Stoffe dehnen sich bei Erwärmung aus, sie vergrößern ihr Volumen. Bei Abkühlung ziehen sie sich zusammen, sie verringern ihr Volumen.
Bei Gasen ist diese Volumenänderung sehr groß.

Aggregatzustände
Stoffe können in den Aggregatzuständen fest, flüssig und gasförmig vorkommen. In welchem Zustand ein Stoff vorliegt, hängt von der Temperatur ab. Stoffe haben unterschiedliche Schmelz- und Siedetemperatruren.

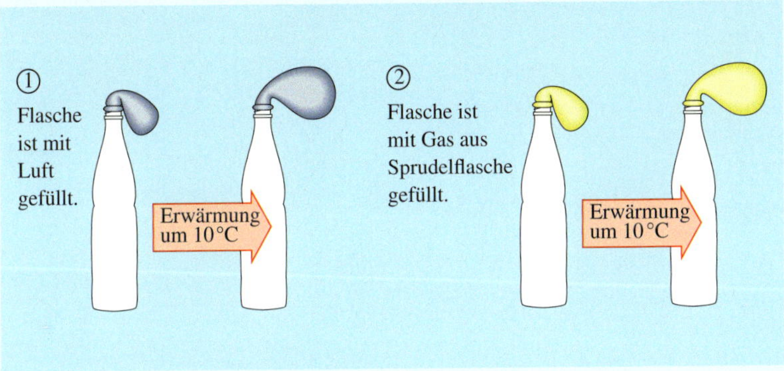

7 Gase dehnen sich gleich stark aus.

8

Teilchenmodell
Alle Stoffe bestehen aus kleinsten Teilchen. Diese kleinsten Teilchen sind in ständiger, regelloser Bewegung. Steigt die Geschwindigkeit der Teilchen, so steigt die Temperatur des Körpers. Werden die Teilchen langsamer, so sinkt die Temperatur.

Alles klar?

1 Erkläre den Unterschied zwischen festen, flüssigen und gasförmigen Stoffen.

2 Im Winter siehst du draußen oft deinen „Atem". Warum siehst du ihn im Sommer nicht?

3 Mit der Temperatur ändern sich einige Eigenschaften von Stoffen. Aber fliegen bei höheren Temperaturen nicht auch mehr Fliegen herum, die Vögel zwitschern lauter … ?
Hängen auch diese Änderungen mit der Teilchengeschwindigkeit zusammen?

4 Riecht man verschüttetes Parfum eher in einem kalten oder in einem warmen Raum?

5 Wasserdampf ist unsichtbar. Wie kommt es, dass man trotzdem „Nebel" über dem Teekocher sieht? ↑9

9

6 Verschiedene Flüssigkeiten verdunsten
Untersuche das Verdunsten von verschiedenen Flüssigkeiten (Wasser, Parfüm, Öl, …). Gib dazu etwa einen Tropfen der Flüssigkeit auf einen Glasteller oder etwas Ähnliches. *Hinweis:* Welcher Tropfen ist als erster weg, wo ist er, welche Rolle spielen Temperatur oder Pusten … ?

10

7 Langzeitstudie
Wie lange braucht das Wasser in einem zugedeckten und einem offenen Glas um vollständig zu verdunsten? ↑10

8 Verdunstungskälte
Im Sommer schwitzt unser Körper um Wärme abzugeben. Verreibe einen Tropfen Wasser oder Parfüm auf dem Handrücken. Was spürst du? Finde eine Erklärung für diese Beobachtungen.

Geräte und Maschinen im Alltag

Stell dir einmal vor, der elektrische Strom fiele aus und es gäbe keine Batterien und Akkus zu kaufen. Wie sähe dein Leben ohne Elektrizität aus? Kein Licht, kein Fernseher, kein CD-Player, kein Telefon, kein Handy, kein Computer ... Die Entdeckung und Erforschung der Elektrizität hat die menschliche Gesellschaft stärker verändert und geprägt als jede andere technische Errungenschaft.

Elektrogeräte für den Alltag

Elektrogeräte machen unseren Alltag bequem. Überall findest du Geräte, die elektrisch betrieben werden. Elektrizität steht fast überall zur Verfügung.
Hast du schon einmal überlegt, wie dein Haartrockner mal warme und mal kalte Luft blasen kann? Bist du sicher, dass das Licht im Kühlschrank aus ist, wenn er geschlossen ist? Du wirst untersuchen, wie Haushaltsgeräte funktionieren.

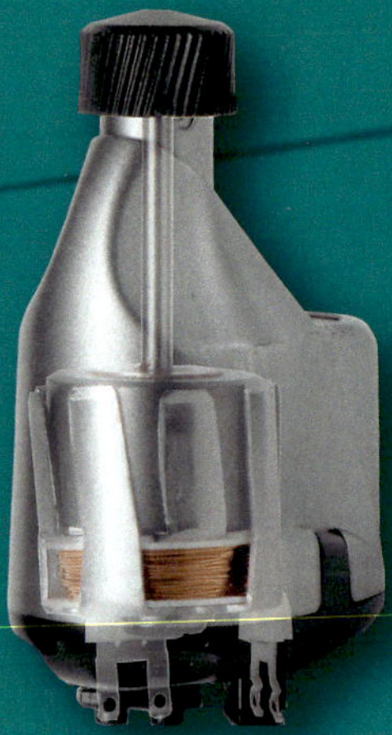

1 Wie repariere ich meine Fahrradbeleuchtung?

2 Wieso kommt hier warme Luft heraus?

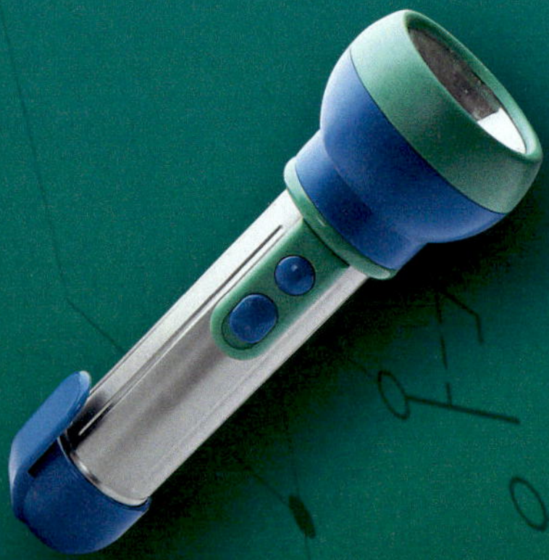

3 Wie bekommt man die Lampe zum Leuchten?

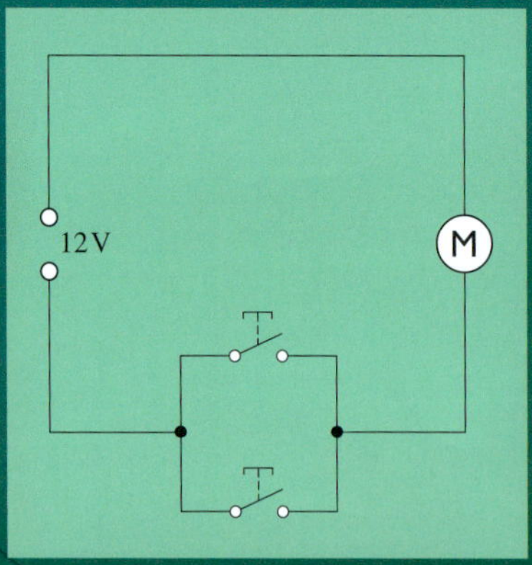

4 Geheime Zeichen?

5 Womit wird ein MP3-Player betrieben?

6

Dabei lernst du, Schaltpläne zu lesen und knifflige Schaltungen aufzubauen. Du erfährst auch, warum der elektrische Strom gefährlich sein kann.
Magnete sind oft nützliche Helfer im Alltag. Du wirst ein Experte zum Thema Magnetismus. Zieht der Magnet das Stück Eisen an? Oder zieht das Eisenstück den Magneten an? Diese und andere Fragen wirst du untersuchen.

7 Betrieb bei Sonnenschein …

9 Warum geht das Licht aus, wenn die Tür geschlossen ist?

8 Wie funktioniert eine Taschenlampe?

Geräte im Haushalt benötigen Energie

Fast täglich benutzen wir einige der abgebildeten Geräte. Andere sind nicht mehr im Einsatz. Welchen Dienst erweisen nur diese Geräte?

1 Teppichklopfer – Staubsauger

2 Waschbrett – Waschmaschine

3 Sense – Rasenmäher

4 Bügeleisen

5 Bohrmaschinen

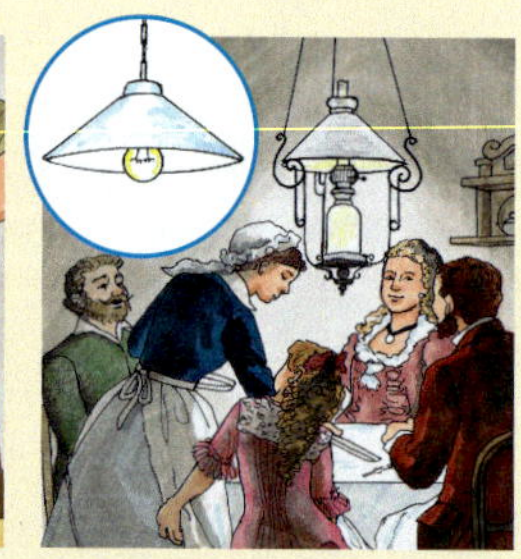

6 Petroleumlampe – Glühlampe

Beobachten Untersuchen Experimentieren

Viele Geräte werden heute elektrisch betrieben. Noch vor 80 Jahren hatten nur wenige Haushalte einen elektrischen Anschluss. Viele Haushaltsgeräte mussten mit Muskelkraft angetrieben werden. Wie das war, könnt ihr in den Versuchen erfahren.

1 Kaffee mahlen wie früher

Besorgt euch von den (Ur-) Großeltern einige Handkaffeemühlen und bringt elektrische Kaffeemühlen mit in die Schule. Bildet mehrere Gruppen: Die einen mahlen eine Handvoll Kaffeebohnen zwischen zwei Steinen zu feinem Pulver, die anderen mit einer Handmühle. Vergleicht die Qualität des Kaffeemehls und die benötigte Zeit. ↑7 bis 8
Vergleicht die Ergebnisse auch mit denen der elektrischen Kaffeemühlen.

2 Hausarbeit früher

Überlegt euch weitere Versuche, um zu erfahren, wie früher ohne Elektrizität gearbeitet wurde:
- Bringt 1 Liter Wasser zum Kochen.
- Wascht T-Shirts mit der Hand.
- Wie wird zerknitterte, trockene Wäsche wieder glatt?

7 Mahlsteine

8 Kaffeemühle für Handbetrieb

Wissenswertes Vor 100 Jahren war vieles anders

Du drückst auf den Lichtschalter – und schon ist es hell. Die Kaffeemaschine wird mit Wasser und Kaffeepulver gefüllt und angestellt – und bald duftet frischer Kaffee in der Küche. Schmutzige Wäsche legt man in die Waschmaschine – und nach einer Stunde ist sie sauber.
Das war nicht immer so. Noch vor hundert Jahren wurde abends beim Schein einer Petroleumlampe gelesen oder Hausmusik gemacht. ↑9 Radio und Fernsehen waren noch nicht erfunden.
Zum Bügeln wurde glühende Holzkohle in Bügeleisen gefüllt oder eine Eisenplatte mit Handgriff im Herdfeuer erhitzt. Kaffeewasser wurde auf dem Kohlenherd erwärmt, die Kaffeebohnen wurden mit Handmühlen gemahlen.
Die Kleidung wurde mehrmals gelüftet, bevor sie gewaschen wurde. Ein Waschtag war für die Hausfrau sehr anstrengend: Meist heizte sie schon am Tag zuvor einen Bottich mit Wasser in der Waschküche an. Die Wäsche wurde dann in heißer Waschlauge gekocht und anschließend auf dem Waschbrett geschrubbt. Dann spülte die Frau die Wäsche in einem zweiten Bottich, wrang sie mit der Hand aus und hängte sie auf die Leine. Abends spürte sie die Mühen des Waschtags in den Armen und Schultern.

Elektrische Geräte eroberten den Haushalt erst, als immer mehr Häuser an das elektrische Netz angeschlossen wurden. In deutschen Großstädten gab es 1930 nur in der Hälfte aller Haushalte Steckdosen und elektrisches Licht. Auf dem Land dauerte es noch bis in die Sechzigerjahre des letzten Jahrhunderts, ehe alle Häuser angeschlossen waren.

9 A. von Menzel: Wohnzimmer (1847)

1 Stelle Tätigkeiten von vor 100 Jahren und Tätigkeiten von heute in einer Tabelle zusammen.

Tätigkeit	früher	heute
bügeln	?	?
Musik hören	?	?

Arbeitsaufträge

1 Geräte und Anrtieb
Damit die Geräte ihren Dienst verrichten können, benötigen sie einen Antrieb. Fülle die Tabelle aus.

Gerät	Antrieb
Staubsauger:	
früher	Muskeln
heute	…

2 Geräte und Energie
Geräte wandeln die zugeführte Energie um. Beispiele:
- Die Handbohrmaschine wandelt die Energie, die der Mensch aus der Nahrung gewinnt, in die Bewegung um.
- Das Bügeleisen wandelt Energie aus der Steckdose in die Wärme der Bügelsohle um.

Formuliere weitere Sätze.

3 Schreibe eine Geschichte für die Schülerzeitung: „Ein Tag ohne elektrische Geräte“. Beschreibe deinen Tagesablauf ohne Handy, MP3-Player, elektrische Beleuchtung …
Welche Schwierigkeiten gibt es? Gibt es auch Vorteile?

Einfache elektrische Stromkreise

Aus dem Weltall gesehen ist Europa nachts ein Lichtermeer. Unsere Welt ist ohne Elektrizität nicht denkbar.
Wir können unseren Alltag ohne elektrische Geräte nicht mehr bewältigen.
Elektrische Geräte müssen in elektrische Stromkreise eingebaut werden, damit sie funktionieren.
In vielen Experimenten wirst du Stromkreise erforschen.

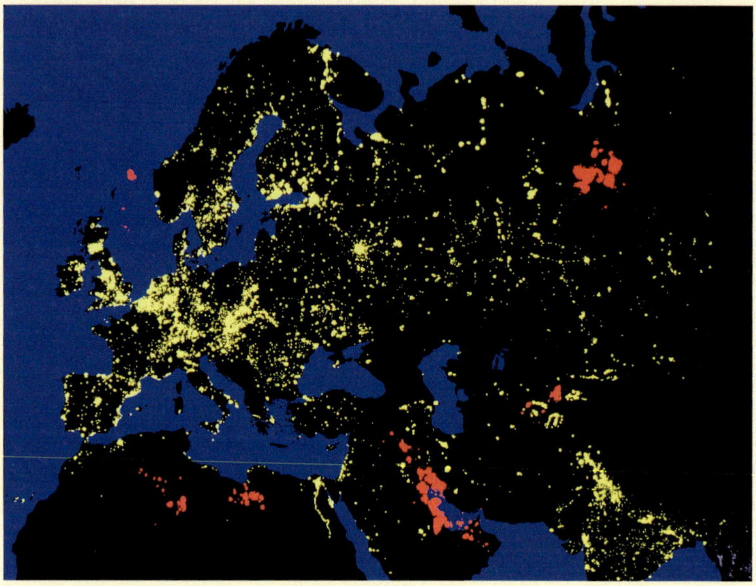

1

Beobachten Untersuchen *Experimentieren*

1 Gibt es auch hier einen elektrischen Stromkreis? ↑2 und 3

2 Licht durch elektrischen Strom

3 Ein Kabelbaum für 20 Stromkreise

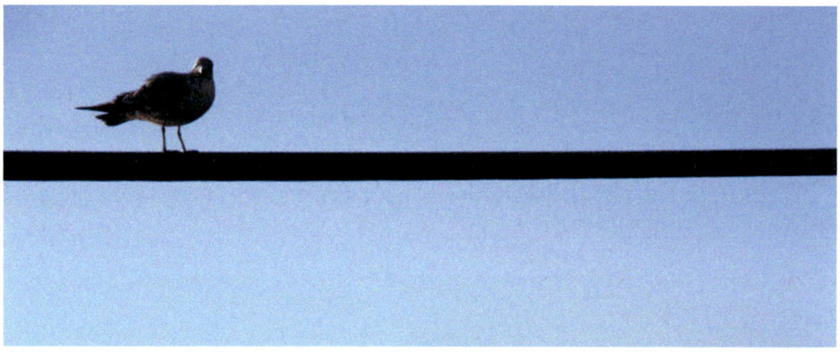

4

2 Warum ist es für den Vogel nicht lebensgefährlich, auf der Hochspannungsleitung zu sitzen? ↑4

3 Wo ist hier der Stromkreis? ↑5

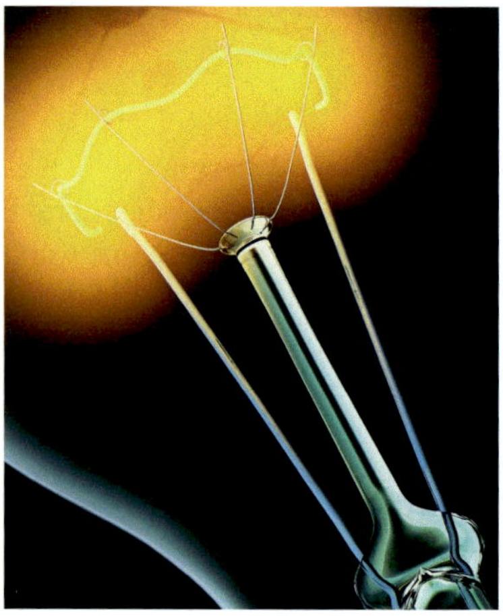

5

Achtung, Lebensgefahr!
Führe keine Experimente mit der Steckdose als Energiequelle durch!
Bastle nie an Elektrogeräten herum!

Die folgenden Experimente mit Batterien oder Schülernetzgeräten sind ungefährlich.

4 Wie werden elektrische Geräte angeschlossen?
Versuche eine Lampe mit einer Flachbatterie zum Leuchten zu bringen. ↑6
Bei welcher Anordnung leuchtet die Lampe?

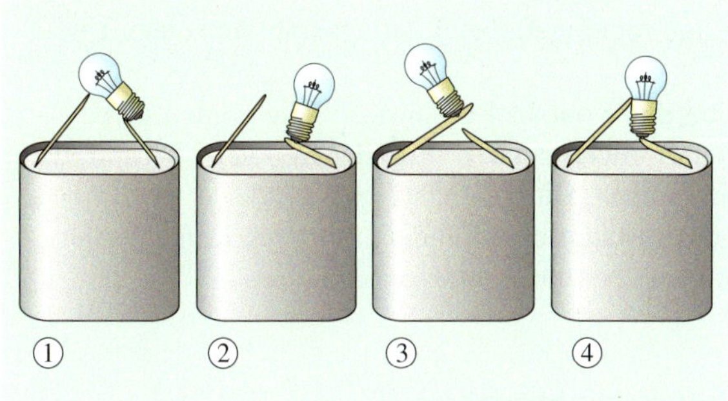

6

5 Leuchtet die Lampe ohne deine Hilfe?
Eine Glühlampe soll in Betrieb genommen werden, ohne dass du sie an die Batterie halten musst. ↑7
Erfinde und teste eine Lampenhalterung.
Du kannst zum Beispiel folgende Hilfsmittel verwenden: Draht, Knetgummi, Büroklammern, Wäscheklammern, Alufolie.

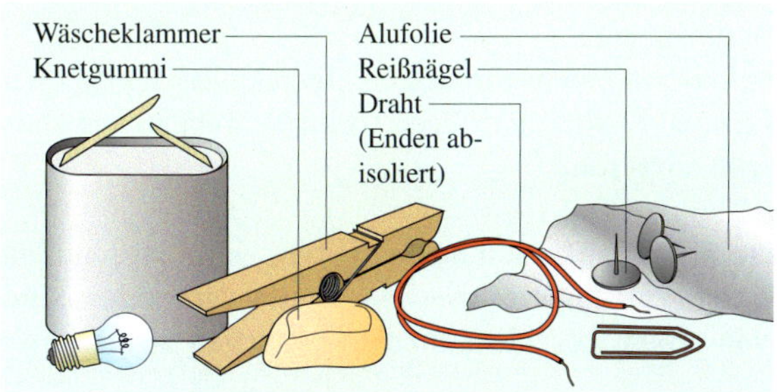

7

Morsealphabet

A	· –	K	– · –	U	· · –
B	– · · ·	L	· – · ·	V	· · · –
C	– · – ·	M	– –	W	· – –
D	– · ·	N	– ·	X	– · · –
E	·	O	– – –	Y	– · – –
			· – – ·	Z	– – · ·
			– – · –	Ä	· – · –
			· – ·	Ö	– – – ·
			· · ·	Ü	· · – –
			–		

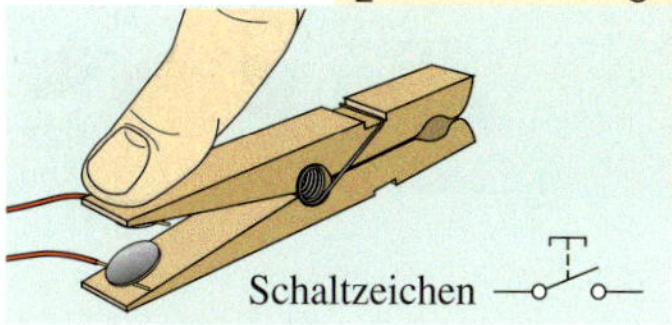

10 Einen Taster selbst bauen

6 Glühlampe und Netzgerät
Leichter geht es, wenn du zum Überprüfen der Glühlampe eine Lampenfassung und ein Netzgerät verwendest. ↑8

a Welche Möglichkeiten hast du, um die Lampe auszumachen?

b Kannst du die Lampe mit nur einem Kabel leuchten lassen?

8

7 Stromkreis mit Schalter
Eine Lampe soll wie eine Taschenlampe ein- und ausgeschaltet werden. Erfinde einen Schalter, der aus einer Büroklammer, zwei Reißnägeln und einem Korkstück besteht. ↑9

a Baue den Stromkreis mit einer Batterie und dem Schalter auf. Prüfe, ob er funktioniert. Zeichne die Schaltung auf.

b Erfinde andere Geräte, mit denen du einen Stromkreis unterbrechen kannst, und führe sie vor.

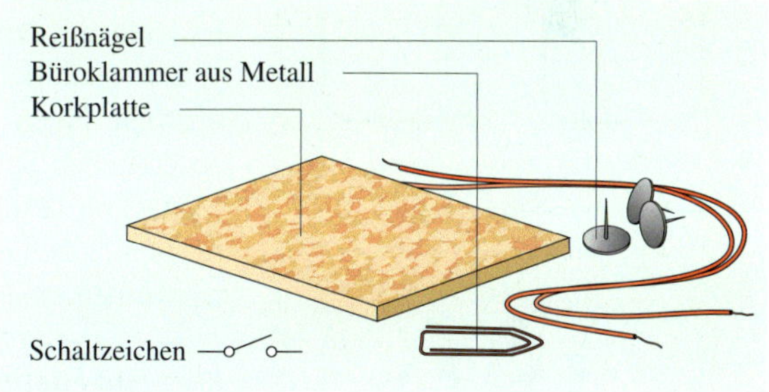

9 Einen Schalter selbst bauen

8 Taschenlampe mit Taster
Manche Taschenlampen haben einen Taster zum Einschalten. Solange der Taster gedrückt ist, leuchtet die Lampe.

a Einen EIN-Taster kannst du mit zwei Reißnägeln und einer Wäscheklammer aus Holz bauen. ↑10

b Mit dem Taster und einer Lampe kannst du Morsezeichen aus langen und kurzen Lichtsignalen senden. Übermittle deinem Nachbarn eine Nachricht.

Beobachten Untersuchen **Experimentieren**

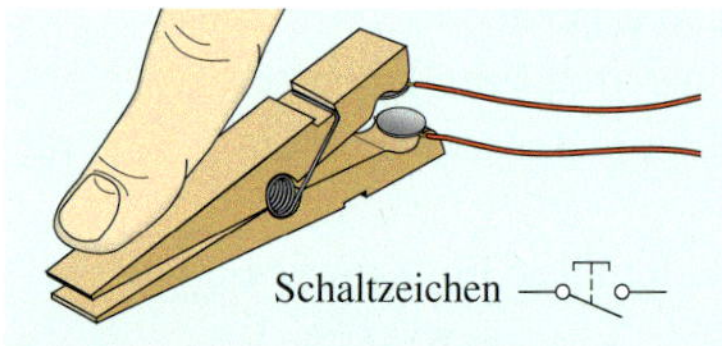

1 AUS-Taster – selbst gebaut

9 Ein Taster macht das Licht aus

Wenn du die Kühlschranktür schließt, ist dann das Licht im Kühlschrank wirklich aus?

a Baue eine Stromkreis mit einem AUS-Taster und einer Lampe auf. Wenn du den Taster drückst, ist der Stromkreis unterbrochen und die Lampe aus. ↑1

b Schau dir diesen Taster am Kühlschrank an. Beobachte, was beim Drücken passiert.

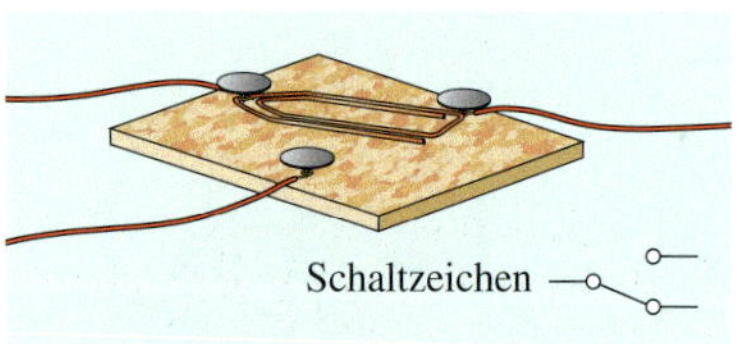

2 Einen Umschalter selbst bauen

10 Bitte nicht stören!

Baue mit einem Spezialschalter ein Gerät für deinen Schreibtisch, das anzeigt, wenn du nicht gestört werden willst.
Du brauchst: 1 Flachbatterie (4,5 Volt), 2 Glühlampen (mit einem Folienstift grün und rot eingefärbt), Leitungsdraht und einen Umschalter. ↑2
Wenn der Schalter den Kontakt 1 berührt, soll die grüne Lampe leuchten („Man darf mich stören"). Wird der Kontakt 2 berührt, dann leuchtet die rote Lampe („Bitte nicht stören!").
Tipp: Verbinde einen Batteriepol mit dem mittleren Kontakt und schließe die Lampen über die Kontakte 1 und 2 an.

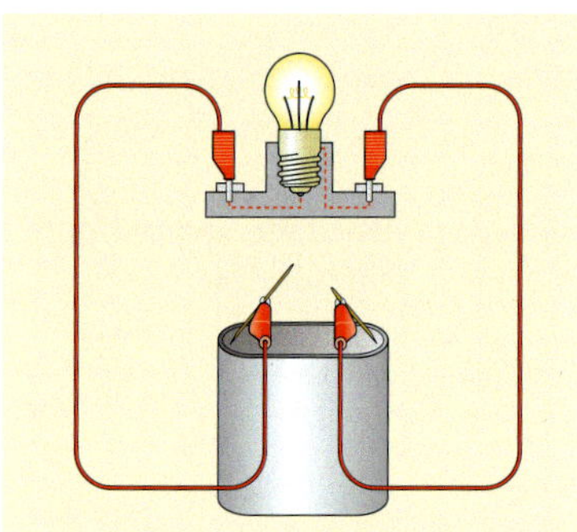

3 Geschlossener Stromkreis

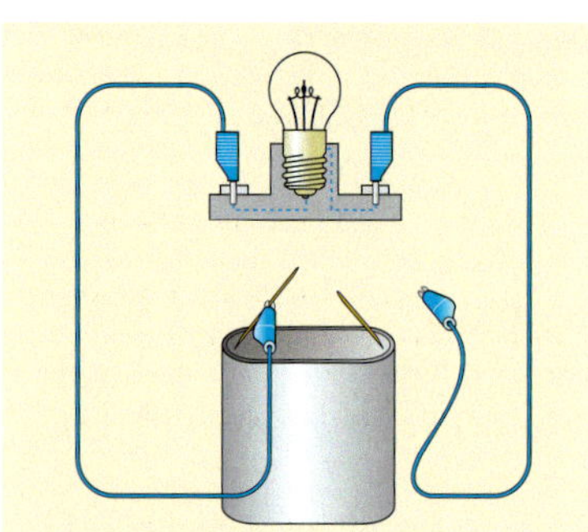

4 Unterbrochener Stromkreis

GRUNDLAGEN: Elektrischer Stromkreis

Damit eine Glühlampe leuchtet, muss sie an eine elektrische Quelle – also z. B. an eine Batterie – angeschlossen werden. ↑3 und 4
Die Lampe kann direkt mit den Polen der elektrischen Quelle verbunden sein oder mithilfe von Kabeln.
Anstelle einer Batterie wird oft ein Netzgerät verwendet. ↑5
Es kann mit einem eingebauten Schalter ein- oder ausgeschaltet werden, sodass man nicht erst das Kabel lösen muss, um den Stromkreis zu unterbrechen. Noch praktischer kann es sein, in den Stromkreis selbst einen zusätzlichen Schalter einzubauen.
Man kann vermuten, dass in einem Stromkreis irgendetwas strömt. Wir nennen es zunächst einmal Elektrizität. Wenn Elektrizität fließt, sprechen wir von einem elektrischen Strom.

Kurz und knapp **Eine Glühlampe kann nur leuchten, wenn ihre beiden Kontakte mit je einem Pol der elektrischen Quelle verbunden sind. Man spricht dann von einem geschlossenen elektrischen Stromkreis.**

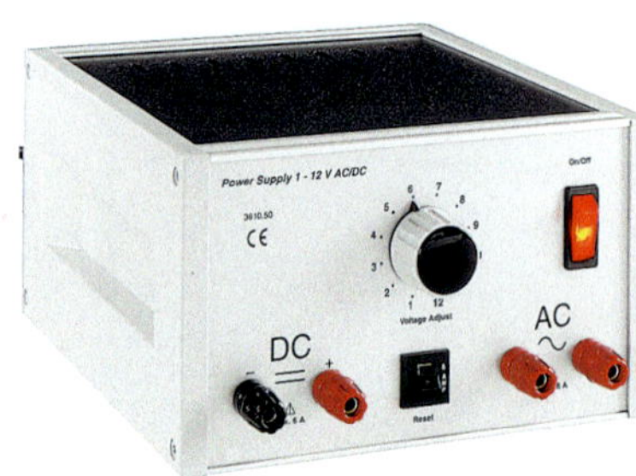

5 Netzgerät

GRUNDLAGEN: Elektrische Quellen

Von alleine leuchtet keine Lampe. Jeder Stromkreis benötigt eine elektrische Quelle. Beim Fahrrad muss das Rädchen am Dynamo gedreht werden. Bei einer Taschenlampe muss man Batterien einlegen. Die elektrische Quelle für ein Fernsehgerät ist die Netzsteckdose oder ein Akkumulator – das ist eine Batterie, die man wieder aufladen kann.

Bei einem Dynamo dreht sich ein kräftiger Magnet in einer Spule. ↑6
In Elektrizitätswerken gibt es riesige Dynamos (Generatoren). ↑7
Sie sind über Zwischenstationen mit den Steckdosen in den Wohnungen verbunden; die Pole der Steckdose sind die verlängerten Anschlüsse eines Generators.

Eine Batteriezelle besteht aus zwei unterschiedlichen Metallen mit feuchtem Pulver dazwischen.
Ein Lämpchen leuchtet mit der richtigen Helligkeit, wenn die Aufschrift mit der Voltangabe bei Quelle und Lämpchen (Nennspannung) übereinstimmt. Jedes elektrische Gerät funktioniert nur, wenn die Aufschrift mit der Voltangabe bei Quelle und elektrischem Gerät ungefähr übereinstimmt. (↑Experiment 5 auf der folgenden Seite.)

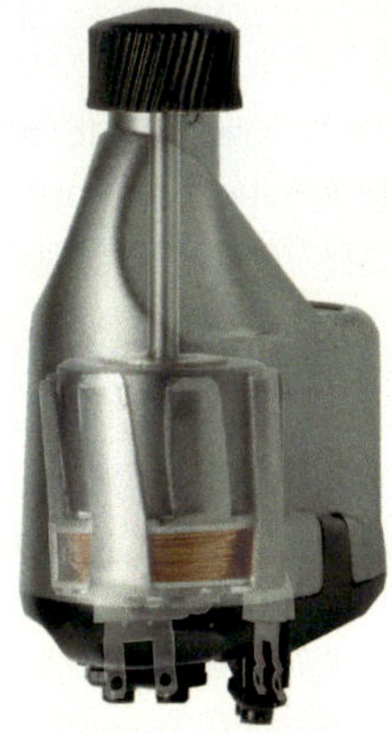
6

7

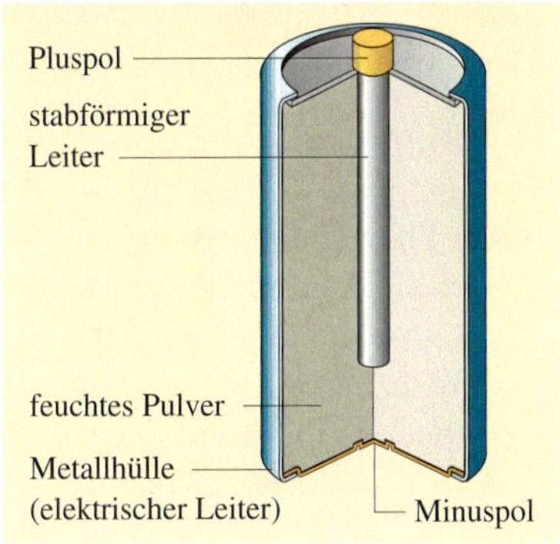

8

9

GRUNDLAGEN: Schaltsymbole und Schaltpläne

Elektrische Stromkreise werden übersichtlich in Schaltplänen dargestellt. Man verwendet dazu Schaltzeichen (Schaltsymbole). ↑10 bis 12

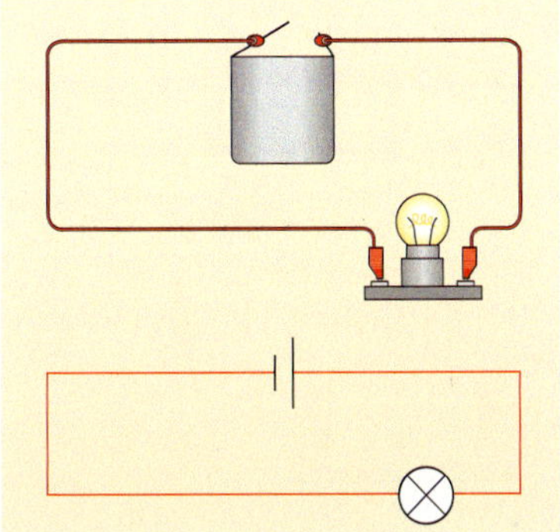
11 Geschlossener Stromkreis

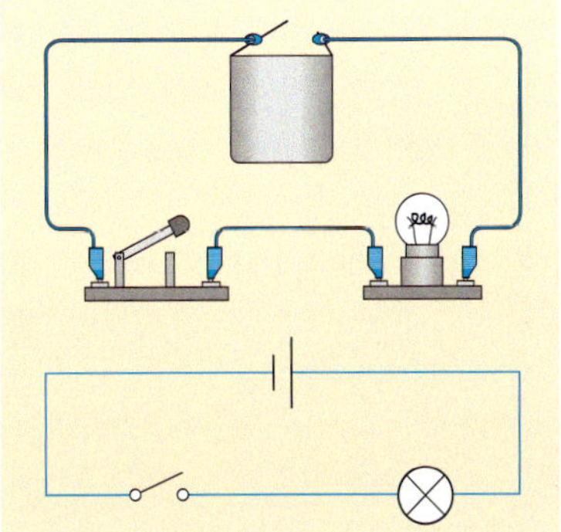
12 Unterbrochener Stromkreis

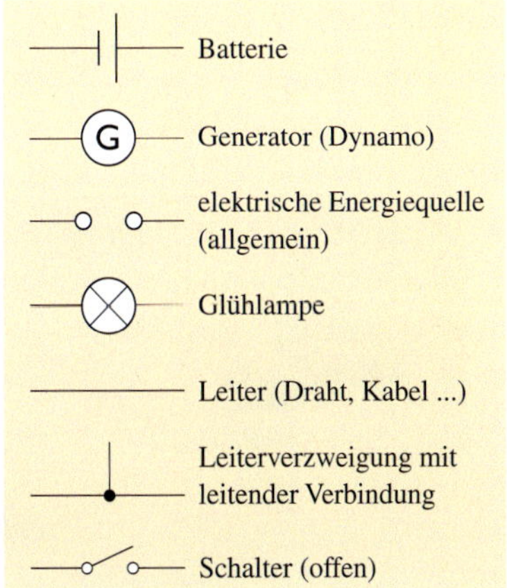

10 Schaltsymbole

Beobachten Untersuchen **Experimentieren**

Führt die folgenden Experimente in Gruppen durch.
Es wird ein empfindlicher „Mikromotor“ benötigt.
Stellt euch die Experimente gegenseitig vor.

1 Das Generatorprinzip
Auf ein Glas- oder Kunststoffröhrchen werden 50 Windungen Kupferlackdraht gewickelt. Kratze die Drahtenden blank und verbinde sie mit dem Mikromotor. ↑1
Stoße einen Stabmagneten möglichst schnell in die Spule und ziehe ihn ruckartig wieder heraus.

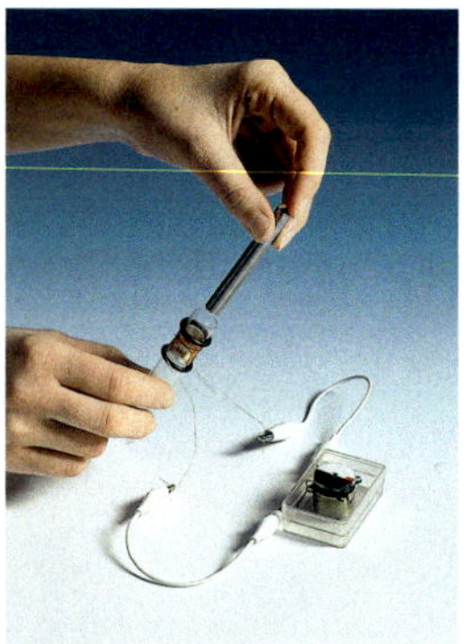
1

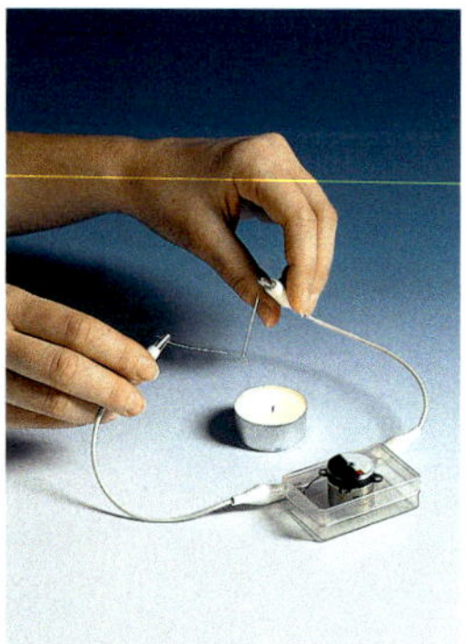
2

2 Das Thermoelement
Zwei blank geschmirgelte Drahtstücke aus Kupfer und Konstantan werden an einem Ende zusammengeknotet. An die anderen Enden wird der Mikromotor angeschlossen. Erhitze den Knoten dieses „Thermoelements“. Vorsicht! ↑2

3 Das Batterieprinzip
Ein Blatt saugfähiges Papier wird mit Zitrone getränkt und zwischen ein Kupfer- und ein Zinkblech gelegt. Die Bleche dürfen sich nicht berühren. Der Motor wird an die Bleche angeschlossen. Presse nun die beiden Bleche und das Papier zusammen. Was stellst du nach einiger Zeit an der Oberfläche der Bleche fest? ↑3

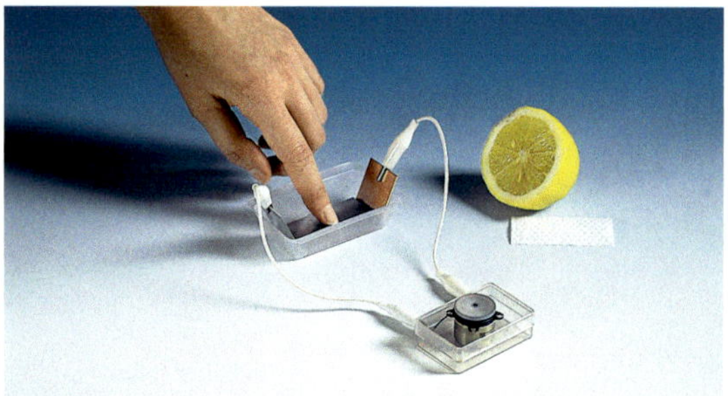
3

4 Die Solarzelle
Der Mikromotor wird an eine kleine Solarzelle angeschlossen. Beleuchte die Solarzelle mit einer Lampe oder halte sie in das Sonnenlicht. ↑4

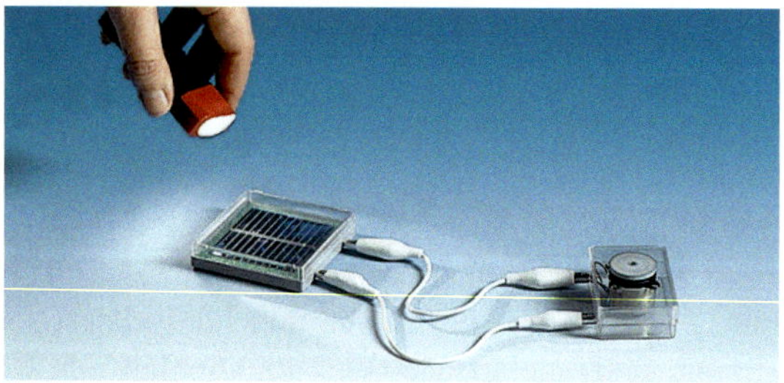
4

5 Helligkeit der Lampe
Wann leuchtet die Lampe mit der „richtigen“ Helligkeit?

a Schließe ein Fahrradlämpchen (Aufschrift: 6 V; 3 W) an
- eine Monozelle.
- zwei hintereinanderliegende Monozellen.
- drei geschaltete Monozellen an.
- vier geschaltete Monozellen an. ↑5

b Schließe das Lämpchen jetzt an ein Netzgerät an und drehe den Stellknopf langsam von 0 bis zur Stellung 6 V.
Beobachte dabei das Lämpchen.
Kannst du jetzt die Frage beantworten?

c Betrachte die Fassung einer Glühlampe genauer. Warum leuchtet eine Glühlampe nicht, wenn man sie nur halb in die Fassung dreht?

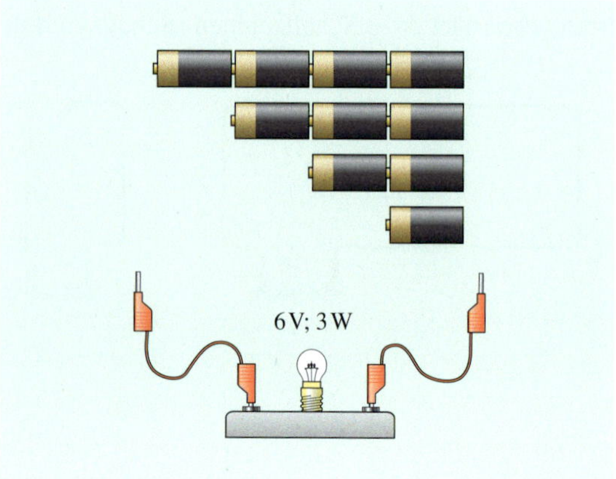

5

Arbeitsaufträge

1 Sieh dir die Bilder 6 bis 8 an.
a Was haben die Darstellungen gemeinsam und worin unterscheiden sie sich?
b Nenne Vor- und Nachteile dieser drei Darstellungsarten.

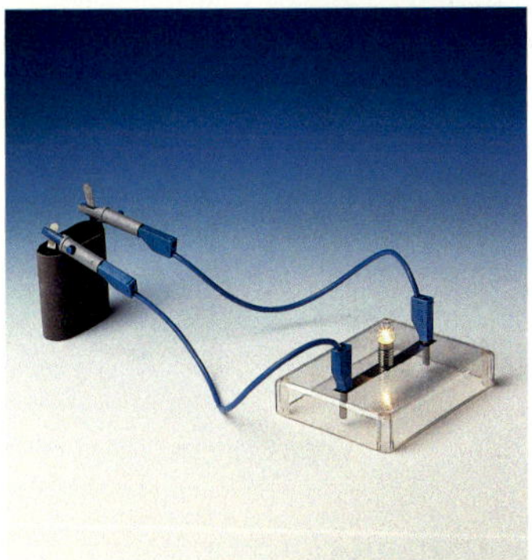
6

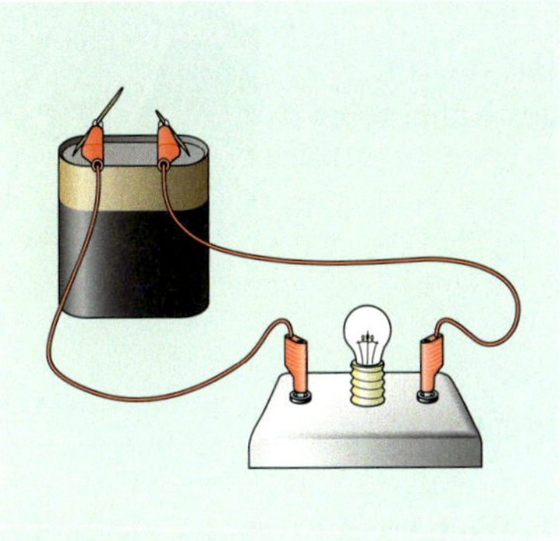
7

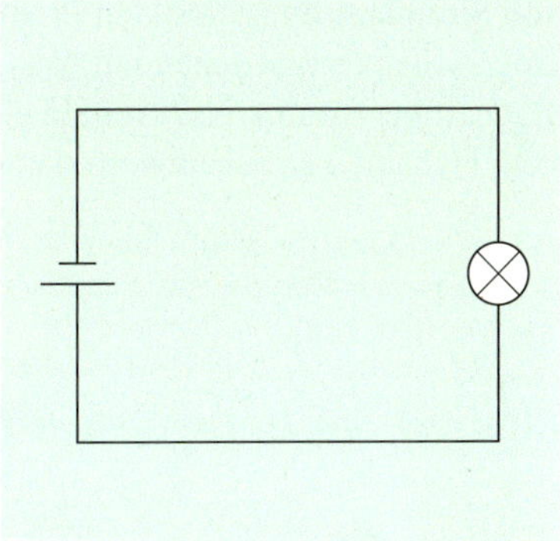
8

2 Ein Stromkreis müsste ja eigentlich anders aussehen. Warum hat man sich auf die Darstellungsart von Bild 8 geeinigt? ↑7
3 In einer Schaltung aus Batterie, Glühlampe und Fassung leuchtet die Lampe nicht. Gib mögliche Gründe dafür an. Verwende bei deiner Beschreibung den Begriff „unterbrochener Stromkreis".
4 Wie kannst du mit einer Flachbatterie überprüfen, ob eine Glühlampe kaputt ist oder nicht? Zeichne deinen Vorschlag auf.
5 Übertrage die Zeichnung der Glühlampe von Bild 9 in dein Heft. ↑9 Zeichne außerdem die Batterie und zwei Drähte, die die Lampe mit den Batteriepolen verbinden.
a Markiere den Stromkreis mit einem Farbstift.
b Beschreibe den Stromkreis. Beginne am Pluspol und benutze dabei die Begriffe aus der Abbildung. ↑9
6 Zeichne den Schaltplan eines Stromkreises aus Lampe, Netzgerät und Drähten. Beschreibe den Stromkreis von einem Pol des Netzgerätes zum anderen Pol.
7 Funktioniert die Schaltung? Überprüfe die Schaltpläne ↑10 bis 12 und entscheide jeweils, ob die Schaltung funktionieren kann.
Baue dann die Schaltung(en) auf, die du für richtig hältst. Probiere sie aus.

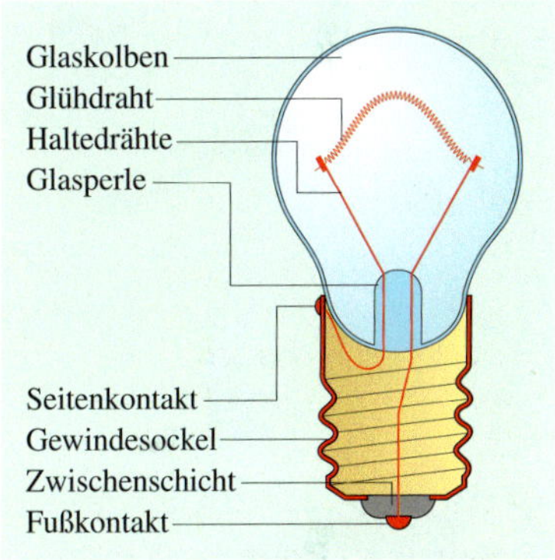

9

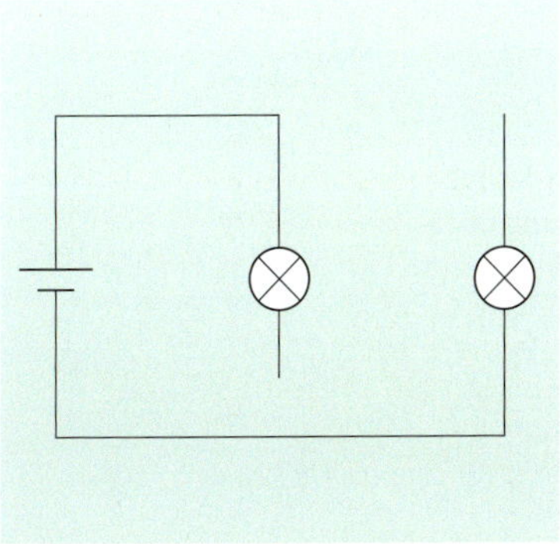
10

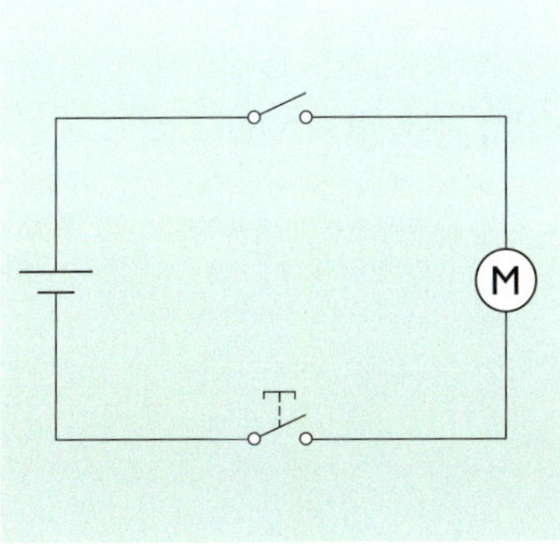

11

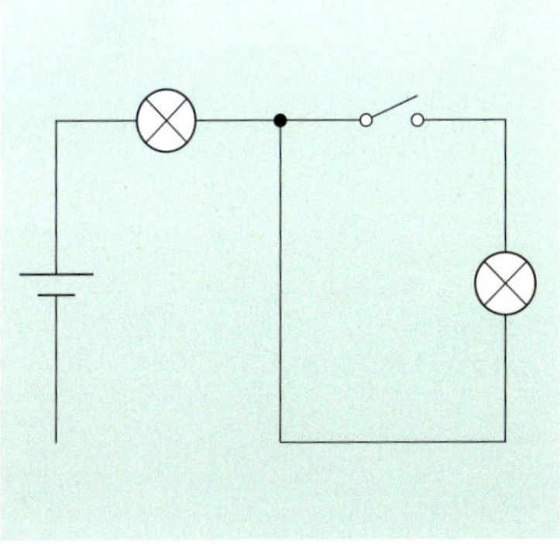
12

Stromkreise bei deinem Fahrrad

Vor der großen Radtour überprüfst du dein Fahrrad genau. Sind Bremsen und Beleuchtung in Ordnung?
Der Scheinwerfer leuchtet nicht. Für einen Kenner von Stromkreisen ist das kein Problem.
Doch schau einmal genau hin. Was ist das für ein eigenartiger Stromkreis? Nur ein einziges Kabel führt vom Dynamo zur Scheinwerferlampe …

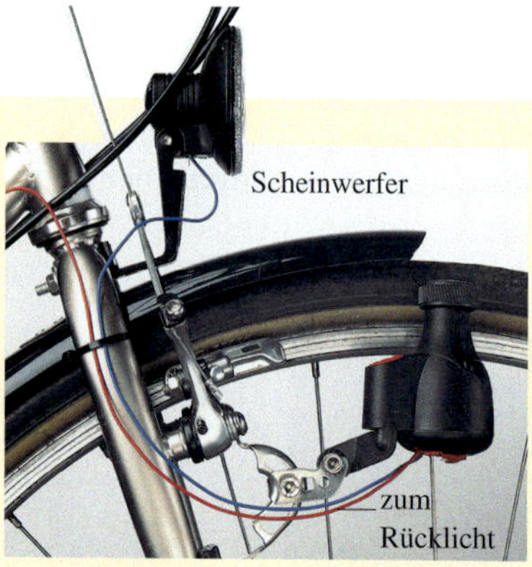

1

Beobachten Untersuchen Experimentieren

2

3

4

1 Wo befindet sich der zweite Pol des Dynamos?
Schließe eine Experimentierlampe an einen Fahrraddynamo an. ↑2
a Finde verschiedene Möglichkeiten, wie du die Lampe zum Leuchten bringst.
b Erkläre, wie der Stromkreis geschlossen wird.

2 Wo ist der zweite Anschluss des Fahrradscheinwerfers?
Versuche mit einer Flachbatterie den Fahrradscheinwerfer zum Leuchten zu bringen. ↑3
a Der Scheinwerfer hat nur einen Anschluss für ein Kabel. Findest du auch hier verschiedene Möglichkeiten, den Scheinwerfer zu betreiben?
b Führe das Experiment auch mit dem Rücklicht durch.
c Beschreibe jeweils die geschlossenen Stromkreise.

5

3 Vor- und Nachteile
Neue Fahrräder sind:
- mit einem Dynamo ausgestattet, bei dem jeweils 2 Drähte zu jeder der beiden Lampen führen.
- mit einem Nabendynamo ausgestattet. ↑5
- mit batteriebetriebenen Lampen ausgestattet. ↑4

Untersuche die Beleuchtungsarten an den Fahrrädern und stelle die Vor- und Nachteile der verschiedenen Beleuchtungsarten in einer Tabelle zusammen. Übernimm dazu die unten stehende Tabelle.

	Dynamo mit einem Kabel	Dynamo mit zwei Kabeln	Nabendynamo	Batterie
Dynamo mit einem Kabel	x	man spart Kabel, Verkabelung übersichtlich	man spart Kabel, Verkabelung übersichtlich	?
Dynamo mit zwei Kabeln	?	x	?	?
Nabendynamo	?	?	x	?
Batterie	?	?	?	x

GRUNDLAGEN: Der Fahrradstromkreis

Stromkreise müssen nicht immer über Drähte geschlossen sein. Auch die Metallteile des Fahrrads können Teile eines Stromkreises sein. So besteht z. B. der Stromkreis des Scheinwerfers aus:
dem Fußkontakt des Dynamos (1. Pol) – Draht – Lampenanschluss – Fußkontakt der Lampe – Glühdraht – Gewinde der Lampe – Gehäuse des Scheinwerfers – Rahmen – Halterung des Dynamos – Gehäuse des Dynamos (2. Pol). ↑6

6

Kurz und knapp **Stromkreise müssen nicht über Drähte geschlossen sein. Auch Metallteile, wie z. B. der Fahrradrahmen, können Teil eines Stromkreises sein.**

Schon gewusst? Der „Check" für die Fahrradbeleuchtung

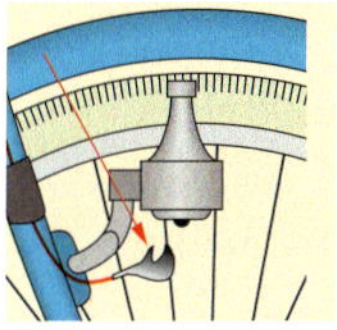

7

8

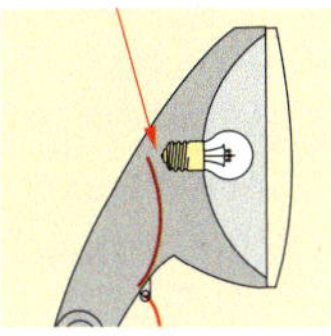

9

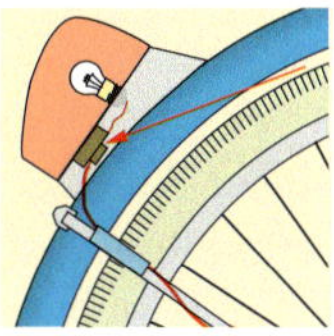

10

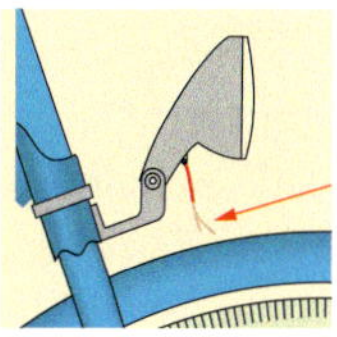

11

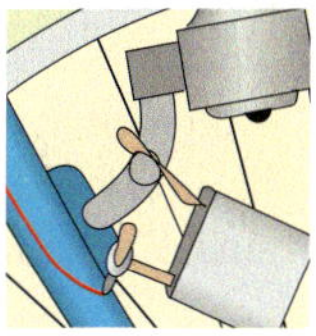

12

Die Fahrradbeleuchtung dient vor allem dazu, gesehen zu werden. Sie ist wichtig für deine Sicherheit! Du solltest sie regelmäßig kontrollieren. Wenn eine Lampe nicht leuchtet, hilft dir die folgende Checkliste:

1 Überprüfe, ob der Draht vom Dynamo zur Lampe richtig angeklemmt ist. ↑7
Sind die Kontaktstellen blank und rostfrei?
Den Belag kannst du mit einem Schraubendreher abkratzen.

2 Hat dein Rad Kunststoff-Schutzbleche, in die ein Metallstreifen eingelassen ist? Dann könnte sich der Steckkontakt für den Metallstreifen gelöst haben.
Öffne den Scheinwerfer des Fahrrads und schraube die Glühlampe heraus. Sieht der Fußkontakt der Lampe blank aus? Ist der Glühdraht in Ordnung? ↑8

3 Schraube die Glühlampe ein. Achte darauf, dass sie fest in der Fassung sitzt. Der Fußkontakt muss auf den Blechstreifen im Scheinwerfer drücken. ↑9

4 Der Seitenkontakt des Rücklichts ist über die Halterung der Lampe mit dem Fahrradrahmen verbunden. Die Stelle, an der die Halterung befestigt ist, muss rostfrei sein. ↑10

5 Prüfe, ob der Leitungsdraht unterbrochen ist – eventuell sogar unter der Isolierung. ↑11

6 Leuchten weder der Scheinwerfer noch das Rücklicht, könnte der Dynamo defekt sein. Zur Kontrolle schließt du eine Batterie an. Vergiss dabei nicht den Anschluss der Batterie an den Rahmen. ↑12

Stromkreise mit mehreren Schaltern

Der Mikrowellenherd ist eingeschaltet, aber der Motor ist noch nicht zu hören …
Die Klingel läutet, wenn an der Haustür oder der Wohnungstür gedrückt wird.

1

2

Beobachten Untersuchen **Experimentieren**

1 Stromkreis mit Schaltern und Tastern
Ein Mikrowellengerät ist in Betrieb, wenn der Schalter am Gerät auf EIN gestellt ist und die Tür geschlossen wird. Ein Schalter und ein Taster schließen den Stromkreis. ↑1

a Baue die Mikrowellenschaltung mit einer Batterie, einem Schalter, einem Taster und einem Motor nach. Überlege, wann die Mikrowelle in Betrieb ist. Wann darf der Motor laufen?

b Zeichne einen Schaltplan für deine Schaltung.

c Überprüfe die Schaltung. Protokolliere die Ergebnisse in einer Tabelle.

Schalter am Gerät	Taster an der Tür	Motor
offen	nicht gedrückt	aus
offen	gedrückt	?
geschlossen	nicht gedrückt	?
geschlossen	gedrückt	?

2 Die Klingelschaltung wird nachgebaut
In Mehrfamilienhäuser hat jede Wohnung zwei Klingelknöpfe. ↑2

a Baue die Schaltung mit zwei Tastern, einer Batterie und einem Summer nach. Statt des Summers kannst du eine Lampe benutzen, die das Läuten anzeigt.
Überlege, wann es läuten muss. Überprüfe es an deiner Schaltung. *Tipp:* Jeder Taster bildet mit dem Summer und der Batterie einen Stromkreis.

b Zeichne einen Schaltplan der Klingelschaltung.

c Protokolliere die Ergebnisse in einer Tabelle.

3 Schaltungen mit mehreren Lampen
Im Klassenzimmer kannst du mit einem Schalter mehrere Lampen zugleich anschalten, bei älteren Tannenbaumbeleuchtungen verlöschen meist alle Lämpchen, wenn eines gelockert wird.

a Baue die Schaltung nach Bild ↑3a, sie heißt „Reihenschaltung".
Schraube jeweils eine Lampe heraus. Was beobachtest du? Erkläre.

b Baue nun die Schaltung von Bild ↑3b auf, sie heißt „Parallelschaltung". Verfahre wie bei a.

c Welche Schaltung entspricht der Klassenraumbeleuchtung, welche der Tannenbaumbeleuchtung? Begründe.

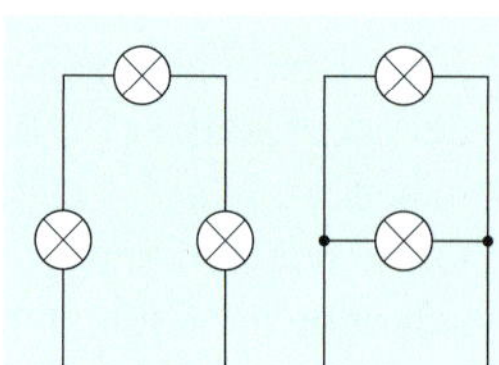

a b

3

4 Wechselschaltung von Schaltern

Bestimmt gibt es so eine Schaltung auch bei dir zu Hause: Wenn man das Zimmer von links betritt, kann man dort das Licht einschalten und beim Verlassen des Zimmers rechts das Licht wieder ausschalten. Man kann das Zimmer aber auch nach links wieder verlassen und hier das Licht ausschalten. Wie könnte so eine „Wechselschaltung“ aussehen? *Tipp:* Für die Wechselschaltung braucht man zwei „Wechselschalter“. ↑4 und 5

Zeichne einen Schaltplan und baue die Schaltung auf.
Erfüllt sie ihren Zweck?

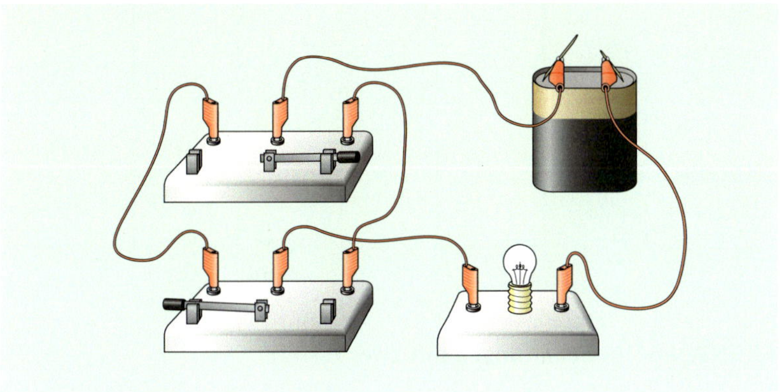

4 Wechselschaltung

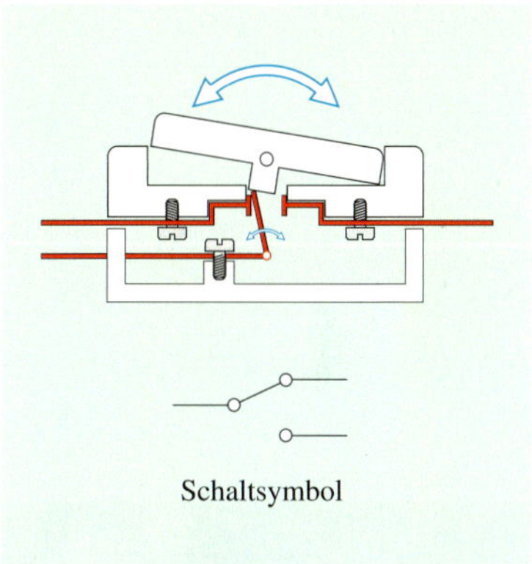

5 Wechselschalter

5 Haushaltsgeräte, genauer untersucht

Lass dir von deinen Eltern an einer Waschmaschine, Spülmaschine oder Brotschneidemaschine zeigen, was zu tun ist, damit sie in Betrieb gesetzt wird. ↑6

a Vergleiche deine Ergebnisse mit denen des Mikrowellen-Stromkreises. Nenne Gemeinsamkeiten und Unterschiede.

b Baue ein Gerät als Modell mit einem Stromkreis aus Taster, Schalter und Motor oder Lampe nach.

c Zeichne zu deiner Schaltung einen Schaltplan.

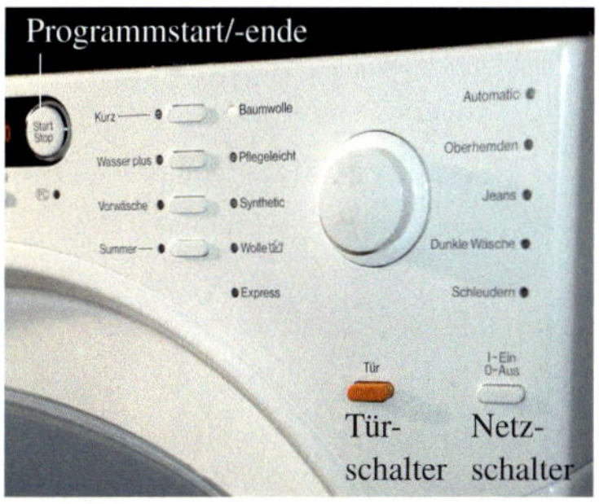

6 Waschmaschine

6 Stromkreis mit Tastern im Auto

Die Innenbeleuchtung von Autos wird meistens durch Taster am Rahmen der Vordertüren ein- und ausgeschaltet. Wenn die Türen geschlossen werden, geht das Licht aus.

Im Auto sind an beiden Vordertüren (oder an allen Türen) AUS-Taster angebracht. ↑7 Das Licht im Innenraum ist ausgeschaltet, wenn beide Türen geschlossen sind.

a Baue eine Schaltung mit zwei AUS-Tastern, einer Batterie und einer Lampe auf. Die Lampe soll ausgeschaltet sein, wenn Taster 1 und Taster 2 gedrückt werden.

b Zeichne einen Schaltplan für deinen Stromkreis.

c Vergleiche die Schaltung mit der Kühlschrankschaltung.

d Überprüfe die Schaltung und protokolliere die Ergebnisse in einer Tabelle.

7 Schalter an der Autotür

1 Beide Geräte an einer Steckdose – wie sieht die Schaltung aus?

GRUNDLAGEN: Wie werden elektrische Geräte geschaltet?

Zwei Lampen kann man auf unterschiedliche Weise an die elektrische Quelle anschließen. ↑2 bis 5

Wenn eine Lampe in einer Reihenschaltung ausfällt, erlischt auch die andere Lampe.

Wenn eine der Lampen ausfällt, leuchtet die andere immer noch weiter. Bei der Fahrradbeleuchtung sind die Lampen parallel geschaltet.

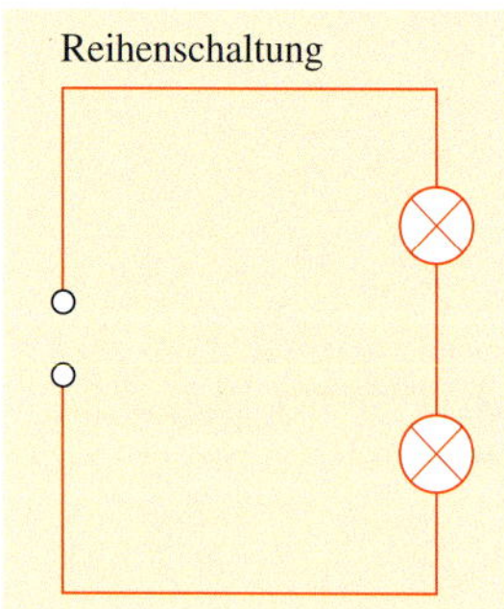

2

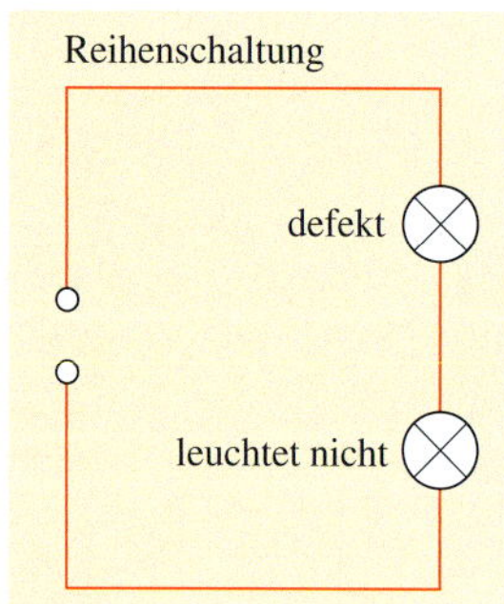

3

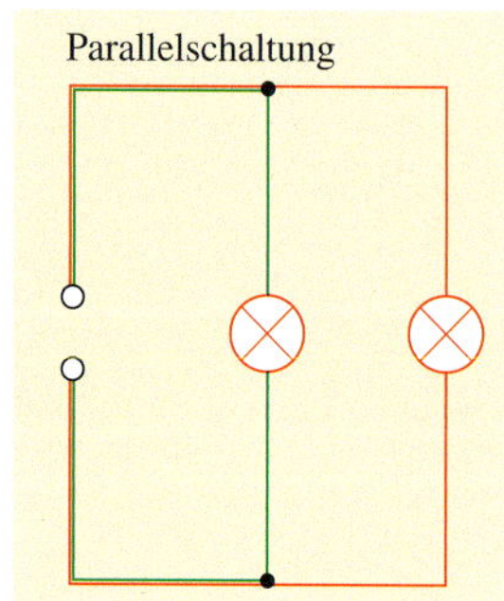

4

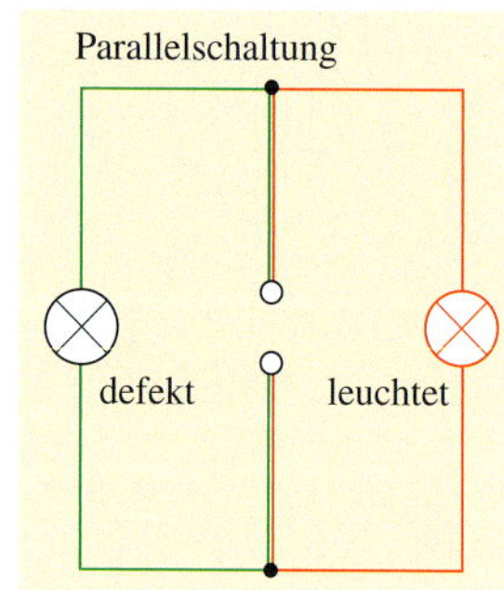

5

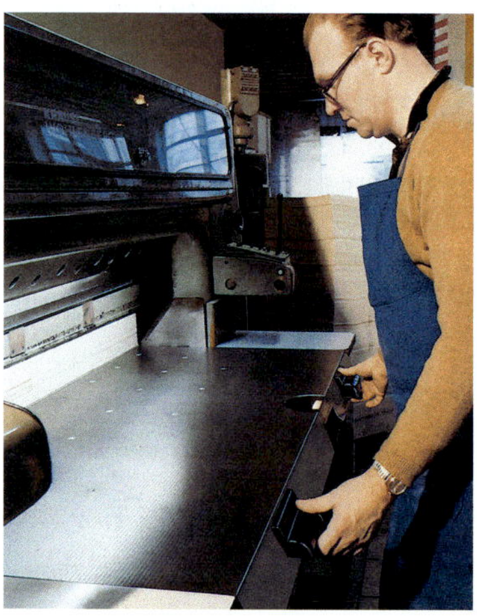

6 Sicherheitsschaltung bei einer Papierschneidemaschine

GRUNDLAGEN: Schaltungen mit zwei Tastern

UND-Schaltung Eine Sicherheitsschaltung soll helfen, Unfälle an gefährlichen Maschinen zu vermeiden (z. B. an Brotschneidemaschinen). Die Maschine arbeitet nur, wenn zwei Taster gleichzeitig gedrückt werden.
Die Taster sind in Reihe geschaltet. Man nennt diese Schaltung UND-Schaltung, weil der Stromkreis nur dann geschlossen ist, wenn Taster 1 und Taster 2 gedrückt werden. ↑6 und 7

ODER-Schaltung Auch die Klingelschaltung für die Klingel an der Haustür und an der Wohnungstür ist eine Schaltung mit zwei Tastern.
Die Klingel läutet schon, wenn einer der beiden Taster gedrückt wird.
Die Taster sind parallel geschaltet. Man nennt diese Schaltung ODER-Schaltung, weil der Stromkreis schon dann geschlossen ist, wenn Taster 1 oder Taster 2 gedrückt ist. ↑8

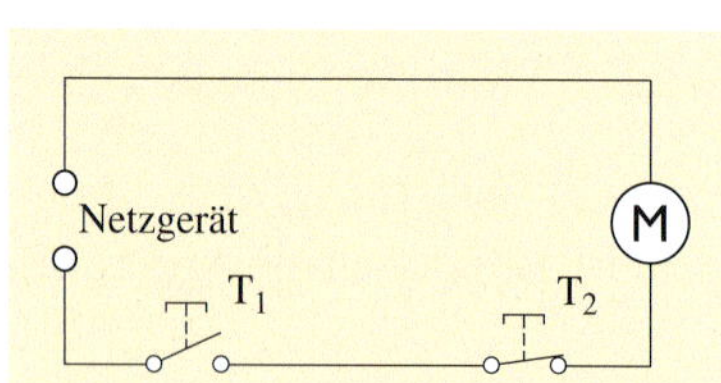

7 Der Motor läuft nicht.

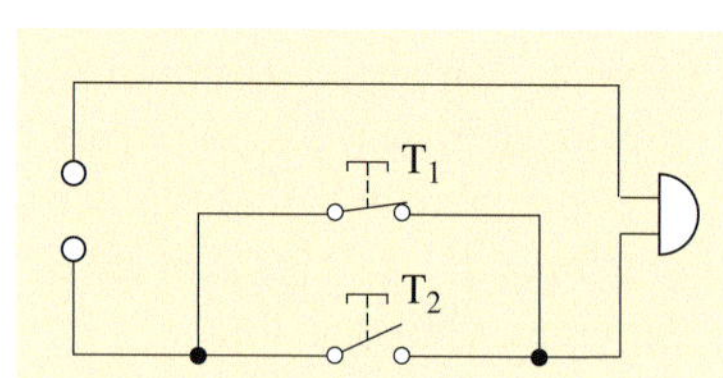

8 Die Klingel läutet.

Kurz und knapp **Bei der Reihenschaltung liegen beide Lampen hintereinander in einem Stromkreis.**
Bei der Parallelschaltung bildet jede Lampe mit der elektrischen Quelle einen eigenen Stromkreis.

Methode

Die Sprache der Physik – Experimentbeschreibung

1 *In einer Aufgabe heißt es:*
In einer Schaltung aus Batterie, Glühlampe und Fassung leuchtet die Lampe nicht. Gib mögliche Gründe dafür an. Verwende bei deiner Beschreibung den Begriff „unterbrochener Stromkreis“.

2 *Die Antwort könnte lauten:*
„Wenn die Lampe nicht leuchtet, könnte die Batterie leer sein, der Stromkreis könnte unterbrochen sein, weil die Glühlampe kaputt ist oder die Glühlampe nicht fest in die Fassung eingeschraubt ist oder ein Leitungsdraht defekt (gebrochen) ist.“

3 *Der Physiker verwendet spezielle Begriffe:*
- Batterie
- Stromkreis
- Glühlampe
- Fassung
- Leitungsdraht

Mit ihnen lässt sich die Lösung der Aufgabe knapp, genau und für alle, die diese Fachsprache kennen, klar und logisch darstellen.

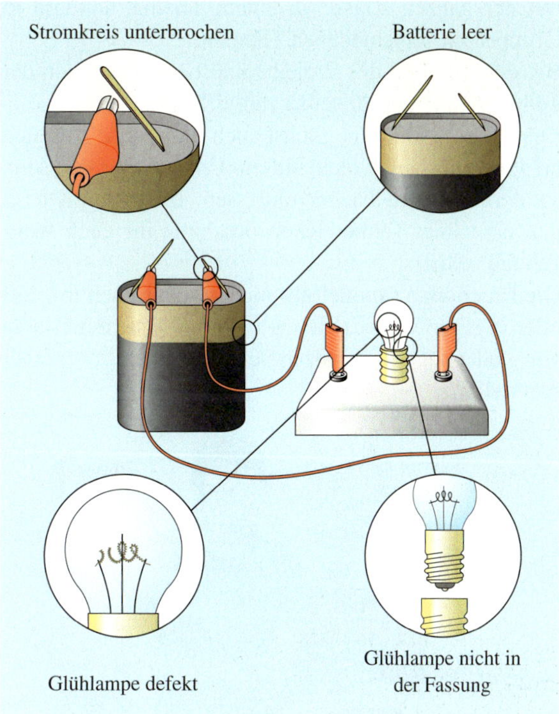

9

Arbeitsaufträge

1 Um welche Schaltungsarten handelt es sich bei den Bildern ↑10 und 11?
Ordne die folgenden Sätze den Schaltungen zu:
- „Wenn man eine Lampe herausdreht, geht die andere aus.“
- „Jede Lampe hat einen eigenen Stromkreis.“

2 Beim Fahrrad sind an einen Dynamo zwei Lampen angeschlossen (Scheinwerfer und Rücklicht). Dreht man eine Lampe aus ihrer Fassung, leuchtet die andere weiter. Wie müssen die beiden Lampen und der Dynamo geschaltet sein? Begründe.

3 Die Fotos der Bilder ↑12 und 13 zeigen, wie man Lampen schalten kann.
a Zeichne die Schaltpläne.
b Welches ist eine Reihenschaltung, welches eine Parallelschaltung?
c Welche dieser Schaltungsarten verwendet man bei der Fahrradbeleuchtung? Begründe.
d In eurer Wohnung können mehrere Lampen und Elektrogeräte gleichzeitig eingeschaltet sein. Welche Schaltungsart wird hier angewendet? Begründe.

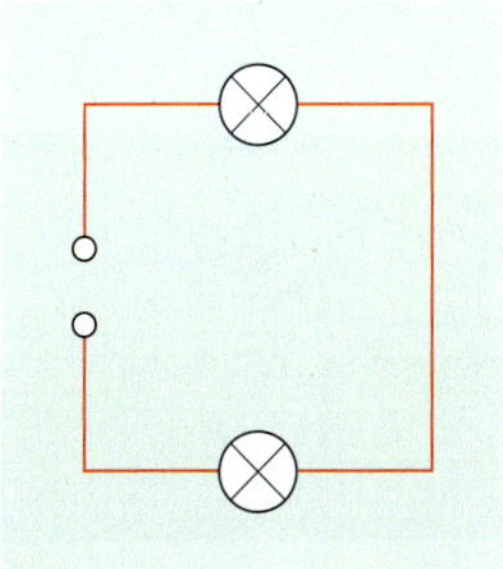
10

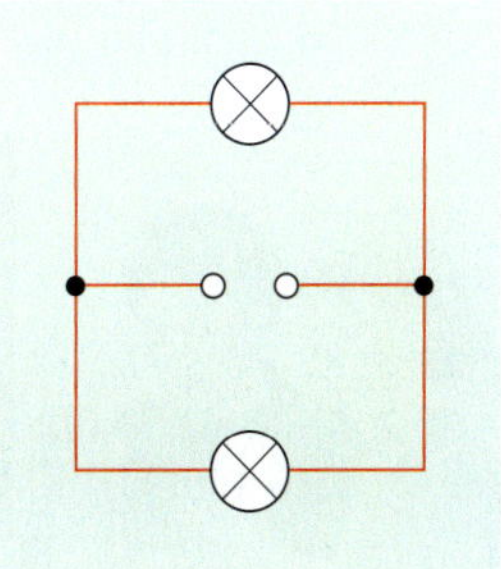
11

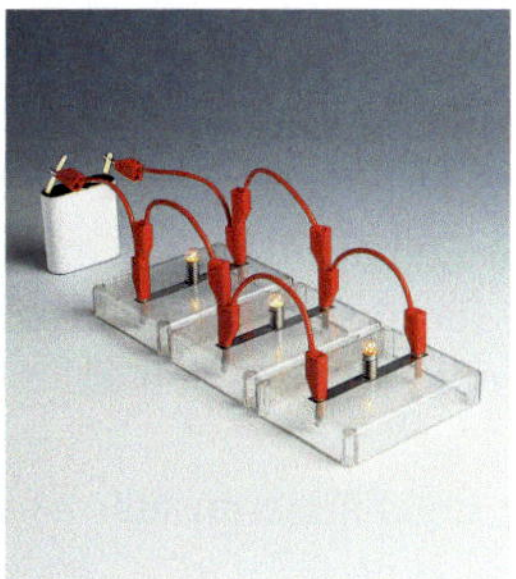
12

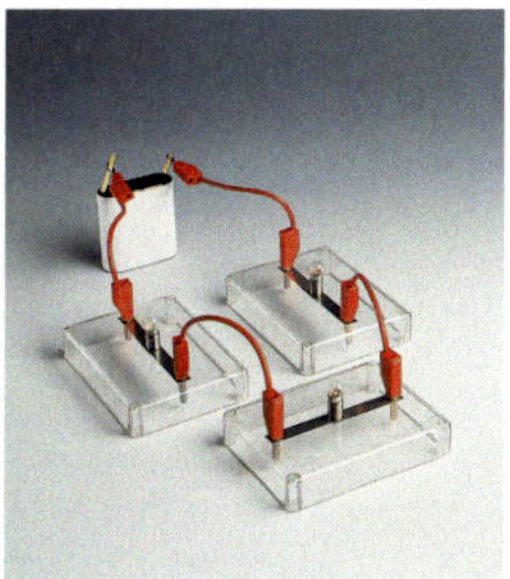
13

Methode

Projektarbeit: Planen – Durchführen – Präsentieren

Bei einem Projekt arbeitet ihr nicht „im Gleichschritt“ mit der ganzen Klasse an einem Thema, sondern in Gruppen an verschiedenen Themen.
Bei der Auswahl des Projekts und beim Festlegen der Teilthemen könnt ihr selber mitwirken.
Euer Thema sollte möglichst auch praktische Arbeiten erfordern. Es sollte nicht auf ein Fach beschränkt sein, sondern mehrere Fächer umfassen. Informationen zu den einzelnen Teilbereichen beschafft ihr euch weitgehend selbst.
Die Ergebnisse sammelt ihr nicht nur für euch im Heft oder in einer Mappe. Vielmehr stellt ihr sie der Klasse vor – oder sogar der ganzen Schule, z. B. in Form einer Ausstellung.

1

1 Planung der Arbeiten

Nachdem ihr euch für ein bestimmtes Teilthema entschieden habt und Gruppen gebildet wurden, wird die Arbeit geplant. Haltet eure Planung schriftlich in einem Arbeitsplan fest.

- Notiert das Ziel eures Projekts.
- Welche Aufgaben sind zu bearbeiten?
- Wo erhalten wir Informationen zu unserem Thema? (*Tipps:* Büchereien und Schulbüchereien, Schulbücher – auch Bücher anderer Fächer –, Stadt- oder Gemeindeverwaltungen, Internet, verschiedene Firmen, Organisationen und Ministerien …)
- Welche Experimente können wir durchführen, welche Modelle können wir bauen?
- Wer übernimmt welchen Auftrag oder welche Aufgabe?
- Wobei brauchen wir Lehrerhilfe?
- Wie viel Zeit steht für die einzelnen Arbeitsschritte zur Verfügung? Stellt einen Zeitplan auf.
- Wie stellen wir die Ergebnisse unserer Arbeit vor?

2

2 Durchführung der Arbeiten

Die übernommenen Aufgaben bearbeitet ihr allein oder zu zweit.

- Zwischenergebnisse oder Fragen solltet ihr aber immer wieder in eurer Gruppe diskutieren.
- Ihr könnt natürlich auch euren Lehrer oder eure Lehrerin zu Hilfe holen.
- Beachtet unbedingt, dass die vereinbarte Zeit eingehalten wird.

3 Präsentation der Arbeitsergebnisse

Am Ende stellt ihr den Mitschülern die Arbeitsergebnisse eurer Gruppe vor. Bedenkt dabei, dass eure Mitschüler sich nicht mit dem Thema beschäftigt haben. Ihr solltet also eure Ergebnisse anschaulich präsentieren.

- Fertigt ein Poster oder eine Wandzeitung an.
- Stellt Folien für den Tageslichtprojektor her.
- Führt die von euch gebauten Modelle und wichtige Experimente vor. Erklärt sie dabei.
- Spielt Interviews vor, die ihr geführt habt.
- Baut eine Ausstellung mit euren Ergebnissen auf.
- Gestaltet zu euerm Thema Bildschirmseiten, die miteinander verknüpft sind und eventuell Bestandteil der Homepage eurer Schule werden.

3

Arbeitsaufträge

1 Schalter zum Selbstbauen
Schalter und Taster gibt es viele. Manchmal sind sie gar nicht als solche zu erkennen. Auf dieser Seite siehst du einige Modelle. Wo kann man sie einsetzen und wie funktionieren diese Schalter oder Taster?

a Sandra möchte möglichst frühzeitig wissen, wann jemand zu ihr ins Zimmer kommen will.
Sie baut sich eine „Frühwarnanlage": Eine Klingel läutet, wenn sich jemand vom Flur her ihrem Zimmer nähert.

b Bei Meiers fließt Wasser in den Keller, wenn es stark regnet. Frank schlägt ihnen deshalb vor, eine „Regenwarnanlage" zu bauen.

c In der Zeitung steht etwas von einem Brand, der in einem Wohnhaus ausgebrochen ist: Während die Familie im Wohnzimmer vor dem Fernseher saß, brach oben im Dachboden des Hauses ein Feuer aus. Hier wäre doch ein selbst gebauter „Feuermelder" auf dem Dachboden angebracht …

2 Vielleicht erfindet ihr sogar einen ganz anderen Schalter …
Welcher Schalter gefällt eurer Gruppe besonders gut? Baut ihn möglichst nach und setzt ihn in einen Stromkreis mit Lampe (Klingel, Motor) ein.

3 Führt den fertigen Schalter anschließend in der Klasse vor.
Erklärt, wie der Schalter funktioniert. Beispiel für den Schalter 1: „Wenn man auf das obere Brett tritt, wird der Schaumstoff zusammengedrückt. Daraufhin …"
Erklärt genau, wann der Stromkreis geschlossen und wann er offen ist.

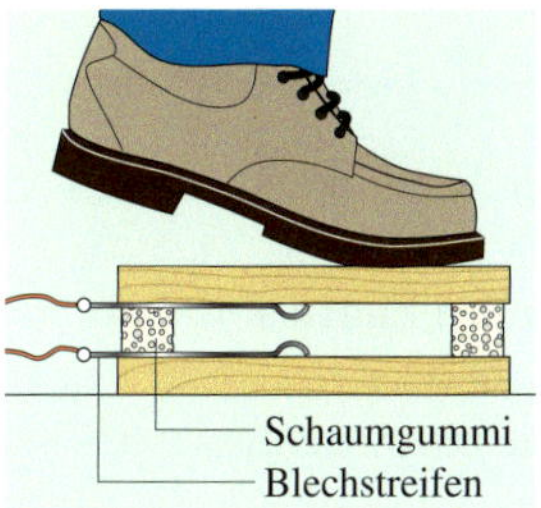

Schalter 1

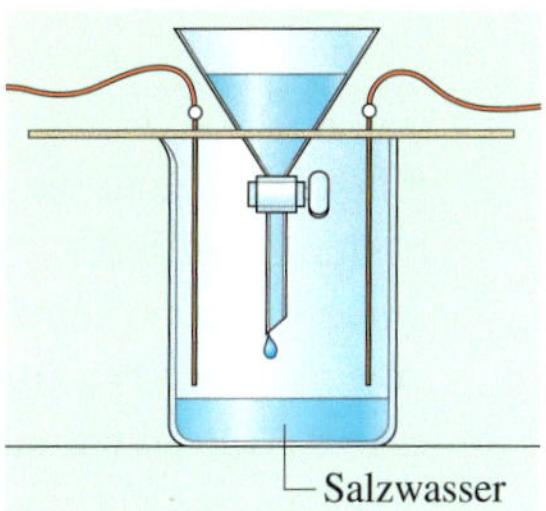

Schalter 2

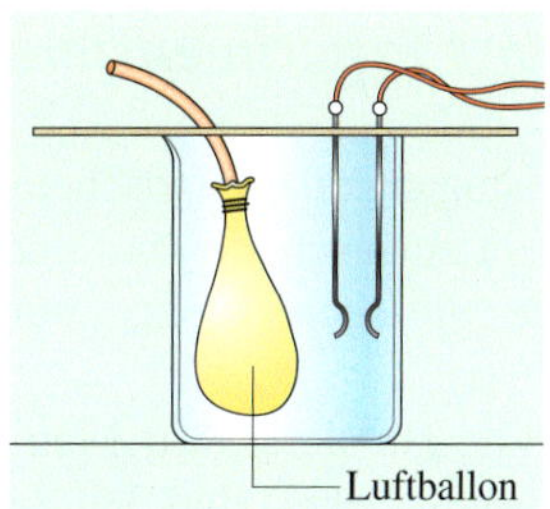

Schalter 3

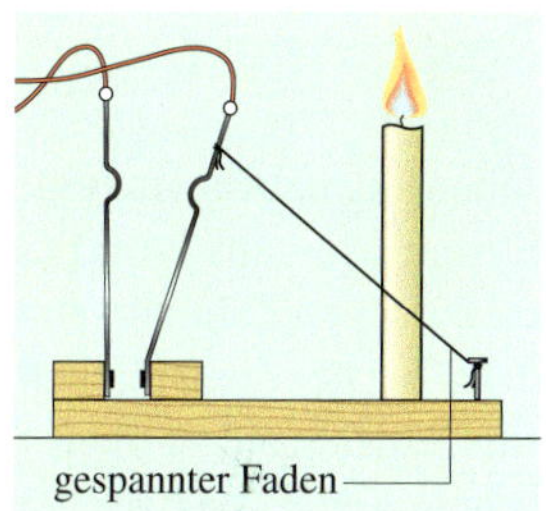

Schalter 4

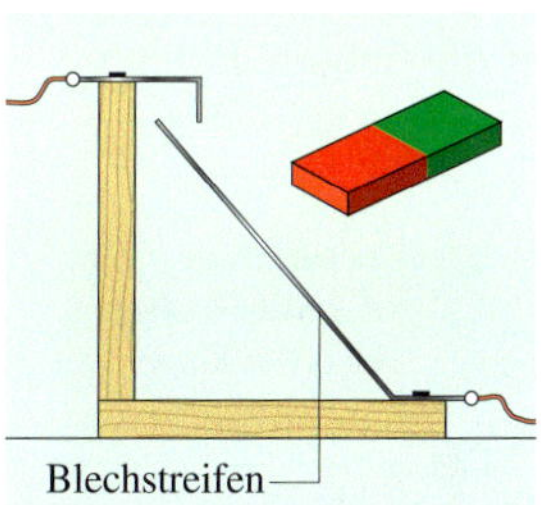

Schalter 5

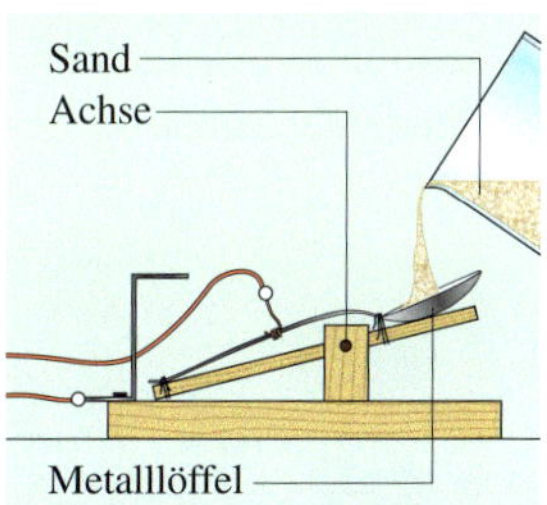

Schalter 6

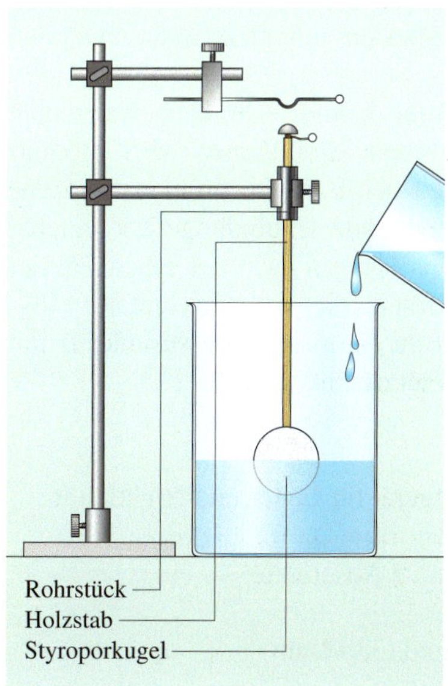

Schalter 7

Sicherer Umgang mit Elektrizität

Warum leuchtet hier die Lampe nicht?
Viele Stoffe leiten den elektrischen Strom (Leiter), andere leiten ihn nicht (Nichtleiter). Um uns vor den Gefahren des elektrischen Stroms zu schützen und die Regeln für den Umgang mit dem elektrischen Strom zu verstehen, prüfen wir, welche Stoffe Leiter und welche Nichtleiter sind.

1

Beobachten Untersuchen **Experimentieren**

Jeden Tag haben wir vielfach Umgang mit elektrischem Strom: Morgens wird das Licht eingeschaltet, mit der elektrischen Zahnbürste werden die Zähne geputzt, mit dem Toaster die Brötchen geröstet …
In Deutschland sterben jährlich Hunderte von Menschen durch elektrischen Strom. Dabei sind häufig Unwissenheit und Leichtsinn im Spiel. Gefahr herrscht vor allem da, wo Wasser und Strom „einander begegnen“ und man unachtsam mit elektrischen Geräten umgeht.
Zu einem Elektrounfall kann es kommen, wenn man Teil eines geschlossenen Stromkreises wird. Berührt man nur einen Pol einer Batterie, droht noch keine Gefahr, da es keine leitende Verbindung zum anderen Pol gibt. Berührst du dagegen auch nur einen Pol der Steckdose, so befindest du dich in Lebensgefahr. Möglicherweise schließt du nämlich einen Stromkreis mit dem Generator im Elektrizitätswerk.

1 Prüfgerät

Baue dir ein Prüfgerät für Leiter und Nichtleiter.
Du brauchst:
- Lüsterklemmen, 5 Abschnitte
- 1 Leuchtdiode
- 1 Festwiderstand (330 Ohm)
- 3 flexible, leicht biegbare Kupferkabel, an den Enden abisoliert
- 2 starre Kupferkabel, an den Enden abisoliert
- eine 4,5-Volt-Flachbatterie oder
- eine 9-Volt-Blockbatterie mit Anschluss

So wird's gemacht:
Entferne vorsichtig die Isolierung von allen Drahtenden. Baue dann das Gerät nach Bild ↑2 zusammen. Achte dabei auf die richtige Polung der Leuchtdiode!

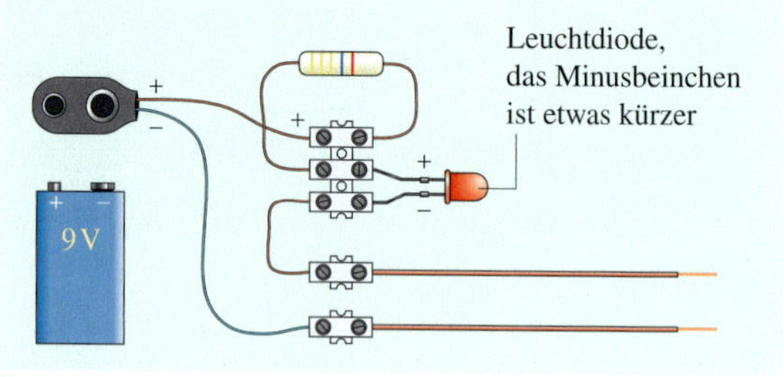

2

So kannst du das Prüfgerät testen:
Wenn sich die beiden Enden der Prüfstrecke berühren, muss die Leuchtdiode leuchten. (*Tipps zur Fehlersuche:* Richtige Polung der Leuchtdiode? Isolierung sauber entfernt? Schrauben der Lüsterklemmen fest? Batterie „leer“?)

Bild ↑3 zeigt das Prüfgerät im Einsatz. So kann man sogar an den Wurzeln direkt messen, ob genügend Feuchtigkeit vorhanden ist. Als Prüfstrecke kannst du auch – wie hier – Stricknadeln nehmen.

3

2 Leiter und Nichtleiter

a Prüfe, welche festen Stoffe den elektrischen Strom leiten und welche ihn nicht leiten.
Verwende dazu dein selbst gebautes Prüfgerät oder eine Flachbatterie, eine Glühlampe in der Fassung, Krokodilklemmen und Anschlussdrähte. ↑4
Trage die Ergebnisse in eine Tabelle ein.

Körper	Stoff, aus dem er besteht	Leitet der Stoff?
Becher	Porzellan	ja/nein
Draht	Kupfer	ja/nein
?	?	?

b Prüfe, welche Flüssigkeiten den elektrischen Strom leiten und welche nicht.

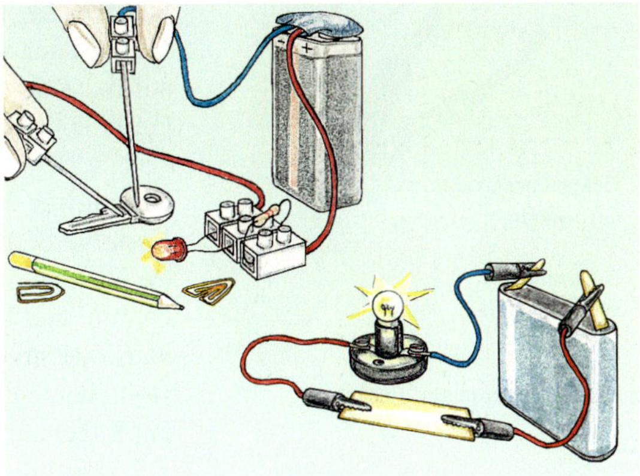
4

Verwende dazu dein selbst gebautes Prüfgerät oder ein Messgerät mit Anschlusskabeln, 2 Kupferstreifen oder Kohlestäbe, ein Becherglas sowie verschiedene Flüssigkeiten. ↑5
Trage die Ergebnisse in eine Tabelle ein.

Flüssigkeit	Leitet der Stoff?
destilliertes Wasser	ja/nein
Apfelsaft	ja/nein

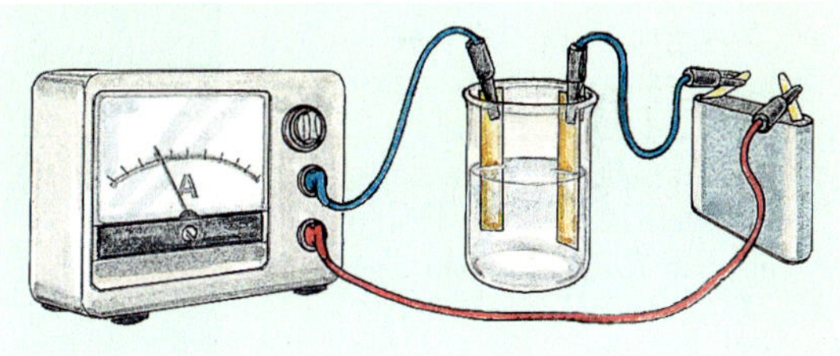

5

Wissenswertes Einige Tipps zum Umgang mit dem elektrischen Strom

1. Darauf achten, dass Elektrogeräte VDE-geprüft sind.
2. Nach Gebrauch des Geräts den Stecker aus der Steckdose ziehen.
3. Elektrogeräte niemals mit Wasser reinigen.
4. Wenn kleine Kinder in der Wohnung sind, Steckdosen mit Steckdoseneinsätzen sichern.
5. Stecker nicht an der Leitung aus der Dose ziehen.
6. Leitungen nicht unter Teppiche legen oder durch Türritzen quetschen.
7. In der Badewanne keinen Haartrockner bedienen.
8. Heizlüfter und Nachttischlampen gehören nicht ins Badezimmer.
9. Schadhafte Teile vom Fachmann reparieren lassen.

6

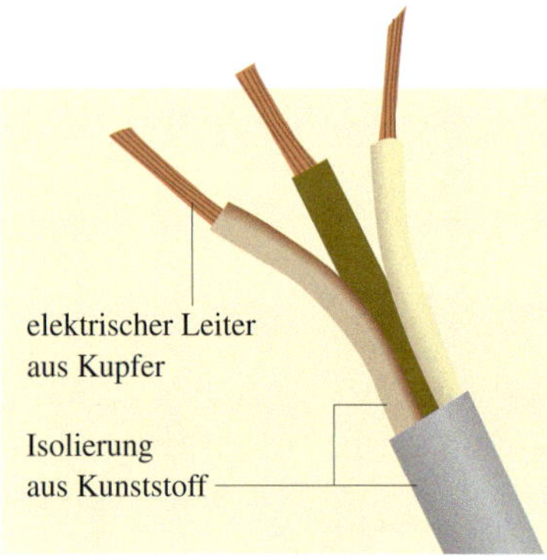

1 Kabel – Leiter und Isolator

Tod im Bad

Köln. Am Montag wurde in einer Kölner Wohnung ein 39 Jahre alter Mann tot in der gefüllten Badewanne aufgefunden. Der Haartrockner lag eingeschaltet im Wasser. Die Kriminalpolizei stellte fest, dass das Gerät keinen technischen Mangel aufwies.
Der Elektrotechnik-Verband VDE bezeichnet die Gewohnheit, sich in der Badewanne die Haare zu trocknen, als lebensgefährliche Dummheit. Sobald der Haartrockner in die Wanne rutscht, fließt elektrischer Strom durch den Körper. Es genügt, wenn man feuchte Stellen des Geräts berührt und dabei Kontakt mit der Wasserleitung hat. Haartrockner gehören nicht in die Badewanne!

GRUNDLAGEN: Der Mensch als elektrischer Leiter

Elektrische Leiter Immer wenn du deinen Prüfstromkreis mit einem Gegenstand aus Metall schließt, leuchtet die Lampe auf. Bei einer Bleistiftmine aus Grafit (Kohlenstoff) leuchtet die Lampe etwas schwächer. Grafit leitet nämlich schlechter als Metalle.

Nichtleiter Bei Gegenständen aus Kunststoff, Glas, Holz, Gummi oder Kork bleibt die Lampe dunkel. Diese Materialien leiten nicht. Man nennt sie Nichtleiter oder Isolatoren.
Gummi und Kunststoffe als Nichtleiter sind für elektrische Leitungen genauso wichtig wie die Metalle als Leiter. Kupferkabel werden mit Kunststoff überzogen, sie sind isoliert. Ohne Isolierung wäre es lebensgefährlich, ein Kabel anzufassen, das an eine Steckdose angeschlossen ist. ↑1

Flüssigkeiten – Leiter und Nichtleiter Auch unter den Flüssigkeiten gibt es Leiter. Beispiele sind Apfelsaft, Essig und Salzwasser. Reines (destilliertes) Wasser leitet sehr schlecht. Öl leitet nicht, es ist ein Isolator.

Dass der menschliche Körper leitet, zeigt die Leuchtdiode in Bild ↑2. Schon bei recht kleinen Strömen durch den menschlichen Körper besteht Lebensgefahr: Die Muskeln verkrampfen sich, das Herz kann außer Takt geraten und Verbrennungen sind möglich.
Wie kommt es, dass der menschliche Körper ein elektrischer Leiter ist? Der Mensch besteht zu zwei Dritteln aus salzhaltigem Wasser – und Salzwasser ist ein recht guter elektrischer Leiter.

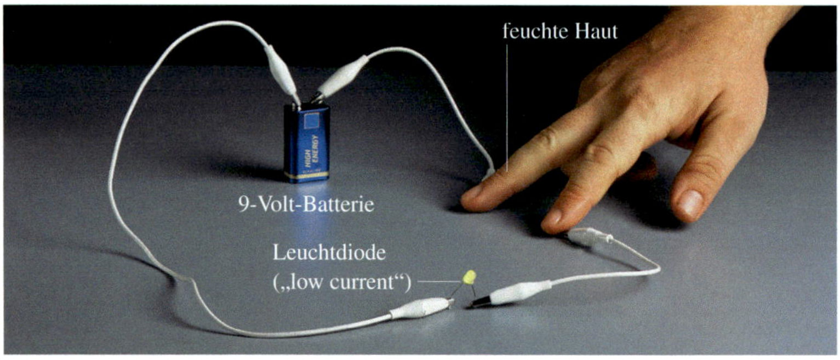

2 Hand als Teil eines Stromkreises

Wissenswertes Bei Elektrounfällen ist eine schnelle Hilfeleistung wichtig

- Unterbrich zuerst den Stromkreis:
  Not-Aus-Schalter betätigen oder Sicherung ausschalten!
- Auf keinen Fall darfst du den Verunglückten vorher anfassen!
- Bei Atemstillstand muss sofort mit Wiederbelebungsmaßnahmen begonnen werden (z. B. Atemspende oder Herzdruckmassage).
- Außerdem muss ein Notarzt bzw. der Rettungswagen gerufen werden (Stichwort: Stromunfall).

Aus der Technik Auch Nichtleiter sind wichtig

Vor rund 100 Jahren, als deine Urgroßeltern noch Kinder waren, gab es kaum Elektrogeräte in den Haushalten. Wasch- oder Spülmaschinen und Staubsauger waren weit gehend unbekannt. Erst allmählich setzte sich das elektrische Licht durch. Obwohl die Elektrizität damals weniger verbreitet war als heute, gab es viele Stromunfälle. Das lag vor allem an den schlecht isolierten Leitungen. Die Leitungen waren in den Wohnungen sichtbar an Wänden und Decken angebracht. ↑3
Die Isolierung der Leitungen in Bild ↑4 bestand aus Baumwollband und Gummi. Diese Materialien wurden schnell brüchig – vor allem in der Nähe von Lampen. Dort wurden die Leitungen heiß.
Beim Auswechseln von Lampen konnte man leicht mit den blanken Drähten in Berührung kommen. Das führte dann zu lebensgefährlichen Unfällen.
Heute sind elektrische Leitungen mit Kunststoffen isoliert. Diese sind ziemlich hitzebeständig und elastisch und werden auch nach Jahren nicht brüchig. Erst diese neueren Kunststoffe haben es möglich gemacht, Leitungen überall gefahrlos zu verlegen – selbst im Wasser oder in der Erde. ↑5

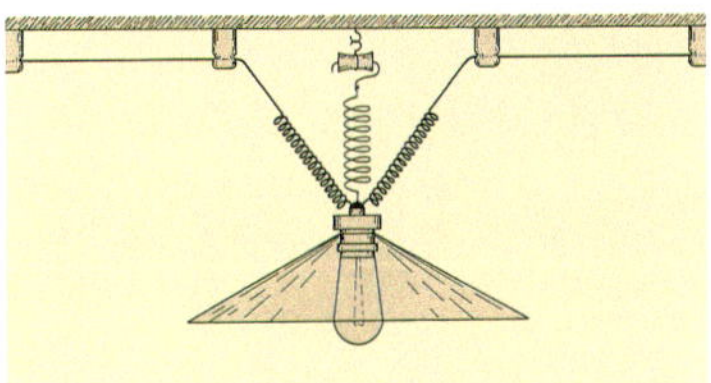
3 Offen liegende Leitungen

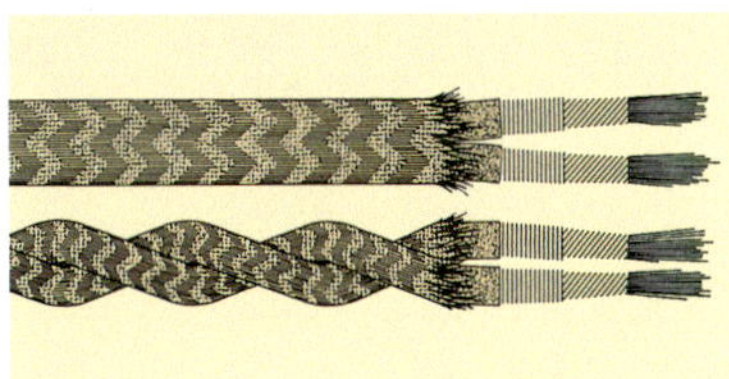
4 Isolierung: Baumwolle und Gummi

5 Erdkabel

Kurz und knapp **Metalle und Kohlenstoff sind elektrische Leiter. Auch Salzwasser leitet. Glas, Gummi, Porzellan, Kunststoffe, Öl und Spiritus sind Beispiele für Nichtleiter. Auch der menschliche Körper ist ein elektrischer Leiter.**
Das Hantieren an Steckdosen oder am Stromnetz sowie das Öffnen von Elektrogeräten sind lebensgefährlich. Verwende beim Experimentieren immer nur Batterien, Netzgeräte oder kleine Dynamos als Energiequellen!

Arbeitsaufträge

6

1 Fertige mit Freunden ein Plakat über die Gefahren des elektrischen Stroms an.

2 Mit Elektrizität aus der Steckdose muss man vorsichtig sein. ↑6 Schreibe zu den Bildern Verhaltensregeln auf. Erläutere die Gefahren.

3 Stoffe können elektrische Leiter oder Nichtleiter sein. Nichtleiter bezeichnet man auch als Isolatoren.

a Schreibe fünf Leiter und fünf Nichtleiter auf.

b Anja behauptet: „Mein Bleistift ist ein Leiter." Sven widerspricht: „Ein Bleistift ist ein Nichtleiter." Beide haben sogar Recht …
Erkläre.

c Wie hätten sie sich genauer ausdrücken müssen?

4 Destilliertes Wasser ist frei von anderen Stoffen und wird z. B. in Dampfbügeleisen verwendet. Wie kannst du herausfinden, ob destilliertes Wasser ein elektrischer Leiter ist?
Plane dazu ein Experiment. Zeichne einen Schaltplan.

Aus der Technik Elektrogeräten unter die Haut geschaut

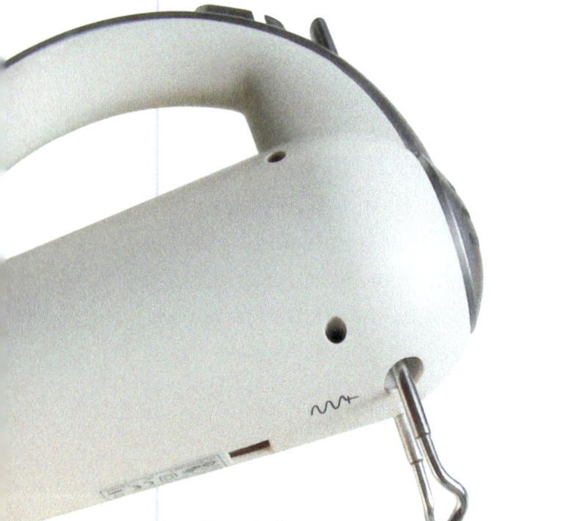

1 Handrührgerät von außen

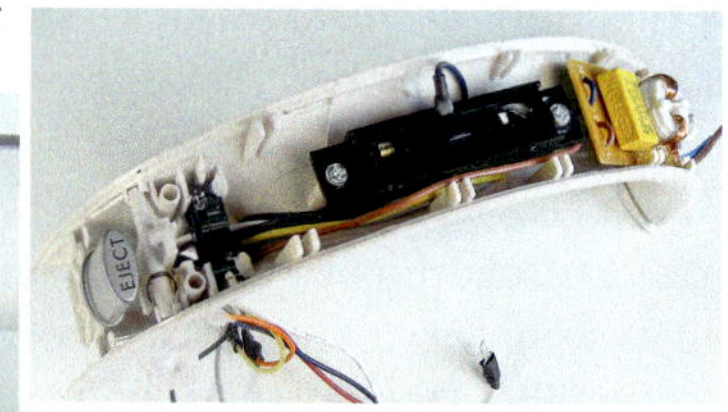

2 Schalter

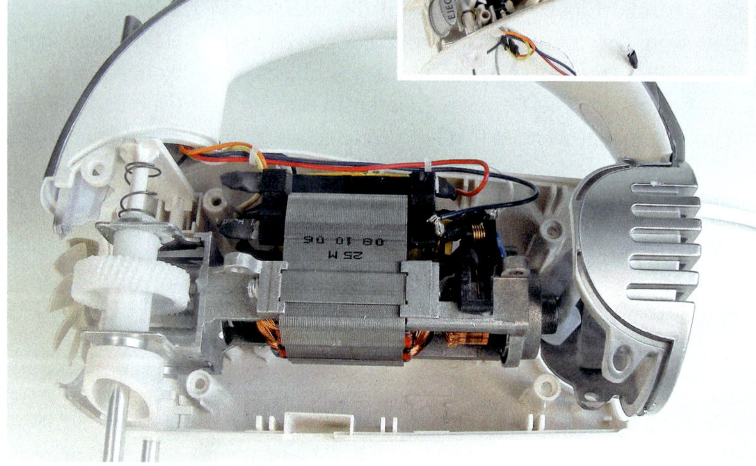

3 Rührgerät – geöffnet

Warnhinweis: Elektrogeräte dürfen nur vom Elektriker geöffnet oder repariert werden.
Wenn ihr in der Schule euch selbst die Bestandteile eines Elektrogeräts anschauen wollt, muss der Stecker abgeschnitten werden. Das Gerät darf dann nicht wieder in Betrieb genommen werden.

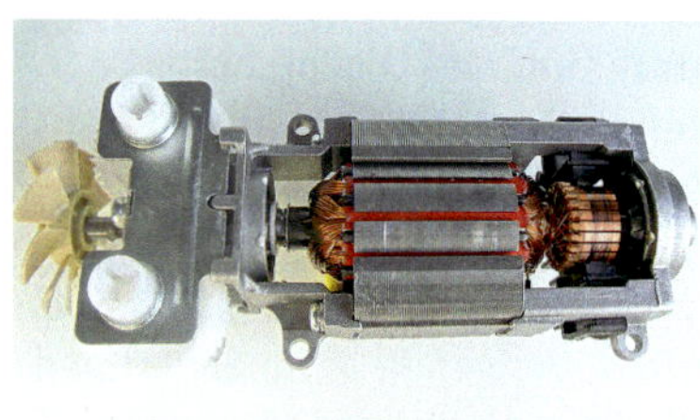

4 Motor, Getriebe und Lüfterrad von unten

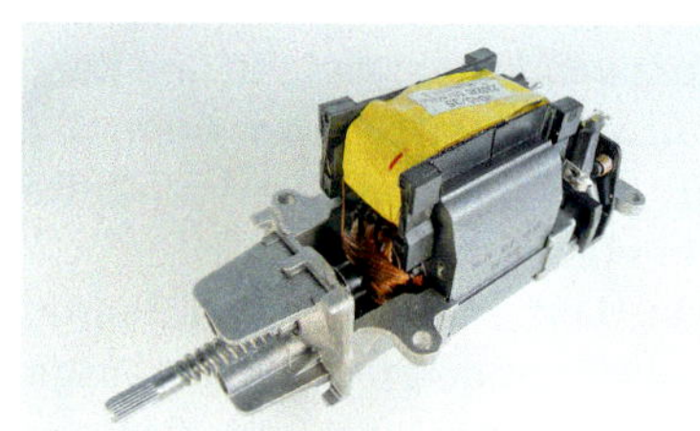

5 Motor mit Antriebswelle

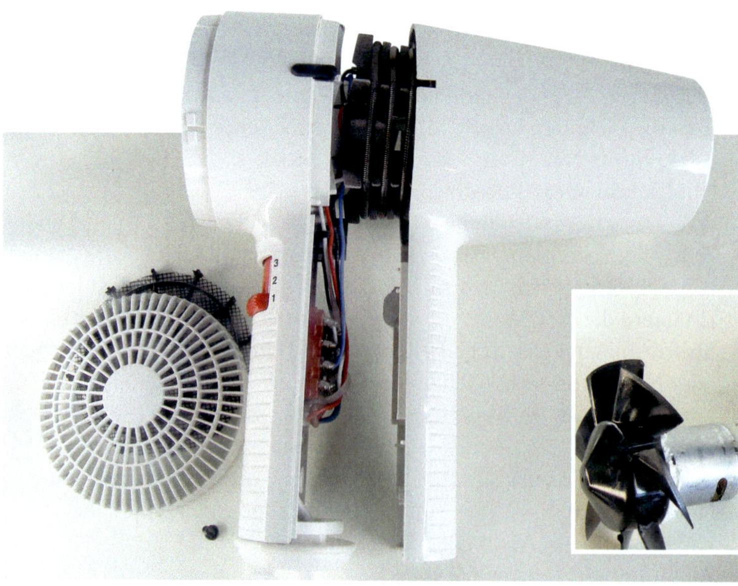

6 Haartrockner geöffnet

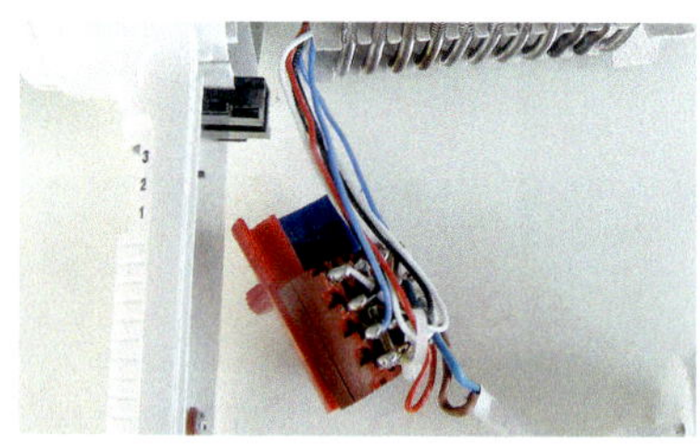

7 Schalter (mit mehreren Stufen)

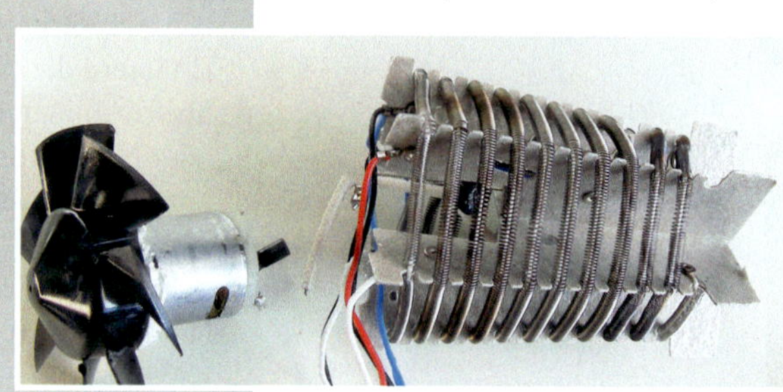

8 Motor mit Flügelrad und Heizung

GRUNDLAGEN: Vom Stromkreis und seinen Bestandteilen

An vielen Geräten kannst du Ähnlichkeiten im Aufbau erkennen:
- Sie besitzen eine Zuleitung für die Energieversorgung.
- Mit Schaltern und Taster werden sie ein- und ausgeschaltet.
- Im Zentrum sind oft Motoren als Antrieb angeordnet.
- Je nach Funktion gibt es noch Heizspiralen oder Getriebe.

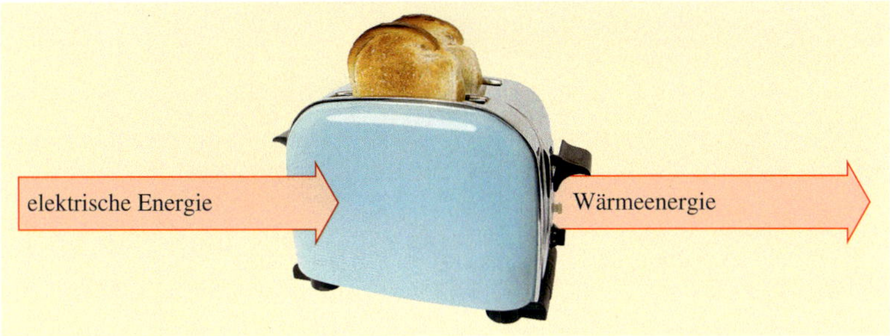

9 Energiefluss

Auch moderne Geräte wie Computer oder Handys haben einen ähnlichen Aufbau. Neben der Energieversorgung besitzen sie Taster zur Eingabe von Daten (Texte oder Nummern). Im Zentrum befinden sich hier Prozessoren und Speicher zur Verarbeitung der Daten. Wenn diese Geräte im Betrieb sind kann man das an Displays erkennen, auf denen Texte, Bilder oder Zahlen erscheinen.

10 Informationsfluss

Arbeitsaufträge

1 Übertrage die Zeichnung des zerlegten Haartrockners in dein Heft und beschrifte die Teile. Den Nachbau lernst du auf den nächsten Seiten.
2 Benenne wichtige Baugruppen eines Toasters.
3 Vergleiche einen Dauerläufer und ein elektrisches Gerät, z. B. einen Handmixer. Schreibe Gemeinsamkeiten auf.
Folgende Stichworte können helfen: Motor, Energieversorgung, Muskel, Getriebe, Kabel, Gelenke.
4 Baue aus einer Energiequelle, einem Motor und Zahnrädern den Handmixer nach. ↑11

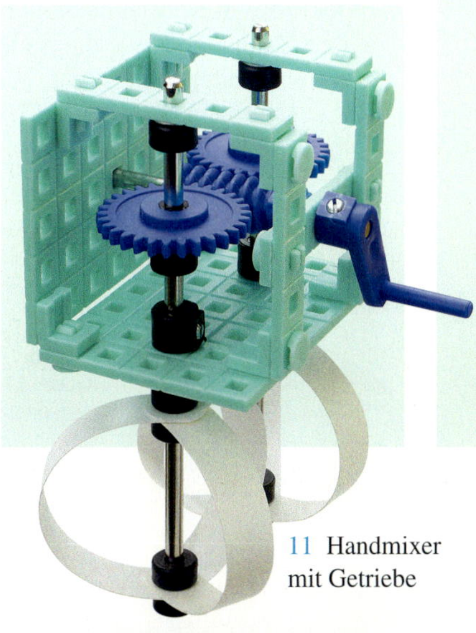

11 Handmixer mit Getriebe

Was der Strom alles kann

Viele von euch benutzen einen Haartrockner fast täglich. Wie funktioniert eigentlich ein Haartrockner?
Wenn der linke Schalter am Griff betätigt wird, bläst der Haartrockner kalte Luft.
Wenn zusätzlich der rechte Schalter betätigt wird, strömt warme Luft aus dem Gerät.
Der Haartrockner schaltet automatisch ab, wenn er zu lange sehr nahe an den Haaren gehalten wird. Das ist eine Sicherung, damit das Gerät nicht zu heiß wird.

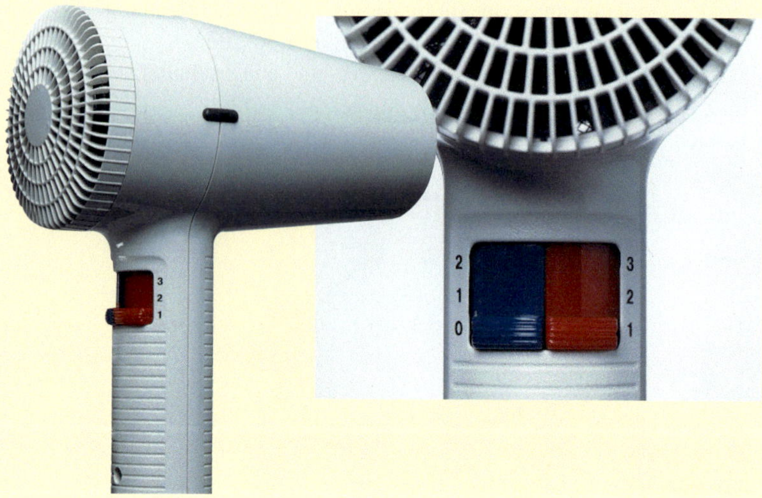

1

Beobachten Untersuchen Experimentieren

Weil das Basteln an Elektrogeräten lebensgefährlich ist, darf der Haartrockner nicht geöffnet werden. Ihr könnt aber seine verschiedenen Funktionen untersuchen und nachbauen.

1 Der Haartrockner bläst kalte Luft
Diese Funktion kannst du leicht nachbauen. Dazu brauchst du einen Schalter, eine Batterie und einen Motor mit Propeller. Prüfe deine Ventilatorschaltung. Zeichne den Schaltplan. ↑2

2 Der Haartrockner erzeugt Wärme
Von vorne siehst du im Haartrockner eine Drahtwendel. Sie wird heiß, wenn elektrischer Strom durch sie hindurchfließt.

a Wickle 50 cm Konstantandraht (0,2 mm dick) um eine Stricknadel. Ziehe die Nadel heraus – fertig ist die Heizwendel. ↑3
Schließe die Wendel an ein Netzgerät an. ↑4 Drehe den Regler langsam höher und fühle, wie warm sie wird. *Vorsicht,* verbrenne dich nicht an der Wendel!

b Auch Glühlampen besitzen eine Drahtwendel und erzeugen viel Wärme. Schau dir die (kalte) Drahtwendel mit der Lupe genau an.

3 Jetzt bläst er kalt oder warm

a Benutze als „Heizspirale" diesmal eine Glühlampe. Der Haartrockner soll bei Bedarf zusätzlich warme Luft abgeben (die Lampe leuchtet).
Du musst die Ventilatorschaltung durch die Lampe und einen Schalter ergänzen. Überlege dir die Schaltung und zeichne den Schaltplan. ↑5

b Die Funktionsweise der Schaltung beschreibst du am besten in einer Tabelle. Übertrage die Tabelle in dein Heft, ergänze sie und prüfe die Schaltung.

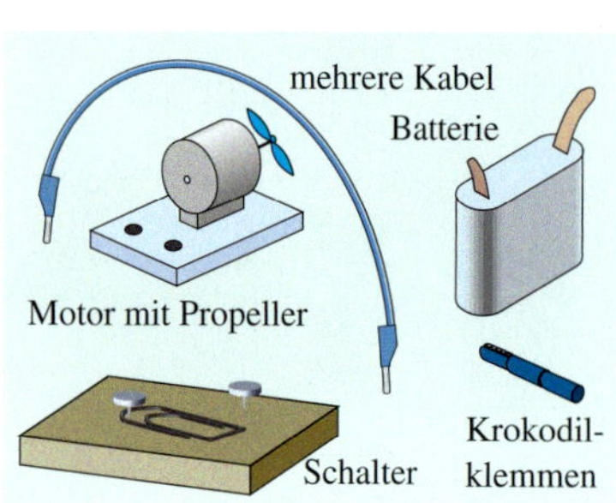

2

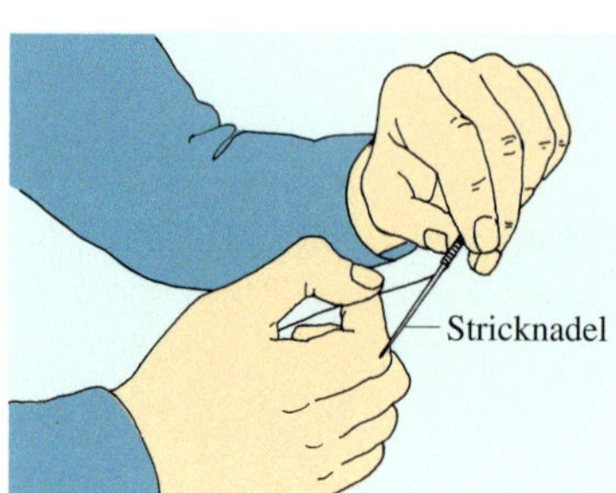

3 Herstellen einer Wendel

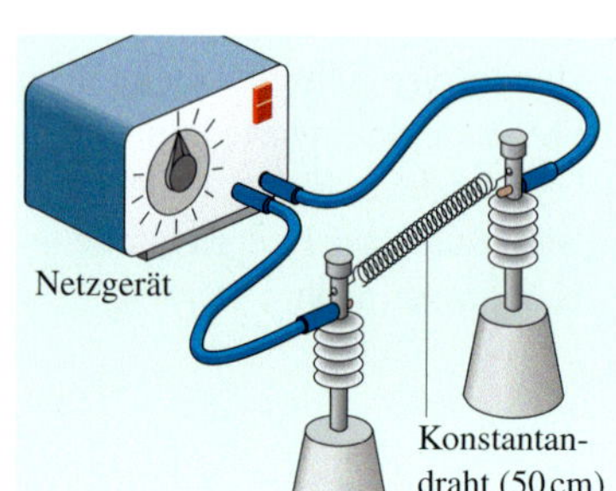

4 Einfache Heizspirale

Was wird gemacht?		Was passiert?	
Schalter Gebläse	Schalter Heizung	Gebläse (Motor)	Heizung (Lampe)
aus	aus	aus	aus
aus	ein	aus	?
ein	aus	?	?
ein	ein	?	?

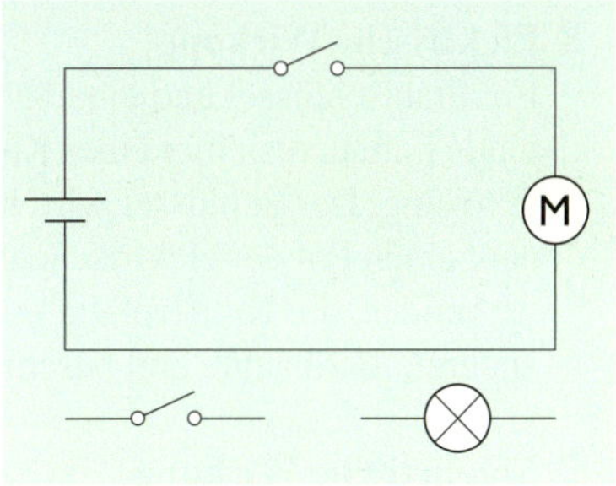

5 Haartrocknerschaltung

4 Der Hitzeschutz für den Haartrockner
Wenn es im Gehäuse zu heiß wird, schaltet der Haartrockner von selbst ab. Das Abschalten übernimmt ein Bimetallstreifen. ↑6
Wenn der Streifen heiß wird, biegt er sich nach oben und unterbricht den Stromkreis. Beim Abkühlen wird er wieder gerade und schließt den Stromkreis. Man spricht von einem Bimetallschalter.
Baue den Bimetallschalter so in deine „Haartrockner-Schaltung" ein, dass er bei Überhitzung alles ausschaltet.

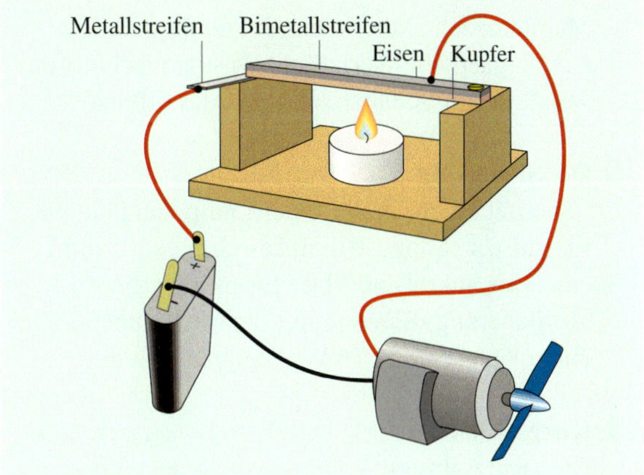

6 Bimetallschalter

5 Der Haartrockner bläst viel oder wenig Luft
Beim Haartrockner kannst du einstellen, ob viel oder wenig Luft ausströmt. Versuche diese Funktion mit zwei Batterien nachzubauen. ↑7
Wie kannst du die Motorgeschwindigkeit verändern?
Wie müssen die Batterien geschaltet sein, damit der Motor schnell läuft? Zeichne dafür den Schaltplan.

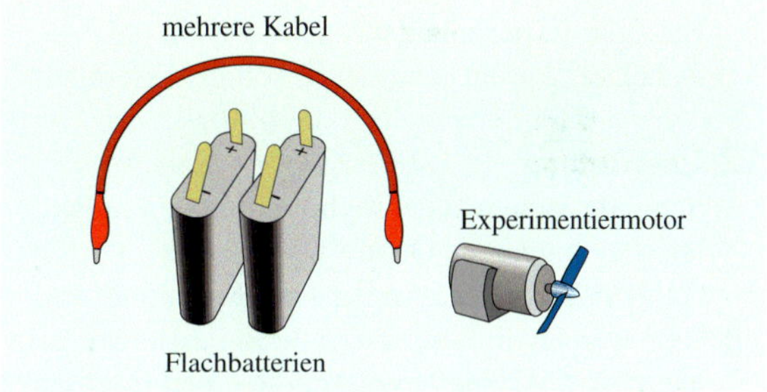

7 Wie läuft der Motor besonders schnell?

6 Für Tüftler: Der „Stufenschalter"
Ein Umschalter kann in zwei „Stufen" schalten. ↑8
Wie müssen zwei Batterien, ein Motor und der Schalter verbunden werden, damit der Motor einmal langsam und einmal schnell läuft? Probiere deine Schaltung aus.

7 Euer Haartrockner zu Hause
Vielleicht funktioniert euer Haartrockner zu Hause anders. Besitzt er Schalter, Taster oder Stufenschalter?
a Notiere die verschiedenen Funktionen in einer Tabelle.
b Entwickle eine Modellschaltung zu deinem Haartrockner.
c Baue die Schaltung auf und kontrolliere sie mithilfe einer Tabelle.

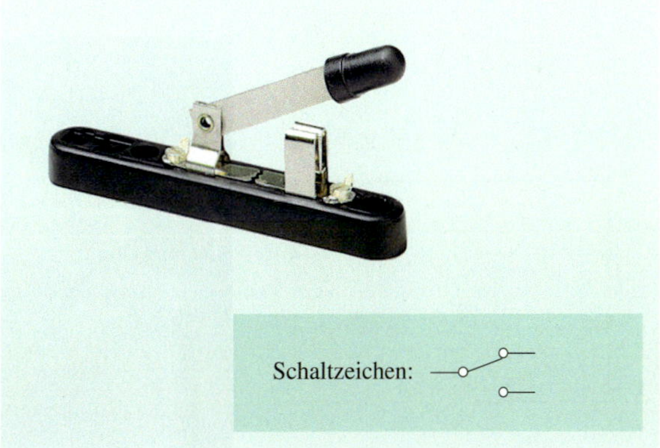

8 Umschalter

Beobachten Untersuchen Experimentieren

8 Elektrische Wirkung
Ein Stahlschlüssel und eine Kupferplatte befinden sich in einer Kupfersulfatlösung. Der Schlüssel wird mit dem einen Pol der elektrischen Quelle verbunden, die Kupferplatte mit dem anderen. Beobachte und beschreibe.

9 Magnetische Wirkung
Spanne einen Kupferdraht straff zwischen zwei Isolierstützen und stelle unter den Draht eine Magnetnadel. Dabei muss der Draht parallel zur Magnetnadel verlaufen. Was beobachtest du, wenn du den Schalter schließt oder öffnest?

10 Die Sicherung
Baue mit einem Trafo, einer Lampe und einem Eisendraht (Länge 10 cm, Durchmesser 1 mm) einen Stromkreis auf. Der Eisendraht dient als Sicherung. Erzeuge mit dem Schraubendreher einen Kurzschluss. ↑3 Was beobachtest du?

11 Kurzschluss
Bei „Kurzschluss" könnte man an den „kurzen Weg" denken, den der Strom zurücklegen muss. Bei diesem Aufbau ist der Weg aber länger … ↑4
Baue das Experiment auf. Schließe ein langes Kabel an. Warum schmilzt der dünne Eisendraht?

12 Überlastung
a Schließe nacheinander mehrere Lampen in Parallelschaltung an die Quelle an. ↑5 und 6
Achte dabei auf die Anzeige des Strommessers.
b Jetzt werden die Lampen in ihren Fassungen gelockert. Das Messgerät wird durch einen Eisendraht (Länge 10 cm, Durchmesser 1 mm) ersetzt.

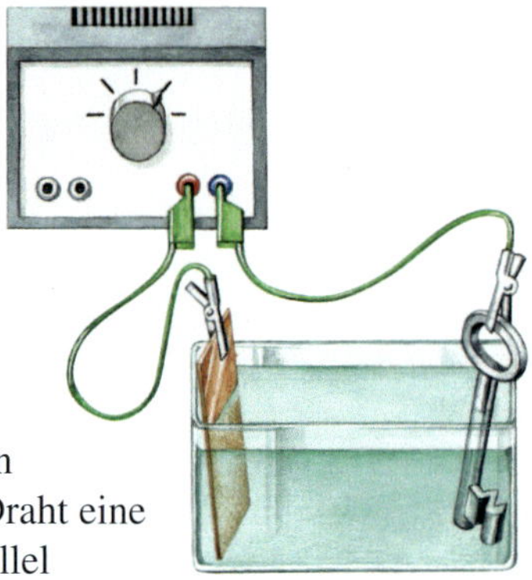
1

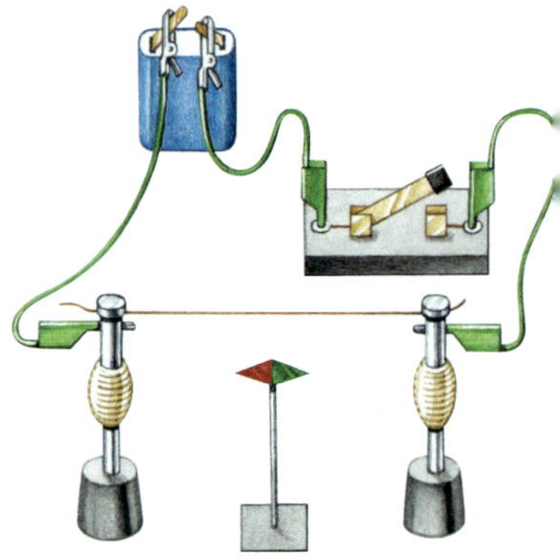
2

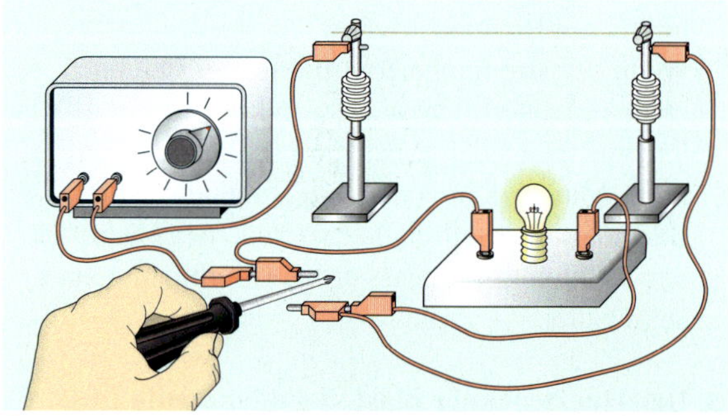
3

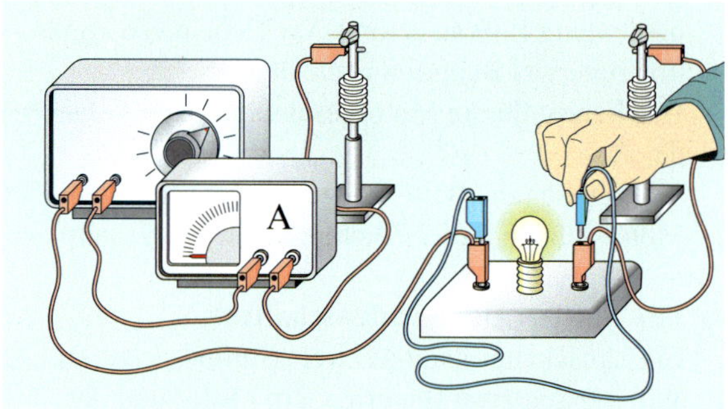

4

Was geschieht, wenn die Lampen nacheinander festgedreht werden?

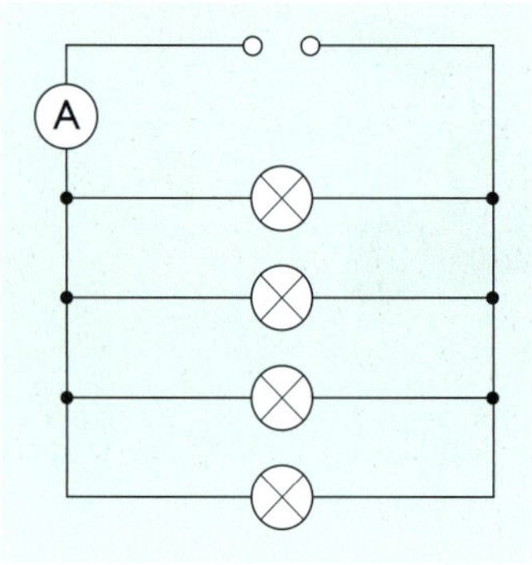

5

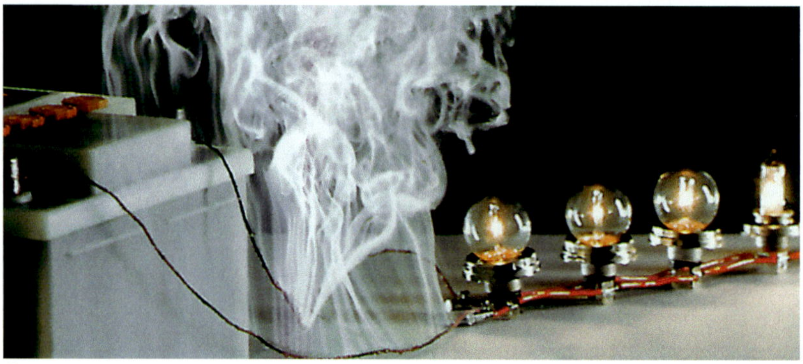
6

GRUNDLAGEN: Wirkungen des elektrischen Stroms

Den elektrischen Strom kann man nicht sehen, nicht riechen und nicht anfassen. Ob ein elektrischer Strom fließt oder nicht, kann man nur an den Wirkungen erkennen. Diese Wirkungen werden in verschiedenen elektrischen Geräten genutzt.

Wärmewirkung In elektrischen Kochplatten und im Föhn befinden sich Metalldrähte, die dadurch erhitzt werden, dass ein elektrischer Strom hindurchfließt. Sie werden so stark erhitzt, dass sie hell glühen. ↑7 und 8

Lichtwirkung Auch in Glühlampen wird die Wärmewirkung des elektrischen Stroms genutzt.
Bei sehr hohen Temperaturen glüht der Draht in der Lampe und sendet dadurch Licht aus. ↑9

7

8

9

Chemische Wirkung Auch Flüssigkeiten, durch die ein elektrischer Strom fließt, erwärmen sich.
Außerdem ruft der elektrische Strom auch eine chemische Wirkung hervor, die man an der Oberfläche eingetauchter Gegenstände beobachten kann. ↑10

Magnetische Wirkung Der elektrische Strom ruft nicht nur in elektrischen Leitern eine Wirkung hervor, sondern beeinflusst auch die Umgebung des Leiters.
Eine Magnetnadel, die sich unter einem stromdurchflossenen Leiter befindet, bewegt sich, wenn der Stromkreis geschlossen oder geöffnet wird.

Kurz und knapp **Fließt ein elektrischer Strom durch einen Leiter, so wird der Leiter erwärmt.**
Fließt ein elektrischer Strom durch eine Flüssigkeit, kann er an der Oberfläche der eintauchenden Gegenstände chemische Veränderungen hervorrufen.
Fließt ein elektrischer Strom durch einen Leiter, so treten in seiner Umgebung magnetische Wirkungen auf.

10 Chromschicht für einen Fahrradlenker

Aus der Technik Sicherungen – Schutz vor unerwünschter Wärmewirkung

Kurzschluss Manchmal wird gedankenlos ein elektrisches Kabel hin- und hergeknickt. Darunter leidet die Isolation des Kabels. Zusammen mit der langsamen Alterung eines Kabels kann dies zu einer Beschädigung der Isolation an den Kabeladern führen. In einem solchen Fall fließt der elektrische Strom auf „kurzem Wege“ zurück, ohne dass er durch das angeschlossene Gerät fließt. ↑1

Der Strom im Kabel ist dann sehr viel größer als vorgesehen. Dabei können sich die Leitungen so stark erwärmen, dass es zu einem Brand kommt.

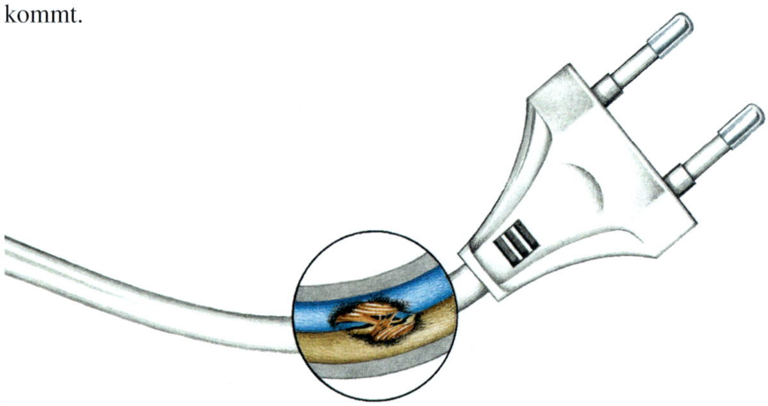

1

Überlastung Zu einer Überlastung der Leitungen kommt es, wenn an einer Steckdose zu viele Geräte angeschlossen werden. Um die Leitungen in Wohnungen vor Überlastung zu schützen, werden elektrische Großgeräte auf mehrere Anschlüsse verteilt. Auch die Steckdosen in verschiedenen Zimmern sind meistens nicht über dieselbe Leitung mit dem Hausanschluss verbunden. Zum Schutz der Wohnräume und einzelner elektrischer Geräte baut man in die Leitungen oder in die Geräte Sicherungen ein.

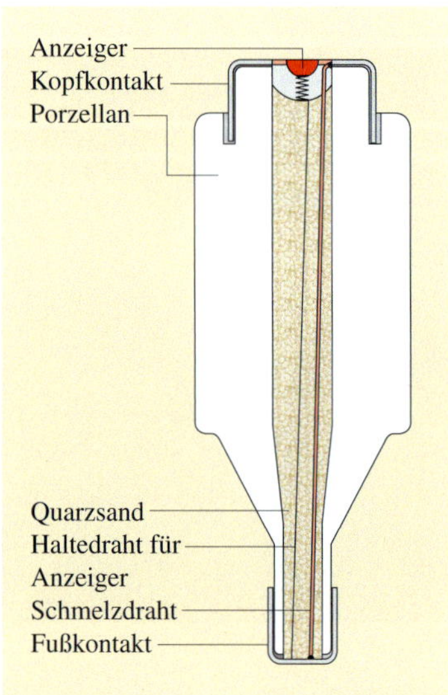

2

Schmelzsicherung In Bild ↑2 ist der Aufbau einer Schmelzsicherung, wie sie im Haushalt verwendet wird, dargestellt. Bild ↑3 zeigt Schmelzsicherungen, wie sie in Autos und elektronischen Geräten eingebaut werden. ↑2 und 3

Der Schmelzdraht hat jeweils einen solchen Durchmesser, dass er sich im normalen Betrieb nur geringfügig erwärmt. Wenn aber der Strom größer wird und einen bestimmten Wert überschreitet, schmilzt der Draht. Dadurch wird der Stromfluss unterbrochen und der Fehler kann behoben werden.

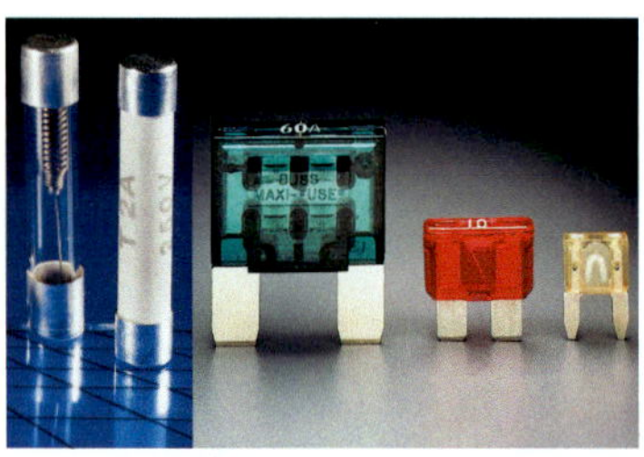

3 Schmelzsicherungen

Sicherungsautomat Eine Schmelzsicherung ist nur einmal zu gebrauchen. Im Haushalt werden daher zumeist Sicherungsautomaten eingesetzt, in denen die magnetische Wirkung und die Wärmewirkung des Stroms genutzt werden. In einem Sicherungsautomaten befinden sich ein Elektromagnet und ein Bimetallstreifen. Der Elektromagnet unterbricht den Stromfluss bei plötzlicher Erhöhung des Stroms; der Bimetallstreifen unterbricht den Stromfluss bei langsamer Vergrößerung des Stroms. In beiden Fällen wird ein Hebel umgelegt.

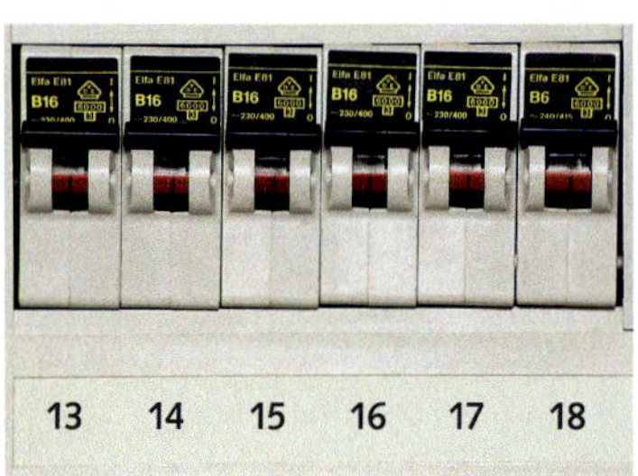

4

Arbeitsaufträge

1 Wärmewirkung – der Styroporschneider
Dieses Experiment zeigt, wie ein Styroporschneider funktioniert.

a Nimm ein Stück „Heizdraht" (z. B. 50 cm Konstantandraht von 0,2 mm Durchmesser).
Baue ihn in einen Stromkreis mit Netzgerät ein; dieses bleibt zunächst ausgeschaltet.

b Versuche mit dem eingespannten Draht ein Stück Styropor® zu schneiden.

c Schalte jetzt das Netzgerät ein. Regle das Gerät so, dass der Draht gerade zu glühen anfängt.
Versuche wieder ein Stück Styropor damit zu schneiden.

d Gib an, womit die Funktionsweise des Styroporschneiders zusammenhängt.

e Die Farbe des Drahtes gibt Hinweise auf seine Temperatur:

Farbe des Glühdrahtes	Temperatur des Drahtes
dunkelrot	ca. 600 °C
kirschrot	ca. 850 °C
hellrot	ca. 1 000 °C
gelb	ca. 1 100 °C
weiß	über 1 500 °C

5

2 Geschicklichkeit
Wer ist am geschicktesten?

a Baue einen Stromkreis nach Bild ↑6 auf.

b Erläutere, wie der „Geschicklichkeitstester" funktioniert.

c Wer ist der Geschickteste?

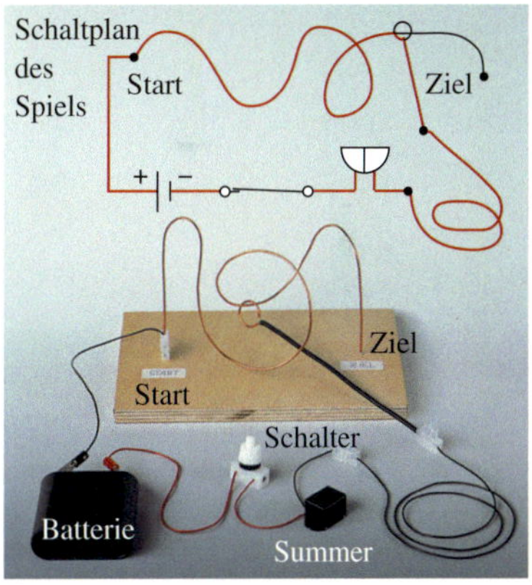

6

3 Dimmen mit Salzwasser

a Baue einen Stromkreis nach Bild ↑7 auf.

b Das Lämpchen soll heller leuchten. Wie kannst du das erreichen, ohne die Spannung am Netzgerät zu ändern?

c Nun soll das Lämpchen wieder dunkler werden. Beschreibe, wie du das erreichen kannst, und führe das Experiment durch.

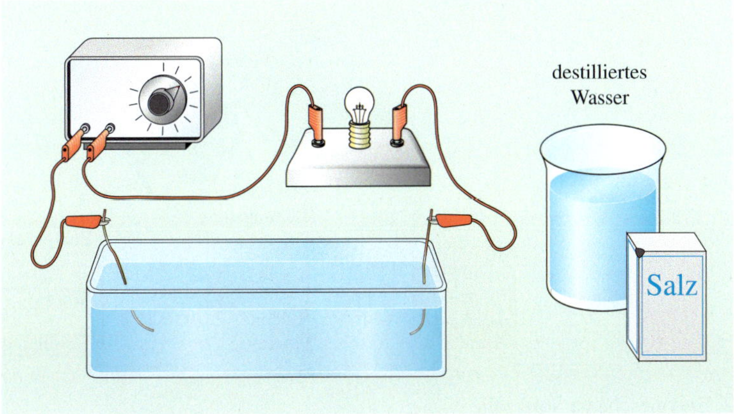

7

GRUNDLAGEN: Woher kommt die Energie für Elektrogeräte?

Der Dynamo – ein Energiewandler Von allein leuchtet keine Lampe. Beim Fahrrad muss das Rädchen am Dynamo gedreht werden. Für die Taschenlampe brauchst du eine „volle" Batterie.

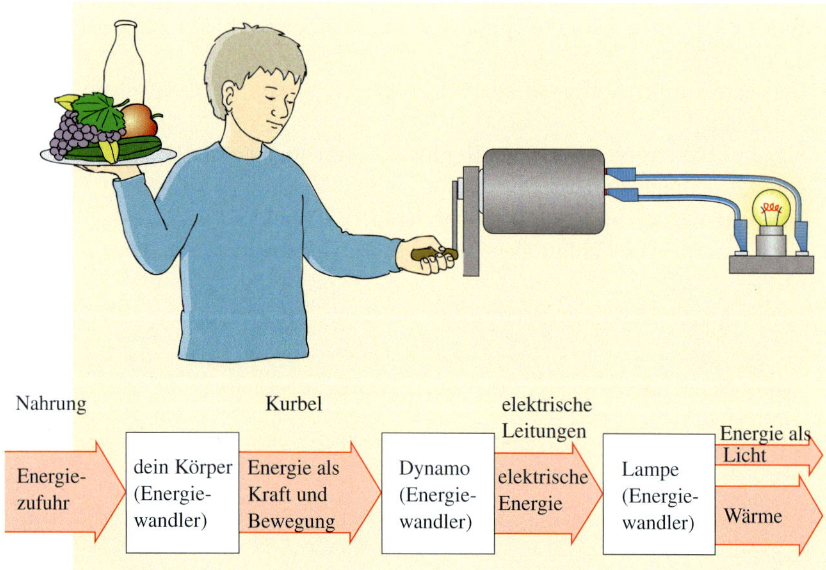

1 Energieschema Dynamo

Wenn viele Lampen angeschlossen sind, ist mehr Energie nötig. Du musst kräftiger drehen und so mit deinen Muskeln mehr Energie zuführen. Die Energie zum Drehen liefert dein Körper. Er erhält sie mit der Nahrung. Sowohl der Dynamo als auch dein Körper sind Energiewandler. ↑1
Auch die Glühlampe wandelt die elektrische Energie um und gibt Energie als Licht und Wärme an die Umgebung weiter.

Die Solarzelle – auch ein Energiewandler Wenn viel Licht auf die Solarzelle fällt, läuft ein angeschlossener Motor schnell oder eine Lampe leuchtet hell. Die elektrische Energieerzeugung mit Solarzellen ist umweltfreundlich. Es entstehen keine Schadstoffe.

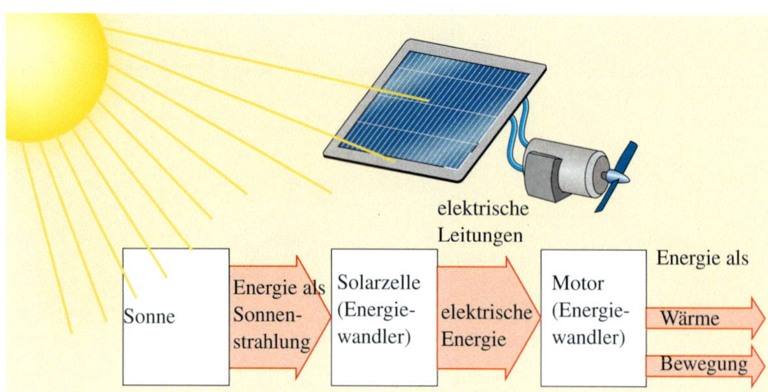

2 Energieschema Solarzelle

Batterie und Akku als Energiespeicher Wenn eine Batterie oder ein Akku Energie liefert, wandeln sich in ihrem Innern Stoffe um.

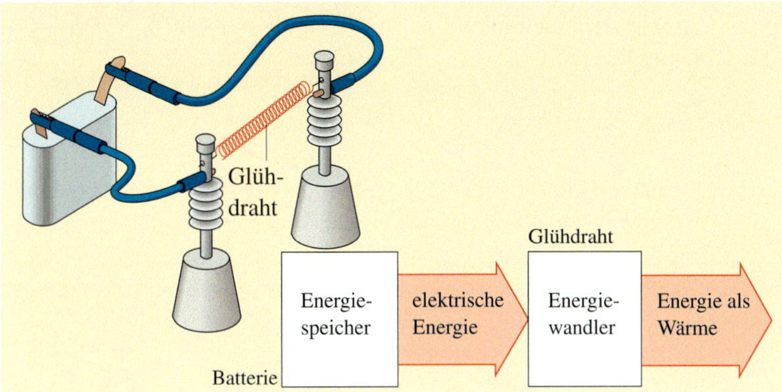

3 Energieschema Batterie mit Heizspirale

Batterie, Akku oder Solarzelle? Für diesen MP3-Player brauchst du eine 1,5-Volt-Batterie. ↑4
Batterien sind nur einmal zu benutzen. Du kannst auch einen 1,2-Volt-Akku einsetzen. Er ist zwar teurer als eine Batterie, dafür kannst du ihn aber viele Male wiedwer aufladen. Mit Akkus sparst du Geld.
In Deutschland werden jährlich 900 Millionen Batterien und Akkus verbraucht. Das sind 1000 große Lastwagen – voll beladen mit verbrauchten Batterien. Dabei sind die Autobatterien nicht mitgezählt.
Batterien enthalten Schwermetalle wie Zink und Nickel, die für die Umwelt gefährlich sind. In den preiswerten Akkus steckt das giftige Schwermetall Cadmium. Batterien und Akkus müssen daher als Sondermüll entsorgt werden. Sie dürfen nicht in den Hausmüll gelangen! In den Geschäften kannst du alle Batterien und Akkus zurückgeben.
Der Umwelt kann man mit einem Akku eine ganze Menge Batterien ersparen. Wenn möglich, solltest du ganz auf Batterien und Akkus verzichten. Betreibe deine Elektrogeräte mit einem Netzteil.
Gut für die Umwelt sind auch Solarzellen. Wenn die Geräte auch im Dunkeln funktionieren sollen, müssen sie einen Akku enthalten, der am Tag von den Solarzellen geladen wird.

Kurz und knapp **Lampen und alle elektrischen Geräte benötigen Energie. Ein Dynamo liefert sie. Dazu muss ihm Energie durch Drehen zugeführt werden. Energie, die durch einen Stromkreis übertragen wird, nennt man elektrische Energie.**
Bei allen Energieumwandlungen entsteht auch Wärme, die nicht weiter genutzt werden kann.
Solarzellen wandeln die Energie der Sonnenstrahlung in elektrische Energie um. ↑2
Batterien und Akkus haben Energie gespeichert. ↑3

4

Arbeitsaufträge

1 Nenne Geräte, die mit mithilfe der Sonne betrieben werden.
2 Erstelle ein Informationsplakat über die Nutzung von Batterien und Akkus. Gehe dabei auf Umweltprobleme ein und zeige auch Alternativen auf.
3 Frage in Geschäften nach, wie viele Batterien sie im Monat zurücknehmen. Wohin werden sie gebracht?
4 Digitalkameras sind „Batterienfresser". Besonders ihr Bildschirm benötigt viel Energie. Was kannst du dem Benutzer einer Digitalkamera raten? Überzeuge durch eine Aufstellung der Kosten. Gehe davon aus, dass die Kamera vier 1,5-Volt-Batterien für 50 Bilder benötigt.

Überblick

Geschlossene und unterbrochene Stromkreise
Eine Glühlampe leuchtet nur, wenn sie mit ihren beiden Kontaktstellen an die elektrische Quelle angeschlossen ist. Damit ein Elektrogerät funktioniert, muss es Teil eines geschlossenen Stromkreises sein.

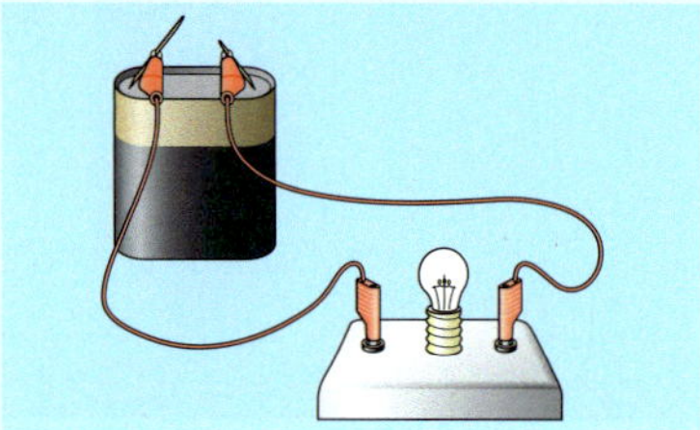

1

Reihenschaltung
Bei der Reihenschaltung bilden beide Lampen gemeinsam mit der Batterie einen Stromkreis. ↑2a
Wenn eine dieser Lampen ausfällt, erlischt auch die andere.

Parallelschaltung
Bei der Parallelschaltung bildet jede der Lampen mit der Batterie einen eigenen Stromkreis. ↑2b
So entstehen getrennte Stromkreise. Wenn eine der Lampen ausfällt, leuchten die anderen weiter.

Leiter und Nichtleiter
Zu den elektrischen Leitern gehören die Metalle und der Kohlenstoff.
Auch unter den Flüssigkeiten gibt es elektrische Leiter. Sie leiten nicht so gut wie die Metalle. Leitende Flüssigkeiten sind zum Beispiel Leitungswasser, Salzwasser, Essig und Fruchtsäfte.

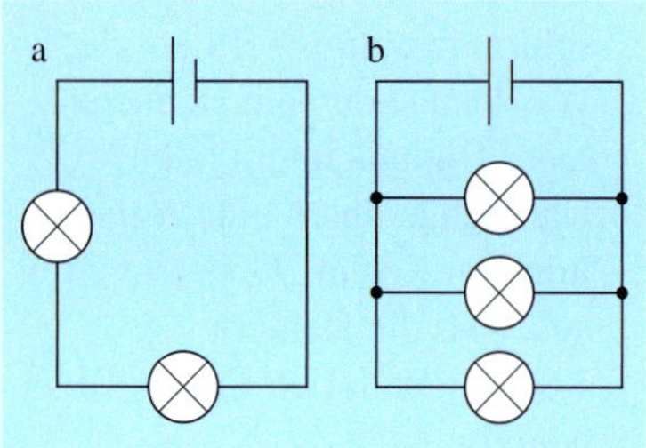

2

Kunststoffe, Glas, Gummi, Porzellan, Speiseöl, Spiritus und Benzin leiten den elektrischen Strom praktisch nicht. Sie sind Nichtleiter oder Isolatoren.

Gefahren des elektrischen Stroms
Der menschliche Körper ist ein Leiter. Wenn er Teil eines Stromkreises mit der Steckdose als elektrische Quelle wird, besteht Lebensgefahr.
Schon sehr geringe Ströme sind lebensgefährlich.
Experimente dürfen deshalb nur mit Batterien oder speziellen Netzgeräten durchgeführt werden. ↑3

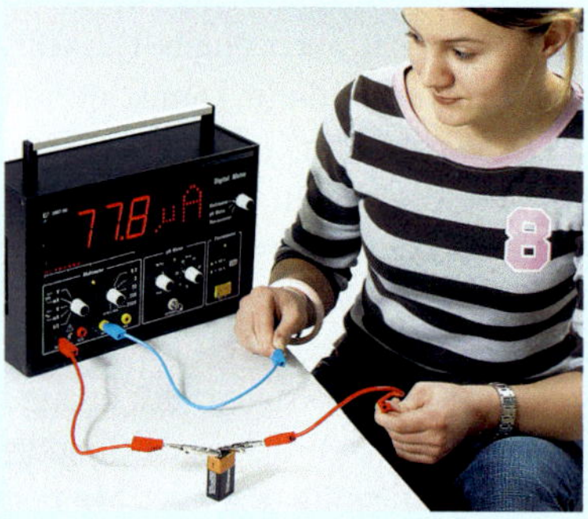

3

Wirkungen des elektrischen Stroms
Man kann das Fließen eines elektrischen Stromes nur an seinen Wirkungen erkennen.

Wärmewirkung
Fließt ein elektrischer Strom durch einen Leiter, so wird der Leiter erwärmt. Bei sehr starker Erwärmung kann dieser Körper auch glühen (Lichtwirkung). ↑4

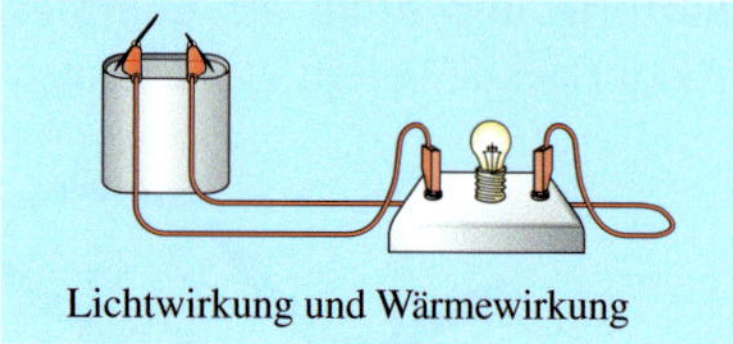

4

Chemische Wirkung
Fließt ein elektrischer Strom durch eine Flüssigkeit, kann er an den eintauchenden Körpern chemische Veränderungen hervorrufen. ↑5

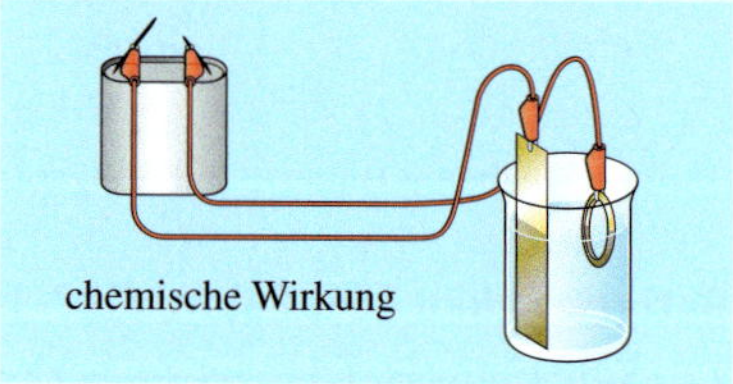

5

Magnetische Wirkung
Mit einer Magnetnadel kann man die magnetische Wirkung des elektrischen Stroms nachweisen.

Elektrische Energie
Ein Dynamo (Generator) liefert elektrische Energie. Dazu muss ihm durch Drehen Energie zugeführt werden.
Eine Solarzelle liefert elektrische Energie, wenn sie mit Licht bestrahlt wird.
Batterien und Akkus haben Energie gespeichert. Wenn sie elektrische Energie liefern, wandeln sich in ihnen Stoffe um.
Elektrogeräte nehmen elektrische Energie auf und geben Energie als Licht, Wärme, Bewegung … ab.
Der Stromkreis ist ein System zur Übertragung elektrischer Energie.

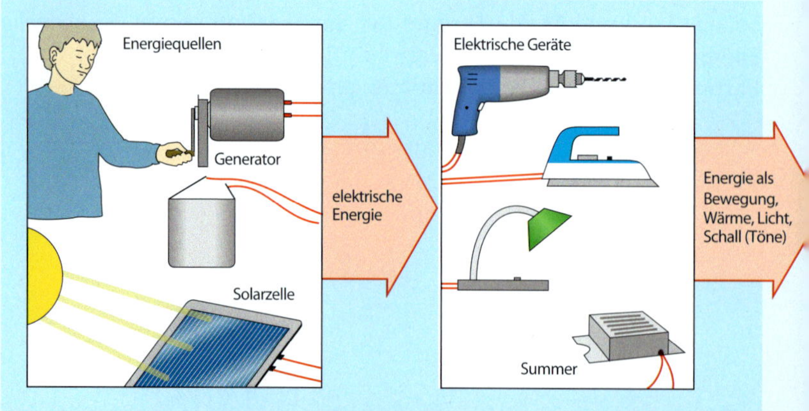

6

1 In Bild ↑7 siehst du eine Glühlampe mit Fassung. Die Lampe ist mit zwei Drähten an eine Batterie angeschlossen.
a Warum leuchtet sie trotzdem nicht?
b Zeichne einen Schaltplan einer entsprechenden Schaltung, bei der die Glühlampe leuchtet.

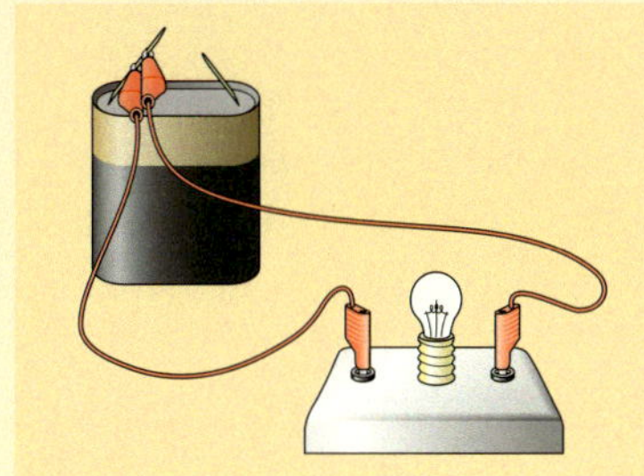
7

2 Auch beim Fahrrad leuchtet die Lampe nur, wenn der Stromkreis geschlossen ist. Wie ist das möglich? (Bedenke, dass nur ein einziger Draht von der Lampe zum Dynamo führt.)

3 Petra behauptet, ihr Armband sei aus Silber. Frank dagegen meint: „Das Armband ist aus Plastik und nur mit einer Silberfarbe angestrichen." Wie können die beiden die Streitfrage klären, ohne dabei das Armband zu beschädigen? Hättest du eine Idee? …

4 Handelt es sich bei den folgenden Gegenständen um Leiter oder um Nichtleiter? Lege eine Tabelle an und trage folgende Begriffe in die Spalten ein: Eisendraht, Aluminiumblech, Glasstab, Bleistiftmine, nasser Bindfaden, Badewasser, Öl.
Schreibe mindestens drei weitere Leiter und drei Nichtleiter hinzu.

5 Einen Drachen darf man niemals in der Nähe von Hochspannungsleitungen steigen lassen, sonst bringt man sich in Lebensgefahr. Warum eigentlich – der Stoff, aus dem ein Bindfaden besteht, ist doch ein Nichtleiter? ↑8

8

6 Beschreibe mit dem Begriff „Stromkreis", welchen Zweck Schalter oder Taster haben.

7 Welche der folgenden Begriffe gehören wohl zusammen?
Klingelschaltung – Taster – Reihenschaltung – Parallelschaltung – UND-Schaltung – ODER-Schaltung

8 Die Spülmaschine beginnt noch nicht zu arbeiten, wenn nur die EIN-Taste gedrückt ist. Erst muss man noch die Tür zumachen und auch die Wasserzufuhr muss geöffnet sein.
a Warum hat man in diesem Fall drei „Schalter" eingebaut?
b Wurde hier eine UND- oder eine ODER-Schaltung gewählt?

9 Stelle in einer Tabelle elektrische Haushaltsgeräte und Spielzeuge zusammen. Gib an, welche Wirkungen des elektrischen Stroms jeweils genutzt werden.

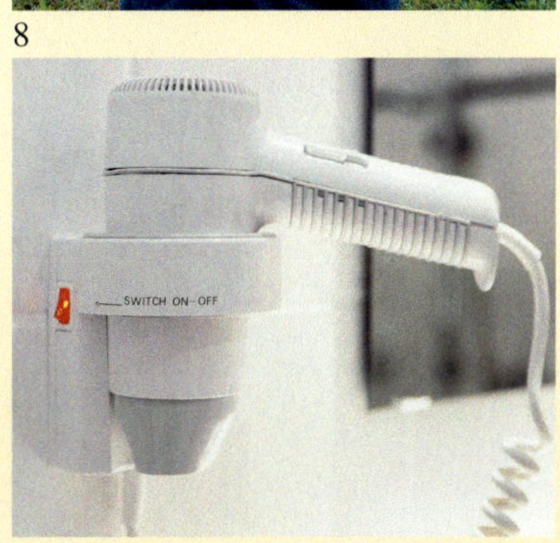
9

10 Beschreibe eine Experimentieranordnung, mit der du die Wärmewirkung des elektrischen Stroms nachweisen kannst.

11 Warum „brennt" bei einem zu starken elektrischen Strom die Sicherung durch und nicht irgendeine Leitung?

Keine Zauberei – der Magnetismus

Auf einer seiner zahlreichen Reisen gerät Sindbad mit seinem Segelschiff in einen schweren Sturm. Nur mit Mühe und Not gelingt es ihm und seiner Mannschaft, das Schiff durch die mannshohen Wellen zu steuern. Als nach mehreren Tagen zum ersten Mal wieder die Sonne scheint, atmen alle erleichtert auf.
Für den Kapitän und den Steuermann sind die Sorgen aber noch nicht vorbei: Wohin hat der Sturm das Schiff verschlagen? Wie kommen sie wieder zurück an die Küste? Von ihr ist weit und breit nichts zu sehen.

1

Beobachten Untersuchen Experimentieren

1 Und noch etwas beunruhigt die beiden: Obwohl der Sturm längst abgeflaut ist, zieht das Schiff mit guter Fahrt dahin. Es wird sogar immer schneller … Da – plötzlich der Ruf: „Land in Sicht!" Die Freude ist groß. Können sie das rettende Ufer erreichen? Doch der Kapitän sichtet nichts anderes als einen zackigen, steilen Berg, auf den das Schiff unbeirrt zuhält. Und mit Entsetzen erkennt er, wohin der Sturm sie getrieben hat: zu dem unheimlichen und sagenumwobenen Magnetberg! Der zieht das Schiff mit unwiderstehlicher Kraft zu sich hin. Da hilft auch kein Gegensteuern mehr. So nimmt das Verhängnis seinen Lauf …

a Haben Magnete tatsächlich eine so starke Anziehungskraft, wie es in dieser Geschichte beschrieben wird?

b Woraus müssen Gegenstände bestehen, die von Magneten angezogen werden?

2 Habt ihr auch Magnete an der Kühlschranktür?

3 Auch im Lautsprecher gibt es Magnete.

4 Gibt es in eurem Klassenraum eine magnetische Hafttafel?

5 Aus diesem magnetischen Spielzeug kann man ohne Schrauben oder Klebstoff viele Figuren bauen.

Methode

An Lernstationen selbstständig experimentieren

An Lernstationen könnt ihr selbstständig in einer von euch gewählten Reihenfolge experimentieren oder andere Arbeitsaufträge erfüllen.
An jeder Station befindet sich alles, was ihr zur Bearbeitung eines bestimmten Experiments benötigt: Geräte, Arbeitsanweisungen und anderes Material.
Ob ihr allein, zu zweit oder in Gruppen an den Lernstationen arbeitet, entscheidet eure Lehrerin oder euer Lehrer. Ihr bekommt auch Hinweise, ob ihr alle Stationen bearbeiten müsst oder auswählen dürft.
Manche Stationen sind doppelt aufgebaut; ihr sollt aber jede Station nur einmal bearbeiten.

6

10 Regeln zum Arbeiten an Lernstationen

1 Die Experimente beim Stationenlernen werden vorher nicht ausführlich besprochen. Verabredet nur, welche Gruppe mit welcher Station beginnt.

2 Jede Gruppe darf höchstens vier Teilnehmer haben. Das Team arbeitet an den Stationen in eigener Verantwortung.

3 Lest die vorliegende Aufgabenstellung genau durch und beachtet alle Anweisungen.

4 Die benötigten Geräte findet ihr an der Station.

5 Jede Gruppe wertet auf einem Ergebnisblatt die Experimente aus (siehe Muster).

6 Nach der Arbeit an einer Station räumt ihr auf und wechselt zu einer freien Station.

7 Ihr arbeitet an den Stationen völlig selbstständig. Euer Lehrer oder eure Lehrerin besucht die einzelnen Stationen, berät euch und hilft bei Problemen.

8 Da noch andere Gruppen im gleichen Raum arbeiten, müsst ihr leise miteinander sprechen.

Ergebnisblatt

Experimente zum Magnetismus

Dieses Ergebnisblatt gehört:

____

Lernstation 3 Zieht ein Stück Eisen einen Magneten an?

Beobachtung: ______________________________

____

____

____

Antwort: ______________________________

____

____

Beobachten Untersuchen Experimentieren

LERNSTATION 1

Magnetisch oder nicht?
Du brauchst: Dauermagnet, verschiedene Gegenstände
Das ist zu tun: Prüfe von mindestens 10 Gegenständen aus deiner Umgebung, ob sie von einem Dauermagneten angezogen werden.

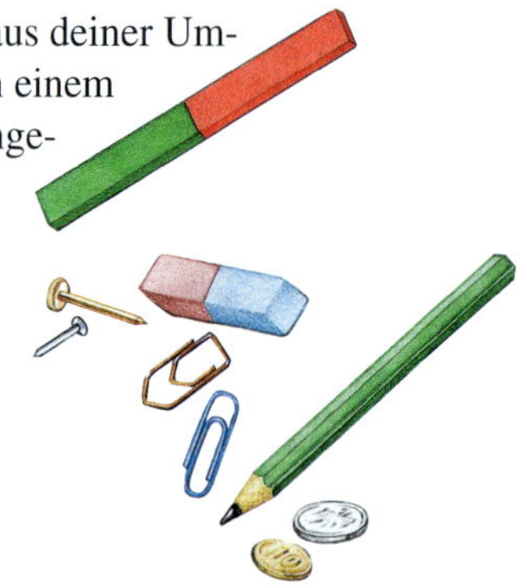

Finde heraus: Aus welchem Material bestehen die Gegenstände, die angezogen werden und aus welchem die, die nicht angezogen werden? Stelle deine Ergebnisse in einer Tabelle zusammen.

LERNSTATION 2

Geht die magnetische Wirkung durch Dinge hindurch?
Du brauchst: Dauermagnet, Büroklammer, Nähgarn, Karton, Alublech, Holzplatte, Eisenblech, Kupferblech, Glasplatte
Das ist zu tun: Schiebe nacheinander die Platten aus verschiedenen Materialien zwischen Magnet und Büroklammer.

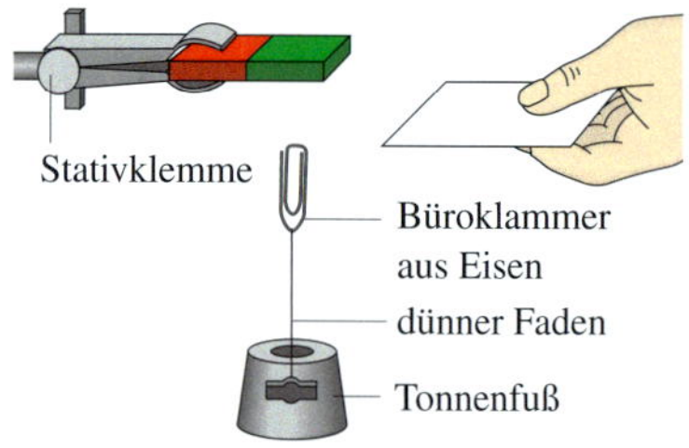

Finde heraus: Bei welchen Materialien kann der Magnet die Büroklammer immer hochhalten? Stelle deine Ergebnisse in einer Tabelle zusammen.

LERNSTATION 3

Zieht ein Stück Eisen einen Magneten an?
Du brauchst: Dauermagnet, Eisenstück, 2 runde Bleistifte
Das ist zu tun: Lege das Eisenstück auf die Rollen und nähere den Magneten. Tausche danach Magnet und Eisenstück.
Finde heraus: Stimmt die Aussage: „Nicht nur der Magnet zieht ein Stück Eisen an, sondern auch das Eisen zieht den Magneten an.“? Schreibe deine Beobachtungen auf und gib eine Antwort.

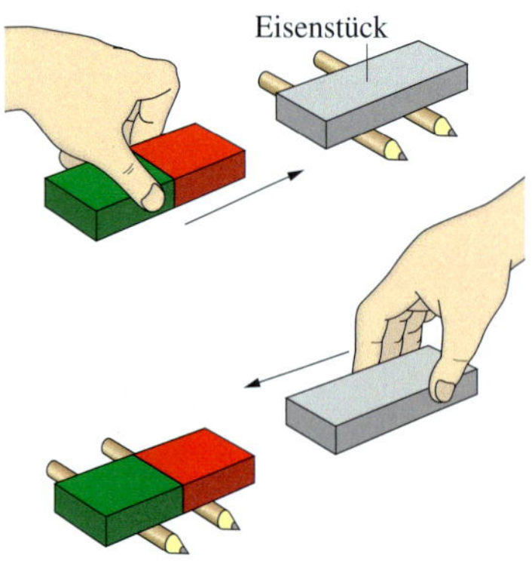

LERNSTATION 4

Wie weit reicht die magnetische Wirkung?
Du brauchst: Dauermagnet, Lineal, Büroklammer
Das ist zu tun: Lege eine Büroklammer oder einen kleinen Nagel aus Eisen an den Nullpunkt deines Lineals. Schiebe den Magneten langsam auf den Gegenstand zu.

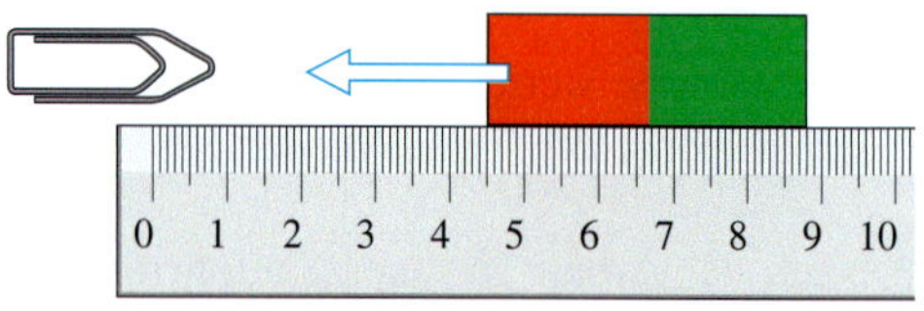

Finde heraus: Notiere den Abstand, bei dem der Gegenstand angezogen wird, auf deinem Ergebnisblatt.

LERNSTATION 5

Wie verhalten sich zwei Magnete, wenn sie zusammen kommen?

Du brauchst: 2 Dauermagnete, 4 runde Bleistifte

Das ist zu tun: Nähere die „Magnetwagen" mit der gleichen Farbseite. Führe sie dann mit den verschiedenen Farben zusammen.

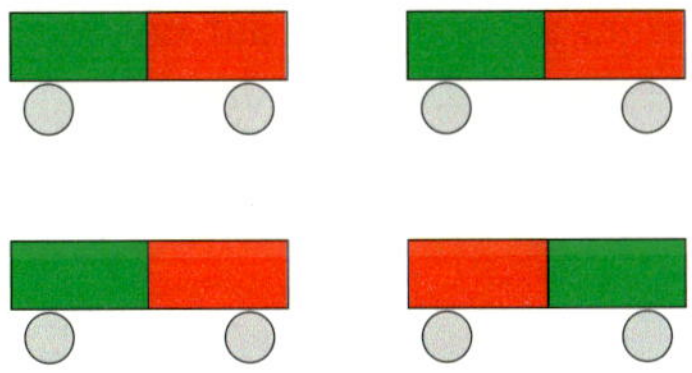

Finde heraus: Schreibe deine Beobachtung in einer Tabelle auf. Formuliere eine Regel, wie sich die unterschiedlich gefärbten Seiten zueinander verhalten.

LERNSTATION 6

Zieht ein Magnet überall gleich stark an?

Du brauchst: Dauermagnet, Eisennagel, Faden

Das ist zu tun: Binde einen Nagel an einen Faden. Berühre mit dem Nagel unterschiedliche Stellen des Magneten. Versuche auch die Mitte zu treffen.

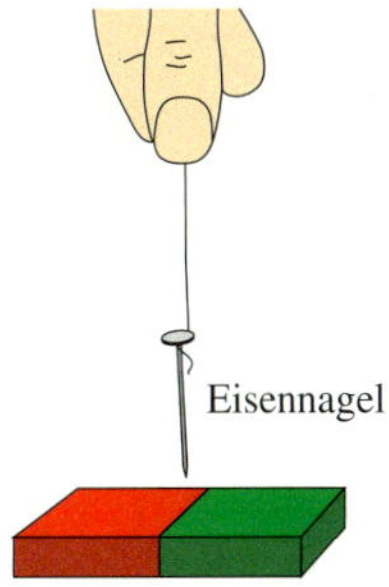

Finde heraus: Ist die anziehende Wirkung an allen Stellen gleich groß? Notiere.

LERNSTATION 7

Wie wird die magnetische Wirkung durch einen anderen Magneten verändert?

Du brauchst: 2 Dauermagnete, 1-Cent-Münzen

Das ist zu tun: Hänge so viele Münzen an eine Seite untereinander, wie der Magnet gerade noch halten kann. Nähere einen zweiten Magneten mal mit der gleichen gefärbten Seite und mal mit der anderen.

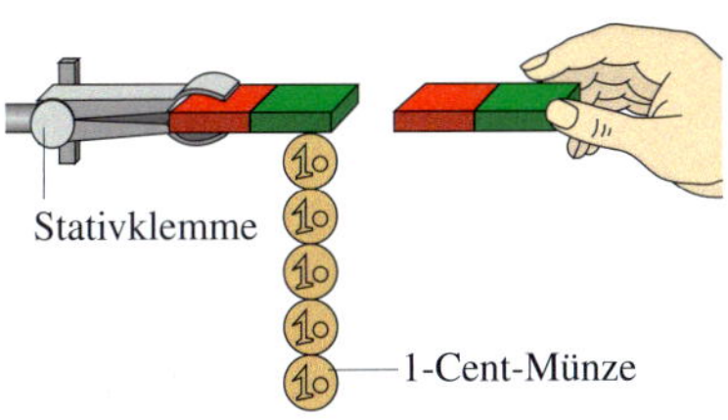

Finde heraus: Was passiert, wenn der zweite Magnet in seine Nähe kommt? Notiere deine Beobachtungen. Findest du eine Erklärung?

LERNSTATION 8

Wohin zeigt ein frei hängender Magnet?

Du brauchst: Dauermagnet, Faden, Papier

Das ist zu tun: Hänge einen Magneten auf. Achte darauf, dass der Magnet weit weg von Eisenteilen schwebt. Lass den Magneten auspendeln, bis er zur Ruhe kommt.

Wiederhole das an verschiedenen Stellen des Raums oder auf dem Schulhof.

Finde heraus: Welche Ausrichtung nimmt der Magnet ein? Vergleiche mit der geografischen Nord-Süd-Richtung.

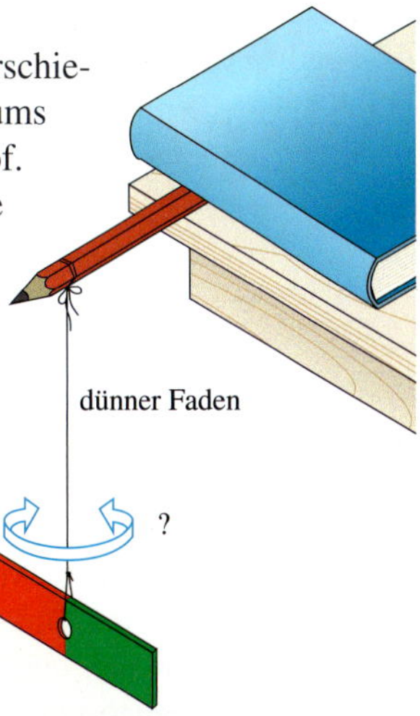

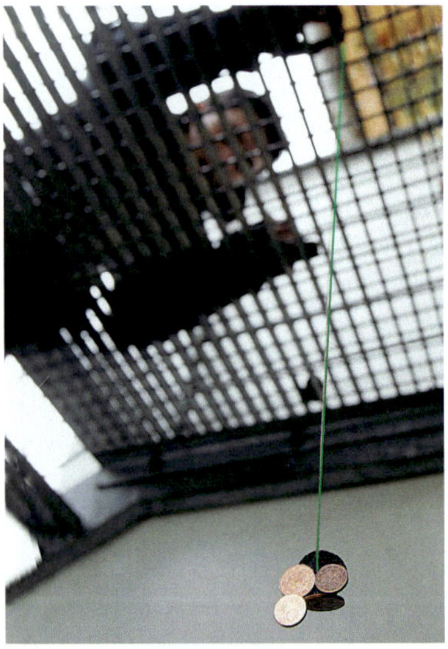

1

GRUNDLAGEN: Eigenschaften von Magneten

Maximilian sind verschiedene Münzen in einen schmalen Spalt gefallen. Um sie wiederzubekommen, versucht er, einen Magneten als Hilfe zu benutzen. Er bindet einen Magneten wie eine Schaukel an zwei Fäden und versucht damit die Geldstücke aufzuheben. Leider gelingt ihm das nicht bei allen Geldstücken. ↑1
Sicher hast auch du schon mit Magneten gespielt und bemerkt, dass sie manche Gegenstände anziehen, andere aber nicht.
Umgekehrt bleiben Magnete auch an manchen Körpern hängen, an anderen aber nicht. ↑2 und 3

Mit Stabmagneten kann man Eisennägel anheben, die auf einem Tisch liegen. An den Enden eines Stabmagneten werden besonders viele Nägel angehoben. Unabhängig von ihrer Form haben alle Magnete Stellen, an denen ihre magnetische Wirkung besonders groß ist. Diese Stellen werden als Pole der Magnete bezeichnet. ↑4

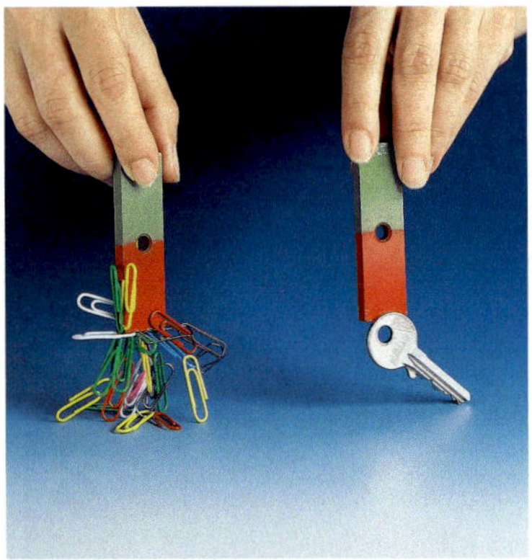

2

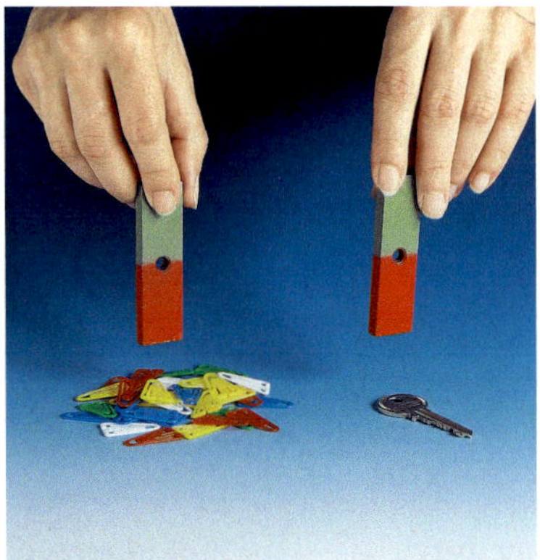

3

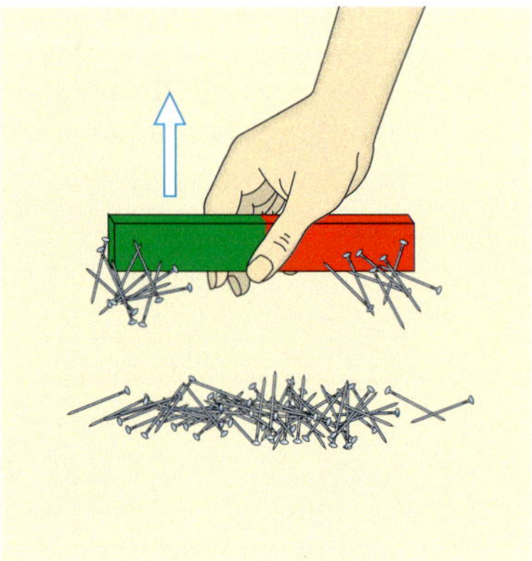

4

Magnetische Kräfte werden nicht nur bei direkter Berührung ausgeübt, sondern auch, wenn die Gegenstände etwas voneinander entfernt sind. Büroklammern und kleine Nägel springen regelrecht zum Magneten hin, wenn man ihn darüberhält. Auch das „magnetische Theater“ in Bild ↑5 funktioniert nach diesem Prinzip.

Mit diesen Kenntnissen kannst du nun selbst überprüfen, welche Münzen man aus dem Spalt herausbekommt.

5

Kurz und knapp **Magnete ziehen nur Körper aus Eisen stark an. Auch Nickel und das seltene Metall Cobalt ziehen sie an, aber nur schwach.**
Bei Stabmagneten ist die magnetische Wirkung an den Enden am größten. Die Stellen eines Magneten, wo die Wirkung am größten ist, heißen Pole.
Die Wirkungen eines Magneten durchdringen Gegenstände, die nicht aus Eisen oder Nickel bestehen. Gehäuse aus Eisen oder Nickel schirmen einen Körper vor den Wirkungen eines Magneten ab: Die Wirkungen werden verringert.

Schon gewusst?

Magnete haben ihren Namen von der Stadt Magnesia in der Türkei. Dort haben die Menschen schon vor 3000 Jahren magnetische Steine gefunden.

Aus der Natur Magnet rettet Zuchtbullen

Bauer Grünert hat einen Verdacht: Sein Zuchtbulle hat wahrscheinlich Drahtreste mitgefressen. Sie waren beim Ausbessern des Zauns liegen geblieben. Gleich ruft er den Tierarzt. Der ist schnell zur Stelle.
Er holt einen kleinen „Plastikkäfig" aus der Tasche und sagt: „Das Ding müssen wir in den Vormagen des Bullen einführen. In der Mitte befindet sich ein starker Magnet. Daneben ist genug Platz – dort werden sich die Drahtstücke anlagern. Dann werden die Magenwände des Tieres geschützt." – „Und wie holen Sie den Magneten mit den Eisenstücken wieder heraus?", will Herr Grünert wissen. „Überhaupt nicht", erklärt der Tierarzt. „Der Magnet bleibt für immer im Magen des Tieres. Vielleicht frisst der Bulle ja noch mal was Eisernes, eine Haarklemme oder den Kronenverschluss einer Bierflasche. Man kann ja nie wissen, was das Tier noch auf der Weide findet." Gesagt – getan! Der Tierarzt führt dem Bullen den Plastikkäfig ein, auch wenn der Bulle das gar nicht so gerne mag. ↑6
Der Verdacht des Tierarzts bestätigt sich Jahre später auf dem Schlachthof. Am Magneten hängen die Reste von Stacheldraht. Und so manches andere mehr. ↑7

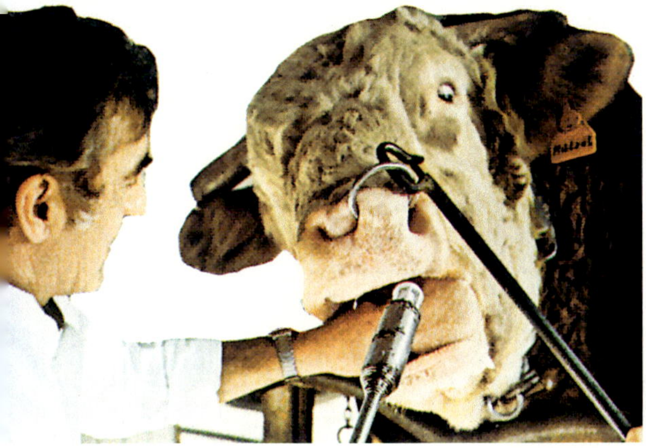

6

7

1 Warum ist der Magnet in einem Käfig aus Plastik untergebracht?
2 Zähle einige Gegenstände auf, gegen die der Magnet nicht helfen kann. Aus welchem Material bestehen diese?
3 Stacheldraht, der nur aus Eisen besteht, rostet sehr leicht. Deshalb ist er heute oftmals verzinkt. Ob ein verzinkter Draht auch von einem Magneten angezogen wird?

Arbeitsauftrag

1 Sägeblatt
Nimm ein sehr langes Sägeblatt und lass es sehr lange in Nord-Süd-Richtung ruhig liegen. Befestige es genau in der Mitte im Gleichgewicht auf einer Nadel. ↑8

a Beobachte, was mit dem Sägeblatt passiert, wenn du es los lässt. Beschreibe.
b Irgendwann kommt das Sägeblatt zur Ruhe. Vergleiche die Ausrichtung des Blattes mit einer Kompassnadel.
Kannst du das Verhalten des Sägeblattes erklären?

8

GRUNDLAGEN: Nord- und Südpol eines Magneten

Schon gewusst?

Den Zusammenhang zwischen den Farben und den Polen kannst du dir so merken:
Nordpol – rot
Südpol – grün

Wenn man einen Stabmagneten drehbar lagert, dreht er sich ganz langsam so weit, bis er sich auf eine bestimmte Richtung eingestellt hat. Dabei dürfen keine großen Eisenkörper oder andere Magnete in seiner Nähe sein. Der Stabmagnet dreht sich in die Nord-Süd-Richtung der Erde. Der eine Pol zeigt nach Norden und der andere Pol nach Süden.
Süden ist bei uns die Richtung, aus der mittags die Sonne scheint. Die Schatten weisen dann nach Norden. ↑3
Das Ende des Stabmagneten, das nach Norden zeigt, bezeichnet man deshalb auch als „Nordpol" des Magneten. Das andere Ende dementsprechend als „Südpol" des Magneten. ↑4
Jeder Magnet hat einen Nordpol und einen Südpol. Die Pole von Stabmagneten sind oft unterschiedlich gekennzeichnet. Manchmal ist der Magnet rot und grün gefärbt – dann befindet sich der Nordpol am roten und der Südpol am grünen Ende des Magneten.

Immer wenn du gleichnamige Pole (Nord- und Nordpol oder Süd- und Südpol) einander näherst, stoßen sie sich ab. Du kannst die Stabmagnete so kaum zur Berührung bringen. Die ungleichnamigen Pole (Nord- und Südpol und Süd- und Nordpol) ziehen sich jedoch stark an. ↑1 und 2
Fügt man zwei Magnete so zusammen, dass gleiche Pole benachbart sind, so wird die magnetische Wirkung verstärkt. Sind ungleiche Pole benachbart, wird die magnetische Wirkung abgeschwächt.

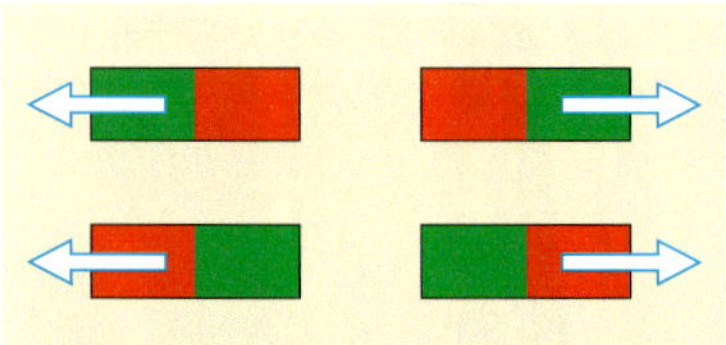
1 Gleichnamige Pole stoßen sich gegenseitig ab.

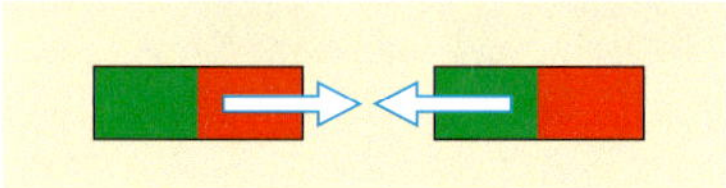
2 Ungleichnamige Pole ziehen sich gegenseitig an.

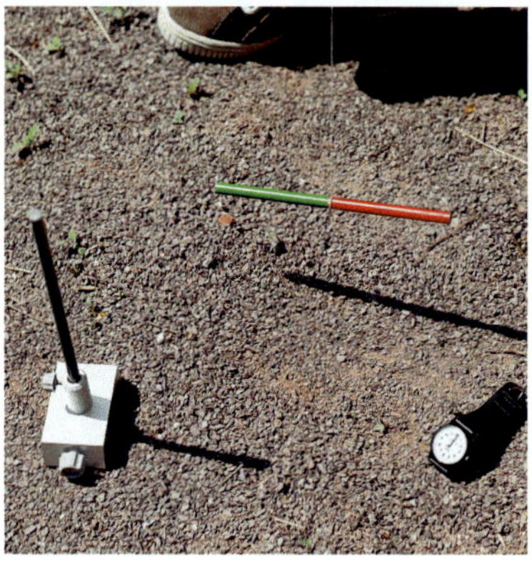
3

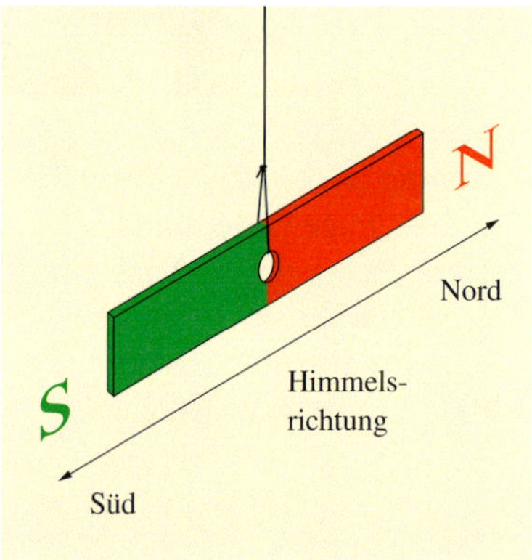

4

Jetzt kannst du auch erklären, warum sich Magnetnadeln stets in die Nord-Süd-Richtung drehen: Die Erde muss selbst ein riesig großer Magnet sein. Im geografischen Norden der Erde liegt ihr magnetischer Südpol. Er zieht die Nordspitze der Magnetnadel an. Der magnetische Nordpol der Erde liegt im Süden, er zieht die Südspitze der Magnetnadel an. ↑5
Meistens wirken zwei Körper erst dann aufeinander ein, wenn sie sich direkt berühren. Beim Magnetismus ist das anders. Ein Magnet und ein Körper aus Eisen, Nickel oder Cobalt müssen sich nicht berühren, die Wechselwirkung spürt man auch in einiger Entfernung.

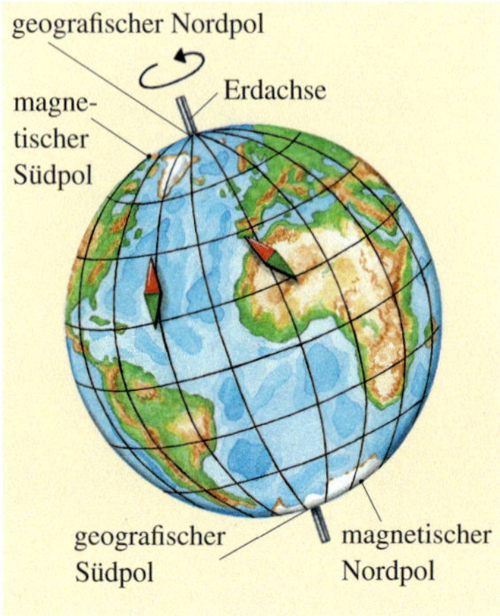

5

Kurz und knapp **Jeder Magnet hat einen Nordpol und einen Südpol. Ungleichnamige Pole verschiedener Magnete ziehen einander an, gleichnamige Pole stoßen einander ab.**

Beobachten Untersuchen *Experimentieren*

1 Magnete – selbst gemacht

a Aus langen Eisen- und Stahlnägeln kannst du selbst Magnete anfertigen. Streiche dazu mit einem Pol eines Stabmagneten mehrmals in gleicher Richtung über je einen Nagel. ↑6

b Prüfe, ob die magnetisierten Nägel dieselben Eigenschaften aufweisen wie der Stabmagnet.

c Stelle fest, wo die Nord- und Südpole deiner „Magnetnägel" sind. Nähere ihnen dazu eine drehbar gelagerte Kompassnadel.

d Überprüfe nach 10 Minuten (einer Stunde, einem Tag), ob deine selbst angefertigten Magnete immer noch kleine Eisennägel anziehen.

2 Magnetisieren: Wird der Magnet schwächer?

Im Experiment 1 werden Eisennägel magnetisiert. Gibt der Stabmagnet dabei „Magnetismus" ab, sodass er hinterher geringere magnetische Wirkungen zeigt?

a Lege eine Büroklammer aus Eisen an den Nullpunkt eines Lineals. Schiebe den Stabmagneten langsam von rechts nach links auf die Büroklammer zu. Ab welcher Entfernung wird die Büroklammer angezogen? Notiere den Abstand. ↑7

b Magnetisiere zehn Eisennägel mit dem Magneten. Prüfe danach mit Büroklammer und Lineal, ob der Magnet schwächer geworden ist.

3 Kann man Magnete teilen?

Stelle aus einer (Stahl-)Stricknadel einen langen Stabmagneten her. Bestreiche die Nadel dazu mit einem Dauermagneten.

a Stelle mit einer Kompassnadel fest, an welchem Ende der Nord- und an welchem der Südpol liegt.

b Teile mit einer Kneifzange die magnetisierte Nadel in zwei gleiche Teile. Sind die Nadelteile noch immer magnetisch? ↑8

c Teile ein magnetisiertes Nadelteil noch einmal. Sind die Teile magnetisch?

4 Kann man Magnete entmagnetisieren?

Schlage auf Nägel, die du magnetisiert hast, kräftig mit einem Hammer ein oder glühe sie in einer Flamme. ↑9 und 10

Prüfe danach, ob sie noch Magnete sind.

Achtung: Führe das Experiment nur unter Aufsicht eines Erwachsenen durch.

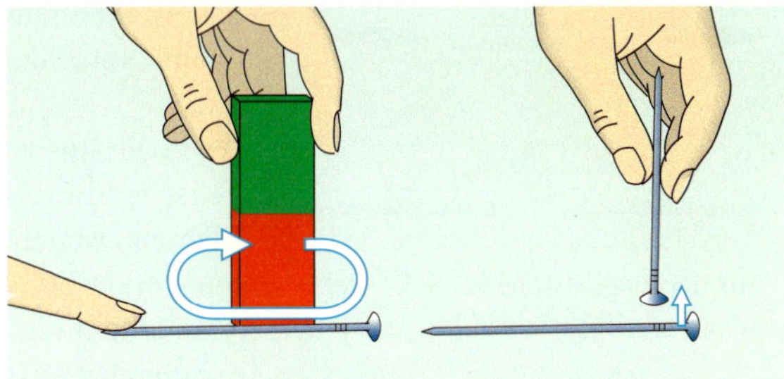

6 Magnetisieren eines Nagels aus Eisen oder Stahl

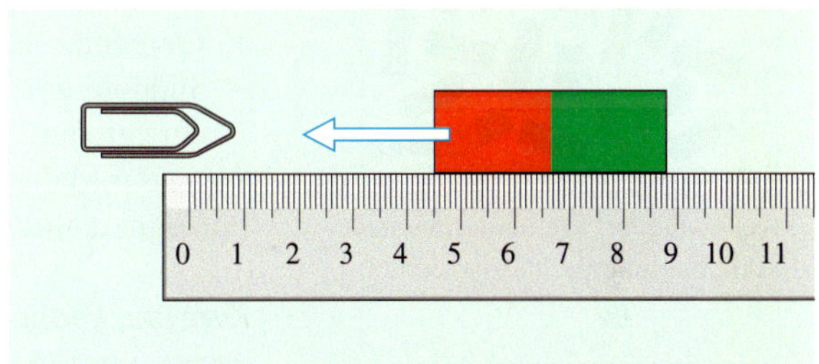

7 Bestimmung der „Stärke" des Magneten

8 Ein Magnet wird zerteilt.

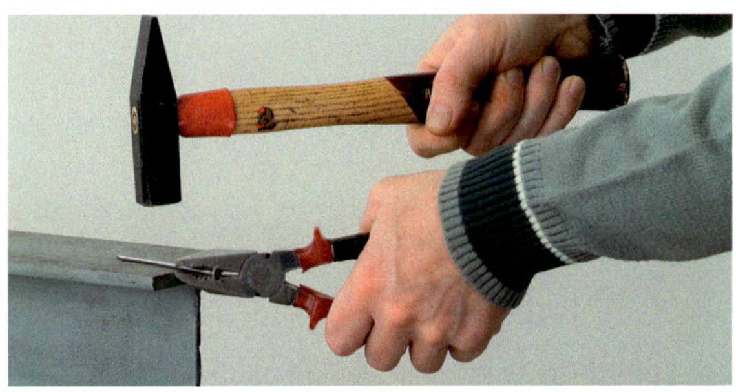

9 Ein Magnet wird erschüttert.

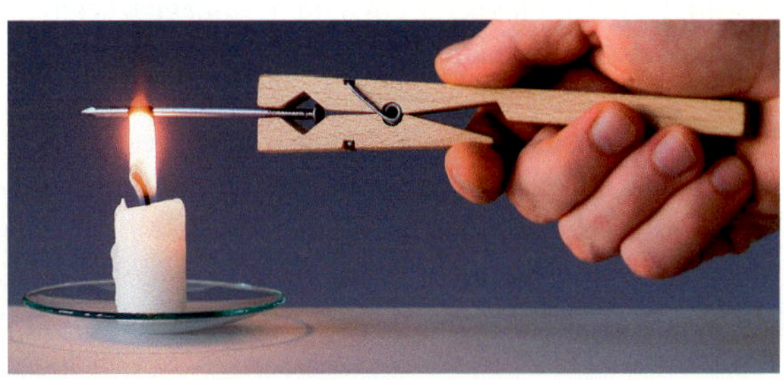

10 Ein Magnet wird erhitzt.

GRUNDLAGEN: Herstellung von Magneten

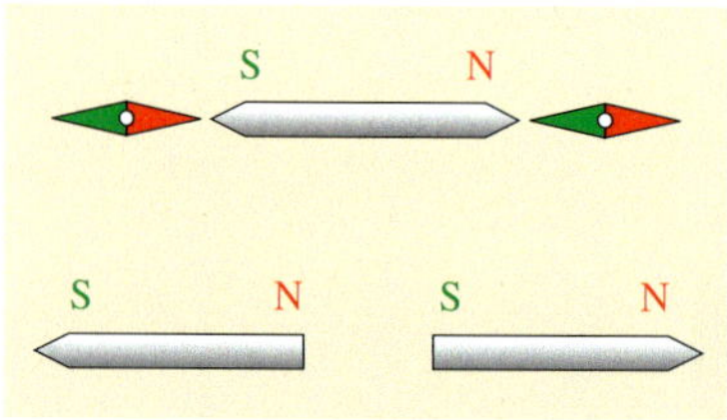

1 Aus der magnetischen Stricknadel werden beim Teilen zwei Magnete.

2 Kein Magnet: Elementarmagnete sind nicht einheitlich ausgerichtet.

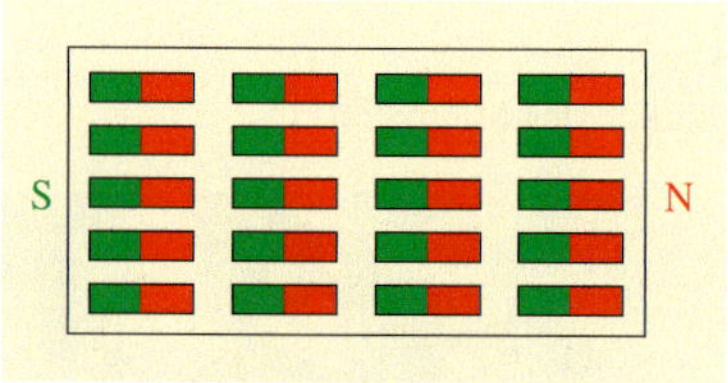

3 Magnet: Elementarmagnete sind einheitlich ausgerichtet.

Beim Teilen eines Magneten entstehen niemals Magnete, die nur einen Pol haben. Vielmehr erhält man immer wieder zwei vollständige Magnete mit einem Nord- und einem Südpol. ↑1

Wenn wir uns vorstellen, dass Eisen, Nickel und Cobalt aus winzigen magnetischen Bereichen mit je einem Nord- und einem Südpol (so genannten Elementarmagneten) zusammengesetzt sind, können wir diese Erscheinung erklären:

- In einem unmagnetisierten Eisenstück sind alle Elementarmagnete verschieden ausgerichtet. Nach außen hin bemerkt man keine magnetische Wirkung. ↑2
- Streicht man mit einem Magneten über das Eisenstück, richten sich die Elementarmagnete in ihm aus. Die Nordpole zeigen zu einer Seite, die Südpole zur anderen. Alle Elementarmagnete wirken zusammen wie ein „großer“ Magnet, der Körper ist magnetisiert. ↑3

Wenn der Magnet stark erhitzt oder erschüttert wird, verlieren die Elementarmagnete ihre einheitliche Ausrichtung.

Kurz und knapp **Körper aus Eisen (Nickel, Cobalt) lassen sich mithilfe von Magneten magnetisieren. Sie werden dann selbst zu Magneten. Werden Magnete stark erhitzt oder erschüttert, verlieren sie ihre magnetische Wirkung.**

Methode

Modelle – eine Vorstellung hilft beim Verstehen

Um komplizierte Vorgänge besser zu verstehen und zu erklären, denken sich Wissenschaftler oft ein Modell aus. Die Vorstellung, dass ein Magnet aus Elementarmagneten zusammengesetzt ist, ist ein solches Modell.

Ein Spiel hilft verstehen Jeder Schüler eurer Klasse spielt einen kleinen Magneten des Modells. Dafür wird auf die linke Handfläche ein N für Nordpol und auf die rechte ein S für Südpol geschrieben. Mit ausgebreiteten Armen bewegt ihr euch nun frei im Klassenraum. Auf Signal des Lehrers haltet ihr an. Welchen Zustand des Modells zeigt nun eure Klasse? ↑4
Nun stellt ihr euch in Zweierreihen und ausgestreckten Armen so auf, dass die Partner ihre Südpolhände in gleiche Richtung und die Nachbargruppe ihre Nordpolhände daran halten usw. Nun seid ihr ein großer Magnet, den man an jeder Stelle teilen kann.
Hitze oder Schläge zerstört die Ordnung: Ihr bewegt euch wieder frei im Raum.

4 Das Modell als Spiel

Beobachten Untersuchen Experimentieren

1 Magnetnadel im Magnetfeld

Befestige einen großen Stabmagneten horizontal an einem Stativ. Bringe eine kleine Magnetnadel in die Nähe eines Pols des Magneten. ↑5

Bewege die Magnetnadel schrittweise immer in die Richtung weiter, in die jeweils die eine Nadelspitze zeigt. Wiederhole das Experiment mehrmals, indem du mit der Nadel an unterschiedlichen Stellen in der Nähe des Magnetpols startest. Beschreibe deine Beobachtungen.

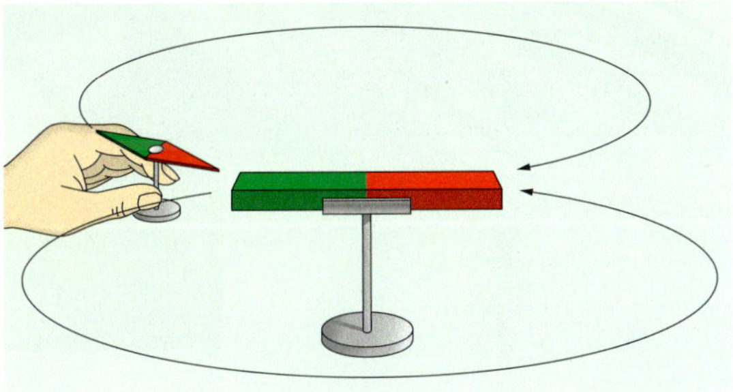
5

2 Eisenspäne im Magnetfeld

a Lege einen Hufeisenmagneten auf den Tisch und bedecke ihn mit einer Glasscheibe. Streue Eisenfeilspäne gleichmäßig dünn auf die Glasscheibe. Klopfe leicht gegen die Glasscheibe. ↑6
Was beobachtest du? Stelle deine Beobachtung in einer Skizze dar.

b Untersuche auf die gleiche Weise auch Stabmagnete und Ringmagnete. Vergleiche die Ergebnisse miteinander.

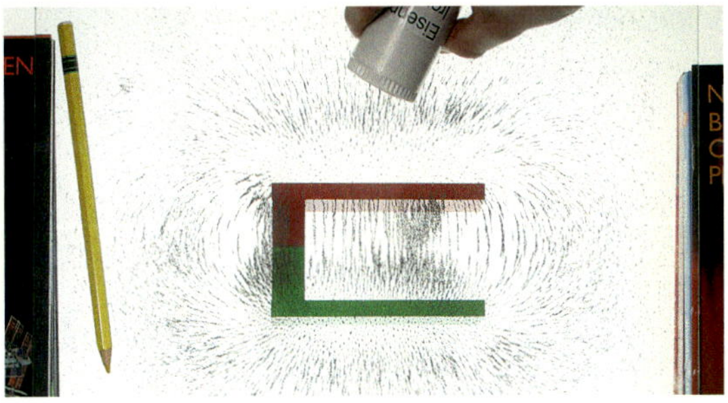
6

GRUNDLAGEN: Das Magnetfeld eines Dauermagneten

Magnete ziehen bestimmte Stoffe an. Auch andere Magnete werden durch sie beeinflusst. Dabei müssen die Körper einander nicht berühren. So zeigt das Ausrichten einer Magnetnadel, dass die magnetische Wirkung auch in größerer Entfernung vom Magneten auftritt. ↑5

Das magnetische Feldlinienbild ist ein Modell des magnetischen Feldes. Es ermöglicht Aussagen über die Ausrichtung von Magnetnadeln und die Stärke der magnetischen Wirkung. Die Feldlinien verlaufen außerhalb des Magneten vom Nordpol zum Südpol. Der Nordpol einer kleinen Magnetnadel zeigt in Richtung der Feldlinie, der Südpol zeigt in die entgegengesetzte Richtung. Je dichter die Feldlinien in einem Gebiet liegen, umso größer ist die dort auftretende magnetische Wirkung. ↑7 bis 9

Kurz und knapp **Der Raum um einen Magneten hat besondere Eigenschaften:**
Auf Magnete und magnetisierbare Körper gibt es eine magnetische Wirkung.
Einen solchen Raum nennt man ein Magnetfeld.

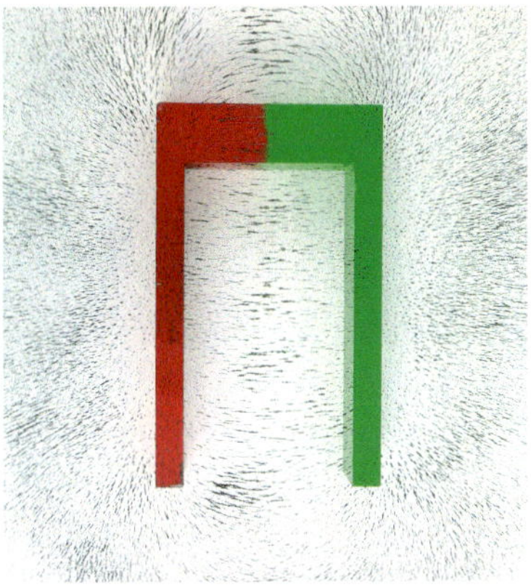
7

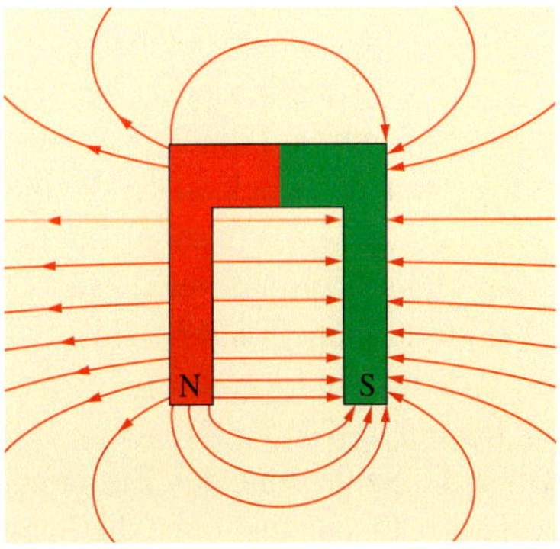

9

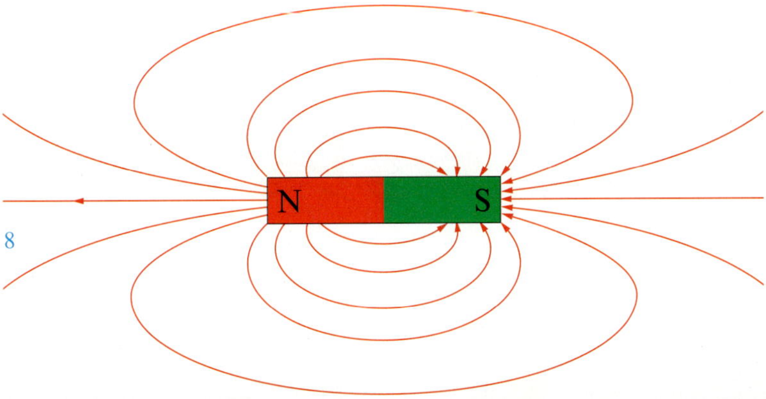

8

Der Elektromagnetismus

Magnetschwebebahnen gehören zu den modernsten und teuersten Projekten zur Personenbeförderung. Durch das An- und Abschalten von Magneten können diese Züge schweben und sich vorwärts bewegen.
Vielleicht hast du dich schon einmal auf einem Schrottplatz umgesehen: Tonnenschwere Stahlteile oder Autos werden hochgehoben und an anderer Stelle wieder abgeladen.
Als Lastenheber setzt man ganz spezielle Magnete ein: Elektromagnete. Sie bestehen im Prinzip aus einer Drahtspule und einem Stück Eisen. Bei einem elektrischen Strom durch die Spule werden sie magnetisch. Schaltet man den Strom ab, fallen die Stahlteile wieder herunter.

1

2

Beobachten Untersuchen Experimentieren

1 Ein selbst gebauter Elektromagnet
Elektromagnete bestehen immer aus einem Draht, der zu einer Spule aufgewickelt ist, und einem Kern aus Eisen, der im Hohlraum der Spule steckt. Du kannst dir einen eigenen Elektromagneten leicht selbst zusammenbauen.
Wickle 15 cm lackierten Kupferdraht (Durchmesser: 0,3 mm) auf einem Eisennagel zu einer Spule. Entferne den Lack an den Drahtenden und schließe sie an eine 4,5-V-Batterie an. (*Tipp:* Schließe den Stromkreis immer nur kurzzeitig, sonst ist die Batterie schnell verbraucht.)

a Teste deinen Elektromagneten an Büroklammern, Nägeln … ↑3

b Ist die Spule ohne den Eisennagel magnetisch? Ist der Eisennagel ohne die Spule magnetisch?

c Funktioniert der Elektromagnet noch, wenn du die Anschlüsse an der Batterie wieder löst?

d Hat dein Elektromagnet einen Nord- und einen Südpol? Untersuche es mit einer Kompassnadel. Vertausche dann die Anschlüsse an der Batterie: Ändern sich damit auch die Magnetpole?

e Der Elektromagnet soll „stärker" werden. Schließe ihn dazu einmal an eine 1,5-V-Batterie und einmal an eine 9-V-Batterie an. Bei welcher Batterie sind die magnetischen Wirkungen „stärker"?

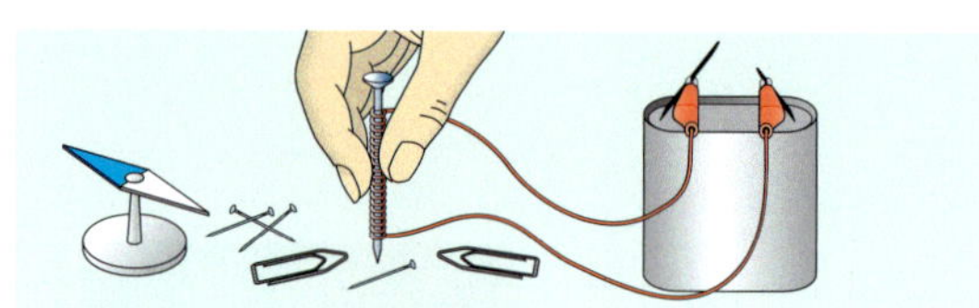

3

GRUNDLAGEN: Elektromagnete

Magnetische Wirkungen beobachtet man nicht nur bei Stabmagneten oder Kompassnadeln. Du weißt bereits:
Wenn ein elektrischer Strom durch einen Draht fließt, lassen sich magnetische Wirkungen beobachten.

Besonders groß sind die magnetischen Wirkungen, wenn der Strom durch einen Draht fließt, der zu einer Spule aufgewickelt ist.

Elektromagnete und Magnete aus Stahl (Dauermagnete) haben viele gemeinsame Eigenschaften. Anders als Dauermagnete kann man Elektromagnete jedoch abschalten und ihre Magnetpole vertauschen.

Kurz und knapp **Ein Elektromagnet besteht aus einer Drahtspule, in der sich ein Kern aus Eisen befindet. Er zeigt magnetische Wirkungen, wenn die Drahtenden an eine Batterie oder ein Netzgerät angeschlossen werden.**

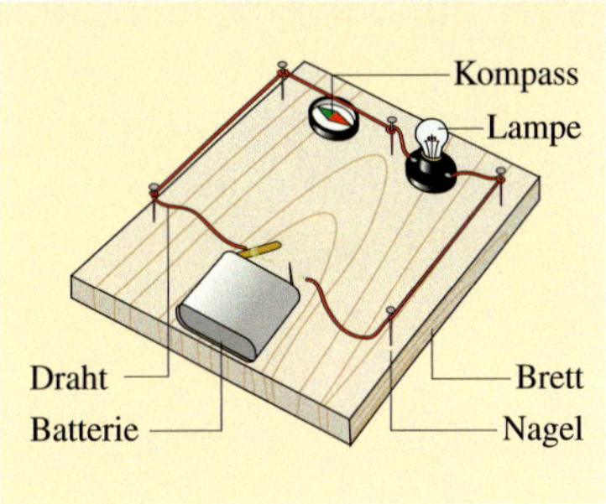

4

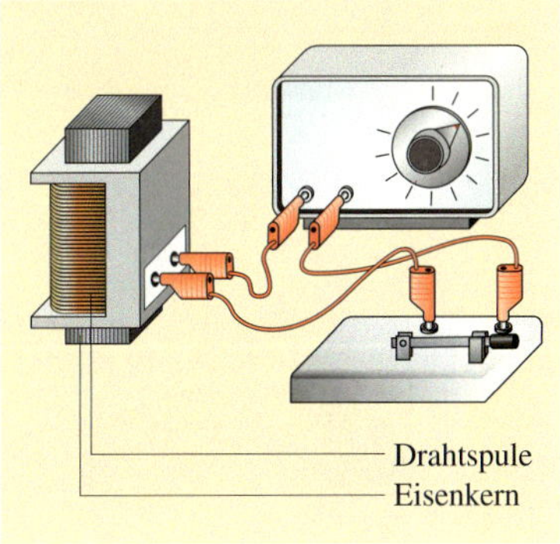

5

Arbeitsaufträge

1 Es gibt zwei Arten von Magneten: Dauermagnete und Elektromagnete. Wie unterscheiden sie sich? Welche Gemeinsamkeiten haben sie? ↑6

2 Auch die Kompassnadel ist ein Dauermagnet. Wenn sie sich auf einer Nadelspitze drehen kann, weist ihr blau gefärbter Nordpol stets nach Norden. Wie kannst du mit einer Magnetnadel feststellen, welches der Süd- und welches der Nordpol eines Dauermagneten ist?

3 Einen Dauermagneten kann man nicht ohne weiteres umpolen. Prüfe in einem Experiment die Polung eines Elektromagneten mit einer Magnetnadel. Vertausche dann die Anschlüsse an der Batterie (oder dem Netzgerät) und prüfe wieder.

4 Wenn man den Klingelknopf an der Wohnungstür drückt, ertönt oft ein „Ging-Gong". Wie ein solcher Gong funktioniert, verraten dir die folgenden Sätze. Ordne sie in deinem Heft in der richtigen Reihenfolge und ergänze die fehlenden Satzteile:

A Die Klingeltaste wird gedrückt.
B Der bewegliche Eisenkern wird in die Spule hineingezogen. Dabei schlägt er gegen …
C Der Ton „Ging" entsteht.
D Der Stromkreis ist geschlossen und die Spule wird zum Magneten.
E Die Klingeltaste wird wieder losgelassen.
F Der Eisenkern wird durch die Feder aus der Spule herausgedrückt und schlägt gegen …
G Der Stromkreis ist unterbrochen und die Spule verliert ihre magnetische Wirkung.
H Der Ton „Gong" entsteht.

6

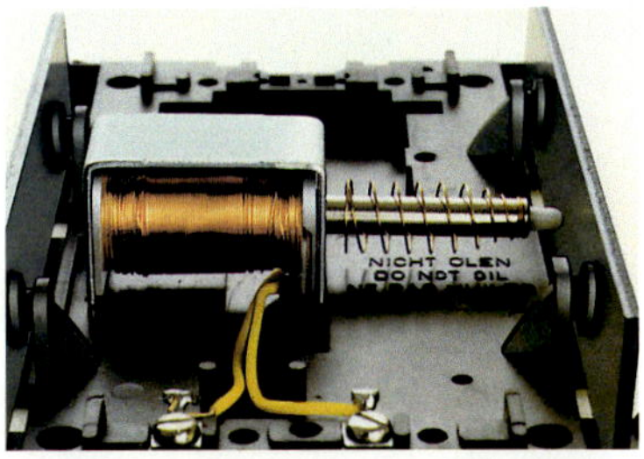

7 Ein elektromagnetischer Gong

Aus der Technik Lasthebemagnete

1

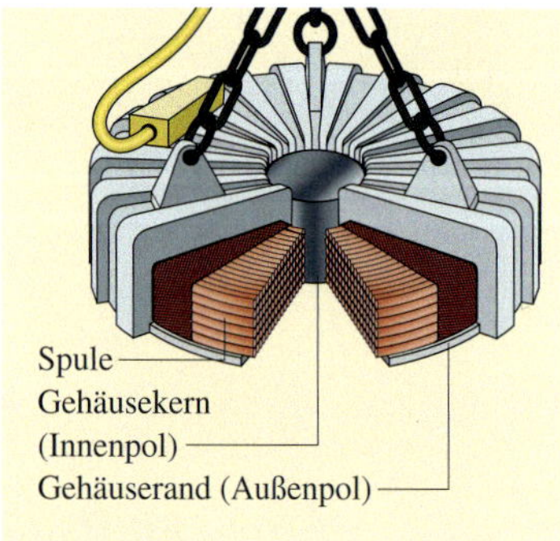

2

In Stahlwerken und auf großen Schrottplätzen werden vielfach Kräne eingesetzt. Das Besondere an diesen Kränen ist, dass sie ihre Last nicht mit einem Greifer oder Haken halten, sondern mit einem Elektromagneten. ↑1
Dadurch wird das Aufnehmen und Ablegen von Eisenteilen einfach: Man braucht nur den Strom ein- und auszuschalten. Wie ein Lasthebemagnet aufgebaut ist, zeigt Bild ↑2.

Eine Spule aus dickem Kupfer- oder Aluminiumdraht ist von einem glockenförmigen Gehäuse aus einer speziellen Eisenlegierung umgeben. Wenn Elektrizität durch die Spule fließt, werden Spule und Gehäuse zu einem starken Magneten. Sobald aber der Spulenstrom ausgeschaltet wird, geht die magnetische Wirkung verloren. Der Magnet ist 10000 kg (oder 10 t) schwer und hat einen Durchmesser von 2 m.

Welche Masse ein Körper aus Eisen höchstens haben darf, damit der Magnet ihn noch halten kann, lässt sich nicht so einfach angeben. Es kommt nämlich darauf an, was der Magnet halten muss. So ist seine Tragfähigkeit für einen Eisenblock viel größer als für Schrott, der nicht so dicht und lückenlos „gepackt" ist wie massives Eisen. Für massive Eisenkörper beträgt die Tragfähigkeit des Magneten ca. 30000 kg (30 t) – so viel wiegt ein schwer beladener Güterwagen! Dagegen kann er kleine Eisenplatten nur halten, wenn sie nicht mehr als 2000 kg – so viel wie zwei Autos – wiegen. Für Schrott beträgt die Tragfähigkeit nur 1200 kg.

1 Welche Besonderheiten machen den Magneten so stark?

Aus der Technik Transrapid – Schweben mit Magneten

Der Transrapid hat keine Räder, sondern schwebt über der T-förmigen Fahrbahn. ↑3 und 4

Dafür sind zwei Elektromagnete verantwortlich: der Tragmagnet (am Fahrzeug) und der Stator (der Fahrbahnmagnet). Wenn der Tragmagnet eingeschaltet ist, wird der Zug durch die Anziehung zwischen Stator und Tragmagnet angehoben. Kurz bevor der Tragmagnet den Stator berührt, wird er abgeschaltet. Der Zug fällt nun aber nicht weit herab, da der Tragmagnet im nächsten Moment wieder angeschaltet wird. Dieses „Wechselspiel" wiederholt sich so rasch, dass der Zug praktisch auf einer Höhe schwebt.

3

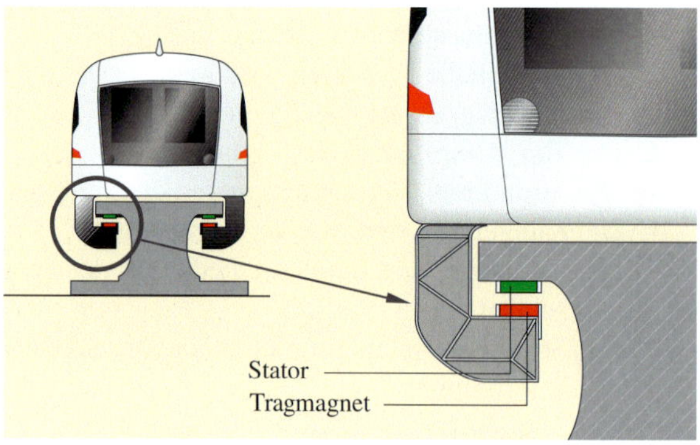

4

Arbeitsaufträge

1 Die selbst tanzende Puppe

Du benötigst:
- 1 Eisenschraube mit Mutter (4–6 cm lang und möglichst dick)
- 1 dünnen, lackierten Kupferdraht (5–6 m lang)
- 1 Batterie (4,5 V) oder einen Trafo
- 1 Taster
- 1 Pappschachtel; dünnes Gummiband
- dicken Draht oder Leisten für das Traggestell der Puppe
- etwas Klebestreifen und Kontaktkleber
- dünne Pappe (zum Ausschneiden der Puppe)
- 10 Büroklammern

Wickle den Kupferdraht sorgfältig auf die Schraube mit Mutter auf und achte darauf, dass ca. 30 cm des Drahtes frei bleiben. Du musst dabei immer in die gleiche Richtung wickeln; d. h., wenn du am Ende der Schraube angekommen bist, wickelst du in gleicher Richtung die zweite Lage von hinten nach vorn, dann eine dritte Lage usw. ↑5
Auch am Ende sollen etwa 30 cm Draht frei bleiben. Die letzte Drahtlage klebst du am besten mit einem Klebestreifen fest, damit sie sich nicht abwickelt.
Die Puppe schneidest du aus der dünnen Pappe aus. Ihre Arme und Beine machst du aus Büroklammern. Dann klebst du den Elektromagneten auf den Boden der Pappschachtel und führst die Anschlussdrähte nach außen. Bevor du die Drähte an den Tastschalter und die Batterie anschließt, musst du natürlich den Lack von den Drahtenden abkratzen. So und nun kannst du dein Püppchen tanzen lassen. ↑6

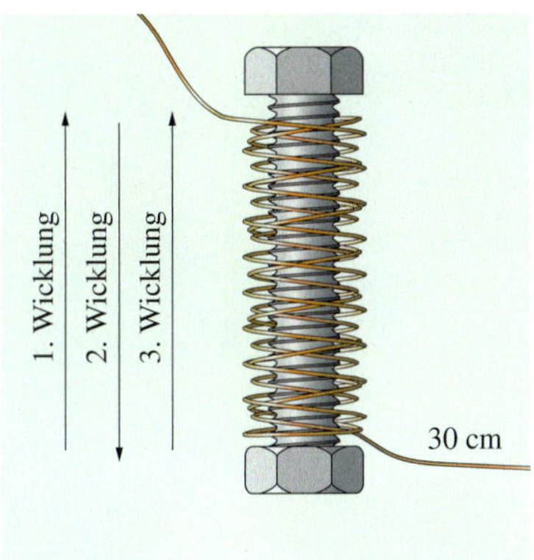

5

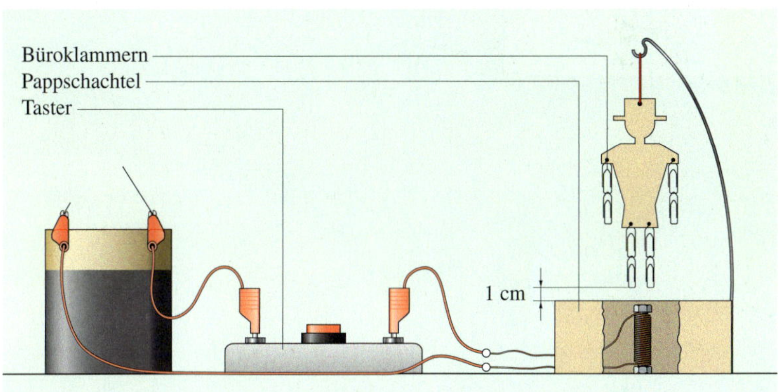

6

2 Welche Sätze treffen nur auf Dauermagnete zu, welche nur auf Elektromagneten? Welche Aussagen gelten für beide Arten von Magneten?
A Sie bestehen aus einer Spule mit Eisenkern.
B Sie können abgeschaltet werden.
C Sie haben einen Nord- und einen Südpol.
D Sie ziehen Gegenstände aus Eisen, Nickel, Cobalt an.
E Sie wirken durch Holz und viele andere Stoffe hindurch.
F Sie lassen sich nicht umpolen.
G An ihren Polen ist die magnetische Wirkung am größten.
H Gleichnamige Magnetpole stoßen einander ab.

3 Die Magnetwirkung einer Spule nimmt zu, wenn ein Eisenkern in ihren Hohlraum geschoben wird. Erkläre mithilfe des Modells der Elementarmagneten.

4 Im Aufbau nach Bild ↑7 soll sich der Blechstreifen hin- und herbewegen. Vervollständige die Schaltung in deinem Heft und beschreibe ihre Funktionsweise.

5 Wie funktioniert eine elektrische Klingel? ↑8

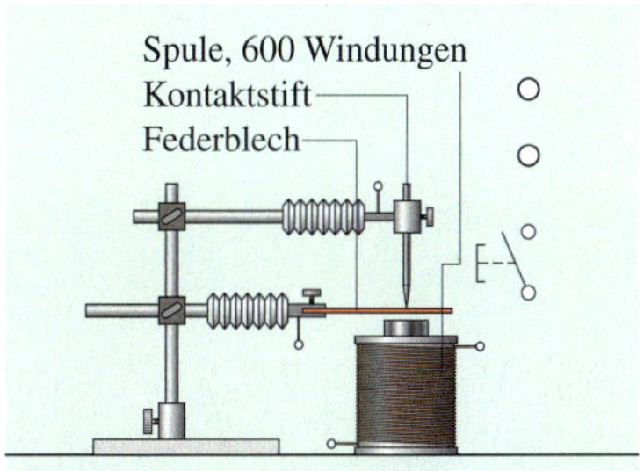

7

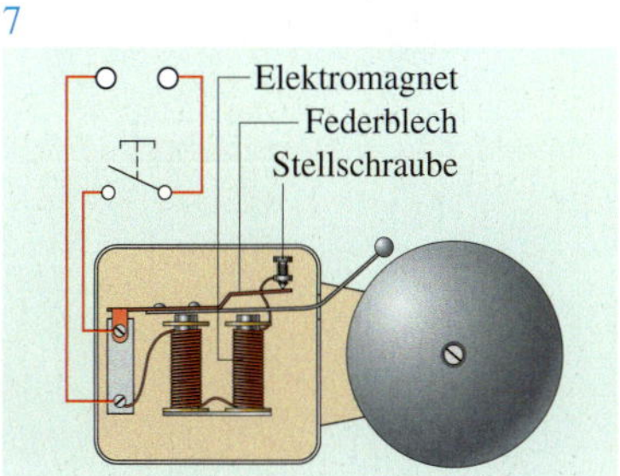

8

Kompass im Kopf?

1822 wurde in Mecklenburg ein Storch gefunden, dessen Hals von einem 80 cm langen Pfeil durchbohrt war. Dieser Pfeil stammte aus Zentralafrika. Damit konnte man zum ersten Mal nachweisen: Störche überwintern nicht im Erdreich oder in Höhlen, sondern im Süden. Beim Vogelzug legen Störche bis zu 10 000 km zurück – vom Norden Europas bis nach Südafrika. Wie schaffen es Zugvögel, über Tausende von Kilometern hinweg ihr Ziel zu finden?

Besonders faszinierend ist die Fähigkeit von Brieftauben, von einem unbekannten Startplatz aus zielsicher zu ihrem Nest zu finden. Genau wie wir Menschen bräuchten sie zur Orientierung Karte und Kompass.
Es ist noch nicht vollständig erforscht, wie der Orientierungssinn der Vögel funktioniert.

Denkbar ist, dass sie die Sonne als eine Art Kompass benutzen, der die Richtung zum Ziel anzeigt.
In der Schnabeloberhaut entdeckten Forscher Magneteisenstein (Magnetit). Man vermutet, dass die Magnetit-Teilchen durch die Ortsveränderung im Erdmagnetfeld ihre Form verändern. Damit könnten die Tauben eine Art „Landkarte“ abspeichern.

Durch spezielle Angepasstheit an ihr Verbreitungsgebiet schützt sich diese Pflanze vor direkter Sonneneinstrahlung: In den Sommermonaten stellt sie ihre Blätter senkrecht zur Sonne. Gleichzeitig richtet sie die Blätter in Nord-Süd-Richtung aus. Sie wird deshalb auch als Kompass-Pflanze bezeichnet.

Die sehr schmalen, bis zu 3 m langen und 4 m hohen Plattennester der australischen Kompasstermiten sind sehr genau an der magnetischen Nord-Süd-Richtung orientiert. So wird nur ein geringer Teil des Baues von der Sonne bestrahlt. Das Innere heizt sich nur sehr wenig auf.

Walstrandungen gehören zu den Phänomenen, die man versucht mithilfe von Störungen im Erdmagnetfeld zu erklären.

In den 1980er-Jahren bewiesen Experimente mit künstlichen Magnetfeldern, dass Rochen und Haie die Fähigkeit besitzen, sich im Erdmagnetfeld zu orientieren.

Überblick

Eigenschaften von Magneten

Magnete ziehen Gegenstände aus Eisen (auch Nickel oder Cobalt) an. ↑1

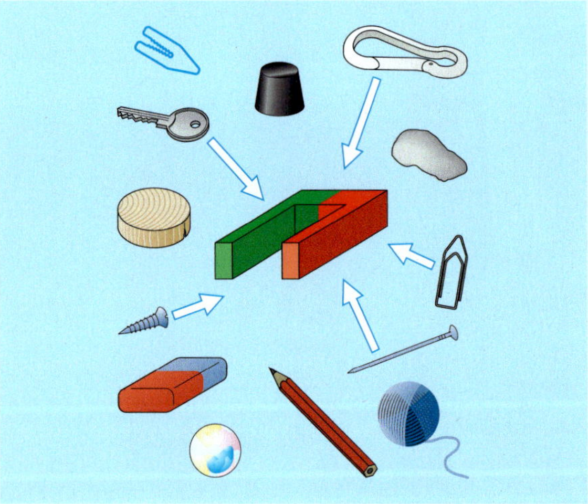

1 Eisen, Nickel und Cobalt werden vom Magneten angezogen.

Die Stellen eines Magneten, an denen die magnetische Wirkung am größten ist, heißen Pole.
Jeder Magnet besitzt einen Nordpol und einen Südpol. ↑2

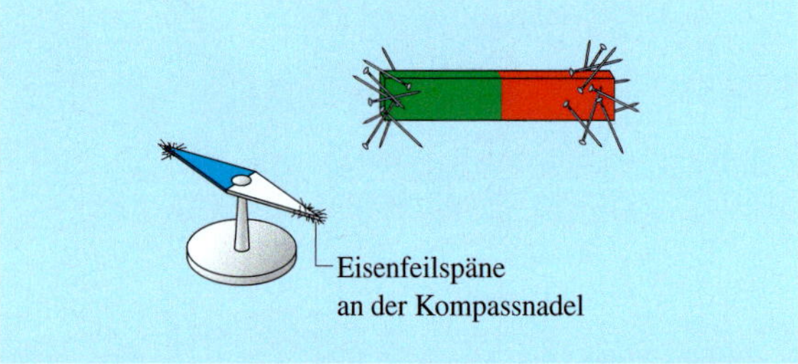

2 An den Polen der Magnete ist die magnetische Wirkung am größten.

Gleichnamige Pole stoßen sich gegenseitig ab.
Ungleichnamige Pole ziehen sich gegenseitig an. ↑3

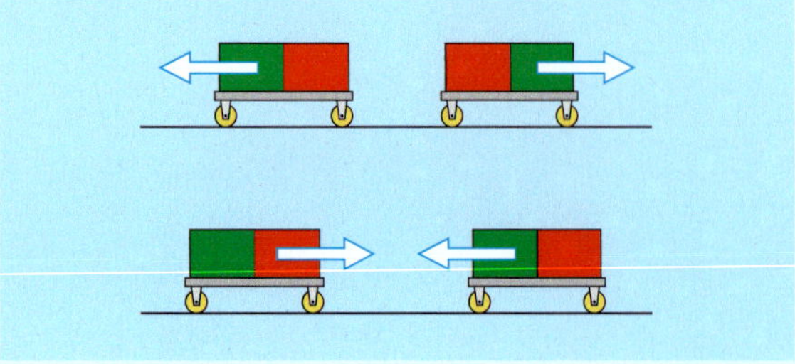

3 Gleichnamige Pole → Abstoßung.
Ungleichnamige Pole → Anziehung.

Magnetisieren und Entmagnetisieren

Körper aus Eisen (Nickel, Cobalt) lassen sich mithilfe von Magneten magnetisieren. Sie werden selbst zu Magneten. ↑4
Wenn Magnete stark erschüttert oder erhitzt werden, verlieren sie ihre magnetische Wirkung.

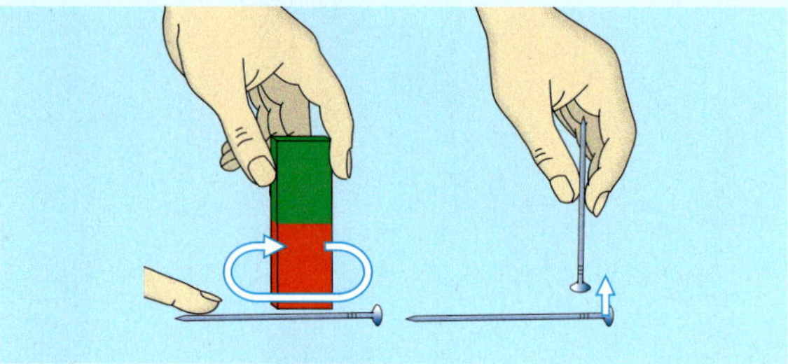

4 Magnetisieren eines Nagels

Magnete im Modell

Wir stellen uns vor, dass alle magnetischen Stoffe (Eisen, Nickel, Cobalt) aus unzähligen winzigen Elementarmagneten bestehen. Diese Elementarmagnete sind bei einem Magneten alle in derselben Richtung ausgerichtet. ↑5

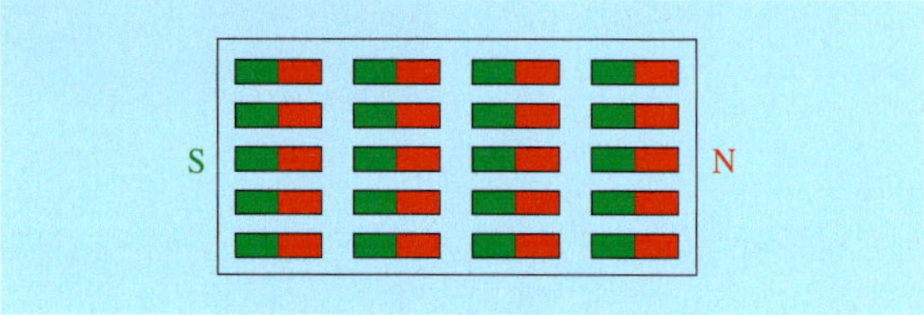

5 Magnet im Modell

Elektromagnete

Eine Spule, die an eine elektrische Energiequelle angeschlossen ist, ist ein Magnet.
Die Wirkung lässt sich durch einen Eisenkern verstärken. Wenn der Stromkreis unterbrochen wird, verliert die Spule ihre magnetische Wirkung; auch der Eisenkern wird wieder unmagnetisch.
Ein Elektromagnet lässt sich durch Vertauschen der Anschlüsse umpolen.

Alles klar?

1 Laura sagt: „Meine Büroklammer wird vom Magneten angezogen." Niels behauptet: „Meine Büroklammer wird nicht vom Magneten angezogen." Welche Erklärung hast du für die verschiedenen Aussagen? ↑6

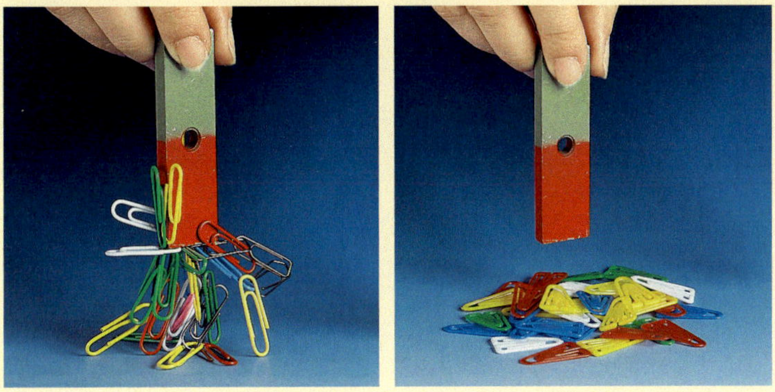

6

2 Manche Münzen sehen aus, als seien sie aus Messing oder Kupfer. Sie werden aber vom Magneten angezogen. Was kannst du daraus schließen?

3 Lena hat eine Schere magnetisiert.

a Auf welche Weise hat sie das wohl gemacht? Beschreibe ihr Vorgehen auch im Modell.

b Lenas Mutter ist über die magnetische Schere gar nicht glücklich. Warum wohl?

4 Magnete sollte man nicht fallen lassen. Nenne dafür Gründe.

5 Wenn man eine Stahlstricknadel mit einem Magneten bestreicht, wird die Nadel zu einem Magneten. Wenn man sie dann in der Mitte durchkneift, erhält man …

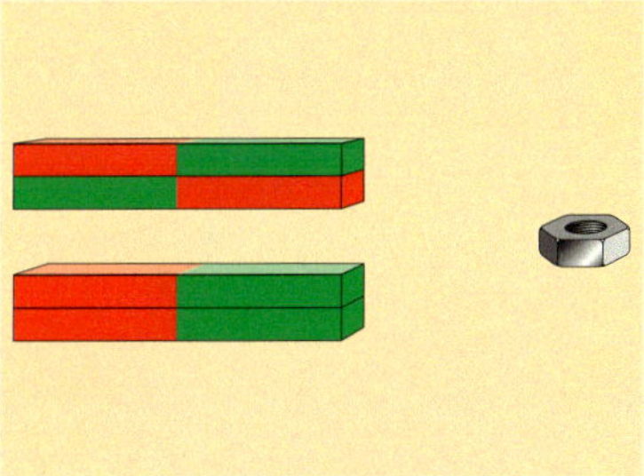

7

6 Tina hat eine von zwei Stricknadeln magnetisiert und nicht gekennzeichnet. Sie fragt: „Wer bekommt ohne ein weiteres Hilfsmittel heraus, welche der beiden Stricknadeln magnetisiert ist?" Wie würdest du vorgehen, um die Lösung zu finden?

7 Die blaue Spitze einer Kompassnadel ist ein magnetischer Nordpol. Von welchem Pol der Erde kann sie deshalb angezogen werden? Wo liegt dieser Magnetpol?

8 Untersuche die magnetische Wirkung von zwei Stabmagneten, wenn du diese unterschiedlich zusammenlegst. Versuche eine Erklärung für das unterschiedliche Verhalten zu finden. ↑7

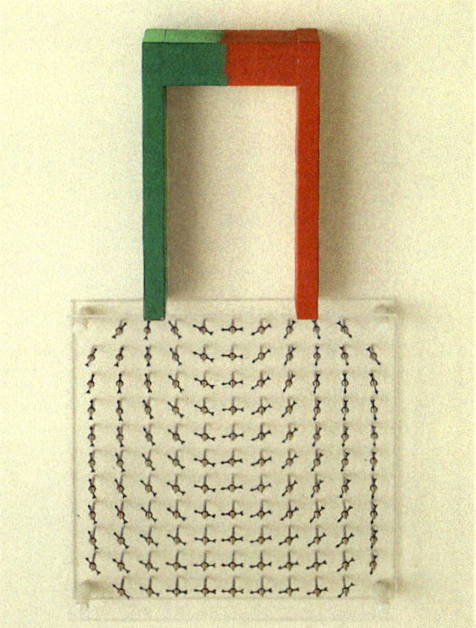

8

9 Was ist ein Magnetfeld?

10 Was kann man aus dem Verlauf der Feldlinien eines Magnetfeldes erkennen? ↑8

Stoffe im Alltag

Stoffe gibt es überall. Welche Eigenschaften haben sie? Zucker zum Beispiel „versüßt“ unser Leben. Er ist mehr als nur eine wohlschmeckende Zugabe. Ob als Würfelzucker, Kandiszucker oder Bienenhonig, stets nimmst du ein wertvolles Nahrungsmittel zu dir. Zucker kann aber leicht mit Kochsalz verwechselt werden. Kann man, ohne zu kosten, feststellen, ob es sich um Zucker oder Salz handelt?

Die ganze Welt besteht aus Stoffen

1 Welche Eigenschaften haben Metalle?

2 Ein Gegenstand – verschiedene Stoffe

Stoff – das ist nicht nur der Baumwollstoff deiner Jeans. Zu den Stoffen gehören auch Klebstoffe, Farbstoffe, Baustoffe, Brennstoffe, Duftstoffe …
Auch Sand und Silber, Erdöl und Eichenholz, Zucker und Zitronenlimonade sind Stoffe.
Noch niemand hat gezählt, wie viele verschiedene Stoffe es gibt. Aber man hat sie in Gruppen geordnet:
Es gibt z. B. Metalle, Hölzer, Kunststoffe.
Jede Stoffgruppe, ja jeder einzelne Stoff hat ganz bestimmte Eigenschaften. Die Eigenschaften bestimmen, wofür man die Stoffe benutzt und wie man sie bearbeitet. Und sie helfen uns auch, wenn wir Stoffgemische trennen wollen.

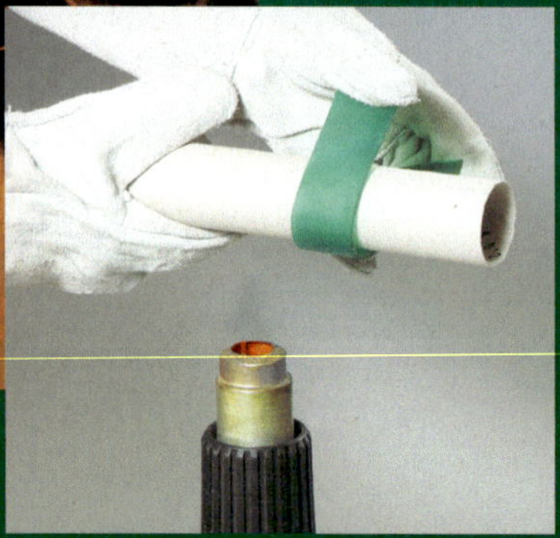

3 Kunststoffe kann man leicht bearbeiten.

4 Wie mischt man eine Limonade?

Rezept für eisgekühlte Limonade

Zutaten:
0,3 l Leitungswasser, Zucker (nach Geschmack), 1 Teelöffel Zitronensaft (Zitronensäure), etwas Backpulver, Eiswürfel

Zubereitung:
Der Zitronensaft und der Zucker werden in das Wasser eingerührt.
Anschließend gibt man eine Messerspitze Backpulver hinzu. Vor dem Trinken wird die Limonade mit Eiswürfeln gekühlt.

Ein frisches Getränk – nicht nur für heiße Sommertage!

7 Hier werden Gemische getrennt.

5 Was steckt im Smartie?

6 Verschwinden Stoffe beim Verbrennen?

8 Trinkwasser aus Meerwasser?

9 Milchstein – ein selbst hergestellter Kunststoff

10 Wir trennen Abfälle …

Wie experimentiere ich richtig?

Früher versuchten die Alchemisten, Eisen, Kupfer und andere Stoffe in Gold umzuwandeln. Gelungen ist diese Umwandlung nicht, aber sie entdeckten viele Stoffe und chemische Vorgänge.
Heute beschäftigt sich die Chemie z. B. mit der Herstellung von Kunststoffen, Düngemitteln, Arzneimitteln und Kunstfasern aus geeigneten Rohstoffen.
Damit bei chemischen Experimenten nichts passiert, musst du die Sicherheitsvorschriften beachten. Mit dem Laborführerschein weist du nach, dass du dich mit dem Arbeiten im Fachraum auskennst.

Vor dem Experimentieren

Vor dem Experimentieren den Tisch leer räumen. Die Versuchsanleitung genau lesen oder besprechen. Den Versuchsaufbau immer vom Lehrer bzw. von der Lehrerin kontrollieren lassen!

1

So nicht!

Immer eine Schutzbrille aufsetzen!

2

So nicht!

Lange Haare müssen zusammengebunden werden, sonst könnten sie vom Gasbrenner angezündet werden.

3

So nicht!

Beim Experimentieren

➤ Achtung, in naturwissenschaftlichen Fachräumen nicht essen oder trinken, auch nicht schminken. Probiere nie den Geschmack von Chemikalien!

➤ Erhitzen von Flüssigkeiten im Reagenzglas: Halte das Glas schräg. Schüttle den Inhalt vorsichtig hin und her. Die Glasöffnung nie auf Personen richten!

4

➤ Willst du eine Geruchsprobe durchführen? Niemals die Nase direkt über das Gefäß halten! Fächle dir aufsteigende Dämpfe zu.

5

➤ Arbeite immer nur mit kleinen Mengen! Schütte Reste nie in die Gefäße zurück! Fasse Chemikalien nicht mit den Fingern an. Benutze dafür einen sauberen Spatel (Löffel)!

6

➤ Entsorge Chemikalien nur in die dafür vorgesehenen Behälter. Melde jede „Panne“ sofort!

7

Nach dem Experimentieren

➤ Räume deinen Arbeitsplatz auf, wische den Tisch ab und wasche dir die Hände.

Arbeitsweise des Gasbrenners

Es gibt unterschiedliche Arten von Gasbrennern.
Deshalb kann es sein, dass an eurer Schule andere Brenner benutzt werden als der, der hier dargestellt ist. Dann müsst ihr euch genau zeigen lassen, wie sie bedient werden. Das muss natürlich geschehen, bevor ihr damit arbeitet!

1 Wie funktioniert dieser Gasbrenner?

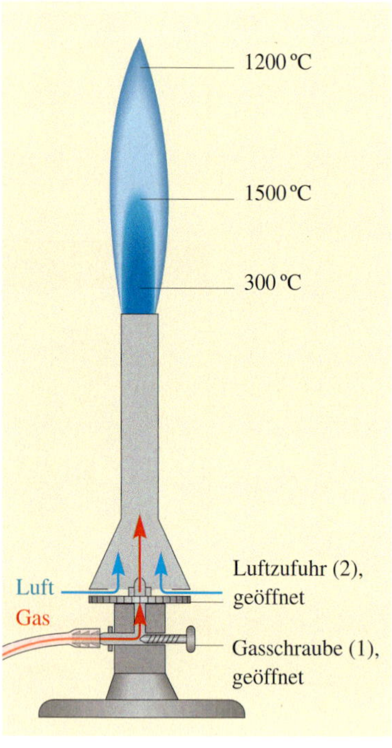

2 Gasbrenner

Bedienungsanleitung

- Die Gasschraube (1) und die Luftzufuhr (2) müssen geschlossen sein. Überprüfe es!
- Öffne den Gashahn am Tisch. Entzünde dann ein Streichholz oder ein Feuerzeug. Öffne dann die Gasschraube am Brenner und halte die Flamme von der Seite an das ausströmende Gas.
- Mit der Gasschraube am Brenner stellst du die Höhe der rötlich gelben Flamme ein (auf ca. 10 cm). Diese Flamme ist rund 1000 °C heiß; sie rußt stark.
- Öffne jetzt vorsichtig die Luftzufuhr, bis die Flamme eine bläuliche Farbe hat. Die Flamme ist jetzt viel heißer (1200 bis 1500 °C) und rußt nicht mehr. Am heißesten ist sie etwas unterhalb der Spitze.
- Vergiss nicht, Gasschraube und Luftzufuhr am Brenner nach dem Versuch zu schließen.

3 Schutzbrille tragen!

Sicherheitsmaßnahmen

➤ Informiere dich für den Notfall, wo Feuerlöscher und Löschdecke sind. Du solltest auch wissen, wo sich der nächste „Not-Aus-Knopf" befindet.

➤ Schutzbrille tragen! ↑3

➤ Lange Haare müssen zusammengebunden werden. ↑4

➤ Lass offene Flammen nie unbeaufsichtigt.

➤ Schließe den Gashahn, wenn die Flamme deines Brenners erlischt.

➤ Beachte beim Wiederanzünden: Zuerst die Gasschraube (1) und die Luftzufuhr (2) schließen!

➤ Bei Gasgeruch: Schließe sofort den Gashahn und informiere die Lehrerin oder den Lehrer. Fenster öffnen!

4 Lange Haare zusammenbinden!

Arbeitsweise des Tauchsieders

Tauchsieder sind nur zum Erwärmen von Wasser geeignet. ↑5
Im spiralförmigen Tauchsiederrohr wird ein Draht elektrisch erhitzt. Die entstehende Wärme muss sofort an das Wasser weitergegeben werden, sonst kann der Draht durchglühen.

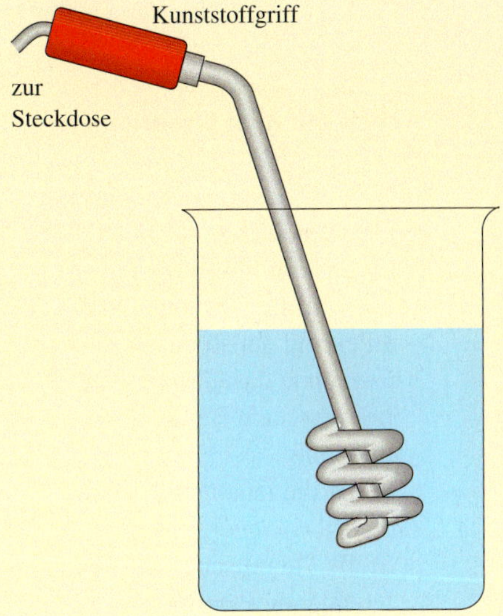

5 Tauchsieder

Bedienungsanleitung

- Vor dem Anschließen muss der Tauchsieder in Wasser eintauchen. Seine Spirale muss immer ganz im Wasser stecken.
- Wenn das Wasser ausreichend warm ist, ziehst du zuerst den Stecker aus der Steckdose (aber nicht am Kabel!). Dann erst nimmst du den Tauchsieder aus dem Wasser.

Sicherheitsmaßnahmen

➤ Tauchsiedern sieht man es nicht an, ob sie heiß sind. Fasse sie deshalb immer nur an ihrem Kunststoffgriff an.

➤ Der Stecker darf nicht nass sein und nicht mit nassen Händen in die Steckdose gesteckt oder aus ihr herausgezogen werden.

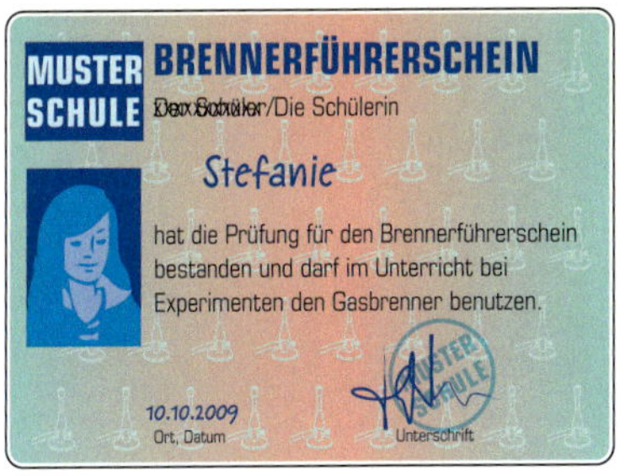

6

Arbeitsaufträge

1 Die Flamme eines Brenners darf man nicht wie eine Kerzenflamme ausblasen. Erkläre.

2 Zu den Grundregeln beim Experimentieren mit offenen Flammen gehören zwei wichtige Dinge:
- Schutzbrille tragen. ↑3
- Lange Haare zusammenbinden. ↑4

Begründe diese Regeln.

3 Prüfung für den Brennerführerschein
Wenn du die folgenden Fragen beantworten kannst, bestehst du die Prüfung bestimmt.

a Was musst du tun, bevor du den Brenner anzündest?

b Mit welcher Schraube regelt man die Gaszufuhr, mit welcher die Luft?

c Welche Flamme ist heißer, die gelbrote oder die blaue? Wo ist sie am heißesten und wie heiß ist sie ungefähr?

d Im Notfall musst du unbedingt wissen: Wo sitzt der nächste Not-Aus-Knopf? Wo sind Löschdecke und Feuerlöscher?

e Was musst du tun, wenn deine Flamme plötzlich erlischt?

Sicherheit beim Experimentieren – Lernen an Stationen

LERNSTATION 1

Arbeit mit dem Gasbrenner

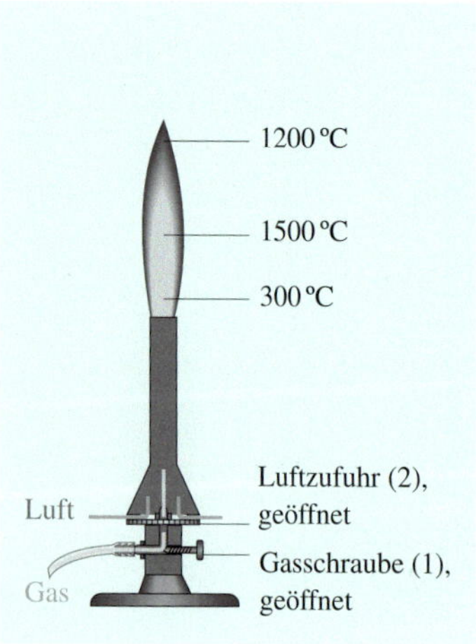

Material: Gasbrenner, Schutzbrille, Zündhölzer

Versuchsdurchführung:

a Lies dir die Bedienungsanleitung genau durch. ↑S. 8

b Entzünde das Gas am Gasbrenner nach Bedienungsanleitung.

c Stelle die leuchtende Flamme ein.

d Stelle die rauschende, nicht leuchtende Flamme ein.

e Beende die Arbeit mit dem Brenner in der richtigen Reihenfolge.

Auswertung:

Wie heiß ist die nicht leuchtende Flamme?

Wann stellst du beim Arbeiten mit dem Gasbrenner die leuchtende Flamme ein?

Welche Sicherheitsvorkehrungen musst du bei der Arbeit mit dem Gasbrenner noch treffen?

LERNSTATION 2

Erhitzen von Stoffen im Reagenzglas

Material: Gasbrenner, Schutzbrille, Reagenzgläser, Reagenzglasklammer, Reagenzglasständer, Zündhölzer, Wasser, Zucker

Versuchsdurchführung:

a Entzünde den Gasbrenner nach Bedienungsanleitung.

b Fülle ein Reagenzglas zu einem Drittel mit Wasser. Befestige die Reagenzglasklammer weit oben am Reagenzglas.

c Stehe während des Versuchs. Halte das Reagenzglas schräg in die nicht leuchtende Flamme und bewege es immer leicht. Richte die Reagenzglasöffnung nicht auf Personen!

d Stelle das Reagenzglas in den Ständer, wenn das Wasser zu sieden beginnt.

e Wiederhole die Versuchsabfolge mit Zucker statt Wasser. Stelle das Reagenzglas in den Ständer, sobald der Zucker karamellisiert.

Auswertung: Warum muss die Reagenzglasklammer weit oben am Reagenzglas befestigt werden?

Warum soll das Reagenzglas beim Erhitzen leicht bewegt werden?

Erkläre, warum die Reagenzglasöffnung auf keine Person gerichtet werden darf.

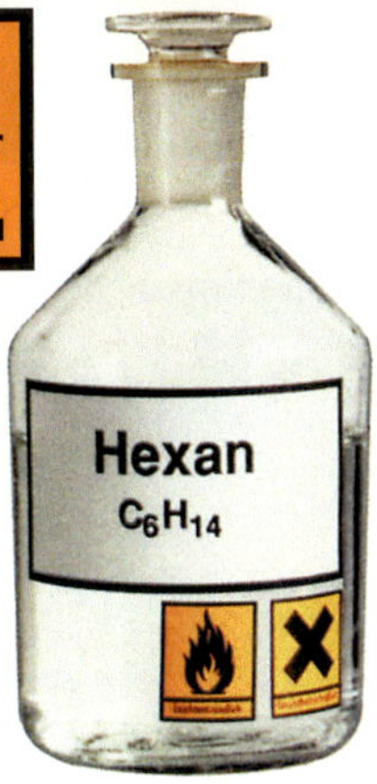

LERNSTATION 3

Gefahrensymbole entschlüsseln

Material: Schulbuch, Nachschlagewerk, Chemikalienflaschen mit Gefahrensymbolen

Auftrag: Auf den Etiketten der Chemikalienflaschen findest du Gefahrensymbole.

a Trage die jeweiligen Gefahren in die Tabelle ein. Informiere dich in den vorliegenden Büchern.

b Auf dem Tisch stehen Stoffe (Chemikalien). Suche den aus, der das Gefahrensymbol auf seinem Etikett hat. Notiere den Stoff neben dem entsprechenden Gefahrensymbol.

c Ordne folgende vier Erläuterungen den Gefahrenhinweisen zu:

1. Reizwirkung auf die Haut, die Atmungsorgane und die Augen
2. Hautgewebe und Geräte werden nach Kontakt zerstört.
3. Andere brennbare Stoffe werden entzündet, ausgebrochene Brände werden gefördert.
4. Gesundheitsschäden durch Einatmen, Verschlucken oder Aufnahme über die Haut

d Solltest du noch Zeit haben, kannst du ebenfalls für die restlichen Gefahrensymbole die Erläuterungen heraussuchen.

Gefahrensymbol	Gefahr	Stoff	Erläuterung (Nr.)
N	?	?	?
F	?	?	?
Xi	?	?	?
C	?	?	?

LERNSTATION 4

Sicherheitseinrichtungen der Naturwissenschaftsräume

Hinweis auf Fluchtwege

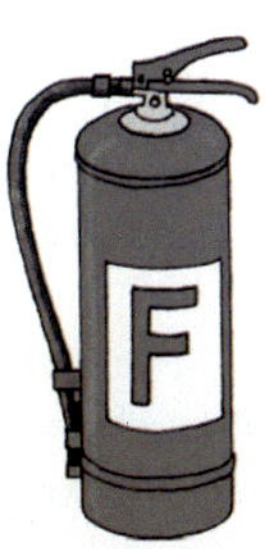

Feuerlöscher

Notfall-Telefon

Material: Raumplan, Infoblatt „Sicherheitsausstattung des Fachraums“

Not-AUS-Schalter

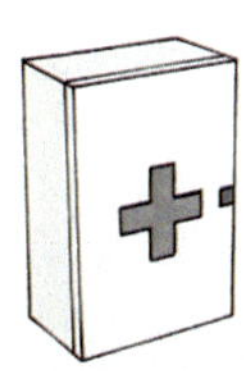

Erste-Hilfe-Kasten

Auftrag: Liste alle Sicherheitseinrichtungen eines Fachraums auf. Zeichne in den vorliegenden Raumplan deines Fachraums ihre Lage ein.
Lies den Fluchtplan und schreibe den genannten Fluchtweg auf.
Notiere dir Fragen, die du zur Sicherheitseinrichtung hast.

Tausende Stoffe für unseren Alltag

Nicht nur „Jeansstoff" hat etwas mit Stoffen zu tun. In unserem Haushalt begegnen uns weit über 3000 verschiedene Stoffe. Dazu gehören z. B. Farbstoffe, Klebstoffe, Putzmittel, Medikamente, Kunststoffe, Werkstoffe oder Lebensmittel.
Um welche Stoffe geht es in den Bildern? ↑1 bis 7

1 Stoffe zum Waschen, Pflegen, Stylen

2 Stoffe, die Spaß machen

3 Stoffe, die Leben retten

4 Stoffe zum Schminken

5 Stoffe, die schmecken und sättigen

6 Stoffe für jeden Zweck

GRUNDLAGEN: Überall Stoffe

7 Sand und Wasser am Strand

In unserer Umwelt finden sich viele verschiedene Stoffe. Diese Stoffe können wir sehen und anfassen: Sand, Stein, Gold, Salz, Wasser oder Cola. Manche dieser Stoffe sind fest wie der Sand oder das Gold. Andere Stoffe sind flüssig wie das Wasser oder die Cola. ↑7
Außerdem gibt es Stoffe, die man nicht sehen kann. Zu diesen Stoffen gehört die gasförmige Luft. Auch die Luft ist ein Stoff. Alle Gase sind Stoffe: Luft, die wir zum Atmen benötigen, genauso wie die Abgase, die aus dem Auto herauskommen.
Gase bemerkt man häufig erst, wenn man sie z. B. in einen Luftballon füllt oder aus einer Gasflasche herauslässt. Hält man die Hand vor den Luftbal-

lon und lässt die Luft entweichen, spürt man die ausströmende Luft auf der Haut. So kann man auch die Gase „anfassen". ↑8
Alles, was man anfassen oder in ein Gefäß füllen kann, gilt in der Chemie als Stoff. Für flüssige Stoffe kann man zum Abfüllen eine Flasche oder ein Glas benutzen. Bei Gasen nimmt man z. B. einen Ballon oder eine Gasflasche.
Es gibt aber auch vieles, was wir nicht zu den Stoffen zählen. Keine Stoffe sind z. B. das Licht, die Wärme oder deine Gedanken. Diese „Nicht-Stoffe" lassen sich nicht anfassen oder in ein Gefäß füllen.

Kurz und knapp **Ein Stoff ist alles, was wir anfassen oder in einem Gefäß aufbewahren können. Es gibt feste, flüssige und gasförmige Stoffe.**

8 Luftballons mit dem Gas Helium

9 Becher aus verschiedenen Stoffen

GRUNDLAGEN: Stoffe und Gegenstände

Eine wichtige Unterscheidung wird in der Chemie zwischen Stoffen (Materialien) und Gegenständen gemacht. Gegenstände bezeichnet man manchmal auch als Körper.
Einen Gegenstand erkennt man an seiner Form. Ein Stuhl hat meistens vier Beine, eine Sitzfläche und eine Rückenlehne. Er kann aber auch aus ganz verschiedenen Stoffen bestehen. So gibt es Becher aus Glas, aus Metall oder aus Kunststoff. ↑9
Aus einem Stoff lassen sich ganz unterschiedliche Gegenstände herstellen. Aus Holz kann man z. B. Stühle anfertigen. Man kann aus Holz aber auch viele andere Gegenstände herstellen, z. B. Spielzeug, Frühstücksbrettchen, Dachbalken oder Boote. ↑10
Eine Unterscheidung von Stoffen und Gegenständen ist nur bei festen Stoffen sinnvoll. Bei Flüssigkeiten und Gasen spricht man nicht von Gegenständen, da diese keine feste Form haben. Auch bei festen Stoffen, die in „krümeliger" Form vorkommen, spricht man nicht von Gegenständen. Das gilt z. B. für Sand oder Mehl, obwohl eigentlich jeder Sandkrümel oder jedes Mehlkorn ein Gegenstand ist. ↑11

Kurz und knapp **Gegenstände erkennt man an ihrer Form. Sie bestehen aus Stoffen. Gleiche Gegenstände können aus unterschiedlichen Stoffen hergestellt werden.**

10 Diese Gegenstände bestehen alle aus …?

11 Jedes Sandkorn – ein Gegenstand!

Arbeitsaufträge

1 Wobei handelt es sich um Stoffe, wo um „Nicht-Stoffe"? Sortiere die Begriffe: Eisen, Sauerstoff, Wärme, Kerzenwachs, Kochsalz, Töne, Kupfer, Mondschein, Gedichte, Rost, Alkohol, Luft, Musik, Gummi, Benzin, Campinggas, Apfelsaft, Wind.

2 Notiere drei weitere Beispiele für Stoffe und für „Nicht-Stoffe".

3 Suche dir einen Stoff aus, aus dem man unterschiedliche Gegenstände machen kann. Nenne fünf verschiedene Gegenstände, die aus diesem Stoff hergestellt werden.

4 Nenne fünf verschiedene Gegenstände, die aus mindestens zwei verschiedenen Stoffen hergestellt werden. Welches sind jeweils die Stoffe?

5 Notiere dir mindestens zehn Gegenstände, die du heute Morgen nach dem Aufstehen und vor der Schule bereits benutzt hast. Aus welchen Stoffen sind diese Gegenstände hergestellt worden?

Den Stoffen auf der Spur

Eine Tüte mit weißem Pulver im Handgepäck – für die Zollbeamten am Frankfurter Flughafen ist das Alltag. Waschpulver, Mehl, Zucker – es könnte harmlos sein. Im Kriminalfilm probiert der Kommissar solche Substanzen oft mit dem Finger – in Wirklichkeit wird nicht probiert, das Pulver könnte giftig sein …

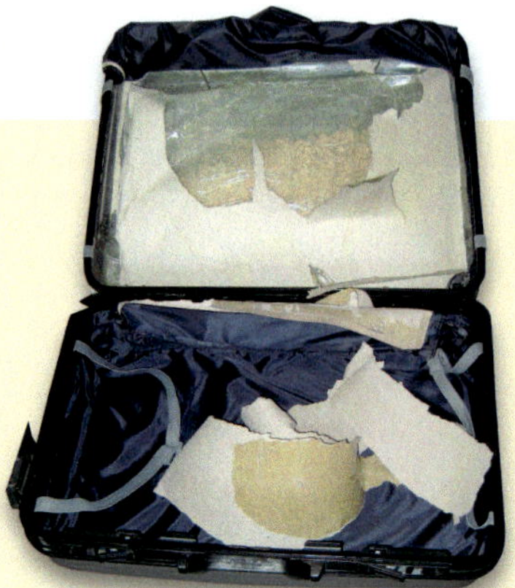

1 Fund am Flughafen

Beobachten Untersuchen Experimentieren

1 Mehl oder Puderzucker
Wie kannst du es herausbekommen, ohne zu schmecken?

2 Stoffe erkennen mit den Sinnen

a Versucht Stoffe mit den Sinnesorganen zu unterscheiden. Nicht probieren oder schmecken! Wählt aus jeder Gruppe einen Stoff aus. Beschreibt, an welchen Eigenschaften ihr ihn erkennt. Welche Sinnesorgane setzt ihr jeweils ein?
- Mehl, Puderzucker, Salz, Grieß, Reis, Brausepulver
- Zitronensaft, Apfelsinensaft, Apfelsaft, Salzwasser
- Eisen, Kupfer, Aluminium, Silber
- Seide, Wolle, Glaswolle
- Holz, Kohlenstoff
- Styropor, Glas

b Versucht für die Stoffgruppen Namen zu finden.

3 Stoffe erkennen – durch Versuche
Du brauchst: verschiedene Geräte ↑2 und Proben von Stoffen: Glas, Eisen, Holz, Papier, Kunststoff, Aluminium, Zucker, Wachs, Salz …

Überlegt euch Versuche zu folgenden Stoffeigenschaften:
- hart / weich,
- schmelzbar / nicht schmelzbar,
- magnetisch / nicht magnetisch,
- in Wasser löslich / nicht löslich,
- brennbar / nicht brennbar,
- elektrisch leitend / nicht leitend.

Jede Gruppe schreibt zu einem Stoffeigenschaftspaar ein Versuchsprotokoll.

Versuchsprotokoll

Namen: Deniz, Vanessa
Untersuchte Eigenschaft:
hart – weich
Untersuchte Stoffe:
Glas, Holz, Eisen …
Versuchsaufbau und -durchführung:
Mit einem Nagel versuchen wir, Muster in den Stoff zu ritzen.
Versuchsergebnis:
Stoffe vom härtesten zum weichsten angeordnet:
Glas …

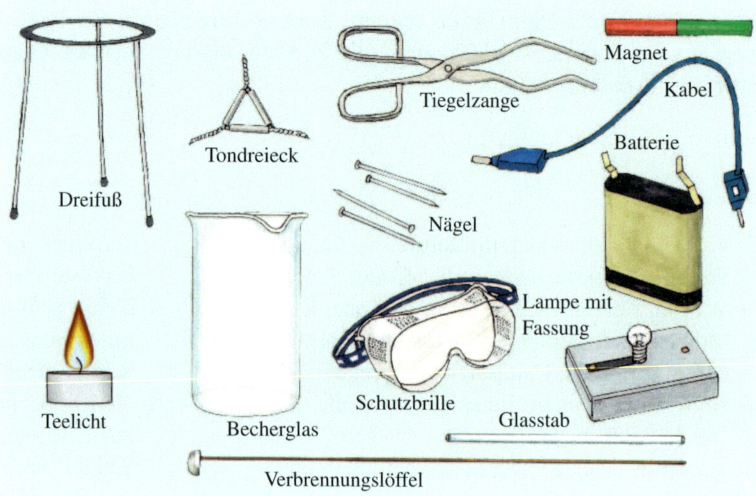

2 Mögliche Versuchsgeräte

4 Gesucht wird ...
Wählt einen Stoff aus. Schreibt über ihn auf OH-Folie einen ausführlichen Steckbrief. Dann deckt einer von euch die Folie auf dem OH-Projektor schrittweise ab. Erraten die anderen Gruppen schon, welcher Stoff gemeint ist? Oder sind noch mehr Tipps nötig?

Steckbrief

Gesucht wird ein Stoff mit folgenden Eigenschaften:

Farbe	*weiß*
Zustand bei Raumtemperatur	*fest*
Oberfläche	*glatt*
Härte	*gering*
Verhalten in Wasser	*löst sich nicht*
Verhalten beim Erhitzen	*schmilzt schnell*
Brennbarkeit	*brennbar*
Leitung des elektri schen Stroms	*Nichtleiter*

GRUNDLAGEN: Stoffeigenschaften

Jeder Stoff hat viele Eigenschaften. Kennt man einige seiner Stoffeigenschaften, so hat man eine Art „Fingerabdruck“. Mit ihm kann man den Stoff von anderen unterscheiden und erkennen. Form oder Größe spielen dabei keine Rolle. So ist z. B. Zucker (ob als Würfelzucker oder als Zuckerwatte) immer wasserlöslich und schmeckt immer süß.

Erkennen mit den Sinnesorganen Einige Eigenschaften von Stoffen können wir mit unseren Sinnesorganen erkennen:
- Mit der Nase erkennen wir seinen Geruch. Wir stellen z. B. fest, ob der Stoff stechend riecht oder geruchlos ist.
- Mit der Hand erkennen wir …
- … die Beschaffenheit seiner Oberfläche. Wir fühlen, ob der Stoff rau oder glatt ist.
- … die Reißfestigkeit des Stoffs.
- Mit den Augen erkennen wir …
- … seine Farbe.
- … seine Zustandsform; wir sehen, ob ein Stoff fest, flüssig oder gasförmig ist. Wir geben die Zustandsform immer bei Zimmertemperatur an.
- … wie die Oberfläche aussieht. Einige Stoffe sind glänzend oder matt.

Es gibt verschiedene Hilfsmitteln zum Erkennen:
- Mit Brenner oder Kerze stellen wir fest, ob ein Stoff brennbar ist oder schmilzt.
- Mit einem Magneten ermitteln wir, ob ein Stoff magnetisch ist.
- Mit einem Nagel vergleichen wir die Härte von festen Stoffen.
- Mit Wasser stellen wir fest, ob …
  … ein Stoff wasserlöslich ist.
  … ein Stoff auf Wasser schwimmt oder sinkt (ob er also leichter oder schwerer ist als Wasser).
  … seine Oberfläche Wasser aufsaugt oder abperlen lässt.
- Ein elektrischer Stromkreis zeigt, ob ein Stoff ein elektrischer Leiter oder ein Nichtleiter ist.

Arbeitsaufträge

1 Worin unterscheiden sich Kandiszucker und Salz? Worin stimmen sie überein?

2 Zum Knobeln: „Unter etwas Alufolie verbirgt sich ein dunkelbrauner Stoff. Er lässt sich leicht ritzen, schmilzt allmählich bei Handtemperatur und schmeckt gut …“

a An welchen Stoffeigenschaften hast du diesen Stoff erkannt?

b Wähle selbst einen Stoff zum Knobeln aus. Beschreibe seine Stoffeigenschaften möglichst genau. Wer erkennt deinen Stoff?

Stoffe – Eigenschaften und Verwendung

Ein Stück Zink wird in einer Eisenkelle geschmolzen. ↑1 und 2
Dazu ist sicherlich eine höhere Temperatur erforderlich als bei Eis. Was meint ihr?

Eisen und selbst Steine können flüssig sein – wenn man sie stark genug erhitzt. ↑3 und 4
Können alle Stoffe flüssig sein?

1 Festes Zink

2 Schmelzendes Zink

3 Flüssiges Eisen

4 Vulkanausbruch

Beobachten Untersuchen Experimentieren

1 Schmelzen von Mehl?
Kann man Mehl, Zucker oder Holz schmelzen?
Erhitze eine kleine Portion Mehl oder Zucker vorsichtig in einem alten Kochtopf. Erhältst du flüssiges Mehl?

2 Werden Nudeln in gesalzenem Wasser schneller gar?
Tom meint dazu: „Nudeln werden in Salzwasser gekocht. Das verkürzt die Kochzeit, da Salzwasser heißer wird als reines Wasser.“ Überprüfe diese Behauptung in zwei Versuchen.

a Gib zu 200 ml Wasser einen halben Teelöffel Salz und rühre. Welchen Siedepunkt misst du?

b Wiederhole Teil a mit 5 Teelöffeln Salz.

3 Siedetemperatur von Spiritus
Achtung: Spiritus (Alkohol) ist leicht entzündlich! Raum während des Versuchs gut lüften! Keine offene Flamme verwenden!
Stelle ein Reagenzglas mit etwas Spiritus in ein Becherglas mit Wasser. ↑5
Füge ein Siedesteinchen zu. Es sorgt für gleichmäßiges Sieden. Erhitze nun das Wasser. ↑6
Bestimme die Siedetemperatur von Spiritus.

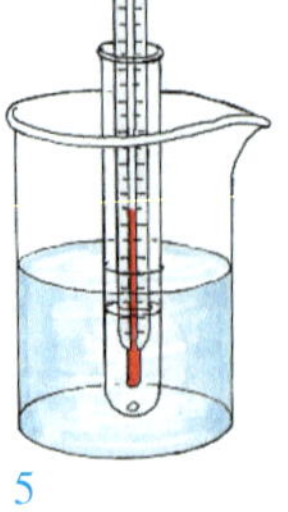
5

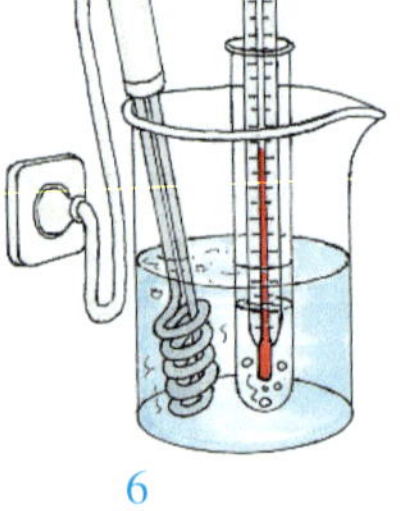
6

Beschreibe deine Beobachtungen und vergleiche deinen Messwert mit den Werten auf der rechten Seite.

4 Schmelzen von Kerzenwachs
Zünde ein Teelicht an und warte, bis der größte Teil des Wachses geschmolzen ist.
Puste die Kerzenflamme vorsichtig aus und tauche schnell die Spitze eines Thermometers (Messbereich 0 °C bis mindestens 100 °C) in das flüssige Wachs.
Wenn die Temperatur nicht mehr steigt, kannst du sie ablesen.
Wie viel Grad Celsius (°C) beträgt also die Schmelztemperatur?

5 Glas verformen
Erhitze ein Reagenzglas mit der Brennerflamme kräftig an seinem runden Boden. Dabei musst du das Glas ständig drehen. Was kannst du beobachten, wenn du danach kräftig in das Reagenzglas hineinbläst?
Vorsicht: Erhitztes Glas bleibt sehr lange heiß!

GRUNDLAGEN: Schmelz- und Siedepunkt

Viele Stoffe können fest, flüssig oder gasförmig sein. Wenn man z. B. flüssigen Alkohol erhitzt, verdampft er. Kühlt man ihn ab, erstarrt er. ↑7
Je nach Stoff unterschiedlich sind allerdings die Temperaturen, bei denen diese Zustandsänderungen eintreten. Während z. B. Eis bei 0 °C schmilzt, liegt die Schmelztemperatur von Alkohol bei –114 °C.
Es gibt auch Stoffe, die sich nicht schmelzen lassen. Mehl z. B. zersetzt sich beim Erhitzen. Flüssiges Mehl gibt es also nicht.

Kurz und knapp **Viele Stoffe lassen sich anhand der Schmelz- und Siedetemperaturen unterscheiden.**

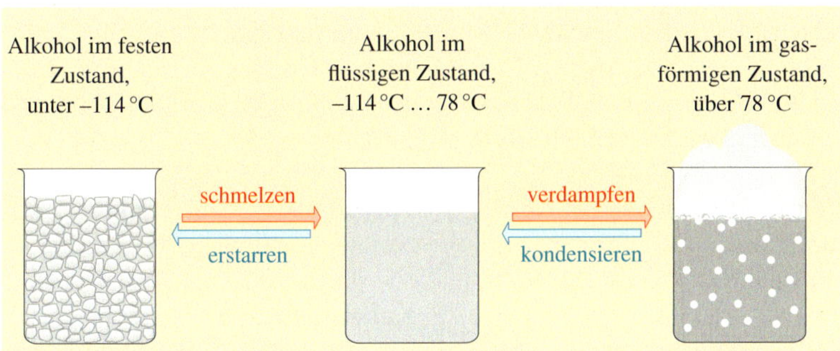

7 Zustandsänderung von Alkohol

Arbeitsaufträge

1 Du findest eine unbeschriftete Flasche mit einer farblosen Flüssigkeit. Wie kannst du – ohne zu schmecken – testen, ob es Wasser sein könnte?

2 Schmelz- und Siedetemperaturen können sehr unterschiedlich sein. ↑8

a Welche Stoffe sind bei 20 °C (Zimmertemperatur) flüssig?

b Welche Stoffe sind bei 150 °C gasförmig?

c Welche Stoffe sind bei 1000 °C (Brennerflamme) flüssig?

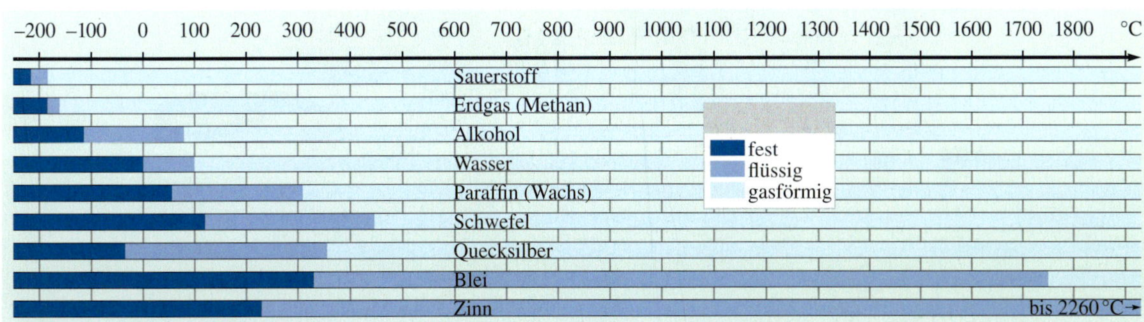

8 Aggregatzustände einiger Stoffe

Aus der Technik Feste Stoffe verformen – durch Verflüssigen

1 Herstellung von Fensterglas

Glocken werden gegossen. Das Metall für die Glocke wird geschmolzen und in eine Form gegossen. Auch andere feste Stoffe kann man schmelzen und in der gewünschten Form erstarren lassen.
Auch Glas kann man erhitzen und dann verformen. Bei etwa 1200 °C ist Glas eine zähe Flüssigkeit, die sich in jede erdenkliche Form gießen lässt.

Das Fensterglas wird nach dem Schwimmverfahren hergestellt: Eine Glasschmelze wird auf flüssiges Zinn (ein Metall) geleitet, das eine völlig glatte Oberfläche hat. Dort schwimmt das Glas als endloses Band. ↑1
Auf seinem Weg auf dem Zinn kühlt sich das Glas auf etwa 600 °C ab. Das endgültige Abkühlen auf Raumtemperatur erfolgt in Kühlöfen und auf einem offenen Rollengang.

GRUNDLAGEN: Stoffeigenschaften bestimmen die Verwendung

Verschiedene Stoffe haben ganz unterschiedliche Eigenschaften. Beim Hausbau ist es wichtig, dass die Wände sehr stabil sind und die Wärme schlecht leiten. Für die Wände werden Steine und spezielle Wärmedämmstoffe benutzt, z. B. Styropor®. Für Fenster sind Steine allerdings ungeeignet. Für die Fensterscheiben benötigt man durchsichtige Stoffe. Dafür sind Glas oder bestimmte Kunststoffe geeignet. ↑2

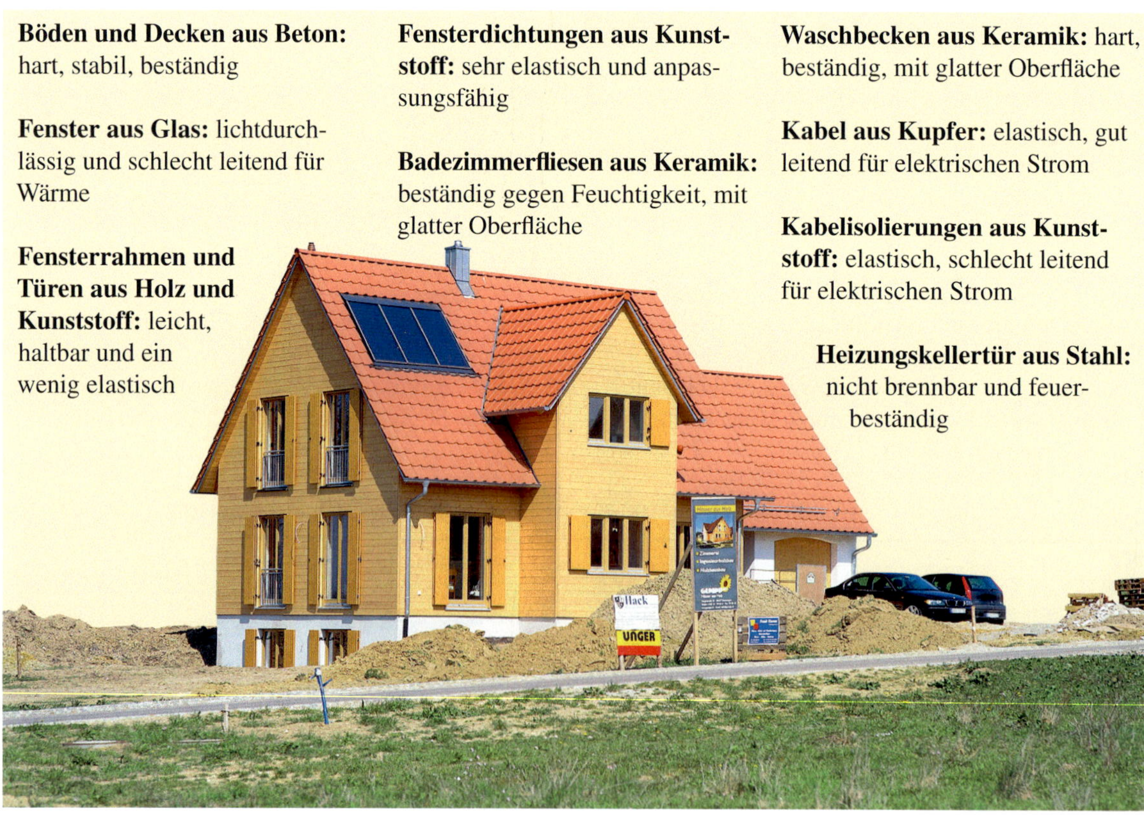

2 Die Eigenschaften der Stoffe bestimmen die Verwendung im Hausbau.

Unterschiedliche Stoffe werden für bestimmte Produkte verarbeitet. Die Auswahl, welcher Stoff für welchen Gegenstand benutzt wird, hängt von den Eigenschaften des Stoffs ab. Bei der Entscheidung geht es aber auch um die Haltbarkeit, den Preis oder das Aussehen.

Kurz und knapp **Die Eigenschaften eines Stoffs entscheiden darüber, ob er für einen bestimmten Gegenstand oder Zweck verwendet werden kann.**

Wissenswertes Stoffe in große Gruppen unterteilen

Im Alltag werden Stoffe häufig in großen Gruppen zusammengefasst. So gibt es die große Gruppe der Metalle. Hierzu gehören z. B. Eisen, Kupfer, Gold und Silber. Alle Metalle haben ähnliche Eigenschaften: sie glänzen, leiten den elektrischen Strom oder die Wärme gut.

Eine andere große Gruppe, die uns überall begegnet, sind die Mineralien. Sie sind fest, hart und bilden Kristalle.

Das ist ganz anders bei den Kunststoffen. Sie haben gemeinsam, dass sie künstlich von Menschen hergestellt werden. Es gibt aber so viele Kunststoffe, dass man nicht mehr sagen kann, sie alle hätten ähnliche Eigenschaften.

Arbeitsaufträge

1 Ein Fahrrad ist aus unterschiedlichen Stoffen aufgebaut. Erstelle eine Liste möglichst vieler Stoffe, die bei deinem Fahrrad verwendet wurden. Welche Eigenschaften waren dabei wichtig?

3

2 Fensterscheiben bestehen aus Glas. In älteren Häusern sind teilweise noch Fenster zu finden, die eine Einfachverglasung haben. Heutzutage werden nur noch doppelt verglaste Fenster eingebaut. Welche Vorteile hat die Doppelverglasung gegenüber der Einfachverglasung?

3 Fensterrahmen werden manchmal aus Holz, manchmal aus Kunststoff hergestellt. Welche Vorteile haben Fensterrahmen aus Kunststoff?

Es ist nicht alles Gold, was glänzt

1 Metalle für viele Zwecke

Beobachten Untersuchen Experimentieren

1 Wir untersuchen Metalle
Du benötigst Blechstreifen oder Rohre aus Eisen, Kupfer und Aluminium.

a Farbe und Oberfläche
Säubere die drei Streifen sorgfältig mit Stahlwolle. Du wirst sehen, dass sich dadurch ihr Aussehen ändert.
Beschreibe nun die Oberflächen und Farben der drei Metalle.

b Biegsamkeit und Härte
- Welches Metall kann man leicht sägen, welches nicht? ↑2
  Nimm dafür eine Metallsäge oder eine Laubsäge mit Metallsägeblatt.
- Biege die Metallstreifen einige Male hin und her.

2 Welche Metalle lassen sich leicht sägen?

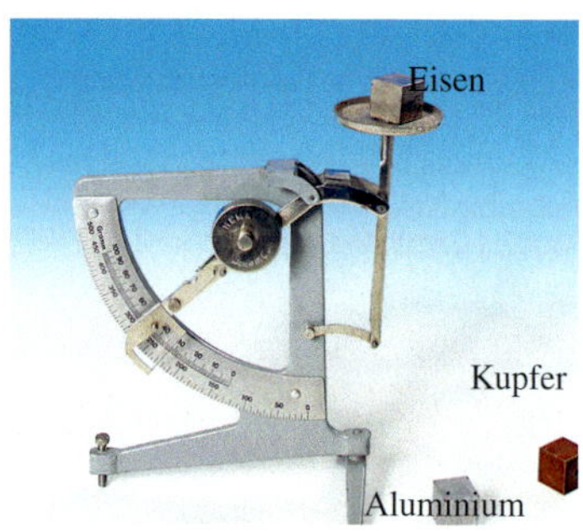

3 Wie schwer sind die Metalle?

4

- Ritze jedes der Metalle mit einem Nagel an.

c Masse von 1 cm^3
In der Schulsammlung gibt es meistens kleine Metallwürfel. ↑3
Überlege: Welchen Vorteil hat es, solche Metallwürfel zu nehmen?
Stelle mithilfe einer Balkenwaage fest, welches der untersuchten Metalle am leichtesten und welches am schwersten ist.

d Metalle an Luft und Wasser
Stelle je einen blanken Eisen-, Kupfer- und Aluminiumstreifen in ein Becherglas mit Wasser. ↑4
Die Streifen sollen ein Stück weit aus dem Wasser herausragen. Was kannst du nach ungefähr einer Woche erkennen?

2 Wärmeleitfähigkeit
Erhitze Wasser in einem Becherglas auf etwa 60 °C. Stelle einen Holz-, einen Glas-, einen Eisen- und einen Kupferstab in das warme Wasser. Überprüfe vorsichtig, wie warm das obere Ende der Stäbe ist.

GRUNDLAGEN: Die Metalle – Gemeinsamkeiten und Unterschiede

Die Metalle – eine Stoffgruppe Zur Stoffgruppe der Metalle gehören verschiedene Stoffe: Eisen, Kupfer, Aluminium, die „Edelmetalle" Gold und Silber sowie das flüssige Quecksilber.
In anderen Eigenschaften unterscheiden sich die Metalle:
Nur Eisen ist magnetisch (neben den seltenen Cobalt und Nickel).
Farbe und Härte sind verschieden.
Sie sind unterschiedlich schwer. ↑6
Einige Metalle bilden an der Oberfläche eine Schicht, wenn sie mit Wasser und Luft in Berührung kommen.

Die Herkunft der Metalle Die meisten Metalle kommen nicht als Metall in der Erde vor. Sie müssen erst aus ihren Erzen gewonnen werden (z. B. Eisen aus Eisenerz). ↑5

Kurz und knapp **Metalle haben Eigenschaften, in denen sie übereinstimmen: Sie leiten den elektrischen Strom und die Wärme. Sie haben eine metallisch glänzende Oberfläche (wenn diese gesäubert ist).**

5 Eisenerz

Metall	1 cm^3 wiegt
Aluminium	2,7 g
Eisen	7,6 g
Kupfer	8,9 g
Blei	11,3 g
Gold	19,3 g

6 Masse eines Metallwürfels

Aus der Technik Legierungen – Mischungen von Metallen

Was ist eine Legierung?
Bronze kennst du vielleicht aus dem Sport: Bei den Olympischen Spielen z. B. wird dem drittbesten Sportler eine Bronzemedaille verliehen. ↑7
Vielleicht meinst du, auch Bronze sei ein reines Metall. Das stimmt aber nicht: Bronze besteht aus zwei Metallen – aus Kupfer und Zinn, die miteinander verschmolzen sind. Sie bilden eine Legierung.

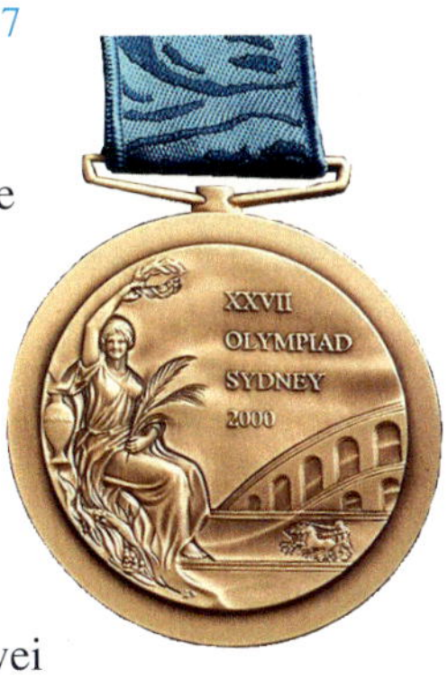

7 Bronzemedaille

Eine Legierung mit langer Geschichte
Bronze stellte man schon vor mehr als 4000 Jahren her. Damals fertigte man daraus Waffen und Werkzeuge. Auch für Schmuck und Gefäße nahm man Bronze. ↑8
Durch diese vielseitige Verwendung wurde schließlich ein ganzes Zeitalter nach der Bronze benannt: die Bronzezeit (1800 bis 700 v. Chr.).

Weiterere Legierungen
Aus Kupfer und Zink entsteht Messing, aus Eisen und anderen Stoffen Stahl. Legierungen werden hergestellt, um die Eigenschaften bestimmter Metalle zu verändern. So ist die Legierung Stahl härter als das Metall Eisen, aus dem Stahl entstanden ist.

8 Schwert aus der Bronzezeit

Arbeitsaufträge

1 Welche gemeinsamen Eigenschaften haben die Metalle?

2 Nenne jeweils mindestens zwei Unterschiede zwischen
- Kupfer und Eisen,
- Kupfer und Aluminium,
- Eisen und Aluminium.

3 Trage einige Metalle mit ihren Eigenschaften in eine Tabelle ein.

4 „Ich nehme ein Stück Blech", sagt Jan und meint damit Eisen.
Was sagst du zu dieser Sprechweise?

Kunststoffe – Stoffe nach Maß

Aus dem Kunststoff Milchstein ↑1 wurden früher Schmucksteine und Alltagsgegenstände hergestellt.

Wie wird Milchstein erzeugt? Aus Milch?

1

Beobachten Untersuchen Experimentieren

1 Ein Kunststoff entsteht
Durch die Zugabe von Essigsäure verändert sich das Eiweiß in der Milch. Mit etwas Geschick kannst du so einen Biokunststoff herstellen.
Fertige dazu ein Versuchsprotokoll an.
Du brauchst:
2 Töpfe, 1 Küchenhandtuch aus Baumwolle, Herdplatte, 1 feinmaschiges Küchensieb, Löffel oder Glasstab, einen Viertelliter Vollmilch, 3 Esslöffel Essig.
So wird's gemacht:

a Wenn du willst, kannst du den Viertelliter Milch z. B. mit Rotkohlwasser anfärben. Lass die Milch kurz aufkochen, gib 3 Esslöffel Essig dazu und rühre um. Achte dabei auf Geruch und Aussehen.

b Lass die Mischung einige Minuten abkühlen und gieße sie langsam durch das Küchensieb in den zweiten Topf. Der klumpige Stoff im Sieb ist der Milchstein. Die ungiftige wässrige Brühe kannst du ohne Gefahr in den Ausguss schütten.

c Den Brei gibst du auf ein Küchenhandtuch. Presse die restliche Molke heraus (über dem Spülbecken).

2 Der Rohstoff für Milchstein

d Forme aus dem leicht krümeligen Brei Figuren.

e Nach dem Trocknen stellst du den Milchstein zum Aushärten bei 90 °C in den Backofen. Sehr schnell gelingt das Aushärten in der Mikrowelle – ohne vorheriges Trocknen. *Vorsicht,* Milchstein verkohlt dabei schnell!

2 Eigenschaften von Milchstein
Ist Milchstein sehr hart, schwimmt er, löst er sich in Wasser auf …?

a Untersuche diesen Stoff mit deinen Sinnen. Beschreibe Aussehen und Geruch. Wie fühlt er sich an?

b Plane einfache Versuche und trage deine Ergebnisse in eine Tabelle ein. ↑3

c Sind seine Stoffeigenschaften eher wie bei einem Stein, Holz, Kunststoff (Jogurtbecher) oder gar einem Metall?

d Wozu lässt sich unser Milchstein am besten nutzen? Lass deiner Fantasie und Kreativität freien Lauf.

	Milchstein	Holz	Kunststoff (PP oder PS)
lässt sich mit einem Nagel ritzen	?	?	?
schwimmt in Wasser	?	?	?
in kochendem Wasser …	?	?	?
lässt sich sägen, bohren …	?	?	?
zerbricht beim Fall aus 1 m Höhe	?	?	?
lässt sich gut mit Wasserfarbe bemalen	?	?	?

3

3 Kunststoffe im Test
Beschaffe dir veschiedene Kunststoffproben, z. B. einen dünnen Kunststoffbecher, Styropor.
Untersuche und vergleiche die Eigenschaften von Kunststoffen. ↑4

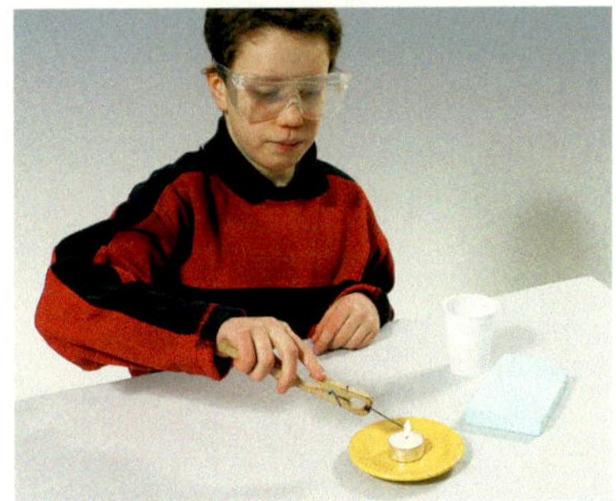
4 Was wird der heiße Nagel anrichten?

GRUNDLAGEN: Kunststoffe sind verschieden

Kunststoffe haben gemeinsam, dass sie künstlich von Menschen hergestellt werden. Es gibt aber so viele Kunststoffe, dass man nicht sagen kann: Alle Kunststoffe haben ähnliche Eigenschaften.
Kunststoffe sind maßgeschneiderte Werkstoffe. Sie werden mit den Eigenschaften für den jeweiligen Verwendungszweck hergestellt.
Es gibt viele verschiedene Kunststoffsorten:
Harte Kunststoffe werden auch beim Erhitzen nicht weich (Griffe von Töpfen, Gehäuse von Elektrogeräten). ↑5
Andere Kunststoffe werden weich und schmelzen, wenn man sie erhitzt (Plexiglas, Verpackungsmaterial, Styropor). ↑10
Elastische Kunststoffe kann man zusammendrücken – danach nehmen sie wieder ihre ursprüngliche Form ein (Schaumstoff).

5 Kunststoffe als Schutz

6 Kunststoffe beim Bau

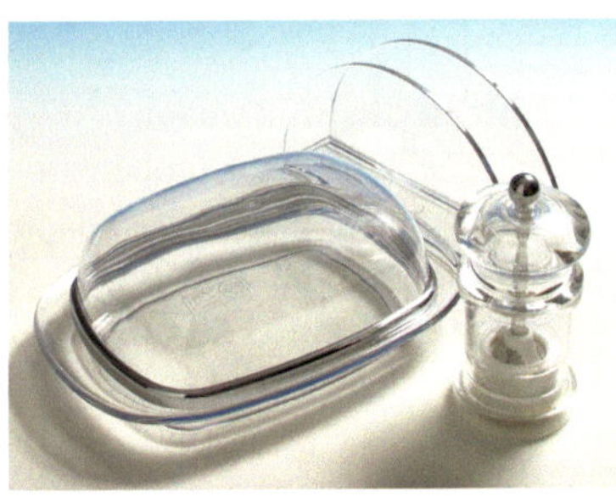
7 Gegenstände aus Acrylglas

8 „Isomatte“ aus Schaumstoff

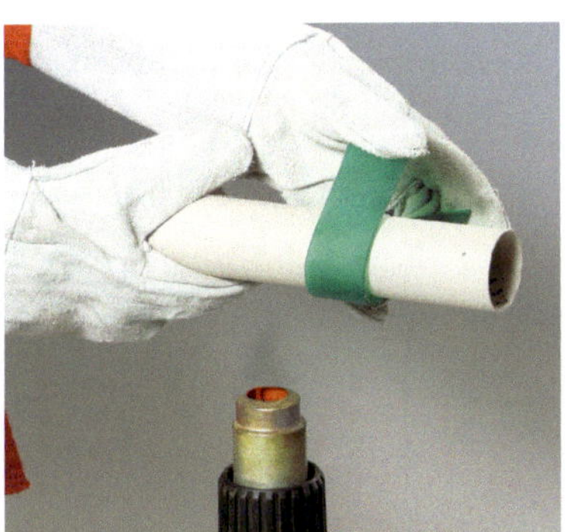
9 Verformen eines Kunststoffstabs

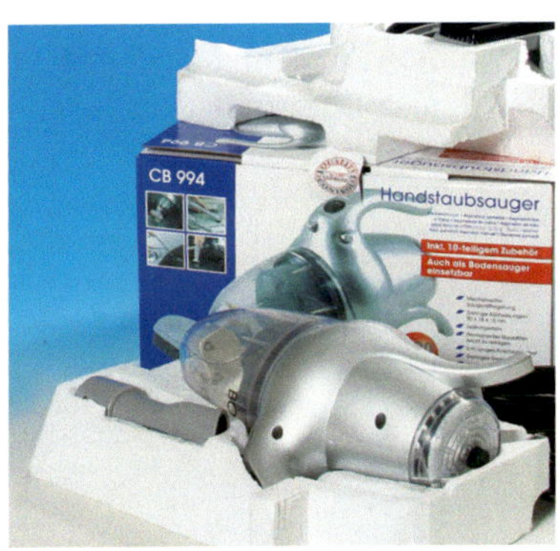

10 Verpackungsmaterial aus Styropor®

11 Elastischer Kunststoff: Gummistiefel

Knitterfrei und reißfest

„Ich brauche Stoff für einen Kissenbezug!"
Welcher Stoff wird dafür wohl am besten geeignet sein?

1 In der Stoffabteilung eines Kaufhauses

Beobachten Untersuchen Experimentieren

1 Wie ist die Reißfestigkeit der Stoffsorten?
Plane ein Verfahren, durch das du verschiedene Stoffsorten auf ihre Reißfestigkeit hin untersuchen kannst.
Was musst du bei der Versuchsdurchführung beachten, wenn du die Stoffe miteinander vergleichen willst?

2 Wir untersuchen Stoffsorten auf ihre Saugfähigkeit
Lege je ein hellen Streifen Baumwolle, Wolle, Seide und Chemiefaser auf eine saugfähige Unterlage, z. B. ein Löschpapier. Gib auf jede Stoffprobe einen Tropfen Tinte. ↑2
Bewege dann die Stoffe etwas hin und her.

3 Wie lassen sich die Stoffsorten verarbeiten?
Knicke jede Stoffprobe in der Mitte. Bleibt der Knick sichtbar? Wenn ja, ist das für die Verarbeitung von Vorteil.

4 Knittern die Stoffsorten?
Knülle jede der Stoffproben zusammen. Lege die Streifen dann nebeneinander auf den Tisch. Welche Stoffsorte knitterte nur wenig, welche stark?

5 Vertragen die Stoffsorten Hitze?
Ein Tischset soll möglichst viel Wärme vertragen. Manchmal will man ja einen heißen Topf draufstellen.

a Lege gleich große Stoffproben auf eine Unterlage. Die Unterlage soll glatt und gegenüber Wärme unempfindlich sein. Schalte ein Bügeleisen auf mittlere Wärme und bügle die Stoffe eine Zeit lang. ↑3
Kannst du an den Stoffproben Veränderungen erkennen?

b Erhitze etwas Wasser auf mindestens 60 °C und lege die Stoffproben hinein. ↑4 *(Achte darauf, dass du dich nicht verbrühst!)* Lass die Proben einige Minuten lang im Wasser liegen. Lege die nassen Stoffproben auf Papier oder hänge sie auf. Vergleiche die gewaschenen, trockenen Stoffproben.

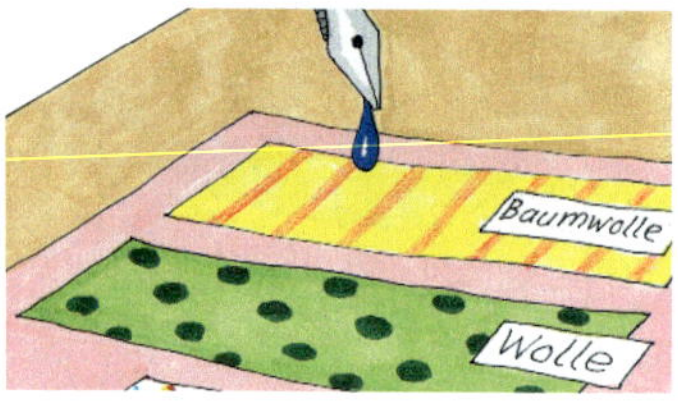

2 Wie ist die Saugfähigkeit ?

3 Wie lassen sich die Stoffsorten bügeln?

4 Kann man sie heiß waschen?

GRUNDLAGEN: Textilien

Woraus bestehen Textilien? Textilien stellt man aus Fasern her. Diese werden zu Garn, d.h., zu langen Fäden gesponnen. Aus den Garnen werden die Stoffe hergestellt.

Naturfasern und Chemiefasern Unter den Naturfasern gibt es die pflanzlichen Fasern (Baumwolle, Leinen, Jute, Hanf, Sisal ...) und die tierischen Fasern (Wolle, Seide, Kamelhaar, Mohair und Kaschmir von Ziegen ...). Zu den Chemie- oder Kunstfasern gehören Polyester, Polyamid oder Polyacryl.
Die Textilien unterscheiden sich in ihren Eigenschaften: Baumwolle und Leinen knittern leicht, Seide kaum, Polyamid nicht. Baumwolle hält kaum warm, Wolle aber sehr.
Die Naturfasern sind saugfähig, Polyamid dagegen kaum. Seide und Polyamid sind leichter als die anderen Stoffe. Baumwolle verträgt beim Waschen in der Regel große Hitze. Wolle, Seide und Chemiefasern vertragen sie weniger.

Aus der Natur Baumwolle

Woher stammt die Baumwolle?
Baumwolle ist die wichtigste Pflanzenfaser. Sie stammt von kleinen Bäumen und Sträuchern, die in warmen Gebieten (China, USA, Indien ...) angebaut werden.

Von der Pflanze zum Baumwollstoff
Baumwolle wird aus den Früchten des Baumwollstrauchs gewonnen. Wenn die Früchte reif sind, springen die Kapseln auf, sodass die vielen Baumwollhärchen zu erkennen sind. ↑5 und 6 Die Härchen sind bis zu 6 cm lang.
Die Kapseln pflückt man maschinell, teilweise auch noch von Hand. In Fabriken werden die Samenhaare gereinigt und die Samen selbst entfernt. Dann werden die Samenhaare dicht gepresst und zu Ballen verpackt. ↑7
In Spinnereien spinnen Maschinen aus den Samenhaaren das Garn. Daraus werden in Webereien oder Strickereien Stoffe hergestellt.
Die Stoffe werden oft mit Chemikalien behandelt, um die Eigenschaften zu verbessern. Das kann mit Gefahren für die Käufer der Stoffe verbunden sein.

5 Baumwollsamen

6 Fruchtkapseln am Baumwollstrauch

7 Baumwollballen für den Transport

Arbeitsaufträge

1 Von welchen Tieren werden Naturfasern gewonnen? ↑8 und 9
2 Lege eine Tabelle an, in der du die Eigenschaften von Baumwolle und Polyamid einander gegenüberstellst.
3 Stelle aus Watte einen möglichst langen Faden her.
4 Kennst du außer Baumwolle noch andere Pflanzen, aus denen Textilien hergestellt werden? Nenne sie.

8 Bei der Schafschur

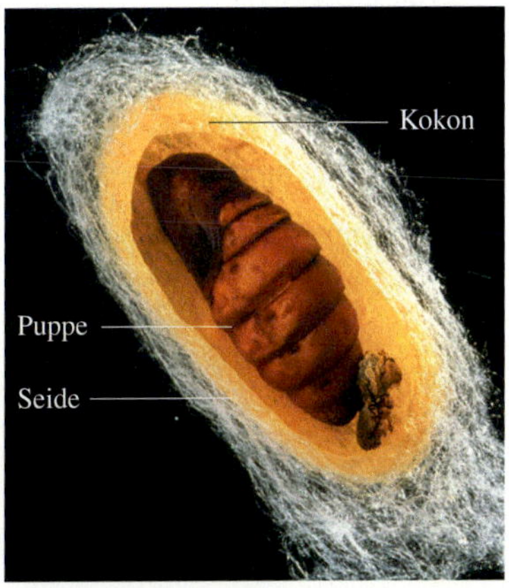

9 Kokon der Seidenraupe

Glashart?

1 Glas – biegsam

2 Glas – zerbrechlich und schön

3 Glas – fast undurchdringlich

4 Glas – sehr stabil

Beobachten Untersuchen Experimentieren

1 Glas im Härtetest

a Versuche ein Stück Glas, z. B. einen Objektträger, mit dem Fingernagel zu ritzen. Wiederhole das Gleiche mit einem Stahlnagel.

b Ritze eine Glasplatte mit dem Glasschneider. Versuche dann das Glas entlang der Ritzspur über einer Kante zu brechen. *(Achtung, Glas mit Schutzhandschuhen anfassen! Schutzbrille!)*

2 Wir schneiden Glasröhrchen zu

a Miss zunächst die gewünschte Länge des Glasröhrchens ab. Dann hältst du das Glasrohr so fest, dass dein Daumennagel genau dort liegt, wo du das Glasrohr abschneiden willst. Ziehe an dieser Stelle eine Dreikantfeile mit einer Kante mehrmals über das Glasrohr. ↑5 Es entsteht eine Einkerbung, die du leicht fühlen kannst.

b Nach dem Ritzen nimmst du das Glasrohr in beide Hände. Die eingeritzte Stelle muss zwischen deinen beiden Daumen liegen. Zum Schutz vor Verletzungen legst du ein Tuch zwischen Daumen und Glasrohr. ↑6 Ziehe nun die Enden des Glasrohrs unter leichtem Biegen vom Körper weg auseinander. Zum Schluss hältst du die scharfen Enden des Glasrohrs in die nicht leuchtende Brennerflamme. So werden Bruchstellen gerundet.

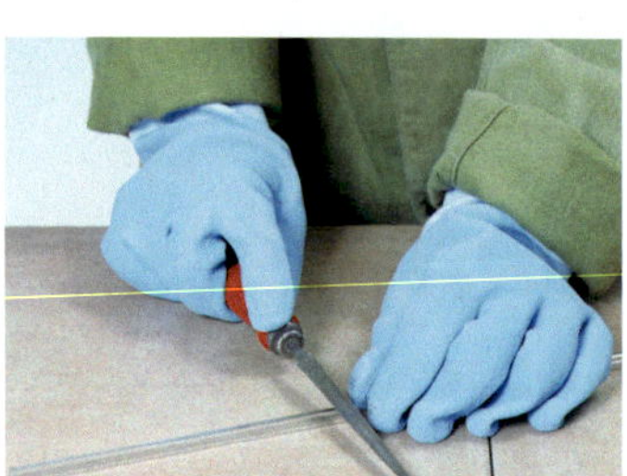

5 Eine Einkerbung entsteht.

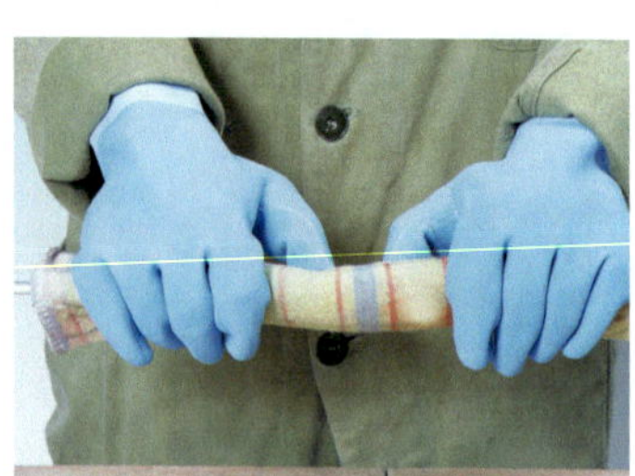

6 Biegen – vom Körper weg!

3 Wir erhitzen Glas und formen es

Halte mit beiden Händen ein Glasrohr in eine Flamme.

a Welches ist der geringste Abstand zwischen Finger und Flamme, den du noch gut aushalten kannst? (Zum Vergleich kannst du dasselbe mit einem Metallstab ausprobieren.)

b Erhitze das Glas eine Zeit lang an derselben Stelle. Was stellst du fest?

c Wie verhält sich das Glas, wenn du es in der Mitte kräftig erhitzt und danach mit beiden Händen auseinanderziehst?

d Erhitze nun ein anderes Glasstück. Versuche es nach dem Erhitzen an der heißen Stelle zu biegen.

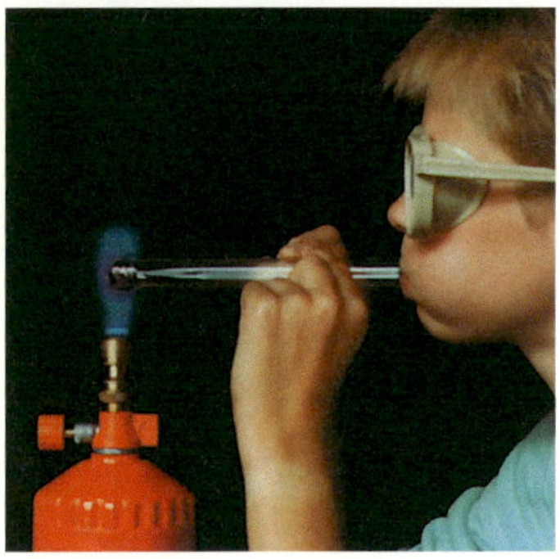

7 So kann das Glas geformt werden.

e Jetzt wird ein Reagenzglas an seinem runden Boden stark erhitzt. (Das Glas dabei ständig drehen!)
Was kannst du beobachten, wenn du danach kräftig in das Reagenzglas hineinbläst? ↑7

4 Bauanleitung
Wir biegen Glasröhrchen

Ein Röhrchen zu biegen ist nicht einfach, denn oft wird es an der Biegestelle verengt. Wenn du ein größeres Stück des Glasrohrs gleichmäßig erhitzt, lässt es sich leichter biegen. ↑8

Du brauchst:
1 Brenner mit Schlitzaufsatz, 1 feuerfeste Unterlage und 1 Schutzbrille.

a Halte das Glasrohr in die nicht leuchtende Brennerflamme – und zwar mit der Stelle, an der es gebogen werden soll. Du musst das Glasröhrchen ständig drehen, damit es von allen Seiten gleichmäßig erwärmt wird.

b Wenn das Röhrchen weich geworden ist, hebst du es an beiden Enden an. So kann sich das Röhrchen langsam durch sein eigenes Gewicht biegen. ↑9

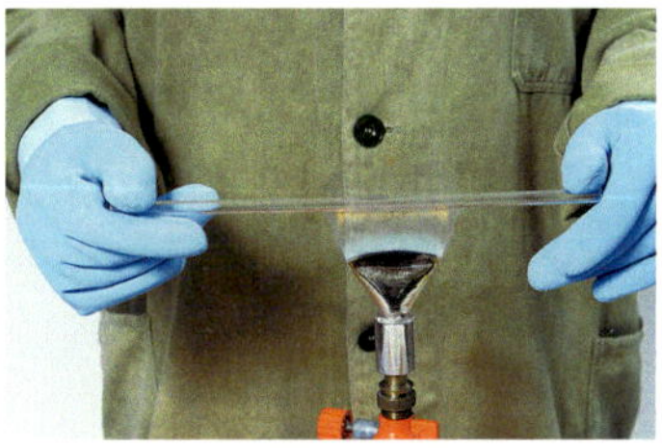

8 Brenner mit Schlitzaufsatz

9 Biegen – durch Eigengewicht

GRUNDLAGEN: Das Besondere am Glas

Ein solcher Glasbrocken entsteht, wenn man reinen Sand bei etwa 2000 °C schmilzt und dann wieder abkühlen lässt. ↑10 Meist mischt man noch Kalk und andere Stoffe hinzu. Dieses Gemisch schmilzt dann bereits bei 1500 °C.
Das Besondere am Glas ist: Wenn man es erwärmt, wird es nicht bei einer bestimmten Temperatur flüssig (wie z.B. Eis). Vielmehr wird das Glas zuerst weich. Glas ist dann ein Werkstoff, der nicht mehr fest, aber auch noch nicht flüssig ist. Diese Glasmasse lässt sich biegen, ziehen und sogar zu Kugeln aufblasen.

10 Glasbrocken

Aus der Technik In der Glasbläserei

Die meisten Geräte aus der Schulsammlung werden geblasen. Das ist möglich, weil Glas gut formbar ist, wenn man es erhitzt.
Heute werden nur noch besonders geformte und kostbare Glasgefäße mit dem Mund geblasen. Das geschieht in einer Glasbläserei. ↑11 und 12

11 Ein glühender Glastropfen …

12 … wird zu einer Kugel aufgeblasen.

Überblick

Körper und Stoff
Man unterscheidet zwischen Körpern (Gegenständen) und den Stoffen (Materialien), aus denen sie bestehen. ↑1 und 2
Es gibt Tausende von Stoffen: lebenswichtige (Luft, Wasser), nützliche (Kunststoffe, Metalle), angenehme (Duftstoffe), giftige (Lösemittel).

Stoffeigenschaften
Stoffe erkennt man an ihren Eigenschaften. Dadurch kann man sie voneinander unterscheiden. ↑3
Mit unseren Sinnesorganen erkennen wir z. B. die Farbe eines Stoffs, ferner seinen Geruch, seine Zustandsform und die Beschaffenheit seiner Oberfläche.
Mit Hilfsmitteln bestimmen wir in Experimenten z. B. die Härte und die Reißfestigkeit eines Stoffs.
Wir ermitteln auch, ob ein Stoff magnetisch ist, sich in Wasser löst oder brennbar ist.
Mithilfe eines elektrischen Stromkreises kann man feststellen, ob ein Stoff ein elektrischer Leiter oder ein Nichtleiter ist.
Viele Stoffe lassen sich anhand der Siedetemperatur und der Schmelztemperatur unterscheiden.

Einige Stoffgruppen
Stoffe kann man zu Stoffgruppen zusammenfassen – also zu Stoffen, die ähnliche Eigenschaften haben. ↑S. 413

1

2

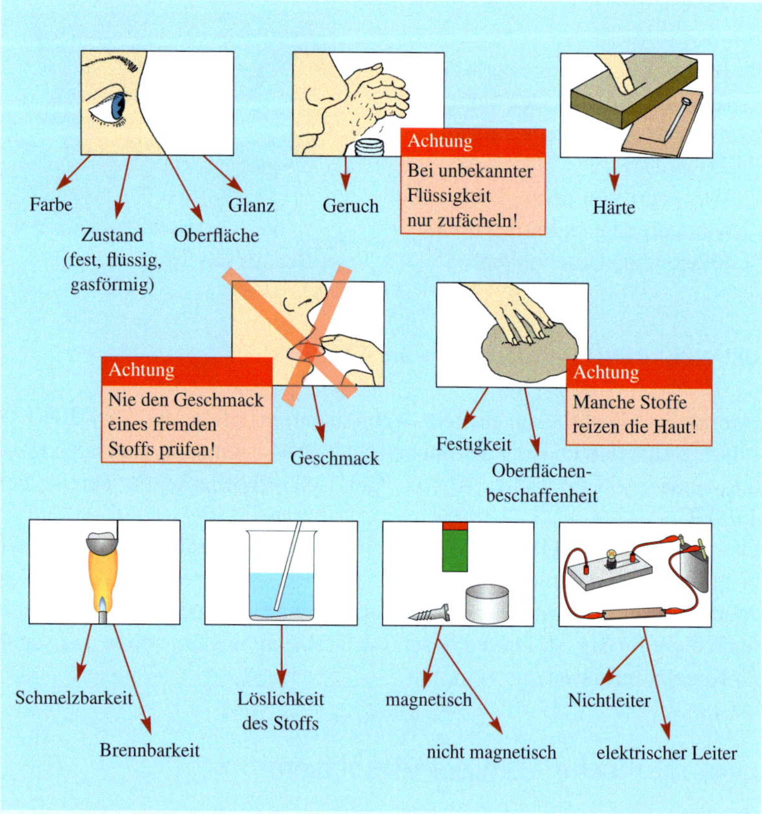

3 Stoffeigenschaften erkennen – mit den eigenen Sinnen und mit Hilfsmitteln

Steckbrief Glas ↑S. 413

Farbe:	*durchsichtig*
Härte:	*ziemlich hart*
magnetisch:	*nein*
Verhalten beim Erwärmen:	*wird weich und formbar*

Glas besteht hauptsächlich aus Sand.

Metalle ↑4
Alle Metalle haben eine glänzende, „metallische“ Oberfläche und leiten den elektrischen Strom und die Wärme. Nur Eisen ist magnetisch (auch Cobalt und Nickel). Bronze und Messing sind Legierungen („Metallmischungen“).

Glas ↑S. 28
Glas besteht hauptsächlich aus Sand. Es kann zerbrechlich und schön, aber auch sehr stabil sein. Wenn man Glas erhitzt, wird es formbar.

Textilien
Textilien stellt man aus Naturfasern (z. B. Baumwolle) oder aus Chemiefasern (z. B. Polyamid) her. Die Fasern unterscheiden sich z. B. in ihrer Reißfestigkeit, ihrer Saugfähigkeit, ihrem Verhalten gegenüber Hitze und ihren Wascheigenschaften.

Eisen (Stahl)
Eigenschaften:
- grau
- recht hart
- magnetisch
- rostet
- schmilzt bei 1536 °C

Verwendung, z. B.:
- Schienenbau
- Brückenbau

Aluminium
Eigenschaften:
- silbrig
- recht hart
- nicht magnetisch
- nicht rostend
- schmilzt bei 659 °C

Verwendung, z. B.:
- Fensterrahmen
- Fahrradrahmen

Kupfer
Eigenschaften:
- rötlich
- recht weich
- nicht magnetisch
- nicht rostend
- schmilzt bei 1083 °C

Verwendung, z. B.:
- elektrische Kabel

Gold
Eigenschaften:
- goldgelb
- weich
- nicht magnetisch
- nicht rostend
- schmilzt bei 1064 °C

Verwendung, z. B.:
- Zahnkronen
- Schmuck
- Medaillen

Alles klar?

1 Zähle Stoffeigenschaften auf, die wir mit unseren Sinnesorganen wahrnehmen können.

2 Worauf musst du achten, wenn du beim Experimentieren eine Kerze oder einen Gasbrenner einsetzt?

3 Woran erkennt man Metalle? Nenne einige Beispiele.

4 Blech, Röhre, Kupfer, Holz, Wasser, Baum: Gib an, welches davon Stoffe sind und welches Körper.

5 Die Metalle Zink und Eisen sehen ziemlich ähnlich aus. Mit welchem einfachen Versuch kann man sie sofort voneinander unterscheiden?

6 Beschreibe einen Versuchsaufbau, mit dem man feststellen kann, ob ein fester Stoff den elektrischen Strom leitet. Lege auch eine Skizze an.

7 Zähle fünf Stoffe auf, die den elektrischen Strom nicht leiten.

8 Warum wird ein Eisentor gestrichen oder mit einer Schutzschicht überzogen – ein Topf aus Kupfer, der im Garten steht, jedoch nicht?

9 Bei Weltmeisterschaften und Olympischen Spielen erhalten die drei ersten Sportler Medaillen.
Woraus werden die Medaillen jeweils hergestellt?
Handelt es sich bei allen wirklich um reine Metalle? Erkläre.

10 Aus Stoffresten sollen Geschirrtücher für die Küche genäht werden.
Für welchen Stoff würdest du dich entscheiden?
Begründe deine Antwort.

11 Martina hat in der Küche eine Tüte mit einem weißen Stoff gefunden, vermutlich Salz oder Zucker. Wie könnte sie – ohne zu kosten – feststellen, um welchen Stoff es sich handelt?

12 Die Minen von Bleistiften bestehen meist aus dem Stoff Grafit.
Bleistiftminen aus Grafit leiten den elektrischen Strom.
Untersuche Grafit genauer. Ist Grafit ein Metall? Erkläre.
Entwirf einen Steckbrief für Grafit.

Stoffgemische – woraus besteht Schokolade?

Schokolade schmeckt gut und es gibt sie in ganz unterschiedlichen Formen, z. B. als Schokoladentafeln oder Pralinen, aber auch als Weihnachtsmänner oder Osterhasen. Und für jeden Geschmack gibt es die richtige Schokolade: weiße, Vollmilch oder Zartbitter. Aber woraus besteht eigentlich Schokolade?

1

Beobachten Untersuchen Experimentieren

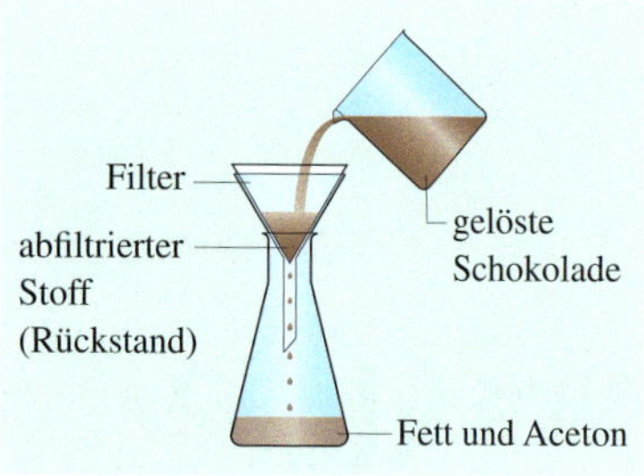

2 Versuchsdurchführung

1 Wir trennen Fett, Zucker und Kakao aus Schokolade

a Rühre ein Stück Schokolade so lange in 50 ml warmem Nagellackentferner (Aceton) [F, Xi], bis keine Stückchen mehr erkennbar sind. Bei diesem Vorgang wird nur das Fett aus der Schokolade gelöst.

b Filtriere das Gemisch in ein Becherglas. Lass die Flüssigkeit im Becherglas einige Tage offen stehen. Der Nagellackentferner verdunstet. Übrig bleibt das Fett.

c Halte den Filter mit den anderen Stoffen über ein zweites Becherglas. Gib langsam und in kleinen Schritten 50 ml warmes Wasser durch den Filter. Dabei wird der Zucker gelöst. Wenn das Wasser verdunstet ist, bleibt der Zucker im Becherglas.

d Die Reste im Filter lassen wir trocknen. Dies ist das Kakaopulver.

3 Aus Kakaobohnen wird Kakao gewonnen.

GRUNDLAGEN: Schokolade – wir trennen ein Stoffgemisch

Schokolade wird aus Kakaopulver, Kakaobutter und Zucker hergestellt. Sie ist ein Gemisch aus verschiedenen Stoffen: ein Stoffgemisch. Aber auch Kakaopulver und Kakaobutter selbst sind bereits Stoffgemische. Sie enthalten eine Vielzahl von einzelnen Stoffen, die der Schokolade ihren Geruch und Geschmack geben. In vielen Lebensmitteln sind Zucker und Fett enthalten, auch in Schokolade. Je nach Schokoladensorte sind die Anteile an Zucker und Fett unterschiedlich. Im Gegensatz zum Stoffgemisch Schokolade sind Zucker und Fett reine Stoffe: Reinstoffe.

Um Zucker, Fett und die übrigen Bestandteile der Schokolade genau beschreiben zu können, trennt man sie voneinander. Dazu kann man die unterschiedliche Löslichkeit in Nagellackentferner und Wasser benutzen.

Kurz und knapp **Stoffe im Alltag sind häufig Stoffgemische. Um Stoffgemische zu untersuchen, trennt man sie in ihre Bestandteile auf.**

Trennverfahren für Stoffgemische

Filtrieren

Ein Stoffgemisch aus einem festen und einem flüssigen Stoff, wie z. B. Sand und Wasser, kann man durch Filtrieren trennen. Man gibt das Gemisch durch einen Filter. Der Filter besteht aus einem Filterpapier in einem Trichter. Das Filterpapier hat, ähnlich wie ein Sieb, kleine Poren, durch die die Flüssigkeit hindurchlaufen kann. Der feste Stoff besteht aus kleinen Stückchen. Die Stückchen sind zu groß. Sie bleiben wie bei einem Sieb im Filter hängen. Die flüssigen Stoffe fließen durch den Filter.

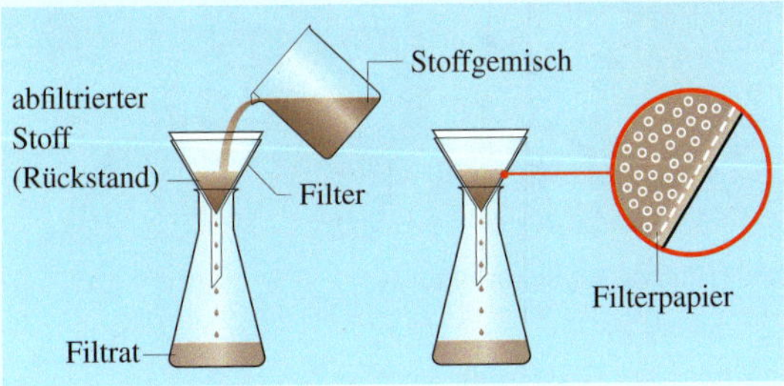

4

Auch durch Zentrifugieren kann man flüssige und feste Stoffe trennen.

Extrahieren

Hat man zwei Stoffe, die sich in einer Flüssigkeit unterschiedlich gut lösen, kann man sie durch Extrahieren trennen. Kaffeebohnen enthalten z. B. Geschmacks- und Farbstoffe, die sich gut in Wasser lösen, andere Teile der Bohnen lösen sich dagegen nicht.

Wenn man die Bohnen in das Lösemittel „heißes Wasser“ gibt, lösen sich nur die Geschmacks- und Farbstoffe. Man hat diese Stoffe aus den Kaffeebohnen herausgelöst – „extrahiert“. Nun filtriert man den gelösten Kaffee von den Bohnen ab. Will man die gelösten Stoffe gewinnen, so lässt man das Lösemittel verdunsten.

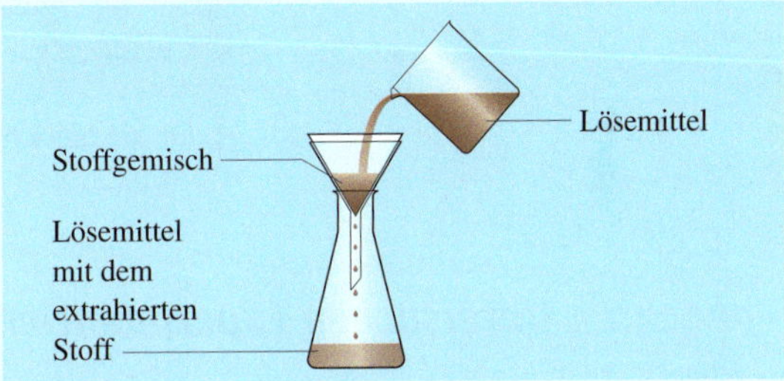

5

Verdunsten und Eindampfen

Um gelöste feste Stoffe aus ihren Lösungen zu gewinnen, lässt man die Flüssigkeit, z. B. das Meerwasser, in einem offenen Gefäß verdunsten. Der feste Stoff bleibt zurück. Er scheidet sich in vielen Fällen in Form von Kristallen ab. Der Vorgang des Verdunstens kann durch Erhitzen der Lösung bis zum Sieden beschleunigt werden. ↑6 Dabei verdampft zunächst das Lösemittel, da es eine niedrigere Siedetemperatur als der gelöste Stoff hat.

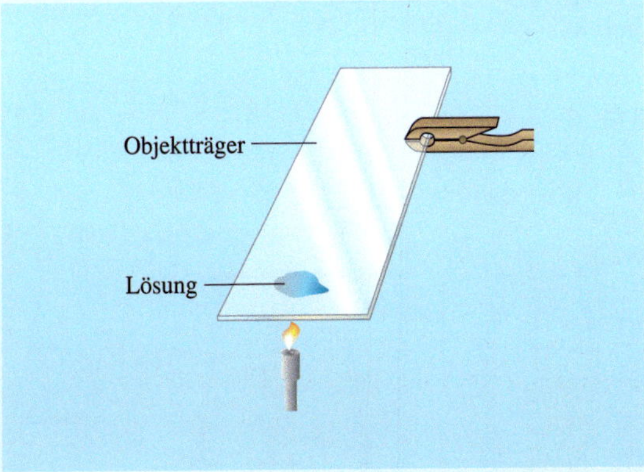

6

Sedimentieren

Trübes Lehmwasser oder eine Aufschlämmung aus Kreidepulver und Wasser klärt sich mit der Zeit. Da die Dichte des Lehms und die Dichte der Kreide größer sind als die des Wassers, setzen sich die festen Stoffe nach einiger Zeit am Boden ab. ↑7 Diesen Vorgang nennt man Sedimentieren (Absetzen). Die Stoffe, die sich am Boden ansammeln, werden Bodensatz oder Sediment genannt.

Das klare Wasser, das über dem Bodensatz steht, kann vorsichtig abgegossen werden. Der Bodensatz bleibt im Gefäß zurück.

7

Trinkwasser aus Meerwasser? (Auswahlthema)

Gestrandet auf einer Insel – zwar mit Proviant und ein paar Küchengeräten, doch ohne Trinkwasser! Das Meerwasser um sie herum ist ja ungenießbar … Warum können die Schiffbrüchigen das Meerwasser nicht trinken oder zum Kochen verwenden? Werden die drei schließlich verdursten müssen? Was könnten sie probieren?

1 Ob sie tatsächlich noch Trinkwasser bekommen?

Beobachten Untersuchen Experimentieren

1 Bekommst du das Salz aus dem Salzwasser heraus?

a Stell dir „Meerwasser" her: Gib je einen Teelöffel Kochsalz in zwei Gläser mit Wasser. Meerwasser enthält auch Schmutzteilchen. Füge deshalb einige Sandkörner hinzu. Rühre gut um. ↑2

b Versuche nun die Bestandteile voneinander zu trennen:
- Lass eines der Gläser einige Tage lang ruhig stehen.
- Nimm das zweite Glas und gieße einen Teil des „Meerwassers" durch verschiedene Filter und Siebe oder durch ein Tuch. ↑3

2 Trinkwasser – durch Verdampfen?
Etwas Salzwasser befindet sich in einer Schale, die auf einem Dreifuß steht.

a Erhitze das Wasser mit einem Brenner, bis es verdampft ist. Beschreibe das Ergebnis. Würden die Schiffbrüchigen mit diesem Verfahren ihr Problem lösen?

b Einer der Schiffbrüchigen hat einen Vorschlag, wie sie salzfreies Wasser bekommen können. Kannst du dir denken, was er vorhat? Plane entsprechende Versuche mit den abgebildeten Geräten. ↑4 Führe sie durch.

c Nimm statt des „Meerwassers" auch Wasser, das mit etwas Tinte angefärbt wurde.

2 So stellst du dir „Meerwasser" her.

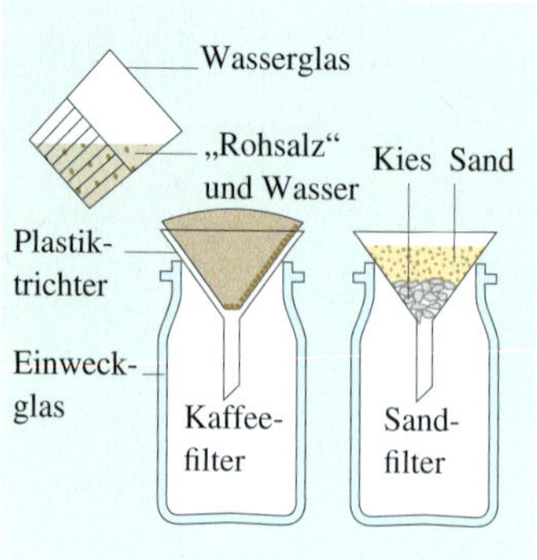

3 Ob das so geht?

4 Versuchsgeräte

GRUNDLAGEN: Destillieren

Ein Stoffgemisch aus verschiedenen Flüssigkeiten wie z. B. Alkohol und Wasser kann man durch Destillieren trennen. Die beiden Flüssigkeiten haben unterschiedliche Siedetemperaturen. Alkohol siedet bei 78 °C, Wasser bei 100 °C.
Man erhitzt das Gemisch bis 78 °C. Es verdampft vor allem der Alkohol. Wasser bleibt flüssig zurück. Den Alkoholdampf kann man an anderer Stelle wieder abkühlen lassen und auffangen. Nun hat man den Alkohol vom Wasser getrennt.

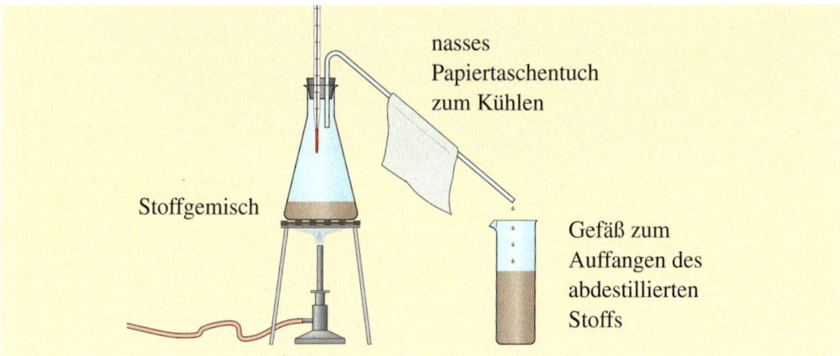

5

Aus der Technik Wenn es an Trinkwasser fehlt …

Trinkwassergewinnung …
Eine ausreichende Versorgung der Menschen mit Süßwasser ist eines der dringendsten Probleme vieler Länder. Zu ihnen gehören z. B. Israel sowie andere Länder des Nahen Ostens.
In speziellen Anlagen wird dort das Meerwasser zu Trinkwasser aufbereitet. ↑6 Dazu erwärmt man das Wasser mithilfe der Sonne, bis es verdampft. Der Wasserdampf wird abgekühlt, und man erhält reines Wasser ohne Zusatzstoffe. Vor dem Verzehr wird das Wasser noch mit Mineralien angereichert.

… einmal anders
Man stellt Plastikhauben auf feuchten Boden oder über Schalen mit Schmutzwasser. ↑7 Durch die Sonneneinstrahlung verdunstet das Wasser. Der dabei entstehende Wasserdampf wird durch die Hauben aufgefangen. An ihrer Innenwand bilden sich daraufhin Tropfen, die in eine Auffangrinne geleitet werden.

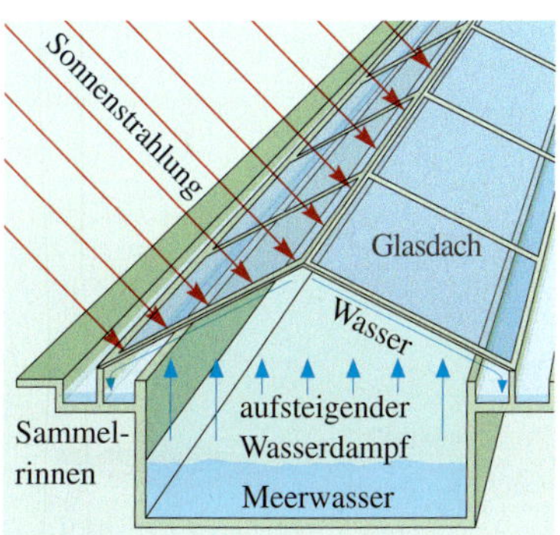

6 Trinkwasser aus Meerwasser

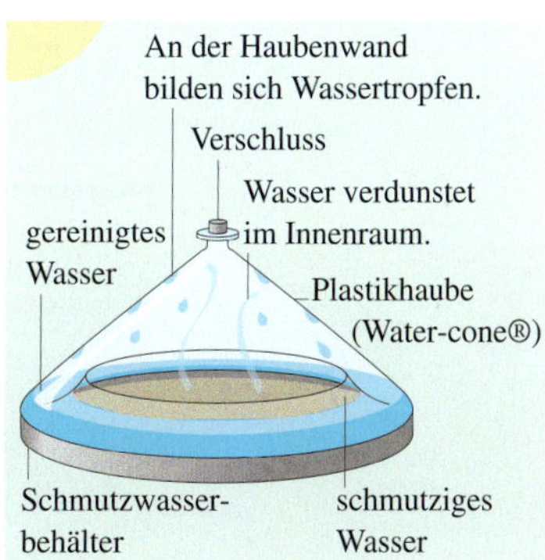

7 Trinkwasser aus Schmutzwasser

Arbeitsaufträge

1 Du kennst den Wasserkreislauf.
a An welcher Station dieses Kreislaufs entsteht destilliertes Wasser?
b Wie gelangen die Mineralsalze ins Trinkwasser? (Dazu ein *Tipp:* Trinkwasser wird meistens aus Grundwasser gewonnen, das aus dem Erdboden kommt.)

2 Erstelle für die Gewinnung von Trinkwasser ein Ablaufdiagramm. Schreibe die einzelnen Begriffe in kleine Kästchen und gib den Weg der Trinkwassergewinnung durch Pfeile an. ↑8

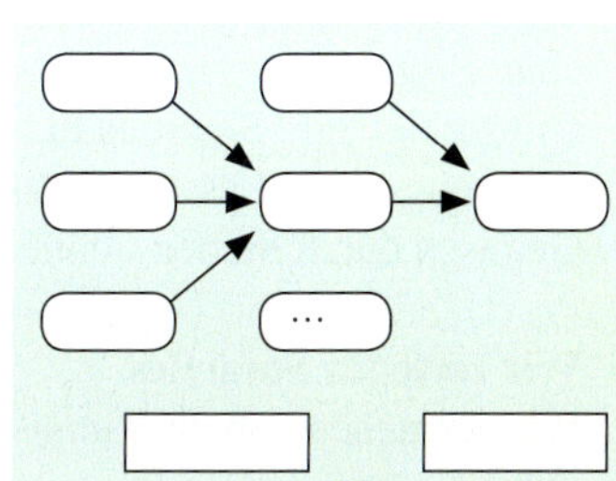

8 Schema eines Ablaufdiagramms

„Was ist da drin?“ (Auswahlthema)

Ein mehrfarbiger Halbedelstein? Dieser unbekannte Gegenstand besteht aus unterschiedlichen Stoffen.
Woran erkennst du das?
Wie viele verschiedene Stoffe sind es mindestens?

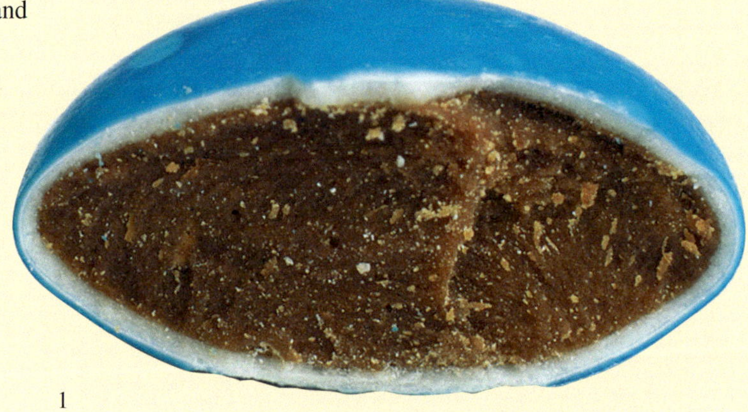

1

Beobachten Untersuchen Experimentieren

1 Mehrere Inhaltsstoffe?
Informiere dich über die Inhaltsstoffe von Smarties® und von Vollmilchschokolade. Schau z. B. auf der Verpackung nach.

2 Ein trennbares Gemisch?
Zerdrücke auf einer weißen Untertasse einige Smarties gleicher Farbe mit einem Löffel.

a Sieh dir die Bruchstücke genau an, am besten mit einer Lupe.

b Offenbar sind Smarties kein Reinstoff, sondern ein Gemisch mehrerer Reinstoffe. Da ist etwas Buntes (ein Lebensmittelfarbstoff), etwas Weißes und etwas Braunes zu sehen. Überprüfe, ob man zerkleinerte Smarties durch einfaches Auslesen in ihre Bestandteile zerlegen kann. Geht es vielleicht mit einer Pinzette?

c Gib zerkleinerte Smarties in ein grobes Sieb. Lässt sich das Gemisch durch Sieben trennen?

3 Wir zerlegen Smarties
Wir versuchen nun das Gemisch „Smartie“ auf andere Weise zu zerlegen – nämlich durch Lösen in Wasser und anschließendes Eindampfen.

a Schwenke ein unzerdrücktes blaues Smartie in sehr wenig kaltem Wasser (ein Esslöffel voll). Wende es gegebenenfalls, bis der Farbstoff sich vollständig gelöst hat.
Durch vorsichtiges Abgießen wird das überstehende Wasser vom Smartie abgetrennt.

b Schwenke das Smartie kurz in etwas heißem Wasser, bis es seine weiße Farbe verliert. Gieße die Lösung ab und dampfe sie vorsichtig ein.
Welcher Stoff bleibt zurück?
Du kannst die Farbstofflösung aus dem Smartie weiter untersuchen. Um das Verfahren kennen zu lernen, verwenden wir Farbstoffe von Filzstiften.

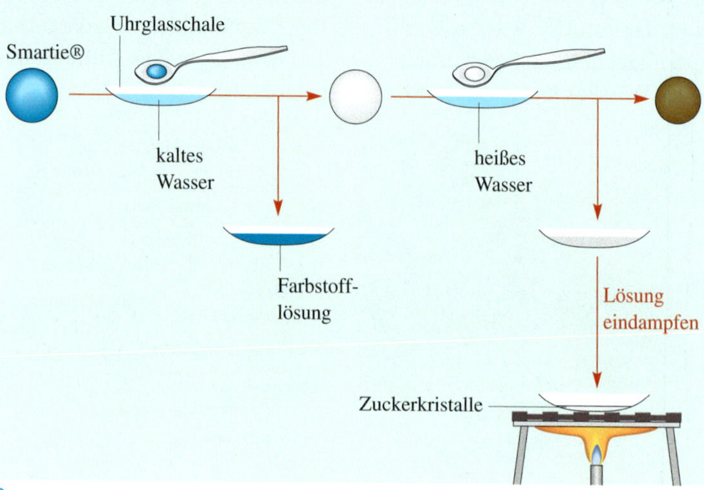

2

4 Dem Täter auf der Spur

Jemand hat dir mit Filzstift in dein Tagebuch gekritzelt. Mit Chromatografie kannst du herausfinden, mit welcher Sorte Filzstift der Täter geschrieben hat. Du brauchst dazu: farbige Filzstifte von unterschiedlichen Herstellern, ein Stück saugfähiges Küchenpapier, ein Glas, Wasser und Spiritus.

a Schneide Küchenpapier so zurecht, dass es in das Becherglas passt. ↑3

b Klebe eine schmale Seite des Papiers um den Bleistift. ↑4

c Unten ziehst du 1 cm vom Rand entfernt mit Bleistift eine dünne Linie. Setze mit den verschiedenen Filzstiften jeweils einen Farbpunkt auf die Linie. ↑5

d Hänge das Papier ins Glas mit Wasser als Fließmittel. ↑6

e Wiederhole den Versuch mit Spiritus *(leicht entzündlich!)* als Fließmittel.

f Erstelle ein Ablaufdiagramm für die Chromatografie.

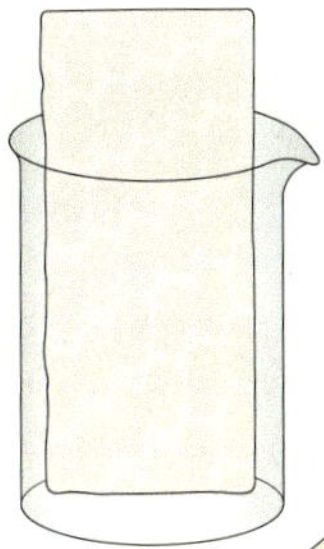
3

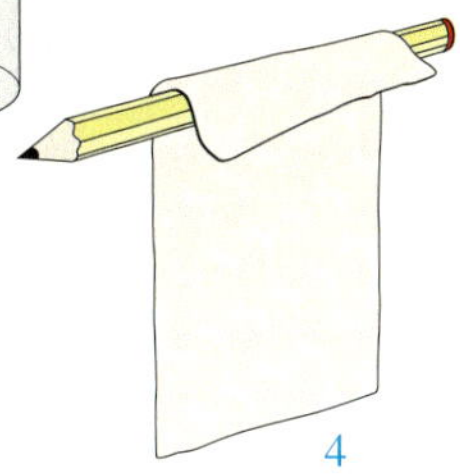
4

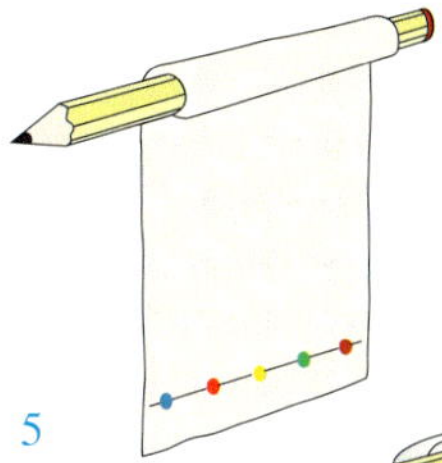
5

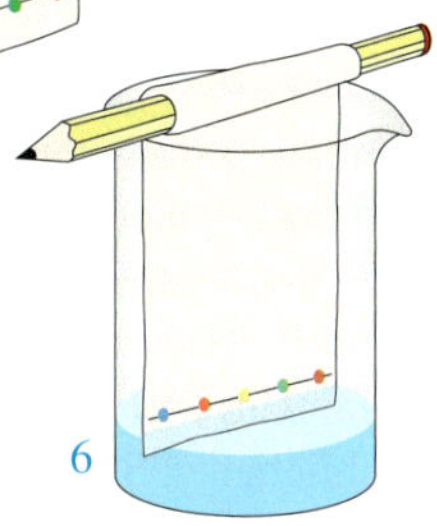
6

5 Wir untersuchen Farbstoffe

Untersuche die Farbstofflösung vom Smartie oder von Lebensmittelfarben mit dem Verfahren von Versuch 4.

6 Wie kann man Schmutzwasser reinigen?

a Stelle dir Schmutzwasser her: Fülle einen Becher mit einem Viertelliter Wasser. Füge etwas Sand, Gartenerde, Kochsalz und – wenn möglich – fein zerriebene Holzkohle hinzu. Rühre dann das Gemisch kräftig durch.

b Probiere aus, ob sich der Schmutz mit der Zeit am Boden absetzt. Du kannst dann das Wasser vorsichtig abgießen.

c Das Schmutzwasser zu sieben oder zu filtern wären noch weitere Möglichkeiten.

d Prüfe jeweils den Rückstand und das filtrierte Wasser mit der Lupe. Gib einige Tropfen des Wassers auf ein Glasschälchen. Lass es dort verdunsten. Bleibt ein Rückstand?

7 Wir untersuchen Blattgrün

Grüne Gummibärchen enthalten den Farbstoff „Blattgrün", abgekürzt „E 140".
Enthalten auch Pflanzenblätter diesen Farbstoff? Oder färbt vielleicht ein Gemisch aus blauen und gelben Farbstoffen die Blätter grün?
Haltet euch bei eurer Untersuchung genau an die dargestellten Schritte. ↑7

8 Was ist in Limonade enthalten?

Gieße etwa 50 cm^3 Limonade in eine leere Konservendose. Vorsicht, die Ränder haben scharfe Kanten.
Erhitze die Flüssigkeit, bis alles Wasser verdampft ist. Was bleibt zurück?
Führe den Versuch mit verschiedenen Limonaden und Colagetränken durch und vergleiche die Rückstände.

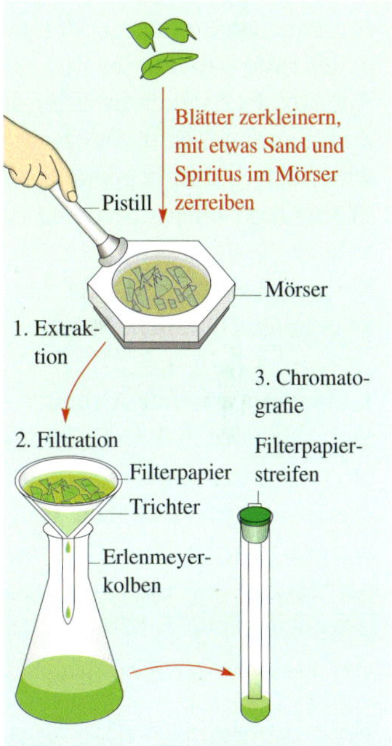

7 Farbstoffuntersuchung in 3 Schritten

Aus Rohsalz wird Kochsalz (Auswahlthema)

Du hättest die Aufgabe, aus einem Steinsalzbrocken (Rohsalz) reines Salz herzustellen. Wie würdest du vorgehen?

1 So sieht das Rohsalz aus.

2 In der Abbaukammer eines Salzbergwerks

Aus der Technik Rohsalz (Steinsalz)

Rohsalz in Salzlagern
An manchen Stellen findet man in der Erde – in Salzlagern – Rohsalz. Es hat sich im Lauf der Zeit dort abgelagert. Das Rohsalz wird auch Steinsalz genannt, da es ein Gemisch aus Steinen und Salz ist.
Bei uns gewinnt man Salz durch zwei unterschiedliche Verfahren:

1. Bergmännischer Abbau
Steinsalz wird z. B. in Salzbergwerken „unter Tage" abgebaut. Das im Bergwerk abgebaute Steinsalz wird nach oben transportiert und dort in Wasser gelöst. Die entstehende Salzlösung heißt Sole. Das Trennen durch Herauslösen ist das Extrahieren.
Die Sole wird nun von Steinen und anderen Stoffen befreit. Anschließend dampft man sie ein.
Früher wurde die Sole in großen Pfannen gekocht. So erklärt sich der Begriff „Kochsalz". Heute verdampft man sie in geschlossenen Gefäßen; dann wird der übrig gebliebene „Salzbrei" getrocknet.

2. Die Bohrlochsolung
In tiefe Bohrungen lässt man Wasser fließen. Dadurch wird das Salz bereits unter der Erde gelöst. Anschließend pumpt man die Sole nach oben, wo sie – wie bereits beschrieben – weiterverarbeitet wird. ↑3

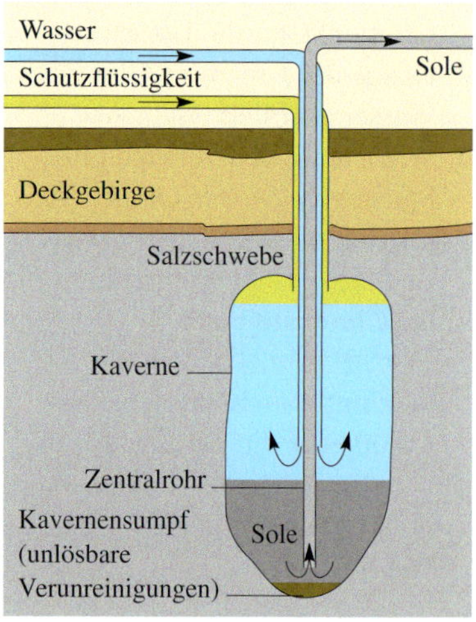

3 Bohrlochsolung

Wissenswertes Die Sonne hilft

4 Das Salz wird aufgehäufelt.

Du weißt, dass Meerwasser salzig schmeckt. Alle Meere enthalten nämlich gelöste Salze.
Wo die Sonne sehr stark scheint, wird Salz durch Verdunstung aus dem Meerwasser gewonnen:
Man lässt Meerwasser in flache Becken einströmen und hindert es am Rückfluss. In diesen Salzgärten verdunstet das Wasser und das Meersalz scheidet sich ab. ↑4
Arbeiter häufen das Salz mit Schaufeln und Rechen zu kleinen Bergen auf. Meist werden dabei Spezialmaschinen eingesetzt.
Etwa zwei Drittel der Weltproduktion an Salz stammen aus solchen „Meeressalinen". Bei uns spielen Salzgärten kaum eine Rolle, da wir Steinsalzvorkommen haben.

Gemische und Reinstoffe im Teilchenmodell

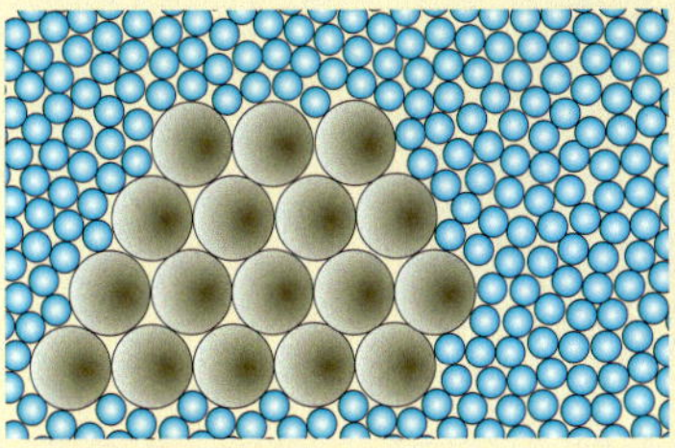

5 Zuckerkristall in Wasser

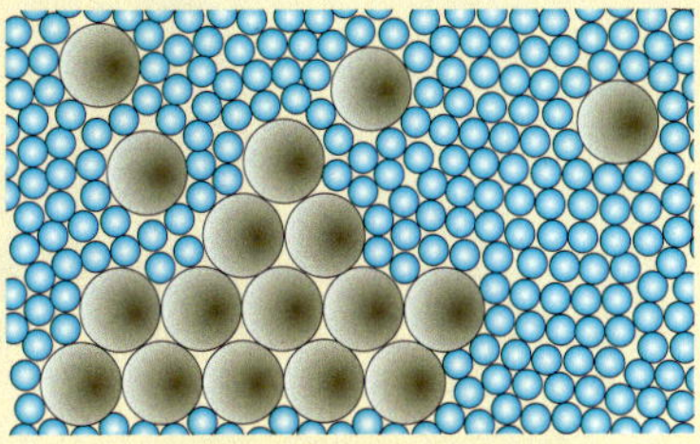

6 Zuckerkristall teilweise aufgelöst

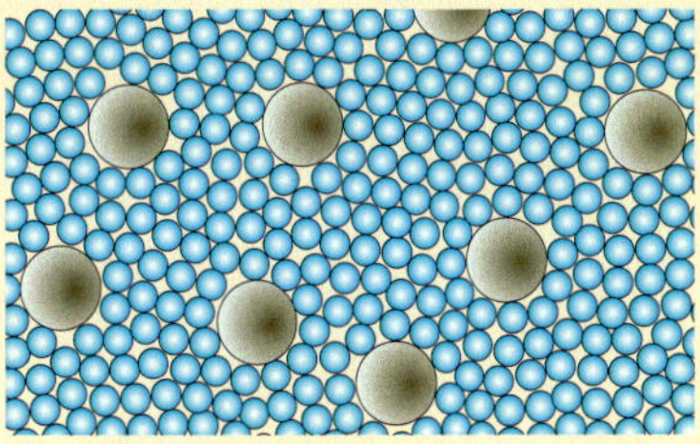

7 Zuckerwasser

Beim Lösen von Zucker in Wasser schieben sich Wasserteilchen zwischen die Zuckerteilchen. Die Zuckerteilchen werden von Wasserteilchen umgeben und verteilen sich. ↑5 bis 7

GRUNDLAGEN: Gemische und Reinstoffe

Arten von Stoffgemischen Wenn man Salz und Wasser oder Mehl und Zucker mischt, erhält man ein Stoffgemisch. In manchen Stoffgemischen sind die Bestandteile deutlich erkennbar, z. B. in Granit oder Milch. Man bezeichnet solche Stoffgemische als heterogen (*griech.* heteros – verschieden). Die einzelnen Bestandteile solcher Stoffgemische sehen uneinheitlich aus. In anderen Gemischen sind sie nicht mehr zu erkennen (z. B. in Salzwasser).
Solche Stoffgemische werden als homogen (*griech.* homos – gleich) bezeichnet. Die einzelnen Bestandteile sehen einheitlich aus.

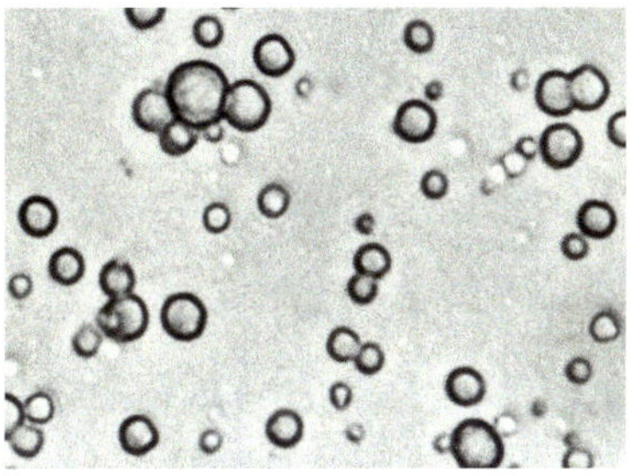

8 Milch unter dem Mikroskop

Reine Stoffe Sie sind nur aus einem Stoff aufgebaut. Man spricht daher von Reinstoffen. Sie kommen in der Natur nur selten vor.
Im Teilchenmodell stellen wir uns vor, dass unterschiedliche Reinstoffe aus unterschiedlichen Teilchen aufgebaut sind. Wir nehmen an, dass die Teilchen unterschiedlich groß sind.

Stoffgemische	Heterogene Stoffgemische		Homogene Stoffgemische	
Aggregatzustände der Reinstoffe	Bezeichnung	Beispiele	Bezeichnung	Beispiele
fest und fest	Gemenge	Granit, Müll	Legierung	Bronze, Stahl
flüssig und fest	Aufschlämmung (Suspension)	Schmutzwasser	Lösung	Zuckerwasser
gasförmig und fest	Rauch	Rußwolke	–	–
flüssig und flüssig	Emulsion	Milch	Lösung	Wein, Essig
flüssig und gasförmig	Schaum	Sahne	Lösung	Limonade, Sekt
gasförmig und flüssig	Nebel	Spray, Wolken	–	–
gasförmig und gasförmig	–	–	Gasgemisch	Luft, Erdgas

Kurz und knapp **Im Gemisch behalten die Stoffe ihre Eigenschaften, daher kann man die Stoffe wieder trennen. Reinstoffe bestehen aus einer Teilchensorte, Gemische aus mehreren.**

Projekt: Wohin mit dem Müll?

1 Mülldeponie

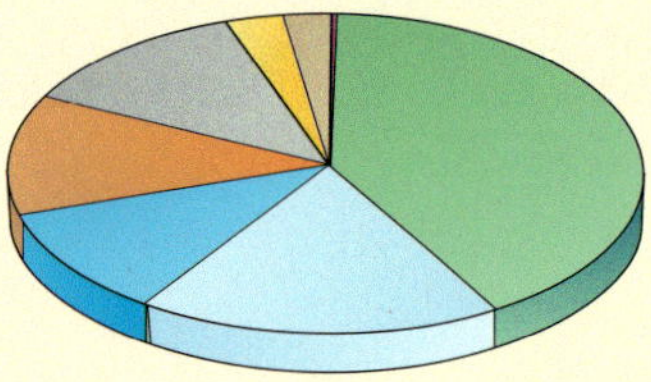

2 Zusammensetzung von Hausabfällen in Deutschland

Uwe ist ein „Müll-Angler“. Während andere Fische an Land ziehen, fischt Uwe Dosen, Flaschen und Plastiktüten aus dem Wasser. Schlimm, was alles ins Wasser geworfen wird. Uwe sortiert den Abfall und entsorgt ihn. Es wäre schön, wenn noch mehr Menschen so handeln würden. Oder müssen wir bald in unserem Abfall ersticken? Was meint ihr dazu?

3 Abfallverbrennungsanlage

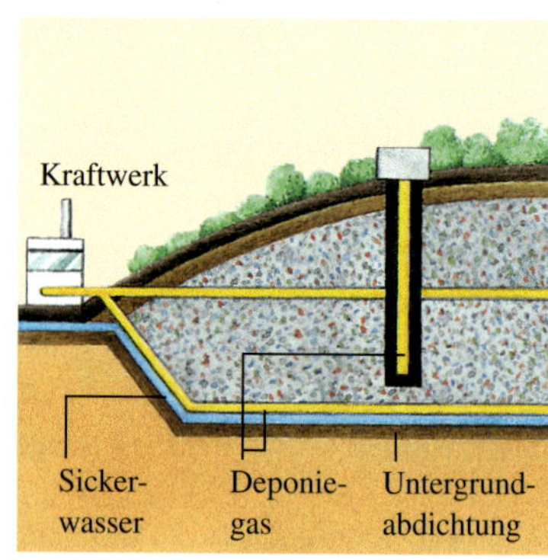

4 Schema einer Abfalldeponie

Schon gewusst?

Die Abfallmengen und Abfallarten haben sich in den letzten Jahren stark verändert. Während früher viele Nahrungsmittel unverpackt verkauft, Papierabfälle verbrannt und Küchenabfälle verfüttert wurden, wandern heute die meisten Abfälle in die Mülltonne und lassen damit die Müllberge weiter wachsen.
Jeder Bundesbürger verursacht gegenwärtig im Jahr etwa 400 kg Hausabfall und 50 kg Sperrmüll. Würde der Inhalt der Mülltonnen aller Bundesbürger in einem Jahr auf einen Haufen geschüttet, so entstünde ein Abfallberg so hoch wie das Matterhorn (4505 m).

Projektideen Nutzt die auf diesen Seiten enthaltenen Informationen sowie Materialien aus anderen Quellen zur Bearbeitung eurer Themen.

Das können zum Beispiel folgende Themen sein:
Welche Abfallmengen fallen wöchentlich zu Hause, in der Schule bzw. im Wohnort an?
Was passiert bei der Abfallsortierung?
Was ist Sondermüll und wie erfolgt seine Entsorgung?
Wie können wir Abfälle vermeiden?
Welche Möglichkeiten der Abfallverwertung gibt es?
Wie wird der Abfall beseitigt?

Hinweise für die Projektarbeit Einigt euch über die Art der Bearbeitung. Ihr könnt z. B. Arbeitsgruppen bilden.
Stellt eure Ergebnisse zusammen und überlegt, wie ihr diese der Öffentlichkeit vorstellen könnt.

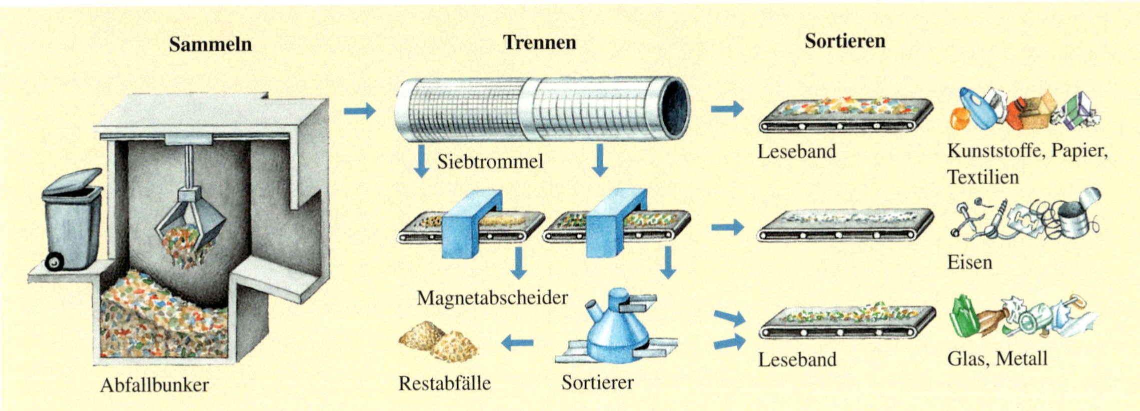

5 Abfallsortieranlage

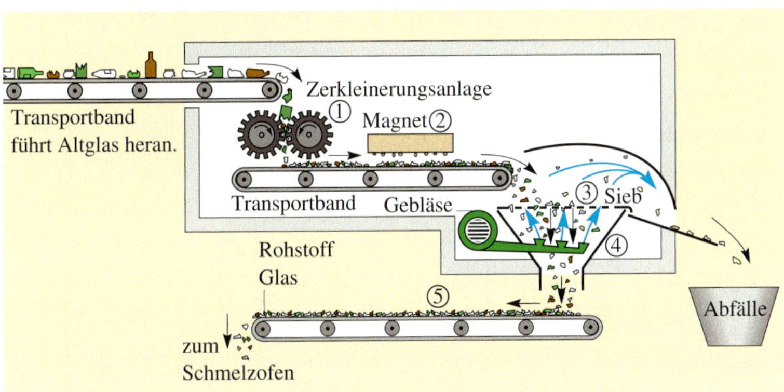

6 Aus Altglas wird Recyclingglas.

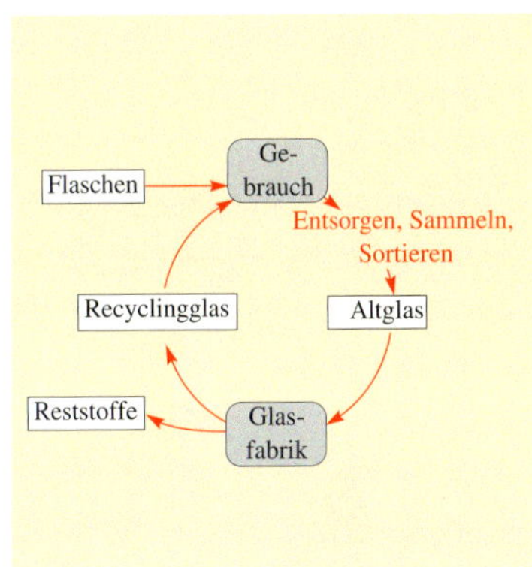

7 Ein „Stoffkreislauf“

Arbeitsaufträge

1 Sortiere Abfall (Modellversuch).
Eine „Abfalltonne“ (Becherglas 1000 ml) enthält folgende Stoffe: Papierschnipsel, Kies, Nägel, Styroporreste von Verpackungen, Bonbonpapier. Entwickle einen Plan für die Durchführung der Abfallsortierung. Baue eine Anlage auf. Interpretiere dein Ergebnis. Vergleiche die Trennverfahren im Modellversuch mit denen in einer Abfallsortieranlage.

2 Ermittle wasserundurchlässige Schichten.
Fülle Standzylinder jeweils etwa bis zur Hälfte mit Kies, Sand, Lehm, Ton oder Mergel. Drücke die Schicht fest an und gieße danach bis zum oberen Rand Wasser zu. Beobachte.
Fertige ein Protokoll an. Entscheide, welche Schicht als Basisabdichtung für eine Deponie geeignet wäre. Begründe.

3 Müll muss nicht sein!
Das muss nicht sein: Getränke in Dosen, Zahnpastatuben in Schachteln, Wegwerfgeschirr …

a Suche weitere Beispiele für überflüssigen Müll und nenne dafür bessere Möglichkeiten:

Überflüssiger Müll	*Bessere Lösung*
Einkaufsplastiktüte	*Einkaufskorb oder -tasche*

b Fertigt ein Plakat zur Müllvermeidung an.

Arbeitsaufträge

4 Papiermachen aus Altpapier

Ihr braucht:

1 Messbecher, 1 elektrischen Mixer,
1 große Kunststoffschüssel,
1 Papiersieb (siehe den Bauplan), 2 saugfähige Pappen (Filzpappe, etwa im DIN-A3-Format), 1 saugfähiges Tuch (Küchentuch), 1 Teigrolle,
2 Wäscheklammern, Zeitungspapier.

Zwei Hinweise:

1. Materialien für die Papierherstellung kann man auch kaufen. Mit gekauften Sieben erzielt man bessere Ergebnisse als mit selbst gefertigten.
2. Vorteilhaft ist ein Spritzschutz für den Mixer. ↑1 und 2

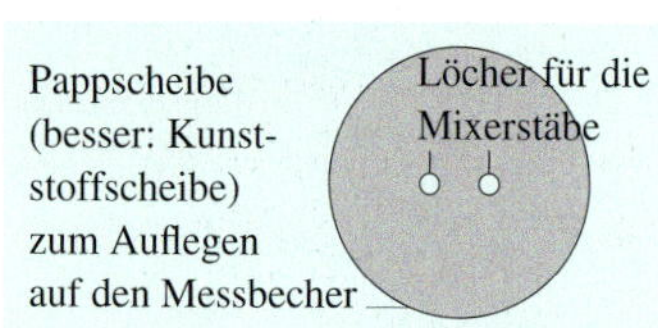

1 Bau des Spritzschutzes

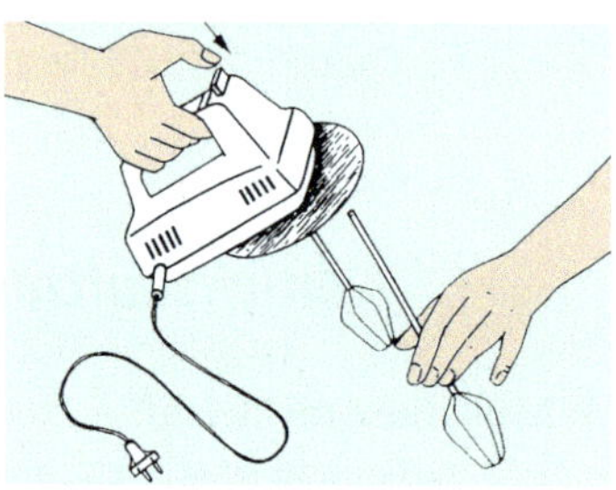

2 So wird der Spritzschutz angebracht.

So wird ein Papiersieb hergestellt

Der verleimte und vernagelte Holzrahmen darf nicht zu groß sein. ↑3 Er muss in die Kunststoffschüssel passen.
Auf dem Rahmen befestigt ihr mit Heftzwecken ein möglichst engmaschiges Gewebe (Gardinenstoff oder Fliegennetze). Die

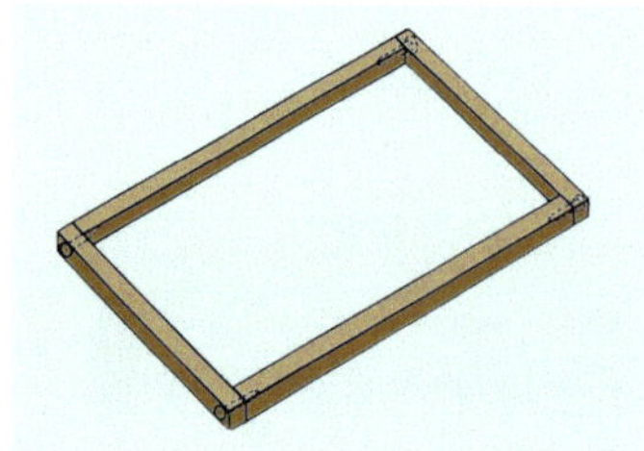

3 Rahmen für das Papiersieb

Maschen sollten nicht größer als 1 mm sein.
Am besten bastelt ihr einen zweiten gleich großen Rahmen ohne Bespannung. Er wird beim Eintauchen in die Papiermasse auf das Sieb gedrückt. Dadurch könnt ihr verhindern, dass der Brei beim Herausnehmen wegfließt.

Durchführung: das Papiermachen

a Zerkleinert eine Zeitungsdoppelseite. Die Schnipsel füllt ihr in den Messbecher und fügt 0,75 Liter Wasser hinzu. Das Ganze kocht ihr 10 Minuten lang.

b Mit einem elektrischen Quirl rührt ihr den Brei 3 bis 5 Minuten lang gut durch.

c Jetzt schüttet ihr den Papierbrei in die große Kunststoffschüssel und gebt 3 bis 5 Liter Wasser hinzu. Je mehr Wasser ihr nehmt, desto dünner wird das Papier.

d Rührt den Brei durch und taucht das Sieb ein. Hebt das Sieb vorsichtig waagerecht aus dem dünnen Brei heraus.
Lasst es abtropfen. Ein Helfer wischt mit einem saugfähigen Tuch so lange unten über das Sieb, bis kein Wasser mehr herausläuft. ↑4

e Das Sieb wird jetzt über der Filzpappe umgedreht und auf

4 Das Sieb wird unten abgewischt.

die Pappe gedrückt. ↑5 Damit sich die Papiermasse von dem Gewebe löst, könnt ihr vorsichtig mit dem Daumen über das Sieb streichen.

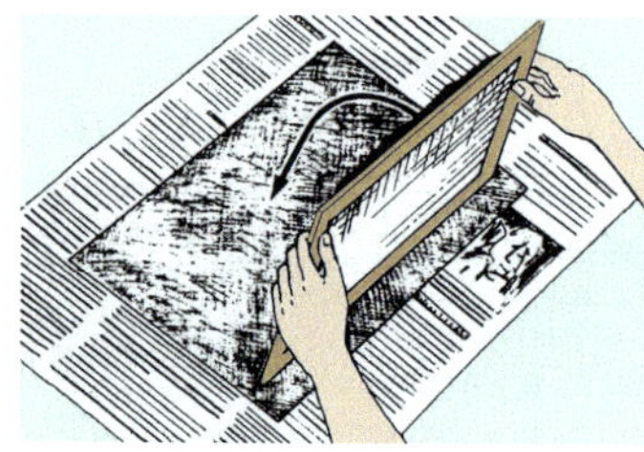

5 Umdrehen des Siebes

f Danach hebt ihr das Sieb vorsichtig an. Eine Schicht Papierbrei bleibt auf der Pappe zurück.

g Euer „Papier“ muss noch getrocknet und gepresst werden. Legt die zweite Filzpappe obendrauf, dazu noch einige Blatt Zeitungspapier. Das Ganze presst ihr dann mit einer Teigrolle.

h Löst vorsichtig die Ecken des Papierblatts. Zieht es ganz langsam von der Filzpappe ab. ↑6
Auf glatter Unterlage könnt ihr das Papier noch glätten. Dann hängt ihr es zum Trocknen auf.

6 Abziehen von der Filzpappe

Stoffe verändern sich

7 Brot kann verkohlen.

8 Brausetablette in Wasser

9 Holzkohle verbrennt.

GRUNDLAGEN: Stoffe wandeln sich um

Stoffumwandlung Beim Erhitzen verhalten sich Stoffe unterschiedlich: Wasser verdampft, Glas wird weich und verformbar, Eisen fängt an zu glühen. Bei diesen Beispielen bleiben die Stoffe erhalten. Beim Abkühlen erhält man wieder flüssiges Wasser, festes Glas und das Eisen ist immer noch Eisen.
Aus Kuchenzutaten wird beim Backen der fertige Kuchen. Wenn man Mehl oder Zucker zu heiß werden lässt, verkohlen die Stoffe. Aus Brausetablette und Wasser entsteht ein sprudelndes Getränk. Eisen wandelt sich mit Luft und Wasser zu Rost um.
Bei solche Vorgängen entstehen Stoffe mit anderen Eigenschaften. Die Ausgangsstoffe wandeln sich in andere, neue Stoffe um. Man spricht von einer Stoffumwandlung.
Bei Mischungen bleiben dagegen die Stoffe erhalten und können auf einfache Weise voneinander getrennt werden.

Die Verbrennung – ein Beispiel für eine Stoffumwandlung Zum Verbrennen braucht man nicht nur einen Brennstoff, sondern auch Luft. Genau genommen wird das Feuer nur von einem Bestandteil der Luft gefördert, dem Sauerstoff. ↑10 Der andere Luftbestandteil, der Stickstoff, ermöglicht keine Verbrennung.
Bei der Verbrennung entstehen neue Stoffe. Bei einer Kerze werden aus dem Brennstoff Kerzenwachs und dem Sauerstoff der Luft zwei Stoffe. Wir können Wasserdampf und das Gas Kohlenstoffoxid nachweisen.

Kurz und knapp **Bei Stoffumwandlungen entstehen aus den Ausgangsstoffen neue Stoffe mit anderen Eigenschaften.**
Aus dem Kerzenwachs und dem Sauerstoff der Luft entstehen beim Verbrennen Kohlenstoffdioxid und Wasser.

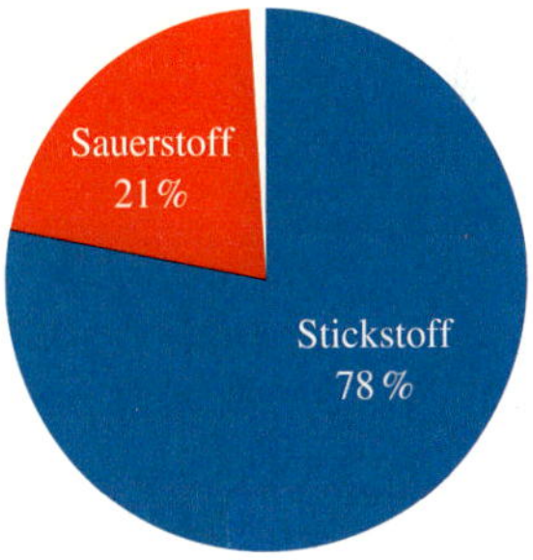

10 Zusammensetzung der Luft

Arbeitsauftrag

1 „Verbrauchte" Luft
Befestige eine Kerze auf einer Glasplatte, zünde sie an und stülpe ein Becherglas darüber. Wenn die Kerze erloschen ist, lässt du das Becherglas abkühlen. Dann drehst du es samt Glasplatte um. Halte dann eine brennende Kerze in das Glas. ↑11 Erkläre deine Beobachtung.

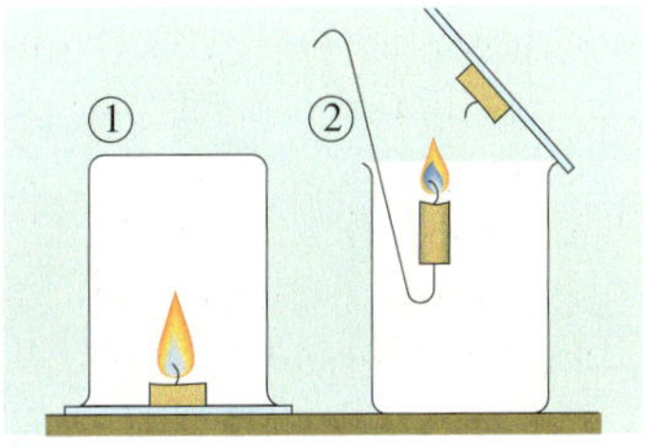

11

Duftwasser aus Zitrusfrüchten

Jeder kennt den typischen Geruch von Zitronen. Doch mit welchen Wörtern könnte man ihn beschreiben?

1 Zitrusfrüchte

Beobachten Untersuchen Experimentieren

1 Mit der Nase schmecken? (zu Hause)
Du brauchst vier verschiedene Käsesorten. Probiere die vier Käsestücke nacheinander mit zugepresster Nase und versuche die vier Sorten zu unterscheiden. Anschließend wiederholst du den Versuch mit geöffneter Nase. Was stellst du fest?

2 Wie stark riecht etwas?
Vorsicht: Schutzbrille!
Nimm vorsichtig Geruchsproben von vier Gemischen aus Wasser und Essig, in denen der Anteil des Essigs unterschiedlich hoch ist.
Ordne diesen eine Intensität von 1 (ganz schwach) bis 10 (sehr stark) zu.

3 Wo genau befinden sich die Duftstoffe?
Wenn man die Duftstoffe aus einem Rohstoff gewinnen will, muss man zunächst wissen, wo genau sie sich befinden.

a Zerlege eine Zitrusfrucht in Schale, Fruchtfleisch, Saft und innere Haut (weiße Fäden).

b Nimm von den einzelnen Teilen, die du erhältst, Geruchsproben und bewerte die Geruchsintensität auf einer Skala von 1 bis 10.

2 Riechparcours

Probe	Beschreibung des Geruchs	Intensität	vermuteter Stoff
1	stechend, beißend	8	Säure, Essigreiniger
2	…	…	…
3	…	…	…
4	…	…	…
5	…	…	…

3 Tabelle zur Beschreibung der Geruchsproben

4 Gewinnung der Duftstoffe aus Orangenschalen
Durch eine Extraktion kann man die Duftstoffe aus einer Orangenschale gewinnen. ↑4 Dabei dient Wasser als Lösemittel.

a Damit die Duftstoffe in Lösung gehen können, ist es hilfreich, die Schale zunächst anzustechen. Danach können die gewünschten Stoffe durch Bearbeitung mit Mörser und Pistill aus den Zellen herausgepresst werden. ↑5

b Gibst du nun Wasser hinzu, lösen sich die Duftstoffe, die Reste der Orangenschale jedoch nicht. ↑6

c Als letzter Schritt wird das Stoffgemisch aus Duftstoffen, Wasser und Orangenschalenresten filtriert. Als Extrakt erhältst du die in Wasser gelösten Duftstoffe.

5 Erfrischungswasser und Parfüms enthalten Alkohol. Bei Verdunstung kühlen beide stärker als Wasser.

a Trage mit einem Wattebausch etwas Kölnischwasser auf ein Handgelenk auf. Auf das andere tupfst du etwas Wasser. Vergleiche und beschreibe, was du an den Handgelenken spürst.

b Stelle zwei Mischungen aus Alkohol und Wasser her:
1. Mischung aus 4 ml Alkohol und 4 ml Wasser, 2. Mischung aus 4 ml Alkohol und 2 ml Wasser. Gib zu jeder Mischung Zitronenduftstoff dazu. Vergleiche die Mischungen.

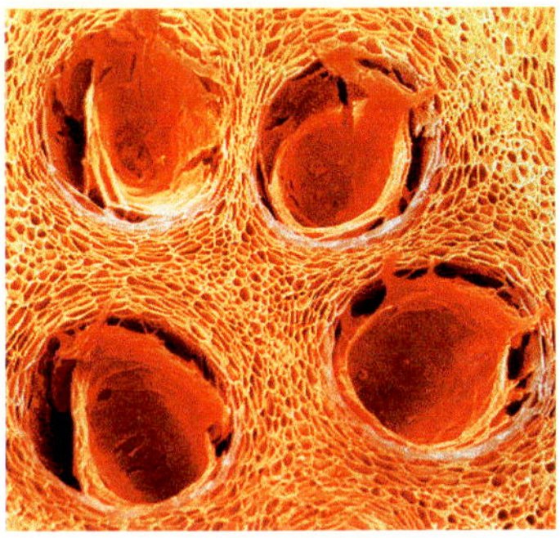
4 Duftstoffzellen in der Orangenschale

5 Mörser und Pistill

6 Nach Wasserzugabe

GRUNDLAGEN: Duftstoffe in Zitrusfrüchten

Zitrusfrüchte enthalten neben Wasser noch viele andere Stoffe, z.B. Zitronensäure, Vitamin C oder eben auch Duftstoffe. Diese Duftstoffe befinden sich vor allem in den Schalen der Früchte. Um aus dem Rohstoff „Zitrusfrucht" das Endprodukt „Zitrusparfüm" herzustellen, muss man in einem ersten Sschritt die Duftstoffe aus den Schalen herausholen. Man verfügt dann mehr oder weniger über einen Zitrusduftstoff.

GRUNDLAGEN: Mischungsverhältnisse

Bei einem Parfüm oder Erfrischungswasser handelt es sich nicht um einen reinen Stoff, sondern um ein Stoffgemisch. So findet man darin einen Alkoholanteil und einen bestimmten Anteil einer Duftstofflösung. Die Mengenverhältnisse der enthaltenen Stoffe können dabei ganz unterschiedlich sein. In einem Parfüm können z. B. 1 Anteil Alkohol und 9 Anteile Duftstofflösung enthalten sein.
Verändert man die Anteile, erhält man ein Stoffgemisch mit anderem Mischungsverhältnis. Farbe und Geruch dieses neuen Gemischs können deutlich anders ausfallen.

Duftstoffgewinnung aus Blüten

Duftstoffe findet man nicht nur in Zitrusfrüchten. Andere Pflanzen und speziell Schnittblumen bieten eine breite Palette an möglichen Duftstoffen. Überlege dir möglichst viele weitere Pflanzen, die aus deiner Sicht zur Duftstoffgewinnung geeignet sein könnten.

1 Es gibt zahllose Blütenpflanzen.

Beobachten Untersuchen ***Experimentieren***

2 Kaltpressen einer Blüte

1 Duftstoffextraktion aus Blüten
Nimm mehrere Blumenblüten nach Wahl. Versuche entsprechend zum Verfahren bei den Zitrusfrüchten die Duftstoffe zu gewinnen. Beschreibe deine Ergebnisse. ↑2

2 Destillieren mit Liebig-Kühler
Betrachte einen angeschlossenen Liebig-Kühler und verfolge den Weg des Kühlwassers. ↑3 Zeichne dann eine komplette Destillationsapparatur in dein Heft und kennzeichne:

a mit blauen Pfeilen den Weg des Kühlwassers
b mit grünen Pfeilen den Weg des Wasserdampfs bzw. Wassers
c mit Gelb eine günstige Platzierungsstelle für die Blütenblätter
d Färbe die Stellen der Apparatur mit Rot ein, von denen du meinst, dass sie zu heiß zum Anfassen sind.

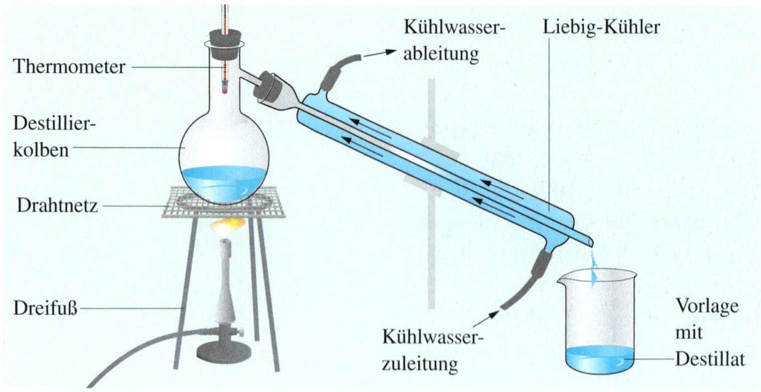

3 Destillationsapparatur (schematisch)

4 Destillation in der Praxis

GRUNDLAGEN: Stofftrennung mit heißem Wasserdampf

Das Extrahieren mit flüssigem Wasser ist eine einfache Möglichkeit, um verschiedene Stoffe voneinander zu trennen. Leider funktioniert diese Methode nicht immer. Es gibt Pflanzen, bei denen flüssiges Wasser die Duftstoffe nicht lösen kann. In einem solchen Fall muss man die Stoffe durch ein anderes Verfahren extrahieren.
Hier kann eine normale Destillationsapparatur weiterhelfen. ↑3
Mit ihr lässt sich eine Wasserdampfdestillation durchführen. Dabei werden die Duftstoffe ebenfalls mit Wasser abgetrennt – allerdings liegt das Wasser gasförmig als heißer Wasserdampf vor. In einem Strom von Wasserdampf befinden sich die Blüten, deren Duftstoffe gewonnen werden sollen. ↑5
Das Wasser im Kolben wird nun so stark erhitzt, dass es siedet und im Kolben aufsteigt. Dabei kommt es an der Anschlussstelle von Kolben und Liebig-Kühler mit den Blüten in Kontakt. Dadurch mischen sich die Duftstoffe mit dem Wasserdampf.
Durch das Kühlwasser, das im Liebig-Kühler strömt, kühlt sich der Wasserdampf wieder ab. Der Wasserdampf mit den Duftstoffen wird flüssig. Diese Flüssigkeit tropft schließlich in das Auffanggefäß. ↑6

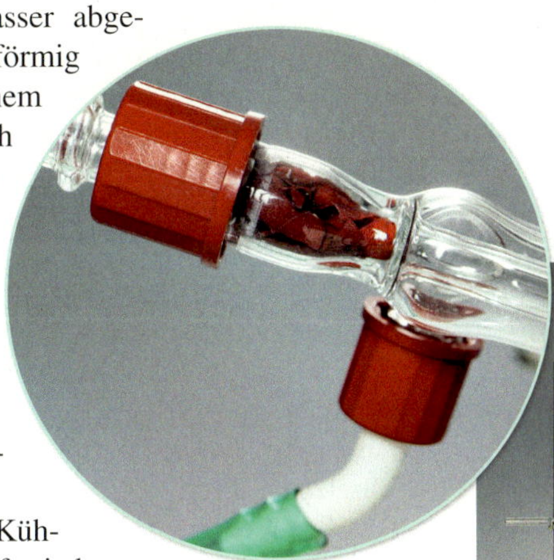
5 Blüte im Wasserdampfstrom

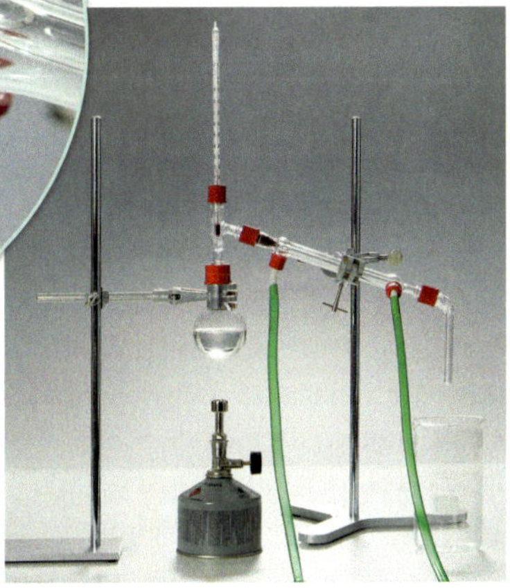
6 Wasserdampfdestillation

Kurz und knapp **Zum Extrahieren kann man heißes Wasser verwenden. Bei der Wasserdampfdestillation wird mit heißem Wasserdampf abgetrennt.**

Wissenswertes Extraktionsverfahren

Von etwa 2000 Pflanzenarten weiß man, dass sie sich zur Gewinnung von Duftstoffen eignen. Je nachdem, wo sich in der Pflanze die Duftstoffe befinden, wendet man verschiedene Extraktionsverfahren an. Hier nur zwei Beispiele:

Extraktion mit Lösemitteln
Auf Seite 43 haben wir Zitrusduftstoffe extrahiert – mit Wasser als Extraktionsmittel. Man kann aber auch andere Lösemittel verwenden. Oft eignet sich Alkohol gut als Extraktionsmittel, weil sich viele Duftöle in Alkohol besser lösen als in Wasser.

Extraktion mit Fett
Das Extraktionsmittel muss nicht unbedingt eine Flüssigkeit sein. Bei der Fettextraktion werden Glasplatten mit Schweineschmalz bestrichen und dann mit frischen Blüten bestreut. ↑7 Nach einigen Tagen hat das Fett die Duftstoffe herausgelöst. Das entstandene Fett-Duft-Gemisch, die Pomade, wird in Alkohol getaucht. Er löst die Duftstoffe heraus. Man erhält das feine Blütenöl.

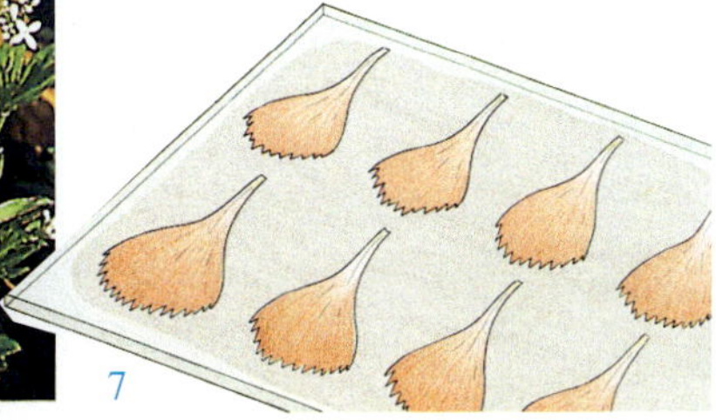
7

Überblick

Stoffe und Stoffgruppen

Man unterscheidet zwischen Gegenständen und den Materialien, aus denen Gegenstände bestehen: die Stoffe.
Es gibt Millionen verschiedener Stoffe. Deshalb teilt man sie in Stoffgruppen ein. Man unterscheidet z. B. Metalle, Mineralien oder Kunststoffe.

Eigenschaften von Stoffen

Jeder Stoff besitzt unterschiedliche Eigenschaften. Manche dieser Eigenschaften kann man mit den Sinnesorganen erfassen, z. B. die Farbe, den Geruch oder die Form. Zum Erkennen weiterer Eigenschaften benötigt man Hilfsmittel, z. B. einen Gasbrenner, eine Chemikalie oder einen Magneten. Manche Stoffeigenschaften sind auch messbar, z. B. die Schmelz- und Siedetemperatur eines Stoffs oder die elektrische Leitfähigkeit. Die Eigenschaften eines Stoffs sind für ihn charakteristisch und bestimmen seine Verwendung.

Reinstoffe und Stoffgemische

Eisen, Wasser oder Zucker sind Stoffe, die mit keinem anderen Stoff vermischt sind: Man spricht von Reinstoffen.
Milch, Schwarztee oder auch die Luft sind Stoffe, die aus verschiedenen Reinstoffen bestehen: Man spricht von Stoffgemischen.

Stoffgemische kann man trennen

Im Gegensatz zu Reinstoffen kann man Stoffgemische wieder in die einzelnen Reinstoffe trennen. Dazu eignen sich verschiedene Trennverfahren:

- Auslesen
- Sieben
- Extrahieren
- Filtrieren
- Absetzen lassen
- Flüssigkeit eindampfen lassen
- Destillieren
- Chromatografieren

1 Goldwäsche – auch eine Stofftrennung

2 Filtrieren

3 Festes Blei

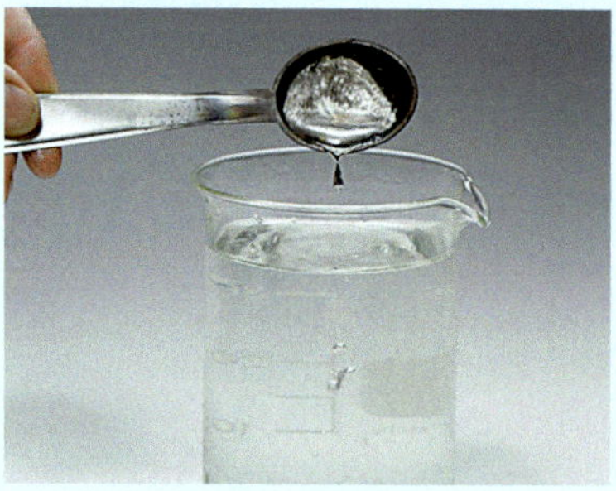

4 Schmelzendes Blei

5 Absetzenlassen eines Feststoffs in einer Flüssigkeit

Diese Eigenschaften erkennt man …		
… mit den Sinnesorganen	… mit einfachen Hilfsmitteln	… mit Messgeräten
– Farbe – Geruch – Geschmack – Form – Oberfläche	– elektrische Leitfähigkeit – Wärmeleitfähigkeit – Brennbarkeit – Löslichkeit – Härte	– Siedetemperatur – Schmelztemperatur

6 Wichtige Gefahrstoffsymbole

Alles klar?

1 Zähle Gemische auf, die es in eurer Küche gibt. Nenne die Stoffe, aus denen sie bestehen.

2 Für Nudeln verwendet man einen Durchschlag oder ein großes Sieb, für Kaffee einen Filter. Begründe.

3 Rohsalz enthält außer Kochsalz noch andere Stoffe, z. B. Sand. Mit welchem Trennverfahren würdest du reines Kochsalz gewinnen? Begründe.

4 Beschreibe den wesentlichen Unterschied zwischen Eindampfen und Destillieren.

5 Nenne mehrere Möglichkeiten, wie man Meerwasser entsalzen kann.

6 Oft läuft beim Filtrieren die Flüssigkeit erst schnell, dann immer langsamer durch den Filter. Woran liegt es?

Mein Körper – meine Gesundheit

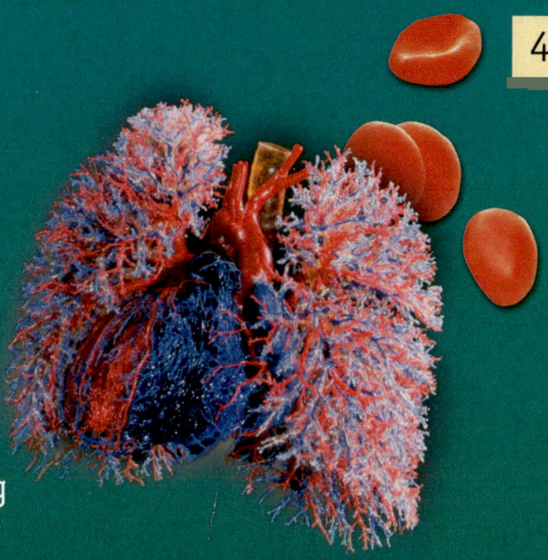

Wenn du deinen eigenen Körper kennst, kannst du besser auf deine Gesundheit achten und fit bleiben.
Dein ganzes Leben lang schlägt dein Herz. Du musst ständig atmen und Tag für Tag essen und trinken. Was die einzelnen Teile deines Körpers dabei leisten, ist erstaunlich. Noch viel erstaunlicher ist aber ihr perfektes Zusammenspiel.
Unser Körper bleibt nicht gleich, er durchläuft verschiedene Phase der Entwicklung. Mit der Pubertät beginnt eine aufregende, manchmal auch schwierige Zeit.

Lecker und gesund

Nahrung enthält die Energie, die wir zum Leben brauchen: zum Wachsen, Atmen, Laufen oder Lernen. Wer sich richtig ernährt, bleibt gesund, fühlt sich wohl und kann in Schule und Freizeit sein Bestes geben.

1 „Du bist, was du isst!“ Sicher hast du diesen Spruch schon oft gehört. Was könnte er für dich bedeuten?

2 Bei einem gemeinsamen Essen kannst du in vieler Hinsicht Energie tanken.

3 Auch Freizeitsport kann ganz schön anstrengend sein. Woher kommt die benötigte Energie?

4 Was steckt in Brot, Milch, Pommes und Orangensaft?

5 Wir nehmen täglich neue Nahrung auf. Doch wie geht der Körper anschließend damit um?

6 Diese Lebensmittel sind vitaminreich. Warum sind Vitamine für uns lebensnotwendig?

Pommes, Chips und Co. – alles verboten?

Wer eine Zeit lang bewusst Werbung schaut, dem fällt auf, dass sehr viel für Fast Food und Knabbereien geworben wird.
Die Werbung vermittelt Spaß mit Freunden und ein cooles Lebensgefühl. Man vergisst, dass gerade diese Produkte oft ungesund sind. Hat man die Tüte Chips erst gekauft, dann isst man sie auch sehr schnell auf, obwohl man gar keinen Hunger mehr hat. Auch dieses Essverhalten wird bewusst erzeugt, wie du beim Chipstest merken wirst.
Wie kann man sich aber gesund ernähren?

1 Das schmeckt aber gut!

Beobachten Untersuchen Experimentieren

Fooddesign am Beispiel von Kartoffelchips

Vier unbekannte Proben unterschiedlicher Kartoffelchips werden auf folgende Eigenschaften getestet: ↑3

- Aussehen
- Geschmack
- Kaugeräusche
- Fettigkeit der Finger
- Stärke des Speichelflusses
- Gefühl im Mund

Es ist angenehm, beim Draufbeißen ein lautes Krachen hervorrufen zu können. Beim Kauen der Chips wird, durch Fett und Salz ausgelöst, starker Speichelfluss erzeugt. Dieser bewirkt das Verlangen nach weiteren Chips. Fooddesigner entwickeln daher Lebensmittel, die beim Essen mehr Speichelfluss auslösen als notwendig.

2 Infotext

3 Schülerin beim Chipstest

1 Notiert eure Testergebnisse. Stellt sie anschließend in einer Tabelle zusammen.
Welche Eigenschaften hat eure „Lieblingssorte“?

2 Werte den Informationstext im Kasten links aus. ↑2 Fasse die Absichten der Fooddesigner zusammen.

3 Betrachtet die Verpackung teurer und preiswerter Kartoffelchips. Ermittelt die Unterschiede.

4 Vergleicht die Energiegehalte der in der Tabelle angegebenen Fast-Food-Produkte mit eurem täglichen Energiebedarf.
Zieht daraus Schlussfolgerungen für eure Ernährung.

Energiegehalte

Produkt	Energie (kJ)
Hamburger	1 087
Pommes frites (mittlere Portion)	1 454
Currywurst	2 378

4 Energiegehalt von Fastfood-Produkten

GRUNDLAGEN: Gesunde Ernährung

Natürlich sind Currywurst und Pommes nicht grundsätzlich verboten. Sie enthalten aber meist viel Fett und kaum Vitamine, Mineralstoffe oder Ballaststoffe. Daher sollten sie eher selten gegessen werden, denn wir brauchen alle Nähr- und Ergänzungsstoffe, um gesund zu bleiben. ↑S. 9 und 11
Von Wissenschaftlern entwickelte Ernährungspyramiden vermitteln uns Tipps zur gesunden Ernährung: Wenn du täglich Nahrungsmittel aus jeder Stufe isst, dann ist deine Ernährung abwechslungsreich. Je größer die Stufe ist, desto größer sollte der Anteil dieser Nahrungsmittel sein. ↑5
Außerdem gibt es ein paar einfache Grundregeln, die man beachten sollte, wenn man sich gesund ernähren will. ↑Tabelle

6 Verteilung der Energieaufnahme

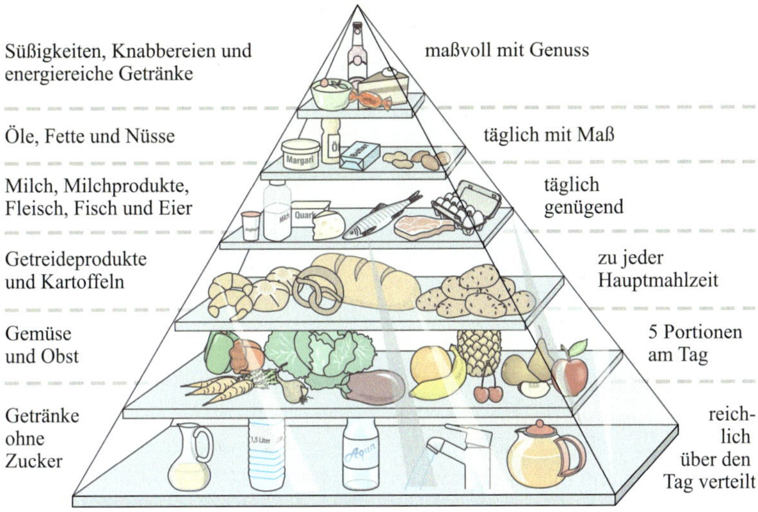

5 Beispiel für eine Ernährungspyramide

Grundregeln für eine gesunde Ernährung
1. Ernähre dich abwechslungsreich.
2. Nimm kleinere Mahlzeiten zu dir – iss dafür öfter.
3. Iss täglich Obst und Gemüse.
4. Achte auf genügend Eiweiß.
5. Iss weniger Speisen, die reich an tierischen Fetten sind.
6. Nimm möglichst selten Süßigkeiten zu dir.
7. Sei sparsam mit Kochsalz.
8. Trinke ausreichend Wasser.

Kurz und knapp **Zur gesunden Ernährung gehört eine abwechslungsreiche Nahrung mit allen Nähr- und Ergänzungsstoffen. Die tägliche Nahrungsmenge sollte auf fünf Mahlzeiten verteilt werden.**

Arbeitsaufträge

1 Notiere einen Tag lang alles, was du isst. Entspricht dein „Speiseplan" einer gesunden Ernährung?

2 Lest die Regeln zur gesunden Ernährung. Beachtet dabei die Vorschläge der DGE (www.dge.de). Formuliert Empfehlungen zur Veränderung eigener Ernährungsgewohnheiten.

3 Begründe, warum die Lebensmittel aus den oberen Etagen der Ernährungspyramide seltener gegessen werden sollten.

4 „Fünf am Tag?" und „fitkid": Was steckt hinter diesen Aktionen der DGE (www.dge.de)? Berichte.

5 Recherchiere nach Rezepten für gesunde Knabbereien für den nächsten Fernsehabend oder die nächste Geburtstagsparty.

6 Begründe, warum fünf kleinere Mahlzeiten am Tag günstiger sind als zwei sehr große. Verwende dazu die Abbildungen ↑6 und 7.

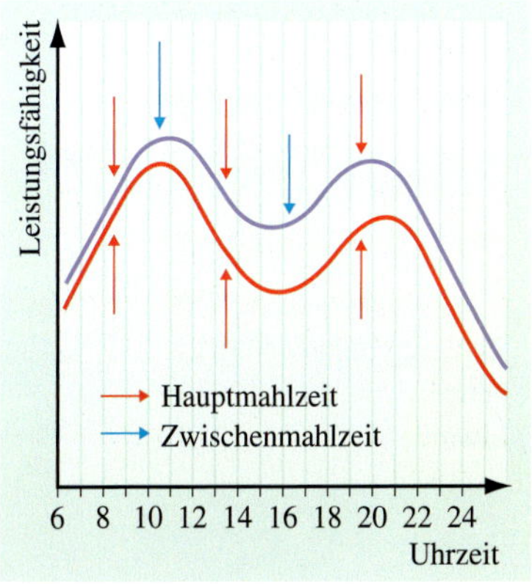

7 Tagesleistungskurven

Was steckt in unserer Nahrung?

Egal, ob Nudeln, Pizza oder Hamburger – müssten wir jeden Tag dasselbe essen, hätten wir auch von unserem Lieblingsgericht bald genug. Astronauten haben es da weniger gut. Sie bekommen getrocknete oder vorgekochte und eingefrorene Gerichte, die sie im Mikrowellengerät garen müssen. Damit werden sie zwar mit allen Nährstoffen versorgt, aber ihr Essen schmeckt recht eintönig.
Welche Nährstoffe stecken in unserer Nahrung und welche Bedeutung haben sie?

1 Astronautennahrung (unten) und ein „irdisches" Essen (oben)

Beobachten Untersuchen Experimentieren

Untersuchung von Nährstoffangaben

Auf den meisten Lebensmittelverpackungen findet sich eine Nährwerttabelle. ↑2 Durch einen Vergleich dieser Angaben kann man bereits vieles über die Zusammensetzung von Nahrungsmitteln lernen.

1 Vergleiche Nährwertangaben, zum Beispiel von Gouda und Frischkäse, Chips und Salzstangen, Schoko- und Müsliriegeln.
2 Suche auch nach Angaben zu Farbstoffen, Konservierungsstoffen und Verdickungsmitteln.
3 Welche Bestandteile der Nahrung werden am häufigsten aufgelistet? Notiere.
4 Erläutere mithilfe der Tabelle unten den Energiegehalt des jeweiligen in Aufgabe 1 genannten Nahrungsmittels.

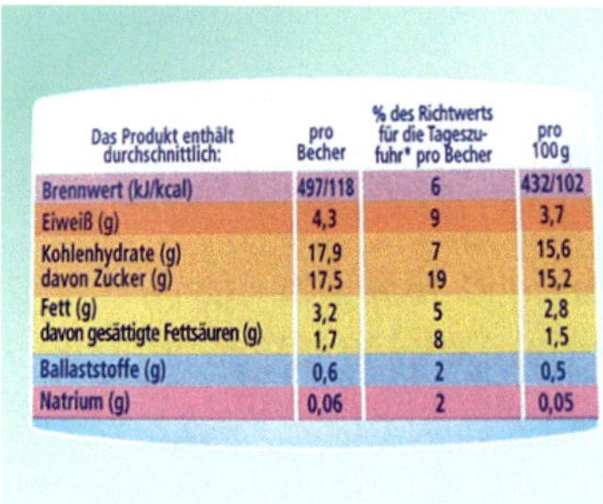

Das Produkt enthält durchschnittlich:	pro Becher	% des Richtwerts für die Tageszufuhr* pro Becher	pro 100 g
Brennwert (kJ/kcal)	497/118	6	432/102
Eiweiß (g)	4,3	9	3,7
Kohlenhydrate (g)	17,9	7	15,6
davon Zucker (g)	17,5	19	15,2
Fett (g)	3,2	5	2,8
davon gesättigte Fettsäuren (g)	1,7	8	1,5
Ballaststoffe (g)	0,6	2	0,5
Natrium (g)	0,06	2	0,05

2 Nährwerttabelle

GRUNDLAGEN: Nährstoffe als Bau- und Betriebsstoffe

Energiegehalt der Nährstoffe	
Nährstoff (1 g)	Energiegehalt
Kohlenhydrate	18 kJ
Fette	39 kJ
Eiweiße	17 kJ

Unsere Lebensmittel stammen immer von Pflanzen, Tieren oder Pilzen. Manchmal sind sie aber so verarbeitet, dass man ihre Herkunft nicht mehr erkennen kann. Beispielsweise werden Spaghetti und andere Nudelsorten aus zermahlenen Getreidekörnern und Wasser hergestellt. Das Hackfleisch in der Soße besteht aus zerkleinertem Muskelfleisch und Fett vom Schwein oder vom Rind. Das Tomatenmark für die Soße wird aus eingedicktem Tomatenpüree gewonnen.
Fette, Eiweiße und Kohlenhydrate werden als Nährstoffe bezeichnet. Lebensmittel enthalten meist verschiedene Nährstoffe, von denen einer überwiegen kann. ↑5

Baustoffe und Betriebsstoffe Nährstoffe werden nicht nur als Energielieferanten genutzt. Für das Wachstum des Körpers, den Aufbau von Muskeln und zur Heilung von Verletzungen müssen auch ständig Baustoffe geliefert werden. Hast du gewusst, dass dein Körper alle fünf Jahre stofflich vollständig erneuert wird? Je nach Funktion unterteilen wir die Nährstoffe in Bau- und Betriebsstoffe.

Kohlenhydrate Sie werden ursprünglich durch die Umwandlung von Sonnenlicht in den Pflanzen gebildet (Fotosynthese). Wir erhalten sie daher fast ausschließlich aus pflanzlichen Nahrungsmitteln. Zu den Kohlenhydraten gehören verschiedene Zucker und die Stärke. Zucker sind auf natürliche Weise zum Beispiel in Früchten und Honig enthalten und bilden den „Grundbaustein" anderer Kohlenhydrate: So besteht Stärke aus vielen „Zuckerbausteinen". ↑S. 13 Häufig nehmen wir Kohlenhydrate in Form von Stärke zu uns. Sie ist in Kartoffeln und Getreide, also auch im Brot, in großen Mengen enthalten. Kohlenhydrate sind ergiebige Energielieferanten und zählen somit zu den Betriebsstoffen. ↑4

Fette Nahrungsfette sind noch energiereichere Betriebsstoffe als Kohlenhydrate. Man unterscheidet pflanzliche und tierische, flüssige und feste Fette. Flüssige Fette bezeichnet man als Öle, sie werden durch das Auspressen fetthaltiger Pflanzenteile gewonnen (z. B. Olivenöl). Aufgrund des hohen Energiegehalts sollte unsere Nahrung relativ fettarm sein, da man schnell den täglichen Bedarf überschreitet. Überschüssiges Fett aus der Nahrung wird in körpereigenes Fett umgewandelt und gespeichert.

Eiweiße Auch sie enthalten Energie, werden aber hauptsächlich als Baustoffe in körpereigene Eiweiße umgewandelt. Muskeln, Haare und Fingernägel bestehen zu einem Großteil aus Eiweißen. Wir müssen täglich Eiweiß aufnehmen, um Körperbestandteile aufzubauen und zu erneuern. Besonders viele Eiweiße sind in Fleisch, Fisch, Hühnerei und Milchprodukten enthalten, aber auch Hülsenfrüchte sind eiweißhaltig.

Kurz und knapp **Lebensmittel unterscheiden sich in ihrem Gehalt an Nährstoffen. Zu den Nährstoffen gehören Eiweiße, Fette und Kohlenhydrate. Die Nährstoffe werden im Körper als Baustoffe und Betriebsstoffe benötigt.**

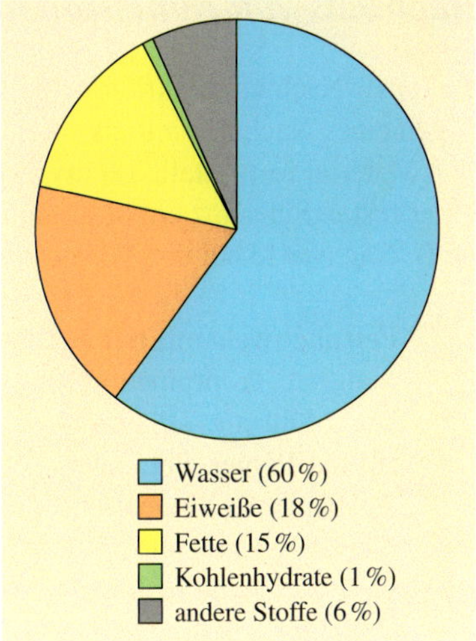

3 Stoffe im Körper eines Erwachsenen

4 Kohlenhydratreiche Lebensmittel

Arbeitsaufträge

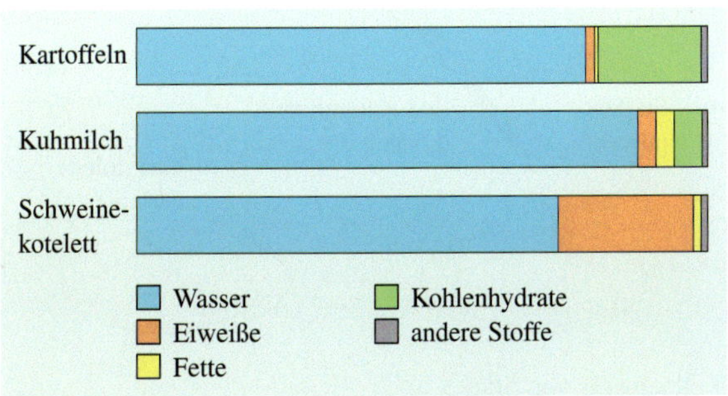

5 Zusammensetzung einiger Nahrungsmittel

1 Erläutere die Begriffe „Baustoff" und „Betriebsstoff". Ordne ihnen die im Text genannten Nährstoffe zu.
2 Informiere dich anhand von Verpackungsetiketten über den Nährstoffgehalt verschiedener Müslisorten. Vergleiche.
3 Begründe, warum für Kinder eiweißhaltige Nahrung besonders wichtig ist.
4 Vergleiche die Zusammensetzung des Körpers mit der von Lebensmitteln. ↑3 und 5

Methode

Nachweis von Nährstoffen

Bei einer Nachweisreaktion wird meist durch Hinzufügen eines Nachweismittels zu einem zu untersuchenden Material festgestellt, ob in einer Lösung oder einer festen Substanz ein bestimmter Stoff vorliegt (z. B. Nachweise bei den Versuchen 2 bis 4).

1 Fettnachweis mit der Fettfleckprobe

Material: Tropfpipette, Pergamentpapier, Speiseöl
Durchführung: Gib ein bis zwei Tropfen Speiseöl auf das Papier. Betrachte nach etwa 15 Minuten das Papier im Gegenlicht. Ein durchscheinender Fleck zeigt Fett an.
Aufgabe: Prüfe Erdnüsse, eine Kartoffelscheibe, Vollmilchschokolade und Milch auf Fett.

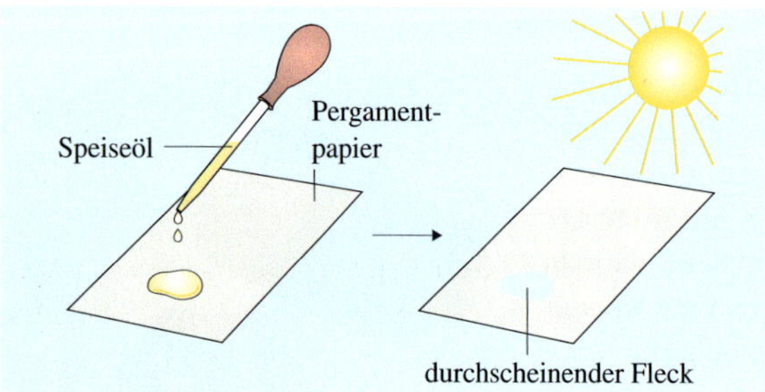

1 Nachweis von Fett

2 Traubenzuckernachweis mit Teststreifen

Material: Tüpfelplatte oder Uhrgläschen, Tropfpipette, Traubenzuckerlösung
Durchführung: Gib zwei bis drei Tropfen der Traubenzuckerlösung in die Vertiefung der Tüpfelplatte oder auf ein Uhrgläschen. Tauche den Teststreifen ein. Seine Verfärbung zeigt Traubenzucker an.
Aufgabe: Prüfe Obst-, Gemüsesäfte und Kochwasser von Kartoffeln auf Traubenzucker.

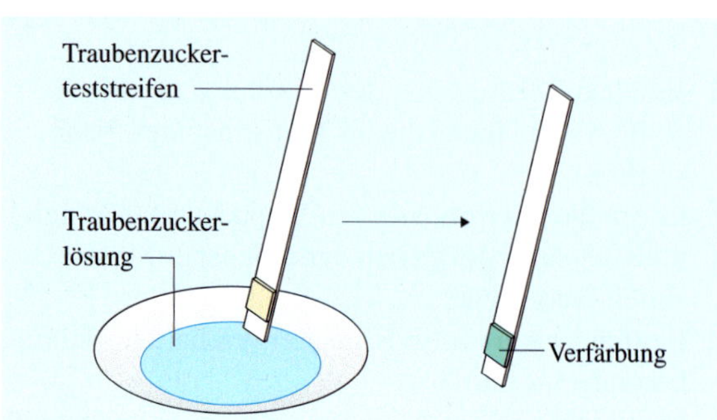

2 Nachweis von Traubenzucker

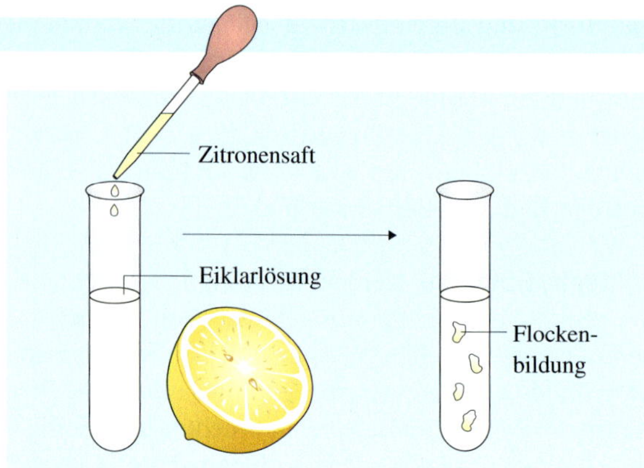

3 Nachweis von Eiweiß

3 Eiweißnachweis mit Säuren

Material: Reagenzglas, Tropfpipette, Zitronensaft oder Essig, Eiklarlösung (Eiklar und Wasser 1:1 mischen und schütteln)
Durchführung: Gib 3 ml Eiklarlösung in das Reagenzglas und füge einige Tropfen Zitronensaft oder Essig hinzu.
Die Ausflockung zeigt Eiweiße an.
Aufgabe: Prüfe Milch, Olivenöl, Kochwasser von Pilzen und Kartoffeln auf Eiweiße.

4 Stärkenachweis mit Iod-Kaliumiodid-Lösung

Material: Uhrgläschen, Spatel, Tropfpipette, Iod-Kaliumiodid-Lösung, Stärkepulver
Sicherheitshinweis: Iod-Kaliumiodid-Lösung ist gesundheitsschädlich und umweltgefährlich!
Durchführung: Gib eine Spatelspitze voll Stärkepulver in die Vertiefung der Tüpfelplatte oder auf das Uhrgläschen und tropfe mit der Pipette zwei bis drei Tropfen Iod-Kaliumiodid-Lösung auf. Die blauviolette Verfärbung zeigt Stärke an.
Aufgabe: Prüfe Mehl, eine Kartoffelscheibe, Bockwurst und Nudeln auf Stärke.

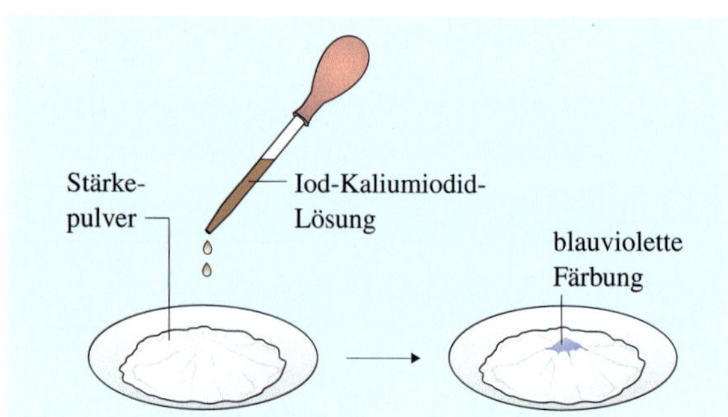

4 Nachweis von Stärke

GRUNDLAGEN: Auch Ergänzungsstoffe sind unentbehrlich

Vitamine Sie liefern keine Energie, sind aber für viele Lebensvorgänge unentbehrlich. Die meisten Vitamine kann der Körper nicht selbst herstellen. Deshalb müssen sie mit der Nahrung aufgenommen werden. Wir benötigen nur geringe Mengen an Vitaminen. Ein bekanntes Beispiel ist das Vitamin C. ↑6 Wenn Vitamine in der Nahrung fehlen, dann können Vitaminmangelkrankheiten auftreten.

Mineralstoffe und Spurenelemente Diese benötigen wir ebenfalls nur in geringen Mengen. Ein Beispiel ist das Calcium. Es ist am Bau von Knochen und Zähnen beteiligt. Milchprodukte sind unsere wichtigste Calciumquelle. Auch Magnesium, Fluor, Eisen und Iod sind im Stoffwechsel unentbehrlich (z. B. Eisen als Bestandteil des roten Blutfarbstoffs).

7 Vollkornbrot und Gemüse enthalten besonders viele Ballaststoffe.

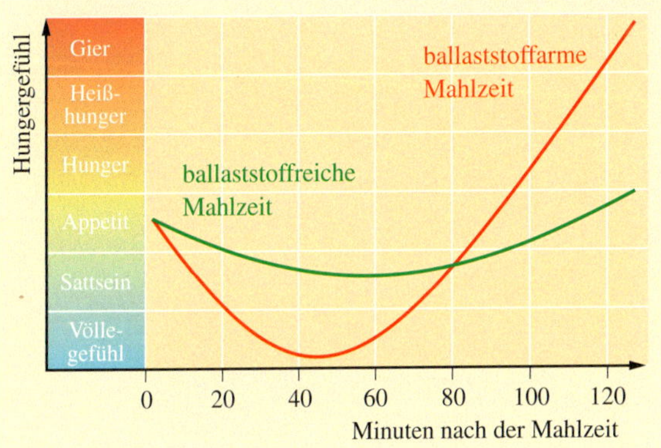

5 Wirkung von Ballaststoffen auf das Hungergefühl

Einige Vitamine

Vitamin	Wirkung	Vorkommen
A	Funktion von Haut und Augen	Fleisch, Eier, Karotten, Spinat
B	Nervensystem, Blutbildung	Eier, Leber, Milch
C	Fördert Abwehrkräfte	Zitrusfrüchte, Paprika, Kohl, Kartoffeln, Kiwi
D	Regelt den Knochenaufbau	Fisch, Eier, Pilze, Milchprodukte

6 Vitamine sind unentbehrlich.

Ballaststoffe Das sind unverdauliche Nahrungsbestandteile (z. B. Cellulose). Diese in Pflanzen enthaltenen Stoffe liefern keine Energie, unterstützen aber die Verdauung. Ein Mangel an Ballaststoffen führt zu Verstopfung oder Durchfall. Außerdem regulieren Ballaststoffe den Appetit. ↑5

Wasser Es ist ein weiterer lebenswichtiger Nahrungsbestandteil und wirkt im Körper als Transport- und Lösemittel. Wir bestehen zu 70 Prozent aus Wasser und scheiden täglich 2 bis 3 Liter beim Schwitzen und mit dem Harn aus. Es muss regelmäßig ersetzt werden, am besten durch Mineralwasser, Fruchtsaftschorlen oder ungesüßten Tee.

Kurz und knapp **Zur gesunden Ernährung gehört eine abwechslungsreiche Nahrung mit Kohlenhydraten, Eiweißen und Fetten sowie Vitaminen, Mineralstoffen, Ballaststoffen und Wasser.**

Schon gewusst?

Limonaden und Cola enthalten viel Zucker. In einem großen Glas Cola befindet sich eine Zuckermenge, die etwa 11 Stückchen Würfelzucker entspricht.

Arbeitsaufträge

1 Stelle mit Vitamin-C-Teststreifen fest, wie viel Vitamin C jeweils enthalten ist: in frisch gepresstem Zitronensaft, heißem Zitronensaft, rohem Sauerkraut, gekochtem Sauerkraut. Erstelle eine Regel für die Zubereitung Vitamin-C-reicher Lebensmittel.

2 Fülle in zwei Reagenzgläser 2 cm hoch Couscous. Gib in eins der Gläser 5 ml Wasser. Beobachte und beschreibe. Stell dir vor, das Beobachtete sei in deinem Magen passiert. Erläutere die Wirkung mithilfe der Abbildung ↑5.

Verdauung – was geschieht mit unserer Nahrung?

Iss nicht so viel Pizza, die legt sich auf die Hüften! Natürlich lagert sich nicht die Pizza auf der Hüfte ab, dennoch enthält dieser beliebte Spruch ein Körnchen Wahrheit. Unser Verdauungssystem wandelt die Nährstoffe aus der Pizza in Stoffe um, die im Körper transportiert und verarbeitet werden können. Überschüssige Nährstoffe werden als Körperfett gespeichert.
Wie wirken die Organe des Verdauungssystems bei dieser Umwandlung der Stoffe aus der Nahrung zusammen?

1 Wie wird die Pizza im Körper „weiterverarbeitet"?

Beobachten Untersuchen Experimentieren

Verdauungsorgane – ein Puzzle mit vielen Teilen
An einem Körpermodell (Torso im Biologieraum) kann man sich die „Stationen" der Verdauung veranschaulichen und den Weg der Nahrung erkunden.
Verschaffe dir mithilfe des Körpermodells einen Überblick über die Lage der Verdauungsorgane.

1 Lege das Modell sorgfältig auseinander. Beschrifte mithilfe deiner Lehrerin oder deines Lehrers jedes Organ mit einem Etikett.
2 Beschreibe das Aussehen der einzelnen Organe und ihre Lage zueinander.
3 Überlege, woran man erkennen kann, ob der Nahrungsbrei durch ein Organ fließt (Verdauungsorgan) oder nicht (Anhangsorgan). Sortiere die Organe in Verdauungsorgane und Anhangsorgane.
4 Lege zunächst die Verdauungsorgane untereinander, baue dann das Körpermodell wieder zusammen. Merke dir, in welchen Bereichen Anhangsorgane mit dem Verdauungstrakt verbunden sind.
5 Notiere in deinem Heft die Verdauungsorgane in der Reihenfolge ihrer Lage im Körper untereinander. Ergänze daneben an den entsprechenden Stellen die Anhangsorgane. Vergleiche deine Notizen mit Abbildung ↑2.
6 Vergleiche das Körpermodell mit der Abbildung ↑2. Beschreibe, was in der Abbildung im Vergleich zum Modell vereinfacht dargestellt ist.

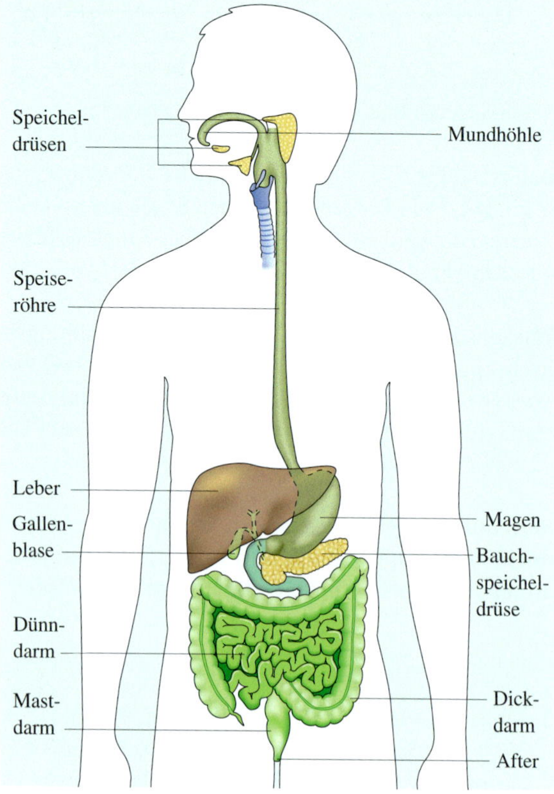

2 Verdauungsorgane des Menschen

GRUNDLAGEN: Die Verdauung beginnt im Mund

Verdauungssystem Die Verdauung gelingt nur, wenn die einzelnen Organe geordnet zusammenarbeiten. Daher fasst man sie zu einer Einheit, zum Verdauungssystem, zusammen. ↑2 Jedes Verdauungsorgan erfüllt eine spezielle Funktion, um aus der Nahrung die für den Körper wichtigen Grundbausteine der Nährstoffe zu gewinnen.

Zerkleinerung der Nahrung Feste Nahrung wird mit den Zähnen zerkleinert. Deshalb sind sie mit Zahnschmelz – dem härtesten Stoff im Körper – überzogen. Im Gebiss des Menschen erfüllen Schneide-, Eck- und Backenzähne unterschiedliche Funktionen. Sie ermöglichen das Abbeißen, Festhalten und Zermahlen der Nahrung. ↑S. 16

Gut gekaut ... Wenn ein Nahrungsbrocken mit den Zähnen zerkleinert wird, vergrößert sich seine Gesamtoberfläche. Der Mundspeichel hat nun eine größere „Angriffsfläche“. Er enthält einen Wirkstoff, der den Beginn der Verdauung von Stärke bewirkt. Das erkennst du am süßen Geschmack, der entsteht, wenn du ein Stück Weißbrot sehr lange kaust: Die kleinsten Teilchen der „geschmacklosen“ Stärke werden in Zucker gespalten. Zudem macht Speichel die Nahrungsbrocken gleitfähig und tötet schädliche Bakterien ab, die in der Nahrung vorkommen können.

... ist halb verdaut Die Stoffe, die die Spaltung der Nährstoffe in ihre „Bausteine“ bewirken, nennt man Verdauungsenzyme. Der Mundspeichel enthält ein Stärke spaltendes Verdauungsenzym. ↑3 Genauso wie die Stärke werden auch andere Kohlenhydrate sowie Eiweiße und Fette bei der Verdauung in ihre „Bausteine“ gespalten. ↑4

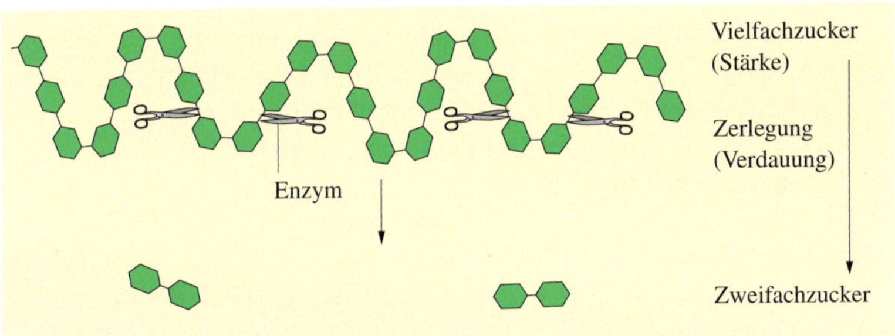

3 Stärkespaltung durch das Verdauungsenzym des Mundspeichels

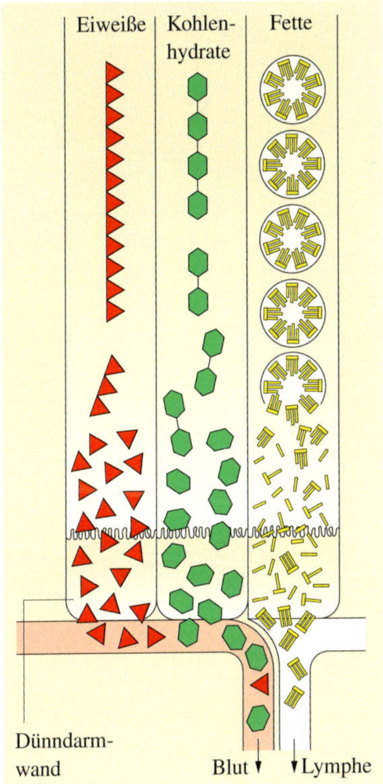

4 Nährstoffe werden in ihre einzelnen Bausteine gespalten.

Kurz und knapp **In den Verdauungsorganen werden Nährstoffe durch Enzyme in ihre Bausteine gespalten. Im Mund beginnt die Spaltung von Stärke. Vorher wird die Nahrung mit den Zähnen zerkleinert.**

Arbeitsaufträge

1 Mache dir die Oberflächenvergrößerung durch die Zerkleinerung der Nahrung an einem Modell klar. *Tipp:* Schneide dazu ein quaderförmiges Stück aus einem Apfel. Wie gehst du weiter vor?

2 Schreibe einen kurzen Text, der die in Abbildung ↑4 dargestellten Vorgänge erläutert.

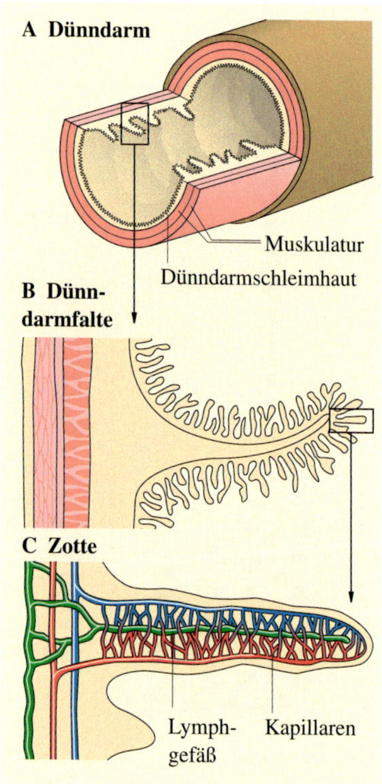

1 Aufbau der Dünndarmwand

Schon gewusst?

Der Dünndarm hat die Funktion, die Nährstoffbausteine in das Blut aufzunehmen. Die vielfach gefaltete Struktur der Darmwand erfüllt diese Funktion besonders gut. Durch die sehr große Oberfläche können viele Stoffteilchen pro Zeiteinheit hindurchgelangen.

GRUNDLAGEN: Verdauungsvorgänge im Magen und im Dünndarm

Durch die Speiseröhre in den Magen Durch das Schlucken gelangt der Nahrungsbrei in die Speiseröhre. Diese transportiert ihn aktiv durch Muskelbewegungen in den Magen. Der Magen hat ein Fassungsvermögen von etwa 1,5 Litern. Er ist von einer drüsenreichen Schleimhaut ausgekleidet. Die Drüsen geben Magensaft mit Salzsäure und Verdauungsenzymen ab. Die Salzsäure tötet Krankheitserreger ab und bereitet die Eiweißverdauung durch die Verdauungsenzyme des Magensafts vor. Die Schleimhaut schützt den aus Muskeleiweiß bestehenden Magen vor Selbstverdauung. Nach einer Verweildauer von einer Stunde bis zu acht Stunden gelangt der schon zum Teil verdaute Nahrungsbrei durch den verschließbaren Magenausgang (Pförtner) in den Dünndarm. Fettreiche Speisen wie die Weihnachtsgans bleiben die längste, kohlenhydratreiche Speisen wie ein Frühstücksbrötchen die kürzeste Zeit im Magen.

Verdauung und Nährstoffaufnahme im Dünndarm Im etwa vier Meter langen Dünndarm werden neben Kohlenhydraten und Eiweißen auch Fette verdaut. Dies erfolgt durch Verdauungssäfte mit Verdauungsenzymen aus der Dünndarmwand und der Bauchspeicheldrüse. Der aus der Gallenblase abgesonderte Gallensaft unterstützt die Fettverdauung. ↑S.15
Die durch die Verdauung gebildeten Bausteine der Nährstoffe können in die Blut- und Lymphgefäße der Darmwand aufgenommen werden. ↑S.13/4 Mineralstoffe und Vitamine gelangen hier ebenfalls ins Blut. Die innere Dünndarmwand ist vielfach gefaltet. Auf den Dünndarmfalten findet man weitere Ausstülpungen, die Zotten. ↑1 Dadurch ist die innere Oberfläche des Darms stark vergrößert. Dies ermöglicht eine besonders gute Aufnahme der Nährstoffbausteine.

Wasserentzug im Dickdarm Unverdauliche Nahrungsreste (z. B. Ballaststoffe) gelangen in den etwa 1 m langen Dickdarm. Hier werden ihnen große Mengen Wasser entzogen. Die Nahrungsreste werden dadurch eingedickt, als Kot in den letzten Darmabschnitt, den Mastdarm, transportiert und durch den After ausgeschieden.

Kurz und knapp **Die Verdauung wird im Magen und im Dünndarm schrittweise fortgesetzt. Die dadurch gebildeten Bausteine der Nährstoffe werden in Blut- und Lymphgefäße der Dünndarmwand aufgenommen. Nun können sie in alle Körperteile transportiert werden.**

Arbeitsaufträge

1 Probiere liegend mit einem Strohhalm zu trinken. Was beobachtest du? Ziehe eine Schlussfolgerung über die Transportleistung der Speiseröhre.

2 Speisen haben eine sehr unterschiedliche Verweildauer im Magen – Obst: 2 Stunden, Weißbrot: 2 Stunden, Fleisch: 4 Stunden, Räucherfisch: 7 Stunden. Was schließt du daraus?

3 Stelle in einer Tabelle die Verdauungsvorgänge in Mundhöhle, Magen und Dünndarm zusammen.

4 Durch die Faltung seiner Wand hat der Dünndarm bei einer Länge von 4 m und einem Durchmesser von 2,5 cm eine Fläche von 200 m^2. Berechne die Innenfläche eines Gartenschlauchs, der die gleiche Länge und den gleichen Durchmesser wie der Dünndarm hat. Vergleiche.

5 Sammelt Informationen über häufige Erkrankungen des Verdauungssystems. Berichtet in Kurzvorträgen über deren Ursachen und Heilungschancen.

Beobachten Untersuchen **Experimentieren**

Wir untersuchen Verdauungsvorgänge

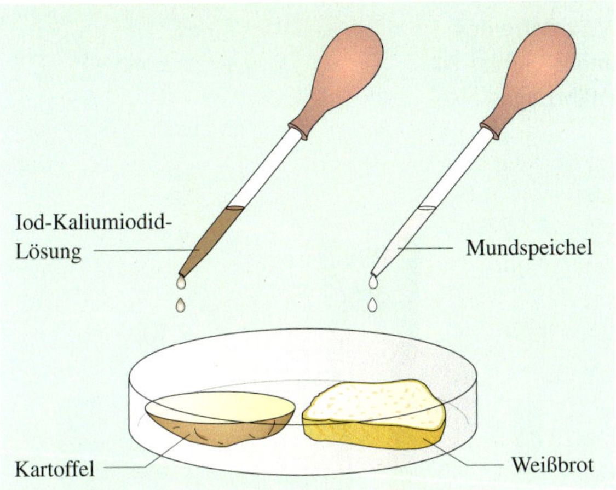

2 Versuch zur Wirkung des Mundspeichels

1 Wirkung des Mundspeichels

Material: Petrischale, Iod-Kaliumiodid-Lösung, Pellkartoffeln, Weißbrot
Sicherheitshinweis: Iod ist gesundheitsschädlich und umweltgefährlich!
Durchführung: Lege in eine Schale eine Scheibe einer Pellkartoffel und eine Scheibe Weißbrot. Gib auf jede Scheibe an zwei Stellen einen Tropfen Iod-Kaliumiodid-Lösung. Beträufle dann eine dieser Stellen auf jeder Scheibe mit Mundspeichel.
Auswertung: Beobachte und notiere das Ergebnis. Überlege, welche Wirkung Mundspeichel ausübt, und erläutere, welcher Nährstoff durch Mundspeichel zerlegt wird.

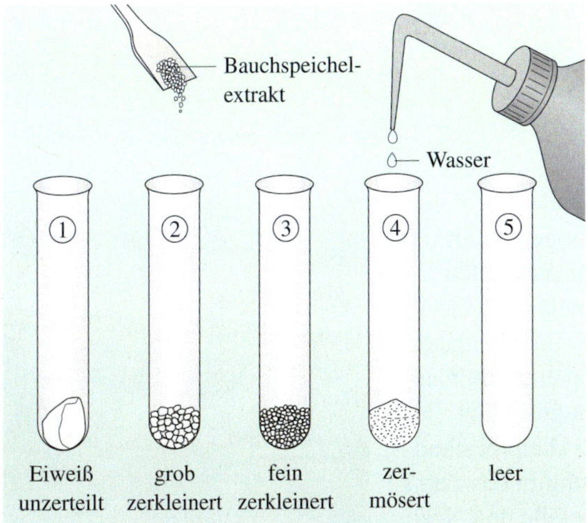

3 Versuch zur Wirkung von Bauchspeichel

2 Wirkung des Bauchspeichels

Material: 5 Reagenzgläser, Messer, Mörser und Pistill, wasserfester Stift, gekochtes Ei, Bauchspeichelextrakt, Wasser
Durchführung: Beschrifte fünf Reagenzgläser mit Zahlen von 1 bis 5. Entferne von einem halben gekochten Ei das Eigelb und teile das Eiweiß in vier gleiche Portionen. Fülle eine Portion möglichst unzerteilt in Glas 1, die zweite Portion grob zerkleinert in Glas 2, die dritte fein zerhackt in Glas 3, die vierte im Mörser zerrieben in Glas 4. Glas 5 bleibt leer. Gib in jedes der fünf Gläser eine Spatelspitze Bauchspeichelextrakt, fülle sie zu zwei Dritteln mit Wasser und schüttle den Inhalt leicht durch. Beobachte nach einer halben Stunde, nach einem Tag und nach zwei Tagen. Notiere jeweils.
Auswertung: Ziehe aus den Beobachtungen Schlussfolgerungen auf die Wirkung des Bauchspeichels.

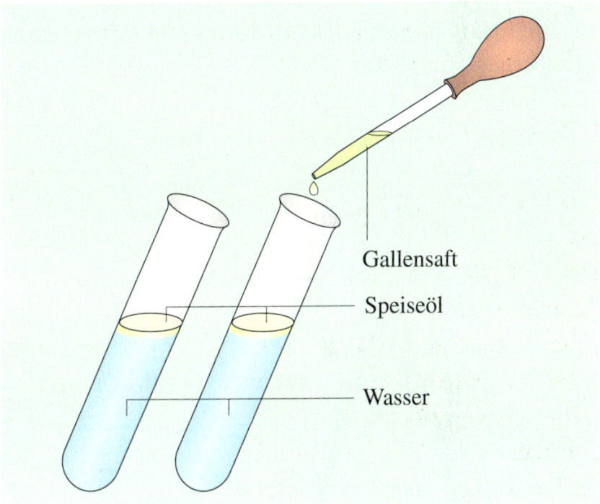

4 Versuch zur Wirkung von Gallensaft

3 Wirkung von Gallensaft

Material: Reagenzglas, Wasser, Speiseöl, Gallensaft oder getrocknete Galle
Sicherheitshinweis: Gallensaft nicht auf die Haut bringen oder verschlucken!
Durchführung: Fülle ein Reagenzglas zur Hälfte mit Wasser und gib mit einer Pipette fünf Tropfen Speiseöl dazu. Schüttle kräftig durch und beobachte sofort und nochmals nach fünf Minuten. Notiere deine Beobachtungen. Gib eine Spatelspitze getrocknete Galle (oder einige Tropfen Gallensaft) dazu. Schüttle erneut. Beobachte sofort und nach fünf Minuten.
Auswertung: Notiere deine Beobachtungen, vergleiche sie und erläutere die Wirkung von Galle.

Gesundheit Gesunde Zähne

Das Sprichwort „Gut gekaut ist halb verdaut“ ist weitgehend richtig. Je länger man die Nahrung kaut, umso kleiner werden die Nahrungsbröckchen. Dabei wird die Oberfläche vergrößert, sodass die Wirkstoffe des Speichels gründlicher einwirken können. ↑S. 13 Ein gesundes Gebiss ist deshalb eine wichtige Voraussetzung für eine gesunde Ernährungsweise.

1 Ein funktionierendes Gebiss ist wichtig für eine gesunde Ernährungsweise.

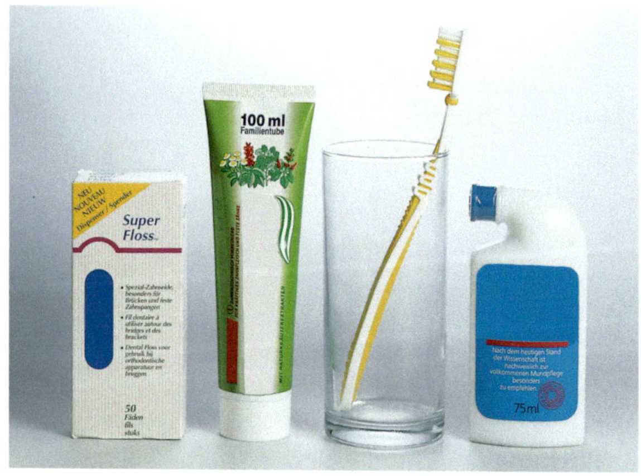

2 Verschiedene Mittel ermöglichen eine gründliche Zahnpflege.

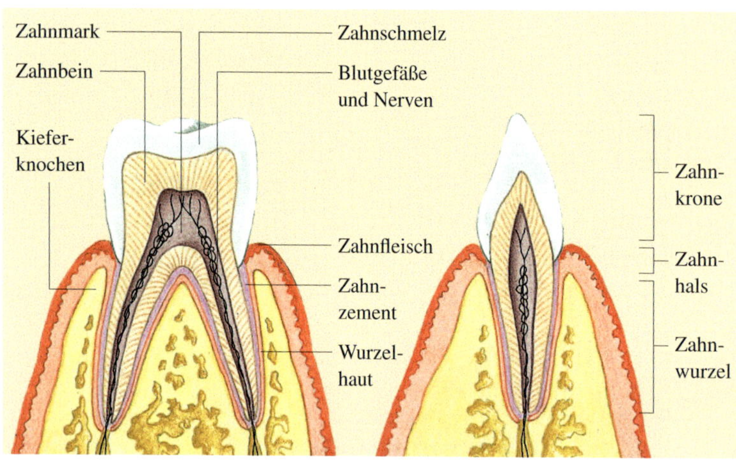

3 Längsschnitt durch einen Backenzahn und einen Eckzahn

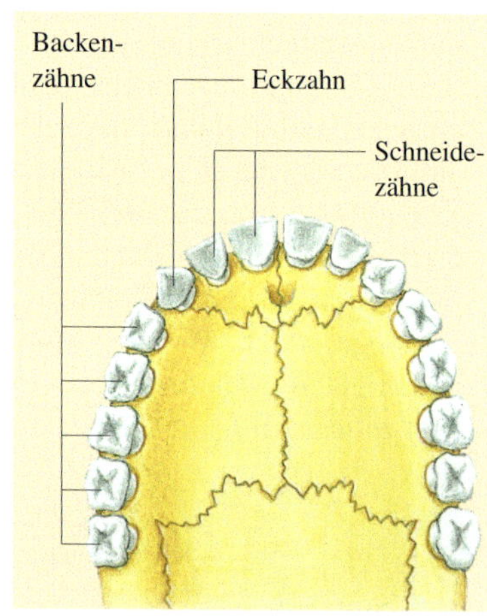

4 Erwachsenengebiss im Oberkiefer

Gebiss

Kinder haben 20 Zähne, die das Milchgebiss bilden. Vom sechsten Lebensjahr an wird es von einem Dauergebiss mit 32 Zähnen ersetzt. Dessen Zähne sind als Schneidezähne, Eckzähne und Backenzähne ausgebildet.
Der Grundaufbau ist bei allen Zahnformen im Prinzip gleich.

Jeder Zahn ist in Zahnkrone, Zahnhals und Zahnwurzel gegliedert und besteht aus mehreren Schichten. Der harte Zahnschmelz hüllt die Krone ein und bildet die Kaufläche. Die Wurzel wird von einer dünnen Schicht Zahnzement geschützt. Das Zahnbein bildet den Hauptbestandteil des Zahns. Es umgibt das Zahnmark, in dem Blutgefäße und Nervenfasern verlaufen. ↑3

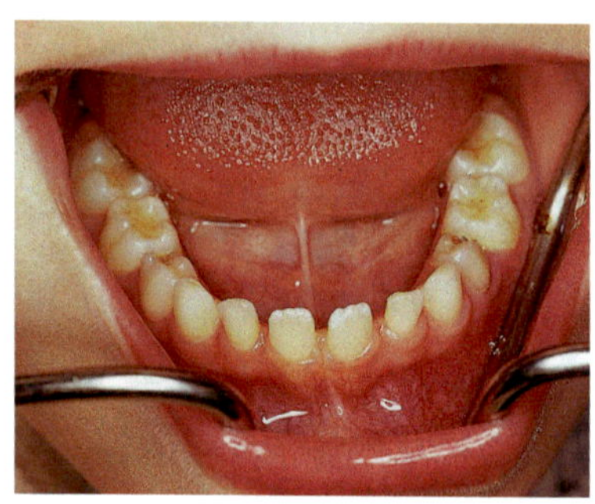

5 Gebiss eines Schulanfängers

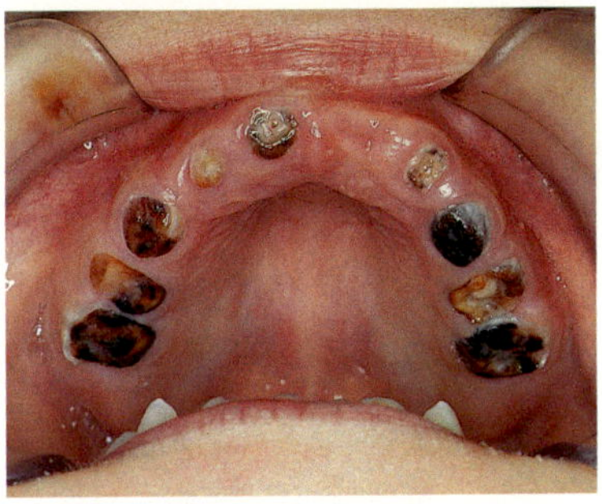

6 Ein Milchgebiss mit starker Karies

Karies – Ursachen und Folgen
Eine verbreitete Krankheit in der Mundhöhle ist die Karies (Zahnfäule). ↑6 Sie wird durch Bakterien verursacht, die von Resten des Nahrungsbreis an den Zähnen und in den Zahnzwischenräumen leben. Diese Bakterien können sich besonders stark vermehren und einen weißlichen Belag auf den Zähnen bilden, wenn man häufig zwischen den Mahlzeiten oder sogar nach dem abendlichen Zähneputzen noch zuckerhaltige Nahrungsmittel wie Bonbons oder süße Getränke verzehrt.

Wirkung der Karies-Erreger
Die Karies-Bakterien wandeln Zucker aus den Nahrungsresten in Säuren um. Diese lösen den Kalk aus dem Zahnschmelz. So entstehen Risse, durch die Bakterien und die Säuren bis zum Zahnbein vordringen und es zerstören. Wird der Zahn nicht behandelt, breitet sich die Karies aus. ↑7 Das Zahnmark entzündet sich. Diese Entzündung ist nicht nur sehr schmerzhaft. Sie kann sogar zum Verlust des Zahns führen.

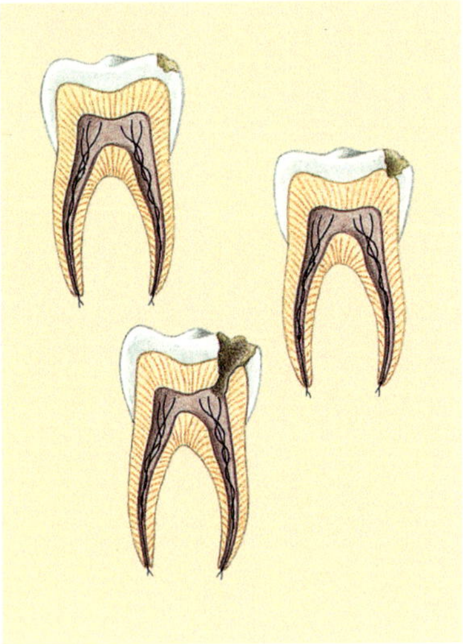

7 Wenn ein Zahn nicht behandelt wird, dann breitet sich die Karies in ihm immer weiter aus.

Schutz vor Karies
Schädigungen der Zähne kann man vorbeugen. Wenn man feste Nahrung ausreichend lange kaut, wird das Zahnfleisch gut durchblutet. Es schließt sich eng um den Zahnhals und schützt den Zahn vor dem Eindringen von Krankheitserregern.
Nach jeder Mahlzeit, mindestens aber nach dem Frühstück und dem Abendessen sollten die Zähne geputzt werden, um Speisereste und Zahnbelag zu entfernen. ↑8
Möglichst zweimal im Jahr sollte ein Zahnarzt das Gebiss kontrollieren. Bei Zahnfleischbluten oder Zahnschmerzen geht man am besten gleich zum Zahnarzt.

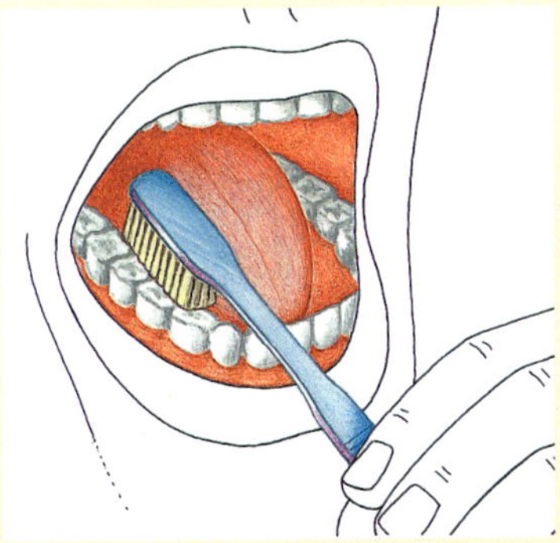

Jedes Zähneputzen sollte mindestens drei Minuten lang dauern.
Bürste zuerst auf den Kauflächen hin und her – erst oben, dann unten.

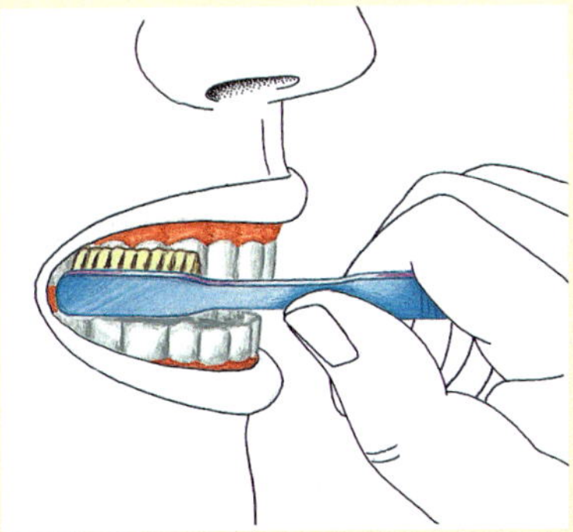

Bürste nun die Außenflächen.
Führe dazu die Zahnbürste in kreisenden Bewegungen von hinten nach vorn und vom Zahnfleisch zum Zahn: von Rot nach Weiß.

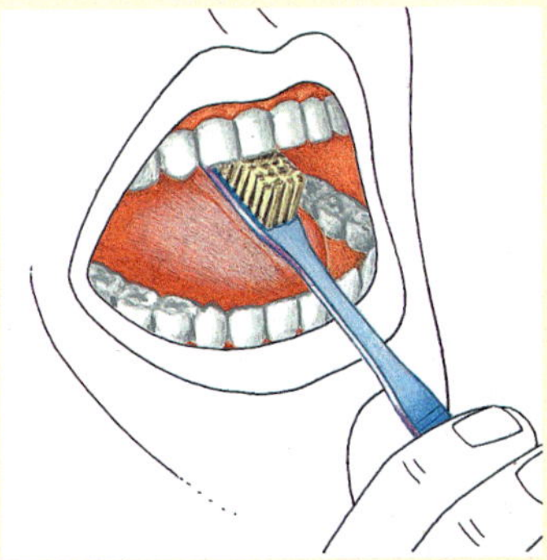

Beginne bei den Innenflächen der Zähne hinten und führe dabei die Bürste von Rot nach Weiß.

8 So sieht eine geeignete Zahnputztechnik aus.

Wenn Essen zum Problem wird ...

Lisa ist 11 und kennt ihr Gewicht ganz genau – morgens, mittags und abends. Sie schreibt jeden Bissen auf und rechnet ihn in Kalorien um. Kein Apfel und kein Bonbon entgehen ihr, Schokolade würde sie sowieso nicht mehr essen. Sie möchte auf keinen Fall so werden wie ihre zwei Jahre ältere Schwester, die früher auch schlank war und jetzt in ihren Augen pummelig ist. Die Kontrolle macht Lisa stark, die Sorgen ihrer Familie überhört sie.
Dabei ist Lisa doch schon so dünn …
Jan ist 11. Wenn er aus der Schule kommt, hat ihm seine Mutter schon das Mittagessen in den Kühlschrank gestellt. Er muss es nur aufwärmen. Jan nimmt sich erst mal eine Packung Kekse und eine Cola, dann spielt er am Computer. Als alles leer ist, macht er sich doch noch die Lasagne warm und isst vorm Fernseher. Zum Fußball hat er keine Lust, die anderen wollen ihn eh nicht im Team haben und verspotten ihn …

1 Lisa und Jan – zwei Gegensätze?

Beobachten **Untersuchen** *Experimentieren*

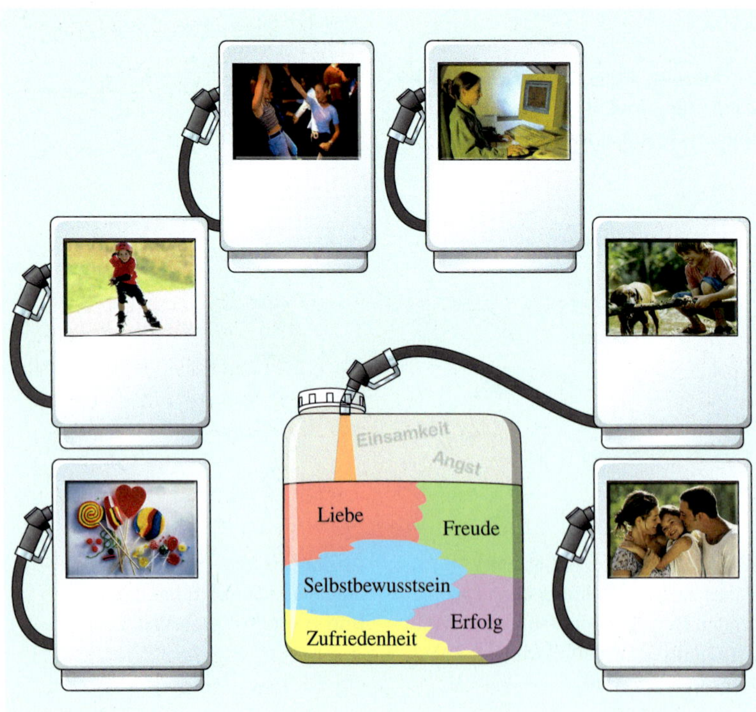

2 Der „Seelentank" kann von verschiedenen Tankstellen gefüllt werden.

„Tankstellen" für das Selbstbewusstsein – Schutzfaktoren für unsere Gesundheit

Manchmal fühlen wir uns richtig gut, manchmal auch eher verunsichert und einsam. In schwierigen Momenten müssen wir Selbstvertrauen „tanken". Allerdings gibt es dafür geeignete und weniger geeignete „Tankstellen". ↑ 2

1 Erläutere die Abbildung mit eigenen Worten. Welche Tankstellen hältst du für gut geeignet? Welche würdest du am liebsten aufsuchen? ↑ 2

2 Finde weitere Beispiele für unangenehme Gefühle und geeignete Tankstellen.

3 Entwickle mithilfe der Abbildung Ideen für den Umgang mit Gefühlen wie Einsamkeit und Versagensangst. ↑ 2

GRUNDLAGEN: Ernährung und Gesundheit

Gefährliches Schönheitsideal? In unserem Leben gibt es viele Bequemlichkeiten und Essen im Überfluss. Deshalb steigt die Anzahl an übergewichtigen Erwachsenen und Kindern. Übergewicht kann zur Zuckerkrankheit (Diabetes) führen. Gleichzeitig wächst auch die Anzahl der an Essstörungen wie Magersucht oder Ess-Brech-Sucht (Bulimie) erkrankten Menschen. Die Betroffenen werden immer jünger. Lisas Geschichte ist kein Einzelfall, wie alarmierende Zahlen beweisen:

- Die Hälfte aller 11-Jährigen hat sich schon mit Diäten beschäftigt.
- Ein Viertel aller Mädchen unter 12 Jahren hat Diäterfahrungen.
- Die Hälfte aller normal- und untergewichtigen Mädchen empfinden sich als zu dick, da sie Vorbildern aus der Presse nacheifern.
- Über die Hälfte aller Jugendlichen quälen sich mit einem Makel an ihrem Körper, über den sie nicht sprechen möchten.

„Schlankheitsdiäten" bilden bei Kindern und Jugendlichen häufig den Einstieg in eine ernsthafte Essstörung und sind daher gefährlich.

Die richtigen Tankstellen finden Vor allem Mädchen meinen oft, dass die Persönlichkeit stark vom Aussehen abhängt und dass das Abnehmen an Körpergewicht daher Probleme beseitigen kann. ↑3 Dabei hat die Unzufriedenheit meist ganz andere Ursachen und „Dünnsein" ist die falsche „Tankstelle" für das Selbstbewusstsein. ↑2

Bessere Tankstellen sind Familie und Freunde. Sie schätzen deine wirklichen Fähigkeiten, z. B. deinen Humor oder dein soziales Verhalten, und können bei Problemen wirksam und uneigennützig helfen.

Überlege einfach, warum du deine Freunde gern hast – sicher nicht (nur) wegen ihres Aussehens.

Kurz und knapp **Wer sich wohlfühlt, aktiv und lebensfroh ist, sollte sich nicht durch superschlanke Models in den Medien verunsichern lassen. Einige Pfunde mehr zu akzeptieren, das gehört auch zum Selbstbewusstsein.**

Schon gewusst?

„7 Kilo in 7 Tagen" – dieses Motto vieler „Crashdiäten" ist vollkommen unmöglich.

Körperfett kann nicht so schnell abgebaut werden, wie folgende Rechnung zeigt: 1 kg Körperfett enthält etwa 24 000 kJ. Wenn man davon täglich 8 000 kJ verbrauchen würde, dürfte man drei Tage nichts essen, um 1 kg zu verlieren. Crashdiäten sind daher sinnlos und eher gefährlich!

3 Selbsttäuschung

Arbeitsaufträge

4 Rollenspiel mit „Zuschauern"

1 Zeichne einen Seelentank für Lisa und Jan.

2 Schreibe die beiden Geschichten zu Ende. Diskutiert eure Vorschläge anschließend in der Gruppe.

3 Erkläre mit deinem Wissen über gesunde Ernährung, warum einseitige Diäten gesundheitsschädlich sind.

4 Peter wird wegen seiner abstehenden Ohren und seiner Körperfülle von einigen Kindern der Klasse nur „Dumbo" genannt. Er schämt sich deshalb, lässt sich seine Gefühle aber nicht anmerken. Er zieht sich immer mehr zurück. Überlegt in der Gruppe Handlungsmöglichkeiten für folgende Personen: ein Mitschüler, der Peter helfen möchte, Peter und der Klassenlehrer.
Spielt die Situation mit verteilten Rollen. ↑4

Überblick

Nahrung und Energie

Für unsere körperlichen und geistigen Leistungen, für Wachstum und den Erhalt aller Lebensfunktionen benötigen wir Energie. Unsere Nahrung, die diese Energie liefert, ist pflanzlicher und tierischer Herkunft. Sie setzt sich aus Nährstoffen und Ergänzungsstoffen zusammen. Zu den Nährstoffen gehören Eiweiße, Fette und Kohlenhydrate. Sie werden im Körper als Baustoffe und Betriebsstoffe benötigt. Baustofflieferanten sind hauptsächlich Eiweiße. Wasser, Vitamine und Mineralstoffe sind unentbehrliche Ergänzungsstoffe. Ballaststoffe sind für die Funktionsfähigkeit der Verdauungsorgane wichtig.

Gesunde Ernährung

Nahrungsmittel unterscheiden sich in ihrem Gehalt an Nährstoffen. Eine abwechslungsreiche Nahrung enthält die richtige Menge an Nährstoffen, Vitaminen, Mineralstoffen, Ballaststoffen und Wasser. Die Ernährungspyramide zeigt, welche Lebensmittel in welchen Mengen zu einer ausgewogenen Ernährung beitragen. ↑S. 7/5

Unsere Leistungsfähigkeit können wir steigern, indem wir eher fünf kleinere Mahlzeiten am Tag zu uns nehmen als drei große.

Nimmt man ständig zu viel oder zu wenig von bestimmten Nahrungsbestandteilen auf oder ernährt man sich einseitig, drohen Mangelerscheinungen, Untergewicht oder Übergewicht.

Gesunde Ernährung ist wichtig für ein gutes Körpergefühl. Bei Essstörungen sind dieses Gefühl und das Selbstbewusstsein gestört.

Eine wichtige Voraussetzung für gesunde Ernährungsweise ist auch ein gesundes Gebiss. Das regelmäßige Putzen der Zähne verhindert, dass Kariesbakterien den Zahnschmelz und das Zahnbein zerstören.

1 Abwechslungsreiche Nahrung hält gesund.

2 Vollkornbrot und Gemüse enthalten besonders viele Ballaststoffe.

3 Ein funktionierendes Gebiss ist wichtig für eine gesunde Ernährungsweise.

4 Sportliche Freizeitaktivitäten

Alles klar?

1 Eine vegetarische Ernährung setzt ein besonderes Wissen über Nahrungsmittel voraus. Begründe, worauf strenge Vegetarier besonders achten müssen. Erkläre auch, weshalb für Kinder eine vegetarische Ernährung nicht in Frage kommt.

2 Obwohl sie nachts nur geschlafen haben, haben viele Menschen morgens Hunger. Finde eine Erklärung dafür.

3 Beurteile das in den Abbildungen ↑S. 5 und 6 dargestellte Fast-food-Essen. Wofür würdest du dich entscheiden? Begründe.

4 Eine gesunde Ernährung sowie Sport und Bewegung sind die wichtigsten Elemente einer gesunden Lebensweise. Erläutere.

5 Viele Menschen wissen, was zu einer gesunden Lebensweise gehört. Trotzdem gelingt es ihnen nicht, ein gesundes Leben zu führen. Finde mögliche Gründe und schlage Lösungen vor.

5 Fast Food

6 Fast Food etwas anders

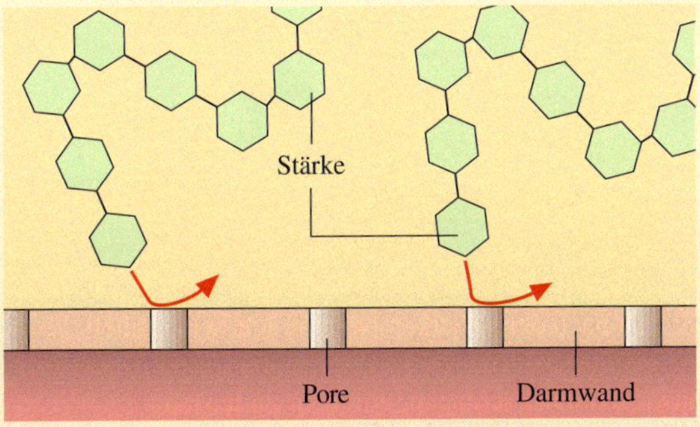

7 Stärke passt nicht durch die Darmwandporen.

Modellversuch zur Verdauung

Material: Stück Weißbrot vom Vortag, doppeltes Filterpapier, Trichter mit Becherglas, Reibschale mit Stampfer, Iod-Kaliumiodid-Lösung

Sicherheitshinweis: Iod-Kaliumiodid-Lösung ist gesundheitsschädlich und umweltgefährlich!

Durchführung: Das Weißbrot in der Reibschale fein zerreiben und mit Wasser zu einem Brei verrühren. Iodlösung zugeben – der Brei wird blau. Er wird nun in den Filtriertrichter mit doppeltem Filterpapier gegeben.

8 Versuchsbeschreibung und Ergebnis (Foto)

6 Bei manchen Patienten muss aus medizinischen Gründen der Magen fast ganz entfernt werden. Warum funktioniert ihre Verdauung trotzdem? Wie müssen solche Menschen ihre Essgewohnheiten ändern? Erkläre.

7 Oberflächenvergrößerung als „Bauprinzip" findet man zum Beispiel bei Lunge und Dünndarm. Erläutere die Bedeutung der Oberflächenvergrößerung für die Funktion der beiden Organe.

8 In Abbildung ↑8 ist ein Modellversuch beschrieben.

a Notiere die Versuchsbeobachung und erkläre sie. Mit welchen Teilen des Verdauungssystems sind der Stampfer und das Filterpapier vergleichbar?

b Vergleiche den Modellversuch mit Abbildung ↑7. Welche Bedeutung hat die Verdauung?

9 Vergleiche deine eigene Zahnputztechnik kritisch mit der auf ↑Seite 17 beschriebenen Zahnputztechnik.

Ein Kreislauf mit großer Wirkung

Das Herz ist der leistungsfähigste Muskel in unserem Körper, die zentrale Pumpe in unserem Kreislauf. Rund 3 Milliarden Mal im Lauf eines Menschenlebens zieht es sich zusammen und erschlafft wieder. So pumpt es das Blut durch die insgesamt rund 1500 km langen Adern unseres Gefäßnetzes. Über das Blut stehen alle Bereiche des Körpers miteinander in Verbindung.

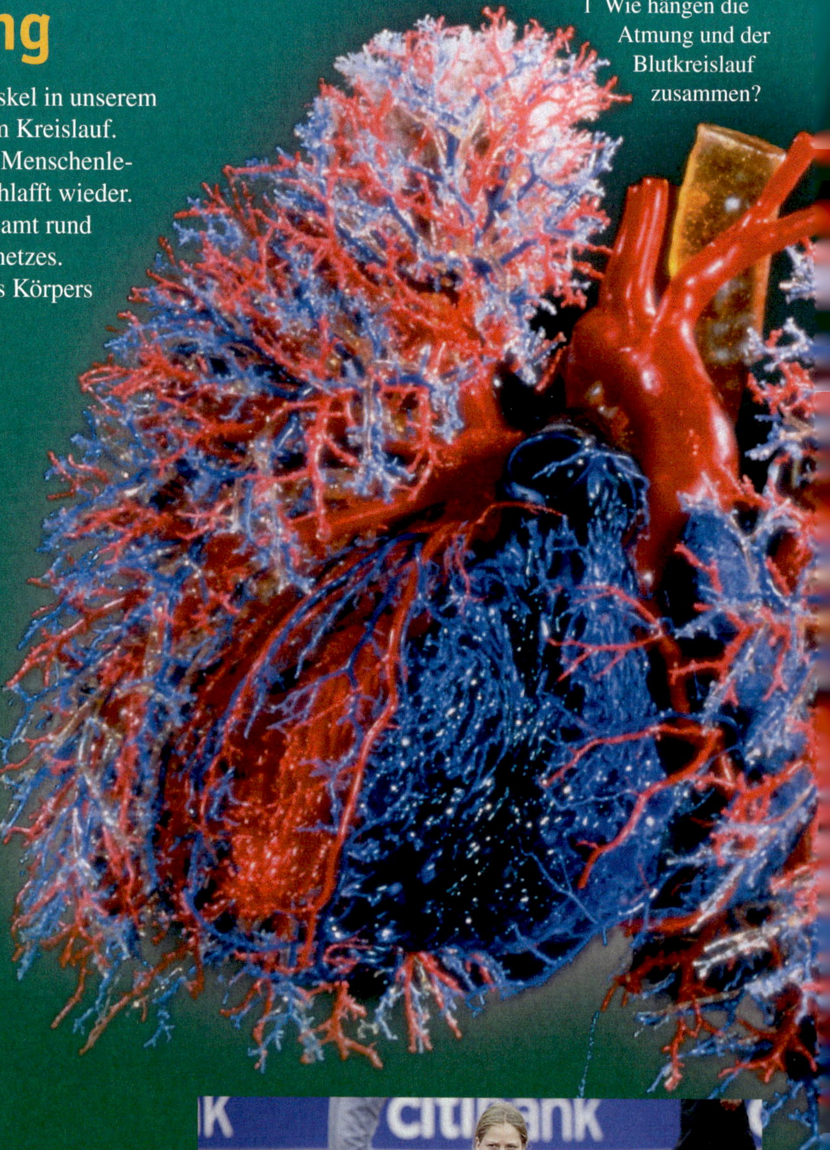

1 Wie hängen die Atmung und der Blutkreislauf zusammen?

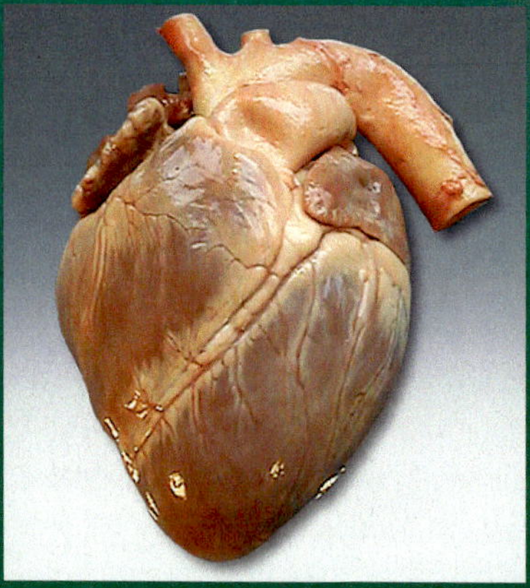

2 Wie funktioniert unser Herz?

3 Erst nach dem Wettkampf spüre ich, wie schnell mein Herz bei Belastung schlagen muss. Kann es immer noch schneller schlagen, um mehr zu leisten?

4 Blut sieht doch aus wie Tomatensaft. Warum sind das Blut und der Kreislauf des Blutes im Körper so wichtig?

5 Das Höhentraining von Sportlern verändert das Blut und steigert die Leistungsfähigkeit. Wie kann man das erklären?

Der Körper in Aktion

Atmen gehört zum Leben. Nicht nur der Jazzmusiker verbraucht beim Trompetespielen mehr Sauerstoff. Bei jeder körperlichen Arbeit und auch beim Sport wird in den Körperzellen mehr Sauerstoff verbraucht als bei Körperruhe. Es muss also mehr Luft in die Lungen gelangen. Wie ist das möglich?

1 Benötigt ein Jazzmusiker mehr Luft?

Beobachten Untersuchen Experimentieren

Atmen und Belastung
In einer Minute atmet ein Mensch etwa 15- bis 20-mal ein und aus; eine Maus ungefähr 200-mal; ein Elefant etwa 4- bis 10-mal. Mit jedem Atemzug atmet ein Mensch etwa 0,5 l Luft ein und aus. Bei körperlicher Anstrengung kann sich diese Menge auf 2 l erhöhen, das sind in einer Minute 100 bis 120 l Luft.

1 Setze dich still hin und atme ruhig und gleichmäßig. Zähle eine Minute lang die Anzahl deiner Atemzüge. Mache anschließend drei Minuten lang intensiv Bewegungsübungen, beispielsweise Liegestütze oder Kniebeugen. Zähle danach die Anzahl deiner Atemzüge. Vergleiche die Frequenzen. Was stellst du fest? Erkläre.

2 Wir bauen das Modell eines Lungenbläschens
Baue das Modell eines Lungenbläschens aus den abgebildeten Materialien. ↑2 Überlege dir Vorteile und Nachteile dieses Modells.

Wie könnte man die Durchlässigkeit des Lungenbläschens für Sauerstoff und Kohlenstoffdioxid im Modell besser darstellen?

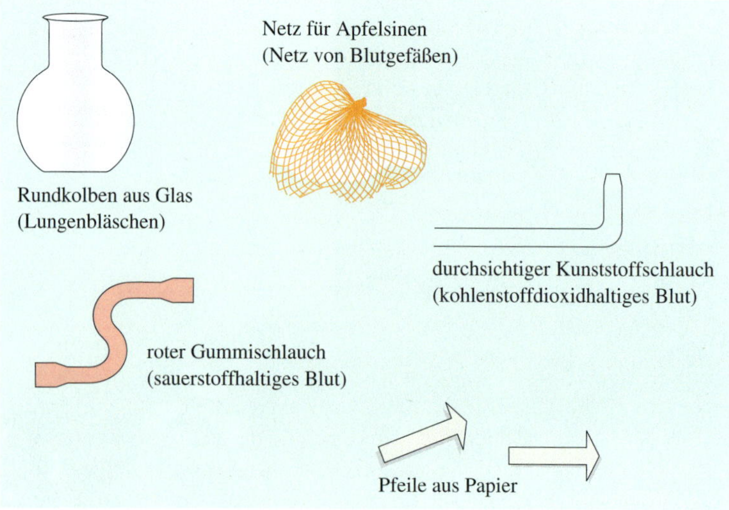

2 Modell eines Lungenbläschens

GRUNDLAGEN: Wir atmen ein und aus

Der Weg der Atemluft im Körper Meist atmen wir durch die Nase ein. In der Nasenhöhle werden Verunreinigungen (z. B. Staubteilchen) durch Millionen feinster Härchen und die feuchte Nasenschleimhaut herausgefiltert. Die gereinigte, feuchte und leicht angewärmte Luft gelangt über den Rachenraum in die Luftröhre. Die etwa 10 bis 12 cm lange Luftröhre ist durch Knorpelringe verstärkt. Innen ist sie mit feinen Flimmerhärchen besetzt. Die Luftröhre verzweigt sich in zwei Bronchien. Durch sie gelangt die Luft in die beiden Lungenflügel. ↑3

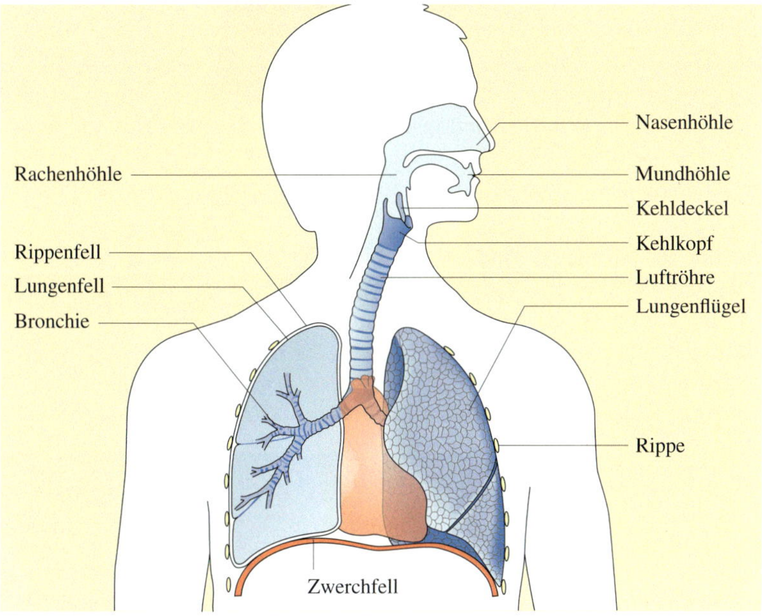

3 Atmungsorgane des Menschen

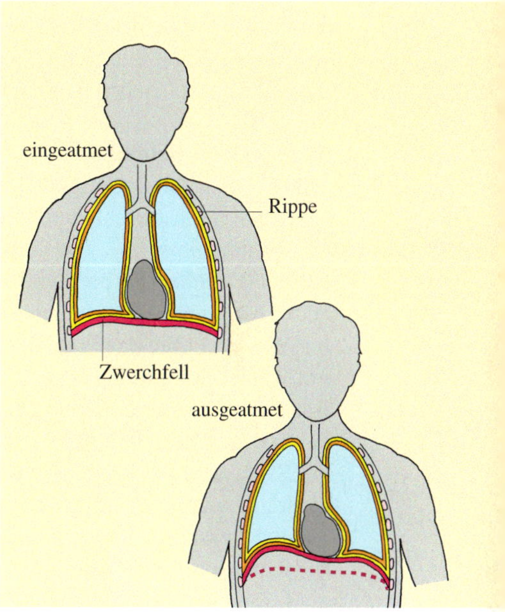

4 Bauchatmung

Atembewegungen Die Lunge kann mit einem Blasebalg verglichen werden. Sie hat selbst keine Muskeln. An den Atembewegungen sind die Zwischenrippenmuskeln und die Muskeln des Zwerchfells beteiligt. Abwechselnd wird dadurch der Brustraum erweitert und wieder verengt. Wenn er sich erweitert, dann dehnt sich auch die Lunge aus. In ihr entsteht ein Unterdruck, Luft wird eingesaugt (Einatmung). ↑4 und 5 Verengt sich durch die Muskeltätigkeit der Brustraum wieder, dann entsteht ein Überdruck, Atemluft wird ausgepresst (Ausatmung). ↑4 und 5

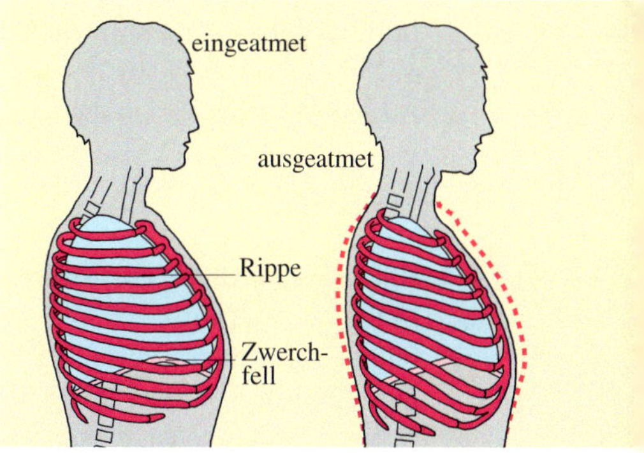

5 Brustatmung

Kurz und knapp **Luft wird durch Nase oder Mund in die Luftröhre geleitet. Diese verzweigt sich in zwei Bronchien, durch die beim Einatmen Luft in die beiden Lungenflügel gelangt.**

Arbeitsaufträge

1 Achte in verschiedenen Situationen auf deine Atmung. Beschreibe Situationen, in denen du durch den Mund bzw. durch die Nase atmest. Stelle die jeweiligen Vor- und Nachteile heraus.

2 Erläutere deinem Banknachbarn mithilfe der Abbildungen den Weg der Atemluft im Körper.

3 Vergleiche die Größen des Brustraums bei Einatmung und Ausatmung. ↑4 und 5

Beobachten Untersuchen Experimentieren

Versuche zur Atmung

1 Atembewegungen

Versuch 1: Atme tief ein und miss den Umfang deines Brustkorbs. ↑1 Wiederhole die Messung, nachdem du vollständig ausgeatmet hast. Vergleiche die Werte. Erkläre den Unterschied.

Versuch 2: Lege eine Hand auf deinen Bauch und die andere auf deinen Brustkorb. Versuche tief einzuatmen, ohne den Brustkorb zu heben. Beschreibe deine Beobachtungen. Erkläre die Unterschiede zwischen den beiden Versuchen.

2 Wie viel Luft benötigen wir?

Material: 2-Liter-Becherglas, Deckel, große Schüssel, Wasser, Plastikschlauch, Mundstücke

Durchführung:

a Fülle das Becherglas bis zum Rand mit Wasser, decke es ab und stelle es umgekehrt in die Schüssel mit Wasser. Führe das Ende des Schlauchs in das mit Wasser gefüllte Becherglas. Atme tief ein. Blase dann den gesamten Luftinhalt deiner Lunge durch den Schlauch in das Becherglas. ↑2 Lies an der Skala ab, wie viel Wasser von deiner Atemluft verdrängt wurde. Notiere.

b Setze dich ruhig auf einen Stuhl und zähle deine Atemzüge in einer Minute. Notiere. Berechne nun die Luftmenge, die du in einer Minute, in einer Stunde und an einem Tag aufnimmst. Du erhältst bessere Ergebnisse, wenn du Versuch a und b je fünfmal durchführst und von jedem Versuch einen mittleren Wert auswählst.

Auswertung: Lässt sich die täglich benötigte Luftmenge durch diese Versuche genau bestimmen? – Begründe.

3 Nachweis von Kohlenstoffdioxid in der Ausatemluft

a Fülle einen Erlenmeyerkolben zu etwa einem Drittel mit Kalkwasser (Calciumlauge). Notiere das Aussehen dieser Lösung.

b Führe nun ein Glasröhrchen mit Mundstück in das Kalkwasser des Kolbens. Atme tief ein, halte die Luft eine Weile an und blase die Ausatemluft vorsichtig durch das Glasröhrchen in die Lösung.

c Welche Veränderung des Kalkwassers kannst du feststellen?

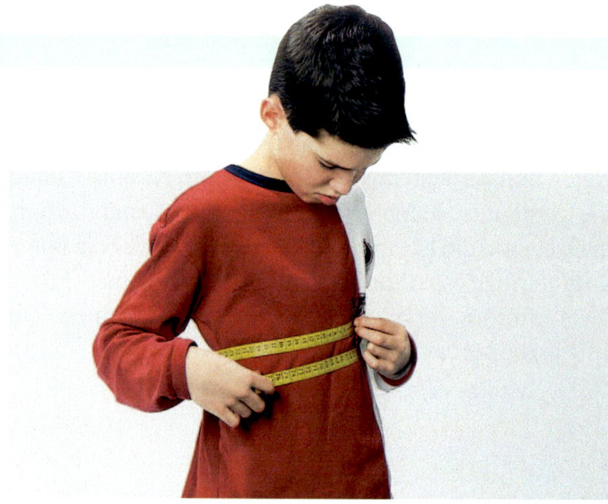

1 Der Umfang des Brustkorbs wird gemessen.

2 Atmen gehört zum Leben …

3 Nachweis der Ausatemluft

GRUNDLAGEN: Gasaustausch in der Lunge

Warum wir atmen In unseren Körperzellen wird ein Teil der Nährstoffe aus der Nahrung „verbrannt", ohne dass dabei Flammen entstehen. Energie für die Lebensvorgänge wird dadurch freigesetzt. Dabei wird Sauerstoff gebunden, Kohlenstoffdioxid entsteht. Deshalb muss mit dem Blut ständig neuer Sauerstoff zu allen Körperteilen hin und das Endprodukt Kohlenstoffdioxid von ihnen weg transportiert werden.

Gasaustausch in den Lungenbläschen Die Luft kommt durch die Luftröhre und die Bronchien bis in die Lungenbläschen. Sie sind von einem Netz feinster Blutgefäße (Blutkapillaren) umhüllt. ↑5 Durch die dünnen Wände der Blutkapillaren und der Lungenbläschen gelangt Sauerstoff ins Blut und Kohlenstoffdioxid aus dem Blut in die Atemluft.

Prinzip Oberflächenvergrößerung Je größer die Oberfläche eines Organs ist, desto größer ist auch die Menge der Stoffe, die über sie aufgenommen oder ausgetauscht werden kann: In der Lunge gibt es etwa 300 Millionen stark durchblutete Lungenbläschen mit einer Gesamtoberfläche von knapp 100 m^2. Durch den Gasaustausch über diese sehr große Oberfläche verändert sich die Zusammensetzung der Atemluft. ↑4

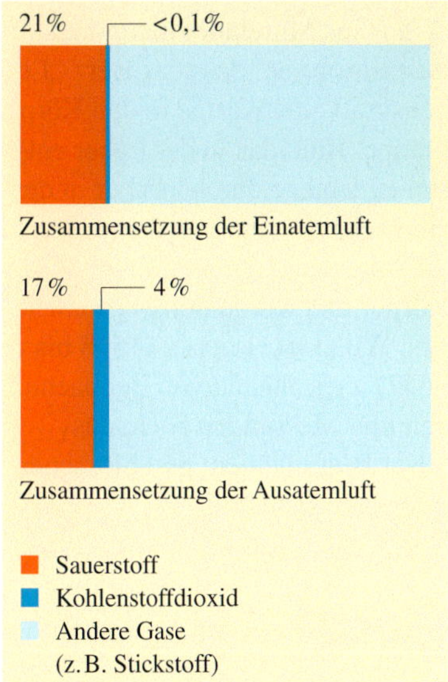

4 Zusammensetzung der Luft

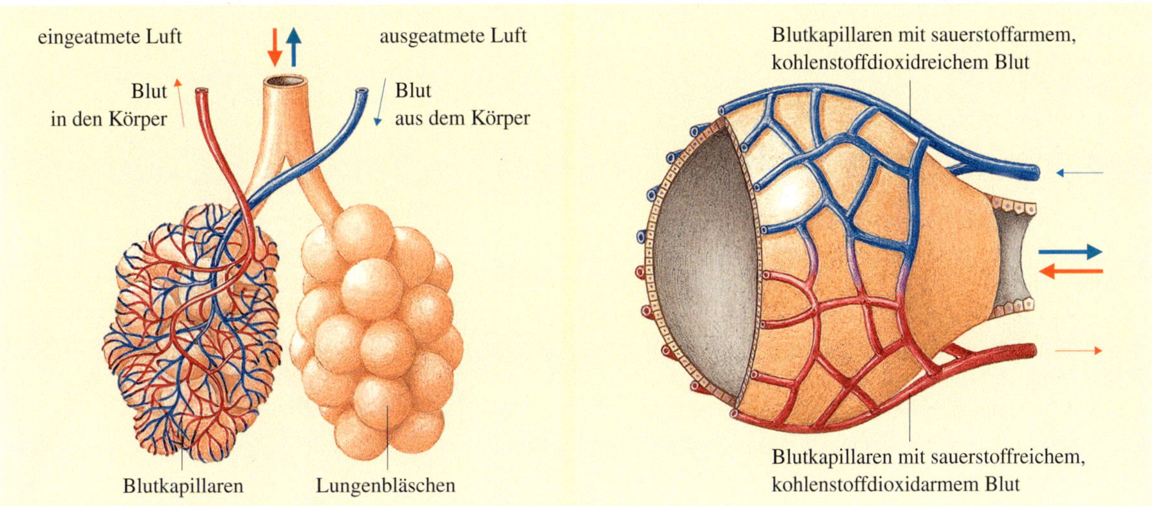

5 Der Bau der Lungenbläschen (linkes Bild) ermöglicht den Gasaustausch zwischen Atemluft und Blut (rechts).

Kurz und knapp **Beim Gasaustausch in den Lungenbläschen gelangt Sauerstoff aus der Luft in das Blut und Kohlenstoffdioxid aus dem Blut in die Atemluft.**

Arbeitsaufträge

1 Vergleiche mithilfe der Abbildung ↑4 die Zusammensetzung eingeatmeter und ausgeatmeter Luft. Stelle einen Zusammenhang zum Ergebnis des Versuchs 3 her. ↑3

2 Erläutere die Funktion der Lungenbläschen. ↑5

3 Bei einem Patienten mit Atemstillstand ist im Notfall auch eine Wiederbelebung mit ausgeatmeter, also „verbrauchter" Luft möglich (Mund-zu-Mund-Beatmung). Erkläre diese Tatsache.

Das Blut kreist im Körper

Bis ins Mittelalter nahm man in Europa an, dass das Herz „Lebenskraft“ als Wärme in den Körper pumpe. Blut, das in der Leber entstehe, gelange durch Löcher in der Herzscheidewand von der rechten in die linke Herzkammer, fließe in den Körper und würde dort verbraucht. Erst WILLIAM HARVEY (1578 bis 1657) wies anhand von Beobachtungen und Messungen nach, dass unser Blut in einem geschlossenen Kreislauf fließt.
Wie können wir selbst etwas über unseren Kreislauf in Erfahrung bringen?

1 HARVEY erforschte den Blutkreislauf bei Tieren und Menschen. Hier untersucht er eine Fischflosse.

Beobachten *Untersuchen* Experimentieren

Den Kreislauf erforschen

1 An welchen Stellen deines Körpers kannst du deinen Puls fühlen?
2 Betrachte deinen Handrücken. Die blauen Linien sind die Venen. Streiche fest in Richtung der Finger darüber. Dabei drückst du das Blut aus deinen Venen. Beobachte, wie das Blut wieder hineinfließt.
3 Mache einen Kopfstand und beschreibe, was du dabei bemerkst. Lass deine Mitschüler ihre Beobachtungen beschreiben. Erkläre die Befunde.
4 Gegen kalte Finger hilft schnelles Armekreisen. Teste den Effekt des Schleuderns und erkläre ihn.
5 Bastle ein Modell zum Blutkreislauf. ↑2 Forme aus Knetmasse ein Herz und befestige Schläuche als Blutgefäße daran. Verwende Obstnetze als Kapillarnetze. Gib durch Pfeile die Fließrichtung des Blutes an.
6 HARVEY war sich sicher, dass die Blutmenge, die täglich durch unseren Körper fließt, unmöglich verbraucht und durch Nahrung nachgeliefert werden kann. Bestimme mithilfe deines Pulsschlags, wie viel Blut dein Körper pro Minute und pro Tag erzeugen müsste. Mit einem Herzschlag werden etwa 70 ml Blut transportiert.

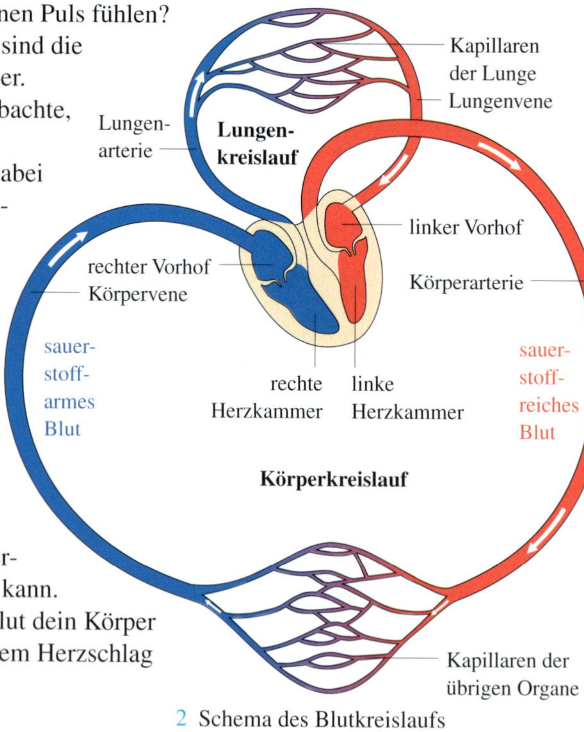

2 Schema des Blutkreislaufs

GRUNDLAGEN: Unser Blutkreislauf

Bau des Herzens Das Herz ist ein etwa faustgroßer, kräftiger Hohlmuskel. Es arbeitet wie eine Druck- und Saugpumpe. ↑3 Durch die Herzscheidewand und die Herzklappen ist das Herz in zwei Herzkammern und zwei Vorkammern unterteilt. Sauerstoffarmes und sauerstoffreiches Blut bleiben dadurch getrennt. Herzkranzgefäße versorgen das Herz selbst mit Sauerstoff und Nährstoffen.

Körper- und Lungenkreislauf Unser Herz erfüllt die Aufgabe, Blut durch unseren Körper zu pumpen. So werden alle Organe mit Nährstoffen und Sauerstoff versorgt sowie Abfallstoffe abtransportiert. Das Blut durchläuft dabei einen Kreislauf, der aus zwei Abschnitten besteht: dem (großen) Körperkreislauf und dem (kleinen) Lungenkreislauf. ↑2
Aus der linken Herzkammer gelangt das Blut über die Aorta, die Hauptschlagader, in den Körper. Diese verzweigt sich dabei in zahlreiche dünnere Blutgefäße, die Arterien, durch die das Blut in die verschiedenen Organe des Körpers gelangt. Hier verzweigen sich die Arterien immer stärker bis in feinste Haargefäße, die Kapillaren. Diese sind mit bloßem Auge nicht mehr zu erkennen. Durch die Kapillaren erfolgt der Stoffaustausch in den verschiedenen Organen des Körpers. Über die Venen gelangt das Blut zum Herzen zurück.
Der Lungenkreislauf beginnt in der rechten Herzkammer. Durch die Lungenarterie wird das Blut in die Lunge gepumpt. In den Lungenbläschen erfolgt der Austausch der Atemgase. ↑S. 27 Von der Lunge aus fließt das Blut zum Herzen zurück.

Blutgefäße und Druckverhältnisse Die Blutgefäße, in denen das Blut vom Herzen wegfließt, werden Arterien oder Schlagadern genannt. Das vom Herzen kommende Blut übt einen Druck auf die Wände der Blutgefäße aus. Man bezeichnet ihn als Blutdruck. In den Arterien herrscht ein hoher Blutdruck. Die Wände der Arterien werden von einer dicken Muskelschicht und elastischen Fasern gebildet. ↑4
Über die Kapillaren gelangt das Blut in die Venen. Diese haben eine sehr dünne Muskelschicht.
In den Venen ist der Blutdruck gering. Dennoch wird sichergestellt, dass das Blut in den Venen weiterfließt: Neben der Saugwirkung des Herzens bewirkt dabei vor allem die Arbeit von Muskeln in der Umgebung den Blutfluss in den Venen (Muskelpumpe).
Venenklappen wirken dabei wie Ventile. Sie sorgen dafür, dass das Blut nur in eine Richtung – nämlich zum Herzen hin – fließt. ↑5

GRUNDLAGEN: Zusammensetzung und Aufgaben des Blutes

Puls Bei großer Anstrengung „schlägt uns das Herz bis zum Hals". Wir spüren dabei den Puls (lat. pulsus = Schlag). Bei jedem Herzschlag wird das Blut unter Druck in die Körperarterien gepumpt. Dabei entsteht eine Druckwelle entlang der Arterien. Die Gefäßwände sind elastisch und geben an der Stelle nach, an der sich die Druckwelle befindet. Das Gefäß vergrößert dadurch seinen Durchmesser. ↑S. 30/1

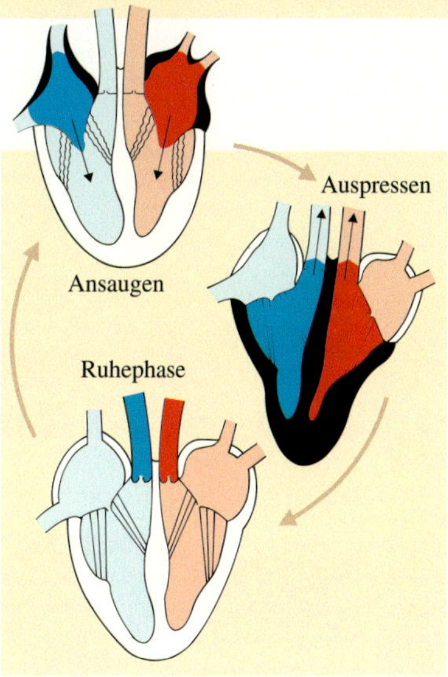

3 Phasen der Herztätigkeit

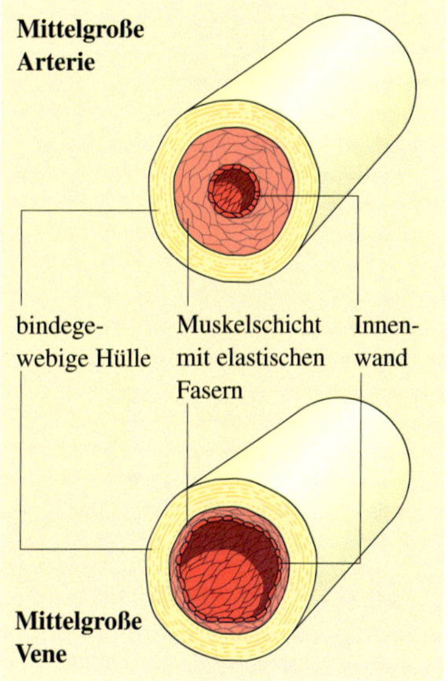

4 Bau von Arterie und Vene

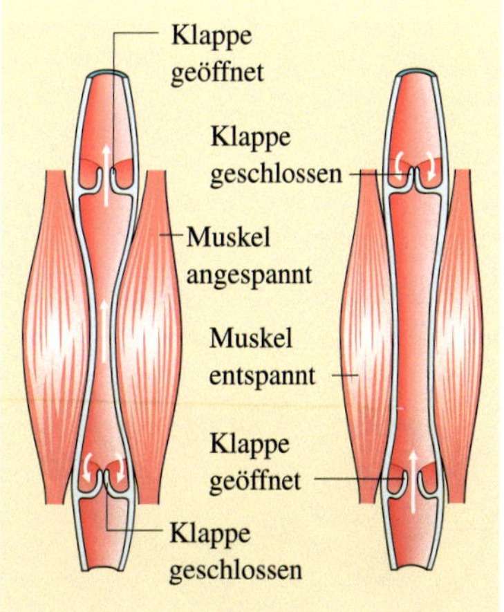

5 Muskelpumpe

Am einfachsten ertastet man den Puls am Handgelenk oder an der Halsschlagader und zählt die Schläge in der Minute. ↑2 Ein Arzt kann darüber hinaus feststellen, ob ein Puls stark oder flach, regelmäßig oder unregelmäßig geht um so den allgemeinen Kreislaufzustand eines Menschen zu beurteilen.

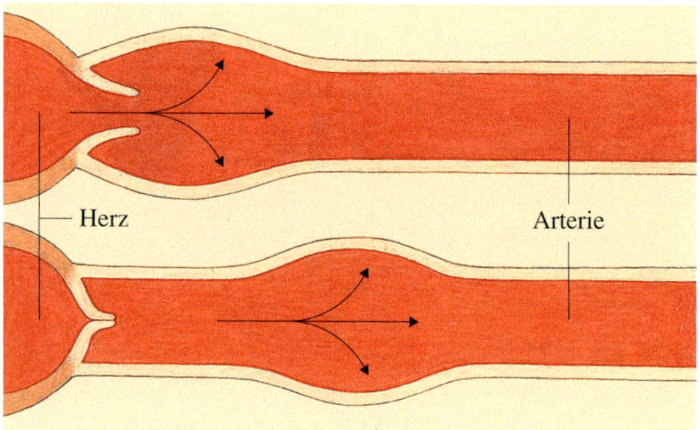

1 Fortschreitende Pulswelle

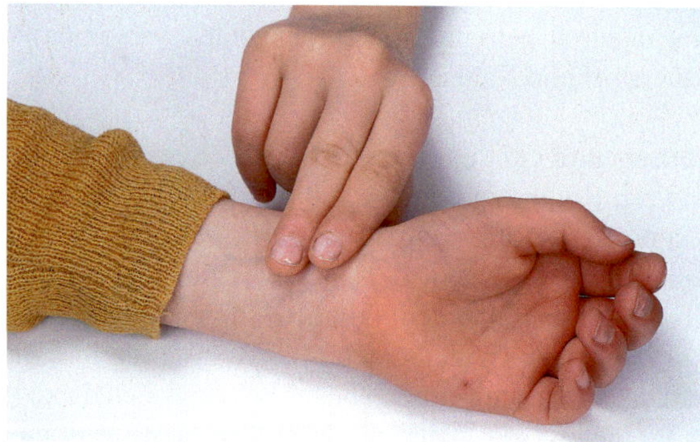
2 Messung des Pulses am Handgelenk

Das Blut In den Blutgefäßen eines Erwachsenen von 75 kg Körpergewicht fließen etwa 6 l Blut. Das Blut besteht aus der Blutflüssigkeit, dem Blutplasma, den roten und weißen Blutzellen sowie den Blutplättchen.
Seine Farbe erhält es durch den roten Blutfarbstoff (Hämoglobin) in den roten Blutzellen. Es verändert seine Farbe, wenn es mit Sauerstoff beladen ist. Daher erscheint sauerstoffreiches Blut hellrot, sauerstoffarmes dagegen dunkelrot. Ein Liter Blut enthält etwa 4 bis 5 Billionen rote Blutzellen.

Aufgaben des Blutes Die roten Blutzellen dienen dem Transport der Atemgase Sauerstoff und Kohlenstoffdioxid, die weißen Blutzellen sind für die Abwehr von Krankheitserregern zuständig. Blutplättchen helfen bei der Blutgerinnung nach einer Verletzung.
Die verschiedenen Blutzellen haben nur eine begrenzte Lebensdauer und müssen ständig nachgebildet werden.
Rote Blutzellen werden beispielsweise im roten Knochenmark gebildet und leben etwa vier Monate. Danach werden sie in der Milz, im Knochenmark und in der Leber abgebaut.
Im Blutplasma werden Nährstoffbausteine, Abfallstoffe aus dem Stoffwechsel und Botenstoffe zu den Organen und ins Gewebe transportiert. Das Blutplasma besteht zum größten Teil aus Wasser, Mineralstoffen und verschiedenen Eiweißstoffen, die zum Stofftransport, zur Abwehr von Krankheitserregern und zur Blutgerinnung bei Verletzungen benötigt werden. ↑3 und 4

Kurz und knapp **Herz und Blutgefäße (Arterien, Venen und Kapillaren) bilden das Blutkreislaufsystem. Unser Blutkreislauf besteht aus dem Körper- und dem Lungenkreislauf. Das Herz treibt den Kreislauf an, indem es wie eine Umwälzpumpe das Blut durch den Körper befördert. Es ist ein Hohlmuskel, der aus vier Kammern besteht. Die linke Herzhälfte enthält sauerstoffreiches Blut und die rechte Herzhälfte sauerstoffarmes Blut.**

Schon gewusst?

Was ist zu tun, wenn man per Telefon (112) einen Unfall oder einen Notfall meldet?
Teile Folgendes mit:
- Was ist geschehen?
- Wo hat sich der Unfall ereignet?
- Wie viele Personen sind verletzt?
- Welche Verletzungen sind erkennbar?
- Wer macht die Meldung?

Merke dir also: 5-mal „W“!

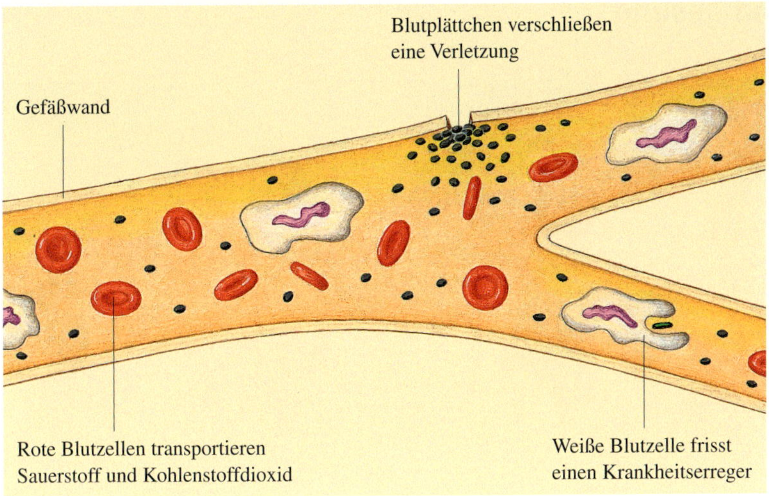

3 Blutzellen und ihre Aufgaben

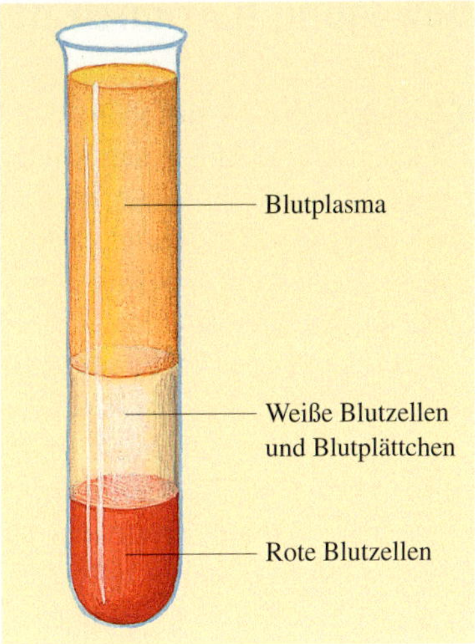

4 Zusammensetzung des Blutes

Durch Arterien wird das Blut vom Herzen weg transportiert, in den Venen gelangt das Blut wieder zum Herzen zurück.
Den Druck, den das Blut auf die Gefäßwände ausübt, nennt man Blutdruck. Dieser ist in den Arterien sehr viel größer als in den Venen.
Das Blut besteht aus Blutplasma, roten und weißen Blutzellen und Blutplättchen. Seine Aufgaben sind der Gas- und Nährstofftransport sowie die Abwehr von Krankheitserregern.

Arbeitsaufträge

1 Stelle die Bestandteile des Blutes und ihre Aufgaben in einer Tabelle zusammen.

2 Führt eine Pulsmessung am Handgelenk durch. ↑2
Arbeitet in Zweiergruppen.
Ertaste den Puls deiner Partnerin oder deines Partners am Handgelenk. Fahre dazu mit Zeige- und Mittelfinger den Unterarm auf der Daumenseite entlang dem Sehnenstrang abwärts, bis du den Handknöchel und die Sehne gleichzeitig fühlst.
Wenn du den Puls fühlen kannst, zähle die Schläge in einer Minute und notiere sie.
Vergleicht die Ergebnisse innerhalb eurer Klasse miteinander.
Zeigen die Ergebnisse Unterschiede zwischen Mädchen und Jungen?
Wiederholt die Messung nach 15 Kniebeugen. Was fällt euch auf? Erkläre.

3 In der Abbildung ↑28/2 sind die Körperarterie und die Lungenarterie in unterschiedlichen Farben dargestellt. Erläutere die Bedeutung der Farben.

4 Beschreibe den Weg des Sauerstoffs von der Lunge bis in die Muskeln der Zehen und den Weg des Kohlenstoffdioxids von den Zehen bis in die Lunge. Verwende dabei möglichst viele Fachbegriffe.

5 Wie bekommt man kalte Hände und Füße im Winter wieder warm? Begründe deine Vorschläge.

6 Unterscheide die Aufgaben von Arterien, Kapillaren und Venen.

7 Nenne die Aufgaben des Blutkreislaufs im Körper.

8 Beschreibe die Veränderungen des Blutes beim Durchströmen der Lungenkapillaren.

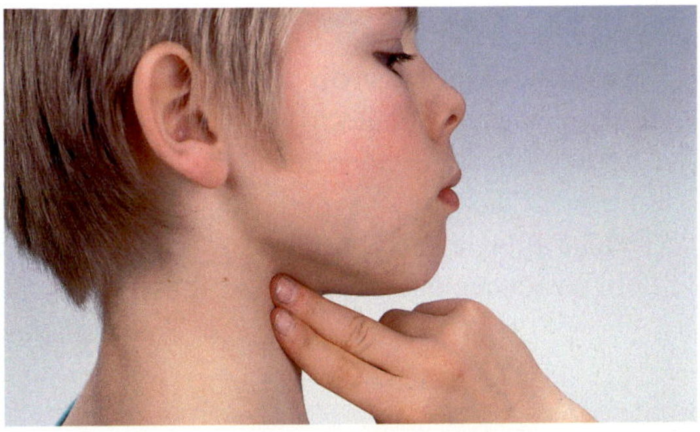

5 Messung des Pulses an der Halsschlagader

Bewegung hält mich fit und gesund

Sich gemeinsam austoben – aber richtig! An kleinen Kindern kann man am besten sehen, dass wir nicht dafür geschaffen sind, lange still zu sitzen – in der Schule, am Schreibtisch, aber auch in der Freizeit vor dem Fernseher oder dem Computer. Wir haben ein angeborenes Bewegungsbedürfnis. Schwierigere Bewegungen vervollkommnen wir durch zusätzliches Üben im Verlauf unserer Entwicklung (z. B. Laufen, Schwimmen, Radfahren).
Was passiert, wenn unser Bewegungsbedürfnis zu kurz kommt?

1 Kinder haben einen besonders starken Drang, sich auszutoben.

Beobachten Untersuchen Experimentieren

Zeit für Sport?
Obwohl es Spaß macht, Sport zu treiben, und wir wissen, dass Bewegung gesund ist, bewegen wir uns oft zu wenig. Untersucht selbst, warum das so ist und wie man das ändern könnte.

1 Führe eine Woche lang ein Bewegungsprotokoll. Erstelle dazu eine Tabelle und trage die Zeit ein, in der du dich bewegt hast (Gehen, Treppensteigen, Ballspiele …). Protokolliere auch die bewegungsarme Zeit. Womit hast du sie verbracht (Lesen, Hausaufgaben, Musikhören, Fernsehen, Telefonieren …)? Vergleiche deine Ergebnisse mit denen deiner Mitschüler.
2 Diskutiert in der Gruppe über folgende Punkte:
Welche alltäglichen Dinge hindern uns daran, uns zu bewegen? Gibt es typische „Bewegungsbremsen“? Wie viel Bewegung ist gut? Welche Bedingungen könnten den Spaß am Sport erhöhen?
3 Werte das Diagramm A aus. Erläutere, wie sich wöchentliche sportliche Aktivitäten bei Jugendlichen in den verschiedenen Altersgruppen verändern.
Was könnten die Ursachen sein?
4 Werte das Diagramm B aus. Vergleiche das Sportpensum von Jungen und Mädchen und versuche die Unterschiede zu erklären. Sammelt die Erklärungen von Jungen und Mädchen in eurer Klasse. Gibt es Unterschiede?
5 Welche Freizeitsportart würdest du gern regelmäßig ausüben? Diskutiere auch mit deinen Eltern oder mit Freunden: Was kann man am Wochende zu Fuß, mit Fahrrädern oder mit Inlineskatern unternehmen?

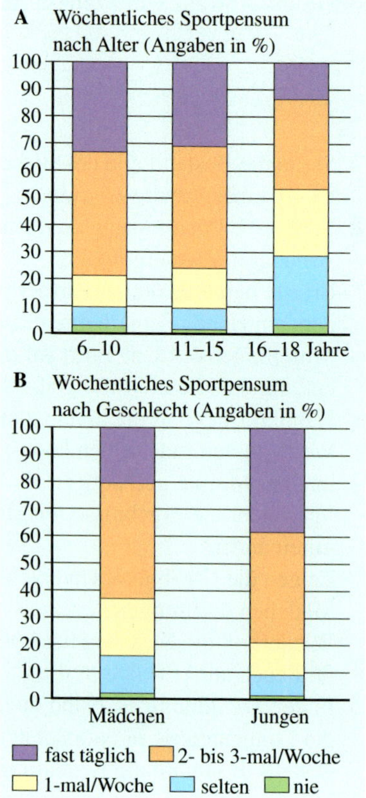

2 Wie häufig treibst du Sport?

GRUNDLAGEN: Bewegung ist unverzichtbar

Menschen sind auf Bewegung eingestellt Die Vorfahren des Menschen haben sich zu Aufrechtgängern entwickelt. Bewegung spielte in ihrem Leben eine große Rolle (z. B. bei der Nahrungssuche). Auch als Jäger, Sammler oder Ackerbauern haben sich Menschen in ihrem Alltag immer viel bewegen müssen. Heute überwiegen dagegen sitzende Tätigkeiten und viele Menschen leiden unter Bewegungsmangel.

Bewegung – warum? Bewegung in der Freizeit wie zum Beispiel im Sportverein wirkt sich vielfältig positiv auf unseren Körper aus. Die Liste der Vorteile ist lang und könnte noch weiter ergänzt werden:
- Bewegung stärkt die Abwehrkräfte des Körpers, man ist beispielsweise seltener erkältet.
- Bewegung bewirkt eine Verbesserung des inneren Aufbaus der Knochen und schützt so vor Knochenbrüchen.
- Regelmäßige Bewegung an frischer Luft hilft Stress abzubauen und verbessert dadurch auch die Stimmung.
- Unser Herz-Kreislauf-System wird durch regelmäßige Bewegung trainiert und damit leistungsfähiger und ausdauernder.
- Kinder und Jugendliche, die sich viel bewegen, sind meist mit ihrem Aussehen zufriedener und haben weniger Angst, dick zu werden.
- Häufige sportliche Betätigung führt oft zu besseren schulischen Leistungen, da die Konzentrationsfähigkeit steigt und Überprüfungen als Ansporn gesehen werden.
- Meist leben sportliche Menschen auch insgesamt gesünder. Sie achten auf ihre Ernährung und rauchen seltener.
- Sportliche Kinder und Jugendliche entwickeln sich meist auch zu sportlichen Erwachsenen.

Gesundheitsfördernde Wirkungen werden schon durch regelmäßige sportliche Freizeitaktivitäten wie Joggen, Schwimmen, Radfahren und Spielen auf dem Bolzplatz erzielt.

Kurz und knapp **Bewegung ist für eine gesunde Entwicklung des Menschen sehr wichtig. Kinder und Jugendliche, die sich viel bewegen, sind ausgeglichener, leistungsfähiger und insgesamt gesünder.**

Gesundheit

3 Beim Ausdauertraining

Ausdauersport
Sportarten, bei denen Ausdauer erforderlich ist (z. B. Radfahren, Joggen, Schwimmen), sind als Gesundheitssport besonders geeignet.
Tipps für Anfänger:
Nicht übertreiben. So laufen, dass man sich ohne Atemnot noch unterhalten kann. Trainierte können Ausdauerbelastungen (etwa bis zu 30 Minuten), z. B. beim Joggen, leicht durchhalten.
In den ersten zehn Minuten das Training langsam beginnen. Bei Hitze (über 25 °C) sowie bei Erkrankungen oder kurz nach dem Essen nicht trainieren. Am meisten Spaß macht es gemeinsam in der Gruppe!

Arbeitsaufträge

1 Diskutiert Vor- und Nachteile eines Vereinssports.

2 Führe zusammen mit deinen Mitschülern in eurer Schule eine Befragung zum Thema „Sport“ durch.
Ihr könntet folgende Fragen stellen:
Wann hast du das letzte Mal Freizeitsport getrieben?
Aus welchen Gründen treibst du Sport?
Welche Sportarten betreibst du gern?
Gibt es deiner Meinung nach einen Zusammenhang zwischen Sport und schulischen Leistungen?

3 Erarbeitet eine Kartei mit Bewegungsspielen für große Pausen.

4 Schreibe einen passenden Text zur Abbildung ↑4 in dein Heft. Erfinde eine Bildunterschrift.

4

Sucht macht mich krank

Tina ist 12 Jahre alt. Ihre Eltern sind beruflich stark beschäftigt und haben selten Zeit für ihre Tochter. Dies wollen sie durch viele Geschenke ausgleichen. Tina hat in ihrem Zimmer ein Fernsehgerät mit Satelliten-Empfänger, einen Computer, einen DVD-Player, viele CDs, DVDs und eine übervolle Spardose. Doch wenn sie Fragen hat, ist häufig niemand da, nur der Fernseher „spricht" mit ihr. Sie sieht schon nachmittags und auch abends oft Filme und erscheint am nächsten Morgen übermüdet und unkonzentriert in der Schule. Ihre Lehrerin macht sich Sorgen und spricht mit Tina über ihre „Fernsehsucht". Empört wehrt sich Tina gegen diese Bezeichnung, sie ist doch nicht süchtig! Sie nimmt doch keine Drogen!

1 Kann auch Fernsehen süchtig machen?

GRUNDLAGEN: Kommt Sucht von suchen?

Was heißt eigentlich Sucht? Von süchtigem Verhalten spricht man, wenn Menschen zwanghaft immer dieselbe Verhaltensweise wiederholen, weil sie eine einmal erfahrene Befriedigung erneut erleben möchten. Dabei ist es gleichgültig, ob es sich bei der gesuchten Befriedigung um die Wirkung eines Suchtmittels oder um andere Erlebnisse handelt. So können auch bestimmte Verhaltensweisen zur Sucht werden.

Sucht durch:	
Suchtmittel	Süchtiges bzw. zwanghaftes Verhalten
Tabletten, Alkohol, Nikotin, Schnüffelstoffe, Designerdrogen, illegale Drogen	Esssucht, Magersucht, Fernsehsucht, Spielsucht, Computerspielsucht, Kaufsucht, Machtsucht, Sexsucht, Putzsucht, Arbeitssucht

Schon gewusst?

In Deutschland
- sind ungefähr 1,45 Millionen Menschen von Medikamenten abhängig,
- gibt es etwa 2,5 Millionen behandlungsbedürftige Alkoholkranke,
- rauchen über ein Viertel der Jugendlichen (Tendenz steigend),
- sind etwa 100 000 bis 120 000 Menschen von Rauschdrogen abhängig,
- gibt es 25 000 bis 30 000 süchtige Spieler.

Wodurch kann man süchtig werden? Schon alltägliches Verhalten kann zu ersten Suchterfahrungen führen. Für viele Menschen ist es der Fernseher, der allmählich zur Eratzdroge geworden ist. Andere verzehren unkontrolliert Chips oder Süßigkeiten und ärgern sich, dass sie dick werden. Und weil sie Frust haben, essen sie noch mehr. Spielen kann auch Faszination erzeugen; so lassen sich viele Jugendliche und auch Erwachsene von Spielen fesseln und beschäftigen sich stundenlang mit Karten- und Computerspielen. Manche sitzen auch vor Glücksspielautomaten, ohne Rücksicht auf Familie, Freunde, Zeit oder Einkommen. Spielsüchtige können so ihre Freunde verlieren und Geldsorgen sowie Probleme in der Schule oder im Berufsleben verursachen.

Kurz und knapp **Dem Süchtigen verschafft das Suchtmittel ein angenehmes Lebensgefühl. Es hebt die Stimmung und steigert scheinbar die Leistungsfähigkeit.**
Durch das Suchtverhalten verspürt der Süchtige einen übermächtigen Drang, sich die Befriedigung immer wieder zu beschaffen.

Arbeitsaufträge

1 Denke dir zu den Abbildungen jeweils eine passende Geschichte aus. ↑2 bis 5 Beachte dabei besonders: Was war vor der dargestellten Situation? Wie könnte es weitergehen?

2

3

4

5

2 Was verstehst du unter Suchtmittel? Versuche den Begriff zu erklären.

3 Beschreibe, wo für dich eine Grenze liegt „zwischen Spaß an einer Sache haben“ und „süchtig nach einer Sache sein“. Nenne dafür Beispiele.

Projekt: Drogen – wie uncool!

1 Mögliche Themen für ein Anti-Drogen-Projekt

Gut drauf – auch ohne Alkohol, Pillen und Zigaretten!
Rauchen, Alkohol und Medikamentenmissbrauch sind in unserer Gesellschaft weitverbreitet. Vor allem Rauchen und Alkohol scheinen für viele Erwachsene und Jugendliche bei Feiern dazuzugehören. Dabei können sowohl Medikamente als auch die „Genussmittel" Alkohol und Zigaretten süchtig machen und unserer Gesundheit erheblich schaden.
Im Rahmen eines Projekts könnt ihr euch näher mit dem Thema Drogen beschäftigen.

Projektideen
Ihr könnt zum Beispiel mit eurer Klasse eine Wissenschaftssendung mit dem Titel „Drogen – wie uncool!" selbst drehen. Dafür könnt ihr Beiträge zur Aufklärung über Gefahren erstellen und Alternativen aufzeigen.
Bildet Arbeitsgruppen, die die einzelnen Themen bearbeiten. Sie können später als Experten in eurer Sendung zu Wort kommen. Ihr könnt auch Interviews mit echten Experten wie Ärzten oder einer Drogenberatungsstelle führen. Überlegt zuerst, welche Materialien ihr braucht und wo ihr die Unterstützung durch eure Lehrerin oder euren Lehrer benötigt.

Merkmale von Abhängigkeit	
Seelische Abhängigkeit	Körperliche Abhängigkeit
„Sehn-Sucht" nach der „angenehmen" Wirkung eines Stoffes	oft verbunden mit Mengensteigerung, Entzugserscheinungen
Beispiel: Alkoholsucht	

Im Folgenden findet ihr einige Informationen und Anregungen für die Arbeitsgruppen zu Themen, die ihr im Rahmen des Projekts bearbeiten könnt.

Suchtverhalten von Jugendlichen

Überlegt, was man unter „Alkoholsucht", „Tabaksucht" und „Medikamentensucht" versteht. Informiert euch darüber. Woran erkennt man von Suchtmitteln abhängiges Verhalten? ↑Tabelle S. 36 Befragt auch Mitschüler aus höheren Klassen.

Bringt „Missbrauch", „Genuss", „Sucht", „Gebrauch" und „Gewohnheit" in eine zeitliche Reihenfolge. Begründet eure Entscheidung. Was sind typische Suchtauslöser?

Entwickelt Strategien, wie man das Entstehen einer Sucht vermeiden kann. Bezieht dabei auch das „Tankstellen-Modell" ein. ↑S. 18

Neinsagen kann man lernen

Sammelt wichtige Gründe für das Nichtrauchen und den Verzicht auf Alkohol. Befragt auch Schüler aus höheren Klassen und Erwachsene.

Entwickelt Rollenspiele zum Neinsagen. Geht dabei von folgender Situation aus: Ein Schüler wird von einer Clique, zu der er gern gehören möchte, aufgefordert, mitzurauchen und Alkohol zu trinken. Stellt in der Klasse zwei unterschiedliche Spiele dazu vor und regt zur Diskussion an.

Anti-Drogen-Werbung

Die Werbung zeigt uns eine schöne Welt mit Naturerlebnissen, Freiheit und Abenteuer. So wird man verführt, die Werbung nachzumachen. Prüft ausgewählte Werbung auf ihren Inhalt.

Erstellt Werbung, die gegen das Rauchen, den Alkoholkonsum und Tablettenmissbrauch geht. Eure Kampagnen sollten abwechslungsreich sein und können gespielt, gesprochen oder als Plakat erstellt werden.

Überlegt einen Werbeslogan.

Ihr könnt einen echten Werbespot nachahmen. Die Werbung darf auch abschreckend sein.

> Lexikon „Medikamente"
>
> *Aufputschmittel* wirken vorübergehend leistungssteigernd und verbessern die Stimmung. Bei langfristiger Einnahme kann es zu Unruhe, Wahnvorstellungen und Abhängigkeit kommen.
> *Beruhigungsmittel* vermindern Aufregung und Schlaflosigkeit, können aber bei langfristiger Einnahme das Gegenteil bewirken und zu Abhängigkeit führen.
> *Kopfschmerztabletten* vermindern für kurze Zeit den Schmerz, nicht aber seine Ursache.

Tabletten – Helfer in allen Lebenslagen?

Beschreibt, in welchen Situationen die im Lexikon angegebenen Medikamente eingenommen werden.

Erstellt ein Interview mit folgenden Personen:

Schüler 1: Nimmt vor Arbeiten immer Beruhigungsmittel.

Schüler 2: Hat das Verhalten von Schüler 1 beobachtet und es dem Lehrer mitgeteilt. Wird daher von Schüler 1 als Petze bezeichnet.

Lehrer: Klärt über die Gefahren des Tablettenmissbrauchs auf und versucht, zwischen den beiden Schülern zu vermitteln.

Es geht auch ohne Alkohol

- Nennt Situationen, in denen Jugendliche Alkohol trinken.
- Erläutert die Gefahren von Alcopops und Biermixgetränken.
- Erstellt ein Plakat mit den Gefahren des Alkoholkonsums.
- Sammelt Rezepte für Cocktails ohne Alkohol und stellt diese der Klasse vor. Vielleicht gibt es ja Kostproben?

Zigaretten – Inhaltstoffe und Gefahren

Ermittelt unter Mithilfe eurer Lehrerin oder eures Lehrers, wie die abgebildete „Rauchmaschine" funktioniert? ↑2 Was kann mit ihr nachgewiesen werden?

Fertigt ein Plakat über die Wirkung von Inhaltsstoffen des Tabakrauchs (Teer und Nikotin) sowie über Raucherkrankheiten an.

2 „Rauchmaschine"

Zusammenspiel der Organsysteme

Gehirn und Nervensystem
Alle Lebensvorgänge werden von Gehirn und Nervensystem überwacht und gesteuert.

Blut
Das Blut ist das Transportsystem des Körpers.

Verdauung und Atmung
Die Verdauungsorgane zerlegen die Nahrung in kleinste Bausteine. Aus ihnen werden körpereigene Stoffe aufgebaut und Energie für Lebensvorgänge gewonnen. Den zur Energiegewinnung notwendigen Sauerstoff nehmen wir über die Lunge auf. Kohlenstoffdioxid atmen wir aus.

Skelett
Das Skelett stützt den Körper und schützt die inneren Organe. Die Knochen sind über Gelenke beweglich miteinander verbunden.

Muskulatur
Die Muskeln sind die „Motoren" unseres Körpers. Sie sorgen dafür, dass wir uns bewegen können.

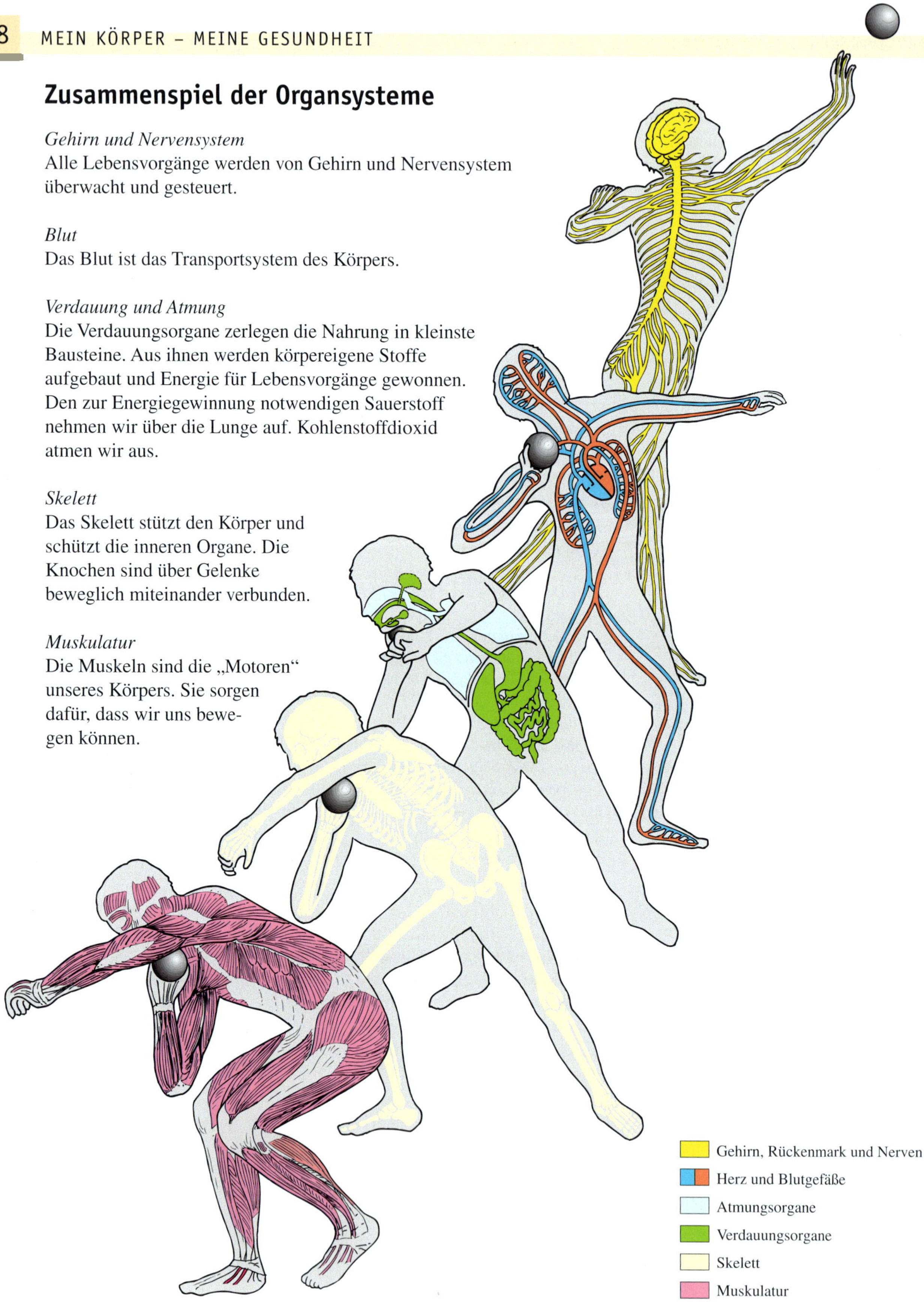

Blutkreislauf
Durch den Blutkreislauf wird jede Zelle im Körper mit allen notwendigen Stoffen versorgt. Der Lungenkreislauf ermöglicht den Gasaustausch zwischen Atemluft und Blut. Der Körperkreislauf verteilt Sauerstoff und Nährstoffe im Körper und transportiert Abfallstoffe ab.

Herz
Das Herz wirkt im Blutkreislauf als Pumpe. Die linke Herzhälfte enthält nur sauerstoffreiches, die rechte nur sauerstoffarmes Blut. Von der rechten Herzkammer geht der Lungenkreislauf, von der linken Herzkammer der Körperkreislauf aus.

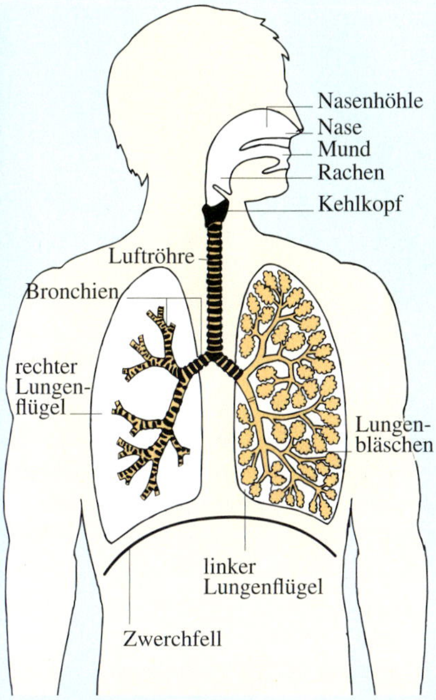

2 Atmungsorgane

Atmungssystem
Die Lunge arbeitet wie ein Blasebalg. Luft wird infolge der Atembewegungen im Wechsel in die Lunge eingesaugt und aus ihr ausgepresst. Durch die Wand der Lungenbläschen findet der Gasaustausch zwischen Atemluft und Blut (Sauerstoffaufnahme, Kohlenstoffdioxidabgabe) statt.

Blut
Es besteht aus Blutplasma und Blutzellen. Das Blutplasma transportiert vor allem Nährstoffe, Abfallstoffe (z. B. Kohlenstoffdioxid), Botenstoffe und Mineralstoffe sowie Wärme. Die roten Blutzellen transportieren Sauerstoff, die weißen Blutzellen ermöglichen die Abwehr von Krankheitserregern. Blutplättchen sind für die Blutgerinnung nötig.

Der Körper als biologisches System
Der menschliche Körper ist ein biologisches System. Die Tätigkeit der Organe ist aufeinander abgestimmt. Die Zusammenarbeit der Organe im Körper ermöglicht die Stoffaufnahme, Stoffumwandlung und Stoffabgabe.

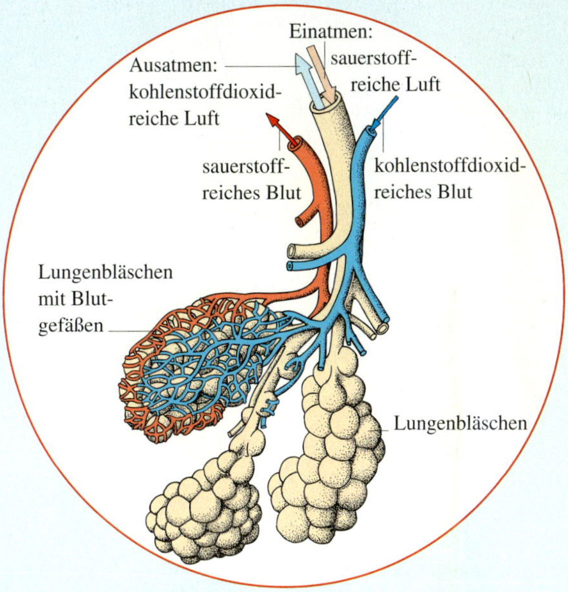

3 Lungenbläschen ermöglichen den Gasaustausch

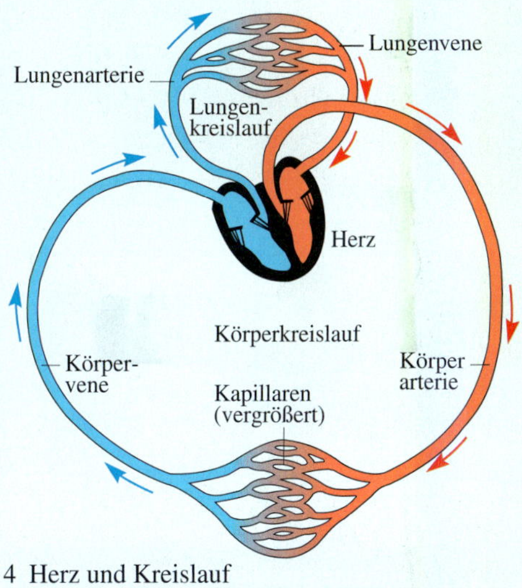

4 Herz und Kreislauf

Alles klar?

1 Beschreibe den Transportweg des Blutes im Körper des Menschen. Gehe von einer kurzen Erläuterung der Herztätigkeit aus.

2 Erläutere, wie sich die Zusammensetzung des Blutes verändert, wenn es durch die Blutkapillaren der Lungenbläschen strömt.

3 Menschen mit Kreislaufstörungen frieren oft schnell an Händen und Füßen. Erläutere die Ursache dafür.

4 Wenn ein Mensch mehr als zwei Liter Blut verliert, ist er in höchster Lebensgefahr. Begründe.

5 Viele Menschen wissen, was zu einer gesunden Lebensweise gehört. Oft gelingt es ihnen aber trotzdem nicht, ein gesundes Leben zu führen. Nenne mögliche Gründe dafür und schlage Lösungen vor.

Vom Wachsen

In der Pubertät verändert sich dein Körper. Deine Brüste entwickeln sich, deine Hüften werden breiter, Schamhaare wachsen und du bekommst deine erste Monatsblutung. Vielleicht verliebst du dich zum ersten Mal. Auch deine Einstellungen und Interessen wandeln sich.

1 Mit meiner besten Freundin kann ich alles besprechen!

2 Bin ich eigentlich schlank genug? Oder vielleicht sogar zu dünn?

3 Meine Mutter behandelt mich wie ein kleines Kind. Dauernd will sie mir Vorschriften machen.

4 Welche Unterschiede gibt es zwischen Mann und Frau? Wie verhüten wir richtig? Kann man beim Petting schwanger werden? Wann entstehen Zwillinge?

5 Sehe ich männlich genug aus?

und Erwachsenwerden

In der Pubertät verändert sich dein Körper. Deine Stimme wird tiefer, deine Schultern werden breiter, du hast „feuchte Träume“ und verliebst dich vielleicht zum ersten Mal. Auch deine Einstellungen und Interessen wandeln sich.

6 Diese Pickel! Was kann ich nur dagegen tun?

7 Ich streite mich häufig mit meinen Eltern. Sie meinen, ich bin zu oft mit meinen Freunden unterwegs und tue nicht genug für die Schule.

8 Ich warte, bis die anderen fertig sind mit Duschen – muss ja nicht jeder sehen, dass ich noch keine Schamhaare habe.

9 Die Mädchen stehen auf so was!

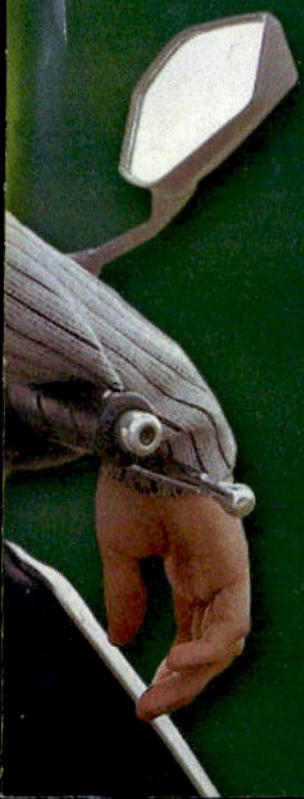

Pickel, Freundschaft, Lust und Frust – was in der Pubertät geschieht

Wegen Umbauarbeiten vorübergehend geschlossen! So ein Schild würden sich vielleicht manche Mädchen und Jungen zwischen 10 und 15 Jahren gerne umhängen. Denn sie sind in der Pubertät – in einer Phase, in der sich nicht nur der Körper verändert. Oft kennen sich die Jugendlichen selbst nicht mehr. Was genau geschieht in der Pubertät?

1 Wieso versteht mich keiner?

2 Was passiert gerade mit mir?

Methode *Wir erstellen eine Mindmap*

Sicher fällt dir zum Thema Pubertät einiges ein. Eine Mindmap eignet sich gut dazu, Ideen zu sammeln und zu ordnen. Das englische Wort Mindmap heißt übersetzt Gedankenkarte – und sie sieht auch aus wie eine Karte deiner Ideen und Gedanken. Du kannst die Methode auch anwenden, um dir etwas einzuprägen oder um Gelerntes übersichtlich darzustellen.

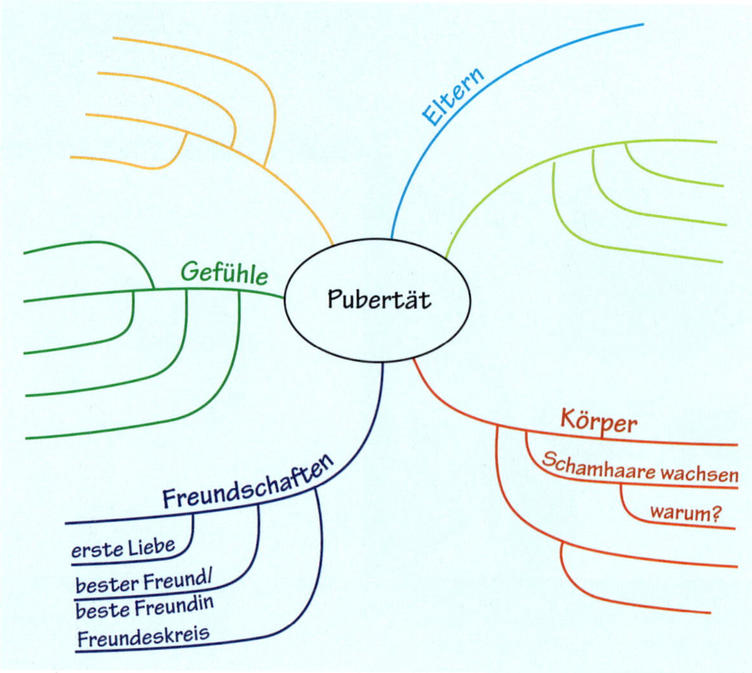

3 Mindmap

1 Sammle zunächst Begriffe, die dir zu diesem Thema einfallen.

2 Markiere Begriffe, die zusammengehören, mit derselben Farbe und suche nach übergeordneten Leitbegriffen.

3 Schreibe das Thema – also „Pubertät" – in die Mitte eines DIN-A3-Blattes. Male von dort aus Hauptäste in verschiedenen Farben und beschrifte sie mit den Leitbegriffen. Zeichne zu jedem Hauptast weitere Verzweigungen, auf die du die gesammelten Begriffe schreibst.

4 Versuche, möglichst viele Begriffe durch einfache Symbole zu veranschaulichen.

Diskutiert anhand eurer Mindmaps, welche Themen euch besonders interessieren. Besprecht auch, in welcher Sprache ihr über Körper und Sexualität reden möchtet.

GRUNDLAGEN: Pubertät – auf dem Weg zum Erwachsensein

Körperliche Veränderungen Am auffälligsten ist, dass Jugendliche in der Pubertät sehr schnell wachsen. ↑4 Auch sonst werden viele Veränderungen des Körpers sichtbar. ↑5 Dies liegt daran, dass der Körper in der Pubertät beginnt neue Signalstoffe, so genannte Hormone, zu produzieren. Sie steuern die Entwicklung. Was man nicht sehen kann ist, dass in den Geschlechtsorganen Ei- bzw. Spermienzellen gebildet werden.

Primäre und Sekundäre Geschlechtsmerkmale Schon bei Neugeborenen sind die Geschlechter unterscheidbar. Die Geschlechtsmerkmale, die jeder Mensch von Geburt an hat, heißen primäre Geschlechtsmerkmale (z. B. Scheide beim Mädchen und Penis beim Jungen). Die Merkmale, die sich in der Pubertät herausbilden, (wie Brüste beim Mädchen oder Bartwuchs beim Mann), werden sekundäre Geschlechtsmerkmale genannt.

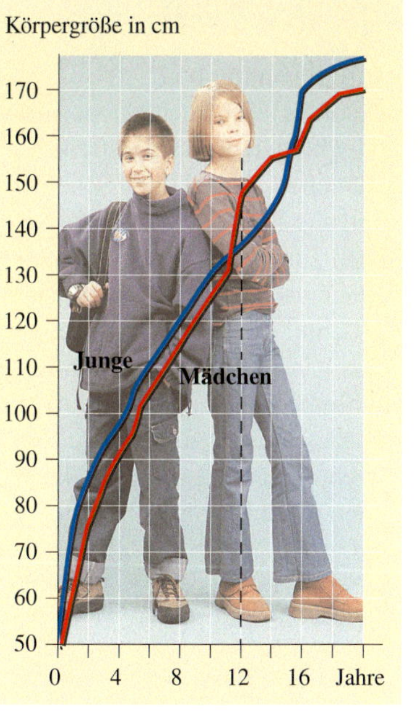

4 Zunahme der Körpergröße bei Kindern und Jugendlichen

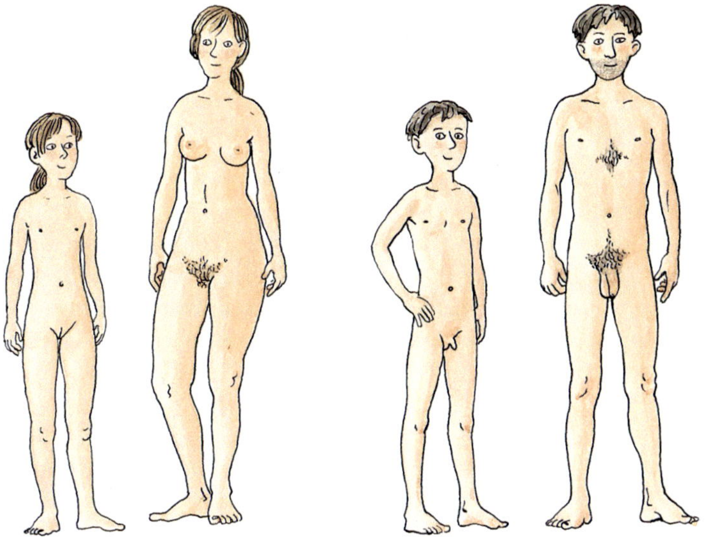

5 Vom Mädchen zur Frau – vom Jungen zum Mann

Veränderungen des Verhaltens Jungen und Mädchen in der Pubertät sind oft hin- und hergerissen zwischen Erwachsen-sein-Wollen und Sich-wie-ein-Kind-Fühlen. Auch die Stimmung scheint Achterbahn zu fahren: sie sind mal super drauf, dann plötzlich total genervt, traurig oder unsicher. Manche verlieben sich zum ersten Mal. Die Pubertät ist eine sehr spannende, aber auch komplizierte Zeit.

Schon gewusst?

Lebewesen verändern sich ständig. Durch Zellteilung entstehen und wachsen Lebewesen. Sie durchlaufen verschiedene Phasen, in denen sich Organe verändern und allmählich eine Funktion erlangen wie beispielsweise die Produktion von Geschlechtszellen.

Arbeitsaufträge

1 Seid ihr noch Kinder oder schon Erwachsene? Welche Veränderungen könnt ihr im Moment an euch bemerken? Was erwartet ihr vom Erwachsensein? Besprecht diese Fragen in der Gruppe.

2 Stelle anhand der Abbildung ↑5 die äußerlich sichtbaren Veränderungen von Mädchen und Jungen in einer Tabelle zusammen. Nenne auch körperliche Veränderungen, die man nicht von außen sehen kann.

3 Werte das Schaubild in Abbildung ↑4 aus. Formuliere die Aussage in zwei Sätzen.

4 Viele Jugendliche haben in der Pubertät mit Pickeln zu kämpfen. Informiere dich, warum das so ist und was man dagegen tun kann.

GRUNDLAGEN: Vom Mädchen zur Frau

Schon gewusst?

Jungfernhäutchen
Das Jungfernhäutchen, ein ring- oder halbmondförmiges feines Häutchen, bedeckt den Scheideneingang teilweise. Wenn ein Mädchen zum ersten Mal mit einem Jungen schläft, wird es sehr stark gedehnt. Meist reißt es dabei ein. Das kann jedoch auch beim Einführen eines Tampons passieren. Trotzdem ist es für manche sehr wichtig, dass das Jungfernhäutchen unversehrt ist.

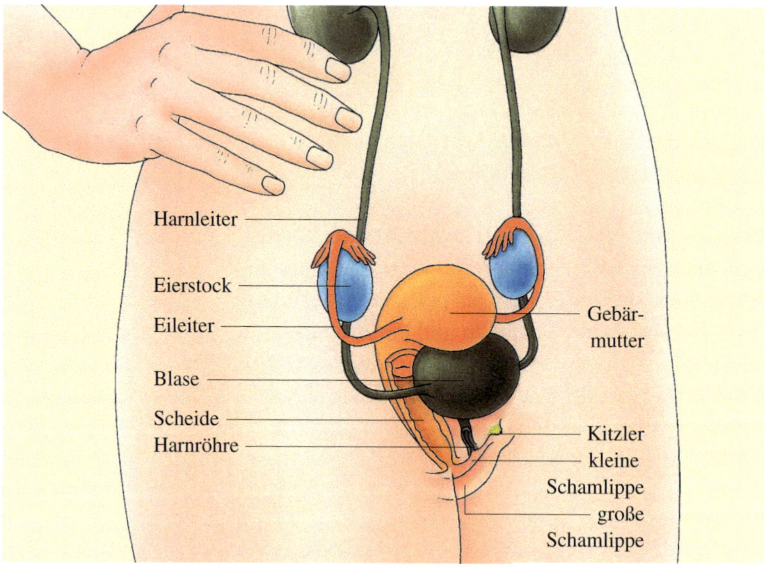

1 Die weiblichen Geschlechtsorgane

Die weiblichen Geschlechtsorgane ↑1 Bei Mädchen sind äußerlich der Schamhügel zu sehen und die großen Schamlippen. Diese Hautfalten bedecken die kleinen Schamlippen, den Kitzler, die Harnröhrenöffnung und den Scheideneingang. Die Scheide ist ein dehnbarer Schlauch, der in die Gebärmutter mündet. Die Gebärmutter ist ein Hohlmuskel, etwa so groß wie eine Birne. Sie ist mit Gebärmutterschleimhaut ausgekleidet. Vom oberen Ende der Gebärmutter führen die Eileiter zu den Eierstöcken.

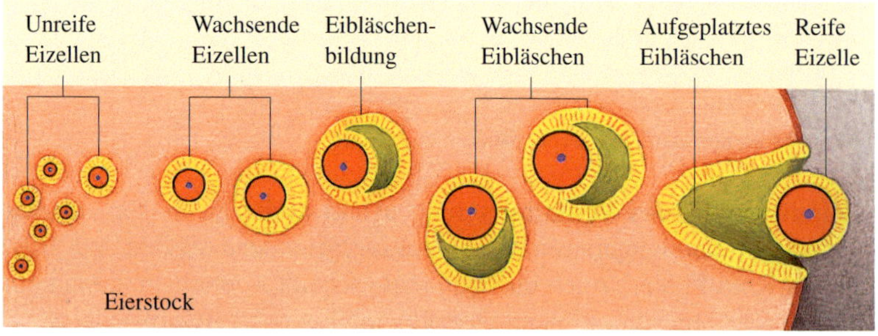

2 Reifung der Eizelle im Eierstock

Reifung der Eizelle Jeder Eierstock enthält schon bei der Geburt des Mädchens mehrere Hunderttausend Eizellen. In der Pubertät reift – gesteuert durch Hormone – zum ersten Mal eine von ihnen heran. Um die Eizelle herum bildet sich das Eibläschen. ↑2 Es wandert zur Oberfläche des Eierstocks, platzt und gibt die Eizelle frei. Dies wird als Eisprung bezeichnet. Über die trichterförmige Öffnung gelangt die Eizelle in den Eileiter, wo sie befruchtet werden kann, und von dort in die Gebärmutter. Das im Eierstock verbleibende leere Eibläschen wird wegen seiner gelben Farbe Gelbkörper genannt. Es bildet nun weitere wichtige Hormone für eine mögliche Schwangerschaft.

GRUNDLAGEN: Vom Jungen zum Mann

Die männlichen Geschlechtsorgane ↑3 Penis und Hodensack bilden die äußeren Geschlechtsorgane. Der empfindliche vordere Teil des Penis, die Eichel, wird von der Vorhaut bedeckt. Mit Einsetzen der Pubertät kommt es bei Jungen vor, dass sich der Penis plötzlich versteift. Dabei füllen sich die Schwellkörper in seinem Innern mit Blut. Der Penis wird dicker und länger und richtet sich auf.

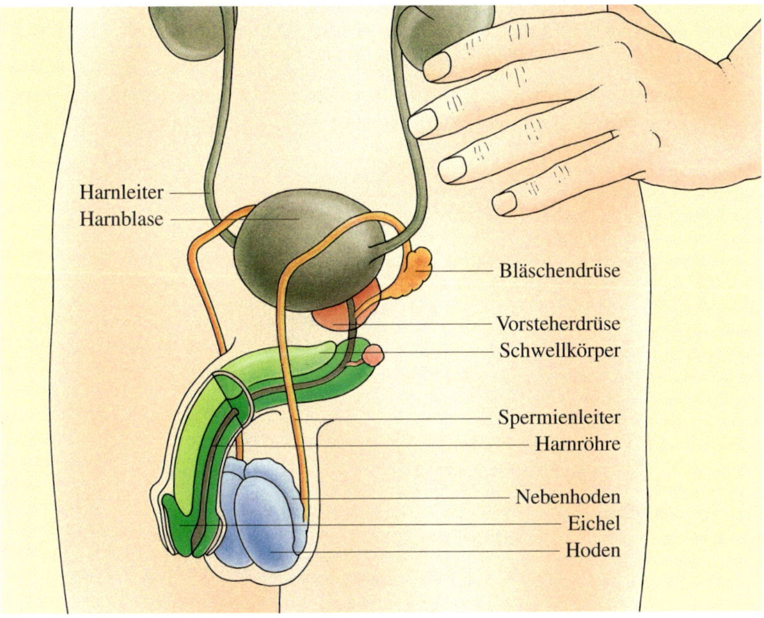

3 Die männlichen Geschlechtsorgane

Spermienbildung Im Hodensack liegen je zwei Hoden und Nebenhoden. Die Hoden bilden die männlichen Keimzellen, die Spermienzellen. In den Nebenhoden werden sie gespeichert. Ist der Speicher voll, kommt es zu einem Spermienerguss. Dabei werden die Spermien über den Spermienleiter und die Harnröhre ausgestoßen. Gleichzeitig geben die Bläschendrüse und die Vorsteherdrüse eine Flüssigkeit ab, die die Spermien beweglicher macht. Diese Flüssigkeit zusammen mit den Spermien heißt Sperma.

Schon gewusst?

Stimmbruch In der Pubertät werden die Stimmen von Mädchen und Jungen tiefer und dunkler. Das liegt daran, dass in dieser Zeit der Kehlkopf wächst. Da bei Jungen die Stimmbänder jetzt stärker wachsen und um bis zu 1 cm länger werden, kommt es bei ihnen zum Stimmbruch. Die Stimme klingt rau und kippt oft zwischen der männlichen Stimmlage und der Kinderstimme. Der Stimmbruch dauert etwa ein halbes Jahr.

Arbeitsaufträge

1 Nenne die weiblichen Geschlechtsorgane. Unterscheide innere und äußere Geschlechtsorgane.

2 Ordne die Texte A bis C den passenden Geschlechtsorganen zu.

3 Erkläre deinem Nachbarn die Reifung der Eizelle und beschreibe ihren Weg durch die inneren Geschlechtsorgane.

A Sie nimmt beim Geschlechtsverkehr den Penis auf. Das Kind wird durch diesen Gang geboren.

B In ihr kann sich eine befruchtete Eizelle einnisten und zum Kind heranwachsen.

C Er reagiert sehr empfindlich auf Berührung. Streicheln kann Erregung auslösen.

4 Erstelle eine Tabelle, in die du links die männlichen Geschlechtsorgane und rechts deren Funktion einträgst.

5 Erläutere, was bei der Erektion geschieht.

6 Beschreibe den Weg einer Spermienzelle von der Bildung bis zum Spermienerguss.

Gesundheit

Hygiene Während der Pubertät beginnen die Schleimhäute von Scheide und Muttermund Schleim abzusondern, der als durchsichtige bis milchige Flüssigkeit aus der Scheide fließt. Außerdem produziert der Körper mehr Talg und Schweiß. Die äußeren Geschlechtsorgane, das Gesicht und die Achselhöhlen sollten daher täglich gewaschen werden.

GRUNDLAGEN: Endlich erwachsen? Die erste Regelblutung

Menstruation – was ist das? Die Regelblutung setzt meist zwischen dem 10. und dem 16. Lebensjahr ein. Sie findet alle drei bis fünf Wochen statt und dauert 3 bis 7 Tage. Die rote Flüssigkeit besteht aus Blut und Gebärmutterschleimhaut. Während die Eizelle im Eierstock reift, wächst die Gebärmutterschleimhaut auf das Vierfache ihrer normalen Dicke an. ↑1 Sie hat die Aufgabe, eine befruchtete Eizelle aufzunehmen und mit Nährstoffen und Sauerstoff zu versorgen. Wird die reife Eizelle nach dem Eisprung nicht befruchtet, löst sich der größte Teil der Schleimhaut ab. Weil dabei Blutgefäße der Gebärmutterwand zerreißen, kommt es zu einer Blutung. Dabei werden 60 bis 100 ml Flüssigkeit ausgeschieden. Mit der ersten Regel ist ein Mädchen geschlechtsreif und kann Kinder bekommen.

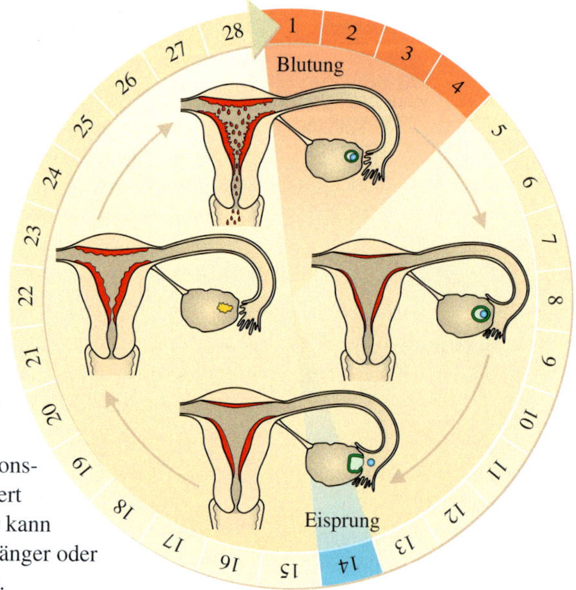

1 Der hier gezeigte Menstruationszyklus dauert 28 Tage, er kann aber auch länger oder kürzer sein.

Menstruationsbeschwerden Während der Menstruation zieht sich die Gebärmutter zusammen. Viele Mädchen und Frauen haben daher Bauch- oder Rückenschmerzen. Oft lindern Kräutertee, ein warmes Bad oder eine Wärmflasche die Beschwerden.

Monatshygiene Während der Regelblutung kann man Binden oder Tampons benutzen, um das Blut aufzufangen. ↑2 Sie sollten mehrmals am Tag gewechselt werden, wie oft, hängt von der Stärke der Blutung ab. Während der Regelblutung können sich besonders schnell unangenehme Gerüche bilden und Krankheitserreger vermehren sich leicht. Dann ist tägliches Waschen mit Wasser oder milden Waschlotionen noch wichtiger.

Kurz und knapp **Man unterscheidet äußere (Schamhügel, Schamlippen, Kitzler) und innere Geschlechtsorgane (Eierstock, Eileiter, Gebärmutter). In den Eierstöcken reift jeden Monat eine Eizelle heran. Durch den Eileiter gelangt sie zur Gebärmutter. Wird die Eizelle nicht befruchtet, wird sie mit der Gebärmutterschleimhaut bei der Regelblutung abgestoßen.**

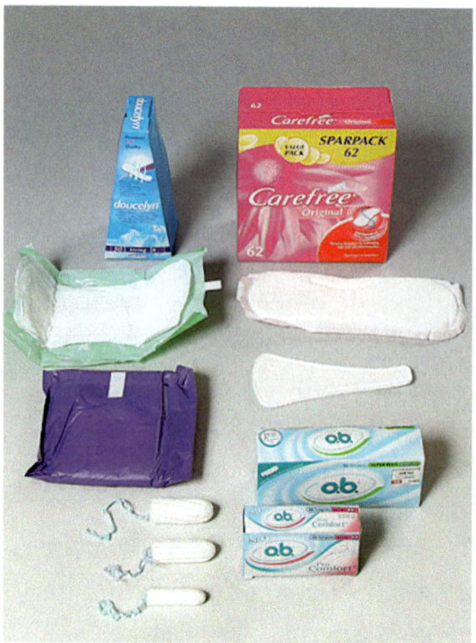

2 Binden, Tampons und Slipeinlagen saugen das Blut auf.

GRUNDLAGEN: Endlich erwachsen? Der erste Spermienerguss

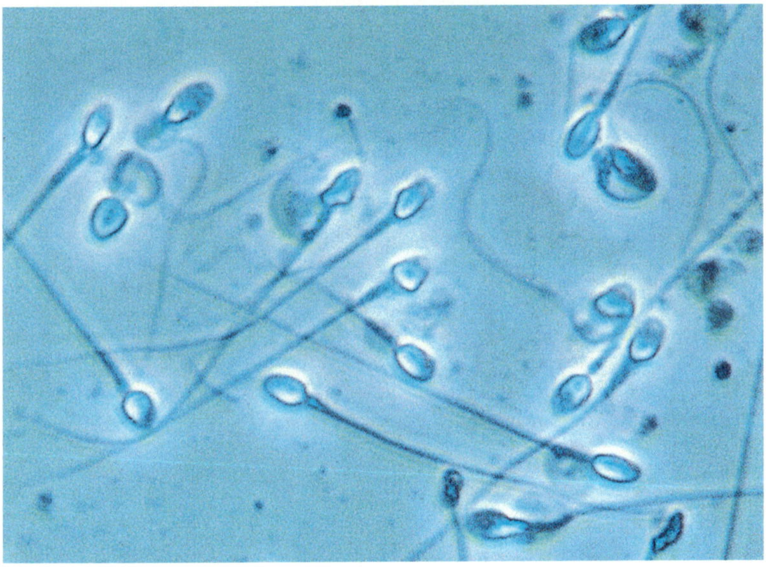

3 Spermien unter dem Mikroskop, etwa 1000-fach vergrößert

Spermienerguss Der erste Spermienerguss passiert meist im Schlaf. Nach so einem „feuchten Traum" findet der Junge morgens weißliche Flecken in der Unterhose oder auf dem Bettlaken. Dies ist völlig normal. Ein Spermienerguss kann aber auch dadurch ausgelöst werden, dass der Penis gestreichelt oder gerieben wird. Dies führt zu angenehmen Gefühlen. Auf dem Höhepunkt der Erregung, dem Orgasmus, wird das Sperma ausgeschleudert. Mit dem ersten Spermienerguss ist ein Junge geschlechtsreif und kann Kinder zeugen.

Hygiene In der Pubertät produziert der Körper mehr Talg und Schweiß. Daher sollten das Gesicht, die Achselhöhlen und die Geschlechtsorgane täglich gewaschen werden. Um den Bereich zwischen Eichel und Vorhaut zu säubern, muss man die Vorhaut zurückziehen, weil sich hier sonst Bakterien ansiedeln.

Kurz und knapp **Zu den männlichen Geschlechtsorganen gehören Penis, Hodensack, Hoden, Nebenhoden, Spermienleiter, Schwellkörper sowie Vorsteher- und Bläschendrüse. Sie dienen der Bildung von Spermienzellen und Spermaflüssigkeit, die beim Spermienerguss durch den Penis ausgestoßen werden.**

Schon gewusst?

Sperma Anders als Eizellen sind Spermien – so lautet die Mehrzahl von Spermium – sehr klein.
Bei jedem Spermienerguss werden etwa 4 ml Sperma abgegeben, worin ungefähr 200 bis 300 Millionen Spermien enthalten sind. Das Sperma wird mit einer Geschwindigkeit von 14 bis 18 km/h ausgeschleudert.

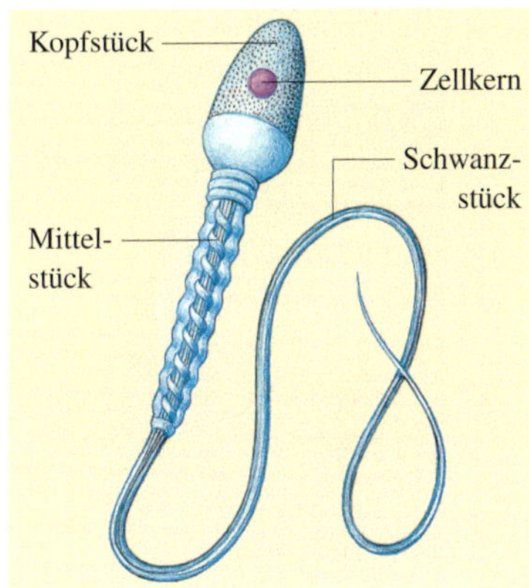

4 Aufbau einer Spermienzelle

Arbeitsaufträge

1 Beschreibe anhand von Abbildung ↑1 den Menstruationszyklus.
2 Vergleiche Eizelle und Spermienzelle.
3 Überlege dir, wie du die Saugkraft von Tampons und Binden überprüfen kannst. Führe diesen Versuch anschließend durch.
4 Die erste Regel und der erste Spermienerguss sind ein wichtiger Schritt auf dem Weg zum Erwachsensein. Erkläre.

„Willst du mit mir gehen?"

Plötzlich ist alles anders. Ständig denkst du nur noch an eine Person und möchtest am liebsten die ganze Zeit mit ihr zusammen sein. Leider weißt du noch gar nicht, ob der- oder diejenige das auch möchte. Wie kannst du herausbekommen, ob sich jemand für dich interessiert? Wie kann man jemandem zeigen, dass man ihn besonders gerne mag?

1 „Ich finde ihn so nett. Wie kann ich ihm das nur sagen?"

Beobachten Untersuchen Experimentieren

Verliebt – was nun?

1 Wie könnte man vorgehen, wenn man jemanden sehr nett findet? Notiere drei Möglichkeiten.

2 Welche der Aussagen unten findest du am besten? Erläutere gegenüber deinen Mitschülern, was dir gefällt und was nicht.

3 Oft schreiben sich Schüler Zettelchen mit der Frage: „Willst du mit mir gehen?" Was heißt das eigentlich, mit jemandem zu gehen? Schreibe dazu einen kurzen Text.

4 Probiert in einem Rollenspiel aus, euch mit jemandem fürs Kino zu verabreden. Spielt dabei folgende Möglichkeiten durch:

A Die Person sagt Ja und die beiden verabreden sich.

B Die Person sagt Nein. Die andere versucht sie zu überreden.

C Die Person sagt Nein und möchte in Zukunft nicht mehr angesprochen werden. Sie versucht der anderen dies klarzumachen, ohne sie zu verletzen.

Überlegt euch noch andere Situationen und spielt sie in verschiedenen Varianten durch.

Wenn ich ein Mädchen nett finde, suche ich Blickkontakt mit ihr und lächle sie an. Wenn sie mich dann nicht anspricht, spreche ich sie an, gebe ihr ein Getränk aus oder fordere sie zum Tanzen auf. Später schreibe ich ihr Briefe oder lade sie ins Kino ein.

2

Wenn ich einen Jungen nett finde, traue ich mich nicht, ihn direkt anzusprechen. Häufig springen meine Freundinnen ein und stellen mich vor. Wenn man erst mal mit dem Smalltalk angefangen hat, ist es gar nicht mehr so schwer, sich zu verabreden.

Wenn ich mich verliebt habe und den Jungen wahrscheinlich nicht zufällig wiedersehen werde, frage ich ihn nach seiner Telefonnummer. Erst am nächsten Tag melde ich mich oder noch später, damit es spannender ist.

3

4

GRUNDLAGEN: Die erste Liebe

Sichkennenlernen In der Pubertät entstehen die ersten Liebesbeziehungen. Diese gehen über Reden, Kinobesuch und Kuscheln hinaus. Plötzlich sehnt man sich ganz anders als früher nach körperlicher Nähe. Dabei muss jeder für sich erst einmal herausfinden: Was möchte ich? Was tut mir gut und was nicht? Und was möchte der andere von mir?

Regeln gibt es nicht Vieles ist neu. Deswegen ist es ganz normal, dass man unsicher ist und Angst hat, etwas falsch zu machen. Eindeutige Regeln, wie man jemanden streicheln soll oder was man bei einem Zungenkuss machen muss, gibt es aber nicht. Wichtig ist, nur das zu tun, was man wirklich will und was sich „richtig" anfühlt.

Liebe braucht Vertrauen Man muss offen sagen, wenn einem etwas zu viel wird oder zu schnell geht. Das fällt manchmal schwer. Auch für den Partner kann es schwierig sein zu akzeptieren, dass der andere noch nicht so weit ist. Beide Partner sollten aber darauf vertrauen können, dass der andere ihn so mag, wie er ist. Wenn zwei zusammen herausfinden, was sie wollen und was gut für sie ist, sind sie mittendrin im Abenteuer Liebe.

Schon gewusst?

Wenn jemand etwas von dir verlangt, das du nicht willst, sage klar: „Nein!" Beratung und Hilfe bekommst du bei der „Nummer gegen Kummer" 0800-111 0 333 und über Internetseiten wie: www.bzga.de, www.profamilia.de, www.wildwasser.de oder www.zartbitter.de.

Tipps für das Internet

Gib niemals deinen vollständigen Namen, deine Anschrift, den Namen deiner Schule oder deine Telefonnummer im Internet an.

Schicke niemandem ein Foto von dir.

Antworte nie auf E-Mails, Chat- oder Forenbeiträge, bei denen du dich unwohl oder bedroht fühlst.

Erzähle es sofort einem Erwachsenen, dem du vertraust, wenn du etwas liest oder siehst, was dir unangenehm ist.

Verabrede dich niemals mit einer Internet-Bekanntschaft, ohne es mit deinen Eltern oder einem Erwachsenen, dem du vertraust, zu besprechen. Triff dich nur an einem öffentlichen Ort und nimm einen Erwachsenen mit.

Eine Person, die du im Internet kennenlernst, kann jemand anderes sein, als sie vorgibt. Wenn jemand erzählt, er sei ein 12-jähriges Kind, kann es sich in Wirklichkeit um einen Erwachsenen handeln.

Arbeitsaufträge

1 Tragt in der Gruppe eure Erfahrungen zusammen, was eine gute Freundschaft auszeichnet und was sie gefährden kann.

2 Schreibe auf und ergänze: „Ich erwarte von meinem Partner ..."

3 Überlege dir, mit wem du ganz persönliche Fragen besprechen kannst und willst.

4 Betrachte die in Abbildung ↑5 dargestellte Situation.

a Nenne mindestens drei Möglichkeiten, die Sprechblase zu füllen.

b Überlege, wie sich die Situation in den verschiedenen Fällen weiterentwickelt.

c Was könnte die Person rechts tun, wenn sie die andere Person nicht küssen möchte, sie aber als Freund auch nicht verlieren will? Besprich mit einem Partner verschiedene Möglichkeiten.

5 Wie könnte es weitergehen?

Das erste Mal

Max und Nicole sind seit einem halben Jahr zusammen. Auf dem Schulfest hatten sie schon die ganze Zeit miteinander getanzt. Als das Fest zu Ende war, gingen sie zu Max nach Hause. Sie küssten sich und schmusten immer heftiger miteinander. Und dann ist es passiert. Was sollen sie jetzt tun?

1 Das erste Mal passiert oft ungeplant, kommt aber selten völlig überraschend.

Beobachten Untersuchen Experimentieren

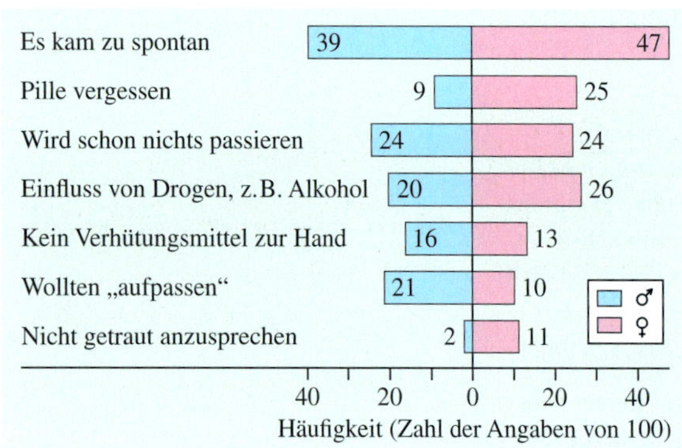

2 Warum Jugendliche nicht immer verhüten.

1 Versuche mithilfe der Abbildung ↑1 die Situation zu beschreiben. Was ist passiert? Erkläre das Verhalten des Mädchens und des Jungen. Hätte es anders laufen können?

2 Was können die beiden jetzt tun? Informiere dich bei einer Beratungsstelle oder bei einem Arzt und stelle verschiedene Lösungen zusammen.

3 Werte das Schaubild aus. ↑2 Überlege, was man tun kann, damit es nicht zu unverhütetem Geschlechtsverkehr kommt.

4 Diskutiert in der Gruppe die Goldenen Verhütungsregeln. ↑3 Schreibt zu jeder Regel eine kurze Erklärung. Was würdet ihr ändern oder ergänzen?

GRUNDLAGEN: Miteinander schlafen

Menschen, die sich lieben, haben das Bedürfnis, sich körperlich näherzukommen, und wollen irgendwann miteinander schlafen. Wenn beide durch Schmusen, Küssen und Streicheln sexuell erregt sind, wird der steife Penis des Mannes in die Scheide der Frau eingeführt. Wenn man keine Kinder zeugen möchte, muss man verhindern, dass es zu einer Schwangerschaft kommt.

Verhütung Empfängnisverhütung bedeutet, dass man beim Geschlechtsverkehr Methoden anwendet, die eine Schwangerschaft verhindern. Beide Partner sind in gleichem Maß für die Verhütung verantwortlich. Das bedeutet zum Beispiel, dass sie schon vor dem „ersten Mal“ offen über Verhütung sprechen. Das Paar kann sich auch gemeinsam bei einer Beratungsstelle oder von einer Frauenärztin beraten lassen. Kondom und Pille sind besonders geeignete und bei richtiger Anwendung sichere Verhütungsmittel für Jugendliche.

Kondom Das Kondom wird unmittelbar vor dem Geschlechtsverkehr über dem steifen Penis abgerollt. Die Spitze muss dabei luftleer sein, damit hier das Sperma aufgefangen werden kann. Am besten ist es, den Gebrauch vorher zu üben, weil das Kondom nur bei richtiger Anwendung sicher ist. Kondome verhindern nicht nur, dass Spermienzellen in die Scheide gelangen. Sie schützen auch vor der Ansteckung mit sexuell übertragbaren Krankheiten und vor Aids.

Pille Die Pille muss immer von einem Arzt verschrieben werden. Sie enthält Hormone, die den Eisprung verhindern. Sie bewirken auch die Verdickung des Schleims im Gebärmutterhals, sodass kein Spermium eindringen kann. Die Pille verändert außerdem die Gebärmutterschleimhaut so, dass sich keine befruchtete Eizelle einnisten kann. Trotz des ausbleibenden Eisprungs kommt es regelmäßig zu einer Blutung. Die Pille wirkt sehr sicher, muss aber täglich eingenommen werden.

Schon gewusst?

Petting Petting kommt vom englischen *pet* = streicheln und bezeichnet Sexualität ohne Geschlechtsverkehr. Dazu gehören Kuscheln, Streicheln, Küssen und gegenseitiges Berühren der Geschlechtsorgane. Auch dabei kann es zu einer Schwangerschaft kommen, wenn Spermienzellen in die Scheide gelangen.

„Goldene Verhütungsregeln“

- Plane die Verhütung schon vor dem ersten Mal.
- Bestehe auf Verhütung.
- Schütze dich mit Kondomen.
- Sex mit neuem Partner nur mit Kondom.
- Achte auf die richtige Einnahme der Pille.
- Verhüte auch während der Regel.
- Verhütungspanne: Pille danach – je früher, desto besser.
- Suche dir Rat, Hilfe und Beratung.

Quelle: BZgA

3 Regeln für die Verhütung

Gegen Kurzsichtigkeit!

GIB AIDS KEINE CHANCE

mach's mit

4 Mach's mit!

Kurz und knapp **Für Verhütung sollten sich beide Partner verantwortlich fühlen. Kondom und Pille sind für Jugendliche geeignete und sichere Verhütungsmittel. Kondome schützen zudem vor sexuell übertragbaren Krankheiten.**

Arbeitsaufträge

1 Stelle in einer Tabelle die Unterschiede von Pille und Kondom gegenüber.

2 Informiere dich unter www.loveline.de über die Benutzung von Kondomen und über weitere Verhütungsmethoden. Präsentiere deine Ergebnisse in einer Kleingruppe.

3 Wofür wirbt das Plakat in Abbildung ↑4? Erläutere den Titel.

4 Erstellt selbst eine Werbung für Kondome, die Leute in eurem Alter anspricht.

5 „Beim ersten Mal kann man gar nicht schwanger werden!“ – „Quatsch! Sogar ein Mädchen, das seine erste Regelblutung noch gar nicht hatte, kann schwanger werden.“ Was meinst du dazu? Beziehe Stellung und begründe deine Meinung.

6 Mareike berichtet über ihr erstes Mal: „Also mein erstes Mal war eigentlich ganz schön, aber ich könnte mir jetzt einen anderen vorstellen, mit dem ich es gemacht hätte. Ich war nicht ganz ich selbst und ich wollte es, weil meine Freundinnen es schon hatten und ich nicht alleine dastehen wollte.“ Was würdest du ihr antworten?

Ein neuer Mensch entsteht

Wenn eine Eizelle und eine Spermienzelle miteinander verschmelzen, beginnt ein neues Leben. Aus der befruchteten Eizelle entwickelt sich ein vollständiger kleiner Mensch, der aus 10 bis 100 Billionen Zellen besteht! Wie verläuft diese Entwicklung?

1 Aus einer Eizelle und einer Spermienzelle entwickelt sich ein neuer Mensch.

Beobachten Untersuchen Experimentieren

Die Funktion des Fruchtwassers
Der Embryo entwickelt sich im Bauch der Mutter. Dort liegt er gut geschützt in der Fruchtblase. Du kannst dies in einem Modellversuch ausprobieren.

2 Modell

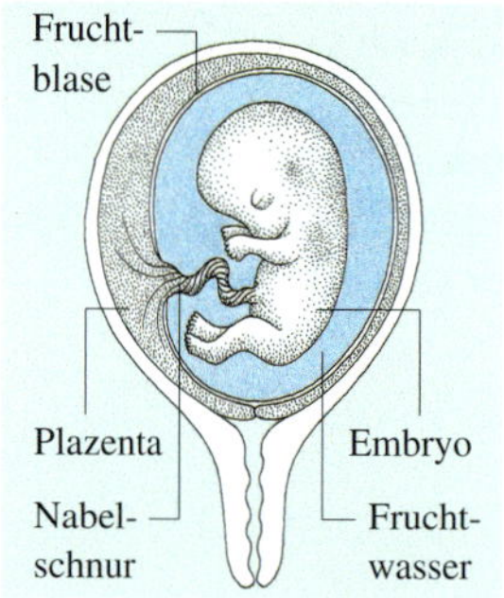

3 Embryo in der Gebärmutter

1 Stelle aus einem Einmachglas, einem Plastikbeutel, einem Gummiring, einem Hühnerei und Wasser ein Modell her, wie es in Abbildung ↑2 gezeigt wird.
2 Schüttle das Einmachglas hin und her und beobachte die Bewegungen des Eies.
3 Mache den gleichen Versuch ohne Wasser im Kunststoffbeutel. Verwende hierzu eine Eierkerze oder ein Gipsei. Notiere deine Beobachtungen. Was wäre mit einem rohen Hühnerei passiert?
4 Schreibe eine Deutung des Versuchs. Gehe dabei auf die Funktion des Wassers ein.
5 Vergleiche das Modell mit dem Mutterleib. ↑3 Stelle dazu in einer Tabelle die Teile des Modells den Organen im Mutterleib gegenüber. Was lässt sich durch das Modell nur schlecht darstellen?

GRUNDLAGEN: Entwicklung im Mutterleib

Befruchtung und Einnistung Im Eileiter treffen zahlreiche Spermienzellen auf die Eizelle. ↑1und4 Sobald der Kopf der ersten Spermienzelle in die Eizelle eingedrungen ist, bildet sich eine Hülle. Sie verhindert, dass weitere Spermien eindringen. Die Zellkerne der Eizelle und des Spermiums verschmelzen miteinander. Dies bezeichnet man als Befruchtung. Die befruchtete Eizelle beginnt sich zu teilen. Nach drei bis vier Tagen hat der kugelförmige, vielzellige Keim die Gebärmutter erreicht, wo er sich in die Schleimhaut einnistet. ↑4 Den eingenisteten Keim nennt man Embryo.

Versorgung und Schutz des Embryos Wo der Keim sich eingenistet hat, bildet sich der Mutterkuchen, die Plazenta. Durch dieses stark durchblutete Gewebe wird der Embryo mit allen wichtigen Nährstoffen und Sauerstoff versorgt. Doch auch Krankheitserreger, zum Beispiel das Rötelnvirus, und Drogen können durch die Plazenta zum Kind gelangen und es stark schädigen. Der Embryo liegt in einer schützenden Hülle, der Fruchtblase. Sie ist mit Fruchtwasser gefüllt, das wie ein Stoßdämpfer gegen Erschütterungen von außen wirkt.

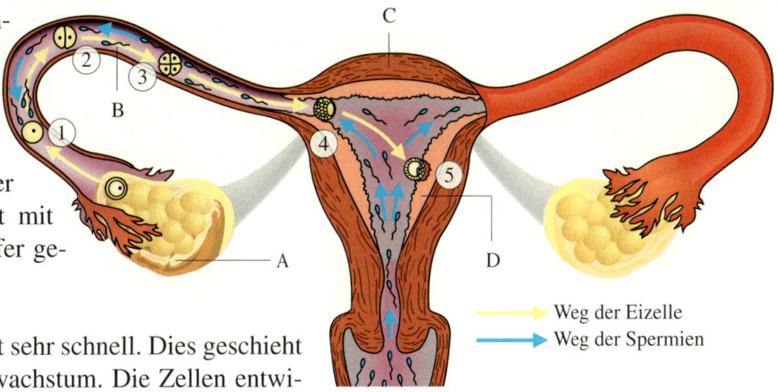

4 Vom Eisprung bis zur Einnistung des Keims

Vom Embryo zum Fetus Der Embryo wächst sehr schnell. Dies geschieht durch rasche Zellteilungen und starkes Zellwachstum. Die Zellen entwickeln sich unterschiedlich, sodass verschiedene Gewebe und Organe entstehen. Schon nach 12 Wochen sind alle Organe angelegt. Der Embryo heißt nun Fetus. ↑7

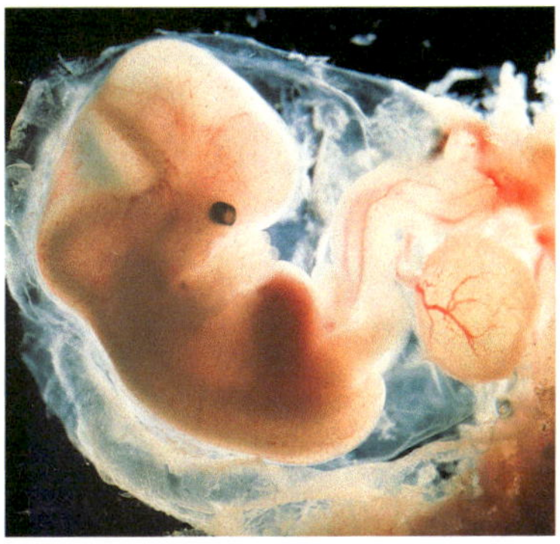
5 Sechs Wochen alter Embryo

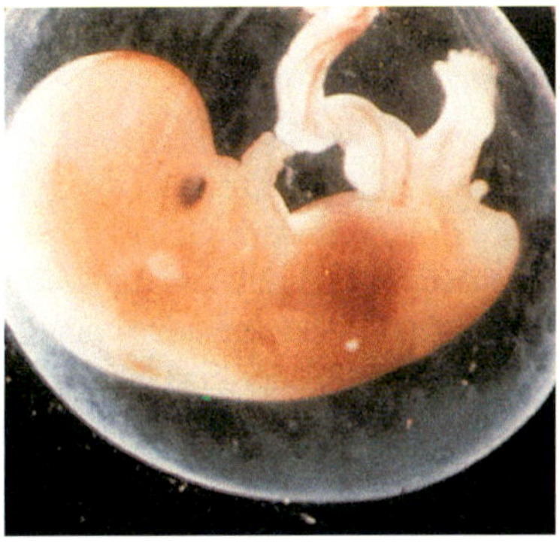
6 Acht Wochen alter Embryo

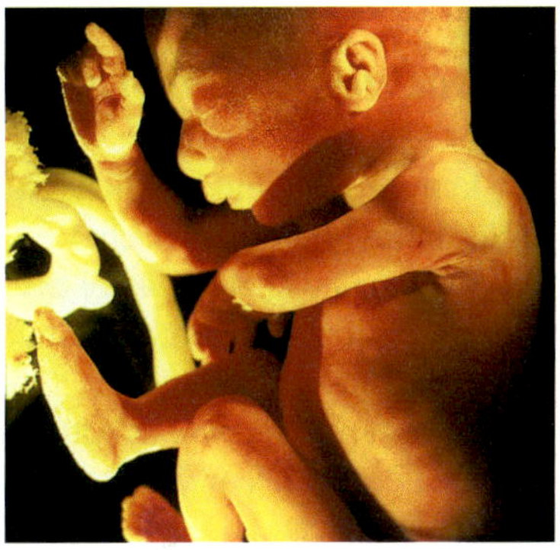
7 20 Wochen alter Fetus

Schwangerschaft Die Schwangerschaft beginnt mit der Einnistung des Keims. Diese bewirkt, dass keine weiteren Eizellen mehr heranreifen. Weil der mütterliche Organismus das schnell wachsende Kind versorgt, fühlen sich manche Frauen während der Schwangerschaft sehr müde. Manchen wird besonders zu Beginn oft übel.

Kurz und knapp **Bei der Befruchtung verschmelzen die Zellkerne einer Spermienzelle und einer Eizelle miteinander. Die befruchtete Eizelle teilt sich mehrmals und nistet sich in die Gebärmutterschleimhaut ein. In den ersten drei Monaten werden beim Embryo alle Organe angelegt.**

Arbeitsaufträge

1 Schreibe für jeden der folgenden Begriffe eine kurze Erklärung: befruchtete Eizelle, Embryo, Fetus.

2 Ordne den mit Buchstaben beschrifteten Organen in Abbildung ↑4 die richtigen Begriffe zu.

3 Beschreibe die Entwicklung vom Eisprung bis zum Fetus mit eigenen Worten. Nimm den Text und die Abbildungen ↑4 bis 7 zu Hilfe.

4 Begründe, warum eine schwangere Frau keinen Alkohol trinken und nicht rauchen darf.

Ein Kind wird geboren und entwickelt sich

Nun ist sie endlich auf der Welt! Nora wiegt 3200 Gramm und ist 51 cm groß. Ihre Eltern sind ganz stolz und glücklich und geben ihr durch den ersten Körperkontakt Fürsorge und Geborgenheit. Es ist schon erstaunlich, wie schnell so ein kleiner Mensch heranwächst und seine Umwelt wahrnimmt. Jeden Tag gibt es etwas Neues zu sehen. Was wird sich für Nora alles ändern, nachdem sie den schützenden Körper der Mutter verlassen hat?

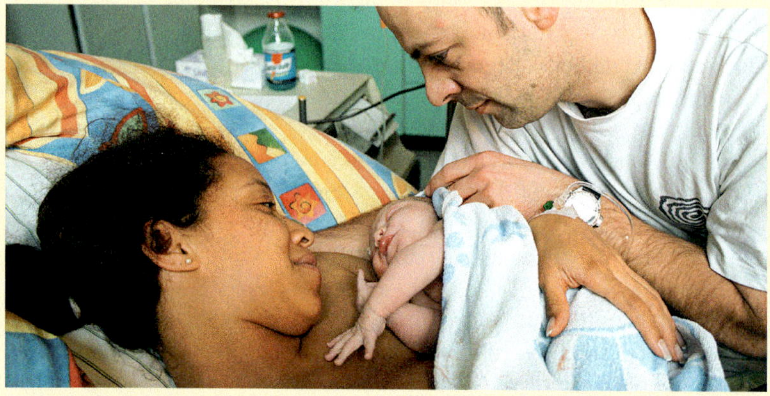

1 Eltern mit ihrem neugeborenen Kind

Beobachten Untersuchen Experimentieren

Wie kommt das Kind auf die Welt?

1 Schau im Mutterpass nach, wie schwer und wie groß du bei deiner Geburt warst. Vergleiche mit deinen Klassenkameraden.

2 Lass dir erzählen, wie es war, als du auf die Welt kamst. Schreibe eine Geschichte dazu.

3 Die Abbildungen ↑3 und 4 zeigen zwei verschiedene Geburtsphasen. Beschreibe, was passiert. Achte auf die Lage des Kindes.

4 Nicht alle Kinder liegen bei der Geburt mit dem Kopf nach unten im Bauch der Mutter. Überlege, wie sich dies auswirken könnte.

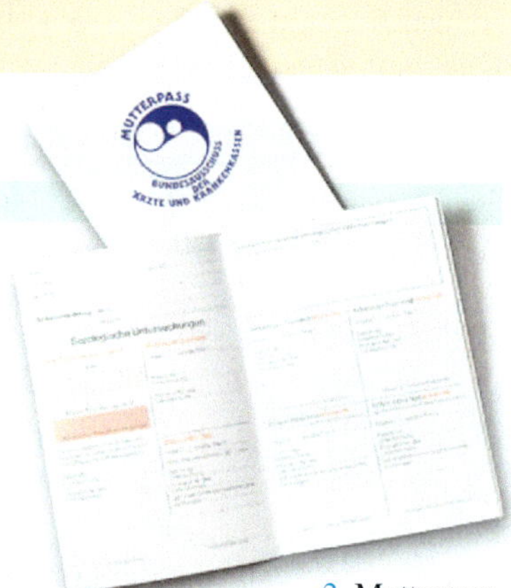

2 Mutterpass

GRUNDLAGEN: Geburt und Entwicklung des Säuglings

Geburt Nach ungefähr 40 Wochen ist die Entwicklung des Kindes abgeschlossen. Die Muskeln der Gebärmutter ziehen sich in immer kürzeren Abständen, den Wehen, die die Geburt einleiten, zusammen. In der Eröffnungsphase weitet sich der Gebärmuttermund mit jeder Wehe ein Stück, bis schließlich der Kopf des Kindes hindurchpasst. ↑3

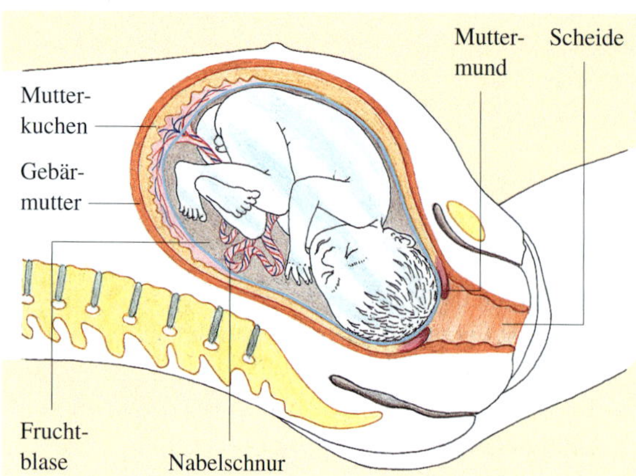

3 Erste Phase der Geburt (Eröffnungsphase)

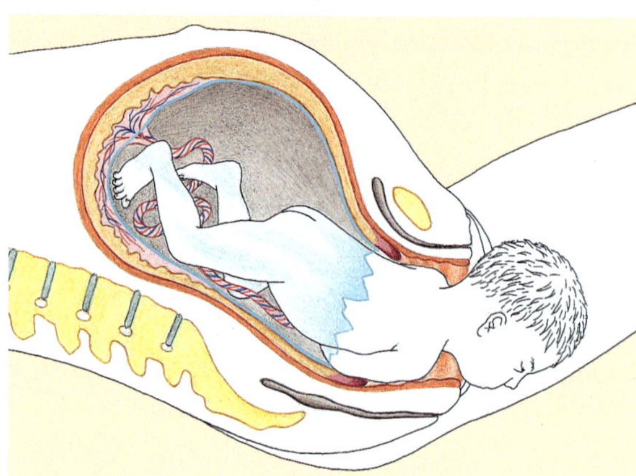

4 Zweite Phase der Geburt (Austreibungsphase)

In der folgenden Austreibungsphase wird das Kind durch die Scheide nach außen geschoben. ↑4 Wenn das Kind geboren ist, wird die Nabelschnur abgeklemmt, sodass kein Blut mehr hindurchfließen kann, und dann durchgetrennt. Kurze Zeit später werden Mutterkuchen, Fruchtblase und Nabelschnur als Nachgeburt ausgestoßen.

Der Säugling Schon kurz nach der Geburt sucht der Säugling nach der Brust der Mutter und saugt, sobald er die Brustwarze gefunden hat. Säuglinge werden mit Muttermilch oder Flaschennahrung ernährt. Erst mit vier bis fünf Monaten können sie Brei vom Löffel essen und schlucken. Das Baby reagiert auf Geräusche, Berührung und Licht. Es schreit, wenn es Hunger hat, müde ist oder wenn es sich durch andere Dinge gestört fühlt. Der enge körperliche Kontakt mit den Eltern und Geschwistern, die es streicheln und tragen, mit ihm sprechen und ihm vorsingen, gibt ihm das Gefühl von Sicherheit und Geborgenheit.

Verwandtschaft Verwandte, besonders Kinder und ihre Eltern, sehen einander oft sehr ähnlich. Dies liegt daran, dass in der Spermienzelle des Vaters und in der Eizelle der Mutter jeweils Informationen enthalten sind, die beispielsweise die Form der Nase, die Farbe der Haare und Augen bestimmen. Diese Informationen – die Erbanlagen – geben Eltern an alle ihre Kinder weiter. Daher sehen sich Geschwister ebenfalls oft sehr ähnlich. Dies nennt man Vererbung. Weil jeder Mensch Erbanlagen von Vater und Mutter bekommt, sieht kein Kind genauso aus wie ein Elternteil.

Schon gewusst?

Zwillinge Eineiige Zwillinge sehen einander zum Verwechseln ähnlich. Sie entwickeln sich aus einer befruchteten Eizelle. Ganz selten reifen gleichzeitig zwei Eizellen in den Eierstöcken der Frau. Wenn beide befruchtet werden, können zweieiige Zwillinge entstehen. Diese sehen sich genauso ähnlich wie „normale" Geschwister.

5 Vom Säugling zum Schulkind

Arbeitsaufträge

1 Zähle auf, welche Aufgaben der Körper des Kindes nach der Geburt selbst übernehmen muss.

2 Lass dir erzählen, was du bis zu deinem ersten Geburtstag alles gelernt hattest. Vergleiche mit den Veränderungen seit deinem letzten Geburtstag. Welche Schlüsse für die Bedeutung des ersten Lebensjahrs kannst du daraus ziehen?

3 Beschreibe mithilfe der Abbildungen, was die Kinder schon alles können. ↑5
Welche Entwicklungsschritte sind nicht abgebildet? Erstelle eine Zeitleiste und trage die Entwicklungsschritte ein.
Präsentiere deine Zusammenstellung der Klasse.

GRUNDLAGEN: Unterschiedliche Beziehungen zwischen den Menschen

1 Erste einfache Freundschaften

Freundschaft In den ersten Kinderjahren werden Freundschaften schnell geschlossen, aber auch schnell wieder gelöst. Werden die Kinder selbstständiger, bilden sich ihre Interessen und Neigungen stärker aus, dann werden meist auch die Freundschaften mit Gleichgesinnten enger. Musik hören, tanzen, lesen, ins Kino gehen, Sport treiben, basteln, alles macht mehr Spaß, wenn Freundinnen und Freunde mitmachen und wenn man sich mit ihnen über die Erlebnisse unterhalten kann.

2 „Was sich liebt, das neckt sich."

3 Die erste große Liebe

4 Gleichgeschlechtliches Paar

Liebe Mit dem Übergang zum Erwachsenwerden entstehen die ersten Liebesbeziehungen. Dabei spielen sexuelle Zuneigung zum anderen Geschlecht und das Bedürfnis nach körperlicher Zärtlichkeit eine große Rolle. Freundschaft empfindet man zu mehreren, Liebe in der Regel nur zu einem Menschen. Das Gefühl der Liebe oder des Verliebtseins ist meist viel stärker ausgeprägt als das der Freundschaft.

Die meisten Menschen wählen einen Partner des anderen Geschlechts. Sie sind heterosexuell. Es gibt jedoch überall Menschen, die Sexualpartner des gleichen Geschlechts bevorzugen. Sie sind homosexuell.

Sexueller Missbrauch Einige Menschen leiden unter einer fehlerhaften Entwicklung ihres Sexualverhaltens. Beispielsweise gibt es Männer, die keinen erwachsenen Partner suchen, sondern Kinder und Jugendliche zu Petting oder zu Geschlechtsverkehr überreden oder zwingen wollen. Oft locken sie Kinder mit einer Belohnung. Oder sie drohen: „Wenn du nicht tust, was ich sage, sage ich deinen Eltern, dass du böse bist“ oder „dann bestrafe ich dich.“ Zwang zu sexuellen Handlungen gegen den eigenen Willen nennt man sexuellen Missbrauch.
Missbrauchte Menschen können körperliche Schäden (z. B. Verletzungen der Geschlechtsorgane) davontragen. Häufig haben sie bis ins Erwachsenenalter hinein Angst davor, einem Partner so weit zu vertrauen, dass sie Geschlechtsverkehr mit ihm haben möchten.
Damit dir so etwas nicht geschieht, solltest du besonders Fremden gegenüber misstrauisch sein, keine Einladungen annehmen und nicht mitgehen, um beispielsweise den Weg zu zeigen. Will dich jemand streicheln, dann habe keine Angst zu sagen: „Nein, ich will das nicht!“, und rufe notfalls nach Hilfe. Sollte dich jemand missbraucht haben, auch wenn es ein Verwandter ist, erzähle es unbedingt deinen Eltern oder anderen Erwachsenen, denen du vertraust.

5 Auch Kinder können Opfer werden.

6 Selbstbewusste Kinder wehren sich.

Schon gewusst?

Der „Deutsche Kinderschutzbund“ und der „Kindernotdienst“ haben in fast allen Städten Mitarbeiter, die du anrufen kannst. Auch sie werden dir helfen.
Es gibt überall auch andere Vereine, die sich um missbrauchte Kinder kümmern. Adressen oder Telefonnummern lassen sich beispielsweise aus dem Telefonbuch oder in den Jugendfürsorgeämtern erfahren.

Arbeitsaufträge

1 Welche Eigenschaften magst du an deiner Freundin oder deinem Freund? Welche magst du nicht? Welche Eigenschaften hältst du für besonders wichtig? Begründe.

2 Wie kannst du dich verhalten, wenn andere Menschen dich zu sexuellen Handlungen zwingen wollen? Diskutiere diese Frage mit deinen Mitschülerinnen und Mitschülern. Entwickelt dazu gemeinsam ein Merkblatt.

3 Anke und Florian kennen sich schon seit ihrer Kindheit, hatten aber bisher wenig miteinander zu tun. Vor einiger Zeit hat sich das geändert. Auf einer Geburtstagsfeier haben sie sich ineinander verliebt. Florian möchte gern mit Anke innig vereint sein, er möchte mit ihr schlafen. Anke zieht sich aber zurück. Sie möchte nicht.
Welche Begründung könnte Anke ihrem Freund gegeben haben?

Überblick

1 Jungen und Mädchen …

Pubertät
In der Pubertät beginnen Kinder erwachsen zu werden. Unter dem Einfluss von Hormonen verändert sich der Körper. Die Spermienzellen und Eizellen reifen. Mit Abschluss der Pubertät sind Jungen und Mädchen geschlechtsreif.
Auch Interessen und Einstellungen wandeln sich, neue Bedürfnisse und Wünsche entstehen. Manchmal schwankt die Stimmung. Die Beziehungen zwischen Kindern und Eltern und zwischen Mädchen und Jungen verändern sich. Die Pubertät ist eine spannende, aber auch schwierige Phase.

Jungen in der Pubertät
Jungen bekommen breitere Schultern und Haare auf der Brust, auf den Beinen, unter den Achseln und im Schambereich. Der Bart beginnt zu wachsen. Die Stimme wird deutlich tiefer. Penis und Hoden wachsen und die Hoden beginnen mit der Spermienproduktion. Mit dem ersten Spermienerguss ist der Junge geschlechtsreif.

Mädchen in der Pubertät
Mädchen bekommen breitere Hüften. Ihre Brüste vergrößern sich und unter den Achseln und im Schambereich wachsen Haare. Bei der Menstruation wird abgestoßene Gebärmutterschleimhaut zusammen mit Blut ausgeschieden. Das Mädchen ist aber schon vor der ersten Regelblutung geschlechtsreif, sobald eine Eizelle herangereift ist.

2 … entwickeln sich zu Männern und Frauen.

Erste Liebe
Es gibt keine Rezepte für die erste Liebe. Jeder und jede muss dabei den eigenen Weg finden. Drei Dinge sind dabei besonders wichtig:
- Sag ja zu dir und deinem Körper.
- Vertrauen ist die Grundlage dafür, dass Liebe wachsen kann.
- Dein Körper gehört dir! Sag Nein, wenn dir etwas zu weit geht.

Verhütung
Beide Geschlechtspartner tragen Verantwortung für die Verhütung. Kondom und Pille schützen – richtig angewandt – sicher vor einer Schwangerschaft.
Das Kondom schützt zudem vor der Ansteckung mit sexuell übertragbaren Krankheiten und vor Aids.

Schwangerschaft und Geburt
Im Eileiter verschmelzen Ei- und Spermienzelle. Die befruchtete Eizelle teilt sich und nistet sich in die Gebärmutter ein. Ein Embryo entsteht. Nach 12 Wochen sind alle Organe angelegt, der Embryo wird nun Fetus genannt. Nach 40 Wochen wird das Kind geboren.

Alles klar?

1 Fasse in einer Mindmap zusammen, was du jetzt über Pubertät weißt. Ordne die neu gelernten Begriffe den passenden Unterthemen zu. Vergleiche mit deiner ersten Mindmap zu diesem Thema.

2 In der Antike herrschte die Auffassung, dass eine Spermienzelle einen vollständigen kleinen Menschen enthält, der im Mutterleib dann nur noch heranwächst. Das Kind würde also nur Merkmale des Vaters erben. Finde Argumente, die dagegensprechen.

3 Beurteile, welche Berührungen du als angenehm und welche du als unangenehm empfindest. Begründe.

zur Begrüßung umarmen
über das Haar streicheln
küssen
am Bauch kitzeln
über den Rücken streicheln
auf die Schulter klopfen
beim Gehen den Arm um die Schulter legen

3 Verliebte suchen Körperkontakt.

4

4 Nadine bekommt zu ihrem 11. Geburtstag einen Hund geschenkt. Nach dem Kaffeetrinken geht sie mit dem Hund in ihr Zimmer, legt sich aufs Bett und kuschelt mit ihm. Da kommt Frank, ihr bester Freund, herein und setzt sich neben sie. Nadine hat Frank sehr gern. Doch als er ihren ganzen Körper zu streicheln beginnt, wird ihr unheimlich zumute und sie bekommt ein schlechtes Gefühl. Erzähle die Geschichte weiter.

5 Ordne folgende Begriffe in eine Tabelle mit den Spalten „Primäre Geschlechtsmerkmale“ und „Sekundäre Geschlechtsmerkmale“ ein: breites Becken, Penis, Klitoris, schmale Hüften, Gebärmutter, Regelblutung, Schamlippen, kräftige Muskulatur, schmale Schultern, Busen, Hoden, Scham- und Achselbehaarung, Zunahme des Unterhautfettgewebes, tiefe Stimme, Scheide, Eierstöcke, Bartwachstum.

Register

Titelfotos: mauritius images/Steve Bloom | mauritius images/Creatas (RF)

3B Scientific GmbH, Hamburg/www.3bscientific.de: 435.5 | A1 PIX: 388.3, NTH: 225 o. re., ORE: 470.2, 470.3 | Acaluso international/Cramm: 64.1 li., 158.1 | action press/Lethikuva Oy: 470.1, 470.4 | adpic.de: 74.1, 76.2 | agrarfoto.com: 206.2, 206.4, 207.7, 207.10, 207.13, 207.14, 207.16 | agrarpress, Bergisch-Gladbach: 207.15 | Air Berlin: 173.9 | Aker MTW, Wismar: 181.8 | akg-images, Berlin: 173.5, 181.4, 182.1, 183.5, 276.1, 458.1 | AKO-ISMET Elektrogeräte GmbH & Co. KG, Kisslegg: 361.8 | alimdi.net/Möbus: 302.1 | allOver-Bildagentur: 378 (Zucker) | AllTheSky.de/Credner & Kohle: 121.4 | Angermayer: 64.1 re, 188.1 li., 312.2, Pfletschinger: 159.7, 246.2, 249.6, 251.4 D, 251.7, 251.8, 252.2 | Archiv Hoyer: 295.3, 318.2, Beuster: 305.6, Duty: 232.1, 312.3, Eichstädt: 250.1, Hoyer: 195.7, 233.3, 234.5, 250.2, 251.5, 264.2, 303.3, 306.1, 307.2, Wernicke: 311.4, 311.5 | Arco Digital Images/La Terra Magica: 45.6, Frei: 252.1, Gelken: 295.4, NPL: 319.4, P. Sutter: 75.10, Reinhard: 289.6, 311.3, Sator: 201.3, Steiner: 190.1, Straesser: 420.4, Waldhäusl: 218.1 | argus/Frischmuth: 462.1 | Astrofoto, Sörth: 81.4, 115.9, APB/Koch: 111.3, Numazawa: 111.2, 119.6, 273.5, Numazawa/Koch 110.1 | Avenue Images: Index Stock/Rogers: 334.5, life: 10.2 | Baader Planetarium, Mammendorf: 109.5 | Bach-Kolster, Duisburg: 289 re., 234/235, 253.7 | Backhaus, Essen: 116.4 | Barz: 191.4 | Bayerische Staatsgemäldesammlungen, München: 337.9 | Bayerisches Zentrum für angewandte Energieforschung e. V.: 389.8 | Beat Ernst, Basel: 220.2, 383.4 | Berliner Stadtreinigung: 422.1 | Bildagentur Huber: 233.5 | Bildagentur online: 315.4, Lescourret: 244.1 | Bildarchiv Preußischer Kulturbesitz, Berlin: 183.6 | Bildart/Döring, Hohen Neuendorf: 11.3, 11.4, 11.7, 14.3, 19.5, 21.4, 23.7, 23.8, 23.9, 27.4, 38.2, 46.2, 49.6, 55.6, 65.6, 66.5, 67.9, 68.1, 68.2, 69.5, 72.1, 73.4, 73.9, 77.8, 80.2, 86.2, 87.4, 98.2, 98.3, 98.4, 101.6 re., 101.7, 119.5, 136.1, 146.1, 196.1, 196.2, 196.3, 197.4, 265.4, 265.5, 265.6, 272.2, 272.3, 273.9, 273.10, 275.3, 276.2, 280.3, 282.4, 283.8, 284.2, 286.3, 298.3 li., 299.4, 317.4, 321.5 o.li., 321.5 o.re., 321.5 u.li., 321.5 u.re., 324.4, 330.2, 330.3, 334.2, 335.7, 335.8, 346.1, 348.1, 361.7, 365.4, 366.3, 367.9, 372.1, 372.5, 374.3, 377.6, 377.7, 397.10, 425.9, 427.5, 429.6, 429.5, 429.6, 430.4, 436.3, 436.4, 439.4, 446.2, 449.4, 450.1, 451.5, 451.6, 451.8, 456.1, 456.3, 460.2, 461.5, 463.3, 464.1, 465.2, 465.3, 465.4, 465.5, 466.1 u. li., 471.6, 476.2, 486.1, 486.2, 486.3, 486.4, 487.5, 489.4 | Bilderberg/Ellerbrock & Schafft: 253.8 | BilderBox: 309.4 | Bio-Info/Toenges: 304.4 | BIOS: Courseaux: 254.1, Pierre Huguet: 205.3 | blickwinkel: Artwork/Schmidbauer: 292.1, Delpho: 310.2 o., Dirschl: 383.7, fotototo 156.2, Giel: 245.5, Hecker: 179.5, 251.4 C, Hecker/Sauer: 71.9, 71.12, 246.5, 260.6, Hjelm: 251.4 E, 255.2, Layer Naturfotografie: 271.4, Lenz: 187, Kopp: 57.4, McPHOTO: 233.11, Meul-Van Cauteren: 245.6, 246.1, 246.8, Pölking: 261.7, Schmidtbauer: 262.5, 310.1, Wittek: 192.3, Woike: 169.4, Zoller: 255.5 | Blümel, H., Mücka: 56.2, 195.5, 211.4, 233.12, 234.2, 250.3 | BMU/Buhtz: 285.5 | BMW, München: 338.2 | Bresler, S., Bielefeld: 105.4 | Bridgeman Art Library: 117.6 | Bruns, E., Osnabrück: 209.4, 226.2, 229.4, 229.5, 258.1, 258.2, 259.3, 259.4, 259.5 | Buff, Biberach: 90.3, 104.3 li. | Bundesanstalt für Milchforschung: 421.8 | Bundeszentrale für gesundheitliche Aufklärung: 481.4 | Burzin, Meldorf: 287.5 | Carl Zeiss: 89.7 | Caro: Hoffmann: 284.1, Kaiser: 471.8, Oberhaeuser: 442.1, Ruffer: 228.3, Sorge: 128.1 | Charité/Zahnklinik: 447.6 | Christ; Jürgen: 12.1 | Corbis: 112.1, (RF): 333, 446.1, 450.3, Bruce Robinson: 65.10, Chad Weckler: 338.4, Diego Lezama Orezzoli: 271.7, Duomo: 126.3, Erwin & Peggy Bauer: 264.1, Fogden: 57.5, Frank Lane Picture Agency/Hawkins: 256.1, Giardino: 448.1 re., Lester Lefkowitz: 276.3, Morsch: 435.3, Noburo: 378.1 re., Roger Ressmeyer: 109.3, Rotman: 260.5, Sexton: 183.9, zefa: 466.1 | Corel: 150.1, 153.4, 173.8, 396.6, 400.3, 456.2 o. | Cornelsen Archiv (Auftragsfotos Boris Mahler, Berlin): 15.4, 22.1, 22.2, 22.3, 26.1, 27.5, 28.1, 31.4, 31.6, 31.8, 31.9, 32.1, 32.5, 36.3, 36.4, 37.9, 38.3, 39.6, 39.7, 39.8, 43.4, 60.2, 60.3, 64.2, 64.5, 67.6, 67.8, 68.4, 69.7, 70.1 kl. Bild, 70.2, 70.5, 74.8, 75.11, 79 li., 79 re., 81.3, 84.2, 84.3, 84.4, 85.5, 85.6, 85.7, 85.8, 85.9, 85.10, 87.5, 87.6, 89.3, 92.2, 97.3, 97.5, 97.6, 101.5, 104.1, 106.1, 107.6, 108.1, 117.5, 123.8, 137.5, 137.6, 137.7, 141.8, 142.1, 142.2, 143.9, 148.2, 160.1, 160.2, 160.3, 160.4, 161.5, 161.6, 170.2, 171.7, 179.6, 180.2, 182.5, 214.2, 238.3, 249.4, 273.7, 286.2, 287.6, 289.7 li., 302.2, 319.6, 320.1, 322.2, 323.6, 330.2, 330.3, 331.9, 331.10, 334.1, 334.3, 335.9, 336.7, 336.8, 341.6, 342.1, 342.2, 342.3, 342.4, 343.6, 344.1, 344.4, 344.5, 347.7, 348.6, 349.12, 349.13, 352.1, 353.3, 353.6, 354.2, 356.1, 356.2, 356.3, 356.4, 356.5, 356.6, 356.7, 356.8, 357.11, 358.1, 359.8, 360.6, 361.10, 362.4, 363.5, 363.6, 368.2, 368.3, 368.4, 368.5, 372.2, 372.3, 375.8, 375.9, 375.10, 378.2, 379.6, 379.7, 385.6, 388.1, 388.2, 388.3 (kl. Bild), 389.4, 389.4 (Zitrone), 389.5, 393.6, 396.1, 396.7, 397.9, 397.11, 400.1, 400.2, 404.1 (Euro), 404.1 (Ring), 404.1 (Saxophon), 404.1 (Roller), 404.1 (Tasse), 404.1 (Besteck), 404.2, 404.3, 404.4, 408.4, 407.6, 407.7, 407.8, 407.9, 407.10, 410.1, 410.5, 410.6, 411.7, 411.8, 411.9, 412.1, 414.1, 415.7, 418.1, 420.1, 428.2, 430.2, 430.5, 466.1 re. mi., 467.2, 478.3, Cornelsen Experimenta: 30.2 | DaimlerChrysler, Stuttgart: 183.10 | Danegger, Owingen-Billafingen: 308.3 | Das Fotoarchiv: 448.2 o. li., Dlouhy: 436.1 li., Lowell: 471.7, Luegen: 450.4, Riedmiller: 139.5 | Davinci Haus GmbH, Elben/Ww.: 274.1 | DB, München: 153.6 | DEMAG: 380.1 | Deutscher Blindenverband e. V.: 195.4 | Deutsches Museum, München: 33.7 re., 171.8, 183.4, 183.7, 183.11 | Diamant Informations-Dienst, Frankf. a. M.: 89.6 | Diamant: 403.3, 412.2 | digitalstock.de: 55.8, 80.1, 86.1, 241.7, 270.2, 270.3, 279.4, 283.7, 289.4, C. Steps: 318.3 re., Joel Wagner: 296.3, K. Gastmann: 128.2 | direktfoto/Hartwig Bambey: 314.2 | DLR: 120.3 | Dolphin Productions: 433.5 | Ehrnsberger, E., Osnabrück: 222.1, 223.3, 225 u. | Eisner, Th., Ithaca, N.Y. Cornell University: 54.1, 54.2 | ESA: 114.4, DLR/FU Berlin: 123.12 | ESO: 64.4, 112.4 | Eurocopter: 37.5 | F1 online: Bauer: 192.1, Gorgus: 244.3, Müller: 130.1 re. | FLIR Systems GmbH, Frankfurt/Main: 316.2 | Focus/SPL: 130.1 li., 183.8, 433.4, 448.1 li., 453 (Hintergrund), Andrew Syred: 427.4, A. Pasieka: 273.11, David Nunuk: 322.1, Gschmeissner: 48.3, 48.4, Pascal Goetgheluck: 409.9, Philippe Psaila: 410.3, Roberts: 48.2, Scharf: 50.4, W. T. Sullivan III: 338.1 | Fotolia.com: Bernd: 246.7, Martin Poth: 221.5 | Frenzel, V.: 383.6 | Gattermann, Berlin: 45.4, 347.6 | Gemballa electronics, Kaltenkirchen: 362.3 | Gemeinschaft deutscher Hundehalter: 188.1 re. | Gerson Lessa, Rio de Janeiro, Brasilien: 406.1 | Getty Images: Johner (RF): 411.12, Stone Edwards:11.5, Taxi: 434.2, 471.5, 478.1 | Greiner & Meyer: 327.6, 477.3 | Gronefeld, München: 373.6, 373.7 | Grönke: 285.4 | Grünes Klassenzimmer/Simone Foltyn: 235.8 | Haarmann + Reimer, Holzminden: 428.4 | Hartmann, Braunschweig: 88.1, 88.2, 89.4, 89.5, 104.3 re. | Hausmann, Berlin: 100.1 | Heepmann: 290.1 | Helga Lade Fotoagentur: 30.1, 422.3, 430.1, Feu: 260.1 | Hella KGaA Hueck & Co.: 64.3 | Holloatz: 453.4, 466.1 re. o. | Hron, Berlin: 300.1 | IFA: IPP: 448.2 re. u., Kienlein: 233.4, 305.5 | Ikan, Frankfurt a. M.: 65.8 | Internationales Baumwollinstitut, Frankfurt a. M.: 409.5 | iStockphoto.com: Achim Prill: 170.4, 425.8, Andrey Konovalikov: 176.1, Andrzej Burak: 171.9, Anita Huszti: 246.4, Beverley Vycital: 180.1, Charles Babbitt: 127.5, Christopher Ewing: 162.1, Darko-Art: 206.6, David Claassen: 206.5, Falk Kienas: 327.4, Jacus: 105.6 li., jallfree: 357.9, Jane Waddick: 409.7, Jason Lugo: 207.12, Jess Wiberg: 410.4, Judy Foldetta: 207.9, Julien Grondien: 400.4, Kary Nieuwenhuis: 206.3, Kativ: 425.7, Kristian Sekulic: 184.4, Kseniya Abramova: 153.4, Manfred Steinbach: 182.3, Marcin Pawinski: 157.5, Martin Strmiska: 179.9, Michael Valdez: 409.6, Natallia Yaumenenka: 410.2, Nick Schlax: 357.10, Olga Lyubkina: 406.2, Oliver Anlauf: 184.3, Paul Tessier: 126.2, Renee Lee: 315.8, René Mansi: 396.4, Sergey Dubrovskiy: 289.7 re., Steve Byland: 164.1, Steve Mcsweeny: 207.11, Susan Daniels: 405.5, Svetoslav Iliev: 389.6, TommL: 141.6, Valerja Titowa: 156.3, Windzepher: 409.8 | IWF Wissen und Medien gGmbH: 81/82, 90.2 | Jaenicke: 234.1 | Jagel, Bochum: 297.5 | Joker/Ruehmekorf: 484.1 | jump/Sandkühler: 208.1 | Juniors Bildarchiv: 57.6, 191.6, 193.4, 204.2, 233.10, 233.14, 244.2, 263.8, 308.2 | Kersten Polzin, Meldorf: 269 | Keystone: D. Ecken: 389.10, Matzerath: 68.3 | Kleesattel, Schwäbisch Gmünd: 50.2, 50.3, 51.5, 51.6, 184.2, 188.2, 206.1, 262.6, 435.4 | Klepel, G.: 93.3, 292.2 | König, H., Berlin: 194.1 | Kulka, Matthias, Düsseldorf: 338.5 | KWU, Erlangen: 341.7 | Lange, H., Bad Lausick: 233.8 | Lavendelfoto: 220.3, 247.14, 247.15, 247.17 | Lichtenberger, Fahren: 66.2, 119.7 | Lieder, Ludwigsburg: 94.2 o. re. | Limbrunner, Dachau: 56.1, 167.5, 170.1, 233.7, 304.3 | Lokomotiv-Ateliers für Visuelle Kommunikation: 46.1 | Look/Glasshouse: 118.1 | Martin Scheel/azoom.ch: 328.2 | Masterfile/Leibowitz: 129.3 | Matthes: 382.2 | mauritius images: 26.2, 167.6, 397.8, 402.2, age fotostock: 17.3, 50.1, 58.5, 129.4, 480.1, Botha: 167.4, Enzinger: 448.2 o. re., 472.1, Freytag: 238.1, Gebhardt: 448.2 li. o., Moradi: 205.4, Morales: 204/205, Müller: 485.5 re., Oxford Scientific: 168.1, Photononstop: 73.7, Pöhlmann: 485.5 li., Poulmann: 191.5, Raith: 448.2 re. o., Rosenfeld: 433.3, 441.7, 448.2 li. u., Schätzle: 210.2, Schwarz: 218.3, SST: 188.3, 191.7, Steve Bloom Images: 261.8, Zimmermann: 220.1, | mediacolors/Eigstler: 36.2 | Möckel, Dresden: 296.1 | Motor-Presse International: 142.3 | Muckenfuß, Ravensburg: 327.5 | Mühr, Karlsruhe: 323.7 | Museo di Storia della Scienza: 33.7 li. | NASA: 81.6, 113.6, 114.1, 114.2, 114.5, 115.8, 119.6, 121.5, 122.1, 122.2, 123.9, 123.10, 123.11, 124.1, 182.2, 183.12, 270/271, 272.1, 287.4, ESA: 82, ESA/Karkoschka: 114.4, 115.7, Hubble: 81.5 | Natur & Science, Vaduz: 237.5 | New Holland Brand Communications: 289.4 re., 428.1 | Nilsson, Stockholm: 482.1, 483.5, 483.6 | Nordzucker: 283.6 | Oberhessische Versorgungswerke, Friedberg: 273.6 | Okapia: 65.9, 67.8, 77.3, 230.1, 311.6, Arndt: 262.4, Becker: 211.3, Birke: 102.1, Brehm: 262.1, Cyril Ruoso/BIOS: 202.2, Danegger: 279.5, Eckstein: 19.4, Fidler: 226.2 o., Gerd Penner: 315.5, Giel: 251.4 G, Hartl: 251.4 F, Institut Pasteur/CNRI: 101.8, Klein & Hubert: 383.5, Kunc: 226.1, Lämmel: 233.9, Leach: 382/383, NAS/Faulkner: 70.1 gr. Bild , Naturbild/E. Schacke: 209.3, 209.5, Naturbild/Geduldig: 298.1 re., OSF: 105.5 li., OSF/Bernard: 210.1, OSF/Bromhall: 483.7, OSF/CNRI: 433.2, 452.1, OSF/Leach: 71.11, OSF/Shay: 288.1, OSF/Ulrich: 192.2, Penner: 251.4 A, Reinhard: 200.1, 263.7, 271.5, Renz: 251.4 B, Save/Fürst: 289.5, Schweiger: 207.8, Schwind: 263.9, Tilford: 166.1, Tom Vezo: 382.2, Vock: 246.3, Weinhäupl: 466.1 u. mi. | OSRAM-Pressebild: 361.9 | Ostkreuz: Mahler: 227, Vanhöfen: 396.2 | paysan: 179.8 | PEARL Agency GmbH: 145.7 | Philips: 45.5 | Photoobjects: 407.5, 407.11 | photothek.net/Thomas: 452.3 | Picture Press/Wartenburg: 472.2 | picture-alliance: akg-images: 454.1, Berliner Kurier: 288.2, 293.4, 318.1, CM/picture24: 275.5, 328.1, dpa: 16.1, 31.5, 53.3, 73.5, 125, 126.1, 139.4, 143.6, 147.5, 152.2, 153.3, 153.5, 173.6, 173.7, 181.7, 204.1, 211.6, 212.1, 213.5, 271.6, 294.1, 296.2, 307.4, 321.4, 324.2, 324.3, 405.7, NHPA/Photoshot: 17.6, 179.11, Okapia: 11.6, 16.2, 247.18, 297.4, Okapia/Braun: 219.7, Okapia/Kröner: 245.4, Okapia/Pölking: 314.1, 316.1, Picture Press: 213.4, ZB: 202.1, 211.5, 214.1, ZB: 9 kl. Bild , 169.6, 320.3, 324.1, 331.8 | PIXELIO: Chris Hochberger: 367.8, Pixler: 224 u. re. | plainpicture: Hoch zwei: 9 gr. Bild, Kus: 98.1, Wagner, A.: 20.1 | Polizei Steinfurt: 398.1 | Porcelain, Milwaukee: 74.7 | Preußischer Kulturbesitz: 405.8 | project photos: 73.6, 77.4, 77.5, 77.6, 142.4, 143.7, 189.4 li., 236.1, 240.4, 260.2, 260.3, 260.4, 273.8, 280.1, 282, 283.5, 320.2, 396.5, 404.1 (Brücke), 426.1, 434.1, 435.6, 436.1 re., 450.2, 478.2, 480.1 o. li., 480.1 o. re., 482.1 re., 485.5 mi. | Redeker: 489.3 | Reinhard Tierfoto, Heiligkreuzsteinach: 71.10, 105.5 re., 157.6, 159.6, 179.3, 189.5, 198.1, 200.2, 212.2, 214.5, 215.6, 218.4, 218.5, 218.6, 224 o. li., 228.2, 233.6, 233.13, 247.10, 247.11, 247.13, 247.16, 253.6, 255.4, 270.1, 282.3, 289.3, 297.6, 298.1 li., 298.3 re., 318.3 mi., 318.5 | Renault/HP: 14.1 | Reuters/Hans Deryk: 152.1 | Schacht: 247.12 | Schott, Mainz: 402.1, 411.11 | Schrempp, Th., Breisach-Oberrimsingen: 158.2 | Schröder, H.: 255.3 | Schuster, Greifswald: 226.3, 234.4, 240.1, 300.2 | Siemens AG, Erlangen: 355.5 | Silja Line: 181.6 | Silvestris: 429.7, Redeleit: 245.7, Robba: 105.7 | Sony: 143.8 | Spörhase-Eichmann: 452.2 | Still Pictures/Fessel: 168.2 | StockFood: 414.3, Eisnig: 438.1 o. | Streble: 96.1 | Superbild: 195.6, 264.3, 387, 456.2 u., Lucas: 301.3, Sunset: 17.4 | The Yorck Project (public domain): 389.7 | Theuerkauf, Gotha: 93.5, 93.6, 93.7, 94.2 o. li., 94.2 u. li., 94.2 u. re., 97.4, 101.6 li., 208.2, 218.2, 220.4, 234.3, 234.6, 234.7, 236.3, 271.5, 251.6, 281.5, 282.1, 446.5 | Transrapid International GmbH & Co. KG: 378.1 li., 380.3 | Trekstor: 334.6 | Ufop, Bonn: 223.4 | Ullrich, Berlin: 65.7 | ullstein bild/Caro/Riedmiller: 142.5 | Universitätsbibliothek Heidelberg: 97.7, 97.8 | upsolut mv gmbh/Wagner: 453.5 | vario images: 10.1, 36.1, 37.6, 466.1 re. u., 471.9 | vario-press/Markus Abeling: 382.3 | Vegla, Aachen: 411.10 | Verein deutsche Salzindustrie, Bonn: 420.2 | Verein deutscher Katzenfreunde: 201.4 | Visum: 430.3, Franz: 278.1, Sobotta: 84.1, Steinmetz: 438.1 u. | VW, Wolfsburg: 338.3 | Waterframe/Borut Furlan: 179.10 | Weiß, Neckarsteinach: 73.8 | Wildlife: Cole: 179.7, Delpho: 67.7, 169.5, Harms: 179.4, 301.4, Hartmann: 246.9, HPH: 71.7, Nagel: 246.6, S.E.Arndt: 318.3 li., Thoms: 227.4, Usher: 308.1, Visage: 310.2 | Wilhelm-Förster-Sternwarte, Berlin: 120.1, 120.2 | Wirtz: 478.4 | www.augustin.net/waterlone (Vorlage): 417.7 | www.bernd-weisbrod.de: 168.3 | www.garmin.de: 44.3 | www.ökolandbau.de/BLE: 221.6, 224 o. re., 224 u. li., 225 o. li. | www.pressedienst-fahrrad.de: 69.6 | www.schulteleskope.de: 112.3 | www.tiptop.de: 396.3 | Zoologische Sammlung der Universität Rostock: 382.1

Bauanleitung: Sternkarte
Kopiere das Oberteil der Sternkarte auf eine Folie für den Tageslichtprojektor. Schneide sie entlang der gepunkteten Linie zu.
Lege die Folie auf das Unterteil und verbinde beide in der Mitte mit einem Druckknopf oder einer Nadel.

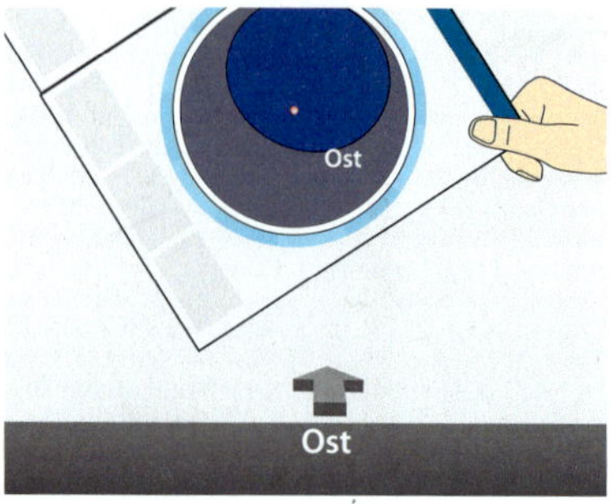

1

Benutzung der Sternkarte
Drehe das Oberteil so, dass an der Skala am Rand die Uhrzeit (Winterzeit) über dem Datum steht. Diese Einstellung wird bei der Beobachtung nicht mehr verändert. Im Oberteil der Sternkarte siehst du einen ovalen Ausschnitt. Wenn du z. B. nach Osten schaust, muss du die gesamte Sternkarte so drehen, dass das Wort „Osten“ unten steht. Im unteren Bereich ist der Sternenhimmel nun so dargestellt, wie du ihn vor dir über dem Horizont siehst.

2 Drehbare Sternkarte (Oberteil)

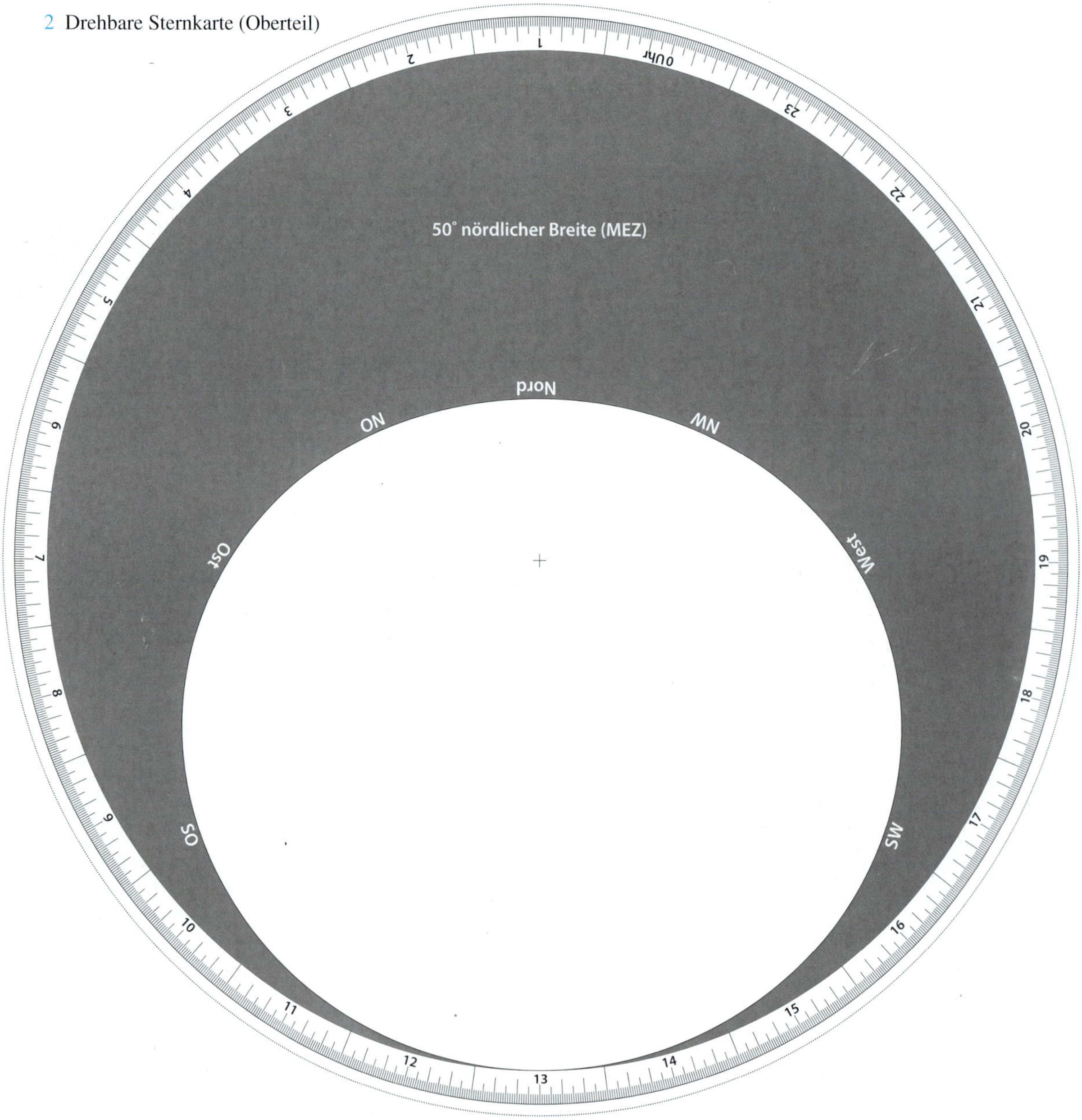